税种字典系列丛书

个人所得税
实务政策全息解析和实操指南
—— 第二版 ——

郑钢　蔡建勋　郭智华◎主编

立信会计出版社
LIXIN ACCOUNTING PUBLISHING HOUSE

图书在版编目(CIP)数据

个人所得税实务政策全息解析和实操指南 / 郑钢,蔡建勋,郭智华主编. —2版. —上海：立信会计出版社,2023.2

ISBN 978-7-5429-7301-6

Ⅰ.①个… Ⅱ.①郑… ②蔡… ③郭… Ⅲ.①个人所得税—税收政策—中国—指南 Ⅳ.①F812.424-62

中国国家版本馆CIP数据核字(2023)第024541号

策划编辑　张巧玲
责任编辑　毕芸芸

个人所得税实务政策全息解析和实操指南（第二版）
GEREN SUODESHUI SHIWU ZHENGCE QUANXI JIEXI HE SHICAO ZHINAN

出版发行	立信会计出版社			
地　　址	上海市中山西路2230号	邮政编码	200235	
电　　话	(021)64411389	传　真	(021)64411325	
网　　址	www.lixinaph.com	电子邮箱	lixinaph2019@126.com	
网上书店	http://lixin.jd.com		http://lxkjcbs.tmall.com	
经　　销	各地新华书店			
印　　刷	涿州市星河印刷有限公司			
开　　本	787毫米×1092毫米	1/16		
印　　张	27.75	插　页	1	
字　　数	798千字			
版　　次	2023年2月第2版			
印　　次	2023年2月第1次			
书　　号	ISBN 978-7-5429-7301-6/F			
定　　价	98.00元			

如有印订差错,请与本社联系调换

序　言

　　自1994年实施第一次修订的《中华人民共和国个人所得税法》（以下简称《个人所得税法》）以来，个人所得税走进寻常百姓视野已近30年，其间税法经历了7次修订，特别是2018年新修订的《个人所得税法》更是让普通民众享受了税制改革的红利，个人所得税已成为众多自然人最关注的税种。随着我国经济的高速增长，居民收入不断增长，其取得收入的方式逐渐多元化，财政部、国家税务总局陆续出台了大量的个人所得税规范性文件，使得个人所得税业务具有很强的政策性、专业性和时效性，迫切需要基层税务人员、企业办税人员以及纳税人对《个人所得税法》及其实施条例、相关规范文件有全面的理解和把握。

　　由于各项税收政策出台的时间不同，同类业务的规定分散在不同法律、法规及规范性文件之中，给基层税务人员和纳税人系统学习和查询带来了困难，且部分业务规定较为复杂，基层难以理解和把握，因而在实际执行时遇到很多困难。鉴于此，我们结合业务实践在2021年编写了《个人所得税实务政策全息解析和实操指南》。该书在实践中受到了广大读者的欢迎，其起到"政策字典"的作用，方便读者政策查询，给读者操作指引以及很好地为读者答疑解惑。随着近两年新的政策不断出台，新的经济行为不断发生，新的情况层出不穷，应广大读者要求，结合征管实际，我们对该书进行了更新，并编写了《个人所得税实务政策全息解析和实操指南（第二版）》。

　　本书是一本集政策归集和教科书为一体的基层业务学习工具书。本书收集了《个人所得税法》实施以来现行有效的各项个人所得税政策规定、国家税务总局关于个人所得税政策的解读以及纳税人遇到的个人所得税重点、难点问题和实务案例，并按照纳税义务人、征税范围、计税依据、税率、应纳税额计算、减免税、征管制度等税制要素为主线，对政策进行系统性的归类和编排。

　　本书具有以下特点：

　　一是字典式布局方便查询。在总体布局上，本书以税制要素设置章节，按自然人收入、支出以及相关行为等事项设置专题，同时将每个专题切分成多个具体的知识点，将散落在各个文件的规定按知识点进行归集，便于读者系统学习和快速查询。在具体布局上，本书将政策研读层层推进，即先对现行政策进行归集，继而对重点、难点政策进行解读，再而对涉税政策相关的热点问题进行分析和解答，并用【解读】、【热点问题】、【案例】等进行标注。

　　二是政策归类方便理解。本书按事项收集了最新的政策规定，具有很强的时效性。我们收集了《个人所得税法》实施以来至2023年2月10日以前的有效政策，对政策原文部分均进行了标注，对书中所引用的政策已经废止或更新的部分直接进行了更新，便于读者将本书作为工具书查询政策,同时本书对政策按事项进行归类,便于读者进行政策比对和理解。

三是内容齐全便于实践。本书编者是多年从事个人所得税管理工作的税务人员,均参与了2018年的个人所得税改革,实践经验丰富,筛选的问题和对问题的分析均体现了政策的实际操作性和执行性。本书既涵盖了个人所得税各税制要素,又对重要行业、特殊事项进行专项梳理,对个人所得税相关问题提出了解析思路,能为广大读者提供一定的参考。

本书在编写和更新过程中参考了税屋网及相关网站部分专家意见,在此表示衷心的感谢!

由于编者水平有限,政策解读和热点问题解答方面更多的是结合本地情况进行研究,难免有疏漏和不足之处,仅为各地研究和解决问题时提供一些参考意见和思路。我们迫切地希望广大读者能提出宝贵意见,以便我们及时改进和提高。

2023 年 2 月 12 日

目 录

1 个人所得税概述 ⋯⋯⋯⋯⋯⋯⋯⋯⋯⋯⋯⋯⋯⋯⋯⋯⋯⋯⋯⋯⋯⋯⋯⋯⋯⋯⋯ 1
  1.1 个人所得税的概念 ⋯⋯⋯⋯⋯⋯⋯⋯⋯⋯⋯⋯⋯⋯⋯⋯⋯⋯⋯⋯⋯⋯⋯ 1
  1.2 个人所得税特点 ⋯⋯⋯⋯⋯⋯⋯⋯⋯⋯⋯⋯⋯⋯⋯⋯⋯⋯⋯⋯⋯⋯⋯⋯ 1
    1.2.1 个人所得税税收征管的特点 ⋯⋯⋯⋯⋯⋯⋯⋯⋯⋯⋯⋯⋯⋯⋯⋯⋯ 1
      1.2.1.1 自然人纳税人的特点 ⋯⋯⋯⋯⋯⋯⋯⋯⋯⋯⋯⋯⋯⋯⋯⋯⋯ 1
      1.2.1.2 个人所得税征管特点 ⋯⋯⋯⋯⋯⋯⋯⋯⋯⋯⋯⋯⋯⋯⋯⋯⋯ 1
      1.2.1.3 个人所得税综合所得征管模式 ⋯⋯⋯⋯⋯⋯⋯⋯⋯⋯⋯⋯⋯ 2
    1.2.2 个人所得税税制的特点 ⋯⋯⋯⋯⋯⋯⋯⋯⋯⋯⋯⋯⋯⋯⋯⋯⋯⋯⋯ 2
      1.2.2.1 实行综合与分类相结合的税制 ⋯⋯⋯⋯⋯⋯⋯⋯⋯⋯⋯⋯⋯ 2
      1.2.2.2 超额累进税率与比例税率并用 ⋯⋯⋯⋯⋯⋯⋯⋯⋯⋯⋯⋯⋯ 2
      1.2.2.3 综合所得费用扣除额较宽 ⋯⋯⋯⋯⋯⋯⋯⋯⋯⋯⋯⋯⋯⋯⋯ 2
      1.2.2.4 以收付实现制为主确定纳税义务发生时间 ⋯⋯⋯⋯⋯⋯⋯ 2
      1.2.2.5 采取源泉扣缴和个人申报两种征纳方法 ⋯⋯⋯⋯⋯⋯⋯⋯ 3
  1.3 个人所得税立法进程 ⋯⋯⋯⋯⋯⋯⋯⋯⋯⋯⋯⋯⋯⋯⋯⋯⋯⋯⋯⋯⋯⋯ 4
    1.3.1 《个人所得税法》第一次修正 ⋯⋯⋯⋯⋯⋯⋯⋯⋯⋯⋯⋯⋯⋯⋯⋯ 4
    1.3.2 《个人所得税法》第二次修正 ⋯⋯⋯⋯⋯⋯⋯⋯⋯⋯⋯⋯⋯⋯⋯⋯ 4
    1.3.3 《个人所得税法》第三次修正 ⋯⋯⋯⋯⋯⋯⋯⋯⋯⋯⋯⋯⋯⋯⋯⋯ 4
    1.3.4 《个人所得税法》第四次修正 ⋯⋯⋯⋯⋯⋯⋯⋯⋯⋯⋯⋯⋯⋯⋯⋯ 5
    1.3.5 《个人所得税法》第五次修正 ⋯⋯⋯⋯⋯⋯⋯⋯⋯⋯⋯⋯⋯⋯⋯⋯ 5
    1.3.6 《个人所得税法》第六次修正 ⋯⋯⋯⋯⋯⋯⋯⋯⋯⋯⋯⋯⋯⋯⋯⋯ 5
    1.3.7 《个人所得税法》第七次修正 ⋯⋯⋯⋯⋯⋯⋯⋯⋯⋯⋯⋯⋯⋯⋯⋯ 5

2 个人所得税纳税义务人 ⋯⋯⋯⋯⋯⋯⋯⋯⋯⋯⋯⋯⋯⋯⋯⋯⋯⋯⋯⋯⋯⋯ 6
  2.1 居民个人与非居民个人的概念 ⋯⋯⋯⋯⋯⋯⋯⋯⋯⋯⋯⋯⋯⋯⋯⋯⋯ 6
    2.1.1 居民个人 ⋯⋯⋯⋯⋯⋯⋯⋯⋯⋯⋯⋯⋯⋯⋯⋯⋯⋯⋯⋯⋯⋯⋯⋯⋯ 6
    2.1.2 非居民个人 ⋯⋯⋯⋯⋯⋯⋯⋯⋯⋯⋯⋯⋯⋯⋯⋯⋯⋯⋯⋯⋯⋯⋯⋯ 6
    2.1.3 关于住所概念 ⋯⋯⋯⋯⋯⋯⋯⋯⋯⋯⋯⋯⋯⋯⋯⋯⋯⋯⋯⋯⋯⋯⋯ 6
    2.1.4 关于时间概念 ⋯⋯⋯⋯⋯⋯⋯⋯⋯⋯⋯⋯⋯⋯⋯⋯⋯⋯⋯⋯⋯⋯⋯ 6
      2.1.4.1 居住时间 ⋯⋯⋯⋯⋯⋯⋯⋯⋯⋯⋯⋯⋯⋯⋯⋯⋯⋯⋯⋯⋯⋯ 7
      2.1.4.2 境内工作时间 ⋯⋯⋯⋯⋯⋯⋯⋯⋯⋯⋯⋯⋯⋯⋯⋯⋯⋯⋯ 7
    2.1.5 关于华侨身份的界定 ⋯⋯⋯⋯⋯⋯⋯⋯⋯⋯⋯⋯⋯⋯⋯⋯⋯⋯⋯⋯ 7
  2.2 居民个人和非居民个人的纳税义务 ⋯⋯⋯⋯⋯⋯⋯⋯⋯⋯⋯⋯⋯⋯⋯ 8
    2.2.1 所得来源地的划分 ⋯⋯⋯⋯⋯⋯⋯⋯⋯⋯⋯⋯⋯⋯⋯⋯⋯⋯⋯⋯⋯ 8
      2.2.1.1 境内所得 ⋯⋯⋯⋯⋯⋯⋯⋯⋯⋯⋯⋯⋯⋯⋯⋯⋯⋯⋯⋯⋯⋯ 8
      2.2.1.2 境外所得 ⋯⋯⋯⋯⋯⋯⋯⋯⋯⋯⋯⋯⋯⋯⋯⋯⋯⋯⋯⋯⋯⋯ 9
      2.2.1.3 关于工资、薪金所得来源地的规定 ⋯⋯⋯⋯⋯⋯⋯⋯⋯⋯ 9

	2.2.1.4	关于数月奖金及股权激励所得来源地的规定	9
	2.2.1.5	关于董事、监事及高层管理人员取得报酬所得来源地的规定	10
	2.2.1.6	关于稿酬所得来源地的规定	10
2.2.2		无住所个人纳税义务征免税	10
	2.2.2.1	无住所个人累计居住不超过90天	10
	2.2.2.2	无住所个人累计居住超过183天不满6年	10
	2.2.2.3	无住所个人累计居住超过183天连续满6年	11

2.3 中国税收居民身份证明 — 11
- 2.3.1 开具地点 — 12
- 2.3.2 开具时间 — 12
- 2.3.3 提交资料 — 12
- 2.3.4 开具要求 — 13
- 2.3.5 在内地使用香港居民身份证明有关问题 — 13

2.4 几种情形下的纳税义务人界定 — 14
- 2.4.1 财产租赁纳税义务人确定 — 14
- 2.4.2 在校学生参与勤工俭学活动 — 14
- 2.4.3 国际组织驻华机构、外国政府驻华使领馆和外国驻华新闻机构雇员 — 14
- 2.4.4 个体工商户纳税义务人 — 14

3 个人所得税征税范围 — 16

3.1 征税项目 — 16

3.1.1 工资、薪金所得 — 16
- 3.1.1.1 本单位职工报酬 — 16
- 3.1.1.2 不征税的津贴、补贴 — 16
- 3.1.1.3 留学生生活津贴费、奖学金 — 17
- 3.1.1.4 医疗机构任职所得 — 17
- 3.1.1.5 内部退养收入 — 17
- 3.1.1.6 职工量化资产收入 — 17
- 3.1.1.7 改制员工取得用于购买企业国有股权的劳动分红征税问题 — 18
- 3.1.1.8 出版单位职员在本单位刊物上发表作品、出版图书 — 18
- 3.1.1.9 免费旅游方式奖励营销人员 — 18
- 3.1.1.10 单位为员工支付保险金及退保的处理 — 19
- 3.1.1.11 退休再任职收入 — 19
- 3.1.1.12 退休后从原单位取得补贴 — 20
- 3.1.1.13 提前退休取得补贴收入 — 20
- 3.1.1.14 任职并兼任董事收入 — 20

3.1.2 劳务报酬所得 — 20
- 3.1.2.1 特定临时事项报酬 — 20
- 3.1.2.2 兼职收入 — 20
- 3.1.2.3 保险营销员、证券经纪人佣金收入 — 21
- 3.1.2.4 受聘坐堂门诊收入 — 21
- 3.1.2.5 董事费收入 — 21

3.1.2.6　包销补偿款收入 ……………………………………………… 21
　3.1.3　稿酬所得 …………………………………………………………… 21
　　　3.1.3.1　影视分镜头剧本 …………………………………………… 21
　　　3.1.3.2　遗作稿酬 …………………………………………………… 21
　3.1.4　特许权使用费所得 ………………………………………………… 22
　　　3.1.4.1　关于拍卖文稿所得的征税问题 …………………………… 22
　　　3.1.4.2　关于个人获得的专利赔偿款的征税问题 ………………… 22
　　　3.1.4.3　剧本使用费 ………………………………………………… 22
　　　3.1.4.4　提供照片制作广告所得 …………………………………… 22
　3.1.5　经营所得 …………………………………………………………… 22
　　　3.1.5.1　经营所得内涵 ……………………………………………… 22
　　　3.1.5.2　"四业"不征个人所得税 …………………………………… 22
　　　3.1.5.3　青苗补偿收入不征个人所得税 …………………………… 23
　　　3.1.5.4　个人举办各类培训班收入 ………………………………… 23
　　　3.1.5.5　社会力量办学所得 ………………………………………… 23
　　　3.1.5.6　乡村医生所得 ……………………………………………… 23
　　　3.1.5.7　个人从事医疗服务所得 …………………………………… 24
　　　3.1.5.8　个人承包经营或开设医院（诊所）所得 ………………… 24
　　　3.1.5.9　个人从事彩票代销业务 …………………………………… 24
　　　3.1.5.10　个人发售幸运彩票所得 ………………………………… 24
　　　3.1.5.11　违规吸存放贷所得 ……………………………………… 24
　　　3.1.5.12　个人独资、合伙企业 …………………………………… 25
　3.1.6　利息、股息、红利所得 …………………………………………… 26
　　　3.1.6.1　储蓄存款利息所得征税问题 ……………………………… 27
　　　3.1.6.2　证券投资基金投资者征税问题 …………………………… 27
　　　3.1.6.3　资产评估增值所得 ………………………………………… 27
　　　3.1.6.4　资本公积转增股本征税问题 ……………………………… 27
　　　3.1.6.5　盈余公积派发红股等分配征税问题 ……………………… 28
　　　3.1.6.6　企业为个人股东支付消费性支出和财产性支出问题 …… 28
　　　3.1.6.7　企业为个人股东购买汽车的处理 ………………………… 28
　　　3.1.6.8　个人投资者从其投资的企业借款长期不还的处理 ……… 29
　　　3.1.6.9　企业为个人购买房屋或其他财产的处理 ………………… 29
　　　3.1.6.10　员工拥有股权征税项目问题 …………………………… 29
　　　3.1.6.11　房屋买受人按照约定退房取得的补偿款问题 ………… 30
　　　3.1.6.12　个人独资合伙企业对外投资分回利息、股息、红利处理 … 30
　　　3.1.6.13　个体工商户与企业联营而分得的利润处理 …………… 31
　　　3.1.6.14　非居民个人投资 H 股股息、红利所得问题 …………… 31
　　　3.1.6.15　自然人利息所得 ………………………………………… 32
　3.1.7　财产租赁所得 ……………………………………………………… 33
　　　3.1.7.1　转租房屋所得 ……………………………………………… 33
　　　3.1.7.2　转租滩涂使用权所得 ……………………………………… 33

   3.1.7.3 酒店产权式经营业主所得 ·· 33
  3.1.8 财产转让所得 ··· 33
   3.1.8.1 离婚析产所得 ·· 33
   3.1.8.2 转让汽车及营运证所得 ·· 34
   3.1.8.3 转让自有住房所得 ·· 34
   3.1.8.4 购买和处置债权所得 ·· 34
   3.1.8.5 网络买卖虚拟货币 ·· 34
   3.1.8.6 转让新三板挂牌公司原始股所得 ·································· 35
   3.1.8.7 基金投资 ·· 35
  3.1.9 偶然所得 ··· 35
   3.1.9.1 房屋赠与 ·· 35
   3.1.9.2 受赠礼品 ·· 36
   3.1.9.3 消费抽奖 ·· 36
   3.1.9.4 政府奖励 ·· 37
   3.1.9.5 大奖赛奖金收入 ·· 37
   3.1.9.6 有奖储蓄中奖收入 ·· 37
   3.1.9.7 以使用权作为奖项 ·· 38
   3.1.9.8 获奖征文奖金 ·· 38
   3.1.9.9 担保收入 ·· 38
   3.1.9.10 不竞争款项 ··· 38
   3.1.9.11 网络红包 ··· 39
 3.2 综合所得 ··· 39

4 个人所得税计税依据 ·· 40
 4.1 个人所得的形式 ··· 40
 4.2 居民个人综合所得计税依据 ··· 40
  4.2.1 综合所得收入额 ·· 40
   4.2.1.1 工资、薪金 ·· 40
   4.2.1.2 劳务报酬 ·· 43
   4.2.1.3 特许权使用费 ·· 44
   4.2.1.4 稿酬 ·· 44
  4.2.2 综合所得扣除 ·· 44
   4.2.2.1 基本减除费用 ·· 44
   4.2.2.2 专项扣除 ·· 45
   4.2.2.3 专项附加扣除 ·· 45
   4.2.2.4 子女教育 ·· 45
   4.2.2.5 继续教育 ·· 46
   4.2.2.6 大病医疗 ·· 48
   4.2.2.7 住房贷款利息 ·· 49
   4.2.2.8 住房租金 ·· 50
   4.2.2.9 赡养老人 ·· 51
   4.2.2.10 3岁以下婴幼儿照护 ·· 52

	4.2.2.11	专项附加扣除中父母及子女范围	53
	4.2.2.12	办理专项附加扣除时间	53
	4.2.2.13	专项附加信息报送	54
	4.2.2.14	后续管理	62
	4.2.2.15	保障措施	63
	4.2.2.16	依法确定的其他扣除	64
4.2.3	综合所得预扣预缴		71
	4.2.3.1	工资、薪金预扣预缴	72
	4.2.3.2	新入职人员和学生实习个人所得税预扣预缴	73
	4.2.3.3	全年工薪收入不超过6万元居民个人预扣预缴	74
	4.2.3.4	保险营销员、证券经纪人个人所得税预扣预缴	75
	4.2.3.5	劳务报酬、稿酬、特许权使用费预扣预缴	75
4.2.4	综合所得汇算清缴		76
4.2.5	非居民四项所得收入额		76
	4.2.5.1	无住所个人为非居民的工资、薪金收入额	77
	4.2.5.2	无住所个人为居民的工资、薪金收入额	77
	4.2.5.3	无住所非居民个人为高管人员的工资、薪金收入额	78
	4.2.5.4	外国企业的董事在中国境内兼任职务税收问题	78
	4.2.5.5	非居民个人扣缴方法	79
	4.2.5.6	无住所个人境内雇主报告境外关联方支付工资、薪金所得规定	80

4.3 经营所得 80

4.3.1	个体工商户计税办法		80
	4.3.1.1	个体工商户收入总额	81
	4.3.1.2	个体工商户扣除项目	81
	4.3.1.3	亏损弥补	85
	4.3.1.4	征收管理	85
4.3.2	个人独资合伙企业经营所得		85
	4.3.2.1	合伙企业分配原则	85
	4.3.2.2	合伙企业应纳税所得额确定原则	86
	4.3.2.3	个人独资合伙企业收入总额	86
	4.3.2.4	个人独资合伙企业扣除	86
	4.3.2.5	个人独资合伙企业亏损弥补	87
	4.3.2.6	个人独资合伙企业核定征收	87
	4.3.2.7	个人独资合伙企业关联交易调整	89
	4.3.2.8	个人独资合伙企业投资者纳税地点与时间	89
	4.3.2.9	个人独资合伙企业投资者境外已纳税款抵免	89
	4.3.2.10	个人独资合伙企业投资者注销与清算	89
	4.3.2.11	个人独资合伙企业权益性投资征收管理	90
4.3.3	创业投资企业个人所得税政策		90
	4.3.3.1	创业投资企业概念	90
	4.3.3.2	单一投资基金核算方式	90

4.3.3.3　年度整体核算方式 ·· 91
　　4.3.3.4　征管备案要求 ·· 95
4.3.4　允许扣除的个人费用及其他扣除 ·· 96
　　4.3.4.1　投资者减除费用 ·· 96
　　4.3.4.2　商业健康保险扣除 ·· 96
　　4.3.4.3　个人养老金扣除 ·· 97
4.3.5　经营所得与增值税起征点问题 ·· 97
4.3.6　经营不足1年的处理 ··· 97

4.4　财产租赁所得 ·· 98
4.4.1　财产租赁收入 ·· 98
4.4.2　财产租赁可扣除项目 ··· 98
4.4.3　房屋租赁所得扣除顺序 ··· 99
4.4.4　售后返租 ··· 99

4.5　财产转让所得 ··· 100
4.5.1　财产转让收入 ··· 100
4.5.2　财产原值确定 ··· 100
　　4.5.2.1　债权财产原值 ·· 101
　　4.5.2.2　拍卖财产原值 ·· 101
　　4.5.2.3　网络买卖虚拟货币原值 ··· 101
4.5.3　合理费用 ·· 102
　　4.5.3.1　拍卖财产税费 ·· 102
4.5.4　股权转让 ·· 102
　　4.5.4.1　股权及股权转让范围 ··· 102
　　4.5.4.2　适用征税项目 ·· 104
　　4.5.4.3　纳税人与扣缴义务人 ··· 104
　　4.5.4.4　股权转让收入的确认 ··· 104
　　4.5.4.5　股权原值的确认 ·· 107
　　4.5.4.6　承债式股权转让应纳税所得额计算 ·· 109
　　4.5.4.7　转让新三板挂牌公司原始股 ··· 111
　　4.5.4.8　纳税地点 ··· 112
　　4.5.4.9　纳税义务发生时间 ··· 112
　　4.5.4.10　申报附送资料 ··· 112
　　4.5.4.11　被投资企业报告义务 ·· 112
　　4.5.4.12　征管要求 ·· 113
4.5.5　房屋转让 ·· 113
　　4.5.5.1　住房转让应纳税所得额确定原则 ·· 113
　　4.5.5.2　住房转让收入 ·· 114
　　4.5.5.3　住房房屋原值 ·· 114
　　4.5.5.4　住房转让税金 ·· 115
　　4.5.5.5　住房转让合理费用 ··· 115
　　4.5.5.6　住房核定征收 ·· 115

	4.5.5.7	房屋拍卖核定征收	116
	4.5.5.8	离婚析产房屋转让	116
	4.5.5.9	受赠房屋转让	116
	4.5.5.10	多子女继承房屋有关个人所得税问题	117
	4.5.5.11	征管要求	117
4.5.6	购买和处置债权所得		118

4.6 利息、股息、红利所得 … 118

- 4.6.1 关于派发红股的征税问题 … 118
- 4.6.2 债权债务形式的分红征税问题 … 118
- 4.6.3 个人投资者收购企业股权后将原盈余积累转增股本个人所得税问题 … 119
  - 4.6.3.1 新股东以不低于净资产价格收购股权 … 119
  - 4.6.3.2 新股东以低于净资产价格收购股权 … 119
  - 4.6.3.3 新股东转让收购股权原值 … 119
  - 4.6.3.4 股权交易及转增股本征管 … 119
- 4.6.4 投资香港联交所上市股票的股息、红利 … 121
  - 4.6.4.1 内地个人投资者通过沪港通投资 … 121
  - 4.6.4.2 内地个人投资者通过深港通投资 … 121

4.7 偶然所得 … 122

- 4.7.1 有奖发票奖金 … 122
- 4.7.2 受赠房屋 … 122
- 4.7.3 受赠礼品 … 122

4.8 两人以上共同取得同一收入的处理 … 122

4.9 公益性捐赠扣除 … 123

- 4.9.1 公益性捐赠的渠道和用途 … 123
  - 4.9.1.1 公益性社会组织、县级以上人民政府及其部门 … 123
  - 4.9.1.2 公益性群众团体 … 123
  - 4.9.1.3 公益事业 … 123
  - 4.9.1.4 慈善事业 … 124
- 4.9.2 公益性社会组织 … 124
  - 4.9.2.1 社会组织 … 124
  - 4.9.2.2 群众团体 … 126
- 4.9.3 捐赠税前扣除资格的确认 … 126
  - 4.9.3.1 社会组织捐赠税前扣除资格的确认 … 126
  - 4.9.3.2 群众团体捐赠税前扣除资格的确认 … 129
- 4.9.4 捐赠税前扣除资格的取消 … 130
  - 4.9.4.1 社会组织捐赠税前扣除资格取消 … 130
  - 4.9.4.2 社会组织捐赠税前扣除资格取消后3年不得认定情形 … 130
  - 4.9.4.3 社会组织捐赠税前扣除资格取消不得再认定情形 … 131
  - 4.9.4.4 社会组织捐赠税前扣除资格取消公告及时间 … 131
  - 4.9.4.5 群众团体捐赠资格取消 … 131
  - 4.9.4.6 群众团体税前扣除资格取消不得重新确认情形 … 132

4.9.4.7	群众团体捐赠资格取消具体操作	132
4.9.5	**公益性捐赠票据**	132
4.9.5.1	公益性捐赠票据概念	132
4.9.5.2	捐赠票据的内容	132
4.9.5.3	应当开具捐赠票据的行为和情形	133
4.9.5.4	不得使用捐赠票据情形	134
4.9.5.5	捐赠票据的印制、领购和核发	134
4.9.5.6	捐赠票据的使用与保管	135
4.9.5.7	捐赠票据监督检查	135
4.9.6	**公益性捐赠额确认**	136
4.9.6.1	捐赠支出金额确认原则	136
4.9.6.2	个人捐赠支出金额确定	136
4.9.7	**捐赠扣除范围和顺序**	136
4.9.7.1	居民个人捐赠支出扣除	136
4.9.7.2	非居民个人捐赠支出扣除	137
4.9.8	**捐赠扣除时间**	137
4.9.8.1	公益性社会组织注册资金捐赠人扣除	137
4.9.8.2	居民个人综合所得捐赠支出扣除	137
4.9.8.3	居民个人分类所得捐赠支出扣除	138
4.9.8.4	居民个人经营所得捐赠支出扣除	138
4.9.9	**捐赠扣除资料提供和留存期限**	138
4.9.10	**限额扣除的捐赠**	140
4.9.10.1	订阅《人民日报》《求是》杂志捐赠贫困地区费用支出	140
4.9.10.2	通过中国金融教育发展基金会等10家单位捐赠	140
4.9.10.3	个人捐赠住房作为公租房	141
4.9.11	**全额扣除的捐赠**	141
4.9.11.1	老年服务机构	141
4.9.11.2	中国老龄事业发展基金会等8家单位	141
4.9.11.3	公益性青少年活动场所	141
4.9.11.4	农村义务教育	142
4.9.11.5	教育事业捐赠	142
4.9.11.6	中国教育发展基金会	142
4.9.11.7	红十字事业	142
4.9.11.8	中华健康快车基金会等5个基金会	143
4.9.11.9	宋庆龄基金会等6个基金会	143
4.9.11.10	中国医药卫生事业发展基金会	143
4.9.11.11	新型冠状病毒感染疫情捐赠	143
4.10	**外币折算**	144
5	**个人所得税税率**	**146**
5.1	**综合所得税率**	146
5.1.1	个人所得税综合所得税率表(年度税率表)	146

        5.1.2 按月换算后的综合所得税率表(月度税率表) · 147
        5.1.3 预扣预缴税率表 · 148
    5.2 经营所得税率 · 149
    5.3 分类所得税率 · 149
6 个人所得税应纳税额 · 150
    6.1 特殊算法计算应纳税额 · 150
        6.1.1 全年一次性奖金应纳税额计算 · 150
            6.1.1.1 全年一次性奖金范围 · 150
            6.1.1.2 全年一次性奖金应纳税额计算方法 · 150
            6.1.1.3 全年一次性奖金计算限制性规定 · 150
        6.1.2 央企负责人年度绩效薪金延期兑现收入和任期奖励应纳税额计算 · 151
        6.1.3 单位低价向职工售房 · 151
        6.1.4 提前退休补贴收入 · 152
    6.2 单位或个人为纳税义务人负担税款的计征办法 · 152
        6.2.1 雇主全额为其雇员负担税款的处理 · 152
        6.2.2 雇主为其雇员负担部分税款的处理 · 153
            6.2.2.1 雇主为其雇员定额负担税款的处理 · 153
            6.2.2.2 雇主为其雇员负担一定比例税款的处理 · 153
            6.2.2.3 雇主为其雇员负担超过原居住国税款的处理 · 153
            6.2.2.4 取得不含税全年一次性奖金收入计征个人所得税处理 · 154
            6.2.2.5 雇主为雇员承担全年一次性奖金部分税款个人所得税计算方法 · 154
        6.2.3 单位或个人为纳税义务人的劳务报酬所得代付税款计算 · 156
    6.3 无住所个人税款计算 · 157
        6.3.1 无住所居民个人税款计算 · 157
        6.3.2 无住所非居民个人税款计算 · 157
            6.3.2.1 非居民数月奖金税款计算 · 158
            6.3.2.2 非居民股权激励税款计算 · 158
            6.3.2.3 非居民劳务报酬所得、稿酬所得、特许权使用费所得税款计算 · 158
        6.3.3 无住所个人预计境内居住时间计算税款规定 · 158
        6.3.4 政策执行时间及多缴税款处理 · 159
    6.4 境外抵免 · 159
        6.4.1 境外所得的范围 · 160
        6.4.2 境内和境外所得应纳税额计算 · 160
        6.4.3 抵免限额的计算 · 161
        6.4.4 可抵免的税额 · 161
            6.4.4.1 不可抵免的境外所得税额 · 162
            6.4.4.2 减免税款可抵免 · 162
        6.4.5 抵免和递延抵免 · 162
        6.4.6 境外所得征管规定 · 163
            6.4.6.1 境外所得申报时间 · 163
            6.4.6.2 境外所得申报地点 · 163

        6.4.6.3 境外所得抵免凭证 ·· 163
        6.4.6.4 居民个人境外所得派出单位支付管理 ·· 164
        6.4.6.5 居民个人境外所得和税款外币折算 ·· 164
        6.4.6.6 法律责任 ·· 165
    6.4.7 境外所得相关规定适用时间 ·· 165
  6.5 经营所得2018年新税法衔接应纳税额计算 ·· 165
    6.5.1 月（季）度预缴税款的计算 ·· 165
    6.5.2 年度汇算清缴税款的计算 ·· 165

7 个人所得税税收优惠 ·· 167
  7.1 免征税款类 ·· 167
    7.1.1 省部级及军以上单位奖金 ·· 167
        7.1.1.1 奖学金 ·· 167
        7.1.1.2 曾宪梓教育基金会教师奖 ·· 167
        7.1.1.3 国际青少年消除贫困奖 ·· 167
        7.1.1.4 特聘教授奖金 ·· 167
        7.1.1.5 长江小小科学家奖金 ·· 168
        7.1.1.6 母亲河（波司登）奖 ·· 168
        7.1.1.7 陈嘉庚科学奖 ·· 168
        7.1.1.8 中华环境奖 ·· 168
        7.1.1.9 李四光地质科学奖 ·· 169
        7.1.1.10 黄汲清青年地质科学技术奖 ·· 169
        7.1.1.11 "明天小小科学家"奖 ·· 169
        7.1.1.12 全国职工职业技能大赛奖金 ·· 170
        7.1.1.13 卫星发射成功奖金 ·· 170
    7.1.2 国债和金融债券利息 ·· 170
        7.1.2.1 地方政府债券利息 ·· 171
        7.1.2.2 铁路债券利息 ·· 171
    7.1.3 国家规定的补贴、津贴 ·· 171
        7.1.3.1 资深院士津贴 ·· 171
        7.1.3.2 西藏特殊津贴 ·· 171
        7.1.3.3 住房租赁补贴 ·· 171
        7.1.3.4 新型冠状病毒感染疫情防控补贴 ·· 172
    7.1.4 福利费、抚恤金、救济金 ·· 173
    7.1.5 保险赔款 ·· 173
        7.1.5.1 生育津贴 ·· 174
        7.1.5.2 工伤保险 ·· 174
    7.1.6 军人的转业费、复员费、退役金 ·· 174
    7.1.7 离退休工资 ·· 174
        7.1.7.1 高级专家延长离退休期间工薪所得 ·· 174
        7.1.7.2 高级专家范围 ·· 174
        7.1.7.3 高级专家免征个人所得税口径 ·· 175

- 7.1.8 外交人员所得 ··· 176
- 7.1.9 国际公约规定免税所得 ·· 176
- 7.1.10 其他免税所得 ·· 176
  - 7.1.10.1 基本养老保险费、基本医疗保险费、失业保险费和公积金 ···· 176
  - 7.1.10.2 破产企业职工安置费 ··· 177
  - 7.1.10.3 解除劳动关系而取得的一次性补偿收入 ·························· 177
  - 7.1.10.4 住房制度改革低于成本价购房所得 ································ 177
  - 7.1.10.5 扣缴手续费所得 ·· 177
  - 7.1.10.6 拆迁补偿收入 ··· 178
  - 7.1.10.7 5年以上唯一住房 ·· 179
  - 7.1.10.8 外籍个人免税所得 ··· 180
  - 7.1.10.9 社会福利奖券中奖收入 ··· 184
  - 7.1.10.10 体育彩票中奖所得 ·· 184
  - 7.1.10.11 见义勇为奖金 ·· 184
  - 7.1.10.12 举报协查违法行为奖金 ·· 184
  - 7.1.10.13 有奖发票奖金 ·· 184
  - 7.1.10.14 退役士兵退役金和经济补助 ·· 185
  - 7.1.10.15 西藏自治区特别优惠 ··· 185
  - 7.1.10.16 转让境内上市公司股票 ·· 185
  - 7.1.10.17 转让新三板挂牌公司非原始股股票 ······························· 185
  - 7.1.10.18 上市公司股息、红利 ··· 186
  - 7.1.10.19 中小企业股份转让系统股息、红利 ······························· 189
  - 7.1.10.20 沪港通投资转让差价所得 ··· 190
  - 7.1.10.21 深港通投资转让差价所得 ··· 191
  - 7.1.10.22 基金互认 ·· 191
  - 7.1.10.23 交易型开放式基金（ETF） ··· 192
  - 7.1.10.24 行政和解金 ··· 193
  - 7.1.10.25 境外投资者原油期货所得 ··· 193
  - 7.1.10.26 转让和持有创新企业境内发行存托凭证所得 ··················· 193
  - 7.1.10.27 海外高层次引进人才享受特定生活待遇政策 ··················· 195
  - 7.1.10.28 海南自由贸易港人才政策 ··· 195
  - 7.1.10.29 深圳前海政府人才补贴 ·· 195
  - 7.1.10.30 粤港澳大湾区政府人才补贴 ·· 195
  - 7.1.10.31 平潭综合实验区台湾居民补贴 ····································· 196
  - 7.1.10.32 广州南沙工作的香港澳门居民 ····································· 196
  - 7.1.10.33 法律援助补贴 ·· 198
- 7.2 限时免征税款类 ··· 198
  - 7.2.1 随军家属经营所得 ··· 198
  - 7.2.2 自主择业转业干部经营所得 ··· 199
  - 7.2.3 新型冠状病毒感染疫情防控补贴 ······································· 199
  - 7.2.4 支持居民换购住房 ··· 199

　　　　7.2.4.1　换购住房优惠政策条件 ··· 199
　　　　7.2.4.2　退税额计算 ··· 200
　　　　7.2.4.3　共有产权住房转让或新购金额确定 ··· 200
　　　　7.2.4.4　出售和购入时间确定 ··· 200
　　　　7.2.4.5　退税办理程序和资料 ··· 201
　　　　7.2.4.6　信息共享 ·· 204
　　　　7.2.4.7　新购住房合同解除、撤销或无效等情形处理 ····················· 204
　　　　7.2.4.8　纳税服务 ·· 205
7.3　减征税款类 ··· 205
　7.3.1　残疾、孤老人员和烈属所得征免个人所得税范围 ································· 205
　　　　7.3.1.1　残疾人员兴办或参与兴办个人独资企业和合伙企业税收优惠 ····· 205
　　　　7.3.1.2　汇算清缴地与预扣预缴地规定不一致减免税额确定 ········· 205
　7.3.2　重点群体创业就业 ··· 206
　　　　7.3.2.1　重点群体从事个体经营政策 ··· 206
　　　　7.3.2.2　重点群体具体人员 ··· 206
　　　　7.3.2.3　信息交换与核实 ··· 206
　　　　7.3.2.4　政策执行时间与期限 ··· 206
　7.3.3　自主就业退役士兵经营所得 ··· 207
　　　　7.3.3.1　自主就业退役士兵从事个体经营政策 ································· 207
　　　　7.3.3.2　自主就业退役士兵身份要求 ··· 207
　　　　7.3.3.3　政策执行时间与期限 ··· 208
　7.3.4　个体工商户减半征收 ··· 208
　　　　7.3.4.1　享受范围 ··· 208
　　　　7.3.4.2　享受时间 ··· 208
　　　　7.3.4.3　减免税款计算 ·· 208
　　　　7.3.4.4　申报填报 ··· 209
7.4　抵减应纳税所得额 ·· 210
　7.4.1　创投企业合伙人和天使投资人政策 ··· 210
　　　　7.4.1.1　投资和投资额 ·· 210
　　　　7.4.1.2　满2年起算日期 ·· 211
　　　　7.4.1.3　初创科技型企业条件 ··· 211
　　　　7.4.1.4　创投合伙企业条件 ··· 212
　　　　7.4.1.5　天使投资个人条件 ··· 212
　7.4.2　天使投资个人投资多个初创科技型企业的处理 ······························· 212
　7.4.3　投资满2年上市投资额的抵扣 ··· 213
　7.4.4　征管要求 ·· 213
　　　　7.4.4.1　合伙创投企业个人合伙人 ··· 213
　　　　7.4.4.2　天使投资个人 ·· 217
　　　　7.4.4.3　征管异议处理 ·· 222
　7.4.5　执行时间 ·· 222
7.5　减税率类 ··· 223

7.6 减计收入 ... 223
7.6.1 远洋船员工薪收入 ... 223
7.6.2 科研机构高校转化职务科技成果现金奖励 ... 223
7.6.2.1 非营利性科研机构和高校 ... 224
7.6.2.2 科技人员享受优惠政策的条件 ... 224
7.6.2.3 资金核算和扣缴个人所得税征管要求 ... 225
7.6.2.4 政策执行时间 ... 227

7.7 递延纳税 ... 227
7.7.1 科研机构高校转化职务科技成果股份奖励 ... 227
7.7.1.1 科研机构、高校以及享受政策人员条件 ... 228
7.7.1.2 征管要求 ... 228
7.7.1.3 "取消促进科技成果转化暂不征税审核"后续管理 ... 228
7.7.2 技术成果投资入股实施选择性税收优惠政策 ... 230
7.7.2.1 技术成果与技术成果投资 ... 230
7.7.2.2 选择性税收优惠政策 ... 230
7.7.2.3 递延纳税的股权转让处理 ... 230
7.7.2.4 递延纳税备案要求 ... 230

7.8 分期纳税类 ... 232
7.8.1 非货币性资产投资 ... 232
7.8.1.1 纳税人 ... 233
7.8.1.2 适用征税项目 ... 233
7.8.1.3 应纳税所得额 ... 233
7.8.1.4 分期纳税 ... 233
7.8.1.5 现金补价的处理 ... 236
7.8.1.6 纳税地点 ... 237
7.8.1.7 非货币性资产投资股权转让 ... 237
7.8.1.8 纳税申报 ... 238
7.8.1.9 征管要求 ... 238
7.8.1.10 非货币性资产投资分期缴税政策实施时间 ... 238
7.8.2 中小高新企业转增股本 ... 239
7.8.2.1 适用范围 ... 239
7.8.2.2 适用征税项目 ... 240
7.8.2.3 扣缴申报 ... 240
7.8.2.4 股权转让收入处理 ... 240
7.8.2.5 企业依法破产处理 ... 240
7.8.2.6 备案管理 ... 240
7.8.3 股权奖励 ... 242

8 特殊事项处理 ... 243
8.1 股权激励 ... 243
8.1.1 股票期权 ... 243
8.1.1.1 股票期权内涵 ... 243

        8.1.1.2　股票期权所得性质的确认及其具体征税规定 …………………… 243
        8.1.1.3　可公开交易股票期权所得 …………………………………………… 244
        8.1.1.4　股票期权所得征收管理 ……………………………………………… 245
    8.1.2　股票增值权所得和限制性股票所得 …………………………………………… 245
        8.1.2.1　股票增值权和限制性股票内涵 ……………………………………… 245
        8.1.2.2　股票增值权所得和限制性股票所得项目计税方法 ………………… 245
        8.1.2.3　股票增值权所得应纳税所得额确定 ………………………………… 246
        8.1.2.4　限制性股票应纳税所得额确定 ……………………………………… 246
        8.1.2.5　股票增值权所得和限制性股票所得关于纳税义务发生时间 …… 246
        8.1.2.6　股票增值权所得和限制性股票所得征管规定 ……………………… 247
    8.1.3　股权激励限制性规定 …………………………………………………………… 247
    8.1.4　股权奖励 ………………………………………………………………………… 248
        8.1.4.1　高新技术企业 …………………………………………………………… 248
        8.1.4.2　企业相关技术人员 ……………………………………………………… 249
        8.1.4.3　股权奖励征税项目 ……………………………………………………… 249
        8.1.4.4　股权转让收入处理 ……………………………………………………… 249
        8.1.4.5　企业依法破产处理 ……………………………………………………… 249
        8.1.4.6　扣缴申报 ………………………………………………………………… 250
        8.1.4.7　备案管理 ………………………………………………………………… 250
    8.1.5　非上市公司股权激励 …………………………………………………………… 252
        8.1.5.1　递延纳税政策 …………………………………………………………… 252
        8.1.5.2　递延纳税限制性条件 …………………………………………………… 252
        8.1.5.3　不符合递延纳税条件或情况变化的处理 …………………………… 255
        8.1.5.4　递延纳税的股权转让处理 ……………………………………………… 255
        8.1.5.5　递延纳税征管要求 ……………………………………………………… 256
        8.1.5.6　不符合递延纳税条件股权激励的处理 ……………………………… 260
    8.1.6　上市公司股权激励延长纳税期限 ……………………………………………… 260
    8.1.7　股权激励应纳税款计算 ………………………………………………………… 263
    8.1.8　相关资料报送 …………………………………………………………………… 263
8.2　企业年金和职业年金 ………………………………………………………………………… 265
    8.2.1　企业年金与职业年金概念 ……………………………………………………… 265
    8.2.2　年金缴费的个人所得税处理 …………………………………………………… 266
        8.2.2.1　单位为员工缴费部分不缴纳个人所得税 …………………………… 266
        8.2.2.2　个人缴费部分税前扣除 ………………………………………………… 266
        8.2.2.3　超标准缴付年金处理 …………………………………………………… 266
    8.2.3　年金基金投资运营收益的个人所得税处理 ………………………………… 267
    8.2.4　领取年金个人所得税处理 ……………………………………………………… 268
        8.2.4.1　法定退休 ………………………………………………………………… 268
        8.2.4.2　一次性领取 ……………………………………………………………… 268
        8.2.4.3　扣缴义务人和明细申报 ………………………………………………… 268
    8.2.5　年金征管要求 …………………………………………………………………… 269

8.3 建筑业个人所得税相关规定 ············ 271
8.3.1 纳税义务人和扣缴义务人 ············ 271
8.3.2 适用征税项目 ············ 271
8.3.3 纳税地点 ············ 271
8.3.4 扣缴与申报 ············ 272
8.3.5 征收方式 ············ 272
8.3.6 征管规定 ············ 273

8.4 律师行业相关规定 ············ 274
8.4.1 律师事务所投资人（合伙人）············ 274
8.4.2 律师事务所雇员律师 ············ 274
8.4.2.1 雇员律师征税项目 ············ 274
8.4.2.2 雇员律师应税所得 ············ 274
8.4.3 律师事务所兼职律师 ············ 275
8.4.4 律师聘请的其他人员 ············ 276
8.4.5 律师取得的其他酬金收入 ············ 276

8.5 限售股 ············ 276
8.5.1 限售股类型 ············ 276
8.5.2 限售股转让 ············ 278
8.5.3 限售股转让应纳税所得额 ············ 278
8.5.3.1 应纳税所得额的计算 ············ 279
8.5.3.2 申报清算收入确认原则 ············ 279
8.5.3.3 自行申报收入确认原则 ············ 279
8.5.3.4 几种情形成本确认 ············ 280
8.5.4 限售股纳税人和扣缴义务人 ············ 281
8.5.5 限售股税收征管 ············ 281
8.5.5.1 预扣预缴、自行申报清算和直接扣缴相结合情形 ············ 283
8.5.5.2 自行申报情形 ············ 285
8.5.5.3 证券机构技术和制度准备完成后限售股征管 ············ 285

8.6 无住所个人适用税收协定 ············ 286
8.6.1 协定适用范围 ············ 287
8.6.1.1 人的范围 ············ 287
8.6.1.2 国民 ············ 287
8.6.1.3 税种的范围 ············ 287
8.6.1.4 地理范围 ············ 288
8.6.2 代表缔约国行使协定权利和履行协定义务的部门或人 ············ 288
8.6.3 协定居民 ············ 289
8.6.3.1 协定居民定义 ············ 289
8.6.3.2 协定居民确定标准（加比原则）············ 290
8.6.4 常设机构 ············ 291
8.6.4.1 常设机构定义及特点 ············ 291
8.6.4.2 构成常设机构的场所 ············ 292

　　　　8.6.4.3　承包工程和提供劳务常设机构的判定标准 ……………………… 293
　　　　8.6.4.4　常设机构的定义范围例外 ……………………………………… 295
　　　　8.6.4.5　通过代理人在另一方活动 …………………………………… 296
　　　　8.6.4.6　独立代理人 ………………………………………………………… 297
　　　　8.6.4.7　母子公司 ……………………………………………………………… 297
　　　　8.6.4.8　中外办学机构 ……………………………………………………… 298
　　8.6.5　不动产所得 …………………………………………………………………… 298
　　8.6.6　营业利润 ………………………………………………………………………… 299
　　8.6.7　海运和空运 …………………………………………………………………… 300
　　8.6.8　股息 …………………………………………………………………………………… 301
　　　　8.6.8.1　股息征税权总体原则 ……………………………………………… 301
　　　　8.6.8.2　股息来源国征税限制 ……………………………………………… 301
　　　　8.6.8.3　受益所有人 …………………………………………………………… 302
　　　　8.6.8.4　股息的定义 ……………………………………………………………… 305
　　　　8.6.8.5　股息受益所有人拥有常设机构 …………………………… 305
　　　　8.6.8.6　股息再分配征税权 ………………………………………………… 305
　　　　8.6.8.7　反滥用条款 ……………………………………………………………… 306
　　8.6.9　利息 …………………………………………………………………………………… 306
　　　　8.6.9.1　利息来源国征税限制 ……………………………………………… 306
　　　　8.6.9.2　特定受益所有人利息来源国免税 …………………………… 306
　　　　8.6.9.3　利息含义 ………………………………………………………………… 307
　　　　8.6.9.4　利息受益所有人拥有常设机构 …………………………… 307
　　　　8.6.9.5　利息来源国的原则及例外 ……………………………………… 307
　　　　8.6.9.6　优惠条款限定 ……………………………………………………… 307
　　　　8.6.9.7　反滥用条款 ……………………………………………………………… 308
　　8.6.10　特许权使用费 ……………………………………………………………………… 308
　　　　8.6.10.1　特许权使用费来源国征税限制 …………………………… 308
　　　　8.6.10.2　特许权使用费的含义 ……………………………………………… 308
　　　　8.6.10.3　特许权使用费受益所有人拥有常设机构 ……………… 309
　　　　8.6.10.4　特许权使用费来源国原则及例外 ……………………… 310
　　　　8.6.10.5　优惠条款限定 ……………………………………………………… 310
　　　　8.6.10.6　反滥用条款 …………………………………………………………… 310
　　　　8.6.10.7　无住所个人适用特许权使用费或者技术服务费条款的规定 …… 310
　　8.6.11　财产收益 ……………………………………………………………………………… 311
　　　　8.6.11.1　不动产转让收益 ………………………………………………… 311
　　　　8.6.11.2　常设机构用于营业的动产转让收益 …………………… 311
　　　　8.6.11.3　从事国际运输的船舶和飞机转让收益 …………………… 311
　　　　8.6.11.4　股份转让收益 ……………………………………………………… 311
　　　　8.6.11.5　其他财产转让收益 ……………………………………………… 314
　　8.6.12　独立个人劳务 ……………………………………………………………………… 314
　　　　8.6.12.1　征税原则及来源国征税条件 …………………………… 314

			8.6.12.2	个人独立身份判断 ··	315

- 8.6.12.2 个人独立身份判断 ·· 315
- 8.6.12.3 无住所个人适用独立个人劳务或者营业利润条款 ············ 315
- 8.6.13 非独立个人劳务 ··· 315
  - 8.6.13.1 征税原则 ··· 315
  - 8.6.13.2 受雇个人不构成在劳务发生国纳税义务的条件 ············ 316
  - 8.6.13.3 国际运输船舶或飞机上受雇人员报酬 ······················ 317
  - 8.6.13.4 无住所个人适用受雇所得条款 ······························ 317
- 8.6.14 董事费 ·· 318
  - 8.6.14.1 董事费征税权 ·· 318
  - 8.6.14.2 无住所个人适用董事费条款的规定 ·························· 318
- 8.6.15 演艺人员和运动员 ·· 319
- 8.6.16 退休金 ·· 320
- 8.6.17 政府服务 ·· 320
  - 8.6.17.1 征税原则 ··· 320
  - 8.6.17.2 支付退休金 ·· 320
  - 8.6.17.3 与营业有关的事业 ·· 320
- 8.6.18 学生和实习人员 ··· 321
- 8.6.19 教师和研究人员 ··· 321
  - 8.6.19.1 条款适用范围 ·· 321
  - 8.6.19.2 教学、讲学或研究活动范围 ·································· 322
  - 8.6.19.3 境内机构范围 ·· 322
  - 8.6.19.4 征免税日期具体计算 ·· 322
  - 8.6.19.5 教师和研究人员协定待遇享受 ······························ 323
- 8.6.20 技术服务费条款 ··· 323
  - 8.6.20.1 技术服务发生地 ··· 324
  - 8.6.20.2 纳税义务判定 ·· 324
- 8.6.21 其他所得 ··· 324
- 8.6.22 合伙企业 ··· 325
- 8.6.23 消除双重征税 ··· 325
  - 8.6.23.1 中国居民境外已纳税款抵免 ································· 325
  - 8.6.23.2 非居民境外抵免计算方法规定 ······························ 326
  - 8.6.23.3 饶让抵免 ··· 326
- 8.6.24 非歧视待遇 ·· 326
  - 8.6.24.1 拥有缔约国国籍的个人税收非歧视待遇 ··················· 326
  - 8.6.24.2 常设机构税收非歧视待遇 ···································· 327
  - 8.6.24.3 个人税收非歧视待遇例外 ···································· 327
  - 8.6.24.4 所投资企业税收非歧视待遇 ································· 327
  - 8.6.24.5 国民税收优惠不构成税收非歧视待遇 ······················ 327
- 8.6.25 相互协商程序 ·· 327
- 8.6.26 情报交换 ··· 327
- 8.6.27 其他规则 ··· 328

8.6.28 非居民享受协定待遇管理 ······ 328
  8.6.28.1 非居民纳税人享受协定待遇方式 ······ 328
  8.6.28.2 非居民纳税人享受协定待遇范围 ······ 328
  8.6.28.3 非居民扣缴义务人和主管税务机关 ······ 329
  8.6.28.4 自行判断与申报享受协定待遇 ······ 329
  8.6.28.5 留存备查资料 ······ 332
  8.6.28.6 补退税申报 ······ 332
  8.6.28.7 税务机关后续管理 ······ 332
  8.6.28.8 后续管理补退税款 ······ 333
  8.6.28.9 后续管理反避税与信用管理 ······ 333

9 个人所得税征管制度 ······ 334

9.1 纳税人识别号 ······ 334
9.1.1 有效身份证件 ······ 334
9.1.2 纳税人识别号作用 ······ 335
9.1.3 纳税记录 ······ 335
  9.1.3.1 自行开具途径及异议核实 ······ 335
  9.1.3.2 委托他人开具提供资料 ······ 335
  9.1.3.3 纳税记录验证 ······ 335
  9.1.3.4 税收完税证明处理 ······ 337

9.2 代扣代缴制度 ······ 337
9.2.1 扣缴义务人 ······ 337
9.2.2 扣缴范围 ······ 337
  9.2.2.1 行政机关、事业单位工资发放方式改革后扣缴个人所得税问题 ······ 338
  9.2.2.2 企业债券利息个人所得税代扣代缴问题 ······ 339
  9.2.2.3 国际组织驻华机构和外国政府驻华使领馆中方雇员个人所得税扣缴 ······ 339
  9.2.2.4 驻华新闻机构中外籍雇员个人所得税扣缴问题 ······ 339
  9.2.2.5 实习生报酬个人所得税扣缴问题 ······ 339
  9.2.2.6 拍卖财产所得扣缴问题 ······ 340
  9.2.2.7 利息、股息、红利的扣缴义务人 ······ 340
9.2.3 扣缴频次 ······ 341
9.2.4 扣缴申报 ······ 341
  9.2.4.1 全员全额扣缴申报 ······ 341
  9.2.4.2 错误信息报告 ······ 345
  9.2.4.3 个人所得税基础信息报送 ······ 345
  9.2.4.4 协定待遇处理 ······ 348
9.2.5 扣缴税款信息与保密要求 ······ 348
9.2.6 扣缴手续费 ······ 348
  9.2.6.1 支付比例和用途 ······ 348
  9.2.6.2 支付方式 ······ 348
9.2.7 法律责任 ······ 350

9.3 自行申报制度 ······ 350

- 9.3.1 自行申报情形 350
- 9.3.2 综合所得汇算清缴 353
  - 9.3.2.1 汇算清缴的主要内容 353
  - 9.3.2.2 需要办理综合所得汇算清缴的纳税人 355
  - 9.3.2.3 无需办理汇算清缴的纳税人 356
  - 9.3.2.4 可享受的税前扣除 357
  - 9.3.2.5 办理时间 357
  - 9.3.2.6 办理方式 358
  - 9.3.2.7 办理渠道 359
  - 9.3.2.8 申报信息及资料留存 359
  - 9.3.2.9 汇算清缴地点 360
  - 9.3.2.10 汇算清缴的退税补税 361
  - 9.3.2.11 汇算清缴服务 363
- 9.3.3 经营所得汇算清缴 364
  - 9.3.3.1 汇算清缴地点 364
  - 9.3.3.2 汇算清缴申报 365
  - 9.3.3.3 投资两个或两个以上的独资企业汇算清缴申报 365
- 9.3.4 取得应税所得没有扣缴义务人的纳税申报 366
- 9.3.5 取得应税所得，扣缴义务人未扣缴税款的纳税申报 366
- 9.3.6 取得境外所得的纳税申报 367
  - 9.3.6.1 申报时间 367
  - 9.3.6.2 申报地点 367
- 9.3.7 因移居境外注销中国户籍的纳税申报 367
  - 9.3.7.1 纳税申报地点 368
  - 9.3.7.2 综合所得申报 368
  - 9.3.7.3 经营所得申报 368
  - 9.3.7.4 分类所得申报 368
  - 9.3.7.5 专项附加扣除、依法确定的其他扣除申报 368
  - 9.3.7.6 结清税款 368
- 9.3.8 非居民个人在中国境内从两处以上取得工资、薪金所得的纳税申报 369
- 9.3.9 纳税申报方式 369
- 9.3.10 享受协定待遇处理 369
- 9.3.11 申报表及规范 369
  - 9.3.11.1 个人所得税年度自行纳税申报表（A表） 369
  - 9.3.11.2 个人所得税年度自行纳税申报表（B表）及境外所得抵免明细表 383
  - 9.3.11.3 个人所得税经营所得纳税申报表（A表） 397
  - 9.3.11.4 个人所得税经营所得纳税申报表（B表） 400
  - 9.3.11.5 个人所得税经营所得纳税申报表（C表） 405
  - 9.3.11.6 个人所得税减免税事项报告表 407
  - 9.3.11.7 个人所得税自行纳税申报表（A表） 409
- 9.4 制造业中小微企业延缓缴纳部分税费 412

9.4.1　制造业中小微企业概念 ·· 412
9.4.2　延缓缴纳2021年第四季度税款 ···································· 412
    9.4.2.1　企业销售额确定方式 ·· 412
    9.4.2.2　延缓缴纳的税费范围、幅度和期限 ······················ 413
9.4.3　延缓缴纳2022年第一季度、第二季度部分税费 ············· 413
    9.4.3.1　企业销售额确定方式 ·· 414
    9.4.3.2　延缓缴纳的税费范围 ·· 414
9.4.4　违规享受延缓缴纳法律责任 ······································· 415
9.4.5　延缓期满不影响依法办理延期缓缴 ····························· 415
9.5　特别纳税调整制度 ·· 415
9.6　信息共享联合惩戒制度 ·· 416
9.6.1　建立个人所得税纳税信用管理机制 ······························ 416
9.6.2　完善守信联合激励和失信联合惩戒机制 ······················· 417
9.6.3　加强信息安全和权益维护 ·· 417

1 个人所得税概述

1.1 个人所得税的概念

个人所得税是对自然人的各项应税所得按照适用的征税项目和税率征收的一种税收。

把握个人所得税概念时,需要注意的是个人所得税是针对自然人取得的各项"应税所得"征税,非应税所得不征税。什么是应税所得?需要我们对个人所得税的征税范围(详见 3 "个人所得税征税范围")进行明晰,同时需要注意应税所得要按照适用的征税项目和税率征收。

1.2 个人所得税特点

1.2.1 个人所得税税收征管的特点

1.2.1.1 自然人纳税人的特点

自然人纳税人数量庞大,从全国来说,数以亿计。

自然人流动性强,随着经济发展,交通发达,自然人流动性不断加强。

自然人交易方式灵活,收入隐蔽且多元化。

自然人个体差异大,有以劳动所得为主的中低收入人群,有以资本性收入为主的高净值人群,还有不同类型收入相融的高收入人群,收入高低差异、收入结构差异、不同区域差异等均有存在。

自然人比较关注个人利益,强调体验感,在政策执行的结果上存在攀比心理。

自然人纳税人对税收政策认知程度不同,影响了纳税遵从度。

1.2.1.2 个人所得税征管特点

个人所得税征管主要有以下几方面特点:

一是个人所得税不论是政策还是征管方式都是社会关注度特别高的一个税种。

二是实际征管资源有限,对政策的解读、纳税辅导难以具体到每个纳税人。

三是由于自然人情况各不相同,税收"合理性"与"合法性"难以充分平衡。

四是纳税服务体验只能前进不能倒退,对税务机关征管不断提出更高要求。

因此,个人所得税征管需要税务机关牢固树立"以纳税人为中心"的服务理念和"信息+信用"的管理理念,提升为自然人纳税人纳税服务水平。

1.2.1.3 个人所得税综合所得征管模式

综合税制按年计税,需要构建"代扣代缴、自行申报,汇算清缴、多退少补,优化服务、事后抽查"的新型征管模式。

"代扣代缴、自行申报":实现了税收源泉控管和还权还责于纳税人的统一,是对自然人实施个人所得税征管服务的基础。

"汇算清缴、多退少补":体现了综合税制按年计税的本质特征,突出了新税制公平正义的核心优势。

"优化服务、事后抽查":厘清了事前、事中、事后的征管和服务职责,是新税制下落实"放管服"改革要求的根本措施。

1.2.2 个人所得税税制的特点

1.2.2.1 实行综合与分类相结合的税制

综合所得税制模式是将纳税人一定时期内各种不同来源的所得综合在一起形成所得总额减除各种法定的宽免额和扣除额的净额,按一定的税率进行课征。

分类所得税制模式是对纳税人取得的所得按不同性质来源分类,并对不同类型的所得按不同的税率进行课征。

《中华人民共和国个人所得税法》(以下简称《个人所得税法》)将主要劳动性所得项目纳入综合征税范围。将工资、薪金,劳务报酬,稿酬和特许权使用费4项劳动性所得纳入综合征税范围,实行按月按次分项预缴、按年汇总计算、多退少补。经营所得、财产租赁所得、财产转让所得、利息股息红利所得、偶然所得仍然属于分类所得,按规定征税。

1.2.2.2 超额累进税率与比例税率并用

个人所得税综合所得和经营所得适用超额累进税率,综合所得适用3%~45%超额累进税率,经营所得适用5%~35%超额累进税率;财产租赁所得、财产转让所得、利息股息红利所得、偶然所得等分类所得适用20%比例税率。

1.2.2.3 综合所得费用扣除额较宽

居民个人的综合所得,可以扣除的费用不仅包括了基本扣除费用6万元及专项扣除(我们通常说的"三险一金":基本养老保险、基本医疗保险、失业保险等社会保险费和住房公积金等),还包括了专项附加扣除即子女教育、继续教育、大病医疗、住房贷款利息或者住房租金、赡养老人、3岁以下婴幼儿照护等支出以及依法确定的其他扣除,包括了企业年金和职业年金、商业健康保险、税收递延养老保险和国务院规定的可以扣除的其他项目(详见4.2.2"综合所得扣除")。

1.2.2.4 以收付实现制为主确定纳税义务发生时间

权责发生制与收付实现制一般情况下是指会计核算中确定收入与支出的基本原则。

权责发生制,即凡是当期已经实现的收入和已经发生或应当负担的费用,无论款项是否收付,都应当作为当期的收入和费用确认;凡是不属于当期的收入和费用,即使款项已在当期收付,也不应当作为当期的收入和费用。收付实现制即以收到或支付的款项作为确认收入和费用等的依据。

权责发生制与收付实现制运用在税制中主要是确认收入与支出,计算应纳税所得额,以确认纳税义务发生时间。

个人所得税9个征税项目,除经营所得按照权责发生制确定纳税义务发生时间外,其他征税项目均以收付实现制确认收入的实现及费用的扣除。

热点问题 自然人纳税人补缴以往年度的基本养老保险支出是在本期综合所得中扣除,还是在以往年度综合所得中扣除,以申请退回以往年度已缴纳个人所得税?

答:根据《个人所得税法》的规定,居民个人的综合所得,以每一纳税年度的收入额减除费用6万元以及专项扣除、专项附加扣除和依法确定的其他扣除后的余额,为应纳税所得额。专项扣除,包括居民个人按照国家规定的范围和标准缴纳的基本养老保险、基本医疗保险、失业保险等社会保险费和住房公积金等。因此,自然人补缴以往年度社保、公积金个人承担部分,在国家标准以内部分允许在个人所得税税前扣除。

关于在什么时间扣除的问题,一般有两种观点:

观点一:个人所得税遵循收付实现制要求,当年发生的允许扣除的费用只能在发生当年扣除,因此自然人纳税人补缴以往年度社保、公积金个人承担部分应在补缴当年个人所得税前扣除。如果当年扣除不完,可以结转以后年度由个人在汇算时自行扣除,扣完为止。个人应保留社保机关认定文书、个人补扣凭据等相关资料备查,属地主管税务机关在汇缴人工审核时凭纳税人提供的相关资料予以审核通过。

观点二:补缴的基本养老保险支出是以往年度的,应在以往年度扣除,以往年度所得多缴的个人所得税应予以退税。这其实是按权责发生制原则处理的。这种观点表面看起来对纳税人有利,但用这种处理方式时,需要注意以下两点:一是有3年的时间限制,根据《中华人民共和国税收征收管理法》(以下简称《税收征收管理法》)第五十一条的规定,纳税人超过应纳税额缴纳的税款,纳税人自结算缴纳税款之日起3年内发现的,可以向税务机关要求退还多缴的税款并加算银行同期存款利息,税务机关及时查实后应当立即退还。二是在2019年1月1日以前,各地自然人税收征管系统不统一,数据需要后台查询,操作起来比较烦琐。

我们认为,观点一更符合《个人所得税法》原理,且操作起来比较方便简洁,同时可以明确,在综合所得年度汇算清缴的前提下,6月30日前实际补缴上一年度基本养老支出等个人所得税法定税前扣除的费用,可在上一年度个人所得税年度汇算清缴时扣除,否则应在实际缴纳年度扣除。

扣缴义务人或纳税人具体遇到此类问题时应与当地主管税务机关沟通,以当地主管税务机关答复为准。

1.2.2.5 采取源泉扣缴和个人申报两种征纳方法

《个人所得税法》规定,个人所得税以所得人为纳税人,以支付所得的单位或者个人为扣缴义务人。2018年新修订的《个人所得税法》实施以前，个人所得税主要采取以代扣代缴的源泉扣缴方式为主，自行申报方式为辅的征管方式；2018年新修订的《个人所得税法》实施以后，源泉扣缴与自行申报两种征纳方式并重，具体表现在以下方面：

在源泉扣缴方面，仍然以支付所得的单位或者个人为法定扣缴义务人，并且有明确的代扣代缴制度（详见9.2"代扣代缴制度"），扣缴义务人支付给个人的除经营所得以外的各项应税所得，无论是工薪、劳务报酬等综合所得，还是财产租赁、财产转让、利息股息红利等分类所得，均有代扣代缴个人所得税的义务，并且要按规定进行明细申报。

在自行申报方面，2018年新修订的《个人所得税法》实施后主要表现在：一是专项附加扣除信息自行填报，扣缴义务人根据信息扣除，纳税人不填报不扣除。二是综合所得年度汇算以自行申报为主，特别是全国自然人税收征管系统（ITS）上线后，纳税人均可以通过手机"个人所得税"App轻松实现个人收入和纳税数据查询、个人专项附加扣除信息申报、年度汇算自行申报等个人涉税需求，并且足不出户就完成了个人补税与退税，实现了便捷的自行申报、自主纳税。三是自行申报情形与方式有了明确规定。《个人所得税法》及其实施条例和《国家税务总局关于个人所得税自行纳税申报有关问题的公告》（国家税务总局公告2018年第62号）对自行申报情形进行了列举，并对自行申报时间、途径与方式进行了详细规定（详见9.3"自行申报制度"），进一步提升了自行申报的法律地位。

1.3　个人所得税立法进程

1980年9月10日第五届全国人民代表大会第三次会议通过新中国史上第一部《中华人民共和国个人所得税法》。此后38年期间，《个人所得税法》经历了先后七次修正。

1.3.1　《个人所得税法》第一次修正

根据1993年10月31日第八届全国人民代表大会常务委员会第四次会议《关于修改〈中华人民共和国个人所得税法〉的决定》，《个人所得税法》进行了第一次修正，修正后的个人所得税法执行时间：1994年1月1日至1999年8月31日。

此次修订对我国个人所得税来说，是一次具有历史性意义的修订，将之前的对外国人征收的"个人所得税"、对境内居民征收的"个人收入调节税"、对境内城乡个体工商户征收的"个体工商户所得税"进行了"三税合并"，统一征收个人所得税。

1.3.2　《个人所得税法》第二次修正

根据1999年8月30日第九届全国人民代表大会常务委员会第十一次会议《关于修改〈中华人民共和国个人所得税法〉的决定》，《个人所得税法》进行了第二次修正，修正后的个人所得税法执行时间：1999年9月1日至2005年12月31日。

1.3.3　《个人所得税法》第三次修正

根据2005年10月27日第十届全国人民代表大会常务委员会第十八次会议《关于修

改〈中华人民共和国个人所得税法〉的决定》,《个人所得税法》进行了第三次修正,修正后的个人所得税法执行时间:2006年1月1日至2007年8月31日。

1.3.4 《个人所得税法》第四次修正

根据2007年6月29日第十届全国人民代表大会常务委员会第二十八次会议《关于修改〈中华人民共和国个人所得税法〉的决定》,《个人所得税法》进行了第四次修正,修正后的个人所得税法执行时间:2007年9月1日至2008年2月29日。

1.3.5 《个人所得税法》第五次修正

根据2007年12月29日第十届全国人民代表大会常务委员会第三十一次会议《关于修改〈中华人民共和国个人所得税法〉的决定》,《个人所得税法》进行了第五次修正,修正后的《个人所得税法》执行时间:2008年3月1日至2011年8月31日。

1.3.6 《个人所得税法》第六次修正

根据2011年6月30日第十一届全国人民代表大会常务委员会第二十一次会议《关于修改〈中华人民共和国个人所得税法〉的决定》,《个人所得税法》进行了第六次修正,修正后的《个人所得税法》执行时间:2011年9月1日至2018年9月30日。

1.3.7 《个人所得税法》第七次修正

根据2018年8月31日第十三届全国人民代表大会常务委员会第五次会议《关于修改〈中华人民共和国个人所得税法〉的决定》,《个人所得税法》进行了第七次修正,修正后的《个人所得税法》分步实施,两步到位。第一步从2018年9月1日至2018年12月31日,纳税人的工资、薪金所得,先行以每月收入额减除费用5 000元以及专项扣除和依法确定的其他扣除后的余额为应纳税所得额,依照新《个人所得税法》个人所得税综合所得税率表[详见5.1.2"按月换算后的综合所得税率表(月度税率表)"]按月换算后计算缴纳税款,并不再扣除附加减除费用;个体工商户的生产、经营所得,对企事业单位的承包经营、承租经营所得,先行依照个人所得税经营所得税率表(详见5.2"经营所得税率")计算缴纳税款。第二步自2019年1月1日起全面实施。

2　个人所得税纳税义务人

2.1　居民个人与非居民个人的概念

2.1.1　居民个人

在中国境内有住所,或者无住所而一个纳税年度内在中国境内居住累计满183天的个人,为居民个人。

[《中华人民共和国个人所得税法》第一条]

2.1.2　非居民个人

在中国境内无住所又不居住,或者无住所而一个纳税年度内在中国境内居住累计不满183天的个人,为非居民个人。

[《中华人民共和国个人所得税法》第一条]

2.1.3　关于住所概念

《个人所得税法》所称在中国境内有住所,是指因户籍、家庭、经济利益关系而在中国境内习惯性居住。

[《中华人民共和国个人所得税法实施条例》第二条]

习惯性居住,是判定纳税义务人是居民或非居民的一个法律意义上的标准,不是指实际居住或在某一个特定时期内的居住地。如因学习、工作、探亲、旅游等而在中国境外居住的,在其原因消除之后,必须回到中国境内居住的个人,则中国即为该纳税人习惯性居住地。

[《国家税务总局关于印发〈征收个人所得税若干问题的规定〉的通知》(国税发〔1994〕89号)]

解读▶ 住所,不是简单的名下有住房,住所包括任何形式的住所,如由个人租用的住宅或公寓、租用的房间等,但须具有持续性、永久性,即个人已安排长期居住,而不是为了某些原因(如旅游、商务考察等)临时逗留。

2.1.4　关于时间概念

纳税年度,自公历1月1日起至12月31日止。

[《中华人民共和国个人所得税法》第一条]

2.1.4.1 居住时间

无住所个人一个纳税年度内在中国境内累计居住天数,按照个人在中国境内累计停留的天数计算。在中国境内停留的当天满 24 小时的,计入中国境内居住天数,在中国境内停留的当天不足 24 小时的,不计入中国境内居住天数。

[《财政部 税务总局关于在中国境内无住所的个人居住时间判定标准的公告》(财政部 税务总局公告 2019 年第 34 号)]

案例 2-1 王先生为中国香港居民,在深圳工作,每周一早上来深圳上班,周五晚上回中国香港。周一和周五当天停留都不足 24 小时,因此不计入境内居住天数,再加上周六、周日 2 天也不计入,这样每周可计入的天数仅为 3 天,按全年 52 周计算,王先生全年在境内居住天数为 156 天,未超过 183 天,不构成居民个人。

2.1.4.2 境内工作时间

境内工作时间包括纳税人在境内的实际工作日以及境内工作期间在境内、境外享受的公休假、个人休假、接受培训的天数。在境内、境外单位同时担任职务或者仅在境外单位任职的个人,在境内停留的当天不足 24 小时的,按照半天计算境内工作天数。

[《财政部 国家税务总局关于非居民个人和无住所居民个人有关个人所得税政策的公告》(财政部 税务总局公告 2019 年第 35 号)]

案例 2-2 梅西系中外合资玻璃制造企业法方高级技术经理,法国籍,2022 年 3 月 1 日入境我国,2022 年 6 月 29 日离境。其中,2022 年 4 月 5 日至 4 月 15 日,在中国香港接受玻璃工艺制造技术培训;2022 年 4 月 30 日至 5 月 15 日按法方公司要求回法国参加公司中层会议。2022 年 6 月 1 日至 6 月 10 日,前往中国澳门休假。请问梅西境内工作时间为多长?

梅西境内的工作时间为:入境与离境当天均按半天计算,因此 3 月工作时间为 30.5 天;4 月在境外培训不扣减,但 4 月 30 日至 5 月 15 日按法方公司要求回法国参加公司中层会议不属于境内工作,且离境按半天计算,因此,4 月工作天数为 29.5 天;5 月工作天数为 31－14.5＝16.5(天);6 月于中国澳门休假不扣减,6 月工作天数为 28.5 天。因此,梅西 2022 年境内工作时间为 30.5＋29.5＋16.5＋28.5＝105(天)。

2.1.5 关于华侨身份的界定

根据《国务院侨务办公室关于印发〈关于界定华侨外籍华人归侨侨眷身份的规定〉的通知》(国侨发〔2009〕5 号)的规定,华侨是指定居在国外的中国公民。具体界定如下:

(1)"定居"是指中国公民已取得住在国长期或者永久居留权,并已在住在国连续居留两年,两年内累计居留不少于 18 个月。

(2)中国公民虽未取得住在国长期或者永久居留权,但已取得住在国连续 5 年以上(含 5 年)合法居留资格,5 年内在住在国累计居留不少于 30 个月,视为华侨。

(3)中国公民出国留学(包括公派和自费)在外学习期间,或因公务出国(包括外派劳务人员)在外工作期间,均不视为华侨。

[《国家税务总局关于明确个人所得税若干政策执行问题的通知》(国税发〔2009〕121号)]

解读 ▶ 华侨身份的界定在征管操作中的作用主要在于华侨是否能享受外籍人员相关税收政策。例如,对于投资方面,1990年8月19日国务院发布施行的《国务院关于鼓励华侨和香港澳门同胞投资的规定》(国务院令第64号)第五条第二款规定,华侨、港澳投资者在境内进行其他形式的投资,以及在境内没有设立营业机构而有来源于境内的股息、利息、租金、特许权使用费和其他所得,除适用本规定外,也可参照执行国家有关涉外经济、法律、法规的规定。再如,对于国家引进人才方面,《中共中央组织部关于印发〈关于海外高层次引进人才享受特定生活待遇的若干规定〉的通知》(组通字〔2008〕58号)规定,引进人才回国(来华)时取得的一次性补助(视同国家奖金),免征个人所得税。5年内境内工资收入中的住房补贴、伙食补贴、搬迁费、探亲费、子女教育费等,按照国家税收法律法规的有关规定,予以税前扣除。进境少量科研、教学物品,免征进口税收;进境合理数量的生活自用物品,按现行政策规定执行。当然,这里引进人才包括但不限于华侨。

2.2 居民个人和非居民个人的纳税义务

居民个人从中国境内和境外取得的所得,依照《个人所得税法》规定缴纳个人所得税。

非居民个人从中国境内取得的所得,依照《个人所得税法》规定缴纳个人所得税。

[《中华人民共和国个人所得税法》第一条]

从中国境内和境外取得的所得,分别是指来源于中国境内的所得和来源于中国境外的所得。

[《中华人民共和国个人所得税法实施条例》第二条]

2.2.1 所得来源地的划分

2.2.1.1 境内所得

除国务院财政、税务主管部门另有规定外,下列所得,不论支付地点是否在中国境内,均为来源于中国境内的所得:

(1) 因任职、受雇、履约等在中国境内提供劳务取得的所得。
(2) 将财产出租给承租人在中国境内使用而取得的所得。
(3) 许可各种特许权在中国境内使用而取得的所得。
(4) 转让中国境内的不动产等财产或者在中国境内转让其他财产取得的所得。
(5) 从中国境内企业、事业单位、其他组织以及居民个人取得的利息、股息、红利所得。

[《中华人民共和国个人所得税法实施条例》第三条]

2.2.1.2 境外所得

除国务院财政、税务主管部门另有规定外,下列所得,为来源于中国境外的所得:

(1) 因任职、受雇、履约等在中国境外提供劳务取得的所得。

(2) 中国境外企业以及其他组织支付且负担的稿酬所得。

(3) 许可各种特许权在中国境外使用而取得的所得。

(4) 在中国境外从事生产、经营活动而取得的与生产、经营活动相关的所得。

(5) 从中国境外企业、其他组织以及非居民个人取得的利息、股息、红利所得。

(6) 将财产出租给承租人在中国境外使用而取得的所得。

(7) 转让中国境外的不动产、转让对中国境外企业以及其他组织投资形成的股票、股权以及其他权益性资产(称权益性资产)或者在中国境外转让其他财产取得的所得。但转让对中国境外企业以及其他组织投资形成的权益性资产,该权益性资产被转让前3年(连续36个公历月份)内的任一时间,被投资企业或其他组织的资产公允价值50%以上直接或间接来自位于中国境内的不动产的,取得的所得为来源于中国境内的所得。

(8) 中国境外企业、其他组织以及非居民个人支付且负担的偶然所得。

[《财政部 税务总局关于境外所得有关个人所得税政策的公告》(财政部 税务总局公告2020年第3号)]

2.2.1.3 关于工资、薪金所得来源地的规定

个人取得归属于中国境内(以下称境内)工作期间的工资、薪金所得为来源于境内的工资、薪金所得。境内工作期间按照个人在境内工作天数计算。

无住所个人在境内、境外单位同时担任职务或者仅在境外单位任职,且当期同时在境内、境外工作的,按照工资、薪金所属境内、境外工作天数占当期公历天数的比例计算确定来源于境内、境外工资、薪金所得的收入额。境外工作天数按照当期公历天数减去当期境内工作天数计算。

[《财政部 国家税务总局关于非居民个人和无住所居民个人有关个人所得税政策的公告》(财政部 税务总局公告2019年第35号)]

2.2.1.4 关于数月奖金及股权激励所得来源地的规定

数月奖金是指一次取得归属于数月的奖金、年终加薪、分红等工资、薪金所得,不包括每月固定发放的奖金及一次性发放的数月工资。股权激励包括股票期权、股权期权、限制性股票、股票增值权、股权奖励,以及其他因认购股票等有价证券而从雇主取得的折扣或者补贴。

无住所个人取得的数月奖金或者股权激励所得按照工资、薪金规定确定所得来源地的,无住所个人在境内履职或者执行职务时收到的数月奖金或者股权激励所得,归属于境外工作期间的部分,为来源于境外的工资、薪金所得;无住所个人停止在境内履约或者执行职务离境后收到的数月奖金或者股权激励所得,对属于境内工作期间的部分,为来源于境内的工资、薪金所得。

具体计算方法为：数月奖金或者股权激励乘以数月奖金或者股权激励所属工作期间境内工作天数与所属工作期间公历天数之比。

无住所个人一个月内取得的境内外数月奖金或者股权激励包含归属于不同期间的多笔所得的，应当先分别按照上述规定计算不同归属期间来源于境内的所得，然后再加总计算当月来源于境内的数月奖金或者股权激励收入额。

[《财政部　国家税务总局关于非居民个人和无住所居民个人有关个人所得税政策的公告》(财政部税务总局公告2019年第35号)]

2.2.1.5　关于董事、监事及高层管理人员取得报酬所得来源地的规定

对于担任境内居民企业的董事、监事及高层管理职务的个人(以下统称高管人员)，无论是否在境内履行职务，取得由境内居民企业支付或者负担的董事费、监事费、工资薪金或者其他类似报酬(包含数月奖金和股权激励)，属于来源于境内的所得。

高层管理职务包括企业正、副(总)经理、各职能总师、总监及其他类似公司管理层的职务。

[《财政部　国家税务总局关于非居民个人和无住所居民个人有关个人所得税政策的公告》(财政部税务总局公告2019年第35号)]

2.2.1.6　关于稿酬所得来源地的规定

由境内企业、事业单位、其他组织支付或者负担的稿酬所得，为来源于境内的所得。

[《财政部　国家税务总局关于非居民个人和无住所居民个人有关个人所得税政策的公告》(财政部税务总局公告2019年第35号)]

2.2.2　无住所个人纳税义务征免税

2.2.2.1　无住所个人累计居住不超过90天

在中国境内无住所的个人，在一个纳税年度内在中国境内居住累计不超过90天的，其来源于中国境内的所得，由境外雇主支付并且不由该雇主在中国境内的机构、场所负担的部分，免予缴纳个人所得税。

[《中华人民共和国个人所得税法实施条例》第五条]

2.2.2.2　无住所个人累计居住超过183天不满6年

在中国境内无住所的个人，在中国境内居住累计满183天的年度连续不满6年的，经向主管税务机关备案，其来源于中国境外且由境外单位或者个人支付的所得，免予缴纳个人所得税；在中国境内居住累计满183天的任一年度中有一次离境超过30天的，其在中国境内居住累计满183天的年度的连续年限重新起算。

[《中华人民共和国个人所得税法实施条例》第四条]

无住所个人一个纳税年度在中国境内累计居住满183天的，如果此前6年的任一年在中国境内累计居住天数不满183天或者单次离境超过30天，该纳税年度来源于中国境

外且由境外单位或者个人支付的所得,免予缴纳个人所得税。

此前6年,是指该纳税年度的前1年至前6年的连续6个年度,此前6年的起始年度自2019年(含)以后年度开始计算。

[《财政部 税务总局关于在中国境内无住所的个人居住时间判定标准的公告》(财政部 税务总局公告2019年第34号)]

2.2.2.3 无住所个人累计居住超过183天连续满6年

无住所个人一个纳税年度在中国境内累计居住满183天的,如果此前6年在中国境内每年累计居住天数都满183天而且没有任何一年单次离境超过30天,该纳税年度来源于中国境内、境外所得应当缴纳个人所得税。

[《财政部 税务总局关于在中国境内无住所的个人居住时间判定标准的公告》(财政部 税务总局公告2019年第34号)]

解读 关于境内居住累计满183天的年度连续"满六年"的起点

在境内居住累计满183天的年度连续"满六年"的起点,是自2019年(含)以后年度开始计算,2018年(含)之前已经居住的年度一律"清零",不计算在内。按此规定,2024年(含)之前,所有无住所个人在境内居住年限都不满6年,其取得境外支付的境外所得都能享受免税优惠。此外,自2019年起任一年度如果有单次离境超过30天的情形,此前连续年限"清零",重新计算。

案例2-3 李先生为美国居民,2013年1月1日来上海工作,2026年8月30日回到美国工作,在此期间,除2025年2月1日至3月15日临时回美国处理公务外,其余时间一直停留在上海。

李先生在境内居住累计满183天的年度,如果从2013年开始计算,实际上已经满6年,但是由于2018年之前的年限一律"清零",自2019年开始计算,因此,2019—2024年,李先生在境内居住累计满183天的年度连续不满6年,其取得的境外支付的境外所得,免缴个人所得税。

2025年,李先生在境内居住满183天,且从2019年开始计算,他在境内居住累计满183天的年度已经连续满6年(2019—2024年),且没有单次离境超过30天的情形。因此,2025年,李先生应就在境内和境外取得的所得缴纳个人所得税。

2026年,由于李先生2025年有单次离境超过30天的情形(2025年2月1日至3月15日),其在内地居住累计满183天的连续年限清零,重新起算,2026年当年李先生取得的境外支付的境外所得,免缴个人所得税。

2.3 中国税收居民身份证明

企业或者个人(以下统称申请人)为享受中国政府对外签署的税收协定(含与中国香港、中国澳门和中国台湾签署的税收安排或者协议)、航空协定税收条款、海运协定税收条款、汽车运输协定税收条款、互免国际运输收入税收协议或者换函(以下统称税收协定)待遇,可以向税务机关申请开具《中国税收居民身份证明》(以下简称《税收居民证明》)。

[《国家税务总局关于开具〈中国税收居民身份证明〉有关事项的公告》(国家税务总局公告2016年第40号)]

2.3.1 开具地点

申请人应向主管其所得税的县税务局(以下称主管税务机关)申请开具《税收居民证明》。中国居民企业的境内、境外分支机构应由其中国总机构向总机构主管税务机关申请。合伙企业应当以其中国居民合伙人作为申请人,向中国居民合伙人主管税务机关申请。

[《国家税务总局关于调整〈中国税收居民身份证明〉有关事项的公告》(国家税务总局公告2019年第17号)]

2.3.2 开具时间

申请人可以就其构成中国税收居民的任一公历年度申请开具《税收居民证明》。

[《国家税务总局关于开具〈中国税收居民身份证明〉有关事项的公告》(国家税务总局公告2016年第40号)]

2.3.3 提交资料

申请人申请开具《税收居民证明》应向主管税务机关提交以下资料:

(1)《中国税收居民身份证明》申请表。

(2)与拟享受税收协定待遇收入有关的合同、协议、董事会或者股东会决议、相关支付凭证等证明资料。

(3)申请人为个人且在中国境内有住所的,提供因户籍、家庭、经济利益关系而在中国境内习惯性居住的证明材料,包括申请人身份信息、住所情况说明等资料。

(4)申请人为个人且在中国境内无住所,而一个纳税年度内在中国境内居住累计满183天的,提供在中国境内实际居住时间的证明材料,包括出入境信息等资料。

(5)境内、境外分支机构通过其总机构提出申请时,还需提供总分机构的登记注册情况。

(6)合伙企业的中国居民合伙人作为申请人提出申请时,还需提供合伙企业登记注册情况。

上述填报或提供的资料应提交中文文本,相关资料原件为外文文本的,应当同时提供中文译本。申请人向主管税务机关提交上述资料的复印件时,应在复印件上加盖申请人印章或签字,主管税务机关核验原件后留存复印件。

[《国家税务总局关于调整〈中国税收居民身份证明〉有关事项的公告》(国家税务总局公告2019年

第 17 号）]

2.3.4　开具要求

（1）申请人提交资料齐全的，主管税务机关应当按规定当场受理；资料不齐全的，主管税务机关不予受理，并一次性告知申请人应补正内容。

（2）主管税务机关根据《中华人民共和国企业所得税法》及其实施条例、《中华人民共和国个人所得税法》及其实施条例等规定，结合纳税人登记注册、在中国境内住所及居住时间等情况对居民身份进行判定。

（3）主管税务机关在受理申请之日起 10 个工作日内，由负责人签发《税收居民证明》并加盖公章或者将不予开具的理由书面告知申请人。

主管税务机关无法准确判断居民身份的，应当及时报告上级税务机关。需要报告上级税务机关的，主管税务机关应当在受理申请之日起 20 个工作日内办结。

（4）主管税务机关或者上级税务机关根据申请人提交资料无法作出判断的，可以要求申请人补充提供相关资料，需要补充的内容应当一次性书面告知。申请人补充资料的时间不计入上述工作时限。

（5）主管税务机关对开具的《税收居民证明》进行统一编号，编号格式为：税务机构代码（前 7 位）＋年份（4 位）＋顺序号（5 位）。"年份"为开具《税收居民证明》的公历年度，"顺序号"为本年度主管税务机关开具的自然顺序号。

（6）缔约对方税务主管当局对《税收居民证明》样式有特殊要求的，申请人应当提供书面说明以及《税收居民证明》样式，主管税务机关可以按照上述规定予以办理。

（7）各地税务机关可以进一步拓展或者优化服务方式，提高信息化水平和办理时效，为申请人享受税收协定待遇提供便利。各地税务机关要加强对开具《税收居民证明》的申请人来源于境外所得的税收管理，帮助其降低税收风险。

[《国家税务总局关于开具〈中国税收居民身份证明〉有关事项的公告》（国家税务总局公告 2016 年第 40 号）]

2.3.5　在内地使用香港居民身份证明有关问题

为简化《内地和香港特别行政区关于对所得避免双重征税和防止偷漏税的安排》（以下简称《安排》）执行程序，内地税务主管当局与香港特别行政区税务主管当局经协商，通过 2016 年 3 月 16 日和 2016 年 4 月 15 日换函，对在内地使用香港特别行政区税务主管当局出具的居民身份证明书一事达成一致，即：

香港特别行政区税务主管当局为香港居民就某一公历年度出具的居民身份证明书，可用作证明该香港居民在该公历年度及其后连续两个公历年度的香港居民身份。如有关香港居民的情况发生变化，不再符合享受《安排》待遇条件，则原适用于该公历年度的居民身份证明书不能用作证明其在情况发生变化后的香港居民身份。

根据换函规定,以上安排自 2016 年 4 月 15 日起生效执行,2016 年 4 月 15 日以前由香港特别行政区税务主管当局出具的居民身份证明书也按照以上安排执行。

[《国家税务总局关于在内地使用香港居民身份证明有关问题的公告》(国家税务总局公告 2016 年第 35 号)]

2.4 几种情形下的纳税义务人界定

2.4.1 财产租赁纳税义务人确定

确认财产租赁所得的纳税义务人,应以产权凭证为依据。无产权凭证的,由主管税务机关根据实际情况确定纳税义务人。

产权所有人死亡,在未办理产权继承手续期间,该财产出租而有租金收入的,以领取租金的个人为纳税义务人。

[《国家税务总局关于印发〈征收个人所得税若干问题的规定〉的通知》(国税发〔1994〕89 号)]

2.4.2 在校学生参与勤工俭学活动

在校学生因参与勤工俭学活动(包括参与学校组织的勤工俭学活动)而取得属于《个人所得税法》规定的应税所得项目的所得,应依法缴纳个人所得税。

[《国家税务总局关于个人所得税若干业务问题的批复》(国税函〔2002〕146 号)]

2.4.3 国际组织驻华机构、外国政府驻华使领馆和外国驻华新闻机构雇员

根据《维也纳外交关系公约》和国际组织有关章程规定,对于在国际组织驻华机构、外国政府驻华使领馆中工作的中方雇员和在外国驻华新闻机构的中外籍雇员,均应按照《个人所得税法》规定缴纳个人所得税。

根据国际惯例,在国际组织驻华机构、外国政府驻华使领馆中工作的非外交官身份的外籍雇员,如是"永久居留"者,亦应在驻在国缴纳个人所得税。但由于我国税法对"永久居留"者尚未作出明确的法律定义和解释,因此,对于仅在国际组织驻华机构和外国政府驻华使领馆中工作的外籍雇员,暂不征收个人所得税。

在中国境内,若国际驻华机构和外国政府驻华使领馆中工作的外交人员、外籍雇员在该机构或使领馆之外,从事非公务活动所取得的收入,应缴纳个人所得税。

[《国家税务总局关于国际组织驻华机构、外国政府驻华使领馆和驻华新闻机构雇员个人所得税征收方式的通知》(国税函〔2004〕808 号)]

2.4.4 个体工商户纳税义务人

个体工商户包括:

(1) 依法取得个体工商户营业执照,从事生产经营的个体工商户。

（2）经政府有关部门批准，从事办学、医疗、咨询等有偿服务活动的个人。

（3）其他从事个体生产、经营的个人。

个体工商户以业主为个人所得税纳税义务人。

[《个体工商户个人所得税计税办法》(国家税务总局令第35号)]

3 个人所得税征税范围

3.1 征税项目

下列各项个人所得,应当缴纳个人所得税:
(1) 工资、薪金所得。
(2) 劳务报酬所得。
(3) 稿酬所得。
(4) 特许权使用费所得。
(5) 经营所得。
(6) 利息、股息、红利所得。
(7) 财产租赁所得。
(8) 财产转让所得。
(9) 偶然所得。

[《中华人民共和国个人所得税法》第二条]

个人取得的所得,难以界定应纳税所得项目的,由国务院税务主管部门确定。

[《中华人民共和国个人所得税法实施条例》第六条]

3.1.1 工资、薪金所得

工资、薪金所得,是指个人因任职或者受雇取得的工资、薪金、奖金、年终加薪、劳动分红、津贴、补贴,以及与任职或者受雇有关的其他所得。

[《中华人民共和国个人所得税法实施条例》第六条]

3.1.1.1 本单位职工报酬

根据《个人所得税法》的规定,凡与单位存在工资、人事方面关系的人员,其为本单位工作所取得的报酬,属于"工资、薪金所得"应税项目征税范围。因此,对电影制片厂导演、演职人员参加本单位的影视拍摄所取得的报酬,应按"工资、薪金所得"应税项目计征个人所得税。

[《国家税务总局关于影视演职人员个人所得税问题的批复》(国税函〔1997〕385号)]

3.1.1.2 不征税的津贴、补贴

下列不属于工资、薪金性质的补贴、津贴或者不属于纳税人本人工资、薪金所得项目的收入,不征税:

(1) 独生子女补贴。

(2) 执行公务员工资制度未纳入基本工资总额的补贴、津贴差额和家属成员的副食品补贴。

(3) 托儿补助费。

(4) 差旅费津贴、误餐补助。

[《国家税务总局关于印发〈征收个人所得税若干问题的规定〉的通知》(国税发〔1994〕89号)]

国税发〔1994〕89号文件规定不征税的误餐补助,是指按财政部门规定,个人因公在城区、郊区工作,不能在工作单位或返回就餐,确实需要在外就餐的,根据实际误餐顿数,按规定的标准领取的误餐费。一些单位以误餐补助名义发给职工的补贴、津贴,应当并入当月工资、薪金所得计征个人所得税。

[《财政部 国家税务总局关于误餐补助范围确定问题的通知》(财税字〔1995〕82号)]

3.1.1.3 留学生生活津贴费、奖学金

外国来华留学生,领取的生活津贴费、奖学金,不属于工资、薪金范畴,不征个人所得税。

[《财政部关于外国来华工作人员缴纳个人所得税问题的通知》(财税字〔1980〕189号)]

3.1.1.4 医疗机构任职所得

《财政部 国家税务总局关于医疗卫生机构有关税收政策的通知》(财税〔2000〕42号)规定的对非营利的医疗机构按照国家规定的价格取得的医疗服务收入免征各项税收,仅指机构自身的各项税收,不包括个人从医疗机构取得所得应纳的个人所得税。按照《个人所得税法》的规定,个人取得应税所得,应依法缴纳个人所得税。

个人因在医疗机构(包括营利性医疗机构和非营利性医疗机构)任职而取得的所得,依据《个人所得税法》的规定,应按照"工资、薪金所得"应税项目计征个人所得税。

[《财政部 国家税务总局关于医疗机构有关个人所得税政策问题的通知》(财税〔2003〕109号)]

3.1.1.5 内部退养收入

实行内部退养的个人在其办理内部退养手续后至法定离退休年龄之间从原任职单位取得的工资、薪金,不属于离退休工资,应按"工资、薪金所得"项目计征个人所得税。

[《国家税务总局关于个人所得税有关政策问题的通知》(国税发〔1999〕58号)]

3.1.1.6 职工量化资产收入

根据国家有关规定,允许集体所有制企业在改制为股份合作制企业时可以将有关资产量化给职工个人。为了支持企业改组改制的顺利进行,对于企业在这一改革过程中个人取得量化资产的有关个人所得税问题,现明确如下:

(1) 对职工个人以股份形式取得的仅作为分红依据,不拥有所有权的企业量化资产,不征收个人所得税。

(2) 对职工个人以股份形式取得的拥有所有权的企业量化资产,暂缓征收个人所得税;待个人将股份转让时,就其转让收入额,减除个人取得该股份时实际支付的费用支出

和合理转让费用后的余额,按"财产转让所得"项目计征个人所得税。

(3)对职工个人以股份形式取得的企业量化资产参与企业分配而获得的股息、红利,应按"利息、股息、红利"项目征收个人所得税。

[《国家税务总局关于企业改组改制过程中个人取得的量化资产征收个人所得税问题的通知》(国税发〔2000〕60号)]

3.1.1.7　改制员工取得用于购买企业国有股权的劳动分红征税问题

联想集团经有关部门批准,建立了一套产权激励机制,将多年留存在企业应分配给职工的劳动分红,划分给职工个人,用于购买企业的国有股权(35%),再以职工持股会的形式持有联想集团控股公司的股份。北京市税务局提出,对联想集团控股公司职工取得的用于购买企业国有股权的劳动分红,比照《国家税务总局关于企业改组改制过程中个人取得量化资产征收个人所得税问题的通知》(国税发〔2000〕60号,以下简称国税发〔2006〕号文件)的规定,暂缓征收个人所得税。经研究,现批复如下:

(1)该公司职工取得的用于购买企业国有股权的劳动分红,不宜比照国税发〔2000〕60号文件的规定暂缓征收个人所得税。

理由是:两者的前提不同。国税发〔2000〕60号文件规定暂缓征税的前提,是集体所有制企业改制为股份合作制,而联想集团改制不符合这一前提。两者的分配方式不同。国税发〔2000〕60号文件规定暂缓征税的分配方式,是在企业改制时将企业的所有资产一次量化给职工个人,而联想集团仅是分配历年留存的劳动分红。

(2)联想集团控股公司的做法,实际上是将多年留存在企业应分未分的劳动分红在职工之间进行了分配,职工个人再将分得的部分用于购买企业的国有股权。

(3)根据前述事实及个人所得税有关法规,对联想集团控股公司职工取得的用于购买企业国有股权的劳动分红,应按"工资、薪金所得"项目计征个人所得税,税款由联想集团控股公司代扣代缴。

[《国家税务总局关于联想集团改制员工取得的用于购买企业国有股权的劳动分红征个人所得税问题的批复》(国税函〔2001〕832号)]

3.1.1.8　出版单位职员在本单位刊物上发表作品、出版图书

(1)任职、受雇于报刊、杂志等单位的记者、编辑等专业人员,因在本单位的报刊、杂志上发表作品取得的所得,属于因任职、受雇而取得的所得,应与其当月工资收入合并,按"工资、薪金所得"项目征收个人所得税。

除上述专业人员以外,其他人员在本单位的报刊、杂志上发表作品取得的所得,应按"稿酬所得"项目征收个人所得税。

(2)出版社的专业作者撰写、编写或翻译的作品,由本社以图书形式出版而取得的稿费收入,应按"稿酬所得"项目计算缴纳个人所得税。

[《国家税务总局关于个人所得税若干业务问题的批复》(国税函〔2002〕146号)]

3.1.1.9　免费旅游方式奖励营销人员

按照我国现行个人所得税法律法规有关规定,对商品营销活动中,企业和单位对营

销业绩突出人员以培训班、研讨会、工作考察等名义组织旅游活动,通过免收差旅费、旅游费对个人实行的营销业绩奖励(包括实物、有价证券等),应根据所发生费用全额计入营销人员应税所得,依法征收个人所得税,并由提供上述费用的企业和单位代扣代缴。其中,对企业雇员享受的此类奖励,应与当期的工资薪金合并,按照"工资、薪金所得"项目征收个人所得税;对其他人员享受的此类奖励,应作为当期的劳务收入,按照"劳务报酬所得"项目征收个人所得税。

[《财政部 国家税务总局关于企业以免费旅游方式提供对营销人员个人奖励有关个人所得税政策的通知》(财税〔2004〕11号)]

3.1.1.10 单位为员工支付保险金及退保的处理

依据《个人所得税法》及有关规定,对企业为员工支付各项免税之外的保险金,应在企业向保险公司缴付时(即该保险落到被保险人的保险账户)并入员工当期的工资收入,按"工资、薪金所得"项目计征个人所得税,税款由企业负责代扣代缴。

[《国家税务总局关于单位为员工支付有关保险缴纳个人所得税问题的批复》(国税函〔2005〕318号)]

单位为职工个人购买商业性补充养老保险等,在办理投保手续时应作为个人所得税的"工资、薪金所得"项目,按税法规定缴纳个人所得税;因各种原因退保,个人未取得实际收入的,已缴纳的个人所得税应予以退回。

[《财政部 国家税务总局关于个人所得税有关问题的批复》(财税〔2005〕94号)]

3.1.1.11 退休再任职收入

退休人员再任职取得的收入,在减除按《个人所得税法》规定的费用扣除标准后,按"工资、薪金所得"应税项目缴纳个人所得税。

[《国家税务总局关于个人兼职和退休人员再任职取得收入如何计算征收个人所得税问题的批复》(国税函〔2005〕382号)]

"退休人员再任职",应同时符合下列条件:

(1)受雇人员与用人单位签订一年以上(含一年)劳动合同(协议),存在长期或连续的雇用与被雇用关系。

(2)受雇人员因事假、病假、休假等原因不能正常出勤时,仍享受固定或基本工资收入。

(3)受雇人员与单位其他正式职工享受同等福利、培训及其他待遇。

(4)受雇人员的职务晋升、职称评定等工作由用人单位负责组织。

[《国家税务总局关于离退休人员再任职界定问题的批复》(国税函〔2006〕526号)]

【注】国税函〔2006〕526号文件原文第三条是"三、受雇人员与单位其他正式职工享受同等福利、社保、培训及其他待遇";由于《国家税务总局关于个人所得税有关问题的公告》(国家税务总局公告2011年第27号)明确"《国家税务总局关于离退休人员再任职界定问题的批复》(国税函〔2006〕526号)第三条中,单位是否为离退休人员缴纳社会保险费,不再作为离退休人员再任职的界定条件",为便于记忆,此处将"社保"直接删除了。

3.1.1.12 退休后从原单位取得补贴

离退休人员除按规定领取离退休工资或养老金外,另从原任职单位取得的各类补贴、奖金、实物,不属于《个人所得税法》第四条规定可以免税的退休工资、离休工资、离休生活补助费。根据《个人所得税法》及其实施条例的有关规定,离退休人员从原任职单位取得的各类补贴、奖金、实物,应在减除费用扣除标准后,按"工资、薪金所得"应税项目缴纳个人所得税。

[《国家税务总局关于离退休人员取得单位发放离退休工资以外奖金补贴征收个人所得税的批复》(国税函〔2008〕723号)]

3.1.1.13 提前退休取得补贴收入

机关、企事业单位对未达到法定退休年龄、正式办理提前退休手续的个人,按照统一标准向提前退休工作人员支付一次性补贴,不属于免税的离退休工资收入,应按照"工资、薪金所得"项目征收个人所得税。

[《国家税务总局关于个人提前退休取得补贴收入个人所得税问题的公告》(国家税务总局公告2011年第6号)]

3.1.1.14 任职并兼任董事收入

个人在公司(包括关联公司)任职、受雇,同时兼任董事、监事的,应将董事费、监事费与个人工资收入合并,统一按"工资、薪金所得"项目缴纳个人所得税。

[《国家税务总局关于明确个人所得税若干政策执行问题的通知》(国税发〔2009〕121号)]

3.1.2 劳务报酬所得

劳务报酬所得,是指个人从事劳务取得的所得,包括从事设计、装潢、安装、制图、化验、测试、医疗、法律、会计、咨询、讲学、翻译、审稿、书画、雕刻、影视、录音、录像、演出、表演、广告、展览、技术服务、介绍服务、经纪服务、代办服务,以及其他劳务取得的所得。

[《中华人民共和国个人所得税法实施条例》第六条]

3.1.2.1 特定临时事项报酬

个人因某一特定事项临时为外单位工作所取得报酬,不属于税法中所说的"受雇",应是"劳务报酬所得"应税项目征税范围。

对电影制片厂为了拍摄影视片而临时聘请非本厂导演、演职人员,其所取得的报酬,应按"劳务报酬所得"应税项目计征个人所得税。

[《国家税务总局关于影视演职人员个人所得税问题的批复》(国税函〔1997〕385号)]

3.1.2.2 兼职收入

根据《个人所得税法》《国家税务总局关于印发〈征收个人所得税若干问题的规定〉的通知》(国税发〔1994〕89号)和《国家税务总局关于影视演职人员个人所得税问题的批复》(国税函〔1997〕385号)的规定精神,个人兼职取得的收入应按照"劳务报酬所得"应税项目缴纳个人所得税。

[《国家税务总局关于个人兼职和退休人员再任职取得收入如何计算征收个人所得税问题的批复》(国税函〔2005〕382号)]

3.1.2.3 保险营销员、证券经纪人佣金收入

保险营销员、证券经纪人取得的佣金收入,属于"劳务报酬所得"。

[《财政部关于个人所得税法修改后有关优惠政策衔接问题的通知》(财税〔2018〕164号)]

3.1.2.4 受聘坐堂门诊收入

受医疗机构临时聘请坐堂门诊及售药,由该医疗机构支付报酬,或收入与该医疗机构按比例分成的人员,其取得的所得,按照"劳务报酬所得"应税项目缴纳个人所得税,以一个月内取得的所得为一次,税款由该医疗机构代扣代缴。

[《国家税务总局关于个人从事医疗服务活动征收个人所得税问题的通知》(国税发〔1997〕178号)]

3.1.2.5 董事费收入

个人由于担任董事职务所取得的董事费收入,属于"劳务报酬所得"性质,按照"劳务报酬所得"项目征收个人所得税。

董事费按"劳务报酬所得"项目征税方法,仅适用于个人担任公司董事、监事,且不在公司任职、受雇的情形。

[《国家税务总局关于印发〈征收个人所得税若干问题的规定〉的通知》(国税发〔1994〕89号)、《国家税务总局关于明确个人所得税若干政策执行问题的通知》(国税发〔2009〕121号)]

3.1.2.6 包销补偿款收入

根据《个人所得税法》的有关规定,个人因包销商品房取得的差价收入及因此而产生的包销补偿款,属于其个人履行商品介绍服务或与商品介绍服务相关的劳务所得,应按照"劳务报酬所得"项目计算缴纳个人所得税。

[《国家税务总局关于个人取得包销补偿款征收个人所得税问题的批复》(国税函〔2007〕243号)]

3.1.3 稿酬所得

稿酬所得,是指个人因其作品以图书、报刊等形式出版、发表而取得的所得。

[《中华人民共和国个人所得税法实施条例》第六条]

3.1.3.1 影视分镜头剧本

影视分镜头剧本作为文学创作而在书报杂志上出版、发表取得的所得,应按"稿酬所得"应税项目计征个人所得税。

[《国家税务总局关于影视演职人员个人所得税问题的批复》(国税函〔1997〕385号)]

3.1.3.2 遗作稿酬

作者去世后,对取得其遗作稿酬的个人,按"稿酬所得"征收个人所得税。

[《国家税务总局关于印发〈征收个人所得税若干问题的规定〉的通知》(国税发〔1994〕89号)]

3.1.4 特许权使用费所得

特许权使用费所得，是指个人提供专利权、商标权、著作权、非专利技术以及其他特许权的使用权取得的所得；提供著作权的使用权取得的所得，不包括稿酬所得。

[《中华人民共和国个人所得税法实施条例》第六条]

3.1.4.1 关于拍卖文稿所得的征税问题

作者将自己的文字作品手稿原件或复印件公开拍卖（竞价）取得的所得，应按"特许权使用费所得"项目征收个人所得税。

[《国家税务总局关于印发〈征收个人所得税若干问题的规定〉的通知》（国税发〔1994〕89号）]

3.1.4.2 关于个人获得的专利赔偿款的征税问题

专利所有者因其专利权被其他单位使用而取得的经济赔偿收入，应按照《个人所得税法》及其实施条例的规定，按"特许权使用费所得"应税项目缴纳个人所得税，税款由支付赔款的单位代扣代缴。

[《国家税务总局关于个人取得专利赔偿所得征收个人所得税问题的批复》（国税函〔2000〕257号）]

3.1.4.3 剧本使用费

对于剧本作者从电影、电视剧的制作单位取得的剧本使用费，不再区分剧本的使用方是否为其任职单位，统一按"特许权使用费所得"项目计征个人所得税。

[《国家税务总局关于剧本使用费征收个人所得税问题的通知》（国税发〔2002〕52号）]

3.1.4.4 提供照片制作广告所得

依照《个人所得税法》及实施条例的规定，《青岛年鉴》编辑部编辑×××因北京××公关广告公司青岛分公司使用其拍摄的艺术照片制作广告宣传路牌而取得的所得3万元，应按照"特许权使用费所得"应税项目计算缴纳个人所得税。

[《国家税务总局关于×××提供艺术照片取得的所得征收个人所得税问题的批复》（国税函〔1998〕482号）]

3.1.5 经营所得

3.1.5.1 经营所得内涵

经营所得，是指：

（1）个体工商户从事生产、经营活动取得的所得，个人独资企业投资人、合伙企业的个人合伙人来源于境内注册的个人独资企业、合伙企业生产、经营的所得。

（2）个人依法从事办学、医疗、咨询以及其他有偿服务活动取得的所得。

（3）个人对企业、事业单位承包经营、承租经营以及转包、转租取得的所得。

（4）个人从事其他生产、经营活动取得的所得。

[《中华人民共和国个人所得税法实施条例》第六条]

3.1.5.2 "四业"不征个人所得税

对个人或个体户从事种植业、养殖业、饲养业、捕捞业，且经营项目属于农业税（包括农业特产税)、牧业税征税范围的,其取得的"四业"所得暂不征收个人所得税。

[《财政部 国家税务总局关于农村税费改革试点地区有关个人所得税问题的通知》(财税〔2004〕30号)]

根据《国务院关于个人独资企业和合伙企业征收所得税问题的通知》(国发〔2000〕16号)、《财政部 国家税务总局关于个人所得税若干政策问题的通知》(财税字〔1994〕20号)和《财政部 国家税务总局关于农村税费改革试点地区有关个人所得税问题的通知》(财税〔2004〕30号)等有关规定,对个人独资企业和合伙企业从事种植业、养殖业、饲养业和捕捞业(以下简称"四业"),其投资者取得的"四业"所得暂不征收个人所得税。

[《财政部 国家税务总局关于个人独资企业和合伙企业投资者取得种植业 养殖业 饲养业 捕捞业所得有关个人所得税问题的批复》(财税〔2010〕96号)]

3.1.5.3 青苗补偿收入不征个人所得税

乡镇企业的职工和农民取得的青苗补偿费,属于种植业的收益范围,同时,也属于经济损失的补偿性收入,因此,对他们取得的青苗补偿费收入暂不征收个人所得税。

[《国家税务总局关于个人取得青苗补偿费收入征免个人所得税的批复》(国税函发〔1995〕79号)]

3.1.5.4 个人举办各类培训班收入

个人经政府有关部门批准并取得执照举办学习班、培训班的,其取得的办班收入属于"经营所得"应税项目,应按《个人所得税法》规定计征个人所得税。

个人无须经政府有关部门批准并取得执照举办学习班、培训班的,其取得的办班收入属于"劳务报酬所得"应税项目,应按税法规定计征个人所得税。其中,办班者每次收入按以下方法确定:一次收取学费的,以一期取得的收入为一次;分次收取学费的,以每月取得的收入为一次。

[《国家税务总局关于个人举办各类学习班取得的收入征收个人所得税问题的批复》(国税函发〔1996〕658号)]

3.1.5.5 社会力量办学所得

自1997年10月1日《社会力量办学条例》(国务院令226号)施行以来,由于该条例规定有"社会力量举办教育机构不得以营利为目的,教育机构的积累只能用于增加教育投入和改善办学条件,不得用于分配和校外投资"等内容,个人办学者、税务机关就是否缴纳个人所得税问题产生争议。

《个人所得税法》及其实施条例规定,对于个人经政府有关部门批准,取得执照,从事办学取得的所得,应按"经营所得"应税项目计征个人所得税。据此,对于个人办学者取得的办学所得用于个人消费的部分,应依法计征个人所得税。

[《国家税务总局关于社会力量办学征收个人所得税问题的批复》(国税函发〔1998〕738号)]

3.1.5.6 乡村医生所得

对于乡村卫生室由医生个人或合伙出资经营,经营成果归医生个人所有,其取得的所有,应比照"经营所得"应税项目征收个人所得税。

[《国家税务总局关于乡村医生征收个人所得税问题的批复》(国税函〔1996〕577号)]

3.1.5.7 个人从事医疗服务所得

个人经政府有关部门批准,取得执照,以门诊部、诊所、卫生所(室)、卫生院、医院等医疗机构形式从事疾病诊断、治疗及售药等服务活动,应当以该医疗机构取得的所得,作为个人的应纳税所得,按照"经营所得"应税项目缴纳个人所得税。

个人未经政府有关部门批准,自行连续从事医疗服务活动,不管是否有经营场所,其取得与医疗服务活动相关的所得,按照"经营所得"应税项目缴纳个人所得税。

对于由集体、合伙或个人出资的乡村卫生室(站),由医生承包经营,经营成果归医生个人所有,承包人取得的所得,按照"经营所得"应税项目缴纳个人所得税。乡村卫生室(站)的医务人员取得的所得,按照"工资、薪金所得"应税项目缴纳个人所得税。

经政府有关部门批准而取得许可证(执照)的个人,应当在领取执照后30日内向当地主管税务机关申报办理税务登记。未经政府有关部门批准而自行开业的个人,应当自开始医疗服务活动后30日内向当地主管税务机关申报办理税务登记。

[《国家税务总局关于个人从事医疗服务活动征收个人所得税问题的通知》(国税发〔1997〕178号)]

3.1.5.8 个人承包经营或开设医院(诊所)所得

医生或其他个人承包、承租经营医疗机构,经营成果归承包人所有的,依据《个人所得税法》的规定,承包人取得的所得,应按照"经营所得"应税项目计征个人所得税。

个人投资或个人合伙投资开设医院(诊所)而取得的收入,应依据《个人所得税法》的规定,按照"经营所得"应税项目计征个人所得税。

对残疾人、转业军人、随军家属和下岗职工等投资开设医院(诊所)而取得的收入,仍按现行相关政策执行。

[《财政部 国家税务总局关于医疗机构有关个人所得税政策问题的通知》(财税〔2003〕109号)]

3.1.5.9 个人从事彩票代销业务

个人因从事彩票代销业务而取得所得,应按照"经营所得"项目计征个人所得税。

[《国家税务总局关于个人所得税若干政策问题的批复》(国税函〔2002〕629号)]

3.1.5.10 个人发售幸运彩票所得

个人发售幸运彩票是违反国家有关规定的行为。在有关部门未能对其取缔、没收非法所得的情况下,为调节个人收入水平,对个人发售幸运彩票取得的所得应按《个人所得税法》第二条列举的"经营所得"项目征收个人所得税。

购买彩票中奖者应缴纳的个人所得税由彩票发售人负责代扣代缴。如有未扣税款,由彩票发售人负责缴纳。

[《国家税务总局关于个人发售幸运彩票取得所得征收个人所得税问题的批复》(国税函〔1998〕84号)]

3.1.5.11 违规吸存放贷所得

个人或者几个人合伙对外吸收存款、放出贷款,从中获取贷款利息的差额利润,这是违反国家金融管理法规的行为,应由有关部门依法取缔。在这种行为被有关部门取缔之前,为了防止其蔓延和调节个人收入,现明确:对个人或个人合伙取得的吸存放贷收入,应按照"经营所得"应税项目征收个人所得税;对个人将资金提供上述人员放贷而取得的利息收入,应作为集资利息收入,按照"利息、股息、红利所得"应税项目征收个人所得税,税款由利息所得支付者代扣代缴。

[《国家税务总局关于个人或合伙吸储放贷取得的收入征收个人所得税问题的批复》(国税函〔2000〕516号)]

解读 关于违法所得是否应征税问题,一直以来都是理论界争论的问题。很多人认为违法所得一旦征税了就成为合法所得。但编者认为,对于一项行为是否征税与行为本身是否合法没有本质上的联系。就税法而言,符合征税范围内的行为或者所得属于税收法律调整范围,而行为是否合法是由相关法律进行界定和调整的,在相关部门没有界定该项行为的合法性时,税务机关只能就该行为是否符合征税范围进行界定。如果有明显违背相关法律行为的,应向相关部门报告并就该项行为取得的收入按税法规定征税;如果没有明显违背相关法律法规的或者税务机关无法判断该项行为是否违背相关法律法规的,只要该项行为属于税法规定的征税范围,就应按规定征收税款。

3.1.5.12 个人独资、合伙企业

1) 个人独资、合伙企业内涵

个人独资企业和合伙企业是指:

(1) 依照《中华人民共和国个人独资企业法》和《中华人民共和国合伙企业法》登记成立的个人独资企业、合伙企业。

(2) 依照《中华人民共和国律师法》登记成立的合伙制律师事务所。

(3) 经政府有关部门依照法律法规批准成立的负无限责任和无限连带责任的其他个人独资、个人合伙性质的机构或组织。

[《财政部 国家税务总局关于印发〈关于个人独资企业和合伙企业投资者征收个人所得税的规定〉的通知》(财税〔2000〕91号)]

【注】2018年3月19日,国务院总理李克强签署国务院令第698号,公布了《国务院关于修改和废止部分行政法规的决定》,废止《中华人民共和国私营企业暂行条例》。因此,《财政部 国家税务总局关于印发〈关于个人独资企业和合伙企业投资者征收个人所得税的规定〉的通知》(财税〔2000〕91号)中"依照《中华人民共和国私营企业暂行条例》登记成立的独资、合伙性质的私营企业"删除。

解读 《中华人民共和国个人独资企业法》规定,个人独资企业,是指依照本法在中国境内设立,由一个自然人投资,财产为投资人个人所有,投资人以其个人财产对企业债务承担无限责任的经营实体。《中华人民共和国合伙企业法》规定,合伙企业,是指自然人、法人和其他组织依照本法在中国境内设立的普通合伙企业和有限合伙企业。普通合伙企业由普通合伙人组成,合伙人对合伙企业债务承担无限连带责任。有限合伙企业由普通合伙人和有限合伙人组成,普通合伙人对合伙企业债务承担无限连带责任,有限合伙人以其认缴的出资额为限对合伙企业债务承担责任。

2）个人独资、合伙企业纳税人与征税项目

个人独资企业以投资者为纳税义务人，合伙企业以每一个合伙人为纳税义务人。

个人独资企业和合伙企业每一纳税年度的收入总额减除成本、费用以及损失后的余额，作为投资者个人的生产经营所得，比照《个人所得税法》的"经营所得"应税项目，适用5%～35%的五级超额累进税率，计算征收个人所得税。

[《财政部 国家税务总局关于印发〈关于个人独资企业和合伙企业投资者征收个人所得税的规定〉的通知》（财税〔2000〕91号）]

3）合伙企业合伙人所得税问题

合伙企业是指依照中国法律、行政法规成立的合伙企业。

合伙企业以每一个合伙人为纳税义务人。合伙企业合伙人是自然人的，缴纳个人所得税；合伙人是法人和其他组织的，缴纳企业所得税。

[《财政部 国家税务总局关于合伙企业合伙人所得税问题的通知》（财税〔2008〕159号）]

4）个人独资、合伙企业支付投资者消费性支出

个人独资企业、合伙企业的个人投资者以企业资金为本人、家庭成员及其相关人员支付与企业生产经营无关的消费性支出及购买汽车、住房等财产性支出，视为企业对个人投资者利润分配，并入投资者个人的生产经营所得，依照"经营所得"项目计征个人所得税。

企业的上述支出不允许在所得税前扣除。

[《财政部 国家税务总局关于规范个人投资者个人所得税征收管理的通知》（财税〔2003〕158号）]

加强个人消费支出与非法人企业生产经营支出管理。对企业资金用于投资者本人、家庭成员及其相关人员消费性和财产性支出的部分，应按照《财政部 国家税务总局关于规范个人投资者个人所得税征收管理的通知》（财税〔2003〕158号）等有关规定，依照"经营所得"项目计征个人所得税。

[《国家税务总局关于进一步加强高收入者个人所得税征收管理的通知》（国税发〔2010〕54号）]

将个人独资企业、合伙企业和个体工商户的资金用于投资者本人、家庭成员及其相关人员消费性支出和财产性支出的，严格按照相关规定计征个人所得税。

[《国家税务总局关于切实加强高收入者个人所得税征管的通知》（国税发〔2011〕50号）]

5）从事投资品交易所得

对个人独资企业和合伙企业从事股权（票）、期货、基金、债券、外汇、贵重金属、资源开采权及其他投资品交易取得的所得，应全部纳入生产经营所得，依法征收个人所得税。

加强以非劳动所得为主要收入来源人群的征管。密切关注持有公司大量股权、取得大额投资收益以及从事房地产、矿产资源投资、私募基金、信托投资等活动的高收入人群，实行重点税源管理。

[《国家税务总局关于切实加强高收入者个人所得税征管的通知》（国税发〔2011〕50号）]

3.1.6 利息、股息、红利所得

利息、股息、红利所得，是指个人拥有债权、股权等而取得的利息、股息、红利所得。

[《中华人民共和国个人所得税法实施条例》第六条]

3.1.6.1 储蓄存款利息所得征税问题

对储蓄存款利息所得开征、减征、停征个人所得税及其具体办法，由国务院规定，并报全国人民代表大会常务委员会备案。

[《中华人民共和国个人所得税法》第十八条]

3.1.6.2 证券投资基金投资者征税问题

对基金取得的股票的股息、红利收入，债券的利息收入、储蓄存款利息收入，由上市公司、发行债券的企业和银行在向基金支付上述收入时代扣代缴20%的个人所得税；对投资者(包括个人和机构投资者)从基金分配中取得的收入，暂不征收个人所得税和企业所得税。

[《财政部 国家税务总局关于开放式证券投资基金有关税收问题的通知》(财税〔2002〕128号)、《财政部 税务总局关于继续有效的个人所得税优惠政策目录的公告》(财政部 税务总局公告2018年第177号)]

对投资者从基金分配中获得的股票的股息、红利收入以及企业债券的利息收入，由上市公司和发行债券的企业在向基金派发股息、红利、利息时代扣代缴20%的个人所得税，基金向个人投资者分配股息、红利、利息时，不再代扣代缴个人所得税。

对个人投资者从基金分配中获得的企业债券差价收入，应按税法规定对个人投资者征收个人所得税，税款由基金在分配时依法代扣代缴。

[《财政部 国家税务总局关于证券投资基金税收问题的通知》(财税字〔1998〕55号)]

3.1.6.3 资产评估增值所得

在城市信用社改制为城市合作银行过程中，个人以现金或股份及其他形式取得的资产评估增值数额，应当按"利息、股息、红利所得"项目计征个人所得税，税款由城市合作银行负责代扣代缴。

[《国家税务总局关于原城市信用社在转制为城市合作银行过程中个人股增值所得应纳个人所得税的批复》(国税函〔1998〕289号)]

3.1.6.4 资本公积转增股本征税问题

股份制企业用资本公积金转增股本不属于股息、红利性质的分配，对个人取得的转增股本数额，不作为个人所得，不征收个人所得税。

[《国家税务总局关于股份制企业转增股本和派发红股征免个人所得税的通知》(国税发〔1997〕198号)]

《国家税务总局关于股份制企业转增股本和派发红股征免个人所得税的通知》(国税发〔1997〕198号)中所表述的"资本公积金"是指股份制企业股票溢价发行收入所形成的资本公积金。将此转增股本由个人取得的数额，不作为应税所得征收个人所得税。而与此不相符合的其他资本公积金分配个人所得部分，应当依法征收个人所得税。

[《国家税务总局关于原城市信用社在转制为城市合作银行过程中个人股增值所得应纳个人所得税的批复》(国税函〔1998〕289号)]

3.1.6.5　盈余公积派发红股等分配征税问题

股份制企业用盈余公积金派发红股属于股息、红利性质的分配,对个人取得的红股数额,应作为个人所得征税。

派发红股的股份制企业作为支付所得的单位应按照税法规定履行扣缴义务。

[《国家税务总局关于股份制企业转增股本和派发红股征免个人所得税的通知》(国税发〔1997〕198号)]

青岛路邦石油化工有限公司将从税后利润中提取的法定公积金和任意公积金转增注册资本,实际上是该公司将盈余公积金向股东分配了股息、红利,股东再以分得的股息、红利增加注册资本。因此,依据《国家税务总局关于股份制企业转增股本和派发红股征免个人所得税的通知》(国税发〔1997〕198号)精神,对属于个人股东分得再投入公司(转增注册资本)的部分应按照"利息、股息、红利所得"项目征收个人所得税,税款由股份有限公司在有关部门批准增资、公司股东会决议通过后代扣代缴。

[《国家税务总局关于盈余公积金转增注册资本征收个人所得税问题的批复》(国税函发〔1998〕333号)]

加强股息、红利所得征收管理。重点加强股份有限公司分配股息、红利时的扣缴税款管理,对在境外上市公司分配股息红利,要严格执行现行有关征免个人所得税的规定。加强企业转增注册资本和股本管理,对以未分配利润、盈余公积和除股票溢价发行外的其他资本公积转增注册资本和股本的,要按照"利息、股息、红利所得"项目,依据现行政策规定计征个人所得税。

[《国家税务总局关于进一步加强高收入者个人所得税征收管理的通知》(国税发〔2010〕54号)]

加强企业分配股息、红利的扣缴税款管理,重点关注以未分配利润、盈余公积和资产评估增值转增注册资本和股本的征管,堵塞征管漏洞。

对连续盈利且不分配股息、红利或者核定征收企业所得税的企业,其个人投资者的股息、红利等所得,应实施重点跟踪管理,制定相关征管措施。同时,加强企业注销时个人投资者税收清算管理。

[《国家税务总局关于切实加强高收入者个人所得税征管的通知》(国税发〔2011〕50号)]

3.1.6.6　企业为个人股东支付消费性支出和财产性支出问题

个人独资企业、合伙企业以外的其他企业的个人投资者,以企业资金为本人、家庭成员及其相关人员支付与企业生产经营无关的消费性支出及购买汽车、住房等财产性支出,视为企业对个人投资者的红利分配,依照"利息、股息、红利所得"项目计征个人所得税。

[《财政部 国家税务总局关于规范个人投资者个人所得税征收管理的通知》(财税〔2003〕158号)]

3.1.6.7　企业为个人股东购买汽车的处理

依据《个人所得税法》以及有关规定,企业购买车辆并将车辆所有权办到股东个人名下,其实质为企业对股东进行了红利性质的实物分配,应按照"利息、股息、红利所得"项目征收个人所得税。考虑到该股东个人名下的车辆也为企业经营使用的实际情况,允许合理减除部分所得,减除的具体数额由主管税务机关根据车辆的实际使用情况合理确定。

[《国家税务总局关于企业为股东个人购买汽车征收个人所得税的批复》(国税函〔2005〕364号)]

3.1.6.8 个人投资者从其投资的企业借款长期不还的处理

纳税年度内个人投资者从其投资企业(个人独资企业、合伙企业除外)借款,在该纳税年度终了后既不归还,又未用于企业生产经营的,其未归还的借款可视为企业对个人投资者的红利分配,依照"利息、股息、红利所得"项目计征个人所得税。

[《财政部 国家税务总局关于规范个人投资者个人所得税征收管理的通知》(财税〔2003〕158号)]

加强个人从法人企业列支消费性支出和从投资企业借款的管理。对投资者本人、家庭成员及相关人员的相应所得,要根据《财政部 国家税务总局关于规范个人投资者个人所得税征收管理的通知》(财税〔2003〕158号)规定,依照"利息、股息、红利所得"项目计征个人所得税。

《国家税务总局关于进一步加强高收入者个人所得税征收管理的通知》(国税发〔2010〕54号)

对投资者本人及其家庭成员从法人企业列支消费支出和借款的,应认真开展日常税源管理和检查,对其相关所得依法征税。涉及金额较大的,应核实其费用凭证的真实性、合法性。

《国家税务总局关于切实加强高收入者个人所得税征管的通知》(国税发〔2011〕50号)

3.1.6.9 企业为个人购买房屋或其他财产的处理

根据《个人所得税法》和《财政部 国家税务总局关于规范个人投资者个人所得税征收管理的通知》(财税〔2003〕158号)的有关规定,符合以下情形的房屋或其他财产,不论所有权人是否将财产无偿或有偿交付企业使用,其实质均为企业对个人进行了实物性质的分配,应依法计征个人所得税。

(1) 企业出资购买房屋及其他财产,将所有权登记为投资者个人、投资者家庭成员或企业其他人员的。

(2) 企业投资者个人、投资者家庭成员或企业其他人员向企业借款用于购买房屋及其他财产,将所有权登记为投资者、投资者家庭成员或企业其他人员,且借款年度终了后未归还借款的。

对个人独资企业、合伙企业的个人投资者或其家庭成员取得的上述所得,视为企业对个人投资者的利润分配,按照"经营所得"项目计征个人所得税;对除个人独资企业、合伙企业以外其他企业的个人投资者或其家庭成员取得的上述所得,视为企业对个人投资者的红利分配,按照"利息、股息、红利所得"项目计征个人所得税;对企业其他人员取得的上述所得,按照"工资、薪金所得"项目计征个人所得税。

[《财政部 国家税务总局关于企业为个人购买房屋或其他财产征收个人所得税问题的批复》(财税〔2008〕83号)]

3.1.6.10 员工拥有股权征税项目问题

员工因拥有股权而参与企业税后利润分配取得的所得,应按照"利息、股息、红利所得"适用的规定计算缴纳个人所得税。

[《财政部 国家税务总局关于个人股票期权所得征收个人所得税问题的通知》(财税〔2005〕35号)]

3.1.6.11 房屋买受人按照约定退房取得的补偿款问题

根据《个人所得税法》及其实施条例有关规定,房屋买受人在未办理房屋产权证的情况下,按照与房地产公司约定条件(如对房屋的占有、使用、收益和处分权进行限制)在一定时期后无条件退房而取得的补偿款,应按照"利息、股息、红利所得"项目缴纳个人所得税,税款由支付补偿款的房地产公司代扣代缴。

[《国家税务总局关于房屋买受人按照约定退房取得的补偿款有关个人所得税问题的批复》(税总函〔2013〕748号)]

3.1.6.12 个人独资合伙企业对外投资分回利息、股息、红利处理

个人独资企业和合伙企业对外投资分回的利息或者股息、红利,不并入企业的收入,而应单独作为投资者个人取得的利息、股息、红利所得,按"利息、股息、红利所得"应税项目计算缴纳个人所得税。以合伙企业名义对外投资分回利息或者股息、红利的,应按《关于个人独资企业和合伙企业投资者征收个人所得税的规定》(财税〔2000〕91号印发)第五条(详见4.3.2"个人独资合伙企业经营所得")规定的精神确定各个投资者的利息、股息、红利所得,分别按"利息、股息、红利所得"应税项目计算缴纳个人所得税。

[《国家税务总局关于〈关于个人独资企业和合伙企业投资者征收个人所得税的规定〉执行口径的通知》(国税函〔2001〕84号)]

解读▶ 现行税法对个人独资合伙企业实行的是准实体纳税模式,即介于实体模式与非实体模式之间,虽然不将合伙企业作为纳税主体,但是需要在合伙企业环节作统一的收入和成本核算,对核算出的应纳税所得,由出资人或合伙人为之分别纳税。在这种模式下,涉及自然人的有关税收问题不是穿透的,而是以企业为主体进行登记和核算的。而国税函〔2001〕84号文件本着鼓励投资的原则,将个人独资企业和合伙企业对外投资分回的利息或者股息、红利,不并入企业的收入,而应单独作为投资者个人取得的利息、股息、红利所得,按"利息、股息、红利所得"应税项目计算缴纳个人所得税,实质上是进行了穿透。

在征管中存在三个问题:一是对投资分回的利息或者股息、红利的征税环节问题,是在分回到个人独资合伙企业时征税,还是在个人独资企业分给个人投资者时征税呢?我们知道,个人所得税除经营所得是按权责发生制原则核算并且按季预征按年汇算的外,其他各项所得是按收付制原则确定征税环节的,而对个人独资合伙企业对外投资分回的利息或者股息、红利,如果按收付实现制原则,且企业不分给个人投资者,这部分收入一直可以不征,而被投资企业分配已经完成,相对于其他自然人投资者已经完税,合伙企业可以暂不征税有失公平。个人独资合伙企业在核算与分配时难以把握确切的征税时点,税务机关征管也难以操作。二是扣缴义务人是个人独资合伙企业还是被投资企业?既然政策是穿透到个人,按个人所得处理,那么被投资企业是否应该有扣缴义务呢?三是

由扣缴义务引发的纳税地点问题,是在被投资企业所在地还是在个人独资合伙企业所在地?纳税地点问题往往会引起不同地区争抢税源的问题。

本着方便操作、减少税收风险的原则,我们认为:一是征税时点应为个人独资企业和合伙企业对外投资分回的利息或者股息、红利时,不论是否分给自然人投资者都应征税。个人独资合伙企业理论上以企业为核算单位的,企业在收到投资分回的利息或者股息、红利时收入已经实现,国税函〔2001〕84号文件只是出于鼓励投资的目的将纳税义务穿透至个人,不应影响征税时点。二是个人所得税扣缴义务人应为个人独资合伙企业,股权登记在个人独资合伙企业名下,虽然在征税项目上予以穿透至个人,但被投资企业的分配是以个人独资合伙企业为股东进行的,无法穿透至合伙人扣缴。三是在解决了扣缴义务人问题的基础上,纳税地点也因此明朗了,应在个人独资合伙企业机构所在地。当然,以上只是编者从政策和征管操作角度提出的建议,有些地区由于税源的问题,也会要求由被投资企业所在地扣缴,因此,在具体执行过程中,个人独资合伙企业应咨询当地主管税务机关,以主管税务机关的答复为准。

热点问题 个人独资合伙企业银行账户上正常的存款利息收入是否按"利息、股息、红利所得"征收个人所得税?

答:根据《国家税务总局关于〈关于个人独资企业和合伙企业投资者征收个人所得税的规定〉执行口径的通知》(国税函〔2001〕84号)的规定,个人独资企业和合伙企业对外投资分回的利息或者股息、红利,不并入企业的收入,而应单独作为投资者个人取得的利息、股息、红利所得,按"利息、股息、红利所得"应税项目计算缴纳个人所得税。个人独资合伙企业银行账户上正常的存款利息收入不属于对外投资分回的利息收入,应作为企业利息收入并入企业收入总额,计算投资人或合伙人的"经营所得"。

3.1.6.13 个体工商户与企业联营而分得的利润处理

个体工商户与企业联营而分得的利润,按"利息、股息、红利所得"项目征收个人所得税。

[《财政部 国家税务总局关于个人所得税若干政策问题的通知》(财税字〔1994〕20号)]

3.1.6.14 非居民个人投资H股股息、红利所得问题

境外居民个人股东从境内非外商投资企业在香港发行股票取得的股息、红利所得,应按照"利息、股息、红利所得"项目,由扣缴义务人依法代扣代缴个人所得税。

境内非外商投资企业在香港发行股票,其境外居民个人股东可根据其居民身份所属国家与中国签署的税收协定及内地和香港(澳门)间税收安排的规定,享受相关税收优惠。

上述税收协定和税收安排规定的相关股息税率一般为10%,为简化税收征管,在香港发行股票的境内非外商投资企业派发股息红利时,一般按10%税率扣缴个人所得税。

对股息税率不属于10%的情况,按以下规定办理:

(1)取得股息的个人为低于10%税率的协定国家居民,根据《国家税务总局关于发

布《非居民纳税人享受协定待遇管理办法》的公告》(国家税务总局公告2019年第35号)第十条规定,非居民纳税人可享受但未享受协定待遇而多缴税款的,可在《税收征收管理法》规定期限内自行或通过扣缴义务人向主管税务机关要求退还多缴税款,同时提交下列资料:

① 由协定缔约对方税务主管当局开具的证明非居民纳税人取得所得的当年度或上一年度税收居民身份的税收居民身份证明;享受税收协定国际运输条款或国际运输协定待遇的,可用能够证明符合协定规定身份的证明代替税收居民身份证明。

② 与取得相关所得有关的合同、协议、董事会或股东会决议、支付凭证等权属证明资料。

③ 享受股息、利息、特许权使用费条款协定待遇的,应留存证明"受益所有人"身份的相关资料。

④ 非居民纳税人认为能够证明其符合享受协定待遇条件的其他资料。

主管税务机关应当自接到非居民纳税人或扣缴义务人退还多缴税款申请之日起30日内查实,对符合享受协定待遇条件的多缴税款办理退还手续。

(2) 取得股息的个人为高于10%低于20%税率的协定国家居民,扣缴义务人派发股息红利时应按协定实际税率扣缴个人所得税,无需办理申请事宜。

(3) 取得股息的个人为与我国没有税收协定国家居民及其他情况,扣缴义务人派发股息红利时应按20%税率扣缴个人所得税。

表3-1 相关股息税率低于或高于10%协定一览表

国家	税率
科威特、蒙古国、毛里求斯、斯洛文尼亚、牙买加、苏丹、老挝、南非、克罗地亚、马其顿、塞舌尔、阿曼、巴林、沙特、墨西哥、文莱	5%
阿联酋	7%
尼日利亚	7.5%
埃及、突尼斯	8%
挪威、加拿大、新西兰、巴西、菲律宾、巴新、澳大利亚	15%
泰国	20%

[《国家税务总局关于国税发〔1993〕45号文件废止后有关个人所得税征管问题的通知》(国税函〔2011〕348号)、《国家税务总局关于国税发〔1993〕45号文件废止后有关个人所得税征管问题的补充通知》(国税函〔2011〕363号)]

3.1.6.15 自然人利息所得

加强利息所得征收管理。要通过查阅财务报表相关科目、资产盘查等方式,调查自然人、企业及其他组织向自然人借款及支付利息情况,对其利息所得依法计征个人所得税。

[《国家税务总局关于进一步加强高收入者个人所得税征收管理的通知》(国税发〔2010〕54号)]

对企业及其他组织向个人借款并支付利息的,应通过核查相关企业所得税前扣除凭证等方式,督导企业或有关组织依法扣缴个人所得税。

[《国家税务总局关于切实加强高收入者个人所得税征管的通知》(国税发〔2011〕50号)]

3.1.7　财产租赁所得

财产租赁所得,是指个人出租不动产、机器设备、车船以及其他财产取得的所得。

[《中华人民共和国个人所得税法实施条例》第六条]

3.1.7.1　转租房屋所得

个人将承租房屋转租取得的租金收入,属于个人所得税应税所得,应按"财产租赁所得"项目计算缴纳个人所得税。

[《国家税务总局关于个人转租房屋取得收入征收个人所得税问题的通知》(国税函〔2009〕639号)]

3.1.7.2　转租滩涂使用权所得

河北省秦皇岛市石河镇村民丁某于1996年与村委会签订了承包合同,承包部分浅海滩涂,用于海产养殖,承包期为10年。其后,丁某又将其承包的海滩转租给姜某,另外将原海滩的一切设施和剩余的文蛤作价一并转让给姜某。关于丁某转租滩涂使用权取得收入征收个人所得税问题,经研究,现批复如下:

根据《个人所得税法实施条例》第六条规定,个人转租滩涂使用权取得的收入,应按照"财产租赁所得"应税项目征收个人所得税,其每年实际上交村委会的承包费可以在税前扣除;同时,个人一并转让原海滩的设施和剩余文蛤的所得应按照"财产转让所得"应税项目征收个人所得税。

[《国家税务总局关于转租浅海滩涂使用权收入征收个人所得税问题的批复》(国税函〔2002〕1158号)]

3.1.7.3　酒店产权式经营业主所得

酒店产权式经营业主(以下简称业主)在约定的时间内提供房产使用权与酒店进行合作经营,如房产产权并未归属新的经济实体,业主按照约定取得的固定收入和分红收入均应视为租金收入,根据有关税收法律、行政法规的规定,应按照"财产租赁所得"项目征收个人所得税。

[《国家税务总局关于酒店产权式经营业主税收问题的批复》(国税函〔2006〕478号)]

3.1.8　财产转让所得

财产转让所得,是指个人转让有价证券、股权、合伙企业中的财产份额、不动产、机器设备、车船,以及其他财产取得的所得。

[《中华人民共和国个人所得税法实施条例》第六条]

3.1.8.1　离婚析产所得

通过离婚析产的方式分割房屋产权是夫妻双方对共同共有财产的处置,个人因离婚办理房屋产权过户手续,不征收个人所得税。

[《国家税务总局关于明确个人所得税若干政策执行问题的通知》(国税发〔2009〕121号)]

纳税人在办理不征个人所得税手续时,应报送《个人无偿赠与不动产登记表》、双方当事人的身份证明原件及复印件、房屋所有权证原件及复印件。属于离婚分割财产的,应当提交:

(1)离婚协议或者人民法院判决书或者人民法院调解书的原件及复印件。

(2)离婚证原件及复印件。

[《国家税务总局关于进一步简化和规范个人无偿赠与或受赠不动产免征营业税、个人所得税所需证明资料的公告》(国家税务总局公告2015年第75号)]

3.1.8.2 转让汽车及营运证所得

岳西县刘某等6人合股集资购买大客车一辆并将该车转让给某汽车运输公司从事营运。3年转让期满后,该车的所有权、营运权、线路牌等均归汽车运输公司所有。上述交易属于财产转让。刘某等6人获得的收入应按《个人所得税法》中规定的"财产转让所得"项目计算缴纳个人所得税。

[《国家税务总局关于个人转让汽车所得征收个人所得税问题的批复》(国税函发〔1997〕35)号]

3.1.8.3 转让自有住房所得

根据《个人所得税法》的规定,个人出售自有住房取得的所得应按照"财产转让所得"项目征收个人所得税。

[《财政部 国家税务总局 建设部关于个人出售住房所得征收个人所得税有关问题的通知》(财税字〔1999〕278号)]

热点问题 经法院判决,张某个人转让自有住房行为无效,张某已缴纳的个人所得税是否予以退还?

答:《国家税务总局关于无效产权转移征收契税的批复》(国税函〔2008〕438号)明确,对经法院判决的无效产权转移行为不征收契税。法院判决撤销房屋所有权证后,已纳契税款应予退还。同样道理,对经法院判决的无效产权转移行为自始无效,不征收个人所得税,法院判决撤销房屋所有权证后,已缴纳个人所得税款应予退还。

3.1.8.4 购买和处置债权所得

根据《个人所得税法》及有关规定,个人通过招标、竞拍或其他方式购置债权以后,通过相关司法或行政程序主张债权而取得的所得,应按照"财产转让所得"项目缴纳个人所得税。

[《国家税务总局关于个人因购买和处置债权取得所得征收个人所得税问题的批复》(国税函〔2005〕655号)]

3.1.8.5 网络买卖虚拟货币

个人通过网络收购玩家的虚拟货币,加价后向他人出售取得的收入,属于个人所得税应税所得,应按照"财产转让所得"项目计算缴纳个人所得税。

[《国家税务总局关于个人通过网络买卖虚拟货币取得收入征收个人所得税问题的批复》(国税函〔2008〕818号)]

解读 ▶ 虚拟货币主要包括网络游戏服务商发行的游戏币、门户网站或其他服务商发行的专用虚拟货币。个人通过网络收购玩家的虚拟货币,加价后向他人出售取得的收入,属于个人所得税应税所得,应按照"财产转让所得"项目计算缴纳个人所得税。

3.1.8.6　转让新三板挂牌公司原始股所得

对个人转让新三板挂牌公司原始股取得的所得,按照"财产转让所得",适用20%的比例税率征收个人所得税。

原始股是指个人在新三板挂牌公司挂牌前取得的股票,以及在该公司挂牌前和挂牌后由上述股票孳生的送、转股。

[《财政部　国家税务总局　中国证券监督管理委员会关于个人转让全国中小企业股份转让系统挂牌公司股票有关个人所得税政策的通知》(财税〔2018〕137号)]

3.1.8.7　基金投资

对个人投资者买卖基金单位获得的差价收入,在对个人买卖股票的差价收入未恢复征收个人所得税以前,暂不征收个人所得税。

[《财政部　国家税务总局关于证券投资基金税收问题的通知》(财税字〔1998〕55号)]

3.1.9　偶然所得

偶然所得,是指个人得奖、中奖、中彩以及其他偶然性质的所得。

[《中华人民共和国个人所得税法实施条例》第六条]

3.1.9.1　房屋赠与

房屋产权所有人将房屋产权无偿赠与他人的,受赠人因无偿受赠房屋取得的受赠收入,按照"偶然所得"项目计算缴纳个人所得税。按照《财政部　国家税务总局关于个人无偿受赠房屋有关个人所得税问题的通知》(财税〔2009〕78号)第一条规定,符合以下情形的,对当事双方不征收个人所得税:

(1) 房屋产权所有人将房屋产权无偿赠与配偶、父母、子女、祖父母、外祖父母、孙子女、外孙子女、兄弟姐妹。

(2) 房屋产权所有人将房屋产权无偿赠与对其承担直接抚养或者赡养义务的抚养人或者赡养人。

(3) 房屋产权所有人死亡,依法取得房屋产权的法定继承人、遗嘱继承人或者受遗赠人。

[《财政部　国家税务总局关于个人取得有关收入适用个人所得税应税所得项目的公告》(财政部税务总局公告2019年第74号)]

纳税人在办理受赠不动产不征个人所得税手续时,应报送《个人无偿赠与不动产登记表》、双方当事人的身份证明原件及复印件(继承或接受遗赠的,只需提供继承人或接受遗赠人的身份证明原件及复印件)、房屋所有权证原件及复印件。属于以下情形之一的,还应分别提交相应证明资料:

(1) 亲属之间无偿赠与的,应当提交:

① 无偿赠与配偶的,提交结婚证原件及复印件。

② 无偿赠与父母、子女、祖父母、外祖父母、孙子女、外孙子女、兄弟姐妹的,提交户口簿或者出生证明或者人民法院判决书或者人民法院调解书或者其他部门(有资质的机构)出具的能够证明双方亲属关系的证明资料原件及复印件。

(2) 无偿赠与非亲属抚养或赡养关系人的,应当提交:

人民法院判决书或者人民法院调解书或者乡镇政府或街道办事处出具的抚养(赡养)关系证明或者其他部门(有资质的机构)出具的能够证明双方抚养(赡养)关系的证明资料原件及复印件。

(3) 继承或接受遗赠的,应当提交:

① 房屋产权所有人死亡证明原件及复印件。

② 经公证的能够证明有权继承或接受遗赠的证明资料原件及复印件。

税务机关应当认真核对上述资料,资料齐全并且填写正确的,在《个人无偿赠与不动产登记表》上签字盖章,留存《个人无偿赠与不动产登记表》复印件和有关证明资料复印件,原件退还纳税人,同时办理不征税手续。

[《财政部 国家税务总局关于进一步简化和规范个人无偿赠与或受赠不动产免征营业税、个人所得税所需证明资料的公告》(国家税务总局公告2015年第75号)]

3.1.9.2 受赠礼品

企业在业务宣传、广告等活动中,随机向本单位以外的个人赠送礼品(包括网络红包,下同),以及企业在年会、座谈会、庆典以及其他活动中向本单位以外的个人赠送礼品,个人取得的礼品收入,按照"偶然所得"项目计算缴纳个人所得税,但企业赠送的具有价格折扣或折让性质的消费券、代金券、抵用券、优惠券等礼品除外。

[《财政部 国家税务总局关于个人取得有关收入适用个人所得税应税所得项目的公告》(财政部 税务总局公告2019年第74号)]

企业在销售商品(产品)和提供服务过程中向个人赠送礼品,属于下列情形之一的,不征收个人所得税:

(1) 企业通过价格折扣、折让方式向个人销售商品(产品)和提供服务。

(2) 企业在向个人销售商品(产品)和提供服务的同时给予赠品,如通信企业对个人购买手机赠话费、入网费,或者购话费赠手机等。

(3) 企业对累积消费达到一定额度的个人按消费积分反馈礼品。

[《财政部 国家税务总局关于企业促销展业赠送礼品有关个人所得税问题的通知》(财税〔2011〕50号)]

3.1.9.3 消费抽奖

企业对累积消费达到一定额度的顾客,给予额外抽奖机会,个人的获奖所得,按照"偶然所得"项目,全额适用20%的税率缴纳个人所得税。

[《财政部 国家税务总局关于企业促销展业赠送礼品有关个人所得税问题的通知》(财税〔2011〕50号)]

案例 3-1 ▶ 某生产饮料的 M 企业为了扩大销售开展了一系列促销活动,活动内容是购买饮料,如果瓶盖上有"再来 1 瓶"的字样,即可奖励 1 瓶同样的饮料,中奖率大约为 30%,获得"再来 1 瓶"的中奖人是否应按"偶然所得"代扣代缴个人所得税?

《财政部 国家税务总局关于企业促销展业赠送礼品有关个人所得税问题的通知》(财税〔2011〕50 号)规定,企业对累积消费达到一定额度的顾客,给予额外抽奖机会,个人的获奖所得,按照"偶然所得"项目,全额适用 20% 的税率缴纳个人所得税。M 企业促销抽奖,是一种随机抽奖,不是对累积消费达到一定额度的顾客给予的额外抽奖。因此,我们认为,M 企业的促销抽奖活动不符合《财政部 国家税务总局关于企业促销展业赠送礼品有关个人所得税问题的通知》(财税〔2011〕50 号)设定的前提,不应适用该文件。而根据《财政部 税务总局关于个人取得有关收入适用个人所得税应税所得项目的公告》(财政部 税务总局公告 2019 年第 74 号)的规定,企业在业务宣传、广告等活动中,随机向本单位以外的个人赠送礼品,以及企业在年会、座谈会、庆典以及其他活动中向本单位以外的个人赠送礼品,个人取得的礼品收入,按照"偶然所得"项目计算缴纳个人所得税,但企业赠送的具有价格折扣或折让性质的消费券、代金券、抵用券、优惠券等礼品除外。M 企业此次促销活动,个人的获奖所得仍然是 M 企业生产的产品,不需要按照"偶然所得"项目代扣代缴个人所得税。

3.1.9.4 政府奖励

个人因在各行各业做出突出贡献而从省级以下人民政府及其所属部门取得的一次性奖励收入,不论其奖金来源于何处,均不属于税法所规定的免税范畴,应按"偶然所得"项目征收个人所得税。

[《国家税务总局关于个人取得的奖金收入征收个人所得税问题的批复》(国税函〔1998〕293 号)]

3.1.9.5 大奖赛奖金收入

个人因参加由国家体委训练局、中国艺术研究院音乐研究所等单位联合主办的"营多杯"中国体育运动队队歌征集大奖赛而获得的奖金收入,属个人所得税"偶然所得"应税项目,不属免税范围。因此,对参加"营多杯"中国体育运动队队歌征集大奖赛获奖作者的奖金收入,应按《个人所得税法》规定的 20% 比例税率金额计算个人所得税,税款由主办单位负责代扣代缴。

[《国家税务总局关于运动队队歌征集大奖赛获奖作者的奖金征收个人所得税的复函》(国税函发〔1994〕448 号)]

3.1.9.6 有奖储蓄中奖收入

个人参加有奖储蓄取得的各种形式的中奖所得,属于机遇性的所得,应按照《个人所得税法》中"偶然所得"应税项目的规定征收个人所得税。虽然这种中奖所得具有银行储蓄利息二次分配的特点,但对中奖个人而言,已不属于按照国家规定利率标准取得的存款利息所得性质。支付该项所得的各级银行部门是税法规定的代扣代缴义务人,在其向个人支付有奖储蓄中奖所得时应按照"偶然所得"应税项目扣缴个人所得税税款。

[《国家税务总局关于有奖储蓄中奖收入征收个人所得税问题的批复》(国税函发〔1995〕98号)]

3.1.9.7 以使用权作为奖项

企业举办购物有奖活动,规定特等奖为一套住房的10年免费使用权(10年内可以由中奖者自住,也可出租,10年后归还房子),一等奖为一部桑塔纳轿车的10年免费使用权。从以上情况可以看出,消费者取得了实物的使用权,可以运用该使用权获取收入或节省费用,使用权实质上是实物形态所得的表现形式。根据《个人所得税法》立法精神,个人取得的实物所得含取得所有权和使用权的所得。因此,可以认定消费者取得上述住房、汽车的免费使用权,不管是自用还是出租,已经取得了实物形式的所得,应按照"偶然所得"应税项目缴纳个人所得税,税款由提供住房、汽车的企业代扣代缴。主管税务机关可根据《个人所得税法实施条例》第八条规定(详见4.1"个人所得的形式")的原则,结合当地实际情况和所获奖品合理确定应纳税所得额。

[《国家税务总局关于用使用权作奖项征收个人所得税问题的批复》(国税函〔1999〕549号)]

3.1.9.8 获奖征文奖金

根据《个人所得税法》第四条第一款第一项的规定,中国社会保障论坛颁发给获奖征文的奖金不符合免税规定,因此,获奖人员的奖金应依法缴纳个人所得税。

劳动和社会保障部在颁发奖金时,应根据《个人所得税法》的规定履行代扣代缴个人所得税义务。

[《国家税务总局关于中国社会保障论坛获奖征文奖金征收个人所得税问题的函》(国税函〔2006〕1241号)]

3.1.9.9 担保收入

个人为单位或他人提供担保获得收入,按照"偶然所得"项目计算缴纳个人所得税。

[《财政部 税务总局关于个人取得有关收入适用个人所得税应税所得项目的公告》(财政部 税务总局公告2019年第74号)]

3.1.9.10 不竞争款项

不竞争款项是指资产购买方企业与资产出售方企业自然人股东之间在资产购买交易中,通过签订保密和不竞争协议等方式,约定资产出售方企业自然人股东在交易完成后一定期限内,承诺不从事有市场竞争的相关业务,并负有相关技术资料的保密义务,资产购买方企业则在约定期限内,按一定方式向资产出售方企业自然人股东所支付的款项。

鉴于资产购买方企业向个人支付的不竞争款项,属于个人因偶然因素取得的一次性所得,为此,资产出售方企业自然人股东取得的所得,应按照"偶然所得"项目计算缴纳个人所得税,税款由资产购买方企业在向资产出售方企业自然人股东支付不竞争款项时代扣代缴。

[《财政部 税务总局关于企业向个人支付不竞争款项征收个人所得税问题的批复》(财税〔2007〕102号)]

3.1.9.11　网络红包

（1）对个人取得企业派发的现金网络红包，应按照"偶然所得"项目计算缴纳个人所得税，税款由派发红包的企业代扣代缴。

（2）对个人取得企业派发的且用于购买该企业商品（产品）或服务才能使用的非现金网络红包，包括各种消费券、代金券、抵用券、优惠券等，以及个人因购买该企业商品或服务达到一定额度而取得企业返还的现金网络红包，属于企业销售商品（产品）或提供服务的价格折扣、折让，不征收个人所得税。

（3）个人之间派发的现金网络红包，不属于《个人所得税法》规定的应税所得，不征收个人所得税。

[《国家税务总局关于加强网络红包个人所得税征收管理的通知》（税总函〔2015〕409号）]

热点问题　个人因看视频、邀请网友注册登录等获得企业或平台的网络红包应如何扣缴个人所得税？

答：个人看视频、邀请网友注册登录等，是个人为企业或平台提供了服务行为，由此而获得的网络红包应属于"劳务报酬所得"征税范围，企业或平台按"劳务报酬所得"的相关规定代扣代缴个人所得税。对个人不提供任何行为而取得企业派发的现金网络红包，应按《国家税务总局关于加强网络红包个人所得税征收管理的通知》（税总函〔2015〕409号）的规定，按照"偶然所得"项目计算缴纳个人所得税，税款由派发红包的企业代扣代缴。

3.2　综合所得

居民个人取得工资、薪金，劳务报酬，稿酬，特许权使用费等四项所得，称为综合所得，按纳税年度合并计算个人所得税；非居民个人取得工资、薪金，劳务报酬，稿酬，特许权使用费等四项所得，按月或者按次分项计算个人所得税。

纳税人取得经营所得，利息、股息、红利所得，财产租赁所得，财产转让所得，偶然所得，依照《个人所得税法》规定分别计算个人所得税。

[《中华人民共和国个人所得税法》第二条]

4 个人所得税计税依据

4.1 个人所得的形式

个人所得的形式,包括现金、实物、有价证券和其他形式的经济利益;所得为实物的,应当按照取得的凭证上所注明的价格计算应纳税所得额,无凭证的实物或者凭证上所注明的价格明显偏低的,参照市场价格核定应纳税所得额;所得为有价证券的,根据票面价格和市场价格核定应纳税所得额;所得为其他形式的经济利益的,参照市场价格核定应纳税所得额。

[《中华人民共和国个人所得税法实施条例》第八条]

4.2 居民个人综合所得计税依据

应纳税所得额的计算:

居民个人的综合所得,以每一纳税年度的收入额减除费用 6 万元以及专项扣除、专项附加扣除和依法确定的其他扣除后的余额,为应纳税所得额。

专项扣除,包括居民个人按照国家规定的范围和标准缴纳的基本养老保险、基本医疗保险、失业保险等社会保险费和住房公积金等;专项附加扣除,包括子女教育、继续教育、大病医疗、住房贷款利息或者住房租金、赡养老人、3 岁以下婴幼儿照护等支出,具体范围、标准和实施步骤由国务院确定,并报全国人民代表大会常务委员会备案。

专项扣除、专项附加扣除和依法确定的其他扣除,以居民个人一个纳税年度的应纳税所得额为限额;一个纳税年度扣除不完的,不结转以后年度扣除。

[《中华人民共和国个人所得税法》第六条、《中华人民共和国个人所得税法实施条例》第十三条、《国务院关于设立 3 岁以下婴幼儿照护个人所得税专项附加扣除的通知》(国发〔2022〕8 号)]

4.2.1 综合所得收入额

4.2.1.1 工资、薪金

对按照国务院规定发给的政府特殊津贴和国务院规定免纳个人所得税的补贴、津贴,免予征收个人所得税。其他各种补贴、津贴均应计入工资、薪金所得项目征税。

[《国家税务总局关于印发〈征收个人所得税若干问题的规定〉的通知》(国税发〔1994〕89 号)]

国务院发布的《个人所得税法实施条例》第十条规定:"个人所得税法第四条第一款第三项所称按照国家统一规定发给的补贴、津贴,是指按照国务院规定发给的政府特殊津贴和国务院规定免纳个人所得税的补贴、津贴。"国务院规定免纳个人所得税的补贴、津贴目前只有中国科学院院士津贴。至于地区差和各种补贴、津贴,目前国务院均未明确免税,因此应全额计入工资、薪金所得计征个人所得税。

[《国家税务总局关于个人取得的补贴、津贴征收个人所得税问题的复函》(国税所函发〔1995〕7号)]

1) 住房补贴和医疗补助费

企业以现金形式发给个人的住房补贴、医疗补助费,应全额计入领取人的当期工资、薪金收入计征个人所得税。

[《财政部 国家税务总局关于住房公积金 医疗保险金 养老保险金征收个人所得税问题的通知》(财税字〔1997〕144号)]

2) 民航空地勤人员伙食费

经报国务院同意,民航空地勤人员的伙食费应当按照税法规定,并入工资、薪金所得,计算征收个人所得税,并由支付单位负责代扣代缴。

[《财政部 国家税务总局关于民航空地勤人员的伙食费征收个人所得税的通知》(财税字〔1995〕77号)]

3) 航空公司空勤人员收入

根据《个人所得税法》的规定,空勤人员的飞行小时费和伙食费收入,应全额计入工资、薪金所得计征个人所得税,不能给予扣除。

[《国家税务总局关于新疆航空公司空勤人员飞行小时费和伙食费收入征收个人所得税的批复》(国税函发〔1995〕554号)]

4) 雇员提供推销代理活动的佣金

雇员为本企业提供非有形商品推销、代理等服务活动取得佣金、奖励和劳务费等名目的收入,无论该收入采用何种计取方法和支付方式,均应计入该雇员的当期工资、薪金所得,按照《个人所得税法》及其实施条例和其他有关规定计算征收个人所得税。

[《财政部 国家税务总局关于个人提供非有形商品推销、代理等服务活动取得收入征收营业税和个人所得税有关问题的通知》(财税〔1997〕103号)]

5) 公务交通、通讯补贴收入

个人因公务用车和通讯制度改革而取得的公务用车、通讯补贴收入,扣除一定标准的公务费用后,按照"工资、薪金所得"项目计征个人所得税。按月发放的,并入当月"工资、薪金所得"计征个人所得税;不按月发放的,分解到所属月份并与该月"工资、薪金所得"合并后计征个人所得税。

公务费用的扣除标准,由省级税务局根据纳税人公务交通、通讯费用的实际发生情况调查测算,报经省级人民政府批准后确定,并报国家税务总局备案。

[《国家税务总局关于个人所得税有关政策问题的通知》(国税发〔1999〕58号)]

近年来,部分单位因公务用车制度改革,对用车人给予各种形式的补偿:直接以现金形式发放,在限额内据实报销用车支出,单位反租职工个人的车辆支付车辆租赁费("私车公用"),单位向用车人支付车辆使用过程中的有关费用等。根据《个人所得税法实施条例》第六条的有关规定,现对公务用车制度改革后各种形式的补贴收入征收个人所得税问题明确如下:

（1）因公务用车制度改革而以现金、报销等形式向职工个人支付的收入,均应视为个人取得公务用车补贴收入,按照"工资、薪金所得"项目计征个人所得税。

（2）具体计征方法,按《国家税务总局关于个人所得税有关政策问题的通知》(国税发〔1999〕58号)第二条"关于个人取得公务交通、通讯补贴收入征税问题"的有关规定执行。

[《国家税务总局关于个人因公务用车制度改革取得补贴收入征收个人所得税问题的通知》(国税函〔2006〕245号)]

解读 ▶ 关于公务费用的扣除标准,各省份是不一样的,需要根据所在省份的规定进行扣除。有些省份没有制定扣除标准,比如江苏省,那么在计征个人所得税时就不能扣除公务部分的费用。

6）内部退养收入

个人在办理内部退养手续后从原任职单位取得的一次性收入,应按办理内部退养手续后至法定离退休年龄之间的所属月份进行平均,并与领取当月的"工资、薪金所得"合并后减除当月费用扣除标准,以余额为基数确定适用税率,再将当月工资、薪金加上取得的一次性收入,减去费用扣除标准,按适用税率计征个人所得税。

个人在办理内部退养手续后至法定离退休年龄之间重新就业取得的"工资、薪金所得",应与其从原任职单位取得的同一月份的"工资、薪金所得"合并,并依法自行向主管税务机关申报缴纳个人所得税。

[《国家税务总局关于个人所得税有关政策问题的通知》(国税发〔1999〕58号)]

个人办理内部退养手续而取得的一次性补贴收入,按照《国家税务总局关于个人所得税有关政策问题的通知》(国税发〔1999〕58号)规定计算纳税。

[《财政部 税务总局关于个人所得税法修改后有关优惠政策衔接问题的通知》(财税〔2018〕164号)]

热点问题 高寒边境地区津贴是否要并入工资、薪金所得征收个人所得税?

答：工作在高寒地区的职工,其工作、生活条件非常艰苦,为了解决他们的实际困难,国务院批准发放了高寒边境地区津贴。根据《个人所得税法》及其实施条例的规定,职工个人取得的此项津贴不属于免税所得。因为《个人所得税法实施条例》第十条规定,《个人所得税法》第四条第一款第(三)项所称按照国家统一规定发给的补贴、津贴,是指按照国务院规定发给的政府特殊津贴、院士津贴,以及国务院规定免予缴纳个人所得税的其他补贴、津贴。"政府特殊津贴"是国家对为社会各项事业的发展做出突出贡献的人员颁发的一项特定津贴,并非泛指国务院批准发给的其他各项补贴、津贴。对于高寒边境地区津贴,国务院没有明确免税。因此,对职工个人取得的此项津贴应全额计入"工资、薪金所得"计征个人所得税。

4.2.1.2 劳务报酬

劳务报酬所得以收入减除20%的费用后的余额为收入额。

[《中华人民共和国个人所得税法》第六条]

劳务报酬所得,属于一次性收入的,以取得该项收入为一次;属于同一项目连续性收入的,以一个月内取得的收入为一次。

[《中华人民共和国个人所得税法实施条例》第十四条]

"同一项目",是指劳务报酬所得列举具体劳务项目中的某一单项,个人兼有不同的劳务报酬所得,应当分别减除费用,计算缴纳个人所得税。

[《国家税务总局关于印发〈征收个人所得税若干问题的规定〉的通知》(国税发〔1994〕89号)]

关于劳务报酬所得"次"的规定。《个人所得税法实施条例》第十四条规定的"属于同一项目连续性收入的,以一个月内取得的收入为一次",考虑属地管辖与时间划定有交叉的特殊情况,统一规定以县(含县级市、区)为一地,其管辖内的一个月内的劳务服务为一次;当月跨县地域的,则应分别计算。

[《国家税务总局关于个人所得税偷税案件查处中有关问题的补充通知》(国税函发〔1996〕602号)]

1) 保险营销员、证券经纪人佣金收入

保险营销员、证券经纪人取得的佣金收入,以不含增值税的收入减除20%的费用后的余额为收入额,收入额减去展业成本以及附加税费后,并入当年综合所得,计算缴纳个人所得税。保险营销员、证券经纪人展业成本按照收入额的25%计算。

扣缴义务人向保险营销员、证券经纪人支付佣金收入时,应按照《个人所得税扣缴申报管理办法(试行)》(国家税务总局公告2018年第61号)(详见4.2.3.1"工资薪金预扣预缴")规定的累计预扣法计算预扣税款。

[《财政部 税务总局关于个人所得税法修改后有关优惠政策衔接问题的通知》(财税〔2018〕164号)]

2) 非雇员提供推销代理活动的佣金

非本企业雇员为企业提供非有形商品推销、代理等服务活动取得的佣金、奖励和劳务费等名目的收入,无论该收入采用何种计取方法和支付方式,应计入个人的劳务报酬所得,按照《个人所得税法》及其实施条例和其他有关规定计算征收个人所得税。

[《财政部 国家税务总局关于个人提供非有形商品推销、代理等服务活动取得收入征收营业税和个人所得税有关问题的通知》(财税〔1997〕103号)]

3) 关于中介费扣除问题

获取劳务报酬所得的纳税义务人从其收入中支付给中介人和相关人员的报酬,在定率扣除20%的费用后,一律不再扣除。对中介人和相关人员取得的上述报酬,应分别计征个人所得税。

[《国家税务总局关于个人所得税偷税案件查处中有关问题的补充通知》(国税函发〔1996〕602号)]

4.2.1.3　特许权使用费

特许权使用费所得以收入减除20%的费用后的余额为收入额。

[《中华人民共和国个人所得税法》第六条]

特许权使用费所得,属于一次性收入的,以取得该项收入为一次;属于同一项目连续性收入的,以一个月内取得的收入为一次。

[《中华人民共和国个人所得税法实施条例》第十四条]

根据《国家税务总局关于印发〈征收个人所得税若干问题的规定〉的通知》(国税发〔1994〕89号),作者将自己的文字作品手稿原件或复印件拍卖取得的所得,应以其转让收入额减除800元(转让收入额4 000元以下)或者20%(转让收入额4 000元以上)后的余额为应纳税所得额,按照"特许权使用费"所得项目适用20%税率缴纳个人所得税。

[《国家税务总局关于加强和规范个人取得拍卖收入征收个人所得税有关问题的通知》(国税发〔2007〕38号)]

对个人从事技术转让、提供劳务等过程中所支付的中介费,如能提供有效、合法凭证的,允许从其所得中扣除。

[《财政部　国家税务总局关于个人所得税若干政策问题的通知》(财税字〔1994〕20号)]

4.2.1.4　稿酬

稿酬所得以收入减除20%的费用后的余额为收入额。稿酬所得的收入额减按70%计算。

[《中华人民共和国个人所得税法》第六条]

稿酬所得属于一次性收入的,以取得该项收入为一次;属于同一项目连续性收入的,以一个月内取得的收入为一次。

[《中华人民共和国个人所得税法实施条例》第十四条]

个人每次以图书、报刊方式出版、发表同一作品(文字作品、书画作品、摄影作品以及其他作品),不论出版单位是预付还是分笔支付稿酬,或者加印该作品后再付稿酬,均应合并其稿酬所得按一次计征个人所得税。在两处或两处以上出版、发表或再版同一作品而取得稿酬所得,则可分别各处取得的所得或再版所得按分次所得计征个人所得税。

个人的同一作品在报刊上连载,应合并其因连载而取得的所有稿酬所得为一次,按税法规定计征个人所得税。在其连载之后又出书取得稿酬所得,或先出书后连载取得稿酬所得,应视同再版稿酬分次计征个人所得税。

[《国家税务总局关于印发〈征收个人所得税若干问题的规定〉的通知》(国税发〔1994〕89号)]

4.2.2　综合所得扣除

4.2.2.1　基本减除费用

对纳税人在2018年10月1日(含)后实际取得的工资、薪金所得,减除费用统一按照

5 000元/月执行,并按照《个人所得税月度税率表》[详见5.1.2"按月换算后的综合所得税率表(月度税率表)"]计算应纳税额。对纳税人在2018年9月30日(含)前实际取得的工资、薪金所得,减除费用按照税法修改前规定执行。

[《财政部 税务总局关于2018年第四季度个人所得税减除费用和税率适用问题的通知》(财税〔2018〕98号)]

4.2.2.2 专项扣除

个人按照国家或省(自治区、直辖市)人民政府规定的缴费比例或办法实际缴付的基本养老保险费、基本医疗保险费和失业保险费,允许在个人应纳税所得额中扣除。

根据《住房公积金管理条例》《建设部 财政部 中国人民银行关于住房公积金管理若干具体问题的指导意见》(建金管〔2005〕5号)等规定精神,单位和个人分别在不超过职工本人上一年度月平均工资12%的幅度内,其实际缴存的住房公积金,允许在个人应纳税所得额中扣除。单位和职工个人缴存住房公积金的月平均工资不得超过职工工作地所在设区城市上一年度职工月平均工资的3倍,具体标准按照各地有关规定执行。

单位和个人超过上述规定比例和标准缴付的住房公积金,应将超过部分并入个人当期的工资、薪金收入,计征个人所得税。

职工工资口径按照国家统计局规定列入工资总额统计的项目计算。

[《财政部 国家税务总局关于基本养老保险费基本医疗保险费失业保险费住房公积金有关个人所得税政策的通知》(财税〔2006〕10号)]

4.2.2.3 专项附加扣除

个人所得税专项附加扣除,是指个人所得税法规定的子女教育、继续教育、大病医疗、住房贷款利息或者住房租金、赡养老人、3岁以下婴幼儿照护等7项专项附加扣除。

个人所得税专项附加扣除遵循公平合理、利于民生、简便易行的原则。

根据教育、医疗、住房、养老等民生支出变化情况,适时调整专项附加扣除范围和标准。

个人所得税专项附加扣除额一个纳税年度扣除不完的,不能结转以后年度扣除。

[《个人所得税专项附加扣除暂行办法》(国发〔2018〕41号印发)、《国务院关于设立3岁以下婴幼儿照护个人所得税专项附加扣除的通知》(国发〔2022〕8号)]

4.2.2.4 子女教育

1) 扣除标准

纳税人的子女接受全日制学历教育的相关支出,按照每个子女每月1 000元的标准定额扣除。年满3岁至小学入学前处于学前教育阶段的子女,按照每个子女每月1 000元的标准定额扣除。

学历教育包括义务教育(小学、初中教育)、高中阶段教育(普通高中、中等职业、技工教育)、高等教育(大学专科、大学本科、硕士研究生、博士研究生教育)。

[《个人所得税专项附加扣除暂行办法》(国发〔2018〕41号印发)]

2）享受子女教育专项附加扣除计算时间

学前教育阶段，为子女年满3周岁当月至小学入学前一月。学历教育，为子女接受全日制学历教育入学的当月至全日制学历教育结束的当月。

学历教育期间，包含因病或其他非主观原因休学但学籍继续保留的休学期间，以及施教机构按规定组织实施的寒暑假等假期。

[《个人所得税专项附加扣除操作办法（试行）》（国家税务总局公告2022年第7号修订发布）]

热点问题 大学期间参军，学校保留学籍，是否可以按子女教育扣除？

答：大学期间参军，学校保留学籍，属于有学籍号的学生，其父母或监护人可以按子女教育享受扣除。

3）扣除方式

父母可以选择由其中一方按扣除标准的100%扣除，也可以选择由双方分别按扣除标准的50%扣除，具体扣除方式在一个纳税年度内不能变更。

[《个人所得税专项附加扣除暂行办法》（国发〔2018〕41号印发）]

4）报送信息和留存备查资料

纳税人子女在中国境外接受教育的，纳税人应当留存境外学校录取通知书、留学签证等相关教育的证明资料备查。

纳税人享受子女教育专项附加扣除，应当填报配偶及子女的姓名、身份证件类型及号码、子女当前受教育阶段及起止时间、子女就读学校以及本人与配偶之间扣除分配比例等信息。

纳税人需要留存备查资料包括：子女在境外接受教育的，应当留存境外学校录取通知书、留学签证等境外教育佐证资料。

[《个人所得税专项附加扣除暂行办法》（国发〔2018〕41号印发）、《个人所得税专项附加扣除操作办法（试行）》（国家税务总局公告2022年第7号修订发布）]

4.2.2.5 继续教育

1）扣除标准

纳税人在中国境内接受学历（学位）继续教育的支出，在学历（学位）教育期间按照每月400元定额扣除。同一学历（学位）继续教育的扣除期限不能超过48个月。纳税人接受技能人员职业资格继续教育、专业技术人员职业资格继续教育的支出，在取得相关证书的当年，按照3 600元定额扣除。

[《个人所得税专项附加扣除暂行办法》（国发〔2018〕41号印发）]

热点问题 1. 纳税人在境外接受继续教育取得的学历（学位），是否能按继续教育进行专项附加扣除？

答：根据《个人所得税专项附加扣除暂行办法》（国发〔2018〕41号印发）第八条的规定，纳税人在中国境内接受学历（学位）继续教育的支出，在学历（学位）教育期间按照每月400元定额扣除。因此,纳税人在境外接受继续教育取得的学历(学位),不符合"中国境内"的规定,不能按继续教育进行专项附加扣除。

2. 2020年纳税人张某在工作期间继续在南大攻读法律博士,同年通过律考取得了律师资格证书,当年继续教育专项附加扣除的扣除额度是多少?

答:根据《个人所得税专项附加扣除暂行办法》(国发〔2018〕41号印发)的规定,纳税人接受学历继续教育,可以按照每月400元的标准扣除,全年共计4 800元;在同年又取得技能人员职业资格证书或者专业技术人员职业资格证书的,且符合扣除条件的,可按照3 600元的标准定额扣除。但是,只能同时享受一个学历(学位)继续教育和一个职业资格继续教育。因此,对同时符合此类情形的纳税人张某,该年度可叠加享受两个扣除,当年其继续教育扣除共计可扣除8 400元(4 800+3 600)。

2) 享受继续教育专项附加扣除计算时间

学历(学位)继续教育,为在中国境内接受学历(学位)继续教育入学的当月至学历(学位)继续教育结束的当月,同一学历(学位)继续教育的扣除期限最长不得超过48个月。学历(学位)继续教育的期间,包含因病或其他非主观原因休学但学籍继续保留的休学期间,以及施教机构按规定组织实施的寒暑假等假期。

技能人员职业资格继续教育、专业技术人员职业资格继续教育,为取得相关证书的当年。

[《个人所得税专项附加扣除操作办法(试行)》(国家税务总局公告2022年第7号修订发布)]

热点问题 1. 王某参加了学历(学位)教育,最后没有取得学历(学位)证书,是否可以享受继续教育扣除?

答:参加学历(学位)继续教育,按照实际受教育时间,享受每月400元的扣除。不考察最终是否取得证书,最多扣除48个月。

2. 参加自学考试,纳税人应当如何享受扣除?

答:按照《高等教育自学考试暂行条例》的有关规定,高等教育自学考试应考者取得一门课程的单科合格证书后,省考委即应为其建立考籍管理档案。具有考籍管理档案的考生,可以按照《个人所得税专项附加扣除暂行办法》(国发〔2018〕41号印发)的规定,享受继续教育专项附加扣除。

3) 扣除方式

个人接受本科及以下学历(学位)继续教育,符合规定扣除条件的,可以选择由其父母扣除,也可以选择由本人扣除。

[《个人所得税专项附加扣除暂行办法》(国发〔2018〕41号印发)]

4) 报送信息和留存备查资料

纳税人接受技能人员职业资格继续教育、专业技术人员职业资格继续教育的,应当留存职业资格相关证书等资料备查。

纳税人享受继续教育专项附加扣除,接受学历(学位)继续教育的,应当填报教育起止时间、教育阶段等信息;接受技能人员或者专业技术人员职业资格继续教育的,应当填报证书名称、证书编号、发证机关、发证(批准)时间等信息。

[《个人所得税专项附加扣除暂行办法》(国发〔2018〕41号印发)、《个人所得税专项附加扣除操作办法(试行)》(国家税务总局公告2022年第7号修订发布)]

4.2.2.6 大病医疗

1) 扣除标准

在一个纳税年度内,纳税人发生的与基本医保相关的医药费用支出,扣除医保报销后个人负担(指医保目录范围内的自付部分)累计超过15 000元的部分,由纳税人在办理年度汇算清缴时,在80 000元限额内据实扣除。

[《个人所得税专项附加扣除暂行办法》(国发〔2018〕41号印发)]

2) 享受大病医疗专项附加扣除计算时间

享受符合规定的大病医疗专项附加扣除计算时间为医疗保障信息系统记录的医药费用实际支出的当年。

[《个人所得税专项附加扣除操作办法(试行)》(国家税务总局公告2022年第7号修订发布)]

3) 扣除方式

纳税人发生的医药费用支出可以选择由本人或者其配偶扣除;未成年子女发生的医药费用支出可以选择由其父母一方扣除。纳税人及其配偶、未成年子女发生的医药费用支出,按上述规定(详见上述"1)扣除标准")分别计算扣除额。

[《个人所得税专项附加扣除暂行办法》(国发〔2018〕41号印发)]

4) 报送信息和留存备查资料

纳税人应当留存医药服务收费及医保报销相关票据原件(或者复印件)等资料备查。医疗保障部门应当向患者提供在医疗保障信息系统记录的本人年度医药费用信息查询服务。

纳税人享受大病医疗专项附加扣除,应当填报患者姓名、身份证件类型及号码、与纳税人关系、与基本医保相关的医药费用总金额、医保目录范围内个人负担的自付金额等信息。

纳税人需要留存备查资料包括:大病患者医药服务收费及医保报销相关票据原件或复印件,或者医疗保障部门出具的纳税年度医药费用清单等资料。

[《个人所得税专项附加扣除暂行办法》(国发〔2018〕41号印发)、《个人所得税专项附加扣除操作办法(试行)》(国家税务总局公告2022年第7号修订发布)]

解读▶ 纳税人在申报大病医疗专项附加扣除时,往往对具体可扣除的医疗支出的范围和数额不知道如何把握和确认。为深化"放管服"改革,落实个人所得税大病医疗专项附加扣除相关工作,防范虚假医疗收费票据,财政部、国家卫生健康委员会、国家医疗保障局下发了《关于全面推行医疗收费电子票据管理改革的通知》(财综〔2019〕29号)。在该文件中:一是明确统一了全国医疗收费票据式样,包括医疗门诊收费票据(电子)式样、医疗住院收费票据(电子)式样、医疗门诊收费票据(机打)式样和医疗住院收费票据(机打)式样,启用全国统一的医疗收费明细(电子)式样,配合电子票据使用。考虑到系统升级改造、票据管理实际情况,原则上设置一年过渡期,在2020年年底前各地区原有票据式样和全国统一的票据式样并行。二是明确了信息系统改造及财政、卫生健康、医保部门互联互通、系统对接要求,规范医疗收费电子票据报销入账和归档。三是规范全国统一医疗收费票据填列,包括医疗门诊收费票据、医疗门诊住院收费票据各具体项目填列要求,特别是明确"其他信息"栏项目信息,其中对"个人自费"和"个人自付"项目内容作了区分:"个人自付即患者本次就医所发生的医疗费用中由个人负担的属于基本医疗保险目录范围内自付部分的金额;开展按病种、病组、床日等打包付费方式且由患者定额付费的费用。该项为个人所得税大病医疗专项附加扣除信息项""个人自费即患者本次就医所发生的医疗费用中按照有关规定不属于基本医疗保险目录范围而全部由个人支付的费用"。因此,可以这么理解,在医疗收费电子票据管理全面改革完成地区,纳税人申报大病医疗专项附加扣除时,可以根据每次就诊取得的全国统一医疗收费票据中"其他信息"栏列示的"个人自付"项目金额汇总,就年度超过15 000元的部分,在80 000元限额内申报据实扣除。

4.2.2.7 住房贷款利息

1) 扣除标准

纳税人本人或者配偶单独或者共同使用商业银行或者住房公积金个人住房贷款为本人或者其配偶购买中国境内住房,发生的首套住房贷款利息支出,在实际发生贷款利息的年度,按照每月1 000元的标准定额扣除,扣除期限最长不超过240个月。纳税人只能享受一次首套住房贷款的利息扣除。

首套住房贷款,是指购买住房享受首套住房贷款利率的住房贷款。

[《个人所得税专项附加扣除暂行办法》(国发〔2018〕41号印发)]

热点问题 1. 父母和子女共同购房,房屋产权证明、贷款合同均登记为父母和子女,住房贷款利息专项附加扣除如何享受?

答:父母和子女共同购买一套房子,不能既由父母扣除又由子女扣除,应该由主贷款人扣除。如主贷款人为子女的,由子女享受贷款利息专项附加扣除;主贷款人为父母中一方的,由父母任一方享受贷款利息扣除。

2. 父母为子女买房,房屋产权证明登记为子女,贷款合同的贷款人为父母,住房贷款利息支出的扣除如何享受?

答:从实际看,房屋产权证明登记主体与贷款合同主体完全没有交叉的情况很少发生。如果确有此类情况,按照《个人所得税专项附加扣除暂行办法》(国发〔2018〕41号印发)的规定,只有纳税人本人或者配偶使用住房贷款为本人或者其配偶购买中国境内住房,发生的首套住房贷款利息支出可以扣除。本例中,父母所购房屋是为子女购买的,不符合上述规定,父母和子女均不可以享受住房贷款利息扣除。

2)享受住房贷款利息专项附加扣除计算时间

享受符合规定的住房贷款利息专项附加扣除计算时间为贷款合同约定开始还款的当月至贷款全部归还或贷款合同终止的当月,扣除期限最长不得超过240个月。

[《个人所得税专项附加扣除操作办法(试行)》(国家税务总局公告2022年第7号修订发布)]

3)扣除方式

经夫妻双方约定,可以选择由其中一方扣除,具体扣除方式在一个纳税年度内不能变更。

夫妻双方婚前分别购买住房发生的首套住房贷款,其贷款利息支出,婚后可以选择其中一套购买的住房,由购买方按扣除标准的100%扣除,也可以由夫妻双方对各自购买的住房分别按扣除标准的50%扣除,具体扣除方式在一个纳税年度内不能变更。

[《个人所得税专项附加扣除暂行办法》(国发〔2018〕41号印发)]

4)报送信息和留存备查资料

纳税人应当留存住房贷款合同、贷款还款支出凭证备查。

纳税人享受住房贷款利息专项附加扣除,应当填报住房权属信息、住房坐落地址、贷款方式、贷款银行、贷款合同编号、贷款期限、首次还款日期等信息;纳税人有配偶的,填写配偶姓名、身份证件类型及号码。

[《个人所得税专项附加扣除暂行办法》(国发〔2018〕41号印发)、《个人所得税专项附加扣除操作办法(试行)》(国家税务总局公告2022年第7号修订发布)]

4.2.2.8 住房租金

1)扣除标准

纳税人在主要工作城市没有自有住房而发生的住房租金支出,可以按照以下标准定额扣除:

(1)直辖市、省会(首府)城市、计划单列市以及国务院确定的其他城市,扣除标准为每月1 500元。

(2)除上述所列城市以外,市辖区户籍人口超过100万的城市,扣除标准为每月1 100元;市辖区户籍人口不超过100万的城市,扣除标准为每月800元。

纳税人的配偶在纳税人的主要工作城市有自有住房的,视同纳税人在主要工作城市有自有住房。

市辖区户籍人口,以国家统计局公布的数据为准。

[《个人所得税专项附加扣除暂行办法》(国发〔2018〕41号印发)]

热点问题 纳税人主要工作地在北京,在燕郊租房居住,应当按北京还是燕郊的标准享受住房租金扣除?

答:如北京是纳税人当前的主要工作地,应当按北京的标准享受住房租金扣除。

2）主要工作城市

主要工作城市，是指纳税人任职受雇的直辖市、计划单列市、副省级城市、地级市（地区、州、盟）全部行政区域范围；纳税人无任职受雇单位的，为受理其综合所得汇算清缴的税务机关所在的城市。

夫妻双方主要工作城市相同的，只能由一方扣除住房租金支出。

[《个人所得税专项附加扣除暂行办法》（国发〔2018〕41号印发）]

3）扣除方式

住房租金支出由签订租赁住房合同的承租人扣除。

纳税人及其配偶在一个纳税年度内不能同时分别享受住房贷款利息和住房租金专项附加扣除。

[《个人所得税专项附加扣除暂行办法》（国发〔2018〕41号印发）]

4）享受住房租金专项附加扣除计算时间

享受符合规定的住房租金专项附加扣除计算时间为租赁合同（协议）约定的房屋租赁期开始的当月至租赁期结束的当月。提前终止合同（协议）的，以实际租赁期限为准。

[《个人所得税专项附加扣除操作办法（试行）》（国家税务总局公告2022年第7号修订发布）]

5）报送信息和留存备查资料

纳税人应当留存住房租赁合同、协议等有关资料备查。

纳税人享受住房租金专项附加扣除，应当填报主要工作城市、租赁住房坐落地址、出租人姓名及身份证件类型和号码或者出租方单位名称及纳税人识别号（社会统一信用代码）、租赁起止时间等信息；纳税人有配偶的，填写配偶姓名、身份证件类型及号码。

[《个人所得税专项附加扣除暂行办法》（国发〔2018〕41号印发）、《个人所得税专项附加扣除操作办法（试行）》（国家税务总局公告2022年第7号修订发布）]

热点问题 公司与保障房公司签订公租房租赁协议再原价租给员工，员工支付房租，员工租用公租房是否可以享受专项附加扣除？需要保留什么资料备查？

答：纳税人在主要工作城市没有自有住房而发生的住房租金支出，可以按照标准定额扣除。员工租用公司与保障房公司签订的保障房，并支付租金的，可以申报扣除住房租金专项附加扣除。纳税人应当留存公司与保障房公司签订的公租房合同或协议以及自己与公司签订的租赁协议等相关资料备查。

4.2.2.9 赡养老人

1）扣除标准

纳税人赡养一位及以上被赡养人的赡养支出，统一按照以下标准定额扣除：

（1）纳税人为独生子女的，按照每月2 000元的标准定额扣除。

（2）纳税人为非独生子女的，由其与兄弟姐妹分摊每月2 000元的扣除额度，每人分摊的额度不能超过每月1 000元。可以由赡养人均摊或者约定分摊，也可以由被赡养人指定分摊。约定或者指定分摊的须签订书面分摊协议,指定分摊优先于约定分摊。具体分摊方式和额度在一个纳税年度内不能变更。

被赡养人,是指年满60岁的父母,以及子女均已去世的年满60岁的祖父母、外祖父母。

[《个人所得税专项附加扣除暂行办法》(国发〔2018〕41号印发)]

热点问题 非独生子女的兄弟姐妹都已去世,是否可以按独生子女赡养老人扣除2 000元/月?

答:如果纳税人的其他兄弟姐妹当年均已去世,其可以在第二年按照独生子女赡养老人标准扣除2 000元/月。

2)享受赡养老人专项附加扣除计算时间

享受符合规定的赡养老人专项附加扣除计算时间为被赡养人年满60周岁的当月至赡养义务终止的年末。

[《个人所得税专项附加扣除操作办法(试行)》(国家税务总局公告2022年第7号修订发布)]

3)报送信息和留存备查资料

纳税人享受赡养老人专项附加扣除,应当填报纳税人是否为独生子女、月扣除金额、被赡养人姓名及身份证件类型和号码、与纳税人关系;有共同赡养人的,需填报分摊方式、共同赡养人姓名及身份证件类型和号码等信息。

纳税人需要留存约定或指定分摊的书面分摊协议等资料备查。

[《个人所得税专项附加扣除操作办法(试行)》(国家税务总局公告2022年第7号修订发布)]

4.2.2.10 3岁以下婴幼儿照护

为贯彻落实《中共中央 国务院关于优化生育政策促进人口长期均衡发展的决定》,依据《个人所得税法》有关规定,国务院决定,设立3岁以下婴幼儿照护个人所得税专项附加扣除。

1)扣除标准

纳税人照护3岁以下婴幼儿子女的相关支出,按照每个婴幼儿每月1 000元的标准定额扣除。

[《国务院关于设立3岁以下婴幼儿照护个人所得税专项附加扣除的通知》(国发〔2022〕8号)]

2)享受3岁以下婴幼儿照护专项附加扣除计算时间

享受符合规定的3岁以下婴幼儿照护专项附加扣除计算时间为婴幼儿出生的当月至年满3周岁的前一个月。

[《个人所得税专项附加扣除操作办法(试行)》(国家税务总局公告2022年第7号修订发布)]

3)扣除方式

父母可以选择由其中一方按扣除标准的100%扣除,也可以选择由双方分别按扣除标准的50%扣除,具体扣除方式在一个纳税年度内不能变更。

[《国务院关于设立3岁以下婴幼儿照护个人所得税专项附加扣除的通知》(国发〔2022〕8号)]

4) 报送信息和留存备查资料

纳税人享受3岁以下婴幼儿照护专项附加扣除,应当填报配偶及子女的姓名、身份证件类型(如居民身份证、子女出生医学证明等)及号码以及本人与配偶之间扣除分配比例等信息。

纳税人需要留存备查资料包括:子女的出生医学证明等资料。

[《个人所得税专项附加扣除操作办法(试行)》(国家税务总局公告2022年第7号修订发布)]

5) 施行时间

3岁以下婴幼儿照护个人所得税专项附加扣除自2022年1月1日起实施。

[《国务院关于设立3岁以下婴幼儿照护个人所得税专项附加扣除的通知》(国发〔2022〕8号)]

4.2.2.11 专项附加扣除中父母及子女范围

专项附加扣除中涉及的父母,是指生父母、继父母、养父母;子女,是指婚生子女、非婚生子女、继子女、养子女。父母之外的其他人担任未成年人的监护人的,比照专项附加规定执行。

[《个人所得税专项附加扣除暂行办法》(国发〔2018〕41号印发)]

4.2.2.12 办理专项附加扣除时间

1) 非大病医疗专项扣除时间

居民个人取得工资、薪金所得时,可以向扣缴义务人提供专项附加扣除有关信息,由扣缴义务人扣缴税款时减除专项附加扣除。纳税人同时从两处以上取得工资、薪金所得,并由扣缴义务人减除专项附加扣除的,对同一专项附加扣除项目,在一个纳税年度内只能选择从一处取得的所得中减除。

[《中华人民共和国个人所得税法实施条例》第二十八条]

享受子女教育、继续教育、住房贷款利息或者住房租金、赡养老人、3岁以下婴幼儿照护专项附加扣除的纳税人,自符合条件开始,可以向支付工资、薪金所得的扣缴义务人提供上述专项附加扣除有关信息,由扣缴义务人在预扣预缴税款时,按其在本单位本年可享受的累计扣除额办理扣除;也可以在次年3月1日至6月30日内,向汇缴地主管税务机关办理汇算清缴申报时扣除。

纳税人同时从两处以上取得工资、薪金所得,并由扣缴义务人办理上述专项附加扣除的,对同一专项附加扣除项目,一个纳税年度内,纳税人只能选择从其中一处扣除。

[《个人所得税专项附加扣除操作办法(试行)》(国家税务总局公告2022年第7号修订发布)]

2) 大病医疗专项扣除时间

享受大病医疗专项附加扣除的纳税人,由其在次年3月1日至6月30日内,自行向汇缴地主管税务机关办理汇算清缴申报时扣除。

[《个人所得税专项附加扣除操作办法(试行)》(国家税务总局公告2022年第7号修订发布)]

3) 劳务报酬、稿酬、特许权使用费所得专项附加扣除时间

居民个人取得劳务报酬所得、稿酬所得、特许权使用费所得,应当在汇算清缴时向税务机关提供有关信息,减除专项附加扣除。

[《中华人民共和国个人所得税法实施条例》第二十八条]

纳税人未取得工资、薪金所得,仅取得劳务报酬所得、稿酬所得、特许权使用费所得需要享受专项附加扣除的,应当在次年 3 月 1 日至 6 月 30 日内,自行向汇缴地主管税务机关报送《个人所得税专项附加扣除信息表》(详见 4.2.2.13"专项附加信息报送"),并在办理汇算清缴申报时扣除。

[《个人所得税专项附加扣除操作办法(试行)》(国家税务总局公告 2022 年第 7 号修订发布)]

4)纳税人年度中间更换工作单位专项附加扣除处理

扣缴义务人办理工资、薪金所得预扣预缴税款时,应当根据纳税人报送的《个人所得税专项附加扣除信息表》(详见 4.2.2.13"专项附加信息报送")为纳税人办理专项附加扣除。

纳税人年度中间更换工作单位的,在原单位任职、受雇期间已享受的专项附加扣除金额,不得在新任职、受雇单位扣除。原扣缴义务人应当自纳税人离职不再发放工资薪金所得的当月起,停止为其办理专项附加扣除。

[《个人所得税专项附加扣除操作办法(试行)》(国家税务总局公告 2022 年第 7 号修订发布)]

5)未足额享受专项附加扣除处理

一个纳税年度内,纳税人在扣缴义务人预扣预缴税款环节未享受或未足额享受专项附加扣除的,可以在当年内向支付工资、薪金的扣缴义务人申请在剩余月份发放工资、薪金时补充扣除,也可以在次年 3 月 1 日至 6 月 30 日内,向汇缴地主管税务机关办理汇算清缴时申报扣除。

[《个人所得税专项附加扣除操作办法(试行)》(国家税务总局公告 2022 年第 7 号修订发布)]

4.2.2.13 专项附加信息报送

纳税人向收款单位索取发票、财政票据、支出凭证,收款单位不能拒绝提供。

纳税人首次享受专项附加扣除,应当将专项附加扣除相关信息提交扣缴义务人或者税务机关,扣缴义务人应当及时将相关信息报送税务机关,纳税人对所提交信息的真实性、准确性、完整性负责。专项附加扣除信息发生变化的,纳税人应当及时向扣缴义务人或者税务机关提供相关信息。

专项附加扣除相关信息,包括纳税人本人、配偶、子女、被赡养人等个人身份信息,以及国务院税务主管部门规定的其他与专项附加扣除相关的信息。

[《个人所得税专项附加扣除暂行办法》(国发〔2018〕41 号印发)]

1)选择扣缴义务人办理专项附加扣除

纳税人选择在扣缴义务人发放工资、薪金所得时享受专项附加扣除的,首次享受时应当填写并向扣缴义务人报送《个人所得税专项附加扣除信息表》(见表 4-1);纳税年度中间相关信息发生变化的,纳税人应当更新《个人所得税专项附加扣除信息表》相应栏次,并及时报送给扣缴义务人。

更换工作单位的纳税人,需要由新任职、受雇扣缴义务人办理专项附加扣除的,应当在入职的当月,填写并向扣缴义务人报送《个人所得税专项附加扣除信息表》。

纳税人次年需要由扣缴义务人继续办理专项附加扣除的,应当于每年12月份对次年享受专项附加扣除的内容进行确认,并报送至扣缴义务人。纳税人未及时确认的,扣缴义务人于次年1月起暂停扣除,待纳税人确认后再行办理专项附加扣除。

扣缴义务人应当将纳税人报送的专项附加扣除信息,在次月办理扣缴申报时一并报送至主管税务机关。

[《个人所得税专项附加扣除操作办法(试行)》(国家税务总局公告2022年第7号修订发布)]

2)选择汇算清缴申报时办理专项附加扣除

纳税人选择在汇算清缴申报时享受专项附加扣除的,应当填写并向汇缴地主管税务机关报送《个人所得税专项附加扣除信息表》。

[《个人所得税专项附加扣除操作办法(试行)》(国家税务总局公告2022年第7号修订发布)]

3)《个人所得税专项附加扣除信息表》报送

纳税人将需要享受的专项附加扣除项目信息填报至《个人所得税专项附加扣除信息表》相应栏次。填报要素完整的,扣缴义务人或者主管税务机关应当受理;填报要素不完整的,扣缴义务人或者主管税务机关应当及时告知纳税人补正或重新填报。纳税人未补正或重新填报的,暂不办理相关专项附加扣除,待纳税人补正或重新填报后再行办理。

纳税人应当对报送的专项附加扣除信息的真实性、准确性、完整性负责。

[《个人所得税专项附加扣除操作办法(试行)》(国家税务总局公告2022年第7号修订发布)]

居民个人填报专项附加扣除信息存在明显错误,经税务机关通知,居民个人拒不更正或者不说明情况的,税务机关可暂停纳税人享受专项附加扣除。居民个人按规定更正相关信息或者说明情况后,经税务机关确认,居民个人可继续享受专项附加扣除,以前月份未享受扣除的,可按规定追补扣除。

[《财政部 税务总局关于个人所得税综合所得汇算清缴涉及有关政策问题的公告》(财政部 税务总局公告2019年第94号)]

表4-1　个人所得税专项附加扣除信息表

填报日期：　　年　月　日　　　　　扣除年度：

纳税人姓名：　　　　　　　　　纳税人识别号：□□□□□□□□□□□□□□□□□□

纳税人信息	手机号码		电子邮箱		
	联系地址		配偶情况	□有配偶	□无配偶
纳税人配偶信息	姓名	身份证件类型	身份证件号码	□□□□□□□□□□□□□□□□□□	
一、子女教育					
较上次报送信息是否发生变化：□首次报送(请填写全部信息)　□无变化(不需重新填写) □有变化(请填写发生变化项目的信息)					

(续表)

子女一	姓名		身份证件类型		身份证件号码	□□□□□□□□□□□□□□□□□□
	出生日期		当前受教育阶段		□学前教育阶段 □高中阶段教育	□义务教育 □高等教育
	当前受教育阶段起始时间	年 月	当前受教育阶段结束时间	年 月	子女教育终止时间 *不再受教育时填写	年 月
	就读国家（或地区）		就读学校		本人扣除比例	□100%（全额扣除） □50%（平均扣除）
子女二	姓名		身份证件类型		身份证件号码	□□□□□□□□□□□□□□□□□□
	出生日期		当前受教育阶段		□学前教育阶段 □高中阶段教育	□义务教育 □高等教育
	当前受教育阶段起始时间	年 月	当前受教育阶段结束时间	年 月	子女教育终止时间 *不再受教育时填写	年 月
	就读国家（或地区）		就读学校		本人扣除比例	□100%（全额扣除） □50%（平均扣除）
子女三	姓名		身份证件类型		身份证件号码	□□□□□□□□□□□□□□□□□□
	出生日期		当前受教育阶段		□学前教育阶段 □高中阶段教育	□义务教育 □高等教育
	当前受教育阶段起始时间	年 月	当前受教育阶段结束时间	年 月	子女教育终止时间 *不再受教育时填写	年 月
	就读国家（或地区）		就读学校		本人扣除比例	□100%（全额扣除） □50%（平均扣除）
二、继续教育						
较上次报送信息是否发生变化：□首次报送（请填写全部信息） □无变化（不需重新填写） □有变化（请填写发生变化项目的信息）						
学历（学位）继续教育	当前继续教育起始时间	年 月	当前继续教育结束时间	年 月	学历（学位）继续教育阶段	□专科 □本科 □硕士研究生 □博士研究生 □其他
职业资格继续教育	职业资格继续教育类型	□技能人员 □专业技术人员			证书名称	
	证书编号		发证机关		发证（批准）日期	
三、住房贷款利息						
较上次报送信息是否发生变化：□首次报送（请填写全部信息） □无变化（不需重新填写） □有变化（请填写发生变化项目的信息）						
房屋信息	住房坐落地址	省（区、市） 市 县（区） 街道（乡、镇）_____				
	产权证号/不动产登记号/ 商品房买卖合同号/预售合同号					

(续表)

房贷信息	本人是否借款人	□是 □否	是否婚前各自首套贷款，且婚后分别扣除50%	□是 □否
	公积金贷款|贷款合同编号			
	贷款期限（月）		首次还款日期	
	商业贷款|贷款合同编号		贷款银行	
	贷款期限（月）		首次还款日期	

四、住房租金					
较上次报送信息是否发生变化：□首次报送（请填写全部信息） □无变化（不需重新填写） □有变化（请填写发生变化项目的信息）					
房屋信息	住房坐落地址	省（区、市） 市 县（区） 街道（乡、镇）			
租赁情况	出租方（个人）姓名		身份证件类型		身份证件号码	□□□□□□□□□□□□□□□□□□
	出租方（单位）名称				纳税人识别号（统一社会信用代码）	
	主要工作城市（*填写市一级）				住房租赁合同编号（非必填）	
	租赁期起				租赁期止	

五、赡养老人					
较上次报送信息是否发生变化：□首次报送（请填写全部信息） □无变化（不需重新填写） □有变化（请填写发生变化项目的信息）					
纳税人身份				□独生子女 □非独生子女	
被赡养人一	姓名		身份证件类型		身份证件号码	□□□□□□□□□□□□□□□□□□
	出生日期		与纳税人关系		□父亲 □母亲 □其他	
被赡养人二	姓名		身份证件类型		身份证件号码	□□□□□□□□□□□□□□□□□□
	出生日期		与纳税人关系		□父亲 □母亲 □其他	
共同赡养人信息	姓名		身份证件类型		身份证件号码	□□□□□□□□□□□□□□□□□□
	姓名		身份证件类型		身份证件号码	□□□□□□□□□□□□□□□□□□
	姓名		身份证件类型		身份证件号码	□□□□□□□□□□□□□□□□□□
	姓名		身份证件类型		身份证件号码	□□□□□□□□□□□□□□□□□□
分摊方式 *独生子女不需填写		□平均分摊 □赡养人约定分摊 □被赡养人指定分摊			本年度月扣除金额	

六、大病医疗(仅限综合所得年度汇算清缴申报时填写)					
较上次报送信息是否发生变化：□首次报送（请填写全部信息） □无变化（不需重新填写） □有变化（请填写发生变化项目的信息）					
患者一	姓名		身份证件类型		身份证件号码	□□□□□□□□□□□□□□□□□□
	医药费用总金额		个人负担金额		与纳税人关系	□本人 □配偶 □未成年子女

(续表)

患者二	姓名		身份证件类型	身份证件号码	□□□□□□□□□□□□□□□□□□
	医药费用总金额		个人负担金额	与纳税人关系	□本人 □配偶 □未成年子女
患者三	姓名		身份证件类型	身份证件号码	□□□□□□□□□□□□□□□□□□
	医药费用总金额		个人负担金额	与纳税人关系	□本人 □配偶 □未成年子女
七、3岁以下婴幼儿照护					
较上次报送信息是否发生变化：□首次报送（请填写全部信息） □无变化（不需重新填写） □有变化（请填写发生变化项目的信息）					
子女一	姓名		身份证件类型	身份证件号码	□□□□□□□□□□□□□□□□□□
	出生日期			本人扣除比例	□100%（全额扣除） □50%平均扣除
子女二	姓名		身份证件类型	身份证件号码	□□□□□□□□□□□□□□□□□□
	出生日期			本人扣除比例	□100%（全额扣除） □50%平均扣除
子女三	姓名		身份证件类型	身份证件号码	□□□□□□□□□□□□□□□□□□
	出生日期			本人扣除比例	□100%（全额扣除） □50%平均扣除
需要在任职受雇单位预扣预缴工资、薪金所得个人所得税时享受专项附加扣除的，填写本栏					
重要提示：当您填写本栏，表示您已同意该任职受雇单位使用本表信息为您办理专项附加扣除。					
扣缴义务人名称			扣缴义务人纳税人识别号（统一社会信用代码）		□□□□□□□□□□□□□□□□□□
本人承诺：我已仔细阅读填表说明，并根据《中华人民共和国个人所得税法》及其实施条例、《个人所得税专项附加扣除暂行办法》《个人所得税专项附加扣除操作办法（试行）》等相关法律法规规定填写本表。本人已就所填扣除信息进行了核对，并对所填内容的真实性、准确性、完整性负责。 纳税人签字： 年 月 日					

扣缴义务人签章： 经办人签字： 接收日期： 年 月 日	代理机构签章： 代理机构统一社会信用代码： 经办人签字： 经办人身份证件号码：	受理人： 受理税务机关（章）： 受理日期： 年 月 日

国家税务总局监制

《个人所得税专项附加扣除信息表》填表说明

一、填表须知

本表根据《中华人民共和国个人所得税法》及其实施条例、《个人所得税专项附加扣除暂行办法》《个人所得税专项附加扣除操作办法（试行）》等法律法规有关规定制定。

（一）纳税人按享受的专项附加扣除情况填报对应栏次；纳税人不享受的项目，无需填报。纳税人未填报的项目，默认为不享受。

（二）较上次报送信息是否发生变化：纳税人填报本表时，对各专项附加扣除，首次报送的，在"首次报送"前的框内划"√"。继续报送本表且无变化的，在"无变化"前的框内划"√"；发生变化的，在"有变化"前的框内划"√",并填写发生变化的扣除项目信息。

（三）身份证件号码应从左向右顶格填写,位数不满18位的,需在空白格处划"/"。

（四）如各类扣除项目的表格篇幅不够,可另附多张《个人所得税专项附加扣除信息表》。

二、适用范围

（一）本表适用于享受子女教育、继续教育、大病医疗、住房贷款利息或住房租金、赡养老人、3岁以下婴幼儿照护七项专项附加扣除的自然人纳税人填写。选择在工资、薪金所得预扣预缴个人所得税时享受的,纳税人填写后报送至扣缴义务人;选择在年度汇算清缴申报时享受专项附加扣除的,纳税人填写后报送至税务机关。

（二）纳税人首次填报专项附加扣除信息时,应将本人所涉及的专项附加扣除信息表内各信息项填写完整。纳税人相关信息发生变化的,应及时更新此表相关信息项,并报送至扣缴义务人或税务机关。

纳税人在以后纳税年度继续申报扣除的,应对扣除事项有无变化进行确认。

三、各栏填写说明

（一）表头项目

填报日期：纳税人填写本表时的日期。

扣除年度：填写纳税人享受专项附加扣除的所属年度。

纳税人姓名：填写自然人纳税人姓名。

纳税人识别号：纳税人有中国居民身份证的,填写公民身份证号码;没有公民身份证号码的,填写税务机关赋予的纳税人识别号。

（二）表内基础信息栏

纳税人信息：填写纳税人有效的手机号码、电子邮箱、联系地址。其中,手机号码为必填项。

纳税人配偶信息：纳税人有配偶的填写本栏,没有配偶的则不填。具体填写纳税人配偶的姓名、有效身份证件名称及号码。

（三）表内各栏

1. 子女教育

子女姓名、身份证件类型及号码：填写纳税人子女的姓名、有效身份证件名称及号码。

出生日期：填写纳税人子女的出生日期,具体到年月日。

当前受教育阶段：选择纳税人子女当前的受教育阶段。区分"学前教育阶段、义务教育、高中阶段教育、高等教育"四种情形,在对应框内打"√"。

当前受教育阶段起始时间：填写纳税人子女处于当前受教育阶段的起始时间,具体到年月。

当前受教育阶段结束时间：纳税人子女当前受教育阶段的结束时间或预计结束的时间,具体到年月。

子女教育终止时间：填写纳税人子女不再接受符合子女教育扣除条件的学历教育的时间,具体到年月。

就读国家（或地区）、就读学校：填写纳税人子女就读的国家或地区名称、学校名称。

本人扣除比例：选择可扣除额度的分摊比例,由本人全额扣除的,选择"100%",分摊扣除的,选"50%",在对应框内打"√"。

2. 继续教育

当前继续教育起始时间：填写接受当前学历（学位）继续教育的起始时间,具体到年月。

当前继续教育结束时间：填写接受当前学历（学位）继续教育的结束时间,或预计结束的时间,具体到年月。

学历(学位)继续教育阶段：区分"专科、本科、硕士研究生、博士研究生、其他"五种情形,在对应框内打"√"。

职业资格继续教育类型：区分"技能人员、专业技术人员"两种类型,在对应框内打"√"。证书名称、证书编号、发证机关、发证(批准)日期：填写纳税人取得的继续教育职业资格证书上注明的证书名称、证书编号、发证机关及发证(批准)日期。

3. 住房贷款利息

住房坐落地址：填写首套贷款房屋的详细地址,具体到楼门号。

产权证号/不动产登记号/商品房买卖合同号/预售合同号：填写首套贷款房屋的产权证、不动产登记证、商品房买卖合同或预售合同中的相应号码。如所购买住房已取得房屋产权证的,填写产权证号或不动产登记号；所购住房尚未取得房屋产权证的,填写商品房买卖合同号或预售合同号。

本人是否借款人：按实际情况选择"是"或"否",并在对应框内打"√"。本人是借款人的情形,包括本人独立贷款、与配偶共同贷款的情形。如果选择"否",则表头位置须填写配偶信息。

是否婚前各自首套贷款,且婚后分别扣除50%：按实际情况选择"是"或"否",并在对应框内打"√"。该情形是指夫妻双方在婚前各有一套首套贷款住房,婚后选择按夫妻双方各50%份额扣除的情况。不填默认为"否"。

公积金贷款|贷款合同编号：填写公积金贷款的贷款合同编号。

商业贷款|贷款合同编号：填写与金融机构签订的住房商业贷款合同编号。

贷款期限(月)：填写住房贷款合同上注明的贷款期限,按月填写。

首次还款日期：填写住房贷款合同上注明的首次还款日期。

贷款银行：填写商业贷款的银行总行名称。

4. 住房租金

住房坐落地址：填写纳税人租赁房屋的详细地址,具体到楼门号。

出租方(个人)姓名、身份证件类型及号码：租赁房屋为个人的,填写本栏。具体填写住房租赁合同中的出租方姓名、有效身份证件名称及号码。

出租方(单位)名称、纳税人识别号(统一社会信用代码)：租赁房屋为单位所有的,填写单位法定名称全称及纳税人识别号(统一社会信用代码)。

主要工作城市：填写纳税人任职受雇的直辖市、计划单列市、副省级城市、地级市(地区、州、盟)。无任职受雇单位的,填写其办理汇算清缴地所在城市。

住房租赁合同编号(非必填)：填写签订的住房租赁合同编号。

租赁期起、租赁期止：填写纳税人住房租赁合同上注明的租赁起、止日期,具体到年月。提前终止合同(协议)的,以实际租赁期限为准。

5. 赡养老人

纳税人身份：区分"独生子女、非独生子女"两种情形,并在对应框内打"√"。

被赡养人姓名、身份证件类型及号码：填写被赡养人的姓名、有效证件名称及号码。

被赡养人出生日期：填写被赡养人的出生日期,具体到年月。

与纳税人关系：按被赡养人与纳税人的关系填报,区分"父亲、母亲、其他"三种情形,在对应框内打"√"。

共同赡养人：纳税人为非独生子女时填写本栏,独生子女无须填写。填写与纳税人实际承担共同赡养义务的人员信息,包括姓名、身份证件类型及号码。

分摊方式：纳税人为非独生子女时填写本栏，独生子女无须填写。区分"平均分摊、赡养人约定分摊、被赡养人指定分摊"三种情形，并在对应框内打"√"。

本年度月扣除金额：填写扣除年度内，按政策规定计算的纳税人每月可以享受的赡养老人专项附加扣除的金额。

6. 大病医疗

患者姓名、身份证件类型及号码：填写享受大病医疗专项附加扣除的患者姓名、有效证件名称及号码。

医药费用总金额：填写社会医疗保险管理信息系统记录的与基本医保相关的医药费用总金额。

个人负担金额：填写社会医疗保险管理信息系统记录的基本医保目录范围内扣除医保报销后的个人自付部分。

与纳税人关系：按患者与纳税人的关系填报，区分"本人、配偶或未成年子女"三种情形，在对应框内打"√"。

7. 3岁以下婴幼儿照护

子女姓名、身份证件类型及号码：填写纳税人子女的姓名、有效身份证件名称（如居民身份证、出生医学证明等）及号码。

出生日期：填写纳税人子女的出生日期，具体到年月日。

本人扣除比例：选择可扣除额度的分摊比例，由本人全额扣除的，选择"100%"，分摊扣除的，选"50%"，在对应框内打"√"。

8. 扣缴义务人信息

纳税人选择由任职受雇单位办理专项附加扣除的填写本栏。

扣缴义务人名称、纳税人识别号（统一社会信用代码）：纳税人由扣缴义务人在工资、薪金所得预扣预缴个人所得税时办理专项附加扣除的，填写扣缴义务人名称全称及纳税人识别号或统一社会信用代码。

(四)签字(章)栏次

"声明"栏：需由纳税人签字。

"扣缴义务人签章"栏：扣缴单位向税务机关申报的，应由扣缴单位签章，办理申报的经办人签字，并填写接收专项附加扣除信息的日期。

"代理机构签章"栏：代理机构代为办理纳税申报的，应填写代理机构统一社会信用代码，加盖代理机构印章，代理申报的经办人签字，并填写经办人身份证件号码。

纳税人或扣缴义务人委托专业机构代为办理专项附加扣除的，需代理机构签章。

"受理机关"栏：由受理机关填写。

4)专项附加信息报送方式

纳税人可以通过远程办税端、电子或者纸质报表等方式，向扣缴义务人或者主管税务机关报送个人专项附加扣除信息。

(1) 纳税人选择纳税年度内由扣缴义务人办理专项附加扣除的，按下列规定办理：

纳税人通过远程办税端选择扣缴义务人并报送专项附加扣除信息的，扣缴义务人根据接收的扣除信息办理扣除。

纳税人通过填写电子或者纸质《个人所得税专项附加扣除信息表》直接报送扣缴义

务人的,扣缴义务人将相关信息导入或者录入扣缴端软件,并在次月办理扣缴申报时提交给主管税务机关。《个人所得税专项附加扣除信息表》应当一式两份,纳税人和扣缴义务人签字(章)后分别留存备查。

(2)纳税人选择年度终了后办理汇算清缴申报时享受专项附加扣除的,既可以通过远程办税端报送专项附加扣除信息,也可以将电子或者纸质《个人所得税专项附加扣除信息表》(一式两份)报送给汇缴地主管税务机关。

报送电子《个人所得税专项附加扣除信息表》的,主管税务机关受理打印,交由纳税人签字后,一份由纳税人留存备查,一份由税务机关留存;报送纸质《个人所得税专项附加扣除信息表》的,纳税人签字确认、主管税务机关受理签章后,一份退还纳税人留存备查,一份由税务机关留存。

扣缴义务人和税务机关应当告知纳税人办理专项附加扣除的方式和渠道,鼓励并引导纳税人采用远程办税端报送信息。

[《个人所得税专项附加扣除操作办法(试行)》(国家税务总局公告2022年第7号修订发布)]

4.2.2.14 后续管理

1) 扣缴义务人方面

扣缴义务人应当按照纳税人提供的信息计算办理扣缴申报,不得擅自更改纳税人提供的信息。

纳税人发现扣缴义务人提供或者扣缴申报的个人信息、所得、扣缴税款等与实际情况不符的,有权要求扣缴义务人修改。扣缴义务人拒绝修改的,纳税人应当报告税务机关,税务机关应当及时处理。

[《中华人民共和国个人所得税法实施条例》第三十条]

扣缴义务人发现纳税人提供的信息与实际情况不符的,可以要求纳税人修改。纳税人拒绝修改的,扣缴义务人应当报告税务机关,税务机关应当及时处理。

[《个人所得税专项附加扣除暂行办法》(国发〔2018〕41号印发)]

纳税人向扣缴义务人提供专项附加扣除信息的,扣缴义务人应当按照规定予以扣除,不得拒绝。扣缴义务人应当为纳税人报送的专项附加扣除信息保密。

扣缴义务人应当及时按照纳税人提供的信息计算办理扣缴申报,不得擅自更改纳税人提供的相关信息。

扣缴义务人发现纳税人提供的信息与实际情况不符,可以要求纳税人修改。纳税人拒绝修改的,扣缴义务人应当向主管税务机关报告,税务机关应当及时处理。

除纳税人另有要求外,扣缴义务人应当于年度终了后两个月内,向纳税人提供已办理的专项附加扣除项目及金额等信息。

[《个人所得税专项附加扣除操作办法(试行)》(国家税务总局公告2022年第7号修订发布)]

2) 税务机关抽查

纳税人、扣缴义务人应当按照规定保存与专项附加扣除相关的资料。税务机关可以对纳税人提供的专项附加扣除信息进行抽查,具体办法由国务院税务主管部门另行规定。税务机关发现纳税人提供虚假信息的,应当责令改正并通知扣缴义务人;情节严重的,有关部门应当依法予以处理,纳入信用信息系统并实施联合惩戒。

[《中华人民共和国个人所得税法实施条例》第三十条]

税务机关核查专项附加扣除情况时,纳税人任职受雇单位所在地、经常居住地、户籍所在地的公安派出所、居民委员会或者村民委员会等有关单位和个人应当协助核查。

[《个人所得税专项附加扣除暂行办法》(国发〔2018〕41号印发)]

税务机关定期对纳税人提供的专项附加扣除信息开展抽查。

税务机关核查时,纳税人无法提供留存备查资料,或者留存备查资料不能支持相关情况的,税务机关可以要求纳税人提供其他佐证;不能提供其他佐证材料,或者佐证材料仍不足以支持的,不得享受相关专项附加扣除。

税务机关核查专项附加扣除情况时,可以提请有关单位和个人协助核查,相关单位和个人应当协助。

[《个人所得税专项附加扣除操作办法(试行)》(国家税务总局公告2022年第7号修订发布)]

3) 依法处理情形

纳税人有下列情形之一的,主管税务机关应当责令其改正;情形严重的,应当纳入有关信用信息系统,并按照国家有关规定实施联合惩戒;涉及违反《税收征收管理法》等法律法规的,税务机关依法进行处理:

(1) 报送虚假专项附加扣除信息。

(2) 重复享受专项附加扣除。

(3) 超范围或标准享受专项附加扣除。

(4) 拒不提供留存备查资料。

(5) 税务总局规定的其他情形。

纳税人在任职、受雇单位报送虚假扣除信息的,税务机关责令改正的同时,通知扣缴义务人。

[《个人所得税专项附加扣除操作办法(试行)》(国家税务总局公告2022年第7号修订发布)]

4) 留存备查资料保存期限

纳税人需要留存备查的相关资料应当留存5年。

[《个人所得税专项附加扣除暂行办法》(国发〔2018〕41号印发)]

纳税人应当将《个人所得税专项附加扣除信息表》(详见4.2.2.13"专项附加信息报送")及相关留存备查资料,自法定汇算清缴期结束后保存5年。

纳税人报送给扣缴义务人的《个人所得税专项附加扣除信息表》(详见4.2.2.13"专项附加信息报送"),扣缴义务人应当自预扣预缴年度的次年起留存5年。

[《个人所得税专项附加扣除操作办法(试行)》(国家税务总局公告2022年第7号修订发布)]

4.2.2.15 保障措施

有关部门和单位有责任和义务向税务部门提供或者协助核实以下与专项附加扣除有关的信息:

(1) 公安部门有关户籍人口基本信息、户成员关系信息、出入境证件信息、相关出国人员信息、户籍人口死亡标识等信息。

(2) 卫生健康部门有关出生医学证明信息、独生子女信息。

(3) 民政部门、外交部门、法院有关婚姻状况信息。

(4) 教育部门有关学生学籍信息(包括学历继续教育学生学籍、考籍信息)、在相关部门备案的境外教育机构资质信息。

(5) 人力资源社会保障等部门有关技工院校学生学籍信息、技能人员职业资格继续教育信息、专业技术人员职业资格继续教育信息。

(6) 住房城乡建设部门有关房屋(含公租房)租赁信息、住房公积金管理机构有关住房公积金贷款还款支出信息。

(7) 自然资源部门有关不动产登记信息。

(8) 人民银行、金融监督管理部门有关住房商业贷款还款支出信息。

(9) 医疗保障部门有关在医疗保障信息系统记录的个人负担的医药费用信息。

(10) 国务院税务主管部门确定需要提供的其他涉税信息。

上述数据信息的格式、标准、共享方式,由国务院税务主管部门及各省、自治区、直辖市和计划单列市税务局商有关部门确定。

有关部门和单位拥有专项附加扣除涉税信息,但未按规定要求向税务部门提供的,拥有涉税信息的部门或者单位的主要负责人及相关人员承担相应责任。

[《个人所得税专项附加扣除暂行办法》(国发〔2018〕41号印发)]

4.2.2.16 依法确定的其他扣除

《个人所得税法》第六条第一款第一项所称依法确定的其他扣除,包括个人缴付符合国家规定的企业年金、职业年金,个人购买符合国家规定的商业健康保险、税收递延型商业养老保险的支出,以及国务院规定可以扣除的其他项目。

[《中华人民共和国个人所得税法实施条例》第十三条]

1) 企业年金和职业年金

详见8.2"企业年金和职业年金"。

2) 商业健康保险

自2017年7月1日起,将商业健康保险个人所得税试点政策推广到全国范围实施。自2016年1月1日起开展商业健康保险个人所得税政策试点的地区,自2017年7月1日起继续按以下规定的政策执行。

解读 ▶ 实施商业健康保险个人所得税政策的试点地区为4个直辖市以及各省自治区确定的人口规模较大且具有较高综合管理能力的城市。具体包括:北京市、上海市、天津市、重庆市;河北省石家庄市、山西省太原市、内蒙古自治区呼和浩特市、辽宁省沈阳市、吉林省长春市、黑龙江省哈尔滨市、江苏省苏州市、浙江省宁波市、安徽省芜湖市、福建省福州市、江西省南昌市、山东省青岛市、河南省郑州市(含巩义市)、湖北省武汉市、湖南省株洲市、广东省广州市、广西壮族自治区南宁市、海南省海口市、四川省成都市、贵州省贵阳市、云南省曲靖市、西藏自治区拉萨市、陕西省宝鸡市、甘肃省兰州市、青海省西宁市、宁夏回族自治区银川市(不含所辖县)、新疆维吾尔自治区库尔勒市。

试点地区自2017年7月1日起按全国规定的政策执行,原试点文件废止。

[《财政部 国家税务总局 保监会关于将商业健康保险个人所得税试点政策推广到全国范围实施的通知》(财税〔2017〕39号)]

(1) 政策内容。

对个人购买符合规定的商业健康保险产品的支出,允许在当年(月)计算应纳税所得额时予以税前扣除,扣除限额为2 400元/年(200元/月)。单位统一为员工购买符合规定的商业健康保险产品的支出,应分别计入员工个人工资、薪金,视同个人购买,按上述限额予以扣除。

2 400元/年(200元/月)的限额扣除为《个人所得税法》规定减除费用标准之外的扣除。

[《财政部 国家税务总局 保监会关于将商业健康保险个人所得税试点政策推广到全国范围实施的通知》(财税〔2017〕39号)]

(2) 适用对象。

适用商业健康保险税收优惠政策的纳税人,是指取得工资、薪金所得,连续性劳务报酬所得的个人,以及取得经营所得的个体工商户、对企事业单位的承包承租经营业主、个人独资企业投资者、合伙企业合伙人和承包承租经营者。

[《财政部 国家税务总局 保监会关于将商业健康保险个人所得税试点政策推广到全国范围实施的通知》(财税〔2017〕39号)]

取得工资、薪金所得,连续性劳务报酬所得的个人,以及取得个体工商户的生产经营所得、对企事业单位的承包承租经营所得的个体工商户业主、个人独资企业投资者、合伙企业个人合伙人和承包承租经营者,对其购买符合规定的商业健康保险产品支出,可按照规定标准在个人所得税税前扣除。

连续性劳务报酬所得,是指个人连续3个月以上(含3个月)为同一单位提供劳务而取得的所得。

[《国家税务总局关于推广实施商业健康保险个人所得税政策有关征管问题的公告》(国家税务总局公告2017年第17号)]

(3) 商业健康保险产品的规范、条件以及税优识别码。

符合规定的商业健康保险产品,是指保险公司参照个人税收优惠型健康保险产品指引框架及示范条款开发的、符合下列条件的健康保险产品:

① 健康保险产品采取具有保障功能并设立有最低保证收益账户的万能险方式,包含医疗保险和个人账户积累两项责任。被保险人个人账户由其所投保的保险公司负责管理维护。

② 被保险人为16周岁以上、未满法定退休年龄的纳税人群。保险公司不得因被保险人既往病史拒保,并保证续保。

③ 医疗保险保障责任范围包括被保险人医保所在地基本医疗保险基金支付范围内的自付费用及部分基本医疗保险基金支付范围外的费用,费用的报销范围、比例和额度由各保险公司根据具体产品特点自行确定。

④ 同一款健康保险产品,可依据被保险人的不同情况,设置不同的保险金额,具体保险金额下限由保监会规定。

⑤ 健康保险产品坚持"保本微利"原则,对医疗保险部分的简单赔付率低于规定比例的,保险公司要将实际赔付率与规定比例之间的差额部分返还到被保险人的个人账户。

根据目标人群已有保障项目和保障需求的不同,符合规定的健康保险产品共有三类,分别适用于:对公费医疗或基本医疗保险报销后个人负担的医疗费用有报销意愿的人群;对公费医疗或基本医疗保险报销后个人负担的特定大额医疗费用有报销意愿的人群;未参加公费医疗或基本医疗保险,对个人负担的医疗费用有报销意愿的人群。

符合上述条件的个人税收优惠型健康保险产品,保险公司应按《保险法》规定程序上报保监会审批。

[《财政部 国家税务总局 保监会关于将商业健康保险个人所得税试点政策推广到全国范围实施的通知》(财税〔2017〕39号)]

《财政部 税务总局 保监会关于将商业健康保险个人所得税试点政策推广到全国范围实施的通知》(财税〔2017〕39号)"关于商业健康保险产品的规范和条件"中所称符合规定的商业健康保险产品,其具体产品类型以及产品指引框架和示范条款由银保监会商财政部、税务总局确定。新的产品发布后,此前有关产品的规定与新的规定不一致的,按照新的规定执行。

[《财政部 税务总局 银保监会关于进一步明确商业健康保险个人所得税优惠政策适用保险产品范围的通知》(财税〔2022〕21号)]

保险公司销售符合规定的商业健康保险产品,及时为购买保险的个人开具发票和保单凭证,并在保单凭证上注明税优识别码。

个人购买商业健康保险未获得税优识别码的,其支出金额不得税前扣除。

税优识别码,是指为确保税收优惠商业健康保险保单的唯一性、真实性和有效性,由商业健康保险信息平台按照"一人一单一码"的原则对投保人进行校验后,下发给保险公司,并在保单凭证上打印的数字识别码。

[《国家税务总局关于推广实施商业健康保险个人所得税政策有关征管问题的公告》(国家税务总局公告2017年第17号)]

(4)税收征管。

① 单位统一组织为员工购买或者单位和个人共同负担购买符合规定的商业健康保险产品,单位负担部分应当实名计入个人工资、薪金明细清单,视同个人购买,并自购买产品次月起,在不超过200元/月的标准内按月扣除。一年内保费金额超过2 400元的部分,不得税前扣除。以后年度续保时,按上述规定执行。个人自行退保时,应及时告知扣缴单位。个人相关退保信息保险公司应及时传递给税务机关。

② 取得工资、薪金所得或连续性劳务报酬所得的个人,自行购买符合规定的商业健康保险产品的,应当及时向代扣代缴单位提供保单凭证。扣缴单位自个人提交保单凭证的次月起,在不超过 200 元/月的标准内按月扣除。一年内保费金额超过 2 400 元的部分,不得税前扣除。以后年度续保时,按上述规定执行。个人自行退保时,应及时告知扣缴义务人。

[《财政部 国家税务总局 保监会关于将商业健康保险个人所得税试点政策推广到全国范围实施的通知》(财税〔2017〕39 号)]

有扣缴义务人的个人自行购买、单位统一组织为员工购买或者单位和个人共同负担购买符合规定的商业健康保险产品,扣缴义务人在填报《个人所得税扣缴申报表》(详见 9.2.4.1"全员全额扣缴申报")时,应将当期扣除的个人购买商业健康保险支出金额填至申报表"税前扣除项目"的"其他扣除"列中(需注明商业健康保险扣除金额),并同时填报《商业健康保险税前扣除情况明细表》(见表 4-2)。

表 4-2 商业健康保险税前扣除情况明细表

所属期: 年 月 日至 年 月 日　　　　　　　金额单位:人民币元(列至角分)

扣缴义务人(被投资单位)情况									
名称					纳税人识别号				
商业健康保险税前扣除情况									
序号	姓名	身份证件类型	身份证件号码	税优识别码	保单生效日期	年度保费	月度保费	本期扣除金额	
	……								

谨声明:此表是根据《中华人民共和国个人所得税法》及有关法律法规规定填写的,是真实的、完整的、可靠的。

纳税人或扣缴义务人负责人签字:　　　　　　　　　　　　　　年 月 日

代理申报机构(人)签章: 经办人: 经办人执业证件号码: 代理申报日期: 年 月 日	主管税务机关受理章: 受理人: 受理日期: 年 月 日

国家税务总局监制

《商业健康保险税前扣除情况明细表》填报说明

本表适用于个人购买符合规定的商业健康保险支出税前扣除申报。本表随《个人所得税扣缴申报表》《个人所得税经营所得纳税申报表（A表）、（B表）》《个人所得税年度自行纳税申报表（A表）、（B表）》等申报表一并报送。

一、所属期：应与《个人所得税扣缴申报表》等申报表上注明的"税款所属期"一致。

二、扣缴义务人（被投资单位）情况

填写涉及商业健康保险扣除政策的扣缴义务人、个体工商户、承包承租的企事业单位、个人独资企业、合伙企业的信息。

三、商业健康保险税前扣除情况

1. 姓名、身份证件类型、身份证件号码：填写购买商业健康保险的个人的信息，相关信息应与《个人所得税扣缴申报表》等申报表上载明的明细信息保持一致；个体工商户业主、个人独资企业投资者、合伙企业个人合伙人、承包承租经营者和其他自行纳税申报个人按照本人实际情况填写。

2. 税优识别码：是指为确保税收优惠商业健康保险保单的唯一性、真实性和有效性，由商业健康保险信息平台按照"一人一单一码"的原则对投保人进行校验后，下发给保险公司，并在保单凭证上打印的数字识别码。

3. 保单生效日期：填写商业健康保险生效日期。

4. 年度保费：填写保单载明的年度总保费的金额。

5. 月度保费：按月缴费的保单填写每月所缴保费，按年一次性缴费的保单填写年度保费除以12后的金额。

6. 本期扣除金额：扣缴申报和按月自行申报时，月度保费大于200元的，填写200元；月度保费小于200元的，按月度保费填写。个体工商户业主、个人独资企业投资者、合伙企业个人合伙人和承包承租经营者申报时，年度保费金额大于2 400元的，填写2 400元；年度保费小于2 400元的，按实际年度保费填写。

其中，个人自行购买符合规定的商业健康保险产品的，应及时向扣缴义务人提供保单凭证，扣缴义务人应当依法为其税前扣除，不得拒绝。个人从中国境内两处或者两处以上取得工资、薪金所得，且自行购买商业健康保险的，只能选择在其中一处扣除。

个人未续保或退保的，应于未续保或退保当月告知扣缴义务人终止商业健康保险税前扣除。

[《国家税务总局关于推广实施商业健康保险个人所得税政策有关征管问题的公告》（国家税务总局公告2017年第17号）]

（5）部门协作。

商业健康保险个人所得税税前扣除政策涉及环节和部门多，各相关部门应密切配合，切实落实好商业健康保险个人所得税政策。

① 财政、税务、保监部门要做好商业健康保险个人所得税优惠政策宣传解释，优化服务。税务、保监部门应建立信息共享机制，及时共享商业健康保险涉税信息。

② 保险公司在销售商业健康保险产品时，要为购买健康保险的个人开具发票和保单凭证，载明产品名称及缴费金额等信息，作为个人税前扣除的凭据。保险公司要与商业

健康保险信息平台保持实时对接,保证信息真实准确。

③ 扣缴单位应按照规定及税务机关有关要求,认真落实商业健康保险个人所得税税前扣除政策。

④ 保险公司或商业健康保险信息平台应向税务机关提供个人购买商业健康保险的相关信息,并配合税务机关做好相关税收征管工作。

[《财政部 国家税务总局 保监会关于将商业健康保险个人所得税试点政策推广到全国范围实施的通知》(财税〔2017〕39号)]

3)个人养老金

(1) 个人养老金的概念。

个人养老金,是指政府政策支持、个人自愿参加、市场化运营、实现养老保险补充功能的制度。个人养老金实行个人账户制,缴费完全由参加人个人承担,自主选择购买符合规定的储蓄存款、理财产品、商业养老保险、公募基金等金融产品(统称个人养老金产品),实行完全积累,按照国家有关规定享受税收优惠政策。

[《人力资源社会保障部 财政部 国家税务总局 银保监会证监会关于印发〈个人养老金实施办法〉的通知》(人社部发〔2022〕70号)]

(2) 个人养老金税收政策。

自2022年1月1日起,对个人养老金实施递延纳税优惠政策。

在缴费环节,个人向个人养老金资金账户的缴费,按照12 000元/年的限额标准,在综合所得或经营所得中据实扣除;在投资环节,计入个人养老金资金账户的投资收益暂不征收个人所得税;在领取环节,个人领取的个人养老金,不并入综合所得,单独按照3%的税率计算缴纳个人所得税,其缴纳的税款计入"工资、薪金所得"项目。

[《财政部 税务总局关于个人养老金有关个人所得税政策的公告》(财政部 税务总局公告2022年第34号)]

(3) 个人养老金缴费与领取涉税处理。

个人缴费享受税前扣除优惠时,以个人养老金信息管理服务平台出具的扣除凭证为扣税凭据。取得工资薪金所得、按累计预扣法预扣预缴个人所得税劳务报酬所得的,其缴费可以选择在当年预扣预缴或次年汇算清缴时在限额标准内据实扣除。选择在当年预扣预缴的,应及时将相关凭证提供给扣缴单位。扣缴单位应按照有关要求,为纳税人办理税前扣除有关事项。取得其他劳务报酬、稿酬、特许权使用费等所得或经营所得的,其缴费在次年汇算清缴时在限额标准内据实扣除。

个人按规定领取个人养老金时,由开立个人养老金资金账户所在市的商业银行机构代扣代缴其应缴的个人所得税。

[《财政部 税务总局关于个人养老金有关个人所得税政策的公告》(财政部 税务总局公告2022年第34号)]

(4) 征管与协作机制。

人力资源社会保障部门与税务部门应建立信息交换机制,通过个人养老金信息管理服务平台将个人养老金涉税信息交换至税务部门,并配合税务部门做好相关税收征管工作。

商业银行有关分支机构应及时对在该行开立个人养老金资金账户纳税人的纳税情况进行全员全额明细申报,保证信息真实准确。

各级财政、人力资源社会保障、税务、金融监管等部门应密切配合,认真做好组织落实,对实施过程中遇到的困难和问题,及时向上级主管部门反映。

(5)政策执行时间、范围及个人税收递延型商业养老保险试点的处理。

上述税收政策自 2022 年 1 月 1 日起在个人养老金先行城市实施。

个人养老金先行城市名单由人力资源社会保障部会同财政部、税务总局另行发布。上海市、福建省、苏州工业园区等已实施个人税收递延型商业养老保险试点的地区,自 2022 年 1 月 1 日起统一按照上述规定的税收政策执行。

[《财政部 税务总局关于个人养老金有关个人所得税政策的公告》(财政部 税务总局公告 2022 年第 34 号)]

表 4-3 个人养老金先行城市(地区)名单

序号	省(自治区、直辖市)	先行城市(地区)
1	北京市	北京市
2	天津市	天津市
3	河北省	石家庄市
		雄安新区
4	山西省	晋城市
5	内蒙古自治区	呼和浩特市
6	辽宁省	沈阳市
		大连市
7	吉林省	长春市
8	黑龙江省	哈尔滨市
9	上海市	上海市
10	江苏省	苏州市
11	浙江省	杭州市
		宁波市
12	安徽省	合肥市
13	福建省	福建省
14	江西省	南昌市
15	山东省	青岛市
		东营市

(续表)

序号	省（自治区、直辖市）	先行城市（地区）
16	河南省	郑州市
17	湖北省	武汉市
18	湖南省	长沙市
19	广东省	广州市
		深圳市
20	广西壮族自治区	南宁市
21	海南省	海口市
22	重庆市	重庆市
23	四川省	成都市
24	贵州省	贵阳市
25	云南省	玉溪市
26	西藏自治区	拉萨市
27	陕西省	西安市
28	甘肃省	庆阳市
29	青海省	西宁市
30	宁夏回族自治区	银川市
31	新疆维吾尔自治区	乌鲁木齐市

[《人力资源和社会保障部办公厅 财政部办公厅 国家税务总局办公厅关于公布个人养老金先行城市（地区）的通知》(人社厅函〔2022〕169号)]

4.2.3 综合所得预扣预缴

居民个人取得综合所得，按年计算个人所得税；有扣缴义务人的，由扣缴义务人按月或者按次预扣预缴税款；需要办理汇算清缴的，应当在取得所得的次年3月1日至6月30日内办理汇算清缴。预扣预缴办法由国务院税务主管部门制定。

居民个人向扣缴义务人提供专项附加扣除信息的，扣缴义务人按月预扣预缴税款时应当按照规定予以扣除，不得拒绝。

[《中华人民共和国个人所得税法》第十一条]

扣缴义务人向居民个人支付工资、薪金所得，劳务报酬所得，稿酬所得，特许权使用费所得时，按规定方法预扣预缴个人所得税，并向主管税务机关报送《个人所得税扣缴申报表》（详见9.2.4.1"全员全额扣缴申报"）。年度预扣预缴税额与年度应纳税额不一致的，由居民个人于次年3月1日至6月30日向主管税务机关办理综合所得年度汇算清缴，税款多退少补（详见9.3.2"综合所得汇算清缴"）。

[《国家税务总局关于全面实施新个人所得税法若干征管衔接问题的公告》（国家税务总局公告

2018年第56号)]

4.2.3.1 工资、薪金预扣预缴

居民个人取得工资、薪金所得时,可以向扣缴义务人提供专项附加扣除有关信息,由扣缴义务人扣缴税款时减除专项附加扣除。纳税人同时从两处以上取得工资、薪金所得,并由扣缴义务人减除专项附加扣除的,对同一专项附加扣除项目,在一个纳税年度内只能选择从一处取得的所得中减除。

[《中华人民共和国个人所得税法实施条例》第二十八条]

扣缴义务人向居民个人支付工资、薪金所得时,应当按照累计预扣法计算预扣税款,并按月办理全员全额扣缴申报。具体计算公式如下:

$$本期应预扣预缴税额 = (累计预扣预缴应纳税所得额 \times 预扣率 - 速算扣除数) - 累计减免税额 - 累计已预扣预缴税额$$

$$累计预扣预缴应纳税所得额 = 累计收入 - 累计免税收入 - 累计减除费用 - 累计专项扣除 - 累计专项附加扣除 - 累计依法确定的其他扣除$$

其中:累计减除费用,按照5 000元/月乘以纳税人当年截至本月在本单位的任职受雇月份数计算。

上述公式中,计算居民个人工资、薪金所得预扣预缴税额的预扣率、速算扣除数,按《个人所得税预扣率表一》(详见5.1.3"预扣预缴税率表")执行。

[《国家税务总局关于全面实施新个人所得税法若干征管衔接问题的公告》(国家税务总局公告2018年第56号)]

扣缴义务人向居民个人支付工资、薪金所得时,应当按照累计预扣法计算预扣税款,并按月办理扣缴申报。

累计预扣法,是指扣缴义务人在一个纳税年度内预扣预缴税款时,以纳税人在本单位截至当前月份工资、薪金所得累计收入减除累计免税收入、累计减除费用、累计专项扣除、累计专项附加扣除和累计依法确定的其他扣除后的余额为累计预扣预缴应纳税所得额,适用《个人所得税预扣率表一》(详见5.1.3"预扣预缴税率表"),计算累计应预扣预缴税额,再减除累计减免税额和累计已预扣预缴税额,其余额为本期应预扣预缴税额。余额为负值时,暂不退税。纳税年度终了后余额仍为负值时,由纳税人通过办理综合所得年度汇算清缴,税款多退少补。

具体计算公式如下:

$$本期应预扣预缴税额 = (累计预扣预缴应纳税所得额 \times 预扣率 - 速算扣除数) - 累计减免税额 - 累计已预扣预缴税额$$

$$累计预扣预缴应纳税所得额 = 累计收入 - 累计免税收入 - 累计减除费用 - 累计专项扣除 - 累计专项附加扣除 - 累计依法确定的其他扣除$$

其中:累计减除费用,按照5 000元/月乘以纳税人当年截至本月在本单位的任职受雇月份数计算。

居民个人向扣缴义务人提供有关信息并依法要求办理专项附加扣除的,扣缴义务人应当按照规定在工资、薪金所得按月预扣预缴税款时予以扣除,不得拒绝。

[《个人所得税扣缴申报管理办法(试行)》(国家税务总局公告2018年第61号印发)]

4.2.3.2 新入职人员和学生实习个人所得税预扣预缴

对一个纳税年度内首次取得工资、薪金所得的居民个人,扣缴义务人在预扣预缴个人所得税时,可按照5 000元/月乘以纳税人当年截至本月月份数计算累计减除费用。

正在接受全日制学历教育的学生因实习取得劳务报酬所得的,扣缴义务人预扣预缴个人所得税时,可按照《国家税务总局关于发布〈个人所得税扣缴申报管理办法(试行)〉的公告》(国家税务总局公告2018年第61号)规定的累计预扣法(详见4.2.3.1"工资、薪金预扣预缴")计算并预扣预缴税款。

首次取得工资、薪金所得的居民个人,是指自纳税年度首月起至新入职时,未取得工资、薪金所得或者未按照累计预扣法预扣预缴过连续性劳务报酬所得个人所得税的居民个人。

符合规定并可按上述条款预扣预缴个人所得税的纳税人,应当及时向扣缴义务人申明并如实提供相关佐证资料或承诺书,并对相关资料及承诺书的真实性、准确性、完整性负责。相关资料或承诺书,纳税人及扣缴义务人需留存备查。

上述规定自2020年7月1日起施行。

[《国家税务总局关于完善调整部分纳税人个人所得税预扣预缴方法的公告》(国家税务总局公告2020年第13号)]

解读 为更好地贯彻落实党中央、国务院"六保""六稳"精神和要求,进一步减轻毕业学生等年度中间首次入职人员及实习学生预扣预缴阶段的税收负担,国家税务总局印发了《关于完善调整部分纳税人个人所得税预扣预缴方法的公告》(国家税务总局公告2020年第13号,以下简称13号公告)。

(1) 当年首次入职居民个人取得的工资、薪金所得,预扣预缴方法的完善调整。

对一个纳税年度内首次取得工资、薪金所得的居民个人,扣缴义务人在预扣预缴工资、薪金所得个人所得税时,可扣除从年初开始计算的累计减除费用(5 000元/月)。例如,大学生小李2020年7月毕业后进入某公司工作,公司发放7月工资、计算当期应预扣预缴的个人所得税时,可减除费用35 000元(7×5 000)。

(2) 首次取得工资、薪金所得的居民个人。

13号公告所称首次取得工资、薪金所得的居民个人,是指自纳税年度首月起至新入职时,没有取得过工资、薪金所得或者连续性劳务报酬所得的居民个人。在入职新单位前取得过工资、薪金所得或者按照累计预扣法预扣预缴过连续性劳务报酬所得个人所得税的纳税人不包括在内。如果纳税人仅是在新入职前偶然取得过劳务报酬、稿酬、特许权使用费所得的,则不受影响,仍然可适用该公告规定。例如,纳税人小赵2020年1月到8月一直未找到工作,没有取得过工资、薪金所得,仅有过一笔8 000元的劳务报酬且按照单次收入适用20%的预扣率预扣预缴了税款,9月初找到新工作并开始领薪,那么新入职单位在为小赵计算并预扣9月工资、薪金所得个人所得税时,可以扣除自年初开始计算的累计减除费用45 000元(9×5 000)。

(3) 学生实习取得劳务报酬所得的,预扣预缴方法完善调整。

正在接受全日制学历教育的学生因实习取得劳务报酬所得的,扣缴义务人预扣预缴个人所得税时,可按照《国家税务总局关于发布〈个人所得税扣缴申报管理办法(试行)〉的公告》(国家税务总局公告2018年第61号,以下简称2018年第61号公告)规定的累计预扣法计算并预扣预缴税款。根据《个人所得税法》及其实施条例有关规定,累计预扣法预扣预缴个人所得税的具体计算公式为:

$$本期应预扣预缴税额 = \left(累计收入额 - 累计减除费用\right) \times 预扣率 - 速算扣除数 - 累计减免税额 - 累计已预扣预缴税额$$

其中,累计减除费用按照5 000元/月乘以纳税人在本单位开始实习月份起至本月的实习月份数计算。

上述公式中的预扣率、速算扣除数,按照2018年第61号公告所附的《个人所得税预扣率表一》(详见5.1.3"预扣预缴税率表")执行。

例如,学生小张7月在某公司实习取得劳务报酬3 000元。扣缴单位在为其预扣预缴劳务报酬所得个人所得税时,可采取累计预扣法预扣预缴税款。如采用该方法,那么小张7月劳务报酬扣除5 000元减除费用后则无需预缴税款,比预扣预缴方法完善调整前少预缴440元。如果小张年内再无其他综合所得,也就无需办理年度汇算退税。

(4) 纳税人适用完善调整后的预扣预缴个人所得税操作。

纳税人可根据自身情况判断是否符合13号公告规定的条件。符合条件并按照13号公告规定的方法预扣预缴税款的,应及时向扣缴义务人申明并如实提供相关佐证资料或者承诺书。如新入职的毕业大学生,可以向单位出示毕业证或者派遣证等佐证资料;实习生取得实习单位支付的劳务报酬所得,如采取累计预扣法预扣税款的,可以向单位出示学生证等佐证资料;一年之中首次取得工资、薪金所得的其他纳税人,如确实没有其他佐证资料的,可以提供承诺书。

扣缴义务人收到相关佐证资料或承诺书后,即可按照完善调整后的预扣预缴方法为纳税人预扣预缴个人所得税。

同时,纳税人需就向扣缴义务人提供的佐证资料及承诺书的真实性、准确性、完整性负责。相关佐证资料及承诺书的原件或复印件,纳税人及扣缴义务人需留存备查。

(5) 13号公告实施时间:自2020年7月1日起施行。2020年7月1日之前就业或者实习的纳税人,如存在多预缴个人所得税的,仍可在次年办理综合所得汇算清缴时申请退税。

4.2.3.3 全年工薪收入不超过6万元居民个人预扣预缴

自2021年1月1日起,对上一完整纳税年度内每月均在同一单位预扣预缴工资、薪金所得个人所得税且全年工资、薪金收入不超过6万元的居民个人,扣缴义务人在预扣预缴本年度工资、薪金所得个人所得税时,累计减除费用自1月份起直接按照全年6万元计算扣除。即,在纳税人累计收入不超过6万元的月份,暂不预扣预缴个人所得税;在其累计收入超过6万元的当月及年内后续月份,再预扣预缴个人所得税。

扣缴义务人应当按规定办理全员全额扣缴申报,并在《个人所得税扣缴申报表》(详见9.2.4.1"全员全额扣缴申报")相应纳税人的备注栏注明"上年各月均有申报且全年收入不超过6万元"字样。

对按照累计预扣法预扣预缴劳务报酬所得个人所得税的居民个人,扣缴义务人比照上述规定执行。

[《国家税务总局关于进一步简便优化部分纳税人个人所得税预扣预缴方法的公告》(国家税务总局公告2020年第19号)]

解读 ▶《国家税务总局关于进一步简便优化部分纳税人个人所得税预扣预缴方法的公告》(国家税务总局公告2020年第19号公告,以下简称19号公告)主要优化了两类纳税人的预扣预缴方法:

一是上一完整纳税年度各月均在同一单位扣缴申报了工资、薪金所得个人所得税且全年工资、薪金收入不超过6万元的居民个人。具体来说需同时满足三个条件:上一纳税年度1~12月均在同一单位任职且预扣预缴申报了工资、薪金所得个人所得税;上一纳税年度1~12月的累计工资、薪金收入(包括全年一次性奖金等各类工资、薪金所得,且不扣减任何费用及免税收入)不超过6万元;本纳税年度自1月起,仍在该单位任职受雇并取得工资、薪金所得。

假设,小李2020年至2021年都是A单位员工。A单位2020年1~12月每月均为小李办理了全员全额扣缴明细申报,如果小李2020年工薪收入合计54 000元,则小李2021年可适用19号公告。又假设,小赵2020年3~12月在B单位工作且全年工薪收入54 000元。如果小赵2021年还在B单位工作,但因其上年并非都在B单位,则不适用19号公告。

二是按照累计预扣法预扣预缴劳务报酬所得个人所得税的居民个人,如保险营销员和证券经纪人。同样需同时满足以下三个条件:上一纳税年度1~12月均在同一单位取酬且按照累计预扣法预扣预缴申报了劳务报酬所得个人所得税;上一纳税年度1~12月的累计劳务报酬(不扣减任何费用及免税收入)不超过6万元;本纳税年度自1月起,仍在该单位取得按照累计预扣法预扣预缴税款的劳务报酬所得。

4.2.3.4 保险营销员、证券经纪人个人所得税预扣预缴

扣缴义务人向保险营销员、证券经纪人支付佣金收入时,应按照《个人所得税扣缴申报管理办法(试行)》(国家税务总局公告2018年第61号印发)(详见4.2.3.1"工资、薪金预扣预缴")规定的累计预扣法计算预扣税款。

[《财政部 税务总局关于个人所得税法修改后有关优惠政策衔接问题的通知》(财税〔2018〕164号)]

4.2.3.5 劳务报酬、稿酬、特许权使用费预扣预缴

扣缴义务人向居民个人支付劳务报酬所得、稿酬所得、特许权使用费所得,按次或者

按月预扣预缴个人所得税。具体预扣预缴方法如下：

劳务报酬所得、稿酬所得、特许权使用费所得以收入减除费用后的余额为收入额。其中，稿酬所得的收入额减按70%计算。

减除费用：劳务报酬所得、稿酬所得、特许权使用费所得每次收入不超过4 000元的，减除费用按800元计算；每次收入4 000元以上的，减除费用按20%计算。

应纳税所得额：劳务报酬所得、稿酬所得、特许权使用费所得，以每次收入额为预扣预缴应纳税所得额。劳务报酬所得适用20%至40%的超额累进预扣率，按《个人所得税预扣率表二》(详见5.1.3"预扣预缴税率表")执行，稿酬所得、特许权使用费所得适用20%的比例预扣率。

劳务报酬所得应预扣预缴税额 = 预扣预缴应纳税所得额 × 预扣率 − 速算扣除数

稿酬所得、特许权使用费所得应预扣预缴税额 = 预扣预缴应纳税所得额 × 20%

[《国家税务总局关于全面实施新个人所得税法若干征管衔接问题的公告》(国家税务总局公告2018年第56号)]

扣缴义务人向居民个人支付劳务报酬所得、稿酬所得、特许权使用费所得时，应当按照以下方法按次或者按月预扣预缴税款：

劳务报酬所得、稿酬所得、特许权使用费所得以收入减除费用后的余额为收入额；其中，稿酬所得的收入额减按70%计算。

减除费用：预扣预缴税款时，劳务报酬所得、稿酬所得、特许权使用费所得每次收入不超过4 000元的，减除费用按800元计算；每次收入4 000元以上的，减除费用按收入的20%计算。

应纳税所得额：劳务报酬所得、稿酬所得、特许权使用费所得，以每次收入额为预扣预缴应纳税所得额，计算应预扣预缴税额。劳务报酬所得适用个人所得税预扣率表二(详见5.1.3"预扣预缴税率表")，稿酬所得、特许权使用费所得适用20%的比例预扣率。

居民个人办理年度综合所得汇算清缴时，应当依法计算劳务报酬所得、稿酬所得、特许权使用费所得的收入额，并入年度综合所得计算应纳税款，税款多退少补。

[《个人所得税扣缴申报管理办法(试行)》(国家税务总局公告2018年第61号印发)]

4.2.4 综合所得汇算清缴

详见9.3.2"综合所得汇算清缴"。

4.2.5 非居民四项所得收入额

非居民个人的工资、薪金所得，以每月收入额减除费用5 000元后的余额为应纳税所得额；劳务报酬所得、稿酬所得、特许权使用费所得，以每次收入额为应纳税所得额。

[《中华人民共和国个人所得税法》第六条]

非居民个人取得工资、薪金所得，劳务报酬所得，稿酬所得和特许权使用费所得，有扣缴义务人的,由扣缴义务人按月或者按次代扣代缴税款,不办理汇算清缴。

[《中华人民共和国个人所得税法》第十一条]

4.2.5.1 无住所个人为非居民的工资、薪金收入额

1) 非居民个人境内居住时间累计不超过90天

在一个纳税年度内,在境内累计居住不超过90天的非居民个人(不包括高管人员),仅就归属于境内工作期间并由境内雇主支付或者负担的工资、薪金所得计算缴纳个人所得税。当月工资、薪金收入额的计算公式如下(公式一):

$$当月工资、薪金收入额 = 当月境内外工资、薪金总额 \times \frac{当月境内支付工资、薪金数额}{当月境内外工资、薪金总额} \times \frac{当月工资、薪金所属工作期间境内工作天数}{当月工资、薪金所属工作期间公历天数} \quad (公式一)$$

境内雇主包括雇佣员工的境内单位和个人,以及境外单位或者个人在境内的机构、场所。凡境内雇主采取核定征收所得税或者无营业收入未征收所得税的,无住所个人为其工作取得工资、薪金所得,不论是否在该境内雇主会计账簿中记载,均视为由该境内雇主支付或者负担。工资、薪金所属工作期间的公历天数,是指无住所个人取得工资、薪金所属工作期间按公历计算的天数。

公式中当月境内外工资、薪金包含归属于不同期间的多笔工资、薪金的,应当先分别按照上述规定计算不同归属期间工资、薪金收入额,然后再加总计算当月工资、薪金收入额。

2) 非居民个人境内居住时间累计超过90天不满183天

在一个纳税年度内,在境内累计居住超过90天但不满183天的非居民个人,取得归属于境内工作期间的工资、薪金所得,均应当计算缴纳个人所得税;其取得归属于境外工作期间的工资、薪金所得,不征收个人所得税。当月工资、薪金收入额的计算公式如下(公式二):

$$当月工资、薪金收入额 = 当月境内外工资、薪金总额 \times \frac{当月工资、薪金所属工作期间境内工作天数}{当月工资、薪金所属工作期间公历天数} \quad (公式二)$$

[《财政部 税务总局关于非居民个人和无住所居民个人有关个人所得税政策的公告》(财政部 税务总局公告2019年第35号)]

4.2.5.2 无住所个人为居民的工资、薪金收入额

在一个纳税年度内,在境内累计居住满183天的无住所居民个人(含高管人员)取得工资、薪金所得,当月工资、薪金收入额按照以下规定计算。

1) 无住所居民个人在境内居住累计满183天的年度连续不满6年

在境内居住累计满183天的年度连续不满6年的无住所居民个人,其取得的全部工资、薪金所得,除归属于境外工作期间且由境外单位或者个人支付的工资、薪金所得部分外,均应计算缴纳个人所得税。工资、薪金所得收入额的计算公式如下(公式三):

$$当月工资、薪金收入额 = 当月境内外工资、薪金总额 \times \left[1 - \frac{当月境外支付工资、薪金数额}{当月境内外工资、薪金总额} \times \frac{当月工资、薪金所属工作期间境外工作天数}{当月工资、薪金所属工作期间公历天数}\right] \quad (公式三)$$

2）无住所居民个人在境内居住累计满 183 天的年度连续满 6 年

在境内居住累计满 183 天的年度连续满 6 年后，其从境内、境外取得的全部工资、薪金所得均应计算缴纳个人所得税。

[《财政部 税务总局关于非居民个人和无住所居民个人有关个人所得税政策的公告》（财政部 税务总局公告 2019 年第 35 号）]

4.2.5.3 无住所非居民个人为高管人员的工资、薪金收入额

无住所居民个人为高管人员的，工资、薪金收入额按 4.2.5.2"无住所个人为居民的工资、薪金收入额"规定计算纳税。非居民个人为高管人员的，按照以下规定处理。

1）高管人员在境内居住时间累计不超过 90 天

在一个纳税年度内，在境内累计居住不超过 90 天的高管人员，其取得由境内雇主支付或者负担的工资、薪金所得应当计算缴纳个人所得税；不是由境内雇主支付或者负担的工资、薪金所得，不缴纳个人所得税。当月工资、薪金收入额为当月境内支付或者负担的工资、薪金收入额。

2）高管人员在境内居住时间累计超过 90 天不满 183 天

在一个纳税年度内，在境内居住累计超过 90 天但不满 183 天的高管人员，其取得的工资、薪金所得，除归属于境外工作期间且不是由境内雇主支付或者负担的部分外，应当计算缴纳个人所得税。当月工资、薪金收入额计算适用公式四：

$$当月工资、薪金收入额 = 当月境内外工资、薪金总额 \times \left[1 - \frac{当月境外支付工资、薪金数额}{当月境内外工资、薪金总额} \times \frac{当月工资、薪金所属工作期间境外工作天数}{当月工资、薪金所属工作期间公历天数}\right]$$

（公式四）

[《财政部 国家税务总局关于非居民个人和无住所居民个人有关个人所得税政策的公告》（财政部 税务总局公告 2019 年第 35 号）]

4.2.5.4 外国企业的董事在中国境内兼任职务税收问题

外商投资企业的董事（长）同时担任企业直接管理职务，或者名义上不担任企业的直接管理职务，但实际上从事企业日常管理工作的，应判定其在该企业具有董事（长）和雇员的双重身份。个人在该企业又以董事费名义或分红形式取得收入的，应主动申报从事企业日常管理工作每月应取得的工资、薪金收入额，或者由主管税务机关参照同类地区、同类行业和相近规模企业中类似职务的工资、薪金收入水平核定其每月应取得的工资、薪金收入额，并依照《个人所得税法》《国家税务总局关于明确个人所得税若干政策执行问题的通知》（国税发〔2009〕121 号）以及《财政部 国家税务总局关于非居民个人和无住所居民个人有关个人所得税政策的公告》（财政部 税务总局公告 2019 年第 35 号）的有关规定征收个人所得税。

[《国家税务总局关于外商投资企业的董事担任直接管理职务征收个人所得税问题的通知》（国税发〔1996〕214 号）、《财政部 国家税务总局关于非居民个人和无住所居民个人有关个人所得税政策的公告》（财政部 税务总局公告 2019 年第 35 号）]

【注】《国家税务总局关于外商投资企业的董事担任直接管理职务征收个人所得税问题的通知》(国税发〔1996〕214号)原文是:"依照《中华人民共和国个人所得税法》以及《国家税务总局关于在中国境内无住所的个人取得工资薪金所得纳税义务问题的通知》(国税发〔1994〕148号)和《国家税务总局关于在中国境内无住所的个人计算缴纳个人所得税若干具体问题的通知》(国税函〔1995〕125号)的有关规定征收个人所得税。"一是《国家税务总局关于明确个人所得税若干政策执行问题的通知》(国税发〔2009〕121号)对于董事费征税问题有了进一步明确(详见3.1.2.5"董事费收入");二是《财政部 国家税务总局关于非居民个人和无住所居民个人有关个人所得税政策的公告》(财政部 税务总局公告2019年第35号)废止了《国家税务总局关于在中国境内无住所的个人取得工资薪金所得纳税义务问题的通知》(国税发〔1994〕148号)和《国家税务总局关于在中国境内无住所的个人计算缴纳个人所得税若干具体问题的通知》(国税函〔1995〕125号)第一条、第二条、第三条、第四条,并明确了董事高管取得的工资、薪金收入额的计算方法。因此,为便于理解,此处直接将《国家税务总局关于明确个人所得税若干政策执行问题的通知》(国税发〔2009〕121号)和《财政部 国家税务总局关于非居民个人和无住所居民个人有关个人所得税政策的公告》(财政部 税务总局公告2019年第35号)作为计算董事高管个人所得税依据。

有些外国企业的董事(长)或合伙人(在中国境内无住所的个人,下同)在中国境内该企业设立的机构、场所担任职务,应取得工资、薪金所得,但其申报仅以董事费名义或分红形式取得收入。现就对其应如何征收个人所得税的问题明确如下:

外国企业的董事或合伙人担任该企业设立在中国境内的机构、场所的职务,或者名义上不担任该机构、场所的职务,但实际上从事日常经营、管理工作,其在中国境内从事上述工作取得的工资、薪金所得,属于来源于中国境内的所得,应按照《个人所得税法》及其实施条例和其他有关规定计算缴纳个人所得税。上述个人凡未申报或未如实申报其工资、薪金所得的,可比照《国家税务总局关于外商投资企业的董事担任直接管理职务征收个人所得税问题的通知》(国税发〔1996〕214号)的规定核定其应取得的工资、薪金所得,并作为该中国境内机构、场所应负担的工资薪金确定纳税义务,计算应纳税额。

[《国家税务总局关于外国企业的董事在中国境内兼任职务有关税收问题的通知》(国税函〔1999〕284号)]

4.2.5.5 非居民个人扣缴方法

扣缴义务人向非居民个人支付工资、薪金所得,劳务报酬所得,稿酬所得和特许权使用费所得时,应当按以下方法按月或者按次代扣代缴个人所得税:

非居民个人的工资、薪金所得,以每月收入额减除费用5 000元后的余额为应纳税所得额;劳务报酬所得、稿酬所得、特许权使用费所得,以每次收入额为应纳税所得额,适用按月换算后的非居民个人月度税率表[详见5.1.2"按月换算后的综合所得税率表(月度税率表)"]计算应纳税额。其中,劳务报酬所得、稿酬所得、特许权使用费所得以收入减除20%的费用后的余额为收入额。稿酬所得的收入额减按70%计算。

$$非居民个人工资、薪金所得,劳务报酬所得,稿酬所得,特许权使用费所得应纳税额 = 应纳税所得额 \times 税率 - 速算扣除数$$

[《国家税务总局关于全面实施新个人所得税法若干征管衔接问题的公告》(国家税务总局公告

2018年第56号)、《个人所得税扣缴申报管理办法(试行)》(国家税务总局公告 2018年第61号印发)]

非居民个人在一个纳税年度内税款扣缴方法保持不变,达到居民个人条件时,应当告知扣缴义务人基础信息变化情况,年度终了后按照居民个人有关规定办理汇算清缴。

[《个人所得税扣缴申报管理办法(试行)》(国家税务总局公告2018年第61号印发)]

4.2.5.6 无住所个人境内雇主报告境外关联方支付工资、薪金所得规定

无住所个人在境内任职、受雇取得来源于境内的工资、薪金所得,凡境内雇主与境外单位或者个人存在关联关系,将本应由境内雇主支付的工资、薪金所得,部分或者全部由境外关联方支付的,无住所个人可以自行申报缴纳税款,也可以委托境内雇主代为缴纳税款。无住所个人未委托境内雇主代为缴纳税款的,境内雇主应当在相关所得支付当月终了后15天内向主管税务机关报告相关信息,包括境内雇主与境外关联方对无住所个人的工作安排、境外支付情况以及无住所个人的联系方式等信息。

[《财政部 国家税务总局关于非居民个人和无住所居民个人有关个人所得税政策的公告》(财政部 税务总局公告2019年第35号)]

4.3 经营所得

经营所得,以每一纳税年度的收入总额减除成本、费用以及损失后的余额,为应纳税所得额。

[《中华人民共和国个人所得税法》第六条]

成本、费用,是指生产、经营活动中发生的各项直接支出和分配计入成本的间接费用以及销售费用、管理费用、财务费用;损失,是指生产、经营活动中发生的固定资产和存货的盘亏、毁损、报废损失,转让财产损失,坏账损失,自然灾害等不可抗力因素造成的损失以及其他损失。

从事生产、经营活动,未提供完整、准确的纳税资料,不能正确计算应纳税所得额的,由主管税务机关核定应纳税所得额或者应纳税额。

[《中华人民共和国个人所得税法实施条例》第十五条]

4.3.1 个体工商户计税办法

个体工商户应纳税所得额的计算,以权责发生制为原则,属于当期的收入和费用,不论款项是否收付,均作为当期的收入和费用;不属于当期的收入和费用,即使款项已经在当期收付,均不作为当期收入和费用。财政部、国家税务总局另有规定的除外。

在计算应纳税所得额时,个体工商户会计处理办法与《个体工商户个人所得税计税办法》和财政部、国家税务总局相关规定不一致的,应当依照《个体工商户个人所得税计税办法》和财政部、国家税务总局的相关规定计算。

个体工商户的生产、经营所得,以每一纳税年度的收入总额,减除成本、费用、税金、损失、其他支出及允许弥补的以前年度亏损后的余额,为应纳税所得额。

[《个体工商户个人所得税计税办法》(国家税务总局令第35号)]

4.3.1.1　个体工商户收入总额

个体工商户从事生产经营以及与生产经营有关的活动(以下简称生产经营)取得的货币形式和非货币形式的各项收入,为收入总额。该收入总额包括:销售货物收入、提供劳务收入、转让财产收入、利息收入、租金收入、接受捐赠收入、其他收入。

其他收入包括个体工商户资产溢余收入、逾期一年以上的未退包装物押金收入、确实无法偿付的应付款项、已作坏账损失处理后又收回的应收款项、债务重组收入、补贴收入、违约金收入、汇兑收益等。

[《个体工商户个人所得税计税办法》(国家税务总局令第35号)]

4.3.1.2　个体工商户扣除项目

1) 个体工商户基本扣除项目

成本,是指个体工商户在生产经营活动中发生的销售成本、销货成本、业务支出,以及其他耗费。

费用,是指个体工商户在生产经营活动中发生的销售费用、管理费用和财务费用,已经计入成本的有关费用除外。

税金,是指个体工商户在生产经营活动中发生的除个人所得税和允许抵扣的增值税以外的各项税金及其附加。

损失,是指个体工商户在生产经营活动中发生的固定资产和存货的盘亏、毁损、报废损失,转让财产损失,坏账损失,自然灾害等不可抗力因素造成的损失,以及其他损失。

个体工商户发生的损失,减除责任人赔偿和保险赔款后的余额,参照财政部、国家税务总局有关企业资产损失税,前扣除的规定扣除。

个体工商户已经作为损失处理的资产,在以后纳税年度又全部收回或者部分收回时,应当计入收回当期的收入。

其他支出,是指除成本、费用、税金、损失外,个体工商户在生产经营活动中发生的与生产经营活动有关的、合理的支出。

个体工商户发生的支出应当区分收益性支出和资本性支出。收益性支出在发生当期直接扣除;资本性支出应当分期扣除或者计入有关资产成本,不得在发生当期直接扣除。

支出,是指与取得收入直接相关的支出。

除税收法律法规另有规定外,个体工商户实际发生的成本、费用、税金、损失和其他支出,不得重复扣除。

[《个体工商户个人所得税计税办法》(国家税务总局令第35号)]

2) 个体工商户不得扣除项目

个体工商户下列支出不得扣除:

(1) 个人所得税税款。

(2) 税收滞纳金。

(3) 罚金、罚款和被没收财物的损失。

(4) 不符合扣除规定的捐赠支出。

(5) 赞助支出,指个体工商户发生的与生产经营活动无关的各种非广告性质支出。

(6) 用于个人和家庭的支出。

(7) 与取得生产经营收入无关的其他支出。

(8) 国家税务总局规定不准扣除的支出。

个体工商户代其从业人员或者他人负担的税款,不得税前扣除。

[《个体工商户个人所得税计税办法》(国家税务总局令第35号)]

3) 家庭费用扣除

个体工商户生产经营活动中,应当分别核算生产经营费用和个人、家庭费用。对于生产经营与个人、家庭生活混用难以分清的费用,其40%视为与生产经营有关费用,准予扣除。

[《个体工商户个人所得税计税办法》(国家税务总局令第35号)]

4) 销售存货或资产成本扣除

个体工商户使用或者销售存货,按照规定计算的存货成本,准予在计算应纳税所得额时扣除。

个体工商户转让资产,该项资产的净值,准予在计算应纳税所得额时扣除。

[《个体工商户个人所得税计税办法》(国家税务总局令第35号)]

5) 工资、保险和劳保费用扣除

个体工商户实际支付给从业人员的、合理的工资、薪金支出,准予扣除。

个体工商户业主的费用扣除标准,依照相关法律、法规和政策规定执行。

个体工商户业主的工资、薪金支出不得税前扣除。

个体工商户按照国务院有关主管部门或者省级人民政府规定的范围和标准为其业主和从业人员缴纳的基本养老保险费、基本医疗保险费、失业保险费、生育保险费、工伤保险费和住房公积金,准予扣除。

个体工商户为从业人员缴纳的补充养老保险费、补充医疗保险费,分别在不超过从业人员工资总额5%标准内的部分据实扣除;超过部分,不得扣除。

个体工商户业主本人缴纳的补充养老保险费、补充医疗保险费,以当地(地级市)上年度社会平均工资的3倍为计算基数,分别在不超过该计算基数5%标准内的部分据实扣除;超过部分,不得扣除。

除个体工商户依照国家有关规定为特殊工种从业人员支付的人身安全保险费和财政部、国家税务总局规定可以扣除的其他商业保险费外,个体工商户业主本人或者为从业人员支付的商业保险费,不得扣除。

个体工商户参加财产保险,按照规定缴纳的保险费,准予扣除。

个体工商户发生的合理的劳动保护支出,准予扣除。

[《个体工商户个人所得税计税办法》(国家税务总局令第35号)]

6)三项费用扣除

个体工商户向当地工会组织拨缴的工会经费、实际发生的职工福利费支出、职工教育经费支出分别在工资薪金总额的2%、14%、2.5%的标准内据实扣除。

工资、薪金总额是指允许在当期税前扣除的工资薪金支出数额。

职工教育经费的实际发生数额超出规定比例当期不能扣除的数额,准予在以后纳税年度结转扣除。

个体工商户业主本人向当地工会组织缴纳的工会经费、实际发生的职工福利费支出、职工教育经费支出,以当地(地级市)上年度社会平均工资的3倍为计算基数,在上述规定比例内据实扣除。

[《个体工商户个人所得税计税办法》(国家税务总局令第35号)]

7)业务招待费和广告宣传费用扣除

个体工商户发生的与生产经营活动有关的业务招待费,按照实际发生额的60%扣除,但最高不得超过当年销售(营业)收入的5‰。

业主自申请营业执照之日起至开始生产经营之日止所发生的业务招待费,按照实际发生额的60%计入个体工商户的开办费。

个体工商户每一纳税年度发生的与其生产经营活动直接相关的广告费和业务宣传费不超过当年销售(营业)收入15%的部分,可以据实扣除;超过部分,准予在以后纳税年度结转扣除。

[《个体工商户个人所得税计税办法》(国家税务总局令第35号)]

8)借款和汇兑费用扣除

个体工商户在生产经营活动中发生的合理的不需要资本化的借款费用,准予扣除。

个体工商户为购置、建造固定资产、无形资产和经过12个月以上的建造才能达到预定可销售状态的存货发生借款的,在有关资产购置、建造期间发生的合理的借款费用,应当作为资本性支出计入有关资产的成本,并依照《个体工商户个人所得税计税办法》的规定扣除。

个体工商户在生产经营活动中发生的下列利息支出,准予扣除:

(1)向金融企业借款的利息支出。

(2)向非金融企业和个人借款的利息支出,不超过按照金融企业同期同类贷款利率计算的数额的部分。

个体工商户在货币交易中,以及纳税年度终了时将人民币以外的货币性资产、负债按照期末即期人民币汇率中间价折算为人民币时产生的汇兑损失,除已经计入有关资产成本部分外,准予扣除。

[《个体工商户个人所得税计税办法》(国家税务总局令第35号)]

9）开办费用扣除

个体工商户自申请营业执照之日起至开始生产经营之日止所发生的符合《个体工商户个人所得税计税办法》规定的费用，除为取得固定资产、无形资产的支出，以及应计入资产价值的汇兑损益、利息支出外，作为开办费，个体工商户可以选择在开始生产经营的当年一次性扣除，也可自生产经营月份起在不短于3年期限内摊销扣除，但一经选定，不得改变。

开始生产经营之日为个体工商户取得第一笔销售（营业）收入的日期。

[《个体工商户个人所得税计税办法》（国家税务总局令第35号）]

10）新产品、新技术、新工艺开发费用

个体工商户研究开发新产品、新技术、新工艺所发生的开发费用，以及研究开发新产品、新技术而购置单台价值在10万元以下的测试仪器和试验性装置的购置费准予直接扣除；单台价值在10万元以上（含10万元）的测试仪器和试验性装置，按固定资产管理，不得在当期直接扣除。

[《个体工商户个人所得税计税办法》（国家税务总局令第35号）]

11）公益性捐赠扣除

个体工商户通过公益性社会团体或者县级以上人民政府及其部门，用于《中华人民共和国公益事业捐赠法》规定的公益事业的捐赠，捐赠额不超过其应纳税所得额30%的部分可以据实扣除（详见4.9.8.4"居民个人经营所得捐赠支出扣除"）。

财政部、国家税务总局规定可以全额在税前扣除的捐赠支出项目，按有关规定执行。

个体工商户直接对受益人的捐赠不得扣除。

公益性社会团体的认定，按照财政部、国家税务总局、民政部有关规定执行（详见4.9.3"捐赠税前扣除资格的确认"）。

[《个体工商户个人所得税计税办法》（国家税务总局令第35号）]

12）资产处理

个体工商户资产的税务处理，参照企业所得税相关法律、法规和政策规定执行。

[《个体工商户个人所得税计税办法》（国家税务总局令第35号）]

解读 ▶《个体工商户个人所得税计税办法》（国家税务总局令第35号）明确，个体工商户资产的税务处理，参照企业所得税相关法律、法规和政策规定执行。近些年，企业所得税出台了许多关于资产加速折旧和部分行业小型微利企业购置的设备器具单位价值低于100万元的一次性扣除等政策，个体工商户以及比照《个体工商户个人所得税计税办法》（国家税务总局令第35号）执行的个人独资和合伙企业是否能比照执行呢？不同地区理解不一，执行时结果完全不同。

一种观点认为，《个体工商户个人所得税计税办法》（国家税务总局令第35号）已经明确个体工商户资产的税务处理，参照企业所得税相关法律、法规和政策规定执行，对于加速折旧和设备器具一次性扣除等与固定资产相关的政策均应比照企业所得税相关规定执行。

另一种观点认为,企业所得税出台了许多关于资产加速折旧和部分行业小型微利企业购置的设备器具单位价值低于100万元的一次性扣除等政策属于优惠政策,个体工商户、个人独资和合伙企业不在优惠范围之列不能享受。由于此种观点执法风险相对较小,大部分地区保持这种观点。

因此,纳税人在遇到上述问题时,应主动与主管税务机关沟通确认。

4.3.1.3 亏损弥补

个体工商户纳税年度发生的亏损,准予向以后年度结转,用以后年度的生产经营所得弥补,但结转年限最长不得超过5年。

亏损,是指个体工商户依照《个体工商户个人所得税计税办法》规定计算的应纳税所得额小于零的数额。

[《个体工商户个人所得税计税办法》(国家税务总局令第35号)]

4.3.1.4 征收管理

个体工商户有两处或两处以上经营机构的,选择并固定向其中一处经营机构所在地主管税务机关申报缴纳个人所得税。

个体工商户终止生产经营的,应当在注销工商登记或者向政府有关部门办理注销前向主管税务机关结清有关纳税事宜。

[《个体工商户个人所得税计税办法》(国家税务总局令第35号)]

4.3.2 个人独资合伙企业经营所得

个人独资企业和合伙企业每一纳税年度的收入总额减除成本、费用以及损失后的余额,作为投资者个人的生产经营所得。

个人独资企业的投资者以全部生产经营所得为应纳税所得额;合伙企业的投资者按照合伙企业的全部生产经营所得和合伙协议约定的分配比例确定应纳税所得额,合伙协议没有约定分配比例的,以全部生产经营所得和合伙人数量平均计算每个投资者的应纳税所得额。

生产经营所得,包括企业分配给投资者个人的所得和企业当年留存的所得(利润)。

凡实行查账征税办法的,生产经营所得比照《个体工商户个人所得税计税办法》(国家税务总局令第35号)的法规确定。

[《关于个人独资企业和合伙企业投资者征收个人所得税的规定》(财税〔2000〕91号印发)]

4.3.2.1 合伙企业分配原则

合伙企业生产经营所得和其他所得采取"先分后税"的原则。具体应纳税所得额的计算按照《关于个人独资企业和合伙企业投资者征收个人所得税的规定》(财税〔2000〕91号)及《财政部 国家税务总局关于调整个体工商户个人独资企业和合伙企业个人所得税税前扣除标准有关问题的通知》（财税〔2008〕65号）的有关规定执行。

上述所称生产经营所得和其他所得，包括合伙企业分配给所有合伙人的所得和企业当年留存的所得（利润）。

[《财政部 国家税务总局关于合伙企业合伙人所得税问题的通知》（财税〔2008〕159号）]

4.3.2.2 合伙企业应纳税所得额确定原则

合伙企业的合伙人按照下列原则确定应纳税所得额：

（1）合伙企业的合伙人以合伙企业的生产经营所得和其他所得，按照合伙协议约定的分配比例确定应纳税所得额。

（2）合伙协议未约定或者约定不明确的，以全部生产经营所得和其他所得，按照合伙人协商决定的分配比例确定应纳税所得额。

（3）协商不成的，以全部生产经营所得和其他所得，按照合伙人实缴出资比例确定应纳税所得额。

（4）无法确定出资比例的，以全部生产经营所得和其他所得，按照合伙人数量平均计算每个合伙人的应纳税所得额。

合伙协议不得约定将全部利润分配给部分合伙人。

[《财政部 国家税务总局关于合伙企业合伙人所得税问题的通知》（财税〔2008〕159号）]

4.3.2.3 个人独资合伙企业收入总额

收入总额，是指企业从事生产经营以及与生产经营有关的活动所取得的各项收入，包括商品（产品）销售收入、营运收入、劳务服务收入、工程价款收入、财产出租或转让收入、利息收入、其他业务收入和营业外收入。

[《关于个人独资企业和合伙企业投资者征收个人所得税的规定》（财税〔2000〕91号印发）]

4.3.2.4 个人独资合伙企业扣除

1）基本扣除规定

（1）企业从业人员的工资支出按标准在税前扣除，参照企业所得税有关工资规定执行。

（2）投资者及其家庭发生的生活费用不允许在税前扣除。投资者及其家庭发生的生活费用与企业生产经营费用混合在一起，并且难以划分的，全部视为投资者个人及其家庭发生的生活费用，不允许在税前扣除。

（3）企业生产经营和投资者及其家庭生活共用的固定资产，难以划分的，由主管税务机关根据企业的生产经营类型、规模等具体情况，核定准予在税前扣除的折旧费用的数额或比例。

（4）个人独资企业和合伙企业拨缴的工会经费、发生的职工福利费、职工教育经费支出分别在工资薪金总额2%、14%、2.5%的标准内据实扣除。

（5）个人独资企业和合伙企业每一纳税年度发生的广告费和业务宣传费用不超过当年销售（营业）收入15%的部分，可据实扣除；超过部分，准予在以后纳税年度结转扣除。

（6）个人独资企业和合伙企业每一纳税年度发生的与其生产经营业务直接相关的业务招待费支出，按照发生额的60%扣除，但最高不得超过当年销售（营业）收入的5‰。

（7）企业计提的各种准备金不得扣除。

[《关于个人独资企业和合伙企业投资者征收个人所得税的规定》（财税〔2000〕91号印发）、《财政部国家税务总局关于调整个体工商户个人独资企业和合伙企业个人所得税税前扣除标准有关问题的通知》（财税〔2008〕65号）]

2）固定资产折旧费扣除

辽宁省本溪市原国有企业彩屯煤矿破产后，2000年5月本溪煤炭实业有限公司破产清算组与崔某签订了财产转让合同，崔某以500万元买断了彩屯煤矿整体资产，又注入部分资金筹备生产。之后，崔某聘请资产评估所对其买断的企业整体资产进行了评估，评估结果为固定资产原值16 702万元，净值5 314万元。2001年3月崔某注册了本溪市彩屯煤矿，性质为个人独资企业，该企业根据以上评估确认的固定资产原值为基数，计提了折旧，计入成本在税前列支，据此进行了个人所得税申报。关于该企业固定资产折旧费如何在税前扣除的问题，经研究，现批复如下：

根据税法规定，个人独资企业在计算缴纳投资者个人所得税时，应遵循历史成本原则，按照购入固定资产的实际支出500万元计提固定资产折旧费用，并准予在税前扣除。彩屯煤矿按照固定资产评估价值计提的折旧虽然可以作为企业成本核算的依据，但不允许在税前扣除。

[《国家税务总局关于个人独资企业个人所得税税前固定资产折旧费扣除问题的批复》（国税函〔2002〕1090号）]

4.3.2.5 个人独资合伙企业亏损弥补

企业的年度亏损，允许用本企业下一年度的生产经营所得弥补，下一年度所得不足弥补的，允许逐年延续弥补，但最长不得超过5年。

投资者兴办两个或两个以上企业的，企业的年度经营亏损不能跨企业弥补。

[《关于个人独资企业和合伙企业投资者征收个人所得税的规定》（财税〔2000〕91号印发）]

实行查账征税方式的个人独资企业和合伙企业改为核定征税方式后，在查账征税方式下认定的年度经营亏损未弥补完的部分，不得再继续弥补。

[《国家税务总局关于〈关于个人独资企业和合伙企业投资者征收个人所得税的规定〉执行口径的通知》（国税函〔2001〕84号）]

4.3.2.6 个人独资合伙企业核定征收

有下列情形之一的，主管税务机关应采取核定征收方式征收个人所得税：

(1) 企业依照国家有关法规应当设置但未设置账簿的。

(2) 企业虽设置账簿,但账目混乱或者成本资料、收入凭证、费用凭证残缺不全,难以查账的。

(3) 纳税人发生纳税义务,未按照法规的期限办理纳税申报,经税务机关责令限期申报,逾期仍不申报的。

核定征收方式,包括定额征收、核定应税所得率征收以及其他合理的征收方式。

实行核定应税所得率征收方式的,应纳所得税额的计算公式如下:

应纳所得税额 = 应纳税所得额 × 适用税率

应纳税所得额 = 收入总额 × 应税所得率

或 = 成本费用支出额 ÷ (1 - 应税所得率) × 应税所得率

应税所得率应按表4-4规定的标准执行。

表4-4 应税所得率表

行业	应税所得率
工业、交通运输业、商业	5%～20%
建筑业、房地产开发业	7%～20%
饮食服务业	7%～25%
娱乐业	20%～40%
其他行业	10%～30%

企业经营多业的,无论其经营项目是否单独核算,均应根据其主营项目确定其适用的应税所得率。

实行核定征税的投资者,不能享受个人所得税的优惠政策。

[《关于个人独资企业和合伙企业投资者征收个人所得税的规定》(财税〔2000〕91号印发)]

加强建账管理。主管税务机关应督促纳税人依照法律、行政法规的规定设置账簿。对不能设置账簿的,应按照《税收征收管理法》及其实施细则和《关于个人独资企业和合伙企业投资者征收个人所得税的规定》(财税〔2000〕91号印发)等有关规定,核定其应税所得率。税务师、会计师、律师、资产评估和房地产估价等鉴证类中介机构不得实行核定征收个人所得税。

[《国家税务总局关于进一步加强高收入者个人所得税征收管理的通知》(国税发〔2010〕54号)]

重点加强规模较大的个人独资、合伙企业和个体工商户的生产经营所得的查账征收管理;难以实行查账征收的,依法严格实行核定征收。对律师事务所、会计师事务所、税务师事务所、资产评估和房地产估价等鉴证类中介机构,不得实行核定征收个人所得税。

[《国家税务总局关于切实加强高收入者个人所得税征管的通知》(国税发〔2011〕50号)]

4.3.2.7　个人独资合伙企业关联交易调整

企业与其关联企业之间的业务往来,应当按照独立企业之间的业务往来收取或者支付价款、费用。不按照独立企业之间的业务往来收取或者支付价款、费用,而减少其应纳税所得额的,主管税务机关有权进行合理调整。

上述所称关联企业,其认定条件及税务机关调整其价款、费用的方法,按照《税收征收管理法》及其实施细则的有关规定执行。

[《关于个人独资企业和合伙企业投资者征收个人所得税的规定》(财税〔2000〕91号印发)]

4.3.2.8　个人独资合伙企业投资者纳税地点与时间

投资者应向企业实际经营管理所在地主管税务机关申报缴纳个人所得税。投资者从合伙企业取得的生产经营所得,由合伙企业向企业实际经营管理所在地主管税务机关申报缴纳投资者应纳的个人所得税,并将个人所得税申报表抄送投资者。

投资者应纳的个人所得税税款,按年计算,分月或者分季预缴,由投资者在每月或者每季度终了后15日[①]内预缴,年度终了后3个月内汇算清缴,多退少补(详见9.3.3"经营所得汇算清缴")。

[《关于个人独资企业和合伙企业投资者征收个人所得税的规定》(财税〔2000〕91号印发)]

4.3.2.9　个人独资合伙企业投资者境外已纳税款抵免

投资者来源于中国境外的生产经营所得,已在境外缴纳所得税的,可以按照《个人所得税法》的有关规定(详见6.4.3"抵免限额的计算")计算扣除已在境外缴纳的所得税。

[《关于个人独资企业和合伙企业投资者征收个人所得税的规定》(财税〔2000〕91号印发)]

4.3.2.10　个人独资合伙企业投资者注销与清算

企业在年度中间合并、分立、终止时,投资者应当在停止生产经营之日起60日内,向主管税务机关办理当期个人所得税汇算清缴。

企业在纳税年度的中间开业,或者由于合并、关闭等原因,使该纳税年度的实际经营期不足12个月的,应当以其实际经营期为一个纳税年度。

企业进行清算时,投资者应当在注销工商登记之前,向主管税务机关结清有关税务事宜。企业的清算所得应当视为年度生产经营所得,由投资者依法缴纳个人所得税。

上述所称清算所得,是指企业清算时的全部资产或者财产的公允价值扣除各项清算费用、损失、负债、以前年度留存的利润后,超过实缴资本的部分。

[《关于个人独资企业和合伙企业投资者征收个人所得税的规定》(财税〔2000〕91号印发)]

---

① 《关于个人独资企业和合伙企业投资者征收个人所得税的规定》(财税〔2000〕91号印发)原文为"由投资者在每月或者每季度终了后7日内预缴",因为《个人所得税法》第十二条已明确为"由投资者在每月或者每季度终了后15日内预缴"(详见9.3.3"经营所得汇算清缴"),所以此处就直接改为"15日"了。

加强非法人企业注销登记管理。企业投资者在注销工商登记之前,应向主管税务机关结清有关税务事宜,未纳税所得应依法征收个人所得税。

[《国家税务总局关于进一步加强高收入者个人所得税征收管理的通知》(国税发〔2010〕54号)]

加强个人独资、合伙企业和个体工商户注销登记管理,在其注销登记前,主管税务机关应主动采取有效措施处理好有关税务事项。

[《国家税务总局关于切实加强高收入者个人所得税征管的通知》(国税发〔2011〕50号)]

4.3.2.11 个人独资合伙企业权益性投资征收管理

自2022年1月1日起,持有股权、股票、合伙企业财产份额等权益性投资的个人独资企业、合伙企业,一律适用查账征收方式计征个人所得税。

个人独资合伙企业应自持有上述权益性投资之日起30日内,主动向税务机关报送持有权益性投资的情况;2022年1月1日前独合伙企业已持有权益性投资的,应当在2022年1月30日前向税务机关报送持有权益性投资的情况。税务机关接到核定征收个人独资合伙企业报送持有权益性投资情况的,调整其征收方式为查账征收。

各级财政、税务部门应做好服务辅导工作,积极引导个人独资合伙企业建立健全账簿、完善会计核算和财务管理制度、如实申报纳税。个人独资合伙企业未如实报送持有权益性投资情况的,依据《税收征收管理法》相关规定处理。

[《财政部 税务总局关于权益性投资经营所得个人所得税征收管理的公告》(财政部 税务总局公告2021年第41号)]

4.3.3 创业投资企业个人所得税政策

2019年1月1日起至2023年12月31日止,创投企业可以选择按单一投资基金核算或者按创投企业年度所得整体核算两种方式之一,对其个人合伙人来源于创投企业的所得计算个人所得税应纳税额。

[《财政部 税务总局 发展改革委 证监会关于创业投资企业个人合伙人所得税政策问题的通知》(财税〔2019〕8号)]

4.3.3.1 创业投资企业概念

创业投资企业(含创投基金,以下统称创投企业)是指符合《创业投资企业管理暂行办法》(国家发展改革委等10部门令第39号)或者《私募投资基金监督管理暂行办法》(证监会令第105号)关于创业投资企业(基金)的有关规定,并按照上述规定完成备案且规范运作的合伙制创业投资企业(基金)。

[《财政部 税务总局 发展改革委 证监会关于创业投资企业个人合伙人所得税政策问题的通知》(财税〔2019〕8号)]

4.3.3.2 单一投资基金核算方式

创投企业选择按单一投资基金核算的,其个人合伙人从该基金应分得的股权转让所得和股息红利所得,按照20%税率计算缴纳个人所得税。

单一投资基金核算,是指单一投资基金(包括不以基金名义设立的创投企业)在一个纳税年度内从不同创业投资项目取得的股权转让所得和股息红利所得按下述方法分别核算纳税:

(1) 股权转让所得。单个投资项目的股权转让所得,按年度股权转让收入扣除对应股权原值和转让环节合理费用后的余额计算,股权原值和转让环节合理费用的确定方法,参照股权转让所得个人所得税有关政策规定执行;单一投资基金的股权转让所得,按一个纳税年度内不同投资项目的所得和损失相互抵减后的余额计算,余额大于或等于零的,即确认为该基金的年度股权转让所得;余额小于零的,该基金年度股权转让所得按零计算且不能跨年结转。

个人合伙人按照其应从基金年度股权转让所得中分得的份额计算其应纳税额,并由创投企业在次年3月31日前代扣代缴个人所得税。如符合《财政部 税务总局关于创业投资企业和天使投资个人有关税收政策的通知》(财税〔2018〕55号)规定条件的,创投企业个人合伙人可以按照被转让项目对应投资额的70%抵扣其应从基金年度股权转让所得中分得的份额后再计算其应纳税额,当期不足抵扣的,不得向以后年度结转。

(2) 股息、红利所得。单一投资基金的股息、红利所得,以其来源于所投资项目分配的股息、红利收入以及其他固定收益类证券等收入的全额计算。

个人合伙人按照其应从基金股息、红利所得中分得的份额计算其应纳税额,并由创投企业按次代扣代缴个人所得税。

(3) 除上述可以扣除的成本、费用之外,单一投资基金发生的包括投资基金管理人的管理费和业绩报酬在内的其他支出,不得在核算时扣除。

单一投资基金核算方法仅适用于计算创投企业个人合伙人的应纳税额。

[《财政部 税务总局 发展改革委 证监会关于创业投资企业个人合伙人所得税政策问题的通知》(财税〔2019〕8号)]

4.3.3.3 年度整体核算方式

创投企业年度所得整体核算,是指将创投企业以每一纳税年度的收入总额减除成本、费用以及损失后,计算应分配给个人合伙人的所得。如符合《财政部 税务总局关于创业投资企业和天使投资个人有关税收政策的通知》(财税〔2018〕55号)规定条件(详见7.4.1"创投企业合伙人和天使投资人政策")的,创投企业个人合伙人可以按照被转让项目对应投资额的70%抵扣其可以从创投企业应分得的经营所得后再计算其应纳税额。年度核算亏损的,准予按有关规定向以后年度结转。

同时取得综合所得和经营所得的纳税人,可在综合所得或经营所得中申报减除费用6万元、专项扣除、专项附加扣除以及依法确定的其他扣除,但不得重复申报减除。

创投企业选择按单一投资基金核算或按创投企业年度所得整体核算后,3年内不能变更。

[《财政部 税务总局 发展改革委 证监会关于创业投资企业个人合伙人所得税政策问题的通知》(财税〔2019〕8号)、《国家税务总局关于办理2021年度个人所得税综合所得汇算清缴事项的公告》(国家税务总局公告2022年第1号)]

表 4-5 单一投资基金核算的合伙制创业投资企业个人所得税扣缴申报表

税款所属期： 年 月 日 至 年 月 日

扣缴义务人名称：
扣缴义务人纳税人识别号（统一社会信用代码）：□□□□□□□□□□□□□□□□□□

金额单位：人民币元（列至角分）

创投企业投资项目所得情况

税务机关备案编号

序号	被投资企业名称	被投资企业纳税人识别号（统一社会信用代码）	投资股权份数	转让股权份数	转让后股权份数	股权转让时间	股权转让收入	股权原值	合理费用	股权转让所得额
1	2	3	4	5	6	7	8	9	10	11

纳税年度内股权转让所得额合计

创投企业个人合伙人所得分配情况

其中：投资初创科技型企业情况

序号	个人合伙人姓名	身份证件类型	身份证件号码	个人合伙人纳税人识别号	分配比例（%）	创投企业股权转让所得额	分配所得额	创投企业符合条件的投资额	个人出资比例	当年按个人投资额70%计算的实际抵扣额	应纳税所得额	税率	应纳税额	减免税额	已缴税额	应补/退税额
12	13	14	15	16	17	18	19	20	21	22	23	24	25	26	27	28
合计												—				

（续表）

谨声明：本表是根据国家税收法律法规及相关规定填报的，是真实的、可靠的、完整的。	
经办人签字： 经办人身份证件号码： 代理机构签章： 代理机构统一社会信用代码： 创投企业（基金）印章：　　年　月　日	受理人： 受理税务机关（章）： 受理日期：　　年　月　日

国家税务总局监制

《单一投资基金核算的合伙制创业投资企业个人所得税扣缴申报表》填表说明

一、适用范围

本表适用于选择按单一投资基金核算的合伙制创业投资企业（含创投基金，以下统称创投企业）按规定办理年度股权转让所得扣缴申报时，向主管税务机关报送。

二、申报期限

创投企业取得所得的次年3月31日前报送。

三、各栏填写说明

（一）表头项目

1. 税款所属期：填写创投企业申报股权转让所得的所属期间，应填写具体的起止年月日。
2. 扣缴义务人名称：填写创投企业（即创投企业）的法定名称全称。
3. 扣缴义务人纳税人识别号（统一社会信用代码）：填写扣缴义务人（即创投企业）的纳税人识别号或者统一社会信用代码。
4. 税务机关备案编号：填写创投企业在主管税务机关进行核算方式备案的编号。

（二）表内各栏

1. 创投企业投资项目所得情况：
（1）第2列"被投资企业名称"：填写被投资企业的法定名称。
（2）第3列"被投资企业纳税人识别号（统一社会信用代码）"：填写被投资企业的纳税人识别号或者统一社会信用代码。
（3）第4列"投资股份数"：填写创投企业在股权转让前持有被投资企业股份的股份数。
（4）第5列"转让股权份数"：填写创投企业纳税年度内转让被投资企业股份的股份数，一年内发生多次转让的，应分行填写。
（5）第6列"转让后股份数"：填写创投企业转让被投资企业股份的股份数。
（6）第7列"股权转让时间"：填写创投企业发生股权转让的具体时间，一年内发生多次转让的，应分行填写。
（7）第8列"股权转让收入"：填写创投企业发生股权转让收入额，一年内发生多次转让的，应分行填写。

(8) 第9列"股权原值"：填写创投企业转让股权的原值。

(9) 第10列"合理费用"：填写转让股权过程中发生的按规定可以扣除的合理税费。

(10) 第11列"股权转让所得额"：按相关列次计算填报。第11列＝第8列－第9列－第10列。

(11) "纳税年度内股权转让所得额合计"：填写纳税年度内股权转让所得的合计金额，即所得与损失相互抵减后的余额。如余额为负数的，填写0。

2. 创投企业个人合伙人所得分配情况

(1) 第13列"个人合伙人姓名"：填写个人合伙人姓名。

(2) 第14列"身份证件类型"：填写纳税人有效身份证件名称。中国公民有中华人民共和国居民身份证的，填写居民身份证；没有居民身份证的，填写中华人民共和国居民通行证或台湾居民居住证、台湾居民来往大陆通行证或台湾居民居住证、港澳居民来往内地通行证或港澳居民居住证、外国人永久居留身份证、外国人工作许可证或护照等。

(3) 第15列"身份证件号码"：填写纳税人有效身份证件上载明的号码。

(4) 第16列"个人合伙人纳税人识别号"：有中国公民身份号码的，填写"公民身份号码"；没有中国公民身份号码的，填写税务机关赋予的纳税人识别号。

(5) 第17列"分配比例（%）"：分配比例按照合伙协议约定填写；合伙协议未约定或者约定不明确的，按合伙人实缴出资比例确定分配比例；无法确定出资比例的，按合伙人平均分配。

(6) 第18列"创投企业股权转让所得额"：填写创投企业纳税年度内取得的股权转让所得总额，即本表"创投企业投资项目所得情况"中"纳税年度内股权转让所得额合计"的金额。

(7) 第19列"分配所得额"：填写个人合伙人按比例分得的股权转让所得额。第19列＝第18列×第17列。

(8) 第20列"创投企业符合条件的投资额"：填写创投企业对种子期、初创期科技型企业符合投资抵扣条件的投资额。

(9) 第21列"个人出资比例"：填写个人合伙人对创投企业的出资比例。

(10) 第22列"个人当年按比例计算的投资额70%计算的实际抵扣额"：根据相关列次计算填报。第22列＝第20列×第21列×70%。

(11) 第23列"应纳税所得额"：填写个人合伙人当期计算的应纳税所得额。第23列＝第19列－第22列。

(12) 第24列"税率"：填写所得项目按规定适用的税率。

(13) 第25列"应纳税额"：根据相关列次计算填报。第25列＝第23列×第24列。

(14) 第26列"减免税额"：填写符合税法规定可以减免的税额，并附报《个人所得税减免事项报告表》。

(15) 第27列"已缴税额"：填写纳税人当期已实际缴纳或者被扣缴的个人所得税款。

(16) 第28列"应补/退税额"：根据相关列次计算填报。第28列＝第25列－第26列－第27列。

四、其他事项说明

以纸质方式报送本表的，应当一式两份，扣缴义务人、税务机关各留存一份。

［《国家税务总局关于修订个人所得税申报表的公告》（国家税务总局公告2019年第7号）］

4.3.3.4 征管备案要求

创投企业选择按单一投资基金核算的,应当在完成规定备案(详见 4.3.3.1"创业投资企业概念")的 30 日内,向主管税务机关进行核算方式备案;未按规定备案的,视同选择按创投企业年度所得整体核算。2019 年 1 月 1 日前已经完成备案的创投企业,选择按单一投资基金核算的,应当在 2019 年 3 月 1 日前向主管税务机关进行核算方式备案。创投企业选择一种核算方式满 3 年需要调整的,应当在满 3 年的次年 1 月 31 日前,重新向主管税务机关备案。

税务部门依法开展税收征管和后续管理工作,可转请发展改革部门、证券监督管理部门对创投企业及其所投项目是否符合有关规定进行核查,发展改革部门、证券监督管理部门应当予以配合。

[《财政部 税务总局 发展改革委 证监会关于创业投资企业个人合伙人所得税政策问题的通知》(财税〔2019〕8 号)]

表 4-6　合伙制创业投资企业单一投资基金核算方式备案表

（_____ 至 _____ 年度）

备案编号(主管税务机关填写):

创投企业(基金)名称	
纳税人识别号(统一社会信用代码)	
创投企业(基金)备案管理机构	□发展改革部门　□证券监管部门
管理机构备案编号	
管理机构备案时间	
谨声明:本表是根据国家税收法律法规及相关规定填报的,是真实的、可靠的、完整的。 　　　　　　创投企业(基金)印章:　　　　　　　　　　　年　　月　　日	
经办人签字: 经办人身份证件号码: 代理机构签章: 代理机构统一社会信用代码:	受理人: 受理税务机关(章): 受理日期:　　　年　　月　　日

国家税务总局监制

《合伙制创业投资企业单一投资基金核算方式备案表》填表说明

一、适用范围

本表适用于合伙制创业投资企业(含创投基金,以下统称创投企业)选择按单一投资基金核算,按规定向主管税务机关进行核算类型备案。

二、报送期限

选择按单一投资基金核算的创投企业,应当在管理机构完成备案的 30 日内,向主管税务机关进行核算方式备案,报送本表。

创投企业选择一种核算方式满 3 年需要调整的,应当在满 3 年的次年 1 月 31 日前,重新向主管税务机关备案,报送本表。

三、各栏填写说明

1. 创投企业(基金)名称:填写创投企业的法定名称全称。

2. 纳税人识别号(统一社会信用代码):填写创投企业的纳税人识别号或统一社会信用代码。

3. 创投企业(基金)备案管理机构:选择创投企业备案的机构名称,在"发展改革部门"或"证券监管部门"备案的,分别在对应框中打"√"。

4. 管理机构备案编号:填写创投企业在国家发展和改革委员会或中国证券投资基金业协会备案的编号。

5. 管理机构备案时间:填写创投企业在国家发展和改革委员会或中国证券投资基金业协会备案的时间。

四、其他事项说明

以纸质方式报送本表的,应当一式两份,扣缴义务人、税务机关各留存一份。

[《国家税务总局关于修订个人所得税申报表的公告》(国家税务总局公告2019年第7号)]

4.3.4 允许扣除的个人费用及其他扣除

取得经营所得的个人,没有综合所得的,计算其每一纳税年度的应纳税所得额时,应当减除费用6万元、专项扣除、专项附加扣除以及依法确定的其他扣除。专项附加扣除在办理汇算清缴时减除。

[《中华人民共和国个人所得税法实施条例》第十五条]

同时取得综合所得和经营所得的纳税人,可在综合所得或经营所得中申报减除费用6万元、专项扣除、专项附加扣除以及依法确定的其他扣除,但不得重复申报减除。

[《国家税务总局关于办理2021年度个人所得税综合所得汇算清缴事项的公告》(国家税务总局公告2022年第1号)]

4.3.4.1 投资者减除费用

对个体工商户业主、个人独资企业和合伙企业自然人投资者、企事业单位承包承租经营者2018年第四季度取得的生产经营所得,减除费用按照5 000元/月执行,前三季度减除费用按照3 500元/月执行。

[《财政部 税务总局关于2018年第四季度个人所得税减除费用和税率适用问题的通知》(财税〔2018〕98号)]

4.3.4.2 商业健康保险扣除

商业健康保险其他相关具体规定详见4.2.2.16"依法确定的其他扣除"之"商业健康保险"部分。

个体工商户业主、企事业单位承包承租经营者、个人独资和合伙企业投资者自行购买符合条件的商业健康保险产品的,在不超过2 400元/年的标准内据实扣除。一年内保费金额超过2 400元的部分,不得税前扣除。以后年度续保时,按上述规定执行。

[《财政部 国家税务总局 保监会关于将商业健康保险个人所得税试点政策推广到全国范围实施的通知》(财税〔2017〕39号)]

个体工商户业主、个人独资企业投资者、合伙企业个人合伙人和企事业单位承包承租经营者购买符合规定的商业健康保险产品支出,在年度申报填报《个人所得税生产经营所得纳税申报表(B表)》[详见9.3.11.4"个人所得税经营所得纳税申报表(B表)"]、享受商业健康保险税前扣除政策时,应将商业健康保险税前扣除金额填至"(四)依法确定的其他扣除"中"商业健康保险",并同时填报《商业健康保险税前扣除情况明细表》[详见4.2.2.16"依法确定的其他扣除"之中"商业健康保险"之"征收征管"]。

实行核定征收的纳税人,应向主管税务机关报送《商业健康保险税前扣除情况明细表》,主管税务机关按程序相应调减其应纳税所得额或应纳税额。纳税人未续保或退保的,应当及时告知主管税务机关,终止商业健康保险税前扣除。

[《国家税务总局关于推广实施商业健康保险个人所得税政策有关征管问题的公告》(国家税务总局公告2017年第17号)]

4.3.4.3 个人养老金扣除

详见4.2.2.16"依法确定的其他扣除"之"个人养老金"。

4.3.5 经营所得与增值税起征点问题

根据《个人所得税法》及其实施条例的规定,纳税人取得的经营所得,均应依法缴纳个人所得税。对未达到增值税起征点的纳税人,除税收政策规定的以外,一律不得免征个人所得税。

增值税起征点提高后,对采取核定征税办法的纳税人(包括按综合征收率或按应缴纳流转税的一定比例附征个人所得税等方法的纳税人),可依据《税收征收管理法》和《个人所得税法》的有关规定,结合增值税起征点提高后纳税人所得相应增加的实际情况,本着科学、合理、公开的原则,重新核定纳税人的个人所得税定额。

对原按照应缴纳流转税的一定比例附征个人所得税的纳税人,增值税起征点提高后不再缴纳增值税,而仍须缴纳个人所得税的,应改变原附征方法,重新确定与新情况相适应的个人所得税核定征收方法。

[《国家税务总局关于提高增值税和营业税起征点后加强个人所得税征收管理工作的通知》(国税发〔2003〕80号)]

4.3.6 经营不足1年的处理

个体工商户、个人独资企业和合伙企业因在纳税年度中间开业、合并、注销及其他原因,导致该纳税年度的实际经营期不足1年的,对个体工商户业主、个人独资企业投资者和合伙企业自然人合伙人的生产经营所得计算个人所得税时,以其实际经营期为1个纳税年度。

[《国家税务总局关于个体工商户、个人独资企业和合伙企业个人所得税问题的公告》(国家税务总局公告2014年第25号)]

解读 ▶ 关于个人独资企业和合伙企业在年度中间开业或注销,其取得的生产经营所得如何计征个人所得税的问题,《财政部 国家税务总局关于印发〈关于个人独资企业和合伙企业投资者征收个人所得税的规定〉的通知》(财税〔2000〕91号)已经进行了明确。而对于个体工商户在年度中间开业或注销的情形,从保持与个人独资企业和合伙企业年度中间开业、合并、注销等情形纳税期限的确定原则一致,同时减轻纳税人负担的角度出发,《国家税务总局关于个体工商户、个人独资企业和合伙企业个人所得税问题的公告》(国家税务总局公告2014年第25号)进行了明确,个体工商户、个人独资企业和合伙企业在纳税年度中间开业、合并、注销以及其他原因,导致该纳税年度的实际经营期不足1年的,个体工商户业主、个人独资企业投资者和合伙企业自然人投资者,在计算其应纳生产经营所得个人所得税时,以其实际经营期为1个纳税年度。该公告中还规定了投资者费用扣除问题,由于2019年新《个人所得税法》实施后,对经营所得投资人费用有了新的规定,应从其规定,此处不再引用。

4.4 财产租赁所得

财产租赁所得,每次收入不超过4 000元的,减除费用800元;4 000元以上的,减除20%的费用,其余额为应纳税所得额。

[《中华人民共和国个人所得税法》第六条]

财产租赁所得,以一个月内取得的收入为一次。

[《中华人民共和国个人所得税法实施条例》第十四条]

4.4.1 财产租赁收入

个人出租房屋的个人所得税应税收入不含增值税,计算房屋出租所得可扣除的税费不包括本次出租缴纳的增值税。

免征增值税的,确定计税依据时,租金收入不扣减增值税额。

税务机关核定的计税价格或收入不含增值税。

[《财政部 国家税务总局关于营改增后契税 房产税 土地增值税 个人所得税计税依据问题的通知》(财税〔2016〕43号)]

4.4.2 财产租赁可扣除项目

纳税义务人在出租财产过程中缴纳的税金和国家能源交通重点建设基金、国家预算调节基金、教育费附加,可持完税(缴款)凭证,从其财产租赁收入中扣除。

纳税义务人出租财产取得财产租赁收入,在计算征税时,除可依法减除规定费用和有关税费外,还准予扣除能够提供有效、准确凭证,证明由纳税义务人负担的该出租财产实际开支的修缮费用。允许扣除的修缮费用,以每次800元为限,一次扣除不完的,准予在下一次继续扣除,直至扣完为止。

[《国家税务总局关于印发〈征收个人所得税若干问题的规定〉的通知》(国税发〔1994〕89号)]

取得转租收入的个人向房屋出租方支付的租金,凭房屋租赁合同和合法支付凭据允许在计算个人所得税时,从该项转租收入中扣除。

[《国家税务总局关于个人转租房屋取得收入征收个人所得税问题的通知》(国税函〔2009〕639号)]

个人转租房屋的,其向房屋出租方支付的租金及增值税额,在计算转租所得时予以扣除。

[《财政部 国家税务总局关于营改增后契税 房产税 土地增值税 个人所得税计税依据问题的通知》(财税〔2016〕43号)]

4.4.3 房屋租赁所得扣除顺序

财产租赁所得个人所得税前扣除税费的扣除次序为:
（1）财产租赁过程中缴纳的税费。
（2）向出租方支付的租金。
（3）由纳税人负担的租赁财产实际开支的修缮费用。
（4）税法规定的费用扣除标准。

[《国家税务总局关于个人转租房屋取得收入征收个人所得税问题的通知》(国税函〔2009〕639号)]

热点问题 非中国境内居住人员取得中国境内房屋出租租金收入应如何缴纳个人所得税?

答:对个人出租中国境内房屋取得的房屋租金收入,以一个月内取得的收入为一次。不论其是否在中国境内居住,均允许按下列顺序扣除税费后,就其余额征收个人所得税。

一是个人在出租财产过程中缴纳的除增值税以外的税金和国家能源交通重点建设基金、国家预算调节基金、教育费附加,可持完税(缴款)凭证,从其财产租赁收入中扣除。

二是个人转租房屋的,其向房屋出租方支付的租金及增值税额,凭房屋租赁合同和合法支付凭证在计算转租所得时予以扣除。

三是个人出租财产取得财产租赁收入,在计算征税时,除可依法减除规定费用和有关税费外,还准予扣除能够提供有效、准确凭证,证明由纳税义务人负担的该出租财产实际开支的修缮费用。允许扣除的修缮费用,以每次800元为限,一次扣除不完的,准予在下一次继续扣除,直至扣完为止。

四是税法规定的费用,即财产租赁所得,每次收入不超过4 000元的,减除费用800元;4 000元以上的,减除20%的费用,其余额为应纳税所得额。

4.4.4 售后返租

房地产开发企业与商店购买者个人签订协议规定,房地产开发企业按优惠价格出售其开发的商店给购买者个人,但购买者个人在一定期限内必须将购买的商店无偿提供给房地产开发企业对外出租使用。其实质是购买者个人以所购商店交由房地产开发企业出租而取得的房屋租赁收入支付了部分购房价款。

根据《个人所得税法》的有关规定精神,对上述情形的购买者个人少支出的购房价款,应视同个人财产租赁所得,按照"财产租赁所得"项目征收个人所得税。每次财产租赁所得的收入额,按照少支出的购房价款和协议规定的租赁月份数平均计算确定。

[《国家税务总局关于个人与房地产开发企业签订有条件优惠价格协议购买商店征收个人所得税问题的批复》(国税函〔2008〕576号)]

4.5 财产转让所得

财产转让所得,以一次转让财产的收入额减除财产原值和合理费用后的余额,为应纳税所得额。

[《中华人民共和国个人所得税法实施条例》第十七条]

个人拍卖除文字作品原稿及复印件外的其他财产,应以其转让收入额减除财产原值和合理费用后的余额为应纳税所得额,按照"财产转让所得"项目适用20%税率缴纳个人所得税。

个人财产拍卖所得适用"财产转让所得"项目计算应纳税所得额时,纳税人凭合法有效凭证(税务机关监制的正式发票、相关境外交易单据或海关报关单据、完税证明等),从其转让收入额中减除相应的财产原值、拍卖财产过程中缴纳的税金及有关合理费用。

纳税人如不能提供合法、完整、准确的财产原值凭证,不能正确计算财产原值的,按转让收入额的3%征收率计算缴纳个人所得税;拍卖品经文物部门认定是海外回流文物的,按转让收入额的2%征收率计算缴纳个人所得税。

纳税人能够提供合法、完整、准确的财产原值凭证,但不能提供有关税费凭证的,不得按征收率计算纳税,应当就财产原值凭证上注明的金额据实扣除,并按照税法规定计算缴纳个人所得税。

[《国家税务总局关于加强和规范个人取得拍卖收入征收个人所得税有关问题的通知》(国税发〔2007〕38号)]

4.5.1 财产转让收入

对个人财产拍卖所得征收个人所得税时,以该项财产最终拍卖成交价格为其转让收入额。

[《国家税务总局关于加强和规范个人取得拍卖收入征收个人所得税有关问题的通知》(国税发〔2007〕38号)]

4.5.2 财产原值确定

《个人所得税法》规定的财产原值,按照下列方法确定:
(1) 有价证券,为买入价以及买入时按照规定缴纳的有关费用。
(2) 建筑物,为建造费或者购进价格以及其他有关费用。
(3) 土地使用权,为取得土地使用权所支付的金额、开发土地的费用以及其他有关费用。

(4) 机器设备、车船,为购进价格、运输费、安装费以及其他有关费用。

其他财产,参照上述规定的方法确定财产原值。

纳税人未提供完整、准确的财产原值凭证,不能按照上述规定的方法确定财产原值的,由主管税务机关核定财产原值。

[《中华人民共和国个人所得税法实施条例》第十六条]

4.5.2.1 债权财产原值

转让债权,采用"加权平均法"确定其应予减除的财产原值和合理费用,即以纳税人购进的同一种类债券买入价和买进过程中缴纳的税费总和,除以纳税人购进的该种类债券数量之和,乘以纳税人卖出的该种类债券数量,再加上卖出的该种类债券过程中缴纳的税费。用公式表示如下:

$$\text{一次卖出某一种类债券允许扣除的买入价和费用} = \frac{\text{纳税人购进的该种类债券买入价和买进过程中缴纳的税费总和}}{\text{纳税人购进的该种类债券总数量}} \times \text{一次卖出的该种类债券的数量} + \text{卖出该种类债券过程中缴纳的税费}$$

[《国家税务总局关于印发〈征收个人所得税若干问题的规定〉的通知》(国税发〔1994〕89号)]

4.5.2.2 拍卖财产原值

财产原值,是指售出方个人取得该拍卖品的价格(以合法有效凭证为准)。具体为:

(1) 通过商店、画廊等途径购买的,为购买该拍卖品时实际支付的价款。

(2) 通过拍卖行拍得的,为拍得该拍卖品实际支付的价款及缴纳的相关税费。

(3) 通过祖传收藏的,为其收藏该拍卖品而发生的费用。

(4) 通过赠送取得的,为其受赠该拍卖品时发生的相关税费。

(5) 通过其他形式取得的,参照以上原则确定财产原值。

[《国家税务总局关于加强和规范个人取得拍卖收入征收个人所得税有关问题的通知》(国税发〔2007〕38号)]

4.5.2.3 网络买卖虚拟货币原值

个人销售虚拟货币的财产原值为其收购网络虚拟货币所支付的价款和相关税费。

对于个人不能提供有关财产原值凭证的,由主管税务机关核定其财产原值。

[《国家税务总局关于个人通过网络买卖虚拟货币取得收入征收个人所得税问题的批复》(国税函〔2008〕818号)]

解读 ▶ 《国家税务总局关于个人通过网络买卖虚拟货币取得收入征收个人所得税问题的批复》(国税函〔2008〕818号)中明确"对于个人不能提供有关财产原值凭证的,由主管税务机关核定其财产原值"。注意,主管税务机关核定的是虚拟货币的原值,并没有提及按核定征收方式征收个人所得税,有些人认为按收入的3%核定征收个人所得税是没有依据的。这里所说的个人不能提供有关财产原值凭证需要税务机关核定原值的,应根据具体的不同情况进行核定,而不是"一刀切"地按率征收。

4.5.3 合理费用

《个人所得税法》所称合理费用,是指卖出财产时按照规定支付的有关税费。

[《中华人民共和国个人所得税法实施条例》第十六条]

4.5.3.1 拍卖财产税费

拍卖财产过程中缴纳的税金,是指在拍卖财产时纳税人实际缴纳的相关税金及附加。

合理费用,是指拍卖财产时纳税人按照规定实际支付的拍卖费(佣金)、鉴定费、评估费、图录费、证书费等费用。

[《国家税务总局关于加强和规范个人取得拍卖收入征收个人所得税有关问题的通知》(国税发〔2007〕38号)]

4.5.4 股权转让

对股票转让所得征收个人所得税的办法,由国务院另行规定,并报全国人民代表大会常务委员会备案。

[《中华人民共和国个人所得税法实施条例》第七条]

4.5.4.1 股权及股权转让范围

股权,是指自然人股东(以下简称个人)投资于在中国境内成立的企业或组织(以下统称被投资企业,不包括个人独资企业和合伙企业)的股权或股份。

股权转让,是指个人将股权转让给其他个人或法人的行为,包括以下情形:

(1) 出售股权。

(2) 公司回购股权。

(3) 发行人首次公开发行新股时,被投资企业股东将其持有的股份以公开发行方式一并向投资者发售。

(4) 股权被司法或行政机关强制过户。

(5) 以股权对外投资或进行其他非货币性交易。

(6) 以股权抵偿债务。

(7) 其他股权转移行为。

个人在上海证券交易所、深圳证券交易所转让从上市公司公开发行和转让市场取得的上市公司股票,转让限售股,以及其他有特别规定的股权转让,不适用《股权转让所得个人所得税管理办法(试行)》。

[《股权转让所得个人所得税管理办法(试行)》(国家税务总局2014年第67号印发)]

热点问题 个人转让合伙企业份额是否适用《股权转让所得个人所得税管理办法(试行)》?

答:2019年1月1日实施的《个人所得税法实施条例》第六条规定,财产转让所得,是指个人转让有价证券、股权、合伙企业中的财产份额、不动产、机器设备、车船,以及其他财产取得的所得。明确将合伙企业中的财产份额转让纳入了"财产转让所得"项目征税。《股权转让所得个人所得税管理办法(试行)》于2014年6月发布,当时"财产转让所得"征税项目中并不包括合伙企业份额转让,因此在该办法中将股权定义为"自然人股东(以下简称个人)投资于在中国境内成立的企业或组织(以下统称被投资企业,不包括个人独资企业和合伙企业)的股权或股份。"新税法实施以后,我们认为合伙企业份额转让既然已纳入"财产转让所得"征税,那么应当适用《股权转让所得个人所得税管理办法(试行)》。

1) 收回转让的股权

根据《个人所得税法》及其实施条例和《税收征收管理法》的有关规定,股权转让合同履行完毕、股权已作变更登记,且所得已经实现的,转让人取得的股权转让收入应当依法缴纳个人所得税。转让行为结束后,当事人双方签订并执行解除原股权转让合同、退回股权的协议,是另一次股权转让行为,对前次转让行为征收的个人所得税款不予退回。

股权转让合同未履行完毕,因执行仲裁委员会作出的解除股权转让合同及补充协议的裁决、停止执行原股权转让合同,并原价收回已转让股权的,由于其股权转让行为尚未完成、收入未完全实现,随着股权转让关系的解除,股权收益不复存在,根据《个人所得税法》和《税收征收管理法》的有关规定,以及从行政行为合理性原则出发,纳税人不应缴纳个人所得税。

[《国家税务总局关于纳税人收回转让的股权征收个人所得税问题的批复》(国税函〔2005〕130号)]

2) 终止投资收回款项

个人因各种原因终止投资、联营、经营合作等行为,从被投资企业或合作项目、被投资企业的其他投资者以及合作项目的经营合作人取得股权转让收入、违约金、补偿金、赔偿金及以其他名目收回的款项等,均属于个人所得税应税收入,应按照"财产转让所得"项目适用的规定计算缴纳个人所得税。

应纳税所得额的计算公式如下:

$$\text{应纳税所得额} = \text{个人取得的股权转让收入、违约金、补偿金、赔偿金及以其他名目收回款项合计数} - \text{原实际出资额(投入额)及相关税费}$$

上述个人所得税征管问题,按照《股权转让所得个人所得税管理办法(试行)》(国家税务总局公告2014年第67号发布)执行。

[《国家税务总局关于个人终止投资经营收回款项征收个人所得税问题的公告》(国家税务总局公告2011年第41号)、《股权转让所得个人所得税管理办法(试行)》(国家税务总局公告2014年第67号发布)]

热点问题 自然人股东从被投资企业原价撤资(减资)是否应缴纳个人所得税?

答:关于自然人股东从被投资企业撤资(减资),根据《国家税务总局关于个人终止投资经营收回款项征收个人所得税问题的公告》(国家税务总局公告2011年第41号)第一条的规定,自然人股东的减资行为属于个人所得税应税行为,应适用"财产转让所得"税目缴纳个人所得税。

根据《国家税务总局关于个人终止投资经营收回款项征收个人所得税问题的公告》（国家税务总局公告2011年第41号）第二条及《股权转让所得个人所得税管理办法（试行）》（国家税务总局公告2014年第67号发布）［文件前身为国税函〔2009〕285号文件（已废止）］的相关规定，自然人股东从被投资企业撤资（减资），被投资企业到市场主体登记机关办理减资登记的，应当判断股权转让收入是否明显偏低。如果是，则应依次按照净资产核定法、类比法、其他合理方法核定股权转让收入，计算缴纳个人所得税。

4.5.4.2　适用征税项目

个人转让股权，以股权转让收入减除股权原值和合理费用后的余额为应纳税所得额，按"财产转让所得"缴纳个人所得税。

合理费用，是指股权转让时按照规定支付的有关税费。

［《股权转让所得个人所得税管理办法（试行）》（国家税务总局2014年第67号发布）］

4.5.4.3　纳税人与扣缴义务人

个人股权转让所得个人所得税，以股权转让方为纳税人，以受让方为扣缴义务人。

扣缴义务人应于股权转让相关协议签订后5个工作日内，将股权转让的有关情况报告主管税务机关。

［《股权转让所得个人所得税管理办法（试行）》（国家税务总局2014年第67号印发）］

解读 ▶ 个人股权转让所得个人所得税，以股权转让方为纳税人，以受让方为扣缴义务人。受让方无论是企业还是个人，均应按《个人所得税法》规定认真履行扣缴税款义务。

4.5.4.4　股权转让收入的确认

股权转让收入是指转让方因股权转让而获得的现金、实物、有价证券和其他形式的经济利益。

［《股权转让所得个人所得税管理办法（试行）》（国家税务总局2014年第67号发布）］

1）收入确定原则

股权转让收入应当按照公平交易原则确定。

［《股权转让所得个人所得税管理办法（试行）》（国家税务总局2014年第67号发布）］

解读 ▶ 股权转让收入应当按照公平交易原则确定，这是股权转让收入确定的基本原则。也就是说纳税人转让股权，应当获得与之相匹配的回报，无论回报是以何种形式或名义，都应作为股权转让收入的组成部分。通常情况下，股权转让收入就是转让方在转让当期或后续期间获得的各种形式及名义的转让所得。

2）违约金及其他款项收入

转让方取得与股权转让相关的各种款项，包括违约金、补偿金，以及其他名目的款项、资产、权益等，均应当并入股权转让收入。

［《股权转让所得个人所得税管理办法（试行）》（国家税务总局2014年第67号发布）］

根据《个人所得税法》的有关规定，股权成功转让后，转让方个人因受让方个人未按规定期限支付价款而取得的违约金收入,属于因财产转让而产生的收入。转让方个人取得的该违约金应并入财产转让收入,按照"财产转让所得"项目计算缴纳个人所得税,税款由取得所得的转让方个人向主管税务机关自行申报缴纳。

[《国家税务总局关于个人股权转让过程中取得违约金收入征收个人所得税问题的批复》(国税函〔2006〕866号)]

3) 后续收入

纳税人按照合同约定,在满足约定条件后取得的后续收入,应当作为股权转让收入。

[《股权转让所得个人所得税管理办法(试行)》(国家税务总局2014年第67号发布)]

4) 核定收入

符合下列情形之一的,主管税务机关可以核定股权转让收入:

(1) 申报的股权转让收入明显偏低且无正当理由的。

(2) 未按照规定期限办理纳税申报,经税务机关责令限期申报,逾期仍不申报的。

(3) 转让方无法提供或拒不提供股权转让收入的有关资料。

(4) 其他应核定股权转让收入的情形。

[《股权转让所得个人所得税管理办法(试行)》(国家税务总局2014年第67号发布)]

5) 收入明显偏低情形

符合下列情形之一,视为股权转让收入明显偏低:

(1) 申报的股权转让收入低于股权对应的净资产份额的。其中,被投资企业拥有土地使用权、房屋、房地产企业未销售房产、知识产权、探矿权、采矿权、股权等资产的,申报的股权转让收入低于股权对应的净资产公允价值份额的。

(2) 申报的股权转让收入低于初始投资成本或低于取得该股权所支付的价款及相关税费的。

(3) 申报的股权转让收入低于相同或类似条件下同一企业同一股东或其他股东股权转让收入的。

(4) 申报的股权转让收入低于相同或类似条件下同类行业的企业股权转让收入的。

(5) 不具合理性的无偿让渡股权或股份。

(6) 主管税务机关认定的其他情形。

[《股权转让所得个人所得税管理办法(试行)》(国家税务总局2014年第67号发布)]

6) 收入明显偏低合理理由

符合下列条件之一的股权转让收入明显偏低,视为有正当理由:

(1) 能出具有效文件,证明被投资企业因国家政策调整,生产经营受到重大影响,导致低价转让股权。

(2) 继承或将股权转让给其能提供具有法律效力身份关系证明的配偶、父母、子女、祖父母、外祖父母、孙子女、外孙子女、兄弟姐妹,以及对转让人承担直接抚养或者赡养义务的抚养人或者赡养人。

(3) 相关法律、政府文件或企业章程规定,并有相关资料充分证明转让价格合理且真实的本企业员工持有的不能对外转让股权的内部转让。

(4) 股权转让双方能够提供有效证据证明其合理性的其他合理情形。

[《股权转让所得个人所得税管理办法(试行)》(国家税务总局2014年第67号发布)]

7) 收入核定方法

主管税务机关应依次按照下列方法核定股权转让收入。

(1) 净资产核定法。

股权转让收入按照每股净资产或股权对应的净资产份额核定。

被投资企业的土地使用权、房屋、房地产企业未销售房产、知识产权、探矿权、采矿权、股权等资产占企业总资产比例超过20%的,主管税务机关可参照纳税人提供的具有法定资质的中介机构出具的资产评估报告核定股权转让收入。

【注】《民法典》第一百二十三条规定,民事主体依法享有知识产权,包括作品、发明、实用新型、外观设计、商标、地理标志、商业秘密、集成电路布图设计、植物新品种、法律规定的其他客体。

6个月内再次发生股权转让且被投资企业净资产未发生重大变化的,主管税务机关可参照上一次股权转让时被投资企业的资产评估报告核定此次股权转让收入。

(2) 类比法。

① 参照相同或类似条件下同一企业同一股东或其他股东股权转让收入核定。

② 参照相同或类似条件下同类行业企业股权转让收入核定。

(3) 其他合理方法。

主管税务机关采用以上方法核定股权转让收入存在困难的,可以采取其他合理方法核定。

[《股权转让所得个人所得税管理办法(试行)》(国家税务总局2014年第67号发布)]

解读 ▶ 主管税务机关在对股权转让收入进行核定时,必须按照净资产核定法、类比法、其他合理方法的先后顺序进行选择。被投资企业账证健全或能够对资产进行评估核算的,应当采用净资产核定法进行核定。被投资企业净资产难以核实的,如其股东存在其他符合公平交易原则的股权转让或类似情况的股权转让,主管税务机关可以采用类比法核定股权转让收入。以上方法都无法适用的,可采用其他合理方法。

净资产主要依据被投资企业会计报表计算确定。对于土地使用权、房屋、房地产企业未销售房产、知识产权、探矿权、采矿权、股权等资产占比超过20%的企业,其以上资产需要按照评估后的市场价格确定。评估有关资产时,由纳税人选择有资质的中介机构。同时,为了减少纳税人资产评估方面的支出,对6个月内多次发生股权转让的情况,给予了简化处理,对净资产未发生重大变动的,可参照上一次的评估情况。

案例4-1 ▶ 甲房地产企业于2015年成立,注册资本1 000万元,两个自然人A、B各出资500万元,各占股50%。2022年9月,甲房地产企业已经接近清盘尾声,某投资有限责任公司乙公司出资1 000万元参股进来,甲房地产企业的注册资本变为2 000万元,此时乙公司、自然人A、B分别占股50%、25%、25%。经分析相关资料发现,2022年8月末甲房地产企业的净资产达5 000万元(有较大的未分配利润),乙公司的股东仍然为自然人A和B,各执股50%,那么这次股权稀释是否涉及股权转让缴纳个人所得税呢？如果涉及,应如何确认股权转让收入呢？

这个例子涉及两个问题：一是不公允增资是否涉及股权转让问题；二是自然人从直接持股转为间接持股,是否属于自己转给自己可以低平价转让。

第一个问题,从表面上看,乙公司以增资方式进来,不涉及股权转让。但是我们来分析一下甲房地产企业情况就会发现,乙公司在增资前甲房地产企业的净资产已达5 000万元,乙公司增资1 000万元后持股占比本应为16.67%而实际占比达50%,多占了33.33%。也就是说乙公司以1 000万元取得了价值3 000万元的资产,自然人A和B将原属于各自为2 500万元的资产减少为1 500万元,属于明显的不公允增资。就不公允增资是否征税问题,目前政策没有明确,有两种观点：

观点一：不公允增资实际上是股权增值权的转让,看起来原自然人股东的投资的注册资本价值没有减少,只是占比减少,但是自然人股东让渡的是其股权的增值部分,属于不具合理性的无偿让渡股权或股份,应按"财产转让所得"征税,自然人A和B转让收入应为 $6\,000 \times 33.33\% = 1\,999.8$（万元）$\approx 2\,000$（万元）。

观点二：增资不征税,不论是否公允,在增资环节不征税,但持股成本始终不能变化,在转让环节就增值部分征税。

编者更倾向观点一,其更符合《个人所得税法》及其相关法律法规的原理。试想,如果乙公司与原股东没有关联关系,如此增资是否一定有增资外的交易呢？

第二个问题,自然人A和B将股权让渡给自己所投资的公司,从直接持股转为间接持股,是自然人A和B与法人公司乙公司的交易,自然人A和B与法人公司乙公司均为独立的民事主体,不能穿透到投资人,不属于自己转给自己可以低平价转让,应按规定核定转让收入。

8）外币结算

转让的股权以人民币以外的货币结算的,按照结算当日人民币汇率中间价,折算成人民币计算应纳税所得额。

[《股权转让所得个人所得税管理办法(试行)》(国家税务总局2014年第67号发布)]

4.5.4.5 股权原值的确认

1）原值确认方法

个人转让股权的原值依照以下方法确认：

(1) 以现金出资方式取得的股权,按照实际支付的价款与取得股权直接相关的合理税费之和确认股权原值。

(2) 以非货币性资产出资方式取得的股权,按照税务机关认可或核定的投资入股时非货币性资产价格与取得股权直接相关的合理税费之和确认股权原值。

(3) 通过无偿让渡方式取得股权,具备4.5.4.4"股权转让收入的确认"之"六、收入明显偏低合理理由"第(2)项所列情形的,按取得股权发生的合理税费与原持有人的股权原值之和确认股权原值。

（4）被投资企业以资本公积、盈余公积、未分配利润转增股本，个人股东已依法缴纳个人所得税的，以转增额和相关税费之和确认其新转增股本的股权原值。

（5）除以上情形外，由主管税务机关按照避免重复征收个人所得税的原则合理确认股权原值。

[《股权转让所得个人所得税管理办法（试行）》（国家税务总局2014年第67号发布）]

2）分次取得股权原值确定

对个人多次取得同一被投资企业股权的，转让部分股权时，采用"加权平均法"确定其股权原值。

[《股权转让所得个人所得税管理办法（试行）》（国家税务总局2014年第67号发布）]

3）核定后股权原值的确认

股权转让人已被主管税务机关核定股权转让收入并依法征收个人所得税的，该股权受让人的股权原值以取得股权时发生的合理税费与股权转让人被主管税务机关核定的股权转让收入之和确认。

[《股权转让所得个人所得税管理办法（试行）》（国家税务总局2014年第67号发布）]

【解读】 股权原值按照纳税人取得股权时的实际支出进行确认。如纳税人在获得股权时，转让方已经被核定征收过个人所得税的，纳税人在此次转让时，股权原值可以按照取得股权时发生的合理税费与税务机关核定的转让方股权转让收入之和确定。这也是为了使整个转让环节前后衔接，避免重复征税。

4）股权原值核定

个人转让股权未提供完整、准确的股权原值凭证，不能正确计算股权原值的，由主管税务机关核定其股权原值。

[《股权转让所得个人所得税管理办法（试行）》（国家税务总局2014年第67号发布）]

【解读】 自2014年3月1日起施行的《中华人民共和国公司法》的重大改变之一，是将注册资本实缴登记制改为认缴登记制。在实缴登记制度下，公司的注册资本必须实际出资到位才能办理工商注册登记，取得相应的法律主体地位；而认缴制，则可由全体股东认缴注册资本，取得法律主体地位，不要求在办理工商注册登记时实际出资到位。由此而带来的注册资本认缴登记制下自然人股权转让的个人所得税问题，一直以来是纳税人与各地税务机关在政策执行中比较困惑的。没有实际出资部分的股权在转让股权时，是否应缴纳个人所得税，如何缴纳？这里编者给出以下操作建议仅供参考：

在资本认缴与实缴比例不一致的情况之下，未出资或出资相对不足的股东可能通过章程约定拥有与其实际出资额不配比的企业收益分配权，而其股权转让的收益其实就是该股东享有的企业生产经营形成的累积留存收益和资产溢价部分的价值。

股权转让价格明显偏低且无正当理由的，应按净资产核定法核定股权转让收入，计算个人所得税。因此，对未出资或未足额出资的股权转让应纳税所得额可按下列计算公式计算：

应纳税所得额＝实收资本×实缴比例×实缴部分的转让比例＋(资本公积＋盈余公积＋
未分配利润＋资产评估增值)×认缴比例×转让比例－
此次股权转让对应的股权原值－合理税费

"实缴比例"，是指自然人股东实际出资占总实收资本的比例。

"实缴部分的转让比例"，是指自然人股东此次股权转让中实际出资的股权占本人总实际出资的比例。

"认缴比例"，是指自然人股东全部认缴比例，含已出资部分。

"转让比例"，是指自然人股东此次转让的股权占总认缴股权的比例。

"此次股权转让对应的股权原值"需要根据此次股权转让进行判断，比如此次仅转让认缴未出资部分股权，原值即为零，如此次转让的股权有实缴出资或有溢价出资等情形的，需要根据相应的比例进行计算原值。

热点问题 股权转让过程中如何判定对赌失败后，受让方取得的现金或股权补偿属于一次交易还是两次交易？是否允许纳税人办理退税？若允许，应如何确定哪些属于可以退税的对赌协议？

答：根据现行会计制度的规定，业绩补偿（对赌）条件下股权转让收入并非是初始支付额，而是根据后续业绩进行估值调整后的最终交易价格。作为股权转让方的自然人从受让方再次获得收入的，应当按《股权转让所得个人所得税管理办法（试行）》(国家税务总局公告2014年第67号发布)的相关规定重新计算缴纳个人所得税，补足税款差额部分。对于转让方在股权转让交易发生后，履行对赌协议而发生退回或补偿的，可以重新计算个人所得税。

对赌条件下的股权转让交易，纳税人应当按时履行纳税义务，并在股权转让时向主管税务机关报送股权转让协议。股权转让协议中应有明确的业绩对赌条款和兑现时限。转让方受让方未在股权转让协议签订时约定对赌条款，而是后续签订补充协议的不予认可。

满足上述要求的股权转让交易，可以将其对赌失败后的现金或股权补偿视为估值调整，认定为一次交易，允许纳税人办理退税。但退税审核时，纳税人应提交曾在市场监管部门备案过的股权转让协议，以降低税务机关的执法风险。

4.5.4.6 承债式股权转让应纳税所得额计算

某温泉公司原全体股东通过签订股权转让协议，以转让公司全部资产方式将股权转让给新股东，协议约定时间以前的债权债务由原股东负责，协议约定时间以后的债权债务由新股东负责。根据《个人所得税法》及其实施条例的规定，原股东取得股权转让所得，应按"财产转让所得"项目征收个人所得税。

应纳税所得额的计算如下：

（1）对于原股东取得转让收入后，根据持股比例先清收债权、归还债务后，再对每个

股东进行分配的,应纳税所得额的计算公式如下:

$$应纳税所得额 = (原股东股权转让总收入 - 原股东承担的债务总额 + 原股东所收回的债权总额 - 注册资本额 - 股权转让过程中的有关税费) \times 原股东持股比例$$

其中,原股东承担的债务不包括应付未付股东的利润(下同)。

(2) 对于原股东取得转让收入后,根据持股比例对股权转让收入、债权债务进行分配的,应纳税所得额的计算公式如下:

$$应纳税所得额 = 原股东分配取得股权转让收入 + 原股东清收公司债权收入 - 原股东承担公司债务支出 - 原股东向公司投资成本$$

[《国家税务总局关于股权转让收入征收个人所得税问题的批复》(国税函〔2007〕244号)]

解读 ▶ 承债式股权转让,即对某一时间之前的债权、债务由原股东承担,该时间之后的债权、债务由新股东承担。例如,A公司原股东甲、乙与新股东丙、丁于2018年3月1日签订股权转让协议,约定2018年3月1日前的A公司债权、债务由原股东甲、乙承担,就是承债式股权转让。那么,对于A公司原股东甲、乙取得的承债式股权转让所得该如何计算缴纳个人所得税呢?

一、承债式股权转让按照原股东清收债权或承担债务的实际数额更符合税法原则

《个人所得税法实施条例》第六条规定,财产转让所得是指个人转让有价证券、股权及其他财产取得的所得,即实际取得的所得。所以,理论上讲,不论是《国家税务总局关于股权转让收入征收个人所得税问题的批复》(国税函〔2007〕244号,以下简称244号文件)哪一个公式计算承债式股权转让所得个人所得税应纳税所得额,其中的"原股东清收公司债权收入"(或"原股东所收回的债权总额")和"原股东承担公司债务支出"(或"原股东承担的债务总额")均应为原股东清收债权或承担债务的实际数额,而非债权债务协议约定的账面数额。

二、操作难点

按照企业会计准则相关规定,债权主要包括应收账款、其他应收款及长期应收款等长期债权和短期债权,债务主要包括应付账款、其他应付款、长期借款、长期应付款等长期负债和短期负债。如此多的长、短期债权和债务种类,纳税人和税务机关能否在短时间内确定"原股东清收公司债权收入"(或"原股东所收回的债权总额")和"原股东承担公司债务支出"(或"原股东承担的债务总额")是此文件操作的最大难点:

一是债权未到期情形。当公司原全体股东签约转让股权时,公司某些债权可能并未到期。如A公司于2018年3月1日签订股权转让协议,但B公司欠A公司的款项于2019年12月到期。依照法律规定,对于未到期的债权,通常应在债权到期后,A公司才能要求债务人偿还。

二是到期债权债务人无力偿还。A公司的债权已到偿还期限,如果因债务人撤销、破产、资不抵债、现金流量严重不足、发生严重自然灾害导致停产等而无法偿还债务,A公司原股东仍然可能无法收回债权。

三是债权人、债务人之间存在债务纠纷等问题，致使 A 公司原股东可能迟迟无法收回全部或部分债权。A 公司原股东收回债权的实际数额可能在短时间内无法确定。这样，主管税务机关和原股东可能会因为迟迟无法确定"原股东清收公司债权收入"或"原股东所收回的债权总额"，而难以根据收回债权实际数额计征 A 公司原股东承债式股权转让所得个人所得税。

四是 A 公司偿债能力决定是否能确认"原股东承担公司债务支出"或"原股东承担的债务总额"实际发生额。如果 A 公司原股东的偿债能力没有问题，是可以在短时间内确定"原股东承担公司债务支出"或"原股东承担的债务总额"的。即使债权人无正当理由拒绝 A 公司原股东履行偿还义务，A 公司原股东也可以将履行偿还义务标的物向有关部门提存，仍可以认定债务已经偿还。但是，如果 A 公司原股东的偿债能力有问题，则 A 公司原股东承担债务支出的实际数额同样可能在较长的时间内无法确定。同样，主管税务机关和原股东可能会因为迟迟无法确定"原股东承担公司债务支出"或"原股东承担的债务总额"，而难以在短时间内根据清偿债务实际数额计征 A 公司原股东承债式股权转让所得个人所得税。

三、具体操作建议

根据上述分析，对于 A 公司原股东而言，无论是收回债权还是偿还债务，都可能无法在短时间内确定"原股东清收公司债权收入"（或"原股东所收回的债权总额"）和"原股东承担公司债务支出"（或"原股东承担的债务总额"）。而股权已经转让，现实收入已经实现，如果待"原股东清收公司债权收入"（或"原股东所收回的债权总额"）和"原股东承担公司债务支出"（或"原股东承担的债务总额"）确定后再计征承债式股权转让所得个人所得税，与个人所得税"财产转让所得"征税原则是相违背的。因此，244 号文件中"原股东清收公司债权收入"（或"原股东所收回的债权总额"）和"原股东承担公司债务支出"（或"原股东承担的债务总额"）应按债权债务的账面数额确定。对特殊情况未能收回或未能支出的债权债务由纳税人在实际发生时提供相关证据资料向税务机关申请补退税。

4.5.4.7 转让新三板挂牌公司原始股

2019 年 9 月 1 日之前，个人转让新三板挂牌公司原始股的个人所得税，征收管理办法按照现行股权转让所得有关规定执行，以股票受让方为扣缴义务人，由被投资企业所在地税务机关负责征收管理。

自 2019 年 9 月 1 日（含）起，个人转让新三板挂牌公司原始股的个人所得税，以股票托管的证券机构为扣缴义务人，由股票托管的证券机构所在地主管税务机关负责征收管理。具体征收管理办法参照《财政部 国家税务总局证监会关于个人转让上市公司限售股所得征收个人所得税有关问题的通知》（财税〔2009〕167 号）和《财政部 国家税务总局证监会关于个人转让上市公司限售股所得征收个人所得税有关问题的补充通知》（财税〔2010〕70 号）有关规定执行（详见 8.5"限售股"）。

中国证券登记结算公司应当在登记结算系统内明确区分新三板原始股和非原始股。

中国证券登记结算公司、证券公司及其分支机构应当积极配合财政、税务部门做好相关工作。

[《财政部 国家税务总局 中国证券监督管理委员会关于个人转让全国中小企业股份转让系统挂牌公司股票有关个人所得税政策的通知》(财税〔2018〕137号)]

4.5.4.8 纳税地点

个人股权转让所得个人所得税以被投资企业所在地税务机关为主管税务机关。

[《股权转让所得个人所得税管理办法(试行)》(国家税务总局2014年第67号发布)]

4.5.4.9 纳税义务发生时间

具有下列情形之一的,扣缴义务人、纳税人应当依法在次月15日内向主管税务机关申报纳税：

(1) 受让方已支付或部分支付股权转让价款的。

(2) 股权转让协议已签订生效的。

(3) 受让方已经实际履行股东职责或者享受股东权益的。

(4) 国家有关部门判决、登记或公告生效的。

(5)《股权转让所得个人所得税管理办法(试行)》第三条第四至第七项行为已完成的。

(6) 税务机关认定的其他有证据表明股权已发生转移的情形。

[《股权转让所得个人所得税管理办法(试行)》(国家税务总局2014年第67号发布)]

4.5.4.10 申报附送资料

纳税人、扣缴义务人向主管税务机关办理股权转让纳税(扣缴)申报时,还应当报送以下资料：

(1) 股权转让合同(协议)。

(2) 股权转让双方身份证明。

(3) 按规定需要进行资产评估的,需提供具有法定资质的中介机构出具的净资产或土地房产等资产价值评估报告。

(4) 计税依据明显偏低但有正当理由的证明材料。

(5) 主管税务机关要求报送的其他材料。

[《股权转让所得个人所得税管理办法(试行)》(国家税务总局2014年第67号发布)]

4.5.4.11 被投资企业报告义务

被投资企业应当详细记录股东持有本企业股权的相关成本,如实向税务机关提供与股权转让有关的信息,协助税务机关依法执行公务。

被投资企业应当在董事会或股东会结束后5个工作日内,向主管税务机关报送与股权变动事项相关的董事会或股东会决议、会议纪要等资料。

被投资企业发生个人股东变动或者个人股东所持股权变动的,应当在次月15日内向主管税务机关报送含有股东变动信息的《个人所得税基础信息表(A表)》(详见9.2.4.3"个人所得税基础信息报送")及股东变更情况说明。

主管税务机关应当及时向被投资企业核实其股权变动情况,并确认相关转让所得,及时督促扣缴义务人和纳税人履行法定义务。

[《股权转让所得个人所得税管理办法(试行)》(国家税务总局2014年第67号发布)]

热点问题　纳税人、扣缴义务人、被投资企业在股权转让过程中需要履行哪些义务？

答：(1) 事先报告义务：扣缴义务人应于股权转让相关协议签订后5个工作日内,将股权转让的有关情况报告主管税务机关。被投资企业应在董事会或股东会结束后5个工作日内,向主管税务机关报送与股权变动事项相关的董事会或股东会决议、会议纪要等资料。

(2) 纳税申报义务：股权转让行为发生后,纳税人、扣缴义务人应在次月15日内向主管税务机关申报纳税。

(3) 事后报告义务：被投资企业发生个人股东或股东所持股权变动的,应在次月15日内向主管税务机关报送含有股东变动信息的《个人所得税基础信息表(A表)》和股东变更情况说明。

4.5.4.12　征管要求

税务机关应加强与工商部门合作,落实和完善股权信息交换制度,积极开展股权转让信息共享工作。

税务机关应当建立股权转让个人所得税电子台账,将个人股东的相关信息录入征管信息系统,强化对每次股权转让间股权转让收入和股权原值的逻辑审核,对股权转让实施链条式动态管理。

税务机关应当加强对股权转让所得个人所得税的日常管理和税务检查,积极推进股权转让各税种协同管理。

纳税人、扣缴义务人及被投资企业未按照规定期限办理纳税(扣缴)申报和报送相关资料的,依照《税收征收管理法》及其实施细则有关规定处理。

各地可通过政府购买服务的方式,引入中介机构参与股权转让过程中相关资产的评估工作。

[《股权转让所得个人所得税管理办法(试行)》(国家税务总局2014年第67号发布)]

4.5.5　房屋转让

4.5.5.1　住房转让应纳税所得额确定原则

个人出售自有住房的应纳税所得额,按下列原则确定：

(1) 个人出售除已购公有住房以外的其他自有住房,其应纳税所得额按照个人所得税法的有关法规确定。

(2) 个人出售已购公有住房,其应纳税所得额为个人出售已购公有住房的销售价,减除住房面积标准的经济适用住房价款、原支付超过住房面积标准的房价款、向财政或原产权单位缴纳的所得收益以及税法法规的合理费用后的余额。

已购公有住房是指城镇职工根据国家和县级(含县级)以上人民政府有关城镇住房制度改革政策法规,按照成本价(或标准价)购买的公有住房。

经济适用住房价格按县级(含县级)以上地方人民政府法规的标准确定。

(3) 职工以成本价(或标准价)出资的集资合作建房、安居工程住房、经济适用住房以及拆迁安置住房,比照已购公有住房确定应纳税所得额。

[财政部 国家税务总局 建设部关于个人出售住房所得征收个人所得税有关问题的通知(财税字〔1999〕278号)]

4.5.5.2 住房转让收入

对住房转让所得征收个人所得税时,以实际成交价格为转让收入。纳税人申报的住房成交价格明显低于市场价格且无正当理由的,征收机关依法有权根据有关信息核定其转让收入,但必须保证各税种计税价格一致。

对转让住房收入计算个人所得税应纳税所得额时,纳税人可凭原购房合同、发票等有效凭证,经税务机关审核后,允许从其转让收入中减除房屋原值、转让住房过程中缴纳的税金及有关合理费用。

[《国家税务总局关于个人住房转让所得征收个人所得税有关问题的通知》(国税发〔2006〕108号)]

个人转让房屋的个人所得税应税收入不含增值税,其取得房屋时所支付价款中包含的增值税计入财产原值,计算转让所得时可扣除的税费不包括本次转让缴纳的增值税。

免征增值税的,确定计税依据时,成交价格的收入不扣减增值税额。

税务机关核定的计税价格或收入不含增值税。

[《财政部 国家税务总局关于营改增后契税 房产税 土地增值税 个人所得税计税依据问题的通知》(财税〔2016〕43号)]

4.5.5.3 住房房屋原值

房屋原值具体为:

(1) 商品房:购置该房屋时实际支付的房价款及缴纳的相关税费。

(2) 自建住房:实际发生的建造费用及建造和取得产权时实际缴纳的相关税费。

(3) 经济适用房(含集资合作建房、安居工程住房):原购房人实际支付的房价款及相关税费,以及按规定缴纳的土地出让金。

(4) 已购公有住房:原购公有住房标准面积按当地经济适用房价格计算的房价款,加上原购公有住房超标准面积实际支付的房价款,以及按规定向财政部门(或原产权单位)缴纳的所得收益及相关税费。已购公有住房是指城镇职工根据国家和县级(含县级)以上人民政府有关城镇住房制度改革政策规定,按照成本价(或标准价)购买的公有住房。经济适用房价格按县级(含县级)以上地方人民政府规定的标准确定。

(5) 城镇拆迁安置住房:根据《国有土地上房屋征收与补偿条例》(国务院令第

590号)和《住房和城乡建设部关于印发〈国有土地上房屋征收评估办法〉的通知》(建房〔2011〕77号)等有关规定,其原值分别为:

① 房屋拆迁取得货币补偿后购置房屋的,为购置该房屋实际支付的房价款及缴纳的相关税费。

② 房屋拆迁采取产权调换方式的,所调换房屋原值为《房屋征收补偿协议》注明的价款及缴纳的相关税费。

③ 房屋拆迁采取产权调换方式,被拆迁人除取得所调换房屋,又取得部分货币补偿的,所调换房屋原值为《房屋征收补偿协议》注明的价款和缴纳的相关税费,减去货币补偿后的余额。

④ 房屋拆迁采取产权调换方式,被拆迁人取得所调换房屋,又支付部分货币的,所调换房屋原值为《房屋征收补偿协议》注明的价款,加上所支付的货币及缴纳的相关税费。

[《国家税务总局关于个人住房转让所得征收个人所得税有关问题的通知》(国税发〔2006〕108号)]

4.5.5.4 住房转让税金

转让住房过程中缴纳的税金是指纳税人在转让住房时实际缴纳的城市维护建设税、教育费附加、土地增值税、印花税等税金。

[《国家税务总局关于个人住房转让所得征收个人所得税有关问题的通知》(国税发〔2006〕108号)]

4.5.5.5 住房转让合理费用

合理费用,是指纳税人按照规定实际支付的住房装修费用、住房贷款利息、手续费、公证费等费用。

(1) 支付的住房装修费用。纳税人能提供实际支付装修费用的税务统一发票,并且发票上所列付款人姓名与转让房屋产权人一致的,经税务机关审核,其转让的住房在转让前实际发生的装修费用,可在以下规定比例内扣除:

① 已购公有住房、经济适用房:最高扣除限额为房屋原值的15%。

② 商品房及其他住房:最高扣除限额为房屋原值的10%。

纳税人原购房为装修房,即合同注明房价款中含有装修费(铺装了地板,装配了洁具、厨具等)的,不得再重复扣除装修费用。

(2) 支付的住房贷款利息。纳税人出售以按揭贷款方式购置的住房的,其向贷款银行实际支付的住房贷款利息,凭贷款银行出具的有效证明据实扣除。

(3) 纳税人按照有关规定实际支付的手续费、公证费等,凭有关部门出具的有效证明据实扣除。

《国家税务总局关于个人住房转让所得征收个人所得税有关问题的通知》(国税发〔2006〕108号)

4.5.5.6 住房核定征收

纳税人未提供完整、准确的房屋原值凭证,不能正确计算房屋原值和应纳税额的,税务机关可根据《税收征收管理法》第三十五条的规定,对其实行核定征税,即按纳税人住房转让收入的一定比例核定应纳个人所得税额。具体比例由省级税务局或者省级税务局授权的地市级税务局根据纳税人出售住房的所处区域、地理位置、建造时间、房屋类型、住房平均价格水平等因素,在住房转让收入1‰~3‰的幅度内确定。

[《国家税务总局关于个人住房转让所得征收个人所得税有关问题的通知》(国税发〔2006〕108号)]

4.5.5.7 房屋拍卖核定征收

根据《国家税务总局关于加强和规范个人取得拍卖收入征收个人所得税有关问题的通知》(国税发〔2007〕38号)和《国家税务总局关于个人住房转让所得征收个人所得税有关问题的通知》(国税发〔2006〕108号)规定精神,个人通过拍卖市场取得的房屋拍卖收入在计征个人所得税时,其房屋原值应按照纳税人提供的合法、完整、准确的凭证予以扣除;不能提供完整、准确的房屋原值凭证,不能正确计算房屋原值和应纳税额的,统一按转让收入全额的3%计算缴纳个人所得税。

为方便纳税人依法履行纳税义务和税务机关加强税收征管,纳税人应比照国税发〔2006〕108号文件第四条的有关规定(详见4.5.5.11"征管要求"),在房屋拍卖后缴纳增值税、契税、土地增值税等税收的同时,一并申报缴纳个人所得税。

[《国家税务总局关于个人取得房屋拍卖收入征收个人所得税问题的批复》(国税函〔2007〕1145号)]

解读 ▶《国家税务总局关于个人住房转让所得征收个人所得税有关问题的通知》(国税发〔2006〕108号)明确,纳税人未提供完整、准确的房屋原值凭证,不能正确计算房屋原值和应纳税额的,税务机关可按规定对纳税人住房转让收入的一定比例核定应纳个人所得税额。应注意的是,能核定征收的只是住房,对商业用房是不能核定征收的,大多数地区住房转让核定征收率为1%。

《国家税务总局关于个人取得房屋拍卖收入征收个人所得税问题的批复》(国税函〔2007〕1145号)规定,个人通过拍卖市场取得的房屋拍卖收入在计征个人所得税时,不能提供完整、准确的房屋原值凭证,不能正确计算房屋原值和应纳税额的,统一按转让收入全额的3%计算缴纳个人所得税。应注意的是,这里的范围是拍卖房屋,也就是说正常转让商业用房不能核定征收,通过拍卖方式可以按3%征收个人所得税。由于现在拍卖方式形式多样,网络拍卖也很盛行,很多人通过网络拍卖商业用房就有效规避了商业用房不能核定征收的政策。

4.5.5.8 离婚析产房屋转让

个人转让离婚析产房屋所取得的收入,允许扣除其相应的财产原值和合理费用后,余额按照规定的税率缴纳个人所得税;其相应的财产原值,为房屋初次购置全部原值和相关税费之和乘以转让者占房屋所有权的比例。

[《国家税务总局关于明确个人所得税若干政策执行问题的通知》(国税发〔2009〕121号)]

4.5.5.9 受赠房屋转让

受赠人转让受赠房屋的,以其转让受赠房屋的收入减除原捐赠人取得该房屋的实际购置成本及赠与和转让过程中受赠人支付的相关税费后的余额,为受赠人的应纳税所得额,依法计征个人所得税。受赠人转让受赠房屋价格明显偏低且无正当理由的,税务机关可以依据该房屋的市场评估价格或其他合理方式确定的价格核定其转让收入。

[《财政部 国家税务总局关于个人无偿受赠房屋有关个人所得税问题的通知》(财税〔2009〕78号)]

解读▶ 在实践中,人们更关心的是受赠的住房再转让能否按核定征收方式征收个人所得税问题。受赠住房,受赠的对象分为法定亲属或直接赡养人和非亲属,在受赠环节,法定亲属或直接赡养人受赠不征税,其他非亲属关系按照"偶然所得"项目适用20%税率征税。对于法定亲属关系或直接赡养人受赠不征税是充分考虑了中国人传统家庭文化,住房还是属于一个家庭内部的财产;对于非亲属关系受赠,受赠环节已经全额征税。因此,我们认为,对于受赠住房再转让,是可以比照买卖取得的住房,按照核定征收方式征收住房转让个人所得税。纳税人遇到此类问题,须与当地主管税务机关确认。

4.5.5.10 多子女继承房屋有关个人所得税问题

根据《个人所得税法》和《财政部 国家税务总局关于个人无偿受赠房屋有关个人所得税问题的通知》(财税〔2009〕78号)的规定,多子女共同继承房屋,子女对房屋产权进行分割,房屋产权由其中一个子女取得,其他子女应继承房屋的部分产权折价后以现金形式给付,对其他子女取得现金补偿的份额,暂不征收个人所得税。

根据《个人所得税法实施条例》的规定,取得房屋产权的子女再次转让房屋时,可以扣除的财产原值按以下公式确定:

$$\text{财产原值} = \text{取得房屋产权子女的继承份额} + \text{该子女向其他子女支付现金形式补偿款} + \text{相关税费}$$

$$\text{取得房屋产权子女的继承份额} = \text{发生继承行为前该房屋购置成本或者建造成本以及相关税费之和} \times \text{该子女继承比例}$$

"向其他子女支付现金形式补偿款",纳税人应凭司法裁定书(通过司法裁定的)、继承房屋产权的遗嘱、公证书、银行划款手续(通过银行转账的)、收款人签收的收据等有关凭据作为扣除依据。

[《国家税务总局关于多子女继承房屋有关个人所得税问题的批复》(国税函〔2010〕643号)]

4.5.5.11 征管要求

在房地产交易场所设置的征收窗口,要做到各税统管,即,既负责办理契税的征收事项,又负责办理增值税及城市维护建设税和教育费附加、个人所得税、土地增值税、印花税等相关税种的征收事项,避免交易后由纳税人单独到税务机关自行申报缴纳某一单一税种税收的做法。

严格坚持依法治税。对于存量房交易环节所涉及的增值税及城市维护建设税和教育费附加、个人所得税、土地增值税、印花税、契税等税种,各地要依法征收,不得以任何理由和借口,对税法及相关税收政策进行变通和调整。

各相关税种的管理部门,要加强经常性的协调和沟通,统一对房地产交易价格的认定,保持相关税种计税依据或计税价格的一致性。

[《国家税务总局关于实施房地产税收一体化管理若干具体问题的通知》(国税发〔2005〕156号)]

各级税务机关要严格执行《国家税务总局关于进一步加强房地产税收管理的通知》（国税发〔2005〕82号）和《国家税务总局关于实施房地产税收一体化管理若干具体问题的通知》（国税发〔2005〕156号）的规定。为方便出售住房的个人依法履行纳税义务，加强税收征管，主管税务机关要在房地产交易场所设置税收征收窗口，个人转让住房应缴纳的个人所得税，应与转让环节应缴纳的增值税、契税、土地增值税等税收一并办理。

[《国家税务总局关于个人住房转让所得征收个人所得税有关问题的通知》（国税发〔2006〕108号）]

4.5.6 购买和处置债权所得

个人通过招标、竞拍或其他方式购置取得"打包"债权，只处置部分债权的，其应纳税所得额按以下方式确定：

（1）以每次处置部分债权的所得，作为一次财产转让所得征税。

（2）其应税收入按照个人取得的货币资产和非货币资产的评估价值或市场价值的合计数确定。

（3）所处置债权成本费用（即财产原值），按下列公式计算：

$$\frac{当次处置债权成本费用}{} = 个人购置"打包"债权实际支出 \times \frac{当次处置债权账面价值（或拍卖机构公布价值）}{"打包"债权账面价值（或拍卖机构公布价值）}$$

（4）个人购买和处置债权过程中发生的拍卖招标手续费、诉讼费、审计评估费，以及缴纳的税金等合理税费，在计算个人所得税时允许扣除。

[《国家税务总局关于个人因购买和处置债权取得所得征收个人所得税问题的批复》（国税函〔2005〕655号）]

4.6 利息、股息、红利所得

利息、股息、红利所得，以每次收入额为应纳税所得额。

[《中华人民共和国个人所得税法》第六条]

利息、股息、红利所得，以支付利息、股息、红利时取得的收入为一次。

[《中华人民共和国个人所得税法实施条例》第十四条]

4.6.1 关于派发红股的征税问题

股份制企业在分配股息、红利时，以股票形式向股东个人支付应得的股息、红利（即派发红股），应以派发红股的股票票面金额为收入额，按利息、股息、红利项目计征个人所得税。

[《国家税务总局关于印发〈征收个人所得税若干问题的规定〉的通知》（国税发〔1994〕89号）]

4.6.2 债权债务形式的分红征税问题

根据《个人所得税法》和有关规定，个人取得的股份分红所得包括债权、债务形式的应收账款、应付账款相抵后的所得。个人股东取得公司债权、债务形式的股份分红，应以其债权形式应收账款的账面价值减去债务形式应付账款的账面价值的余额，加上实际分红所得为应纳税所得,按照规定缴纳个人所得税。

[《国家税务总局关于个人股东取得公司债权债务形式的股份分红计征个人所得税问题的批复》(国税函〔2008〕267号)]

4.6.3 个人投资者收购企业股权后将原盈余积累转增股本个人所得税问题

一名或多名个人投资者以股权收购方式取得被收购企业100%股权,股权收购前,被收购企业原账面金额中的"资本公积、盈余公积、未分配利润"等盈余积累未转增股本,而在股权交易时将其一并计入股权转让价格并履行所得税纳税义务。股权收购后,企业将原账面金额中的盈余积累向个人投资者(新股东,下同)转增股本,有关个人所得税问题区分以下情形处理。

4.6.3.1 新股东以不低于净资产价格收购股权

新股东以不低于净资产价格收购股权的,企业原盈余积累已全部计入股权交易价格,新股东取得盈余积累转增股本的部分,不征收个人所得税。

4.6.3.2 新股东以低于净资产价格收购股权

新股东以低于净资产价格收购股权的,企业原盈余积累中,对于股权收购价格减去原股本的差额部分已经计入股权交易价格,新股东取得盈余积累转增股本的部分,不征收个人所得税;对于股权收购价格低于原所有者权益的差额部分未计入股权交易价格,新股东取得盈余积累转增股本的部分,应按照"利息、股息、红利所得"项目征收个人所得税。

新股东以低于净资产价格收购企业股权后转增股本,应按照下列顺序进行,即:先转增应税的盈余积累部分,再转增不征税的盈余积累部分。

4.6.3.3 新股东转让收购股权原值

新股东将所持股权转让时,其财产原值为其收购企业股权实际支付的对价及相关税费。

4.6.3.4 股权交易及转增股本征管

企业发生股权交易及转增股本等事项后,应在次月15日内,将股东及其股权变化情况、股权交易前原账面记载的盈余积累数额、转增股本数额及扣缴税款情况报告主管税务机关。

[《国家税务总局关于个人投资者收购企业股权后将原盈余积累转增股本个人所得税问题的公告》(国家税务总局公告2013年第23号)]

解读 《国家税务总局关于个人投资者收购企业股权后将原盈余积累转增股本个人所得税问题的公告》(国家税务总局公告2013年第23号,以下简称23号公告),明确个人投资者收购企业股权后,将企业原账面金额中的"资本公积、盈余公积、未分配利润"等盈余积累转增股本的个人所得税问题。

我们先看一则案例方便理解23号公告。

基本情况:某省几十个自然人股东以股权收购方式溢价收购某企业100%股权后,将该企业原账面金额中的"资本公积、盈余公积、未分配利润"等盈余积累转增股本。原股东在股权转让之前未转增股本,而在股权交易时将"资本公积、盈余公积、未分配利润"等一并计入股权转让价格,并缴纳了所得税。对该企业以盈余积累转增个人股本行为是否征收个人所得税问题,现行税收政策规定不够明确。

该案例中,考虑到上述转增股本的企业原账面金额中的盈余积累是由原股东创造并拥有,原股东在转让股权过程中没有事先转增股本,而是将其一并计入了股权交易价格中,新自然人股东为此已经支付了对价。对其此次转增股本征税则存在重复征税问题,有违税负公平原则。此外,为支持企业正常重组行为,考虑到企业股权转让过程中,盈余积累与股权转让所得存在相互转化的可能性,税收政策方面,对于原股东转让股权前事先利润分配与新股东事后利润分配应尽量保证税负平衡,不应由于原股东事先利润分配与新股东事后分配而产生较大税负差异。

该案例具有一定普遍性,为明确税收政策并扩大政策适用面,维护纳税人合法权益,国家税务总局对该案例进行适当抽象并发布了公告。23号公告具体内容如下:

一名或多名个人投资者以股权收购方式取得被收购企业100%股权,企业被收购之前,该企业原股东未将原有"资本公积、盈余公积、未分配利润"等盈余积累转增股本(注册资本、实收资本等),而在股权交易时将其一并计入股权转让价格,股权转让方(原股东)已经履行了所得税纳税义务。股权收购完成后,企业将原账面金额中的盈余积累转增股本。鉴于转增股本的盈余积累已全部或部分计入个人投资者(新股东)股权收购价格中,为避免重复征税,对新股东取得的已计入个人投资者股权收购价格中的盈余积累转增股本的部分,原则上不宜征收个人所得税。

实践中区分两种情形处理:一是新股东以不低于净资产价格收购股权的,企业原盈余积累已全部计入股权交易价格,新股东取得盈余积累转增股本的部分,不征收个人所得税。二是新股东以低于净资产价格收购股权的,企业原盈余积累中,对于股权收购价格减去原股本的差额部分已经计入股权交易价格,新股东取得盈余积累转增股本的部分,不征收个人所得税;对于股权收购价格低于原所有者权益的差额部分未计入股权交易价格,新股东取得盈余积累转增股本的部分,应按照"利息、股息、红利所得"项目征收个人所得税。对于新股东以低于净资产价格收购企业股权后转增股本按照下列顺序进行,即:先转增应税的盈余积累部分,再转增免税的盈余积累部分。

23号公告还明确,新股东将所持股权转让时,其财产原值为其收购企业股权实际支付的对价及相关税费。因为在原有"资本公积、盈余公积、未分配利润"等盈余积累转增股本(注册资本、实收资本等)过程中不征税,相应增加的股本价值包含在股权购买的实际支付对价和相关税费中了。

此外,23号公告还有未明确的问题,主要是部分股权收购是否适用该政策的问题。由于23号公告是对具体案例的抽象,因此23号公告在前言概述中对该案例具体内容进行了表述,特别是强调了"一名或多名个人投资者以股权收购方式取得被收购企业100%股权",而在实践中,取得被收购企业100%股权的情况虽然存在,但更多的是部分股权的收购,且部分股权收购更多存在于企业被完全收购之前。部分股权收购时,企业原股东未将原有"资本公积、盈余公积、未分配利润"等盈余积累转增股本(注册资本、实收资本等),而在股权交易时将其一并计入股权转让价格的情况,是否适用23号公告,经常引起纳税人与主管税务机关的争议。很多主管税务机关认为23号公告的前提条件之一是"一名或多名个人投资者以股权收购方式取得被收购企业100%股权",部分股权收购不适用此规定,那么在实际中仍然存在重复征税问题。

我们认为,23号公告重点解决的是股权收购中重复征税问题,关于"一名或多名个人投资者以股权收购方式取得被收购企业100%股权"是源于案件抽象,也是为了方便征管操作,100%股权收购对后期自然人投资者是比较利于征管的,但是是否重复纳税关系到自然人的切身利益。因此,我们建议:一是对部分股权收购应当适用23号公告;二是不论是纳税人、被投资企业还是主管税务机关在实际征管中应加强对部分股权收购适用23号公告后自然人股东股权价值的台账管理。因各自然人股东在取得、持有以及"资本公积、盈余公积、未分配利润"等盈余积累转增股本(注册资本、实收资本等)过程中各股东会因不同情形存在是否征税和征税依据各不相同的情况,需要系统完备的台账,才能减少征纳双方的税收风险。

案例 4-1 甲企业原账面资产总额8 000万元,负债3 000万元,所有者权益5 000万元,其中:实收资本(股本)1 000万元,资本公积、盈余公积、未分配利润等盈余积累合计4 000万元。假定3名自然人投资者(新股东)向甲企业原股东购买该企业100%股权,股权收购价4 500万元,新股东收购企业后,甲企业将资本公积、盈余公积、未分配利润等盈余积累4 000万元向新股东转增实收资本。

在新股东4 500万元股权收购价格中,除了实收资本1 000万元外,实际上相当于以3 500万元购买了原股东4 000万元的盈余积累,即:4 000万元盈余积累中,有3 500万元计入了股权交易价格,剩余500万元未计入股权交易价格。甲企业向新股东转增实收资本时,其中所转增的3 500万元不征收个人所得税,所转增的500万元应按"利息、股息、红利所得"项目缴纳个人所得税。

4.6.4 投资香港联交所上市股票的股息、红利

4.6.4.1 内地个人投资者通过沪港通投资

对内地个人投资者通过沪港通投资香港联交所上市H股取得的股息、红利,H股公司应向中国证券登记结算有限责任公司(以下简称中国结算)提出申请,由中国结算向H股公司提供内地个人投资者名册,H股公司按照20%的税率代扣个人所得税。内地个人投资者通过沪港通投资香港联交所上市的非H股取得的股息、红利,由中国结算按照20%的税率代扣个人所得税。个人投资者在国外已缴纳的预提税,可持有效扣税凭证到中国结算的主管税务机关申请税收抵免。

对内地证券投资基金通过沪港通投资香港联交所上市股票取得的股息、红利所得,按照上述规定计征个人所得税。

[《财政部 国家税务总局 证监会关于沪港股票市场交易互联互通机制试点有关税收政策的通知》(财税〔2014〕81号)]

4.6.4.2 内地个人投资者通过深港通投资

对内地个人投资者通过深港通投资香港联交所上市H股取得的股息、红利,H股公司应向中国证券登记结算有限责任公司(以下简称中国结算)提出申请,由中国结算向H股公司提供内地个人投资者名册,H股公司按照20%的税率代扣个人所得税。内地个人

投资者通过深港通投资香港联交所上市的非 H 股取得的股息、红利,由中国结算按照20%的税率代扣个人所得税。个人投资者在国外已缴纳的预提税,可持有效扣税凭证到中国结算的主管税务机关申请税收抵免。

对内地证券投资基金通过深港通投资香港联交所上市股票取得的股息、红利所得,按照上述规定计征个人所得税。

[《财政部 国家税务总局 证监会关于深港股票市场交易互联互通机制试点有关税收政策的通知》(财税〔2016〕127号)]

4.7 偶然所得

偶然所得,以每次取得该项收入为一次。

[《中华人民共和国个人所得税法实施条例》第十四条]

4.7.1 有奖发票奖金

个人取得单张有奖发票奖金所得不超过800元(含800元)的,暂免征收个人所得税;个人取得单张有奖发票奖金所得超过800元的,应全额按照《个人所得税法》规定的"偶然所得"项目征收个人所得税。

税务机关或其指定的有奖发票兑奖机构,是有奖发票奖金所得个人所得税的扣缴义务人,应依法认真做好个人所得税代扣代缴工作。

[《财政部 国家税务总局关于个人取得有奖发票奖金征免个人所得税问题的通知》(财税〔2007〕34号)]

4.7.2 受赠房屋

对受赠人无偿受赠房屋计征个人所得税时,其应纳税所得额为房地产赠与合同上标明的赠与房屋价值减除赠与过程中受赠人支付的相关税费后的余额。赠与合同标明的房屋价值明显低于市场价格或房地产赠与合同未标明赠与房屋价值的,税务机关可依据受赠房屋的市场评估价格或采取其他合理方式确定受赠人的应纳税所得额。

[《财政部 国家税务总局关于个人无偿受赠房屋有关个人所得税问题的通知》(财税〔2009〕78号)]

4.7.3 受赠礼品

企业赠送的礼品是自产产品(服务)的,按该产品(服务)的市场销售价格确定个人的应税所得;是外购商品(服务)的,按该商品(服务)的实际购置价格确定个人的应税所得。

[《财政部 国家税务总局关于企业促销展业赠送礼品有关个人所得税问题的通知》(财税〔2011〕50号)]

4.8 两人以上共同取得同一收入的处理

两个以上的个人共同取得同一项目收入的,应当对每个人取得的收入分别按照《个人所得税法》的规定计算纳税。

[《中华人民共和国个人所得税法实施条例》第十八条]

4.9 公益性捐赠扣除

个人将其所得对教育、扶贫、济困等公益慈善事业进行捐赠,捐赠额未超过纳税人申报的应纳税所得额30%的部分,可以从其应纳税所得额中扣除;国务院规定对公益慈善事业捐赠实行全额税前扣除的,从其规定。

[《中华人民共和国个人所得税法》第六条]

《个人所得税法》第六条第三款所称个人将其所得对教育、扶贫、济困等公益慈善事业进行捐赠,是指个人将其所得通过中国境内的公益性社会组织、国家机关向教育、扶贫、济困等公益慈善事业的捐赠;所称应纳税所得额,是指计算扣除捐赠额之前的应纳税所得额。

[《中华人民共和国个人所得税法实施条例》第十九条]

4.9.1 公益性捐赠的渠道和用途

4.9.1.1 公益性社会组织、县级以上人民政府及其部门

企业或个人通过公益性社会组织、县级以上人民政府及其部门等国家机关,用于符合法律规定的公益慈善事业捐赠支出,准予按税法规定在计算应纳税所得额时扣除。

公益慈善事业,应当符合《中华人民共和国公益事业捐赠法》(以下简称《公益事业捐赠法》)第三条对公益事业范围的规定或者《中华人民共和国慈善法》(以下简称《慈善法》)第三条对慈善活动范围的规定。

[《财政部 税务总局 民政部关于公益性捐赠税前扣除有关事项的公告》(财政部 税务总局 民政部公告2020年第27号)]

个人通过中华人民共和国境内公益性社会组织、县级以上人民政府及其部门等国家机关,向教育、扶贫、济困等公益慈善事业的捐赠(以下简称公益捐赠),发生的公益捐赠支出,可以按照《个人所得税法》有关规定在计算应纳税所得额时扣除。

[《财政部 税务总局关于公益慈善事业捐赠个人所得税政策的公告》(财政部 税务总局公告2019年第99号)]

4.9.1.2 公益性群众团体

企业或个人通过公益性群众团体用于符合法律规定的公益慈善事业捐赠支出,准予按税法规定在计算应纳税所得额时扣除。

公益慈善事业,应当符合《公益事业捐赠法》第三条对公益事业范围的规定或者《慈善法》第三条对慈善活动范围的规定。

[《财政部 税务总局关于通过公益性群众团体的公益性捐赠税前扣除有关事项的公告》(财政部 税务总局公告2021年第20号)]

4.9.1.3 公益事业

公益事业是指非营利的下列事项:

(1) 救助灾害、救济贫困、扶助残疾人等困难的社会群体和个人的活动。
(2) 教育、科学、文化、卫生、体育事业。
(3) 环境保护、社会公共设施建设。
(4) 促进社会发展和进步的其他社会公共和福利事业。

[《中华人民共和国公益事业捐赠法》第三条]

4.9.1.4 慈善事业

慈善活动,是指自然人、法人和其他组织以捐赠财产或者提供服务等方式,自愿开展的下列公益活动:
(1) 扶贫、济困。
(2) 扶老、救孤、恤病、助残、优抚。
(3) 救助自然灾害、事故灾难和公共卫生事件等突发事件造成的损害。
(4) 促进教育、科学、文化、卫生、体育等事业的发展。
(5) 防治污染和其他公害,保护和改善生态环境。
(6) 符合《慈善法》规定的其他公益活动。

[《中华人民共和国慈善法》第三条]

解读 ▶ 公益性捐赠,需要注意的是:一是捐赠渠道或者说途径必须是公益性社会组织、县级以上人民政府及其部门等国家机关;二是捐赠用途必须是公益慈善事业,公益慈善事业主要包括公益事业和慈善活动两方面。

4.9.2 公益性社会组织

公益性社会组织,包括依法设立或登记并按规定条件和程序取得公益性捐赠税前扣除资格的慈善组织、其他社会组织和群众团体。公益性群众团体的公益性捐赠税前扣除资格确认及管理按照现行规定执行。依法登记的慈善组织和其他社会组织的公益性捐赠税前扣除资格确认及管理按《财政部 税务总局 民政部关于公益性捐赠税前扣除有关事项的公告》(财政部 税务总局 民政部公告2020年第27号)执行。

[《财政部 税务总局 民政部关于公益性捐赠税前扣除有关事项的公告》(财政部 税务总局 民政部公告2020年第27号)]

境内公益性社会组织,包括依法设立或登记并按规定条件和程序取得公益性捐赠税前扣除资格的慈善组织、其他社会组织和群众团体。

[《财政部 税务总局关于公益慈善事业捐赠个人所得税政策的公告》(财政部 税务总局公告2019年第99号)]

4.9.2.1 社会组织

在民政部门依法登记的慈善组织和其他社会组织(统称社会组织),取得公益性捐赠税前扣除资格应当同时符合以下规定:
(1) 符合《企业所得税法实施条例》第五十二条第一项到第八项规定的条件。

【注】《企业所得税法实施条例》第五十二条规定,公益性社会组织,是指同时符合下列条件的慈善组织以及其他社会组织:
(1) 依法登记,具有法人资格。

(2) 以发展公益事业为宗旨,且不以营利为目的。
(3) 全部资产及其增值为该法人所有。
(4) 收益和营运结余主要用于符合该法人设立目的的事业。
(5) 终止后的剩余财产不归属任何个人或者营利组织。
(6) 不经营与其设立目的无关的业务。
(7) 有健全的财务会计制度。
(8) 捐赠者不以任何形式参与该法人财产的分配。
(9) 国务院财政、税务主管部门会同国务院民政部门等登记管理部门规定的其他条件。

(2) 每年应当在3月31日前按要求向登记管理机关报送经审计的上年度专项信息报告。报告应当包括财务收支和资产负债总体情况、开展募捐和接受捐赠情况、公益慈善事业支出及管理费用情况[包括下文第(3)项、第(4)项规定的比例情况]等内容。

首次确认公益性捐赠税前扣除资格的,应当报送经审计的前两个年度的专项信息报告。

(3) 具有公开募捐资格的社会组织,前两年度每年用于公益慈善事业的支出占上年总收入的比例均不得低于70%。计算该支出比例时,可以用前三年收入平均数代替上年总收入。

不具有公开募捐资格的社会组织,前两年度每年用于公益慈善事业的支出占上年末净资产的比例均不得低于8%。计算该比例时,可以用前三年年末净资产平均数代替上年末净资产。

【注】《财政部 国家税务总局 民政部关于慈善组织开展慈善活动年度支出和管理费用的规定》(民发〔2016〕189号)规定,慈善活动支出是指慈善组织基于慈善宗旨,在章程规定的业务范围内开展慈善活动,向受益人捐赠财产或提供无偿服务时发生的下列费用:

(1) 直接或委托其他组织资助给受益人的款物。
(2) 为提供慈善服务和实施慈善项目发生的人员报酬、志愿者补贴和保险,以及使用房屋、设备、物资发生的相关费用。
(3) 为管理慈善项目发生的差旅、物流、交通、会议、培训、审计、评估等费用。

慈善活动支出在"业务活动成本"项目下核算和归集。慈善组织的业务活动成本包括慈善活动支出和其他业务活动成本。

(4) 具有公开募捐资格的社会组织,前两年度每年支出的管理费用占当年总支出的比例均不得高于10%。

不具有公开募捐资格的社会组织,前两年每年支出的管理费用占当年总支出的比例均不得高于12%。

【注】《财政部 国家税务总局 民政部关于慈善组织开展慈善活动年度支出和管理费用的规定》(民发〔2016〕189号)规定,慈善组织的管理费用是指慈善组织按照《民间非营利组织会计制度》规定,为保证本组织正常运转所发生的下列费用:

(1) 理事会等决策机构的工作经费。
(2) 行政管理人员的工资、奖金、住房公积金、住房补贴、社会保障费。
(3) 办公费、水电费、邮电费、物业管理费、差旅费、折旧费、修理费、租赁费、无形资产摊销费、资产盘亏损失、资产减值损失、因预计负债所产生的损失、聘请中介机构费等。

慈善组织的某些费用如果属于慈善活动、其他业务活动、管理活动等共同发生,且不能直接归属于某一类活动的,应当将这些费用按照合理的方法在各项活动中进行分配,分别计入慈善活动支出、其他业务活动成本、管理费用。

(5) 具有非营利组织免税资格,且免税资格在有效期内。

(6) 前两年度未受到登记管理机关行政处罚(警告除外)。

(7) 前两年度未被登记管理机关列入严重违法失信名单。

(8) 社会组织评估等级为 3A 以上(含 3A)且该评估结果在确认公益性捐赠税前扣除资格时仍在有效期内。

公益慈善事业支出、管理费用和总收入的标准和范围,按照《民政部 财政部 国家税务总局关于印发〈关于慈善组织开展慈善活动年度支出和管理费用的规定〉的通知》(民发〔2016〕189 号)关于慈善活动支出、管理费用和上年总收入的有关规定执行。

按照《中华人民共和国慈善法》新设立或新认定的慈善组织,在其取得非营利组织免税资格的当年,只需要符合上述第(1)项、第(6)项、第(7)项条件即可。

[《财政部 税务总局 民政部关于公益性捐赠税前扣除有关事项的公告》(财政部 税务总局 民政部公告 2020 年第 27 号)]

4.9.2.2　群众团体

公益性群众团体,包括依照《社会团体登记管理条例》规定不需进行社团登记的人民团体以及经国务院批准免予登记的社会团体(以下统称群众团体),且按规定条件和程序已经取得公益性捐赠税前扣除资格。

群众团体取得公益性捐赠税前扣除资格应当同时符合以下条件:

(1) 符合《企业所得税法实施条例》第五十二条第一项至第八项规定的条件。

(2) 县级以上各级机构编制部门直接管理其机构编制。

(3) 对接受捐赠的收入以及用捐赠收入进行的支出单独进行核算,且申报前连续 3 年接受捐赠的总收入中用于公益慈善事业的支出比例不低于 70%。

[《财政部 税务总局关于通过公益性群众团体的公益性捐赠税前扣除有关事项的公告》(财政部 税务总局公告 2021 年第 20 号)]

4.9.3　捐赠税前扣除资格的确认

4.9.3.1　社会组织捐赠税前扣除资格的确认

1) 社会组织捐赠税前扣除资格核实并公布名单

公益性捐赠税前扣除资格的确认按以下规定执行:

(1) 在民政部登记注册的社会组织,由民政部结合社会组织公益活动情况和日常监督管理、评估等情况,对社会组织的公益性捐赠税前扣除资格进行核实,提出初步意见。根据民政部初步意见,财政部、税务总局和民政部对照本公告相关规定,联合确定具有公益性捐赠税前扣除资格的社会组织名单,并发布公告。

(2) 在省级和省级以下民政部门登记注册的社会组织,由省、自治区、直辖市和计划单列市财政、税务、民政部门参照上述第(1)项规定执行。

(3) 公益性捐赠税前扣除资格的确认对象包括:

① 公益性捐赠税前扣除资格将于当年末到期的公益性社会组织。

② 已被取消公益性捐赠税前扣除资格但又重新符合条件的社会组织。

③ 登记设立后尚未取得公益性捐赠税前扣除资格的社会组织。

（4）每年年底前，省级以上财政、税务、民政部门按权限完成公益性捐赠税前扣除资格的确认和名单发布工作，并按上述第（3）项规定的不同审核对象，分别列示名单及其公益性捐赠税前扣除资格起始时间。

为方便纳税主体查询，省级以上财政、税务、民政部门应当及时在官方网站上发布具备公益性捐赠税前扣除资格的公益性社会组织名单公告。

企业或个人可通过上述渠道查询社会组织公益性捐赠税前扣除资格及有效期。

[《财政部 税务总局 民政部关于公益性捐赠税前扣除有关事项的公告》（财政部 税务总局 民政部公告2020年第27号）]

2）社会组织公益性捐赠税前扣除资格时效

公益性捐赠税前扣除资格在全国范围内有效，有效期为3年。

公益性捐赠税前扣除资格将于当年年末到期的公益性社会组织，其公益性捐赠税前扣除资格自发布名单公告的次年1月1日起算。已被取消公益性捐赠税前扣除资格但又重新符合条件的社会组织和登记设立后尚未取得公益性捐赠税前扣除资格的社会组织，其公益性捐赠税前扣除资格自发布公告的当年1月1日起算。

[《财政部 税务总局 民政部关于公益性捐赠税前扣除有关事项的公告》（财政部 税务总局 民政部公告2020年第27号）]

3）确认2020年度至2022年度公益性捐赠税前扣除资格有关规定

（1）在民政部门依法登记的慈善组织和其他社会组织（统称社会组织）2018年和2019年的公益慈善事业支出和管理费用比例，可按照《民政部 财政部 国家税务总局关于印发〈关于慈善组织开展慈善活动年度支出和管理费用的规定〉的通知》（民发〔2016〕189号）有关规定执行。

（2）社会组织2018年至2021年2月4日（注：此文件发布之日）最近一期的评估等级达到3A以上（含3A）。对于2019年成立的社会组织，以及2019年至2021年2月4日已接受评估但尚未出具结论的社会组织，确认资格时可暂不考虑其评估等级。

（3）确认公益性捐赠税前扣除资格时，可暂不考虑社会组织的非营利组织免税资格。

（4）按照上述规定取得公益性捐赠税前扣除资格的，在资格有效期内，应取得3A以上（含3A）评估等级，且取得非营利组织免税资格。

上述规定自2020年1月1日起执行。

[《财政部 税务总局 民政部关于公益性捐赠税前扣除资格确认有关衔接事项的公告》（财政部 税务总局 民政部公告2021年第3号）]

解读 《民政部 财政部 国家税务总局关于印发〈关于慈善组织开展慈善活动年度支出和管理费用的规定〉的通知》（民发〔2016〕189号）关于公益慈善事业支出和管理费用比例规定主要如下：

（1）慈善组织中具有公开募捐资格的基金会年度慈善活动支出不得低于上年总收入的70%；年度管理费用不得高于当年总支出的10%。

慈善组织中具有公开募捐资格的社会团体和社会服务机构年度慈善活动支出不得低

于上年总收入的70%;年度管理费用不得高于当年总支出的13%。

(2) 慈善组织中不具有公开募捐资格的基金会,年度慈善活动支出和年度管理费用按照以下标准执行:

① 上年末净资产高于6 000万元(含本数)人民币的,年度慈善活动支出不得低于上年年末净资产的6%;年度管理费用不得高于当年总支出的12%。

② 上年末净资产低于6 000万元高于800万元(含本数)人民币的,年度慈善活动支出不得低于上年末净资产的6%;年度管理费用不得高于当年总支出的13%。

③ 上年末净资产低于800万元高于400万元(含本数)人民币的,年度慈善活动支出不得低于上年末净资产的7%;年度管理费用不得高于当年总支出的15%。

④ 上年末净资产低于400万元人民币的,年度慈善活动支出不得低于上年末净资产的8%;年度管理费用不得高于当年总支出的20%。

(3) 慈善组织中不具有公开募捐资格的社会团体和社会服务机构,年度慈善活动支出和年度管理费用按照以下标准执行:

① 上年末净资产高于1 000万元(含本数)人民币的,年度慈善活动支出不得低于上年末净资产的6%;年度管理费用不得高于当年总支出的13%。

② 上年末净资产低于1 000万元高于500万元(含本数)人民币的,年度慈善活动支出不得低于上年末净资产的7%;年度管理费用不得高于当年总支出的14%。

③ 上年末净资产低于500万元高于100万元(含本数)人民币的,年度慈善活动支出不得低于上年末净资产的8%;年度管理费用不得高于当年总支出的15%。

④ 上年末净资产低于100万元人民币的,年度慈善活动支出不得低于上年末净资产的8%且不得低于上年总收入的50%;年度管理费用不得高于当年总支出的20%。

(4) 年度慈善活动支出比例计算:

计算年度慈善活动支出比例时,可以用前三年收入平均数代替上年总收入,用前三年年末净资产平均数代替上年末净资产。

上年总收入为上年实际收入减去上年收入中时间限定为上年不得使用的限定性收入,再加上于上年解除时间限定的净资产。

(5) 慈善组织的年度管理费用低于20万元人民币的,不受上述规定的年度管理费用比例的限制。

(6) 因下列情形导致年度管理费用难以符合本规定要求的,应当及时报告其登记的民政部门并向社会公开说明情况:

① 登记或者认定为慈善组织未满1年,尚未全面开展慈善活动的。

② 慈善组织的折旧费、无形资产摊销费、资产盘亏损失、资产减值损失突发性增长的。

③ 慈善组织因预计负债所产生的损失突发性增长的。

(7) 慈善组织签订捐赠协议对单项捐赠财产的慈善活动支出和管理费用有约定的,从其约定,但其年度慈善活动支出和年度管理费用不得违反本规定的要求。

(8) 慈善组织年度慈善活动支出和年度管理费用应当在年度工作报告中进行详细披露,并依法向社会公开。

(9) 慈善组织慈善活动支出或者管理费用违反规定要求的,由民政部门依法给予行政处罚并通报财政、税务等有关部门。

4) 确认 2021 年度至 2023 年度公益性捐赠税前扣除资格规定

2020 年 1 月 1 日起,确认 2021—2023 年度公益性捐赠税前扣除资格时,社会组织 2019 年和 2020 年的公益慈善事业支出和管理费用比例,可按照《民政部 财政部 国家税务总局关于印发〈关于慈善组织开展慈善活动年度支出和管理费用的规定〉的通知》(民发〔2016〕189 号)有关规定执行。

[《财政部 税务总局 民政部关于公益性捐赠税前扣除资格确认有关衔接事项的公告》(财政部 税务总局 民政部公告 2021 年第 3 号)]

4.9.3.2 群众团体捐赠税前扣除资格的确认

1) 群众团体捐赠税前扣除资格申请程序

公益性捐赠税前扣除资格的确认按以下规定执行:

(1) 由中央机构编制部门直接管理其机构编制的群众团体,向财政部、税务总局报送材料。

(2) 由县级以上地方各级机构编制部门直接管理其机构编制的群众团体,向省、自治区、直辖市和计划单列市财政、税务部门报送材料。

(3) 对符合条件的公益性群众团体,按照上述管理权限,由财政部、税务总局和省、自治区、直辖市、计划单列市财政、税务部门分别联合公布名单。企业和个人在名单所属年度内向名单内的群众团体进行的公益性捐赠支出,可以按规定进行税前扣除。

公益性捐赠税前扣除资格的确认对象包括:

(1) 公益性捐赠税前扣除资格将于当年末到期的公益性群众团体。

(2) 已被取消公益性捐赠税前扣除资格但又重新符合条件的群众团体。

(3) 尚未取得或资格终止后未取得公益性捐赠税前扣除资格的群众团体。

[《财政部 税务总局关于通过公益性群众团体的公益性捐赠税前扣除有关事项的公告》(财政部 税务总局公告 2021 年第 20 号)]

2) 群众团体捐赠税前扣除资格申请资料

申请税前扣除资格确认的群众团体需报送的材料,应在申报年度 6 月 30 日前报送,包括:

(1) 申报报告。

(2) 县级以上各级党委、政府或机构编制部门印发的"三定"规定。

(3) 组织章程。

(4) 申报前 3 个年度的受赠资金来源、使用情况,财务报告,公益活动的明细,注册会计师的审计报告或注册会计师、(注册)税务师、律师的纳税审核报告(或鉴证报告)。

[《财政部 税务总局关于通过公益性群众团体的公益性捐赠税前扣除有关事项的公告》(财政部 税务总局公告 2021 年第 20 号)]

3）群众团体捐赠税前扣除资格名单发布及有效范围和时效

每年年底前，省级以上财政、税务部门按权限完成公益性捐赠税前扣除资格的确认和名单发布工作，并按上述不同的审核确认对象，分别列示名单及其公益性捐赠税前扣除资格起始时间。

公益性捐赠税前扣除资格在全国范围内有效，有效期为3年。

公益性捐赠税前扣除资格将于当年末到期的公益性群众团体，其公益性捐赠税前扣除资格自发布名单公告的次年1月1日起算。已被取消公益性捐赠税前扣除资格但又重新符合条件的群众团体和尚未取得或资格终止后未取得公益性捐赠税前扣除资格的群众团体，其公益性捐赠税前扣除资格自发公告的当年1月1日起算。

[《财政部 税务总局关于通过公益性群众团体的公益性捐赠税前扣除有关事项的公告》（财政部 税务总局公告2021年第20号）]

4）捐赠税前扣除资格查询

为方便纳税主体查询，省级以上财政、税务部门应当及时在官方网站上发布具备公益性捐赠税前扣除资格的公益性群众团体名单公告。

企业或个人可通过上述渠道查询群众团体公益性捐赠税前扣除资格及有效期。

[《财政部 税务总局关于通过公益性群众团体的公益性捐赠税前扣除有关事项的公告》（财政部 税务总局公告2021年第20号）]

4.9.4 捐赠税前扣除资格的取消

4.9.4.1 社会组织捐赠税前扣除资格取消

公益性社会组织存在以下情形之一的，应当取消其公益性捐赠税前扣除资格：

（1）未按规定时间和要求[详见4.9.2.1"社会组织"第（2）项]向登记管理机关报送专项信息报告的。

（2）最近一个年度用于公益慈善事业的支出不符合规定的[详见4.9.2.1"社会组织"第（3）项]。

（3）最近一个年度支出的管理费用规定的[详见4.9.2.1"社会组织"第（4）项]。

（4）非营利组织免税资格到期后超过6个月未重新获取免税资格的。

（5）受到登记管理机关行政处罚（警告除外）的。

（6）被登记管理机关列入严重违法失信名单的。

（7）社会组织评估等级低于3A或者无评估等级的。

[《财政部 税务总局 民政部关于公益性捐赠税前扣除有关事项的公告》（财政部 税务总局 民政部公告2020年第27号）]

4.9.4.2 社会组织捐赠税前扣除资格取消后3年不得认定情形

公益性社会组织存在以下情形之一的，应当取消其公益性捐赠税前扣除资格，且取消资格的当年及之后3个年度内不得重新确认资格：

（1）违反规定接受捐赠的，包括附加对捐赠人构成利益回报的条件、以捐赠为名从事营利性活动、利用慈善捐赠宣传烟草制品或法律禁止宣传的产品和事项、接受不符合公益目的或违背社会公德的捐赠等情形。

（2）开展违反组织章程的活动，或者接受的捐赠款项用于组织章程规定用途之外的。

（3）在确定捐赠财产的用途和受益人时，指定特定受益人，且该受益人与捐赠人或公益性社会组织管理人员存在明显利益关系的。

[《财政部 税务总局 民政部关于公益性捐赠税前扣除有关事项的公告》（财政部 税务总局 民政部公告 2020 年第 27 号）]

4.9.4.3　社会组织捐赠税前扣除资格取消不得再认定情形

公益性社会组织存在以下情形之一的，应当取消其公益性捐赠税前扣除资格且不得重新确认资格：

（1）从事非法政治活动的。

（2）从事、资助危害国家安全或者社会公共利益活动的。

[《财政部 税务总局 民政部关于公益性捐赠税前扣除有关事项的公告》（财政部 税务总局 民政部公告 2020 年第 27 号）]

4.9.4.4　社会组织捐赠税前扣除资格取消公告及时间

对应当取消公益性捐赠税前扣除资格的公益性社会组织，由省级以上财政、税务、民政部门核实相关信息后，按权限及时向社会发布取消资格名单公告。自发布公告的次月起，相关公益性社会组织不再具有公益性捐赠税前扣除资格。

[《财政部 税务总局 民政部关于公益性捐赠税前扣除有关事项的公告》（财政部 税务总局 民政部公告 2020 年第 27 号）]

解读 ▶ 对捐赠方来说，受赠组织扣除资格取消是从发布公告的次月起。具体日期一般以公告文件的发布日为准，所以纳税人捐赠时应注意官网的文件信息。而对导致受赠方取消"税前扣除资格"的行为事实，不直接影响捐赠方已经捐赠的税前扣除。捐赠方一律以官网发布失去资格名单的时间为准，来判定其捐赠能否扣除，在发布前已经捐赠的仍然是可以税前扣除的。

4.9.4.5　群众团体捐赠资格取消

公益性群众团体前 3 年接受捐赠的总收入中用于公益慈善事业的支出比例低于 70% 的，应当取消其公益性捐赠税前扣除资格。

公益性群众团体存在以下情形之一的，应当取消其公益性捐赠税前扣除资格，且被取消资格的当年及之后 3 个年度内不得重新确认资格：

（1）违反规定接受捐赠的，包括附加对捐赠人构成利益回报的条件、以捐赠为名从事营利性活动、利用慈善捐赠宣传烟草制品或法律禁止宣传的产品和事项、接受不符合公益目的或违背社会公德的捐赠等情形。

（2）开展违反组织章程的活动，或者接受的捐赠款项用于组织章程规定用途之外的。

（3）在确定捐赠财产的用途和受益人时，指定特定受益人，且该受益人与捐赠人或公益性群众团体管理人员存在明显利益关系的。

(4) 受到行政处罚(警告或单次 1 万元以下罚款除外)的。

对存在上述第(1)项、第(2)项、第(3)项情形的公益性群众团体,应对其接受捐赠收入和其他各项收入依法补征企业所得税。

[《财政部 税务总局关于通过公益性群众团体的公益性捐赠税前扣除有关事项的公告》(财政部 税务总局公告 2021 年第 20 号)]

4.9.4.6 群众团体税前扣除资格取消不得重新确认情形

公益性群众团体存在以下情形之一的,应当取消其公益性捐赠税前扣除资格且不得重新确认资格:

(1) 从事非法政治活动的。

(2) 从事、资助危害国家安全或者社会公共利益活动的。

[《财政部 税务总局关于通过公益性群众团体的公益性捐赠税前扣除有关事项的公告》(财政部 税务总局公告 2021 年第 20 号)]

4.9.4.7 群众团体捐赠资格取消具体操作

获得公益性捐赠税前扣除资格的公益性群众团体,应自不符合公益性群众团体规定条件之一(详见 4.9.2.2"群众团体")或存在应取消公益性捐赠税前扣除资格情形之一(详见 4.9.4.5"群众团体捐赠资格取消"、4.9.4.6"群众团体税前扣除资格取消不得重新确认情形")之日起 15 日内向主管税务机关报告。对应当取消公益性捐赠税前扣除资格的公益性群众团体,由省级以上财政、税务部门核实相关信息后,按权限及时向社会发布取消资格名单公告。自发布公告的次月起,相关公益性群众团体不再具有公益性捐赠税前扣除资格。

[《财政部 税务总局关于通过公益性群众团体的公益性捐赠税前扣除有关事项的公告》(财政部 税务总局公告 2021 年第 20 号)]

4.9.5 公益性捐赠票据

4.9.5.1 公益性捐赠票据概念

公益事业捐赠票据(以下简称捐赠票据),是指各级人民政府及其部门、公益性事业单位、公益性社会团体及其他公益性组织(以下简称公益性单位)按照自愿、无偿原则,依法接受并用于公益事业的捐赠财物时,向提供捐赠的自然人、法人和其他组织开具的凭证。

捐赠票据是会计核算的原始凭证,是财政、税务、审计、监察等部门进行监督检查的依据。

捐赠票据是捐赠人对外捐赠并根据国家有关规定申请捐赠款项税前扣除的有效凭证。

各级人民政府财政部门是捐赠票据的主管部门,按照职能分工和管理权限负责捐赠票据的印制、核发、保管、核销、稽查等工作。

[《财政部关于印发〈公益事业捐赠票据使用管理暂行办法〉的通知》(财综〔2010〕112 号)]

4.9.5.2 捐赠票据的内容

捐赠票据的基本内容包括票据名称、票据编码、票据监制章、捐赠人、开票日期、捐赠项目、数量、金额、实物(外币)种类、接受单位、复核人、开票人及联次等。

捐赠票据一般应设置为三联,包括存根联、收据联和记账联,各联次以不同颜色加以区分。

4.9.5.3 应当开具捐赠票据的行为和情形

下列按照自愿和无偿原则依法接受捐赠的行为,应当开具捐赠票据:

(1) 各级人民政府及其部门在发生自然灾害时或者应捐赠人要求接受的捐赠。
(2) 公益性事业单位接受用于公益事业的捐赠。
(3) 公益性社会团体接受用于公益事业的捐赠。
(4) 其他公益性组织接受用于公益事业的捐赠。
(5) 财政部门认定的其他行为。

下列行为,不得使用捐赠票据:

(1) 集资、摊派、筹资、赞助等行为。
(2) 以捐赠名义接受财物并与出资人利益相关的行为。
(3) 以捐赠名义从事营利活动的行为。
(4) 收取除捐赠以外的政府非税收入、医疗服务收入、会费收入、资金往来款项等应使用其他相应财政票据的行为。
(5) 按照税收制度规定应使用税务发票的行为。
(6) 财政部门认定的其他行为。

[《财政部关于印发〈公益事业捐赠票据使用管理暂行办法〉的通知》(财综〔2010〕112号)]

公益性社会组织、县级以上人民政府及其部门等国家机关在接受捐赠时,应当按照行政管理级次分别使用由财政部或省、自治区、直辖市财政部门监(印)制的公益事业捐赠票据,并加盖本单位的印章。

企业或个人将符合条件的公益性捐赠支出进行税前扣除,应当留存相关票据备查。

[《财政部 税务总局 民政部关于公益性捐赠税前扣除有关事项的公告》(财政部 税务总局 民政部公告2020年第27号)]

公益性群众团体在接受捐赠时,应按照行政管理级次分别使用由财政部或省、自治区、直辖市财政部门监(印)制的公益事业捐赠票据,并加盖本单位的印章;对个人索取捐赠票据的,应予以开具。

企业或个人将符合条件的公益性捐赠支出进行税前扣除,应当留存相关票据备查。

[《财政部 税务总局关于通过公益性群众团体的公益性捐赠税前扣除有关事项的公告》(财政部 税务总局公告2021年第20号)]

公益性社会组织、国家机关在接受个人捐赠时,应当按照规定开具捐赠票据;个人索取捐赠票据的,应予以开具。

个人发生公益捐赠时不能及时取得捐赠票据的,可以暂时凭公益捐赠银行支付凭证扣除,并向扣缴义务人提供公益捐赠银行支付凭证复印件。个人应在捐赠之日起90日内向扣缴义务人补充提供捐赠票据,如果个人未按规定提供捐赠票据的,扣缴义务人应在 30 日内向主管税务机关报告。

机关、企事业单位统一组织员工开展公益捐赠的,纳税人可以凭汇总开具的捐赠票据和员工明细单扣除。

[《财政部 税务总局关于公益慈善事业捐赠个人所得税政策的公告》(财政部 税务总局公告 2019 年第 99 号)]

4.9.5.4　不得使用捐赠票据情形

下列行为,不得使用捐赠票据:

(1) 集资、摊派、筹资、赞助等行为。

(2) 以捐赠名义接受财物并与出资人利益相关的行为。

(3) 以捐赠名义从事营利活动的行为。

(4) 收取除捐赠以外的政府非税收入、医疗服务收入、会费收入、资金往来款项等应使用其他相应财政票据的行为。

(5) 按照税收制度规定应使用税务发票的行为。

(6) 财政部门认定的其他行为。

[《财政部关于印发〈公益事业捐赠票据使用管理暂行办法〉的通知》(财综〔2010〕112 号)]

4.9.5.5　捐赠票据的印制、领购和核发

捐赠票据分别由财政部或省、自治区、直辖市人民政府财政部门(以下简称省级政府财政部门)统一印制,并套印全国统一式样的财政票据监制章。

捐赠票据由独立核算、会计制度健全的公益性单位向同级财政部门领购。

捐赠票据实行凭证领购、分次限量、核旧购新的领购制度。

公益性单位首次申领捐赠票据时,应当提供《财政票据领购证》和领购申请函,在领购申请中需详细列明领购捐赠票据的使用范围和项目。属于公益性社会团体的,还需提供社会团体章程。

财政部门依照《公益事业捐赠票据使用管理暂行办法》,对公益性单位提供的捐赠票据使用范围和项目进行审核,对符合捐赠票据适用范围的,予以核准;不符合捐赠票据适用范围的,不予以核准,并向领购单位说明原因。

公益性单位未取得《财政票据领购证》的,应按照规定程序先办理《财政票据领购证》。

公益性单位再次领购捐赠票据时,应当出示《财政票据领购证》,并提交前次领购捐赠票据的使用情况说明及存根,经同级财政部门审验无误并核销后,方可继续领购。

捐赠票据的使用情况说明应当包括以下内容:捐赠票据领购、使用、作废、结存等情况,接受捐赠以及捐赠收入的使用情况等。

公益性单位领购捐赠票据实行限量发放,每次领购数量一般不超过本单位 6 个月的需要量。

公益性单位领购捐赠票据时,应按照省级以上价格主管部门会同同级财政部门规定

的收费标准,向财政部门支付财政票据工本费。

[《财政部关于印发〈公益事业捐赠票据使用管理暂行办法〉的通知》(财综〔2010〕112号)]

4.9.5.6 捐赠票据的使用与保管

公益性单位应当严格按照规定和财政部门的要求开具捐赠票据。

公益性单位接受货币(包括外币)捐赠时,应按实际收到的金额填开捐赠票据。

公益性单位接受非货币性捐赠时,应按其公允价值填开捐赠票据。

公益性单位应当按票据号段顺序使用捐赠票据,填写捐赠票据时做到字迹清楚,内容完整、真实,印章齐全,各联次内容和金额一致。填写错误的,应当另行填写。因填写错误等原因作废的票据,应当加盖作废戳记或者注明"作废"字样,并完整保存全部联次,不得私自销毁。

捐赠票据的领用单位不得转让、出借、代开、买卖、销毁、涂改捐赠票据,不得将捐赠票据与其他财政票据、税务发票互相串用。

公益性单位应当建立捐赠票据管理制度,设置管理台账,由专人负责捐赠票据的领购、使用登记与保管,并按规定向同级财政部门报送捐赠票据的领购、使用、作废、结存以及接受捐赠和捐赠收入使用情况。

公益性单位领购捐赠票据时,应当检查是否有缺页、号码错误、毁损等情况,一经发现应当及时交回财政票据监管机构处理。

公益性单位遗失捐赠票据的,应及时在县级以上新闻媒体上声明作废,并将遗失票据名称、数量、号段、遗失原因及媒体声明资料等有关情况,以书面形式报送同级财政部门备案。

公益性单位应当妥善保管已开具的捐赠票据存根,票据存根保存期限一般为5年。

对保存期满需要销毁的捐赠票据存根和未使用的需要作废销毁的捐赠票据,由公益性单位负责登记造册,报经同级财政部门核准后,由同级财政部门组织销毁。

公益性单位撤销、改组、合并的,在办理《财政票据领购证》的变更或注销手续时,应对公益性单位已使用的捐赠票据存根及尚未使用的捐赠票据登记造册,并交送同级财政部门统一核销、过户或销毁。

省级政府财政部门印制的捐赠票据,一般应当在本行政区域内核发使用,不得跨行政区域核发使用,但本地区派驻其他省、自治区、直辖市的公益性单位除外。

[《财政部关于印发〈公益事业捐赠票据使用管理暂行办法〉的通知》(财综〔2010〕112号)]

4.9.5.7 捐赠票据监督检查

各级财政部门应当根据实际情况和管理需要,对捐赠票据的领购、使用、保管等情况进行年度稽查,也可以进行定期或者不定期的专项检查。

公益性单位应当自觉接受财政部门的监督检查,如实反映情况,提供有关资料,不得隐瞒情况、弄虚作假或者拒绝、阻碍监督检查。

违反规定领购、使用、管理捐赠票据的,财政部门应当责令公益性单位限期整改,整改期间暂停核发该单位的捐赠票据,按照《财政违法行为处罚处分条例》(国务院令第427号)等规定追究法律责任。

各级财政部门应当按照规定对捐赠票据使用管理情况进行监督检查,不得滥用职权、徇私舞弊,不得向被查公益性单位收取任何费用。

[《财政部关于印发〈公益事业捐赠票据使用管理暂行办法〉的通知》(财综〔2010〕112号)]

4.9.6 公益性捐赠额确认

4.9.6.1 捐赠支出金额确认原则

除另有规定外,公益性社会组织、县级以上人民政府及其部门等国家机关在接受企业或个人捐赠时,按以下原则确认捐赠额:

(1) 接受的货币性资产捐赠,以实际收到的金额确认捐赠额。

(2) 接受的非货币性资产捐赠,以其公允价值确认捐赠额。捐赠方在向公益性社会组织、县级以上人民政府及其部门等国家机关捐赠时,应当提供注明捐赠非货币性资产公允价值的证明;不能提供证明的,接受捐赠方不得向其开具捐赠票据。

[《财政部 税务总局 民政部关于公益性捐赠税前扣除有关事项的公告》(财政部 税务总局 民政部公告2020年第27号)]

4.9.6.2 个人捐赠支出金额确定

个人发生的公益捐赠支出金额,按照以下规定确定:

(1) 捐赠货币性资产的,按照实际捐赠金额确定。

(2) 捐赠股权、房产的,按照个人持有股权、房产的财产原值确定。

(3) 捐赠除股权、房产以外的其他非货币性资产的,按照非货币性资产的市场价格确定。

[《财政部 税务总局关于公益慈善事业捐赠个人所得税政策的公告》(财政部 税务总局公告2019年第99号)]

4.9.7 捐赠扣除范围和顺序

国务院规定对公益捐赠全额税前扣除的,按照规定执行。个人同时发生按30%扣除和全额扣除的公益捐赠支出,自行选择扣除次序。

[《财政部 税务总局关于公益慈善事业捐赠个人所得税政策的公告》(财政部 税务总局公告2019年第99号)]

4.9.7.1 居民个人捐赠支出扣除

居民个人按照以下规定扣除公益捐赠支出:

(1) 居民个人发生的公益捐赠支出可以在财产租赁所得、财产转让所得、利息股息红利所得、偶然所得(统称分类所得)、综合所得或者经营所得中扣除。在当期一个所得项目扣除不完的公益捐赠支出,可以按规定在其他所得项目中继续扣除。

(2) 居民个人发生的公益捐赠支出,在综合所得、经营所得中扣除的,扣除限额分别为当年综合所得、当年经营所得应纳税所得额的30%；在分类所得中扣除的，扣除限额为当月分类所得应纳税所得额的30%。

(3) 居民个人根据各项所得的收入、公益捐赠支出、适用税率等情况，自行决定在综合所得、分类所得、经营所得中扣除的公益捐赠支出的顺序。

[《财政部 税务总局关于公益慈善事业捐赠个人所得税政策的公告》（财政部 税务总局公告2019年第99号）]

4.9.7.2 非居民个人捐赠支出扣除

非居民个人发生的公益捐赠支出，未超过其在公益捐赠支出发生的当月应纳税所得额30%的部分，可以从其应纳税所得额中扣除。扣除不完的公益捐赠支出，可以在经营所得中继续扣除。

非居民个人按规定可以在应纳税所得额中扣除公益捐赠支出而未实际扣除的，可按照规定（详见4.9.8.3"居民个人分类所得捐赠支出扣除"）追补扣除。

[《财政部 税务总局关于公益慈善事业捐赠个人所得税政策的公告》（财政部 税务总局公告2019年第99号）]

4.9.8 捐赠扣除时间

4.9.8.1 公益性社会组织注册资金捐赠人扣除

公益性社会组织登记成立时的注册资金捐赠人，在该公益性社会组织首次取得公益性捐赠税前扣除资格的当年进行所得税汇算清缴时，可按规定对其注册资金捐赠额进行税前扣除。

[《财政部 税务总局 民政部关于公益性捐赠税前扣除有关事项的公告》（财政部 税务总局 民政部公告2020年第27号）]

4.9.8.2 居民个人综合所得捐赠支出扣除

居民个人在综合所得中扣除公益捐赠支出的，应按照以下规定处理：

(1) 居民个人取得工资、薪金所得的，可以选择在预扣预缴时扣除，也可以选择在年度汇算清缴时扣除。

居民个人选择在预扣预缴时扣除的，应按照累计预扣法计算扣除限额，其捐赠当月的扣除限额为截至当月累计应纳税所得额的30%（全额扣除的从其规定，下同）。个人从两处以上取得工资薪金所得，选择其中一处扣除，选择后当年不得变更。

(2) 居民个人取得劳务报酬所得、稿酬所得、特许权使用费所得的，预扣预缴时不扣除公益捐赠支出，统一在汇算清缴时扣除。

(3) 居民个人取得全年一次性奖金、股权激励等所得，且按规定采取不并入综合所得而单独计税方式处理的，公益捐赠支出扣除比照分类所得的扣除规定（详见4.9.8.3"居民个人分类所得捐赠支出扣除"）处理。

[《财政部 税务总局关于公益慈善事业捐赠个人所得税政策的公告》（财政部 税务总局公告

2019年第99号)]

4.9.8.3　居民个人分类所得捐赠支出扣除

居民个人发生的公益捐赠支出,可在捐赠当月取得的分类所得中扣除。当月分类所得应扣除未扣除的公益捐赠支出,可以按照以下规定追补扣除:

(1)扣缴义务人已经代扣但尚未解缴税款的,居民个人可以向扣缴义务人提出追补扣除申请,退还已扣税款。

(2)扣缴义务人已经代扣且解缴税款的,居民个人可以在公益捐赠之日起90日内提请扣缴义务人向征收税款的税务机关办理更正申报追补扣除,税务机关和扣缴义务人应当予以办理。

(3)居民个人自行申报纳税的,可以在公益捐赠之日起90日内向主管税务机关办理更正申报追补扣除。

居民个人捐赠当月有多项多次分类所得的,应先在其中一项一次分类所得中扣除。已经在分类所得中扣除的公益捐赠支出,不再调整到其他所得中扣除。

[《财政部　税务总局关于公益慈善事业捐赠个人所得税政策的公告》(财政部　税务总局公告2019年第99号)]

4.9.8.4　居民个人经营所得捐赠支出扣除

在经营所得中扣除公益捐赠支出,应按以下规定处理:

(1)个体工商户发生的公益捐赠支出,在其经营所得中扣除。

(2)个人独资企业、合伙企业发生的公益捐赠支出,其个人投资者应当按照捐赠年度合伙企业的分配比例(个人独资企业分配比例为100%),计算归属于每一个人投资者的公益捐赠支出,个人投资者应将其归属的个人独资企业、合伙企业公益捐赠支出和本人需要在经营所得扣除的其他公益捐赠支出合并,在其经营所得中扣除。

(3)在经营所得中扣除公益捐赠支出的,可以选择在预缴税款时扣除,也可以选择在汇算清缴时扣除。

(4)经营所得采取核定征收方式的,不扣除公益捐赠支出。

[《财政部　税务总局关于公益慈善事业捐赠个人所得税政策的公告》(财政部　税务总局公告2019年第99号)]

4.9.9　捐赠扣除资料提供和留存期限

个人通过扣缴义务人享受公益捐赠扣除政策,应告知扣缴义务人符合条件可扣除的公益捐赠支出金额,并提供捐赠票据的复印件,其中捐赠股权、房产的还应出示财产原值证明。扣缴义务人应当按照规定在预扣预缴、代扣代缴税款时予以扣除,并将公益捐赠扣除金额告知纳税人。

个人自行办理或扣缴义务人为个人办理公益捐赠扣除的,应当在申报时一并报送《个人所得税公益慈善事业捐赠扣除明细表》(见表4-7)。个人应留存捐赠票据,留存期限为5年。

表 4-7 个人所得税公益慈善事业捐赠扣除明细表

捐赠年度：　　　年
纳税人姓名：
纳税人识别号：□□□□□□□□□□□□□□□□□-□□
扣缴义务人名称：
扣缴义务人纳税人识别号：□□□□□□□□□□□□□□□□□　　金额单位：人民币元(列至角分)

序号	捐赠信息							扣除信息				备注
	纳税人姓名	纳税人识别号	受赠单位名称	受赠单位纳税人识别号（统一社会信用代码）	捐赠凭证号	捐赠日期	捐赠金额	扣除比例	扣除所得项目	税款所属期	扣除金额	
1	2	3	4	5	6	7	8	9	10	11	12	13

谨承诺：此表是根据国家税收法律法规及相关规定填报的，是真实的、可靠的、完整的。
纳税人或扣缴义务人负责人签字：　　　　　年　　月　　日

经办人签字：	受理人：
经办人身份证件号码：	受理税务机关(章)：
代理机构签章：	
代理机构统一社会信用代码：	受理日期：年　月　日

国家税务总局监制

《个人所得税公益慈善事业捐赠扣除明细表》填表说明

一、适用范围

本表适用于个人发生符合条件的公益慈善事业捐赠，进行个人所得税前扣除时填报。

二、报送期限

扣缴义务人办理扣缴申报、纳税人办理自行申报时一并报送。

三、本表各栏填写

（一）表头项目

1.捐赠年度：填写个人发生公益慈善事业捐赠支出的所属年度。

2.纳税人姓名和纳税人识别号：填写个人姓名及其纳税人识别号。有中国公民身份号码的，填写中华人民共和国居民身份证上载明的"公民身份号码"；没有中国公民身份号码的，填写税务机关赋予的纳税人识别号。

个人通过自行申报进行公益慈善事业捐赠扣除的，填写上述两项。扣缴义务人填报时，无须填写。

3.扣缴义务人名称及扣缴义务人纳税人识别号：填写扣缴义务人的法定名称全称，以及其纳税人识别号或者统一社会信用代码。

扣缴义务人在扣缴申报时为个人办理公益慈善事业捐赠扣除的,填写本项。纳税人自行申报无须填报本项。

(二)表内各列

1. 第2列"纳税人姓名"和第3列"纳税人识别号":扣缴单位为纳税人办理捐赠扣除时,填写本栏。个人自行申报的,无需填写本项。

2. 第4列"受赠单位名称":填写受赠单位的法定名称全称。

3. 第5列"受赠单位纳税人识别号(统一社会信用代码)":填写受赠单位的纳税人识别号或者统一社会信用代码。

4. 第6列"捐赠凭证号":填写捐赠票据的凭证号。

5. 第7列"捐赠日期":填写个人发生的公益慈善事业捐赠的具体日期。

6. 第8列"捐赠金额":填写个人发生的公益慈善事业捐赠的具体金额。

7. 第9列"扣除比例":填写公益慈善事业捐赠支出税前扣除比例。如:30%或者100%。

8. 第10列"扣除所得项目":填写扣除公益慈善事业捐赠的所得项目。

9. 第11列"税款所属期":填写"扣除所得项目"对应的税款所属期。

10. 第12列"扣除金额":填写个人取得"扣除所得项目"对应收入办理扣缴申报或者自行申报时,实际扣除的公益慈善事业捐赠支出金额。

11. 第13列"备注":填写个人认为需要特别说明的或者税务机关要求说明的事项。

四、其他事项说明

以纸质方式报送本表的,应当一式两份,纳税人或者扣缴义务人、税务机关各留存一份。

[《财政部 税务总局关于公益慈善事业捐赠个人所得税政策的公告》(财政部 税务总局公告2019年第99号)]

4.9.10 限额扣除的捐赠

4.9.10.1 订阅《人民日报》《求是》杂志捐赠贫困地区费用支出

为鼓励社会力量订阅《人民日报》《求是》杂志捐赠给贫困地区,实施文化扶贫,对工商企业订阅《人民日报》《求是》杂志捐赠给贫困地区的费用支出,视同公益救济性捐赠,可按《个人所得税法》及其实施条例规定的比例,在缴纳个人所得税时予以税前扣除。

[《财政部 国家税务总局关于工商企业订阅党报党刊有关所得税税前扣除问题的通知》(财税〔2003〕224号)]

4.9.10.2 通过中国金融教育发展基金会等10家单位捐赠

对个人通过中国金融教育发展基金会、中国国际民间组织合作促进会、中国社会工作协会孤残儿童救助基金管理委员会、中国发展研究基金会、陈嘉庚科学奖基金会、中国友好和平发展基金会、中华文学基金会、中华农业科教基金会、中国少年儿童文化艺术基金会和中国公安英烈基金会用于公益救济性捐赠,个人在申报应纳税所得额30%以内的部分,准予在计算缴纳个人所得税税前扣除。

[《财政部 国家税务总局关于中国金融教育发展基金会等10家单位公益救济性捐赠所得税税前扣

除问题的通知》(财税〔2006〕73号)]

4.9.10.3　个人捐赠住房作为公租房

个人捐赠住房作为公租房,符合税收法律法规规定的,对其公益性捐赠支出未超过其申报的应纳税所得额30%的部分,准予从其应纳税所得额中扣除。

公租房是指纳入省、自治区、直辖市、计划单列市人民政府及新疆生产建设兵团批准的公租房发展规划和年度计划,或者市、县人民政府批准建设(筹集),并按照《关于加快发展公共租赁住房的指导意见》(建保〔2010〕87号)和市、县人民政府制定的具体管理办法进行管理的公租房。

[《财政部　税务总局关于公共租赁住房税收优惠政策的公告》(财政部　税务总局公告2019年第61号)]

4.9.11　全额扣除的捐赠

4.9.11.1　老年服务机构

老年服务机构,是指政府部门和社会力量兴办的专门为老年人提供生活照料、文化、护理、健身等多方面服务的福利性、非营利性的机构,主要包括老年社会福利院、敬老院(养老院)、老年服务中心、老年公寓(含老年护理院、康复中心、托老所)等。

个人通过非营利性的社会团体和政府部门向福利性、非营利性的老年服务机构的捐赠,在缴纳个人所得税前准予全额扣除。

[《财政部　国家税务总局关于对老年服务机构有关税收政策问题的通知》(财税〔2000〕97号)]

对个人通过非营利性的社会团体和政府部门向福利性、非营利性的民办养老机构的捐赠,在缴纳个人所得税前准予全额扣除。

[《民政部　国家发展和改革委员会　教育部　财政部　人力资源和社会保障部　国土资源部　住房和城乡建设部　国家卫生和计划生育委员会　中国银行业监督管理委员会　中国保险监督管理委员会关于鼓励民间资本参与养老服务业发展的实施意见》(民发〔2015〕33号)]

4.9.11.2　中国老龄事业发展基金会等8家单位

对企业、事业单位、社会团体和个人等社会力量,通过中国老龄事业发展基金会、中国华文教育基金会、中国绿化基金会、中国妇女发展基金会、中国关心下一代健康体育基金会、中国生物多样性保护基金会、中国儿童少年基金会和中国光彩事业基金会用于公益救济性捐赠,准予在缴纳个人所得税前全额扣除。

[《财政部　国家税务总局关于中国老龄事业发展基金会等8家单位捐赠所得税政策问题的通知》(财税〔2006〕66号)]

4.9.11.3　公益性青少年活动场所

公益性青少年活动场所,是指专门为青少年学生提供科技、文化、德育、爱国主义教育、体育活动的青少年宫、青少年活动中心等校外活动的公益性场所。

个人通过非营利性的社会团体和国家机关对公益性青少年活动场所(其中包括新建)的捐赠,在缴纳个人所得税前准予全额扣除。

[《财政部 国家税务总局关于对青少年活动场所、电子游戏厅有关所得税和营业税政策问题的通知》(财税〔2000〕21号)]

4.9.11.4 农村义务教育

农村义务教育的范围,是指政府和社会力量举办的农村乡镇(不含县和县级市政府所在地的镇)、村的小学和初中以及属于这一阶段的特殊教育学校。

个人通过非营利的社会团体和国家机关向农村义务教育的捐赠,准予在缴纳个人所得税前的所得额中全额扣除。纳税人对农村义务教育与高中在一起的学校的捐赠,也享受本规定的所得税前扣除政策。

接受捐赠或办理转赠的非营利的社会团体和国家机关,应按照财务隶属关系分别使用由中央或省级财政部门统一印(监)制的捐赠票据,并加盖接受捐赠或转赠单位的财务专用印章。税务机关据此对捐赠单位和个人进行纳税所得扣除。

[《财政部 国家税务总局关于纳税人向农村义务教育捐赠有关所得税政策的通知》(财税〔2001〕103号)]

4.9.11.5 教育事业捐赠

纳税人通过中国境内非营利的社会团体、国家机关向教育事业的捐赠,准予在个人所得税前全额扣除。

[《财政部 国家税务总局关于教育税收政策的通知》(财税〔2004〕39号)]

4.9.11.6 中国教育发展基金会

对企业、事业单位、社会团体和个人等社会力量,通过中国教育发展基金会用于公益救济性捐赠,准予在缴纳个人所得税前全额扣除。

[《财政部 国家税务总局关于中国教育发展基金会捐赠所得税政策问题的通知》(财税〔2006〕68号)]

4.9.11.7 红十字事业

个人通过非营利性的社会团体和国家机关(包括中国红十字会)向红十字事业的捐赠,在计算缴纳个人所得税时准予全额扣除。

[《财政部 国家税务总局关于企业等社会力量向红十字事业捐赠有关所得税政策问题的通知》(财税〔2000〕30号)]

红十字会依法接受自然人、法人以及其他组织捐赠的款物,应当向捐赠人开具由财政部门统一监(印)制的公益事业捐赠票据。捐赠人匿名或者放弃接受捐赠票据的,红十字会应当做好相关记录。

捐赠人依法享受税收优惠。

[《中华人民共和国红十字会法》第二十条]

4.9.11.8　中华健康快车基金会等 5 个基金会

为支持我国农村医疗卫生、经济科学教育、慈善、法律援助和见义勇为等社会公益事业的发展，根据《个人所得税法》及其实施条例的有关规定，经国务院批准，对纳税人向中华健康快车基金会、孙冶方经济科学基金会、中华慈善总会、中国法律援助基金会和中华见义勇为基金会的捐赠，准予在缴纳个人所得税前全额扣除。

[《财政部　国家税务总局关于向中华健康快车基金会等 5 家单位的捐赠所得税税前扣除问题的通知》(财税〔2003〕204 号)]

4.9.11.9　宋庆龄基金会等 6 个基金会

对个人通过宋庆龄基金会、中国福利会、中国残疾人福利基金会、中国扶贫基金会、中国煤矿尘肺病治疗基金会、中华环境保护基金会用于公益救济性的捐赠，准予在缴纳个人所得税前全额扣除。

[《财政部　国家税务总局关于向宋庆龄基金会等 6 家单位捐赠所得税政策问题的通知》(财税〔2004〕172 号)]

4.9.11.10　中国医药卫生事业发展基金会

对企业、事业单位、社会团体和个人等社会力量，通过中国医药卫生事业发展基金会用于公益救济性捐赠，准予在缴纳个人所得税前全额扣除。

[《财政部　国家税务总局关于中国医药卫生事业发展基金会捐赠所得税政策问题的通知》(财税〔2006〕67 号)]

4.9.11.11　新型冠状病毒感染①疫情捐赠

个人通过公益性社会组织或者县级以上人民政府及其部门等国家机关，捐赠用于应对新型冠状病毒感染疫情的现金和物品，允许在计算应纳税所得额时全额扣除。

个人直接向承担疫情防治任务的医院捐赠用于应对新型冠状病毒感染疫情的物品，允许在计算应纳税所得额时全额扣除。

捐赠人凭承担疫情防治任务的医院开具的捐赠接收函办理税前扣除事宜。

国家机关、公益性社会组织和承担疫情防治任务的医院接受的捐赠，应专项用于应对新型冠状病毒感染疫情工作，不得挪作他用。

上述规定自 2020 年 1 月 1 日起至 2021 年 3 月 31 日施行。

[《财政部　税务总局关于支持新型冠状病毒感染的肺炎疫情防控有关捐赠税收政策的公告》(财政部　税务总局公告 2020 年第 9 号)、《财政部　税务总局关于支持疫情防控保供等税费政策实施期限的公告》(财政部　税务总局公告 2020 年第 28 号)、《财政部　税务总局关于延续实施应对疫情部分税费优惠政策的公告》(财政部　税务总局公告 2021 年第 7 号)]

《财政部　税务总局关于支持新型冠状病毒感染的肺炎疫情防控有关捐赠税收政策的公告》(财政部　税务总局公告 2020 年第 9 号)规定的税费优惠政策，执行至 2021 年

---

① 根据国家卫生健康委员会的规定，将"新型冠状病毒肺炎"更名为"新型冠状病毒感染"。

3月31日。

[《财政部 税务总局关于支持疫情防控保供等税费政策实施期限的公告》(财政部 税务总局公告2020年第28号)、《财政部 税务总局关于延续应对疫情部分税费优惠政策的公告》(财政部 税务总局公告2021年第7号)]

"公益性社会组织",是指依法取得公益性捐赠税前扣除资格的社会组织。

企业享受财政部、税务总局公告2020年第9号文件规定的全额税前扣除政策的,采取"自行判别、申报享受、相关资料留存备查"的方式,并将捐赠全额扣除情况填入企业所得税纳税申报表相应行次。个人享受财政部、税务总局公告2020年第9号文件规定的全额税前扣除政策的,按照《财政部 税务总局关于公益慈善事业捐赠个人所得税政策的公告》(财政部 税务总局公告2019年第99号)有关规定(详见4.9.6"公益性捐赠额确认"、4.9.7"捐赠扣除范围和顺序"、4.9.8"捐赠扣除时间"、4.9.9"捐赠扣除资料提供和留存期限")执行;其中,个人直接向承担疫情防治任务的医院捐赠用于应对新型冠状病毒感染疫情的物品的,在办理个人所得税税前扣除、填写《个人所得税公益慈善事业捐赠扣除明细表》时,应当在备注栏注明"直接捐赠"。

企业和个人取得承担疫情防治任务的医院开具的捐赠接收函,作为税前扣除依据自行留存备查。

[《国家税务总局关于支持新型冠状病毒感染的肺炎疫情防控有关税收征收管理事项的公告》(国家税务总局2020年第4号)]

热点问题 单位组织员工捐赠资金用来购买捐赠物品,直接捐赠给了承担疫情防治任务的医院,且医院也开具了捐赠接收函,但是接收函上只注明了企业的名称,员工是否可以全额扣除?

答:根据《国家税务总局关于支持新型冠状病毒感染的肺炎疫情防控有关税收征收管理事项的公告》(国家税务总局公告2020年第4号)的规定,个人享受财政部、税务总局公告2020年第9号文件规定的全额税前扣除政策的,按照《财政部 税务总局关于公益慈善事业捐赠个人所得税政策的公告》(财政部 税务总局公告2019年第99号)有关规定执行。因此,企事业单位统一组织员工开展公益捐赠的,员工可以凭只注明了企业的名称的接收函和员工明细单扣除。员工填写《个人所得税公益慈善事业捐赠扣除明细表》时,应当在备注栏注明"直接捐赠"。

4.10 外币折算

各项所得的计算,以人民币为单位。所得为人民币以外的货币的,按照人民币汇率中间价折合成人民币缴纳税款。

[《中华人民共和国个人所得税法》第十六条]

所得为人民币以外货币的,按照办理纳税申报或者扣缴申报的上一月最后一日人民币汇率中间价,折合成人民币计算应纳税所得额。年度终了后办理汇算清缴的,对已经按月、按季或者按次预缴税款的人民币以外货币所得,不再重新折算;对应当补缴税款的所得部分,按照上一纳税年度最后一日人民币汇率中间价,折合成人民币计算应纳税所得额。

[《中华人民共和国个人所得税法实施条例》第三十二条]

热点问题 纳税人所得为外国货币并已按照中国人民银行公布的外汇牌价以将外国货币兑换成人民币缴纳税款后,如发生多缴税款需要办理退税,应如何处理?

答:纳税人所得为外国货币并已按照中国人民银行公布的外汇牌价以外国货币兑换成人民币缴纳税款后,如发生多缴税款需要办理退税,应直接退还多缴的人民币税款。

5 个人所得税税率

5.1 综合所得税率

5.1.1 个人所得税综合所得税率表(年度税率表)

综合所得,适用3%~45%的超额累进税率(见表5-1、表5-2)。

表5-1 个人所得税税率表(综合所得适用)

级数	全年应纳税所得额	税率
1	不超过36 000元的	3%
2	超过36 000元至144 000元的部分	10%
3	超过144 000元至300 000元的部分	20%
4	超过300 000元至420 000元的部分	25%
5	超过420 000元至660 000元的部分	30%
6	超过660 000元至960 000元的部分	35%
7	超过960 000元的部分	45%

注1:本表所称全年应纳税所得额是指依照《个人所得税法》第六条的规定,居民个人取得综合所得以每一纳税年度收入额减除费用6万元以及专项扣除、专项附加扣除和依法确定的其他扣除后的余额(详见4.2"居民个人综合所得计税依据")。

注2:非居民个人取得工资、薪金所得,劳务报酬所得,稿酬所得和特许权使用费所得,依照本表按月换算后计算应纳税额(详见5.1.2"按月换算后的综合所得税率表(月度税率表)")。

[《中华人民共和国个人所得税法》第三条]

表5-2 个人所得税税率表(综合所得适用)

级数	全年应纳税所得额(含税级距)	税率	速算扣除数
1	不超过36 000元	3%	0
2	超过36 000元至144 000元的	10%	2 520
3	超过144 000元至300 000元的	20%	16 920
4	超过300 000元至420 000元的	25%	31 920
5	超过420 000元至660 000元的	30%	52 920

(续表)

级数	全年应纳税所得额(含税级距)	税率	速算扣除数
6	超过 660 000 元至 960 000 元的	35%	85 920
7	超过 960 000 元的	45%	181 920

[《国家税务总局关于办理 2019 年度个人所得税综合所得汇算清缴事项的公告》(国家税务总局公告 2019 年第 44 号)]

解读 ▶ 基本税率表(年度税率表)适用范围：

(1) 综合所得预扣预缴、汇算清缴。

(2) 2019—2021 年，单独计算的股权激励。

(3) 达到法定退休按年领取的年金，以及个人因出境定居而一次性领取的年金个人账户资金，或个人死亡后，其指定的受益人或法定继承人一次性领取的年金个人账户余额。

(4) 单独计算的提前退休补贴收入。

5.1.2 按月换算后的综合所得税率表(月度税率表)

按月换算后的综合所得税率表(月度税率表)如表 5-3 所示。

表 5-3 按月换算后的综合所得税率表
(月度税率表)

级数	应纳税所得额(含税级距)	税率	速算扣除数
1	不超过 3 000 元	3%	0
2	超过 3 000 元至 12 000 元的	10%	210
3	超过 12 000 元至 25 000 元的	20%	1 410
4	超过 25 000 元至 35 000 元的	25%	2 660
5	超过 35 000 元至 55 000 元的	30%	4 410
6	超过 55 000 元至 80 000 元的	35%	7 160
7	超过 80 000 元的	45%	15 160

[《财政部 税务总局关于 2018 年第四季度个人所得税减除费用和税率适用问题的通知》(财税〔2018〕98 号)、《财政部 税务总局关于非居民个人和无住所居民个人有关个人所得税政策的公告》(财政部 税务总局公告 2019 年第 35 号)]

解读 ▶ 月度税率表适用范围：

(1) 非居民个人工资、薪金所得，劳务报酬所得，稿酬所得，特许权使用费所得。

(2) 达到法定退休年龄按月、按季领取的年金，以及个人除适用综合所得基本税率表特殊原因外一次性领取年金个人账户资金或余额的。

(3) 2019—2023 年，单独计算的全年一次性奖金，以及央企负责人年度绩效薪金延期兑现收入和任期奖励。

(4) 单位低价向职工售房差价所得。

(5) 2018年10月1日至2018年12月31日,纳税人的工资、薪金所得,先行以每月收入额减除费用5 000元以及专项扣除和依法确定的其他扣除后的余额为应纳税所得额,并不再扣除附加减除费用。

5.1.3 预扣预缴税率表

预扣预缴税率表如表5-4至表5-6所示。

表5-4 个人所得税预扣率表一

(居民个人工资、薪金所得预扣预缴适用)

级数	累计预扣预缴应纳税所得额(含税级距)	预扣率	速算扣除数
1	不超过36 000元	3%	0
2	超过36 000元至144 000元的	10%	2 520
3	超过144 000元至300 000元的	20%	16 920
4	超过300 000元至420 000元的	25%	31 920
5	超过420 000元至660 000元的	30%	52 920
6	超过660 000元至960 000元的	35%	85 920
7	超过960 000元的	45%	181 920

表5-5 个人所得税预扣率表二

(居民个人劳务报酬所得预扣预缴适用)

级数	预扣预缴应纳税所得额(含税级距)	预扣率	速算扣除数
1	不超过20 000元	20%	0
2	超过20 000元至50 000元的	30%	2 000
3	超过50 000元的	40%	7 000

[《国家税务总局关于全面实施新个人所得税法若干征管衔接问题的公告》(国家税务总局公告2018年第56号)]

表5-6 个人所得税预扣率表三

(单位或个人为居民个人劳务报酬所得代付税款预扣预缴适用)

级数	预扣预缴不含税劳务报酬收入额	预扣率	速算扣除数
1	21 000元以下的部分	20%	0
2	超过21 000元至49 500元的部分	30%	2 000
3	超过49 500元的部分	40%	7 000

[《国家税务总局关于明确单位或个人为纳税义务人的劳务报酬所得代付税款计算公式对应税率表的通知》(国税发〔2000〕192号)]

5.2 经营所得税率

经营所得,适用5%～35%的超额累进税率(见表5-7、表5-8)。

表5-7 个人所得税税率表(经营所得适用)

级数	全年应纳税所得额	税率
1	不超过30 000元的	5%
2	超过30 000元至90 000元的部分	10%
3	超过90 000元至300 000元的部分	20%
4	超过300 000元至500 000元的部分	30%
5	超过500 000元的部分	35%

注:全年应纳税所得额是指依照《个人所得税法》第六条规定,以每一纳税年度的收入总额减除成本、费用以及损失后的余额。

[《中华人民共和国个人所得税法》第三条]

表5-8 个人所得税税率计算表(经营所得适用)

级数	全年应纳税所得额(含税级距)	税率	速算扣除数
1	不超过30 000元的	5%	0
2	超过30 000至90 000元的部分	10%	1 500
3	超过90 000元至300 000元的部分	20%	10 500
4	超过300 000至500 000元的部分	30%	40 500
5	超过500 000元的部分	35%	65 500

[《财政部 税务总局关于2018年第四季度个人所得税减除费用和税率适用问题的通知》(财税〔2018〕98号)]

5.3 分类所得税率

利息、股息、红利所得,财产租赁所得,财产转让所得和偶然所得,适用比例税率,税率为20%。

[《中华人民共和国个人所得税法》第三条]

6 个人所得税应纳税额

6.1 特殊算法计算应纳税额

6.1.1 全年一次性奖金应纳税额计算

6.1.1.1 全年一次性奖金范围

全年一次性奖金是指行政机关、企事业单位等扣缴义务人根据其全年经济效益和对雇员全年工作业绩的综合考核情况,向雇员发放的一次性奖金。一次性奖金包括年终加薪、实行年薪制和绩效工资办法的单位根据考核情况兑现的年薪和绩效工资。

[《国家税务总局关于调整个人取得全年一次性奖金等计算征收个人所得税方法问题的通知》(国税发〔2005〕9号)]

6.1.1.2 全年一次性奖金应纳税额计算方法

居民个人取得全年一次性奖金,在2023年12月31日前,不并入当年综合所得,以全年一次性奖金收入除以12个月得到的数额,按照按月换算后的综合所得税率表(月度税率表),确定适用税率和速算扣除数,单独计算纳税。计算公式为:

$$应纳税额 = 全年一次性奖金收入 \times 适用税率 - 速算扣除数$$

居民个人取得全年一次性奖金,也可以选择并入当年综合所得计算纳税。

[《财政部 税务总局关于个人所得税法修改后有关优惠政策衔接问题的通知》(财税〔2018〕164号)、《财政部 税务总局关于延续实施全年一次性奖金等个人所得税优惠政策的公告》(财政部 税务总局公告2021年第42号)]

6.1.1.3 全年一次性奖金计算限制性规定

在一个纳税年度内,对每一个纳税人,该计税办法只允许采用一次。

雇员取得除全年一次性奖金以外的其他各种名目奖金,如半年奖、季度奖、加班奖、先进奖、考勤奖等,一律与当月工资、薪金收入合并,按税法规定缴纳个人所得税。

[《国家税务总局关于调整个人取得全年一次性奖金等计算征收个人所得税方法问题的通知》(国税发〔2005〕9号)]

热点问题 居民个人从境外取得的全年一次性奖金是否可以适用《财政部 税务总局关于个人所得税法修改后有关优惠政策衔接问题的通知》(财税〔2018〕164号)规定的计税方法?

答:国家税务总局所得税司于2021年6月29日在总局12366纳税服务平台答复,经研究,纳税人在2020年度从境外取得的全年一次性奖金可以适用上述政策,单独计税。

纳税人在2020年度汇算清缴时存在从境外取得的全年一次性奖金的,具体有以下步骤:第一,在个人所得税年度自行纳税申报表(B表)或自然人电子税务局年度汇算(取得境外所得适用)功能中,根据《财政部 税务总局关于个人所得税法修改后有关优惠政策衔接问题的通知》(财税〔2018〕164号)计算方法计算应纳税所得额和应纳税额,将其填入其他所得对应的应纳税所得额和应纳税额;第二,在境外所得个人所得税抵免明细表或自然人电子税务局的抵免明细填写功能中,填报应纳税所得额和应纳税额,并计算抵免限额和抵免额,确认本年抵免额后,得出最终的应补或应退税额,提交申报后缴纳补税或申请退税。

6.1.2 央企负责人年度绩效薪金延期兑现收入和任期奖励应纳税额计算

国务院国有资产监督管理委员会对中央企业负责人的薪酬发放采取按年度经营业绩和任期经营业绩考核的方式,具体办法是:中央企业负责人薪酬由基薪、绩效薪金和任期奖励构成,其中基薪和绩效薪金的60%在当年度发放,绩效薪金的40%和任期奖励于任期结束后发放。

中央企业负责人取得年度绩效薪金延期兑现收入和任期奖励,在2023年12月31日前,参照6.1.1.2"全年一次性资金应纳税额计算方法"执行。

根据《中央企业负责人经营业绩考核暂行办法》等规定,下列人员适用上述规定,其他人员不得比照执行:

(1) 国有独资企业和未设董事会的国有独资公司的总经理(总裁)、副总经理(副总裁)、总会计师。

(2) 设董事会的国有独资公司(国资委确定的董事会试点企业除外)的董事长、副董事长、董事、总经理(总裁)、副总经理(副总裁)、总会计师。

(3) 国有控股公司国有股权代表出任的董事长、副董事长、董事、总经理(总裁),列入国资委党委管理的副总经理(副总裁)、总会计师。

(4) 国有独资企业、国有独资公司和国有控股公司党委(党组)书记、副书记、常委(党组成员)、纪委书记(纪检组组长)。

[《国家税务总局关于中央企业负责人年度绩效薪金延期兑现收入和任期奖励征收个人所得税问题的通知》(国税发〔2007〕118号)、《财政部 税务总局关于个人所得税法修改后有关优惠政策衔接问题的通知》(财税〔2018〕164号)、《财政部 税务总局关于延续实施外籍个人津补贴等有关个人所得税优惠政策的公告》(财政部 税务总局公告2021年第43号)]

6.1.3 单位低价向职工售房

根据《个人所得税法》及其实施条例的有关规定,单位按低于购置或建造成本价格出售住房(住房制度改革政策规定的住房除外)给职工,职工因此而少支出的差价部分,属于个人所得税应税所得,应按照"工资、薪金所得"项目缴纳个人所得税。

差价部分,是指职工实际支付的购房价款低于该房屋的购置或建造成本价格的差额。

[《财政部 国家税务总局关于单位低价向职工售房有关个人所得税问题的通知》(财税〔2007〕13号)第二条]

单位按低于购置或建造成本价格出售住房给职工,职工因此而少支出的差价部分,符合《财政部 国家税务总局关于单位低价向职工售房有关个人所得税问题的通知》(财税〔2007〕13号)第二条规定的,不并入当年综合所得,以差价收入除以12个月得到的数额,按照月度税率表[详见5.1.2"按月换算后的综合所得税率表(月度税率表)"]确定适用税率和速算扣除数,单独计算纳税。计算公式如下:

$$应纳税额 = 职工实际支付的购房价款低于该房屋的购置或建造成本价格的差额 \times 适用税率 - 速算扣除数$$

[《财政部 税务总局关于个人所得税法修改后有关优惠政策衔接问题的通知》(财税〔2018〕164号)]

6.1.4 提前退休补贴收入

个人办理提前退休手续而取得的一次性补贴收入,应按照办理提前退休手续至法定离退休年龄之间实际年度数平均分摊,确定适用税率和速算扣除数,单独适用综合所得税率表,计算纳税。计算公式如下:

$$应纳税额 = \left\{ \left[\frac{一次性补贴收入}{办理提前退休手续至法定退休年龄的实际年度数} - 费用扣除标准 \right] \times 适用税率 - 速算扣除数 \right\} \times 办理提前退休手续至法定退休年龄的实际年度数$$

[《财政部 税务总局关于个人所得税法修改后有关优惠政策衔接问题的通知》(财税〔2018〕164号)]

6.2 单位或个人为纳税义务人负担税款的计征办法

单位或个人为纳税义务人负担个人所得税税款,应将纳税义务人取得的不含税收入换算为应纳税所得额,计算征收个人所得税。计算公式如下:

应纳税所得额=(不含税收入额-费用扣除标准-速算扣除数)÷(1-税率)

应纳税额=应纳税所得额×适用税率-速算扣除数

[《国家税务总局关于印发〈征收个人所得税若干问题的规定〉的通知》(国税发〔1994〕89号)]

6.2.1 雇主全额为其雇员负担税款的处理

对于雇主全额为其雇员负担税款的,直接按《国家税务总局关于印发〈征收个人所得税若干问题的规定〉的通知》(国税发〔1994〕89号)中第十四条规定的公式(详见6.2"单位或个人为纳税义务人负担税款的计征办法"),将雇员取得的不含税收入换算成应纳税所得额后,计算企业应代为缴纳的个人所得税税款。

[《国家税务总局关于雇主为其雇员负担个人所得税税款计征问题的通知》(国税发〔1996〕199号)]

6.2.2 雇主为其雇员负担部分税款的处理

6.2.2.1 雇主为其雇员定额负担税款的处理

雇主为其雇员定额负担税款的，应将雇员取得的工资、薪金所得换算成应纳税所得额后，计算征收个人所得税。工资、薪金收入换算成应纳税所得额的计算公式为：

$$应纳税所得额＝雇员取得的工资＋雇主代雇员负担的税款－费用扣除标准$$

[《国家税务总局关于雇主为其雇员负担个人所得税税款计征问题的通知》(国税发〔1996〕199号)]

6.2.2.2 雇主为其雇员负担一定比例税款的处理

雇主为其雇员负担一定比例的工资应纳的税款或者负担一定比例的实际应纳税款的，应将《国家税务总局关于印发〈征收个人所得税若干问题的规定〉的通知》(国税发〔1994〕89号)第十四条规定(详见6.2"单位或个人为纳税义务人负担税款的计征办法")的不含税收入额计算应纳税所得额的公式中"不含税收入额"替换为"未含雇主负担的税款的收入额"，同时将速算扣除数和税率两项分别乘以上述的"负担比例"，按此调整后的公式，以其未含雇主负担税款的收入额换算成应纳税所得额，并计算应纳税款。即：

$$应纳税所得额＝(未含雇主负担的税款的收入额－费用扣除标准－速算扣除数×负担比例)÷(1－税率×负担比例)$$

$$应纳税额＝应纳税所得额×适用税率－速算扣除数$$

[《国家税务总局关于雇主为其雇员负担个人所得税税款计征问题的通知》(国税发〔1996〕199号)]

案例 6-1 某人年工资、薪金收入人民币 1 500 000 元，"三险一金"150 000 元，专项附加扣除 60 000 元，雇主负担其工资、薪金所得30%部分的应纳税款，其当年应纳税款计算如下：

应纳税所得额＝(1 500 000－60 000－150 000－60 000－181 920×30%)÷(1－45%×30%)＝1 358 871.68(元)。

应纳税额＝1 358 871.68×45%－181 920＝429 572.26(元)。

6.2.2.3 雇主为其雇员负担超过原居住国税款的处理

有些外商投资企业和外国企业在华的机构场所，为其受派到中国境内工作的雇员负担超过原居住国的税款。例如，雇员在华应纳税额中相当于按其在原居住国税法计算的应纳税额部分(以下称原居住国税额)，仍由雇员负担并由雇主在支付雇员工资时从工资中扣除，代为缴税；若按中国税法计算的税款超过雇主原居住国税额的，超过部分另外由其雇主负担。对此类情况，应按下列原则处理：

将雇员取得的不含税工资(扣除了原居住国税额的工资)，按《国家税务总局关于印发〈征收个人所得税若干问题的规定〉的通知》(国税发〔1994〕89号)第十四条规定的公式(详见6.2"单位或个人为纳税义务人负担税款的计征办法")，换算成应纳税所得额，计算征收个人所得税；如果计算出的应纳税所得额小于按该雇员的实际工资、薪金收入(未扣除原居住国税额的工资)计算的应纳税所得额的,应按其雇员的实际工资、薪金收入计算征收个人所得税。

[《国家税务总局关于雇主为其雇员负担个人所得税税款计征问题的通知》(国税发〔1996〕199号)]

6.2.2.4　取得不含税全年一次性奖金收入计征个人所得税处理

根据《国家税务总局关于印发〈征收个人所得税若干问题的规定〉的通知》(国税发〔1994〕89号)第十四条的规定,不含税全年一次性奖金换算为含税奖金计征个人所得税的具体方法如下:

(1) 按照不含税的全年一次性奖金收入除以12的商数,查找相应适用税率A和速算扣除数A。

(2) 含税的全年一次性奖金收入=(不含税的全年一次性奖金收入－速算扣除数A)÷(1－适用税率A)。

(3) 按含税的全年一次性奖金收入除以12的商数,重新查找适用税率B和速算扣除数B。

(4) 应纳税额=含税的全年一次性奖金收入×适用税率B－速算扣除数B。

[《国家税务总局关于纳税人取得不含税全年一次性奖金收入计征个人所得税问题的批复》(国税函〔2005〕715号)]

6.2.2.5　雇主为雇员承担全年一次性奖金部分税款个人所得税计算方法

(1) 雇主为雇员负担全年一次性奖金部分个人所得税款,属于雇员又额外增加了收入,应将雇主负担的这部分税款并入雇员的全年一次性奖金,换算为应纳税所得额后,按照规定方法计征个人所得税。

(2) 将不含税全年一次性奖金换算为应纳税所得额的计算方法。

① 雇主为雇员定额负担税款的计算公式:

$$\text{应纳税所得额} = \text{雇员取得的全年一次性奖金} + \text{雇主替雇员定额负担的税款} - \text{当月工资薪金低于费用扣除标准的差额}$$

② 雇主为雇员按一定比例负担税款的计算公式:

A. 查找不含税全年一次性奖金的适用税率和速算扣除数。

未含雇主负担税款的全年一次性奖金收入 ÷ 12,根据其商数找出不含税级距对应的适用税率A和速算扣除数A

B. 计算含税全年一次性奖金。

$$\text{应纳税所得额} = \frac{\left(\text{未含雇主负担税款的全年一次性奖金收入} - \text{当月工资、薪金低于费用扣除标准的差额} - \text{不含税级距速算扣除数A} \times \text{雇主负担比例}\right)}{\left(1 - \text{不含税级距适用税率A} \times \text{雇主负担比例}\right)}$$

(3) 对上述应纳税所得额,扣缴义务人应按照《国家税务总局关于调整个人取得全年一次性奖金等计算征收个人所得税方法问题的通知》(国税发〔2005〕9号)、《财政部　税务总局关于个人所得税法修改后有关优惠政策衔接问题的通知》(财税〔2018〕164号)规定(详见6.1.1.2"全年一次性奖金应纳税额计算方法")的方法计算应扣缴税款。即：将应纳税所得额除以12，根据其商数找出对应的适用税率B和速算扣除数B，据以计算税款。计算公式如下：

应纳税额＝应纳税所得额×适用税率B－速算扣除数B

实际缴纳税额＝应纳税额－雇主为雇员负担的税额

[《国家税务总局关于雇主为雇员承担全年一次性奖金部分税款有关个人所得税计算方法问题的公告》(国家税务总局公告2011年第28号)]

案例6-2 基本情况：甲企业职工张某，2022年度每月工资收入15 000元，2022年1月取得企业发放的全年一次性奖金48 000元。

情形一：甲企业对王某全年一次性奖金全额代扣代缴个人所得税。

(1) 月度税率表查找税率及速算扣除数。

48 000÷12＝4 000(元)，适用税率为10%，速算扣除为210。

(2) 应纳税额＝雇员当月取得全年一次性奖金×适用税率－速算扣除数＝48 000×10%－210＝4 590(元)。

因此，2022年1月甲企业应在发放全年一次性奖金时扣缴张某个人所得税4 590元并向税务机关申报缴纳。

情形二：甲企业为张某负担全年一次性奖的个人所得税1 000元，其余在支付奖金时向张某扣缴。

(1) 应纳税所得额＝雇员取得的全年一次性奖金＋雇主替雇员定额负担的税款＝48 000＋1 000＝49 000(元)。

(2) 月度税率表查找税率及速算扣除数。

49 000÷12＝4083.33(元)，适用税率为10%和速算扣除数为210。

(3) 应纳税额＝应纳税所得额×适用税率－速算扣除数＝49 000×10%－210＝4 690(元)。

张某实际缴纳税额＝应纳税额－雇主为雇员负担的税额＝4 690－1 000＝3 690(元)。

因此，甲企业应向税务机关申报扣缴张某个人所得税4 690元，其中，甲企业为张某缴纳1 000元，扣缴张某3 690元。

情形三：甲企业承诺为张某负担30%的全年一次性奖金应纳个人所得税税款。

(1) 计算应纳税所得额。

① 查找月度税率表不含税全年一次性奖金的适用税率和速算扣除数。

48 000÷12＝4 000(元)，适用税率A为10%和速算扣除数A为210。

② 计算含税全年一次性奖金。

应纳税所得额＝(未含雇主负担税款的全年一次性奖金收入－不含税级距的速算扣除数A×雇主负担比例)÷(1－不含税级距的适用税率A×雇主负担比例)＝(48 000－210×30%)÷(1－10%×30%)＝49 419.59(元)。

(2) 计算应纳税额。

① 含税全年一次性奖金的适用税率和速算扣除数。

49 419.59÷12＝4 118.30(元)，对应的适用税率 B 为 10% 和速算扣除数 B 为 210。

② 应纳税额＝应纳税所得额×适用税率 B－速算扣除数 B＝49 419.59×10%－210＝4 731.96(元)。

甲企业承担张某 30% 部分税额＝4 731.96×30%＝1 419.59(元)。

张某实际缴纳税额＝4 731.96×70%＝3 312.37(元)。

因此，甲企业应向税务机关申报扣缴张某个人所得税 4 731.96 元，其中，甲企业为张某承担 1 419.59 元，扣缴张某 3 312.37 元。

6.2.3 单位或个人为纳税义务人的劳务报酬所得代付税款计算

根据《国家税务总局关于印发〈征收个人所得税若干问题的规定〉的通知》(国税发〔1994〕89号)第十四条的规定，单位或个人为纳税义务人负担个人所得税税款的，应将纳税义务人取得的不含税收入额换算为应纳税所得额，计算征收个人所得税。为了规范此类情况下应纳税款的计算方法，现将计算公式明确如下：

(1) 不含税收入额为 3 360 元(即含税收入额 4 000 元)以下的：

应纳税所得额＝(不含税收入额－800)÷(1－税率)

(2) 不含税收入额为 3 360 元(即含税收入额 4 000 元)以上的：

应纳税所得额＝[(不含税收入额－速算扣除数)×(1－20%)]÷[1－税率×(1－20%)]

(3) 应纳税额＝应纳税所得额×适用税率－速算扣除数。

[《国家税务总局关于明确单位或个人为纳税义务人的劳务报酬所得代付税款计算公式的通知》(国税发〔1996〕161号)]

对纳税人取得的不含税(或称由支付所得的单位或个人包税)的劳务报酬收入，如何换算为含税所得计算征税的问题，现行规定不够明确，如果使用《国家税务总局关于印发〈征收个人所得税若干问题的规定〉的通知》(国税发〔1994〕89号)所附"税率表三"所对应的税率和速算扣除数计算又不准确。

(1) 根据《个人所得税法实施条例》规定精神，不含税劳务报酬收入所对应的税率和速算扣除数如表 6-1 所示。

表 6-1 不含税劳务报酬收入个人所得税税率计算表

不含税劳务报酬收入额	税率	速算扣除数
21 000 元以下的部分	20%	0
超过 21 000 元至 49 500 元的部分	30%	2 000
超过 49 500 元的部分	40%	7 000

（2）单位和个人在计算为纳税人代付劳务报酬所得应纳的税款时，应按《国家税务总局关于明确单位或个人为纳税义务人的劳务报酬所得代付税款计算公式的通知》（国税发〔1996〕161号）的规定以及上述规定的不含税收入额所对应的税率和速算扣除数，计算应纳税额。

[《国家税务总局关于明确单位或个人为纳税义务人的劳务报酬所得代付税款计算公式对应税率表的通知》（国税发〔2000〕192号）]

6.3 无住所个人税款计算

6.3.1 无住所居民个人税款计算

无住所居民个人取得综合所得，年度终了后，应按年计算个人所得税；有扣缴义务人的，由扣缴义务人按月或者按次预扣预缴税款；需要办理汇算清缴的，按照规定办理汇算清缴。年度综合所得应纳税额计算公式如下：

$$\text{年度综合所得应纳税额} = (\text{年度工资、薪金收入额} + \text{年度劳务报酬收入额} + \text{年度稿酬收入额} + \text{年度特许权使用费收入额} - \text{减除费用} - \text{专项扣除} - \text{专项附加扣除} - \text{依法确定的其他扣除}) \times \text{适用税率} - \text{速算扣除数}$$

无住所居民个人为外籍个人的，2022年1月1日前计算工资、薪金收入额时，已经按规定减除住房补贴、子女教育费、语言训练费等8项津补贴的，不能同时享受专项附加扣除。

无住所居民个人为外籍个人的，2024年1月1日前计算工资薪金收入额时，已经按规定减除住房补贴、子女教育费、语言训练费等八项津补贴的，不能同时享受专项附加扣除。

年度工资、薪金，劳务报酬，稿酬，特许权使用费收入额分别按年度内每月工资、薪金以及每次劳务报酬、稿酬、特许权使用费收入额合计数额计算。

[《财政部 税务总局关于非居民个人和无住所居民个人有关个人所得税政策的公告》（财政部 税务总局公告2019年第35号）、《财政部 税务总局关于延续实施外籍个人津补贴等有关个人所得税优惠政策的公告》（财政部 税务总局公告2021年第43号）]

6.3.2 无住所非居民个人税款计算

非居民个人当月取得工资、薪金所得，以按照规定（详见4.2.5"非居民四项所得收入额"）计算的当月收入额，减去税法规定的减除费用后的余额，为应纳税所得额，适用按月换算后的综合所得税率表[以下简称月度税率表，详见5.1.2"按月换算后的综合所得税率表（月度税率表）"]计算应纳税额。

[《财政部 税务总局关于非居民个人和无住所居民个人有关个人所得税政策的公告》（财政部 税

务总局公告2019年第35号)]

6.3.2.1　非居民数月奖金税款计算

非居民个人一个月内取得数月奖金,单独按照规定(详见4.2.5"非居民四项所得收入额")计算当月收入额,不与当月其他工资薪金合并,按6个月分摊计税,不减除费用,适用月度税率表计算应纳税额,在一个公历年度内,对每一个非居民个人,该计税办法只允许适用一次。计算公式如下:

$$当月数月奖金应纳税额 = [(数月奖金收入额 \div 6) \times 适用税率 - 速算扣除数] \times 6$$

6.3.2.2　非居民股权激励税款计算

非居民个人一个月内取得股权激励所得,单独按照规定(详见"4.2.5 非居民四项所得收入额")计算当月收入额,不与当月其他工资、薪金合并,按6个月分摊计税(一个公历年度内的股权激励所得应合并计算),不减除费用,适应月度税率表计算应纳税额。计算公式如下:

$$当月股权激励所得应纳税额 = [(本公历年度内股权激励所得合计额 \div 6) \times 适用税率 - 速算扣除数] \times 6 - 本公历年度内股权激励所得已纳税额$$

6.3.2.3　非居民劳务报酬所得、稿酬所得、特许权使用费所得税款计算

非居民个人取得来源于境内的劳务报酬所得、稿酬所得、特许权使用费所得,以税法规定的每次收入额(详见4.2.5.5"非居民个人扣缴方法")为应纳税所得额,适用月度税率表计算应纳税额。

[《财政部　税务总局关于非居民个人和无住所居民个人有关个人所得税政策的公告》(财政部　税务总局公告2019年第35号)]

6.3.3　无住所个人预计境内居住时间计算税款规定

无住所个人在一个纳税年度内首次申报时,应当根据合同约定等情况预计一个纳税年度内境内居住天数以及在税收协定规定的期间内境内停留天数,按照预计情况计算缴纳税款。实际情况与预计情况不符的,分别按照以下规定处理:

(1) 无住所个人预先判定为非居民个人,因延长居住天数达到居民个人条件的,一个纳税年度内税款扣缴方法保持不变,年度终了后按照居民个人有关规定办理汇算清缴,但该个人在当年离境且预计年度内不再入境的,可以选择在离境之前办理汇算清缴。

(2) 无住所个人预先判定为居民个人,因缩短居住天数不能达到居民个人条件的,在不能达到居民个人条件之日起至年度终了15天内,应当向主管税务机关报告,按照非居民个人重新计算应纳税额,申报补缴税款,不加收税收滞纳金。需要退税的,按照规定办理。

(3) 无住所个人预计一个纳税年度境内居住天数累计不超过90天,但实际累计居住天数超过90天的,或者对方税收居民个人预计在税收协定规定的期间内境内停留天数不超过183天,但实际停留天数超过183天的,待达到90天或者183天的月度终了后

15天内,应当向主管税务机关报告,就以前月份工资薪金所得重新计算应纳税款,并补缴税款,不加收税收滞纳金。

[《财政部 税务总局关于非居民个人和无住所居民个人有关个人所得税政策的公告》(财政部 税务总局公告2019年第35号)]

> **案例 6-3** ▶ 某外商投资企业2022年有三名外籍员工任职,均为新加坡母公司派遣。工资由新加坡母公司支付。具体情况如下:
>
> 甲:2022年1月入职,原计划工作5个月,后因疫情调整为长期驻在境内,2022年仍在境内公司任职。
>
> 乙:2022年4月入职,原计划工作3年,后因家庭因素,2022年6月中旬回新加坡。短期内暂无来华计划。
>
> 丙:2022年1月初入职,原计划工作4个月,后因疫情,实际出境日期为2022年10月初。后续无来华计划。
>
> 这3人的居民身份应如何预判?后续又该如何处理?
>
> 甲由于原计划来华工作5个月,因此预先判定其2022年在中国为非居民个人。后因延长居住天数达到了居民个人条件,因此,甲2022年全年应作为非居民个人申报缴纳个人所得税,年度终了后于2023年3月1日至6月30日按照居民个人有关规定办理汇算清缴。
>
> 乙由于原计划工作3年,因此预先判定其2022年在中国为居民个人。后因家庭因素2022年6月中旬回国,因此乙2022年实际为非居民个人,且2022年实际居住天数不超过90天,应在其不能达到居民个人条件之日(即离境之日)起至年度终了15天内(即2023年1月15日前),向主管税务机关报告,按照非居民个人重新计算应纳税额,申报补缴税款,不加收税收滞纳金。需要退税的,按照规定办理。
>
> 丙由于原计划来华4个月,因此预计其2022年在境内为非居民个人,后因疫情实际累计居住天数超过了183天,因此应在达到183天的月度终了后15天内(2022年7月初达到183天,应该是2022年8月15日前),向主管税务机关报告,就以前月份工资薪金所得重新计算应纳税款,并补缴税款,不加收税收滞纳金。

6.3.4 政策执行时间及多缴税款处理

自2019年1月1日起施行,非居民个人2019年1月1日后取得所得,按原有规定多缴纳税款的,可以依法申请办理退税。

[《财政部 税务总局关于非居民个人和无住所居民个人有关个人所得税政策的公告》(财政部 税务总局公告2019年第35号)]

6.4 境外抵免

居民个人从中国境外取得的所得,可以从其应纳税额中抵免已在境外缴纳的个人所得税税额,但抵免额不得超过该纳税人境外所得依照税法规定计算的应纳税额。

[《中华人民共和国个人所得税法》第七条]

6.4.1 境外所得的范围

下列所得,为来源于中国境外的所得:

(1) 因任职、受雇、履约等在中国境外提供劳务取得的所得。

(2) 中国境外企业以及其他组织支付且负担的稿酬所得。

(3) 许可各种特许权在中国境外使用而取得的所得。

(4) 在中国境外从事生产、经营活动而取得的与生产、经营活动相关的所得。

(5) 从中国境外企业、其他组织以及非居民个人取得的利息、股息、红利所得。

(6) 将财产出租给承租人在中国境外使用而取得的所得。

(7) 转让中国境外的不动产、转让对中国境外企业以及其他组织投资形成的股票、股权以及其他权益性资产(称权益性资产)或者在中国境外转让其他财产取得的所得。但转让对中国境外企业以及其他组织投资形成的权益性资产,该权益性资产被转让前3年(连续36个公历月份)内的任一时间,被投资企业或其他组织的资产公允价值50%以上直接或间接来自位于中国境内的不动产的,取得的所得为来源于中国境内的所得。

(8) 中国境外企业、其他组织以及非居民个人支付且负担的偶然所得。

(9) 财政部、税务总局另有规定的,按照相关规定执行。

[《财政部 税务总局关于境外所得有关个人所得税政策的公告》(财政部 税务总局公告2020年第3号)]

6.4.2 境内和境外所得应纳税额计算

居民个人从中国境内和境外取得的综合所得、经营所得,应当分别合并计算应纳税额;从中国境内和境外取得的其他所得,应当分别单独计算应纳税额。

[《中华人民共和国个人所得税法实施条例》第二十条]

居民个人应当依照《个人所得税法》及其实施条例规定,按照以下方法计算当期境内和境外所得应纳税额:

(1) 居民个人来源于中国境外的综合所得,应当与境内综合所得合并计算应纳税额。

(2) 居民个人来源于中国境外的经营所得,应当与境内经营所得合并计算应纳税额。居民个人来源于境外的经营所得,按照《个人所得税法》及其实施条例的有关规定计算的亏损,不得抵减其境内或他国(地区)的应纳税所得额,但可以用来源于同一国家(地区)以后年度的经营所得按中国税法规定弥补。

(3) 居民个人来源于中国境外的利息、股息、红利所得,财产租赁所得,财产转让所得和偶然所得(以下称其他分类所得),不与境内所得合并,应当分别单独计算应纳税额。

[《财政部 税务总局关于境外所得有关个人所得税政策的公告》(财政部 税务总局公告2020年第3号)]

6.4.3 抵免限额的计算

《个人所得税法》第七条所称纳税人境外所得依照税法规定计算的应纳税额,是居民个人抵免已在境外缴纳的综合所得、经营所得以及其他所得的所得税税额的限额(简称抵免限额)。除国务院财政、税务主管部门另有规定外,来源于中国境外一个国家(地区)的综合所得抵免限额、经营所得抵免限额以及其他所得抵免限额之和,为来源于该国家(地区)所得的抵免限额。

[《中华人民共和国个人所得税法实施条例》第二十一条]

居民个人在一个纳税年度内来源于中国境外的所得,依照所得来源国家(地区)税收法律规定在中国境外已缴纳的所得税税额允许在抵免限额内从其该纳税年度应纳税额中抵免。

居民个人来源于一国(地区)的综合所得、经营所得以及其他分类所得项目的应纳税额为其抵免限额,按照下列公式计算:

(1) 来源于一国(地区)综合所得的抵免限额＝中国境内和境外综合所得依照规定(6.4.2"境内和境外所得应纳税额计算")计算的综合所得应纳税额×来源于该国(地区)的综合所得收入额÷中国境内和境外综合所得收入额合计。

(2) 来源于一国(地区)经营所得的抵免限额＝中国境内和境外经营所得依照规定(6.4.2"境内和境外所得应纳税额计算")计算的经营所得应纳税额×来源于该国(地区)的经营所得应纳税所得额÷中国境内和境外经营所得应纳税所得额合计。

(3) 来源于一国(地区)其他分类所得的抵免限额＝该国(地区)的其他分类所得依照规定(6.4.2"境内和境外所得应纳税额计算")计算的应纳税额。

(4) 来源于一国(地区)所得的抵免限额＝来源于该国(地区)综合所得抵免限额＋来源于该国(地区)经营所得抵免限额＋来源于该国(地区)其他分类所得抵免限额。

[《财政部 税务总局关于境外所得有关个人所得税政策的公告》(财政部 税务总局公告2020年第3号)]

6.4.4 可抵免的税额

可抵免的境外所得税税额,是指居民个人取得境外所得,依照该所得来源国(地区)税收法律应当缴纳且实际已经缴纳的所得税性质的税额。

[《财政部 税务总局关于境外所得有关个人所得税政策的公告》(财政部 税务总局公告2020年第3号)]

《个人所得税法》第七条所称已在境外缴纳的个人所得税税额,是指居民个人来源于中国境外的所得,依照该所得来源国家(地区)的法律应当缴纳并且实际已经缴纳的所得税税额。

居民个人申请抵免已在境外缴纳的个人所得税税额,应当提供境外税务机关出具的税款所属年度的有关纳税凭证。

[《中华人民共和国个人所得税法实施条例》第二十一、二十二条]

6.4.4.1 不可抵免的境外所得税额

可抵免的境外所得税额不包括以下情形：

(1) 按照境外所得税法律属于错缴或错征的境外所得税税额。

(2) 按照我国政府签订的避免双重征税协定以及内地与香港、澳门签订的避免双重征税安排(以下统称税收协定)规定不应征收的境外所得税税额。

(3) 因少缴或迟缴境外所得税而追加的利息、滞纳金或罚款。

(4) 境外所得税纳税人或者其利害关系人从境外征税主体得到实际返还或补偿的境外所得税税款。

(5) 按照我国《个人所得税法》及其实施条例规定，已经免税的境外所得负担的境外所得税税款。

[《财政部 税务总局关于境外所得有关个人所得税政策的公告》(财政部 税务总局公告2020年第3号)]

6.4.4.2 减免税款可抵免

居民个人从与我国签订税收协定的国家(地区)取得的所得，按照该国(地区)税收法律享受免税或减税待遇，且该免税或减税的数额按照税收协定饶让条款规定应视同已缴税额在中国的应纳税额中抵免的，该免税或减税数额可作为居民个人实际缴纳的境外所得税税额按规定申报税收抵免。

[《财政部 税务总局关于境外所得有关个人所得税政策的公告》(财政部 税务总局公告2020年第3号)]

6.4.5 抵免和递延抵免

居民个人在中国境外一个国家(地区)实际已经缴纳的个人所得税税额，低于依照按规定计算出的来源于该国家(地区)所得的抵免限额的，应当在中国缴纳差额部分的税款；超过来源于该国家(地区)所得的抵免限额的，其超过部分不得在本纳税年度的应纳税额中抵免，但是可以在以后纳税年度来源于该国家(地区)所得的抵免限额的余额中补扣。补扣期限最长不得超过5年。

[《中华人民共和国个人所得税法》第二十一条]

居民个人一个纳税年度内来源于一国(地区)的所得实际已经缴纳的所得税税额，低于依照规定(详见6.4.3"抵免限额的计算")计算出的来源于该国(地区)该纳税年度所得的抵免限额的，应以实际缴纳税额作为抵免额进行抵免；超过来源于该国(地区)该纳税年度所得的抵免限额的，应在限额内进行抵免，超过部分可以在以后5个纳税年度内结转抵免。

[《财政部 税务总局关于境外所得有关个人所得税政策的公告》(财政部 税务总局公告2020年第3号)]

案例6-4 张某为中国籍税收居民。2022年度，张某在境内工资收入100万元，同时有来源于新加坡的工资收入150万元，来源于德国的劳务报酬所得60万元和来源于中国香港的股息收入40万元。2022年在国内预缴个人所得税20万元,在新加坡、德国和中国香港分别缴税15万元、22万元和0元。张某减除费用为6万元、专项扣除共为5万元、专项附加扣除为5.6万元。计算张某2022年度汇算清缴和境外所得申报应补缴的个人所得税税额。

第一步:应计算张某各国所得项目的抵免限额。

境内外综合所得抵免限额=[(1 000 000+1 500 000+600 000)−60 000−50 000−56 000]×45%−181 920=1 138 380(元)。

其中:新加坡分摊的抵免限额=1 500 000÷(1 000 000+1 500 000+600 000)×1 138 380=550 829.03(元)。

德国分摊的抵免限额=500 000÷(1 000 000+1 500 000+600 000)×1 138 380=183 609.68(元)。

股息收入抵免限额=400 000×20%=80 000(元)。

第二步:根据张某在各个国家实际缴纳的税额,判断可抵免的税额,其中新加坡可以抵免税额为15万元,德国可以抵免税额为18.36万元,德国已缴纳的22万元中剩余3.64万元可以在以后5个纳税年度内结转抵免,中国香港可抵免税额为0。

第三步:张某2022年度汇算清缴和境外所得申报应补缴的个人所得税税额=1 138 380+80 000−200 000−150 000−183 609.68−0=684 770.32(元)。

6.4.6 境外所得征管规定

6.4.6.1 境外所得申报时间

居民个人从中国境外取得所得的,应当在取得所得的次年3月1日至6月30日内申报纳税。

居民个人取得境外所得的境外纳税年度与公历年度不一致的,取得境外所得的境外纳税年度最后一日所在的公历年度,为境外所得对应的我国纳税年度。

[《财政部 税务总局关于境外所得有关个人所得税政策的公告》(财政部 税务总局公告2020年第3号)]

6.4.6.2 境外所得申报地点

居民个人取得境外所得,应当向中国境内任职、受雇单位所在地主管税务机关办理纳税申报;在中国境内没有任职、受雇单位的,向户籍所在地或中国境内经常居住地主管税务机关办理纳税申报;户籍所在地与中国境内经常居住地不一致的,选择其中一地主管税务机关办理纳税申报;在中国境内没有户籍的,向中国境内经常居住地主管税务机关办理纳税申报。

[《财政部 税务总局关于境外所得有关个人所得税政策的公告》(财政部 税务总局公告2020年第3号)]

6.4.6.3 境外所得抵免凭证

居民个人申请抵免已在境外缴纳的个人所得税税额,应当提供境外税务机关出具的税款所属年度的有关纳税凭证。

[《中华人民共和国个人所得税法实施条例》第二十二条]

居民个人申报境外所得税收抵免时,除另有规定外,应当提供境外征税主体出具的税款所属年度的完税证明、税收缴款书或者纳税记录等纳税凭证,未提供符合要求的纳税凭证,不予抵免。

居民个人已申报境外所得、未进行税收抵免,在以后纳税年度取得纳税凭证并申报境外所得税收抵免的,可以追溯至该境外所得所属纳税年度进行抵免,但追溯年度不得超过5年。自取得该项境外所得的5个年度内,境外征税主体出具的税款所属纳税年度纳税凭证载明的实际缴纳税额发生变化的,按实际缴纳税额重新计算并办理补退税,不加收税收滞纳金,不退还利息。

纳税人确实无法提供纳税凭证的,可同时凭境外所得纳税申报表(或者境外征税主体确认的缴税通知书)和对应的银行缴款凭证办理境外所得抵免事宜。

[《财政部 税务总局关于境外所得有关个人所得税政策的公告》(财政部 税务总局公告2020年第3号)]

6.4.6.4 居民个人境外所得派出单位支付管理

居民个人被境内企业、单位、其他组织(以下简称派出单位)派往境外工作,取得的工资、薪金所得或者劳务报酬所得,由派出单位或者其他境内单位支付或负担的,派出单位或者其他境内单位应按照《个人所得税法》及其实施条例规定预扣预缴税款。

居民个人被派出单位派往境外工作,取得的工资、薪金所得或者劳务报酬所得,由境外单位支付或负担的,如果境外单位为境外任职、受雇的中方机构(以下简称中方机构)的,可以由境外任职、受雇的中方机构预扣税款,并委托派出单位向主管税务机关申报纳税。中方机构未预扣税款的或者境外单位不是中方机构的,派出单位应当于次年2月28日前向其主管税务机关报送外派人员情况,包括:外派人员的姓名、身份证件类型及身份证件号码、职务、派往国家和地区、境外工作单位名称和地址、派遣期限、境内外收入及缴税情况等。

中方机构包括中国境内企业、事业单位、其他经济组织以及国家机关所属的境外分支机构、子公司、使(领)馆、代表处等。

[《财政部 税务总局关于境外所得有关个人所得税政策的公告》(财政部 税务总局公告2020年第3号)]

6.4.6.5 居民个人境外所得和税款外币折算

居民个人取得来源于境外的所得或者实际已经在境外缴纳的所得税税额为人民币以外货币,应当按照《个人所得税法实施条例》第三十二条折合计算(详见4.10"外币折算")。

[《财政部 税务总局关于境外所得有关个人所得税政策的公告》(财政部 税务总局公告2020年第3号)]

6.4.6.6 法律责任

纳税人和扣缴义务人未按《财政部 税务总局关于境外所得有关个人所得税政策的公告》(财政部 税务总局公告2020年第3号)规定申报缴纳、扣缴境外所得个人所得税以及报送资料的,按照《税收征收管理法》和《个人所得税法》及其实施条例等有关规定处理,并按规定纳入个人纳税信用管理。

[《财政部 税务总局关于境外所得有关个人所得税政策的公告》(财政部 税务总局公告2020年第3号)]

6.4.7 境外所得相关规定适用时间

适用于2019年度及以后年度税收处理事宜。以前年度尚未抵免完毕的税额,可按现规定(详见6.4.5"抵免和递延抵免")处理。

[《财政部 税务总局关于境外所得有关个人所得税政策的公告》(财政部 税务总局公告2020年第3号)]

6.5 经营所得2018年新税法衔接应纳税额计算

对个体工商户业主、个人独资企业和合伙企业自然人投资者、企事业单位承包承租经营者2018年取得的生产经营所得,用全年应纳税所得额分别计算应纳前三季度税额和应纳第四季度税额,其中应纳前三季度税额按照税法修改前规定的税率和前三季度实际经营月份的权重计算,应纳第四季度税额按照税法修改后规定的税率即个人所得税税率表(经营所得适用)(详见5.2"经营所得税率")和第四季度实际经营月份的权重计算。

6.5.1 月(季)度预缴税款的计算

月(季)度预缴税款的计算公式如下:

本期应缴税额＝累计应纳税额－累计已缴税额

累计应纳税额＝应纳10月1日以前税额＋应纳10月1日以后税额

应纳10月1日以前税额＝(累计应纳税所得额×税法修改前规定的税率－税法修改前规定的速算扣除数)×10月1日以前实际经营月份数÷累计实际经营月份数

应纳10月1日以后税额＝(累计应纳税所得额×税法修改后规定的税率－税法修改后规定的速算扣除数)×10月1日以后实际经营月份数÷累计实际经营月份数

6.5.2 年度汇算清缴税款的计算

年度汇算清缴税款的计算公式如下:

汇缴应补退税额＝全年应纳税额－累计已缴税额

全年应纳税额＝应纳前三季度税额＋应纳第四季度税额

$$\text{应纳前三季度税额} = \left(\text{全年应纳税所得额} \times \text{税法修改前规定的税率} - \text{税法修改前规定的速算扣除数}\right) \times \text{前三季度实际经营月份数} \div \text{全年实际经营月份数}$$

$$\text{应纳第四季度税额} = \left(\text{全年应纳税所得额} \times \text{税法修改后规定的税率} - \text{税法修改后规定的速算扣除数}\right) \times \text{第四季度实际经营月份数} \div \text{全年实际经营月份数}$$

[《财政部 税务总局关于2018年第四季度个人所得税减除费用和税率适用问题的通知》(财税〔2018〕98号)]

7 个人所得税税收优惠

7.1 免征税款类

7.1.1 省部级及军以上单位奖金

省级人民政府、国务院部委和中国人民解放军军以上单位,以及外国组织,国际组织颁发的科学、教育、技术、文化、卫生、体育、环境保护等方面的奖金,免征个人所得税。

[《中华人民共和国个人所得税法》第四条]

7.1.1.1 奖学金

对省级人民政府、国务院各部委和中国人民解放军军以上单位,以及外国组织、国际组织颁布的教育方面的奖学金,免征个人所得税。

[《财政部 国家税务总局关于教育税收政策的通知》(财税〔2004〕39号)]

7.1.1.2 曾宪梓教育基金会教师奖

曾宪梓教育基金会致力于发展中国的教育事业,评选教师奖具有严格的程序,奖金由国家教委(现为教育部)颁发,根据《个人所得税法》第四条的规定,对个人获得曾宪梓教育基金会教师奖的奖金,可视为国务院部委颁发的教育方面的奖金,免予征收个人所得税。

[《国家税务总局关于曾宪梓教育基金会教师奖免征个人所得税的函》(国税函发〔1994〕376号)]

7.1.1.3 国际青少年消除贫困奖

考虑到"国际青少年消除贫困奖"是由联合国开发计划署和中国青少年发展基金会共同设立,旨在表彰奖励在与贫困作斗争中取得突出成绩的青少年,根据《个人所得税法》第四条第一款的规定,特对个人取得的"国际青少年消除贫困奖",视同从国际组织取得的教育、文化方面的奖金,免予征收个人所得税。

[《财政部 国家税务总局关于国际青少年消除贫困奖免征个人所得税的通知》(财税字〔1997〕51号)]

7.1.1.4 特聘教授奖金

教育部与中国香港实业家李嘉诚先生及其领导的长江基建(集团)有限公司合作建立的"长江学者奖励计划"实施高等教育特聘教授岗位制度,根据教育部1999年6月10日印发的《高等学校特聘教授岗位制度实施办法》规定,"特聘教授在聘期内享受特聘教授奖金",标准为每人每年10万元人民币。对教育部颁发的"特聘教授奖金"免予征收个人所得税。

[《国家税务总局关于"特聘教授奖金"免征个人所得税的通知》(国税函〔1999〕525号)]

7.1.1.5　长江小小科学家奖金

教育部和李嘉诚基金会主办、中国科协承办的"长江小小科学家"活动,奖励全国(包括香港特别行政区、澳门特别行政区)初中、高中、中等师范学校、中等专业学校、职业中学、技工学校的在校学生近年来完成的,并申报参加全国评选和展示的获奖优秀科技创新和科学研究项目。每次活动评出一等奖 1 名,奖金为 25 万元人民币(其中奖励学生个人 5 万元人民币,奖励学生所在学校 20 万元人民币);二等奖 25 名,奖金为 6 万元人民币(其中奖励学生个人 1 万元人民币,奖励学生所在学校 5 万元人民币);三等奖 50 名,奖金为 3.5 万元人民币(其中奖励学生个人 5 000 元人民币,奖励学生所在学校 3 万元人民币);提名奖 100 名,奖金为 9 000 元人民币(其中奖励学生个人 1 500 元人民币,奖励学生所在学校 7 500 元人民币)。对学生个人参与"长江小小科学家"活动并获得的奖金,按照关于国务院部委颁发的科学等方面的奖金免税的规定,免予征收个人所得税。

[《国家税务总局关于"长江小小科学家"奖金免征个人所得税的通知》(国税函〔2000〕688号)]

7.1.1.6　母亲河(波司登)奖

中国青年乡镇企业家协会是共青团中央直属的社会团体,其组织评选的"母亲河(波司登)奖"是经共青团中央、全国人大环资委、国家环保总局等 9 部门联合批准设立的环境保护方面的奖项。依据《个人所得税法》第四条第一款的规定,该奖项可以认定为国务院部委颁发的环境保护方面的奖金。个人取得的上述奖金收入,免予征收个人所得税。

[《国家税务总局关于个人取得"母亲河(波司登)奖"奖金所得免征个人所得税问题的批复》(国税函〔2003〕961号)]

7.1.1.7　陈嘉庚科学奖

陈嘉庚基金会由中国科学院为业务主管部门,实行理事会负责制,由科技部、财政部、教育部、中国科学院、中国工程院、国家自然科学基金委员会、中国科学技术协会、中国银行等部门及中国科学院各学部主任和院士组成理事会,下设评选委员会。该基金会的主要职责是设立陈嘉庚科学奖,以奖励取得杰出科技成果的我国优秀科学家,促进中国科学技术事业的发展。该奖共设 6 个奖项,每个奖项奖金 30 万元人民币。

在陈嘉庚科学奖业务主管、组织结构、评选办法不变的情况下,2006 年及以后年度的陈嘉庚科学奖获奖个人的奖金收入,可根据《个人所得税法》第四条第一款的规定,免征个人所得税。

[《国家税务总局关于陈嘉庚科学奖获奖个人取得的奖金收入免征个人所得税的通知》(国税函〔2006〕561号)]

7.1.1.8　中华环境奖

为表彰和奖励为我国环境保护事业做出重大贡献者,促进环境保护事业的发展,经环境保护部(现为生态环境部,下同)批准,中华环境保护基金会设立了中华环境奖(现冠名为中华宝钢环境奖)。由全国人大环境与资源保护委员会、全国政协人口资源环境委员会、教育部、民政部、环境保护部、文化部(现为文化旅游部)、国家广播电影电视总局、中华全国总工会、共青团中央、全国妇联等13家单位组成组织委员会,对其评选工作进行指导。该奖评选办公室设在中华环境保护基金会。

为贯彻行政审批制度改革精神,对中华环境保护基金会严格按照中华环境奖评奖办法,在以后年度评选出的上述奖项奖金收入,一律按照根据《个人所得税法》第四条第一项有关规定,直接免予征收个人所得税,无须报送审批。主办单位和评奖办法以后年度发生变化的,主办单位应重新报国家税务总局审核确认。

[《国家税务总局关于中华宝钢环境优秀奖奖金免征个人所得税问题的通知》(国税函〔2010〕130号)]

7.1.1.9 李四光地质科学奖

为奖励长期奋战在工作环境恶劣、生活条件艰苦的地质工作第一线并做出突出贡献的地质科技工作者,国土资源部(现为自然资源部,下同)根据《李四光地质科学奖章程》,经过专家初评、评奖委员会终评和社会公示,评出的获奖者,每人奖金10万元人民币。

对国土资源部和李四光地质科学奖基金会严格按照李四光地质科学奖章程和评奖办法,评选出的李四光地质科学奖奖金收入,一律按照《个人所得税法》第四条第一款关于国务院部委颁发的科学、教育、技术等方面的奖金免征个人所得税的规定,直接免予征收个人所得税,无须报送审批;如果主办单位和评奖办法以后年度发生变化,主办单位应重新报国家税务总局审核确认。

[《国家税务总局关于2011年度李四光地质科学奖奖金免征个人所得税的公告》(国家税务总局公告2011年第68号)]

7.1.1.10 黄汲清青年地质科学技术奖

为奖励在我国地质学领域做出重要贡献的杰出青年地质工作者,由国土资源部主管的黄汲清青年地质科学技术奖基金管理委员会根据《黄汲清青年地质科学技术奖基金章程》《黄汲清青年地质科学技术奖奖励条例》规定,经过专家初评、社会公示和评奖委员会终评,评出的黄汲清青年地质科学技术奖获奖者,每人奖金1万元人民币。

对国土资源部和黄汲清青年地质科学技术奖基金管理委员会严格按照黄汲清青年地质科学技术奖基金章程、奖励条例和评奖办法,评选出的黄汲清青年地质科学技术奖获取的奖金收入,根据《个人所得税法》第四条第一款关于国务院部委颁发的科学、教育、技术等方面的奖金免征个人所得税的规定,直接免予征收个人所得税,无须报送审批;如果主办单位和评奖办法以后年度发生变化的,主办单位应重新报国家税务总局审核确认。

[《国家税务总局关于第五届黄汲清青年地质科学技术奖奖金免征个人所得税问题的公告》(国家税务总局公告2012年第4号)]

7.1.1.11 "明天小小科学家"奖

为贯彻科教兴国和可持续发展战略,加强对青少年创新精神和实践能力的培养,在青少年科技爱好者中选拔和培养科技后备人才,教育部、中国科学技术协会和香港周凯旋基金会自2001年起每年开展一次"明天小小科学家"奖励活动,对内地各省、自治区、直辖市以及香港特别行政区、澳门特别行政区的高中三年级学生在近年来完成的优秀科技项目和科学研究项目进行奖励,所需奖金由香港周凯旋基金会提供。

对教育部、中国科学技术协会和香港周凯旋基金会依照"明天小小科学家"评奖办法,评选出的"明天小小科学家"奖金收入,根据《个人所得税法》第四条第一款关于国务院部委颁发的教育等方面的奖金免征个人所得税的规定,对学生个人参与"明天小小科学家"活动获得的奖金,免予征收个人所得税,无须报送审批;如主办单位和评奖办法以后年度发生变化,主办单位应重新报国家税务总局审核确认。

[《国家税务总局关于明天小小科学家奖金免征个人所得税问题的公告》(国家税务总局公告2012年第28号)]

7.1.1.12 全国职工职业技能大赛奖金

为进一步激发广大职工学技术、练技能的热情,提高职工技术水平,中华全国总工会、科学技术部、人力资源和社会保障部联合举办了第三届全国职工职业技能大赛,分设钳工、焊工、维修电工、数控机床装调维修工、数控铣工、数控车工、加工中心操作工、速录师等8个工种的比赛;对第三届全国职工职业技能大赛每个工种决赛前20名选手分别给予不同数额的奖金,总计52.8万元(名单及奖金数额略),全部由中华全国总工会承担。

根据《个人所得税法》第四条有关国务院部委颁发的技术方面奖金免征个人所得税的规定,对第三届全国职工职业技能大赛获奖者取得的奖金免征个人所得税。

为了贯彻行政审批制度改革精神,对中华全国总工会、科学技术部、人力资源和社会保障部严格按照规定评奖办法,在以后年度评选出的上述奖项奖金收入,一律按照《个人所得税法》的有关规定直接免予征收个人所得税,无须报送审批;如果主办单位和评奖办法以后年度发生变化的,主办单位应重新报国家税务总局审核确认。

[《国家税务总局关于全国职工职业技能大赛奖金免征个人所得税的通知》(国税函〔2010〕78号)]

7.1.1.13 卫星发射成功奖金

1996年2月,香港亚洲卫星公司为奖励1995年11月28日成功发射亚洲卫星二号有功人员而向中国长城工业总公司等有关单位颁发的50万美元奖金,属于外国组织、国际组织颁布的科学技术方面的奖金。根据《个人所得税法》第四条的规定,获奖人员所获该项奖金可以免纳个人所得税。

[《国家税务总局关于卫星发射成功奖免纳个人所得税的函》(国税函〔1996〕82号)]

7.1.2 国债和金融债券利息

国债和国家发行的金融债券利息,免征个人所得税。

[《中华人民共和国个人所得税法》第四条]

国债利息,是指个人持有中华人民共和国财政部发行的债券而取得的利息;国家发行的金融债券利息,是指个人持有经国务院批准发行的金融债券而取得的利息。

[《中华人民共和国个人所得税法实施条例》第九条]

7.1.2.1 地方政府债券利息

对企业和个人取得的2012年及以后年度发行的地方政府债券利息收入,免征企业所得税和个人所得税。

地方政府债券是指经国务院批准同意,以省、自治区、直辖市和计划单列市政府为发行和偿还主体的债券。

[《财政部 国家税务总局关于地方政府债券利息免征所得税问题的通知》(财税〔2013〕5号)]

7.1.2.2 铁路债券利息

铁路债券是指以中国铁路总公司为发行和偿还主体的债券,包括中国铁路建设债券、中期票据、短期融资券等债务融资工具。

对个人投资者持有2019—2023年发行的铁路债券取得的利息收入,减按50%计入应纳税所得额计算征收个人所得税。税款由兑付机构在向个人投资者兑付利息时代扣代缴。

[《财政部 税务总局关于铁路债券利息收入所得税政策的公告》(财政部 税务总局公告2019年第57号)]

7.1.3 国家规定的补贴、津贴

按照国家统一规定发给的补贴、津贴,免征个人所得税。

[《中华人民共和国个人所得税法》第四条]

按照国家统一规定发给的补贴、津贴,是指按照国务院规定发给的政府特殊津贴、院士津贴,以及国务院规定免予缴纳个人所得税的其他补贴、津贴。

[《中华人民共和国个人所得税法实施条例》第十条]

7.1.3.1 资深院士津贴

为尊重知识、尊重人才,体现党和政府对老年院士的关心和爱护,对依据《国务院关于在中国科学院、中国工程院院士中实行资深院士制度的通知》(国发〔1998〕8号)的规定,发给中国科学院资深院士和中国工程院资深院士每人每年1万元的资深院士津贴免予征收个人所得税。

[《财政部 国家税务总局关于对中国科学院 中国工程院资深院士津贴免征个人所得税的通知》(财税〔1998〕118号)]

7.1.3.2 西藏特殊津贴

经国务院批准,自1994年1月1日起发放的西藏特殊津贴,体现了党中央、国务院对西藏各族职工的关怀,对进一步促进西藏的改革、发展和稳定具有重要意义,因此,根据《个人所得税法》和《个人所得税法实施条例》的规定,对在西藏区域内工作的机关、事业单位职工,按照国家统一规定取得的西藏特殊津贴,免征个人所得税。

[《财政部 国家税务总局关于西藏特殊津贴免征个人所得税的批复》(财税字〔1996〕91号)]

7.1.3.3 住房租赁补贴

2019年1月1日至2023年12月31日,对符合地方政府规定条件的城镇住房保障

家庭从地方政府领取的住房租赁补贴,免征个人所得税。

[《财政部 税务总局关于公共租赁住房税收优惠政策的公告》(财政部 税务总局公告2019年第61号)、《财政部 税务总局关于延长部分税收优惠政策执行期限公告》(财政部 税务总局公告2021年第6号)]

7.1.3.4 新型冠状病毒感染疫情防控补贴

自2020年1月1日起至2023年12月31日,对参加疫情防治工作的医务人员和防疫工作者按照政府规定标准取得的临时性工作补助和奖金,免征个人所得税。政府规定标准包括各级政府规定的补助和奖金标准。

对省级及省级以上人民政府规定的对参与疫情防控人员的临时性工作补助和奖金,比照执行。

解读▶ 参加疫情防治工作的医务人员和防疫工作者取得的政府规定标准的临时性工作补助和奖金免征个人所得税。"政府规定标准"可以包括各级政府出台的标准。需要注意的是对于医务人员和防疫工作者以外的其他参与疫情防控人员,只能按照省级及省级以上人民政府规定有关标准取得的临时性工作补助和奖金方可免征个人所得税。

考虑到相关人员正在疫情防治一线,有关单位同样承担较重的防治任务,为切实减轻有关人员及其单位负担,此次对上述人员取得的临时性工作补助和奖金享受免征个人所得税优惠时,支付单位无需申报,仅将发放人员名单及金额留存备查即可。

【注】《财政部 国家卫生健康委关于新型冠状病毒感染肺炎疫情防控有关经费保障政策的通知》(财社〔2020〕2号)明确:对参加防治工作的医务人员和防疫工作者给予临时性工作补助。参照《人力资源社会保障部 财政部关于建立传染病疫情防治人员临时性工作补助的通知》(人社部规〔2016〕4号)有关规定,按照一类补助标准,对于直接接触待排查病例或确诊病例,诊断、治疗、护理、医院感染控制、病例标本采集和病原检测等工作相关人员,中央财政按照每人每天300元予以补助;对于参加疫情防控的其他医务人员和防疫工作者,中央财政按照每人每天200元予以补助。补助资金由地方先行垫付,中央财政与地方据实结算。中央级医疗卫生机构按照属地化管理,中央财政补助资金拨付地方后由地方财政统一分配。

各省、市、区(县)标准按各地制定的标准。

单位发给个人用于预防新型冠状病毒感染的药品、医疗用品和防护用品等实物(不包括现金),不计入工资、薪金收入,免征个人所得税。

解读▶ 单位发给个人用于预防新型冠状病毒感染的药品、医疗用品和防护用品等实物(不包括现金),不计入工资、薪金收入,免征个人所得税。考虑到药品、医疗用品、防护用品种类很多,政策上难以将他们一一正列举,因此原则上,只要是与预防新型冠状病毒感染直接相关的药品、医疗用品、防护用品物资,如口罩、护目镜、消毒液、手套、防护服等,都可以享受免税的规定。

《财政部 税务总局关于支持新型冠状病毒感染的肺炎疫情防控有关个人所得税政策的公告》(财政部 税务总局公告2020年第10号)、《财政部 税务总局关于支持疫情防控保供等税费政策实施期限的公告》(财政部 税务总局公告2020年第28号)、《财政

部　税务总局关于延续实施应对疫情部分税费优惠政策的公告》（财政部　税务总局公告2021年第7号）、《财政部　税务总局关于延长部分税收优惠政策执行期限的公告》（财政部　税务总局公告2022年第4号）

热点问题　《财政部　税务总局关于支持新型冠状病毒感染的肺炎疫情防控有关个人所得税政策的公告》（财政部　税务总局公告2020年第10号）明确对参加疫情防控工作的人员取得的临时性工作补助和奖金免征个人所得税，请问只能是以政府财政资金支付的临时性工作补助和奖金才能享受免税吗？

答：《财政部　税务总局关于支持新型冠状病毒感染的肺炎疫情防控有关个人所得税政策的公告》（财政部　税务总局公告2020年第10号）没有规定资金来源必须是财政性资金，只要是按照政府规定标准发放的临时性工作补助和奖金都可以适用。其中：对参加疫情防控工作的医务人员和防疫工作者取得的各级政府规定标准的临时性工作补助和奖金免征个人所得税；对参加疫情防控工作的其他人员取得的省级及省级以上政府规定标准的临时性工作补贴和奖金免征个人所得税。

7.1.4　福利费、抚恤金、救济金

福利费、抚恤金、救济金免征个人所得税。

[《中华人民共和国个人所得税法》第四条]

福利费，是指根据国家有关规定，从企业、事业单位、国家机关、社会组织提留的福利费或者工会经费中支付给个人的生活补助费。

救济金，是指各级人民政府民政部门支付给个人的生活困难补助费。

[《中华人民共和国个人所得税法实施条例》第十一条]

生活补助费，是指由于某些特定事件或原因而给纳税人或其家庭的正常生活造成一定困难，其任职单位按国家规定从提留的福利费或者工会经费中向其支付的临时性生活困难补助。

下列收入不属于免税的福利费范围，应当并入纳税人的工资、薪金收入计征个人所得税：

（1）从超出国家规定的比例或基数计提的福利费、工会经费中支付给个人的各种补贴、补助。

（2）从福利费和工会经费中支付给单位职工的人人有份的补贴、补助。

（3）单位为个人购买汽车、住房、电子计算机等不属于临时性生活困难补助性质的支出。

[《国家税务总局关于生活补助费范围确定问题的通知》（国税发〔1998〕155号）]

7.1.5　保险赔款

保险赔款免征个人所得税。

[《中华人民共和国个人所得税法》第四条]

7.1.5.1　生育津贴

生育妇女按照县级以上人民政府根据国家有关规定制定的生育保险办法,取得的生育津贴、生育医疗费或其他属于生育保险性质的津贴、补贴,免征个人所得税。

[《财政部　国家税务总局关于生育津贴和生育医疗费有关个人所得税政策的通知》(财税〔2008〕8号)]

7.1.5.2　工伤保险

对工伤职工及其近亲属按照《工伤保险条例》(国务院令第586号)规定取得的工伤保险待遇,免征个人所得税。

工伤保险待遇,包括工伤职工按照《工伤保险条例》(国务院令第586号)规定取得的一次性伤残补助金、伤残津贴、一次性工伤医疗补助金、一次性伤残就业补助金、工伤医疗待遇、住院伙食补助费、外地就医交通食宿费用、工伤康复费用、辅助器具费用、生活护理费等,以及职工因工死亡,其近亲属按照《工伤保险条例》(国务院令第586号)规定取得的丧葬补助金、供养亲属抚恤金和一次性工亡补助金等。

[《财政部　国家税务总局关于工伤职工取得的工伤保险待遇有关个人所得税政策的通知》(财税〔2012〕40号)]

7.1.6　军人的转业费、复员费、退役金

军人的转业费、复员费、退役金免征个人所得税。

[《中华人民共和国个人所得税法》第四条]

7.1.7　离退休工资

按照国家统一规定发给干部、职工的安家费、退职费、基本养老金或者退休费、离休费、离休生活补助费,免征个人所得税。

[《中华人民共和国个人所得税法》第四条]

7.1.7.1　高级专家延长离退休期间工薪所得

对按《国务院关于高级专家离休退休若干问题的暂行规定》(国发〔1983〕141号)和《国务院办公厅关于杰出高级专家暂缓离退休审批问题的通知》(国办发〔1991〕40号)精神,达到离休、退休年龄,但确因工作需要,适当延长离休退休年龄的高级专家(指享受国家发放的政府特殊津贴的专家、学者),其在延长离休退休期间的工资、薪金所得,视同退休工资、离休工资免征个人所得税。

[《财政部　国家税务总局关于个人所得税若干政策问题的通知》(财税字〔1994〕20号)]

7.1.7.2　高级专家范围

《财政部　国家税务总局关于个人所得税若干政策问题的通知》(财税字〔1994〕20号)所称延长离休退休年龄的高级专家是指:

(1)享受国家发放的政府特殊津贴的专家、学者。

（2）中国科学院、中国工程院院士。

[《财政部 国家税务总局关于高级专家延长离休退休期间取得工资薪金所得有关个人所得税问题的通知》（财税〔2008〕7号）]

7.1.7.3 高级专家免征个人所得税口径

高级专家延长离休退休期间取得的工资薪金所得，其免征个人所得税政策口径按下列标准执行：

（1）对高级专家从其劳动人事关系所在单位取得的，单位按国家有关规定向职工统一发放的工资、薪金、奖金、津贴、补贴等收入，视同离休、退休工资，免征个人所得税。

（2）除上述第（1）项所述收入以外各种名目的津补贴收入等，以及高级专家从其劳动人事关系所在单位之外的其他地方取得的培训费、讲课费、顾问费、稿酬等各种收入，依法计征个人所得税。

[《财政部 国家税务总局关于高级专家延长离休退休期间取得工资薪金所得有关个人所得税问题的通知》（财税〔2008〕7号）]

解读▶《国务院关于高级专家离休退休若干问题的暂行规定》（国发〔1983〕141号）规定，副教授、副研究员以及相当这一级职称的高级专家，经所在单位报请上一级主管机关批准，可以适当延长离休退休年龄，但最长不超过65周岁；教授、研究员以及相当这一级职称的高级专家，经所在单位报请省、市、自治区人民政府或中央、国家机关的部委批准，可以延长离休退休年龄，但最长不超过70周岁；学术上造诣高深、在国内外有重大影响的杰出高级专家，经人社部批准，可以暂缓离休退休，继续从事研究或著述工作。也就是说，高级专家延长离退休年龄是需要批准的。

在实际操作中，很多高校和研究机构由于受机构编制影响，都是对高级专家先办理退休，再进行返聘，并签订聘请合同，聘请条件和受聘人员待遇按国家有关规定办理。对于这类返聘的高级专家取得的返聘收入是否属于高级专家延长离休退休期间取得的工资、薪金所得享受免税待遇，各地执行有差异。

大部分地区尤其是经济发达且高校研究机构集中的税务机关认为，《国务院关于高级专家离休退休若干问题的暂行规定》（国发〔1983〕141号）规定，高级专家离休退休后，如身体尚好，可以接受部门或单位的聘请，担任科学技术或文化艺术顾问，也可以直接承担业务工作。聘请离休退休高级专家应签订聘请合同，聘请条件和受聘人员待遇按国家有关规定办理。那么退休返聘其实也是延长离退休的一种形式，只要是在原任职单位接受返聘，就可以享受延长离休退休期间的工资、薪金所得，视同退休工资、离休工资免征个人所得税的规定。

但也有的地区税务机关认为，高级专家延长离退休有严格的审批规定，只有按规定进行审批的延长离退休的高级专家才是属于《财政部国家税务总局关于个人所得税若干政策问题的通知》（财税〔1994〕20号）规定的适当延长离休退休年龄的高级专家（指享受国家发放的政府特殊津贴的专家、学者），其在延长离休退休期间的工资、薪金所得，视同退休工资、离休工资免征个人所得税。退休返聘与延长离退休不是一回事,返聘的高级专家不能享受返聘期间取得的工资薪金免税的规定。

高级专家都是社会杰出人才,各地在处理延长离退休的高级专家个人所得征免税的问题时需要慎重对待。扣缴义务人在遇到此类情况时,也应主动跟税务机关进行沟通,确认政策。

7.1.8　外交人员所得

依照有关法律规定应予免税的各国驻华使馆、领事馆的外交代表、领事官员和其他人员的所得,免征个人所得税。

[《中华人民共和国个人所得税法》第四条]

依照有关法律规定应予免税的各国驻华使馆、领事馆的外交代表、领事官员和其他人员的所得,是指依照《中华人民共和国外交特权与豁免条例》和《中华人民共和国领事特权与豁免条例》规定免税的所得。

[《中华人民共和国个人所得税法实施条例》第十二条]

7.1.9　国际公约规定免税所得

中国政府参加的国家公约、签订的协议中规定免税的所得,免征个人所得税。

[《中华人民共和国个人所得税法》第四条]

《建立亚洲开发银行协定》(以下简称《协定》)第五十六条规定:"对亚行付给董事、副董事、官员和雇员(包括为亚行执行任务的专家)的薪金和津贴不得征税。除非成员在递交批准书或接受书时,声明对亚行向其本国公民或国民支付的薪金和津贴该成员及其行政部门保留征税的权力。"鉴于我国在加入亚洲开发银行时未做相关声明,因此,对由亚洲开发银行支付给我国公民或国民(包括为亚行执行任务的专家)的薪金和津贴,凡经亚洲开发银行确认这些人员为亚洲开发银行雇员或执行项目专家的,其取得的符合我国税法规定的有关薪金和津贴等报酬,应依《协定》的约定,免征个人所得税。

[《财政部　国家税务总局关于〈建立亚洲开发银行协定〉有关个人所得税问题的补充通知》(财税〔2007〕93号)]

7.1.10　其他免税所得

国务院规定的其他免税所得,由国务院报全国人民代表大会常务委员会备案,免征个人所得税。

[《中华人民共和国个人所得税法》第四条]

7.1.10.1　基本养老保险费、基本医疗保险费、失业保险费和公积金

企事业单位按照国家或省(自治区、直辖市)人民政府规定的缴费比例或办法实际缴付的基本养老保险费、基本医疗保险费和失业保险费,免征个人所得税;企事业单位和个

人超过规定的比例和标准缴付的基本养老保险费、基本医疗保险费和失业保险费,应将超过部分并入个人当期的工资、薪金收入,计征个人所得税。

个人实际领(支)取原提存的基本养老保险金、基本医疗保险金、失业保险金和住房公积金时,免征个人所得税。

[《财政部 国家税务总局关于基本养老保险费基本医疗保险费失业保险费住房公积金有关个人所得税政策的通知》(财税〔2006〕10号)]

7.1.10.2 破产企业职工安置费

企业依照国家有关法律规定宣告破产,企业职工从该破产企业取得的一次性安置费收入,免征个人所得税。

[《财政部 国家税务总局关于个人与用人单位解除劳动关系取得的一次性补偿收入征免个人所得税问题的通知》(财税〔2001〕157号)]

7.1.10.3 解除劳动关系而取得的一次性补偿收入

个人与用人单位解除劳动关系取得一次性补偿收入(包括用人单位发放的经济补偿金、生活补助费和其他补助费),在当地上年职工平均工资3倍数额以内的部分,免征个人所得税;超过3倍数额的部分,不并入当年综合所得,单独适用综合所得税率表,计算纳税。

[《财政部 税务总局关于个人所得税法修改后有关优惠政策衔接问题的通知》(财税〔2018〕164号)]

个人领取一次性补偿收入时按照国家和地方政府规定的比例实际缴纳的住房公积金、医疗保险费、基本养老保险费、失业保险费,可以在计征其一次性补偿收入的个人所得税时予以扣除。

[《财政部 国家税务总局关于个人与用人单位解除劳动关系取得的一次性补偿收入征免个人所得税问题的通知》(财税〔2001〕157号)]

7.1.10.4 住房制度改革低于成本价购房所得

根据住房制度改革政策的有关规定,国家机关、企事业单位及其他组织(以下简称单位)在住房制度改革期间,按照所在地县级以上人民政府规定的房改成本价格向职工出售公有住房,职工因支付的房改成本价格低于房屋建造成本价格或市场价格而取得的差价收益,免征个人所得税。

[《财政部 国家税务总局关于单位低价向职工售房有关个人所得税问题的通知》(财税〔2007〕13号)]

7.1.10.5 扣缴手续费所得

个人办理代扣代缴税款手续,按规定取得的扣缴手续费免征个人所得税。

[《财政部 国家税务总局关于个人所得税若干政策问题的通知》(财税字〔1994〕20号)]

解读▶ 根据有关规定,扣缴义务人领取的扣缴手续费可用于提升办税能力、奖励办税人员(详见9.2.6"扣缴手续费"),对于实施扣缴义务的办税人员取得的代扣代缴税款手续费所得可以免征个人所得税,对于扣缴单位将扣缴税款取得的手续费普遍发给单位职工,应作为任职受雇所得,按"工资、薪金所得"项目扣缴个人所得税。

关于扣缴主体问题,有些地区认为,《财政部 国家税务总局关于个人所得税若干政策问题的通知》(财税字〔1994〕20号)规定的是"个人办理代扣代缴手续按规定取得的扣缴手续费免征个人所得税",扣缴主体为个人的情形下才能免征个人所得税。我们认为,这不符合《财政部 国家税务总局关于个人所得税若干政策问题的通知》(财税字〔1994〕20号)的立法宗旨,在1994年的背景下,《个人所得税法》刚刚经过第一次修正,个人所得税的征收是以扣缴单位为主,个人作为主体扣缴几乎没有,出台扣缴手续费所得免税是为了鼓励财务办税人员按规定履行代扣代缴义务,对其取得的这部分收入予以免税。因此,扣缴主体不应仅理解为个人。

7.1.10.6 拆迁补偿收入

对被拆迁人按照国家有关城镇房屋拆迁管理办法规定的标准取得的拆迁补偿款,免征个人所得税。

[《财政部 国家税务总局关于城镇房屋拆迁有关税收政策的通知》(财税〔2005〕45号)]

解读▶ 对被拆迁人按照国家有关城镇房屋拆迁管理办法[现是按照《国有土地上房屋征收与补偿条例》(国务院令第590号)]规定的标准取得的拆迁补偿款,免征个人所得税。城镇房屋包括居住用房屋和商业用房,以及公建。免征的主体包括自然人、个体工商户,以及缴纳个人所得税的个人独资合伙企业。免征个人所得税的收入是按照国家有关城镇房屋拆迁管理办法规定的标准取得的拆迁补偿款。对超过国家规定标准取得的拆迁补偿款,以及各种形式的拆迁奖励、生产经营补偿如何处理,各地处理不一致。大部分地区由于税务部门并不知道有关拆迁规定的标准,对纳税人取得的所有拆迁款项予以免税。而有的地区,如大连,曾以《大连市地方税务局关于明确动迁补偿收入征收个人所得税等若干政策问题的通知》(大地税函〔2008〕253号)和《大连市地方税务局关于明确个人所得税征收管理若干具体问题政策适用的通知》(大地税函〔2009〕211号)明确:个体工商户、个人独资企业和合伙企业取得的政府规定标准内的动迁补偿收入免征个人所得税,超标准的部分计征个人所得税;个人(含自然人和个体工商户)、个人独资企业和合伙企业因搬迁等原因取得的对生产经营收益性质的补偿金,属于经营性所得,应当按照"经营所得"项目征收个人所得税。纳税人遇到此类情况应与当地税务机关沟通与确认。

热点问题 个人合伙企业甲个人所得税按核定征方式征收,2022年甲企业因政府规划,所拥有的一块土地使用权被政府征收,政府按规定标准予以补偿,给予其300万元征收补偿金,请问甲企业个人合伙人是否可以享受补偿金所得个人所得税免税政策?

答:根据《财政部 国家税务总局关于印发〈关于个人独资企业和合伙企业投资者征收个人所得税的法规〉的通知》(财税〔2000〕91号)第十条的规定,实行核定征税的投资者,不能享受个人所得税的优惠政策。个人合伙企业甲个人所得税按核定征方式征收,因此,甲企业个人合伙人不能享受补偿金所得个人所得税免税。

对易地扶贫搬迁贫困人口按规定取得的住房建设补助资金、拆旧复垦奖励资金等与易地扶贫搬迁相关的货币化补偿和易地扶贫搬迁安置住房,免征个人所得税。

易地扶贫搬迁项目、项目实施主体、易地扶贫搬迁贫困人口、相关安置住房等信息由易地扶贫搬迁工作主管部门确定。县级易地扶贫搬迁工作主管部门应当将上述信息及时提供给同级税务部门。

[《财政部 税务总局关于易地扶贫搬迁税收优惠政策的通知》(财税〔2018〕135号)]

7.1.10.7　5年以上唯一住房

个人转让自用达5年以上并且是唯一的家庭生活用房取得的所得,免征个人所得税。

[《财政部 国家税务总局关于个人所得税若干政策问题的通知》(财税字〔1994〕20号)]

个人购买住房以取得的房屋产权证或契税完税证明上注明的时间作为其购买房屋的时间。

"契税完税证明中注明的时间"是指契税完税证明上注明的填发日期。

纳税人申报时,同时出具房屋产权证和契税完税证明且两者所注明的时间不一致的,按照"孰先"的原则确定购买房屋的时间,即房屋产权证上注明的时间早于契税完税证明上注明的时间的,以房屋产权证明的时间为购买房屋的时间;契税完税证明上注明的时间早于房屋产权证上注明的时间的,以契税完税证明上注明的时间为购买房屋的时间。

根据国家房改政策购买的公有住房,以购房合同的生效时间、房款收据的开具日期或房屋产权证上注明的时间,按照"孰先"的原则确定购买房屋的时间。

[《国家税务总局 财政部 建设部关于加强房地产税收管理的通知》(国税发〔2005〕89号)、《国家税务总局关于房地产税收政策中几个具体问题的通知》(国税发〔2005〕172号)]

1) 离婚析产5年以上唯一住房处理

个人转让离婚析产房屋所取得的收入,符合家庭生活自用5年以上唯一住房的,可以申请免征个人所得税,其购置时间按《国家税务总局关于房地产税收政策执行中几个具体问题的通知》(国税发〔2005〕172号)执行。

[《国家税务总局关于明确个人所得税若干政策执行问题的通知》(国税发〔2009〕121号)]

个人将通过受赠、继承、离婚财产分割等非购买形式取得的住房对外销售的行为,也适用《国家税务总局 财政部 建设部关于加强房地产税收管理的通知》(国税发〔2005〕89号)的有关规定。其购房时间按发生受赠、继承、离婚财产分割行为前的购房时间确定,其购房价格按发生受赠、继承、离婚财产分割行为前的购房原价确定。个人需持其通过受赠、继承、离婚财产分割等非购买形式取得住房的合法、有效法律证明文书,到税务部门办理相关手续。

[《国家税务总局关于房地产税收政策中几个具体问题的通知》(国税发〔2005〕172号)]

案例7-1　小王与老王系父子关系,2001年老王通过购买房改房取得住房一套,2018年5月将该住房以买卖方式出售给了儿子小王。该房屋系小王唯一住房。2022年8月,小王将该房屋出售,准备重新购买新住房。小王认为,该房屋是父亲早在2001年就拥有的,现在是他名下是唯一住房,应享受5年唯一住房免征个人所得税政策。

由于该住房在2018年5月被老王以买卖方式出售给了儿子小王,不属于通过受赠、继承、离婚财产分割等非购买形式取得的住房,购房时间不能按发生受赠、继承、离婚财产分割行为前的购房时间确定,因此小王的购房时间应为2018年5月,2022年8月出售该房屋时尚不到5年,不能享受5年唯一住房免征个人所得税政策。

2)因纠纷未获取产权证购房时间确认

部分地区反映,个人因产权纠纷等原因未能及时获取房屋所有权证书,向法院、仲裁机构申请裁定后,取得人民法院、仲裁委员会的房屋所有权证裁定书的时间,可否确认为个人取得房屋所有权证书时间。针对上述反映,现对个人转让住房享受税收优惠政策判定购房时间明确如下:

个人转让住房,因产权纠纷等原因未能及时取得房屋所有权证书(包括不动产权证书),对于人民法院、仲裁委员会出具的法律文书确认个人购买住房的,法律文书的生效日期视同房屋所有权证书的注明时间,据以确定纳税人是否享受税收优惠政策。

施行时间2017年4月1日,此前尚未进行税收处理的,按此规定执行。

[《国家税务总局关于个人转让住房享受税收优惠政策判定购房时间问题的公告》(国家税务总局公告2017年第8号)]

7.1.10.8 外籍个人免税所得

1)外籍个人住房补贴、伙食补贴、搬迁费、洗衣费

外籍个人以非现金形式或实报实销形式取得的住房补贴、伙食补贴、搬迁费、洗衣费,暂免征收个人所得税。

[《财政部 国家税务总局关于个人所得税若干政策问题的通知》(财税字〔1994〕20号)]

对外籍个人以非现金形式或实报实销形式取得的合理的住房补贴、伙食补贴和洗衣费免征个人所得税,应由纳税人在初次取得上述补贴或上述补贴数额、支付方式发生变化的月份的次月进行工资、薪金所得纳税申报时,向主管税务机关提供上述补贴的有效凭证,由主管税务机关核准确认免税。

对外籍个人因到中国任职或离职,以实报实销形式取得的搬迁收入免征个人所得税,应由纳税人提供有效凭证,由主管税务机关审核认定,就其合理的部分免税。外商投资企业和外国企业在中国境内的机构、场所,以搬迁费名义每月或定期向其外籍雇员支付的费用,应计入工资薪金所得征收个人所得税。

[《国家税务总局关于外籍个人取得有关补贴征免个人所得税执行问题的通知》(国税发〔1997〕54号)]

2)外籍个人境内外出差补贴

外籍个人按合理标准取得的境内、外出差补贴,暂免征收个人所得税。

[《财政部 国家税务总局关于个人所得税若干政策问题的通知》(财税字〔1994〕20号)]

对外籍个人按合理标准取得的境内、外出差补贴免征个人所得税,应由纳税人提供出差的交通费、住宿费凭证(复印件)或企业安排出差的有关计划,由主管税务机关确认免税。

[《国家税务总局关于外籍个人取得有关补贴征免个人所得税执行问题的通知》(国税发〔1997〕54号)]

3）外籍个人探亲费、语言训练费、子女教育费

外籍个人取得的探亲费、语言训练费、子女教育费等，经当地税务机关审核批准为合理的部分，暂免征收个人所得税。

[《财政部 国家税务总局关于个人所得税若干政策问题的通知》（财税字〔1994〕20号）]

对外籍个人取得的探亲费免征个人所得税，应由纳税人提供探亲的交通支出凭证（复印件），由主管税务机关审核，对其实际用于本人探亲，且每年探亲的次数和支付的标准合理的部分给予免税。

对外籍个人取得的语言培训费和子女教育费补贴免征个人所得税，应由纳税人提供在中国境内接受上述教育的支出凭证和期限证明材料，由主管税务机关审核，对其在中国境内接受语言培训以及子女在中国境内接受教育取得的语言培训费和子女教育费补贴，且在合理数额内的部分免予纳税。

[《国家税务总局关于外籍个人取得有关补贴征免个人所得税执行问题的通知》（国税发〔1997〕54号）]

可以享受免征个人所得税优惠待遇的探亲费，仅限于外籍个人在我国的受雇地与其家庭所在地（包括配偶或父母居住地）之间搭乘交通工具且每年不超过2次的费用。

[《国家税务总局关于外籍个人取得的探亲费免征个人所得税有关执行标准问题的通知》（国税函〔2001〕336号）]

4）取消住房伙食等补贴免征个人所得税审批的后续管理

根据《财政部 国家税务总局关于个人所得税若干政策问题的通知》（财税字〔1994〕20号）第二条、《国家税务总局关于外籍个人取得有关补贴征免个人所得税执行问题的批复》（国税发〔1997〕54号，以下简称国税发〔1997〕54号文件）的规定，外籍个人以非现金或实报实销形式取得的住房补贴、伙食补贴、洗衣费、搬迁费、出差补贴、探亲费、语言训练费、子女教育费等补贴，由纳税人提供有关凭证，主管税务机关核准后给予免征个人所得税。取消上述核准后，外籍个人取得上述补贴收入，在申报缴纳或代扣代缴个人所得税时，应按国税发〔1997〕54号文件的规定提供有关有效凭证及证明资料。主管税务机关应按照国税发〔1997〕54号文件的要求，就纳税人或代扣代缴义务人申报的有关补贴收入逐项审核。对其中有关凭证及证明资料，不能证明其上述免税补贴的合理性的，主管税务机关应要求纳税人或代扣代缴义务人在限定的时间内，重新提供证明材料。凡未能提供有效凭证及证明资料的补贴收入，主管税务机关有权给予纳税调整。

[《国家税务总局关于取消及下放外商投资企业和外国企业以及外籍个人若干税务行政审批项目的后续管理问题的通知》（国税发〔2004〕80号）]

5）外籍专家工资薪金所得

凡符合下列条件之一的外籍专家取得的工资、薪金所得可免征个人所得税：

（1）根据世界银行专项贷款协议由世界银行直接派往我国工作的外国专家。

（2）联合国组织直接派往我国工作的专家。

世界银行或联合国"直接派往"是指世界银行或联合国组织直接与该专家签订提供

技术服务的协议或与该专家的雇主签订技术服务协议,并指定该专家为有关项目提供技术服务,由世界银行或联合国支付该外国专家的工资、薪金报酬。该外国专家办理上述免税时,应提供其与世界银行签订的有关合同和其工资、薪金所得由世界银行或联合国组织支付、负担的证明。

联合国组织是指联合国的有关组织,包括联合国开发计划署、联合国人口活动基金、联合国儿童基金会、联合国技术合作部、联合国工业发展组织、联合国粮农组织、世界粮食计划署、世界卫生组织、世界气象组织、联合国教科文组织等。

除上述由世界银行或联合国组织直接派往中国工作的外国专家以外,其他外国专家从事与世界银行贷款项目有关的技术服务所取得的工资、薪金所得或劳务报酬所得,均应依法征收个人所得税。

(3) 为联合国援助项目来华工作的专家。

(4) 援助国派往我国专为该国无偿援助项目工作的专家。

(5) 根据两国政府签订文化交流项目来华工作两年以内的文教专家,其工资、薪金所得由该国负担的。

(6) 根据我国大专院校国际交流项目来华工作两年以内的文教专家,其工资、薪金所得由该国负担的。

(7) 通过民间科研协定来华工作的专家,其工资、薪金所得由该国政府机构负担的。

[《财政部 国家税务总局关于个人所得税若干政策问题的通知》(财税字〔1994〕20号)、《国家税务总局关于世界银行、联合国直接派遣来华工作的专家享受免征个人所得税有关问题的通知》(国税函发〔1996〕417号)]

6)外籍个人取得港澳地区住房等补贴

受雇于我国境内企业的外籍个人(不包括中国香港、中国澳门居民个人),因家庭等原因居住在中国香港、中国澳门,每个工作日往返于内地与香港、澳门等地区,由此境内企业(包括其关联企业)给予在中国香港或中国澳门住房、伙食、洗衣、搬迁等非现金形式或实报实销形式的补贴,凡能提供有效凭证的,经主管税务机关审核确认后,可以依照《财政部 国家税务总局关于个人所得税若干政策问题的通知》(财税字〔1994〕20号)第二条和《国家税务总局关于外籍个人取得有关补贴征免个人所得税执行问题的通知》(国税发〔1997〕54号)第一条、第二条的规定(详见7.1.10.8"外籍个人免税所得"之"外籍个人住房补贴、伙食补贴、搬迁费、洗衣费"),免予征收个人所得税。

上述外籍个人就其在中国香港或中国澳门进行语言培训、子女教育而取得的费用补贴,凡能提供有效支出凭证等材料的,经主管税务机关审核确认为合理的部分,可以依照上述《财政部 国家税务总局关于个人所得税若干政策问题的通知》(财税字〔1994〕20号)第二条以及《国家税务总局关于外籍个人取得有关补贴征免个人所得税执行问题的通知》(国税发〔1997〕54号)第五条的规定(详见7.1.10.8"外籍个人免税所得"之"外籍个人探亲费、语言训练费、子女教育费"),免予征收个人所得税。

[《财政部 国家税务总局关于外籍个人取得港澳地区住房等补贴征免个人所得税的通知》(财税

〔2004〕29号)］

7)外籍个人选择适用优惠政策

2019年1月1日至2023年12月31日,外籍个人符合居民个人条件的,可以选择享受个人所得税专项附加扣除,也可以选择按照《财政部 国家税务总局关于个人所得税若干政策问题的通知》(财税〔1994〕20号)、《国家税务总局关于外籍个人取得有关补贴征免个人所得税执行问题的通知》(国税发〔1997〕54号)和《财政部 国家税务总局关于外籍个人取得港澳地区住房等补贴征免个人所得税的通知》(财税〔2004〕29号)规定(详见7.1.10.8"外籍个人免税所得"之"外籍个人住房补贴、伙食补贴、搬迁费、洗衣费",7.1.10.8"外籍个人免税所得"之"外籍个人探亲费、语言训练费、子女教育费",7.1.10.8"外籍个人免税所得"之"外籍个人取得港澳地区住房等补贴"),享受住房补贴、语言训练费、子女教育费等津补贴免税优惠政策,但不得同时享受。外籍个人一经选择,在一个纳税年度内不得变更。

［《财政部关于个人所得税法修改后有关优惠政策衔接问题的通知》(财税〔2018〕164号)、《财政部 税务总局关于延续实施外籍个人津补贴等有关个人所得税优惠政策的公告》(财政部 税务总局公告2021年第43号)］

8)股息、红利所得

取消对外籍个人从外商投资企业取得的股息、红利所得免征个人所得税等税收优惠。

［《国务院办公厅关于深化收入分配制度改革重点工作分工的通知》(国办函〔2013〕36号)、《国务院批转发展改革委等部门关于深化收入分配制度改革若干意见的通知》(国发〔2013〕6号)］

解读▶《财政部 国家税务总局关于个人所得税若干政策问题的通知》(财税字〔1994〕20号)第二条第八款规定,外籍个人从外商投资企业取得的股息、红利所得,暂免个人所得税。2013年2月,《国务院办公厅关于深化收入分配制度改革重点工作分工的通知》(国办函〔2013〕36号)和《国务院批转发展改革委等部门关于深化收入分配制度改革若干意见的通知》(国发〔2013〕6号)两个文件同时明确"取消对外籍个人从外商投资企业取得的股息、红利所得免征个人所得税等税收优惠"。而这两个文件在当时的情况下关于个人所得税的表述更多的明确的是目标性问题,比如国发〔2013〕6号文件规定:"加强个人所得税调节。加快建立综合与分类相结合的个人所得税制度。完善高收入者个人所得税的征收、管理和处罚措施,将各项收入全部纳入征收范围,建立健全个人收入双向申报制度和全国统一的纳税人识别号制度,依法做到应收尽收。取消对外籍个人从外商投资企业取得的股息、红利所得免征个人所得税等税收优惠。"后续财政部、国家税务总局对如何贯彻国发〔2013〕6号文件也没有再发文件明确。各地执行中一直困惑存疑,有的省份曾明确发文,如《关于对外籍个人从外商投资企业取得股息红利所得征收个人所得税问题的公告》(湖北省地方税务局公告2013年第1号),明确"取消对外籍个人从外商投资企业取得的股息、红利所得免征个人所得税税收优惠。对取得上述所得的外籍个人,按照'利息、股息、红利'所得项目征收个人所得税"。2018年又以《关于公布现行有效和全文失效废止税收规范性文件目录的公告》(国家税务总局湖北省税务局公告2018年第5号),将该法规全文废止。广东省2011年12366答复、《国家税务总局12366纳税服务平台2019年度问答汇编》第124个问题解答中仍然沿用了"财税字〔1994〕20号第二条第八款外籍个人从外商投资企业取得的股息、红利所得,暂免个人所得税"的规定进行了答复。

因此,在全国大多数地区其实仍然按照财税字〔1994〕20号第二条第八款规定,外籍个人从外商投资企业取得的股息、红利所得,暂免个人所得税。当然,我们仍期待财政部、国家税务总局出台明确的政策,以减少基层的执法风险和征纳矛盾。

9)北京冬奥会及相关工作所得

对国际奥委会及其相关实体的外籍雇员、官员、教练员、训练员以及其他代表在2019年6月1日至2022年12月31日临时来华,从事与北京冬奥会相关的工作,取得由北京冬奥组委支付或认定的收入,免征增值税和个人所得税。该类人员的身份及收入由北京冬奥组委出具证明文件,北京冬奥组委定期将该类人员名单及免税收入相关信息报送税务部门。

[《财政部 税务总局 海关总署关于北京2022年冬奥会和冬残奥会税收优惠政策的公告》(财政部 税务总局 海关总署公告2019年第92号)]

7.1.10.9 社会福利奖券中奖收入

对个人购买社会福利有奖募捐奖券一次中奖收入不超过10 000元的暂免征收个人所得税,对一次中奖收入超过10 000元的,应按税法规定全额征税。

[《国家税务总局关于社会福利有奖募捐发行收入税收问题的通知》(国税发〔1994〕127号)]

7.1.10.10 体育彩票中奖所得

对个人购买体育彩票中奖收入的所得税政策作如下调整:凡一次中奖收入不超过1万元的,暂免征收个人所得税;超过1万元的,应按税法规定全额征收个人所得税。

[《财政部 国家税务总局关于个人取得体育彩票中奖所得征免个人所得税问题的通知》(财税字〔1998〕12号)]

7.1.10.11 见义勇为奖金

为了鼓励广大人民群众见义勇为,维护社会治安,对乡、镇(含乡、镇)以上人民政府或经县(含县)以上人民政府主管部门批准成立的有机构、有章程的见义勇为基金会或者类似组织,奖励见义勇为者的奖金或奖品,经主管税务机关核准,免予征收个人所得税。

[《财政部 国家税务总局关于发给见义勇为者的奖金免征个人所得税问题的通知》(财税字〔1995〕25号)]

7.1.10.12 举报协查违法行为奖金

个人举报、协查各种违法、犯罪行为而获得的奖金,免征个人所得税。

[《财政部 国家税务总局关于个人所得税若干政策问题的通知》(财税字〔1994〕20号)]

7.1.10.13 有奖发票奖金

个人取得单张有奖发票奖金所得不超过800元(含800元)的,暂免征收个人所得税;个人取得单张有奖发票奖金所得超过800元的,应全额按照《个人所得税法》规定的"偶然所得"目征收个人所得税。

税务机关或其指定的有奖发票兑奖机构,是有奖发票奖金所得个人所得税的扣缴义务人,应依法认真做好个人所得税代扣代缴工作。

[《财政部 国家税务总局关于个人取得有奖发票奖金征免个人所得税问题的通知》(财税〔2007〕34号)]

7.1.10.14 退役士兵退役金和经济补助

为贯彻落实《中华人民共和国兵役法》《退役士兵安置条例》(国务院 中央军委令第608号)和国务院有关文件精神,对退役士兵按照《退役士兵安置条例》(国务院 中央军委令第608号)规定,取得的一次性退役金以及地方政府发放的一次性经济补助,根据《个人所得税法》第四条中"经国务院财政部门批准免税的所得"的规定,免征个人所得税。

[《财政部 国家税务总局关于退役士兵退役金和经济补助免征个人所得税问题的通知》(财税〔2011〕109号)]

7.1.10.15 西藏自治区特别优惠

为了照顾西藏的实际情况,保持国家对西藏的特别优惠政策,对个人从西藏自治区内取得的下列所得,免征个人所得税:

(1) 农牧民在农牧区从事生产、经营活动的所得。

(2) 艰苦边缘地区津贴。

(3) 经国家批准或者同意,由自治区人民政府或者有关部门发给在西藏长期工作的人员和大中专毕业生的浮动工资,增发的工龄工资,离退休人员的安家费和建房补贴费。

[财政部 国家税务总局关于西藏自治区贯彻施行《中华人民共和国个人所得税法》有关问题的批复(财税字〔1994〕21号)]

7.1.10.16 转让境内上市公司股票

为了配合企业改制,促进股票市场的稳健发展,经报国务院批准,从1997年1月1日起,对个人转让上市公司股票取得的所得继续暂免征收个人所得税。

[《财政部 国家税务总局关于个人转让股票所得继续暂免征收个人所得税的通知》(财税字〔1998〕61号)]

7.1.10.17 转让新三板挂牌公司非原始股股票

自2018年11月1日(含)起,对个人转让新三板挂牌公司非原始股取得的所得,暂免征收个人所得税。

非原始股是指个人在新三板挂牌公司挂牌后取得的股票,以及由上述股票孳生的送、转股。

2018年11月1日之前,个人转让新三板挂牌公司非原始股,尚未进行税收处理的,可比照上述规定执行,已经进行相关税收处理的,不再进行税收调整。

[《财政部 国家税务总局 中国证券监督管理委员会关于个人转让全国中小企业股份转让系统挂牌公司股票有关个人所得税政策的通知》(财税〔2018〕137号)]

7.1.10.18 上市公司股息、红利

个人从公开发行和转让市场取得的上市公司股票,持股期限超过1年的,股息、红利所得暂免征收个人所得税。

个人从公开发行和转让市场取得的上市公司股票,持股期限在1个月以上至1年(含1年)的,暂减按50%计入应纳税所得额;持股期限在1个月以内(含1个月)的,其股息、红利所得全额计入应纳税所得额;上述所得统一适用20%的税率计征个人所得税。

持股一个月是指从上月某日至本月同日的前一日连续持股。

证券投资基金从上市公司取得的股息、红利所得,按照上述规定计征个人所得税。

年(月)是指自然年(月),即持股一年是指从上一年某月某日至本年同月同日的前一日连续持股。

上述规定自2015年9月8日起施行。上市公司派发股息、红利,股权登记日在2015年9月8日之后的,股息、红利所得按照财税〔2015〕101号文件的规定执行。实施之日个人投资者证券账户已持有的上市公司股票,其持股时间自取得之日起计算。

[《财政部 国家税务总局 证监会关于实施上市公司股息红利差别化个人所得税政策有关问题的通知》(财税〔2012〕85号)、《财政部 国家税务总局 证监会关于上市公司股息红利差别化个人所得税政策有关问题的通知》(财税〔2015〕101号)]

热点问题 以自然人为合伙人的合伙企业持有上市公司股票,其取得的上市公司股息、红利是否可以享受差别化政策?

答:《财政部 国家税务总局 证监会关于上市公司股息红利差别化个人所得税政策有关问题的通知》(财税〔2015〕101号)规定,个人从公开发行和转让市场取得的上市公司股票,持股期限超过1年的,股息红利所得暂免征收个人所得税。个人从公开发行和转让市场取得的上市公司股票,持股期限在1个月以上至1年(含1年)的,暂减按50%计入应纳税所得额。享受差别化个人所得税政策的主体是个人,合伙企业的合伙人虽然为自然人,但是证券登记的主体是合伙企业,与个人是不同的民事主体。因此,合伙企业持有上市公司股票,其取得的上市公司股息、红利是不享受差别化个人所得税政策的。

1)上市公司股票类型

个人从公开发行和转让市场取得的上市公司股票包括:

(1)通过证券交易所集中交易系统或大宗交易系统取得的股票。
(2)通过协议转让取得的股票。
(3)因司法扣划取得的股票。
(4)因依法继承或家庭财产分割取得的股票。
(5)通过收购取得的股票。
(6)权证行权取得的股票。
(7)使用可转换公司债券转换的股票。
(8)取得发行的股票、配股、股份股利及公积金转增股本。
(9)持有从代办股份转让系统转到主板市场(或中小板、创业板市场)的股票。

(10) 上市公司合并,个人持有的被合并公司股票转换的合并后公司股票。

(11) 上市公司分立,个人持有的被分立公司股票转换的分立后公司股票。

(12) 其他从公开发行和转让市场取得的股票。

[《财政部 国家税务总局 证监会关于实施上市公司股息红利差别化个人所得税政策有关问题的通知》(财税〔2012〕85号)]

2) 证券公司等股份托管机构扣缴税款规则

上市公司派发股息、红利时,对个人持股1年以内(含1年)的,上市公司暂不扣缴个人所得税;待个人转让股票时,证券登记结算公司根据其持股期限计算应纳税额,由证券公司等股份托管机构从个人资金账户中扣收并划付证券登记结算公司,证券登记结算公司应于次月5个工作日内划付上市公司,上市公司在收到税款当月的法定申报期内向主管税务机关申报缴纳。

个人应在资金账户留足资金,依法履行纳税义务。证券公司等股份托管机构应依法划扣税款,对个人资金账户暂无资金或资金不足的,证券公司等股份托管机构应当及时通知个人补足资金,并划扣税款。

个人转让股票时,按照先进先出的原则计算持股期限,即证券账户中先取得的股票视为先转让。

应纳税所得额以个人投资者证券账户为单位计算,持股数量以每日日终结算后个人投资者证券账户的持有记录为准,证券账户取得或转让的股份数为每日日终结算后的净增(减)股份数。

[《财政部 国家税务总局 证监会关于上市公司股息红利差别化个人所得税政策有关问题的通知》(财税〔2015〕101号)、《财政部 国家税务总局 证监会关于实施上市公司股息红利差别化个人所得税政策有关问题的通知》(财税〔2012〕85号)]

热点问题 有纳税人问,2019年5月买入民生银行10万股股票,计划长期持有至少1年。2019年7月5日获得了分红,分红后,又买入3000股民生银行股票,同年7月15日卖出3000股,为什么我账户上仍然有10万股,在转让时还扣缴个人所得税?

答:这里纳税人的疑问实际上是关于持股期限如何计算的问题。根据《财政部 国家税务总局 证监会关于实施上市公司股息红利差别化个人所得税政策有关问题的通知》(财税〔2012〕85号)的规定,持股期限,是指个人从公开发行和转让市场取得上市公司股票之日至转让交割该股票之日前一日的持有时间。个人转让股票时,按照先进先出法计算持股期限,即证券账户中先取得的股票视为先转让。持股期限按自然年(月)计算,持股一年是指从上一年某月某日至本年同月同日的前一日连续持股;持股一个月是指从上月某日至本月同日的前一日连续持股。持有股份数量以每日日终结算后个人投资者证券账户的持有记录为准。因此,虽然看起来股票账户上仍然有民生银行的股票10万股,但转让时按先进先出的原则,计算账户上最先买进的股票的持有期限,如果不满1年,应按相关规定扣缴个人所得税。

3) 转让股票情形

转让股票包括下列情形:

(1) 通过证券交易所集中交易系统或大宗交易系统转让股票。

(2) 协议转让股票。

(3) 持有的股票被司法扣划。

(4) 因依法继承、捐赠或家庭财产分割让渡股票所有权。

(5) 用股票接受要约收购。

(6) 行使现金选择权将股票转让给提供现金选择权的第三方。

(7) 用股票认购或申购交易型开放式指数基金(ETF)份额。

(8) 其他具有转让实质的情形。

[《财政部 国家税务总局 证监会关于实施上市公司股息红利差别化个人所得税政策有关问题的通知》(财税〔2012〕85号)]

4）限售股股息、红利

对个人持有的上市公司限售股，解禁后取得的股息、红利，按照上市公司股息、红利差别化个人所得税政策规定计算纳税，持股时间自解禁日起计算；解禁前取得的股息、红利继续暂减按50%计入应纳税所得额，适用20%的税率计征个人所得税。

限售股，是指财税〔2009〕167号文件和财税〔2010〕70号文件规定的限售股。(详见8.5.1"限售股类型")

[《财政部 国家税务总局 证监会关于实施上市公司股息红利差别化个人所得税政策有关问题的通知》(财税〔2012〕85号)]

5）中国香港市场投资者投资A股股息、红利

对中国香港市场投资者(包括企业和个人)投资上交所上市A股取得的股息红利所得，在香港中央结算有限公司(以下简称香港结算)不具备向中国结算提供投资者的身份及持股时间等明细数据的条件之前，暂不执行按持股时间实行差别化征税政策，由上市公司按照10%的税率代扣所得税，并向其主管税务机关办理扣缴申报。对于中国香港投资者中属于其他国家税收居民且其所在国与中国签订的税收协定规定股息、红利所得税率低于10%的，企业或个人可以自行或委托代扣代缴义务人，向上市公司主管税务机关提出享受税收协定待遇的申请，主管税务机关审核后，应按已征税款和根据税收协定税率计算的应纳税款的差额予以退税。

[《财政部 国家税务总局 证监会关于沪港股票市场交易互联互通机制试点有关税收政策的通知》(财税〔2014〕81号)]

对中国香港市场投资者(包括企业和个人)投资深交所上市A股取得的股息红利所得，在香港中央结算有限公司(简称香港结算)不具备向中国结算提供投资者的身份及持股时间等明细数据的条件之前，暂不执行按持股时间实行差别化征税政策，由上市公司按照10%的税率代扣所得税，并向其主管税务机关办理扣缴申报。对于中国香港投资者中属于其他国家税收居民且其所在国与中国签订的税收协定规定股息红利所得税率低于10%的，企业或个人可以自行或委托代扣代缴义务人，向上市公司主管税务机关提出享受税收协定待遇退还多缴税款的申请，主管税务机关查实后，对符合退税条件的，应按

已征税款和根据税收协定税率计算的应纳税款的差额予以退税。

[《财政部 国家税务总局 证监会关于深港股票市场交易互联互通机制试点有关税收政策的通知》(财税〔2016〕127号)]

7.1.10.19 中小企业股份转让系统股息、红利

1)股息、红利差别化政策及适用

个人持有挂牌公司的股票,持股期限超过1年的,对股息、红利所得暂免征收个人所得税。

个人持有挂牌公司的股票,持股期限在1个月以内(含1个月)的,其股息、红利所得全额计入应纳税所得额;持股期限在1个月以上至1年(含1年)的,其股息、红利所得暂减按50%计入应纳税所得额;上述所得统一适用20%的税率计征个人所得税。

对证券投资基金从挂牌公司取得的股息、红利所得,按照上述规定计征个人所得税。

挂牌公司是指股票在全国中小企业股份转让系统公开转让的非上市公众公司;持股期限是指个人取得挂牌公司股票之日至转让交割该股票之日前一日的持有时间。

对个人和证券投资基金从全国中小企业股份转让系统挂牌的原STAQ、NET系统挂牌公司(以下简称两网公司)以及全国中小企业股份转让系统挂牌的退市公司取得的股息、红利所得,按照上述规定计征个人所得税,但退市公司的限售股按照《财政部 国家税务总局 证监会关于实施上市公司股息红利差别化个人所得税政策有关问题的通知》(财税〔2012〕85号)第四条规定执行(详见7.1.10.18"上市公司股息、红利"之"限售股股息、红利")。

[《财政部 税务总局 证监会关于继续实施全国中小企业股份转让系统挂牌公司股息红利差别化个人所得税政策的公告》(财政部 税务总局 证监会公告2019年第78号)]

2)挂牌公司的股票类型

个人持有挂牌公司的股票包括:

(1)在全国中小企业股份转让系统挂牌前取得的股票。

(2)通过全国中小企业股份转让系统转让取得的股票。

(3)因司法扣划取得的股票。

(4)因依法继承或家庭财产分割取得的股票。

(5)通过收购取得的股票。

(6)权证行权取得的股票。

(7)使用附认股权、可转换成股份条款的公司债券认购或者转换的股票。

(8)取得发行的股票、配股、股票股利及公积金转增股本。

(9)挂牌公司合并,个人持有的被合并公司股票转换的合并后公司股票。

(10)挂牌公司分立,个人持有的被分立公司股票转换的分立后公司股票。

(11)其他从全国中小企业股份转让系统取得的股票。

[《财政部 税务总局 证监会关于继续实施全国中小企业股份转让系统挂牌公司股息红利差别化个人所得税政策的公告》(财政部 税务总局 证监会公告2019年第78号)]

3）证券公司等股票托管机构划扣税款规则

挂牌公司派发股息、红利时,对截至股权登记日个人持股1年以内(含1年)且尚未转让的,挂牌公司暂不扣缴个人所得税;待个人转让股票时,证券登记结算公司根据其持股期限计算应纳税额,由证券公司等股票托管机构从个人资金账户中扣收并划付证券登记结算公司,证券登记结算公司应于次月5个工作日内划付挂牌公司,挂牌公司在收到税款当月的法定申报期内向主管税务机关申报缴纳,并应办理全员全额扣缴申报。

个人应在资金账户留足资金,依法履行纳税义务。证券公司等股票托管机构应依法划扣税款,对个人资金账户暂无资金或资金不足的,证券公司等股票托管机构应当及时通知个人补足资金,并划扣税款。

个人转让股票时,按照先进先出的原则计算持股期限,即证券账户中先取得的股票视为先转让。

应纳税所得额以个人投资者证券账户为单位计算,持股数量以每日日终结算后个人投资者证券账户的持有记录为准,证券账户取得或转让的股票数为每日日终结算后的净增(减)股票数。

[《财政部 税务总局 证监会关于继续实施全国中小企业股份转让系统挂牌公司股息红利差别化个人所得税政策的公告》(财政部 税务总局 证监会公告2019年第78号)]

4）转让股票情形

转让股票包括下列情形:

(1) 通过全国中小企业股份转让系统转让股票。
(2) 持有的股票被司法扣划。
(3) 因依法继承、捐赠或家庭财产分割让渡股票所有权。
(4) 用股票接受要约收购。
(5) 行使现金选择权将股票转让给提供现金选择权的第三方。
(6) 用股票认购或申购交易型开放式指数基金(ETF)份额。
(7) 其他具有转让实质的情形。

[《财政部 税务总局 证监会关于继续实施全国中小企业股份转让系统挂牌公司股息红利差别化个人所得税政策的公告》(财政部 税务总局 证监会公告2019年第78号)]

7.1.10.20　沪港通投资转让差价所得

对内地个人投资者通过沪港通投资香港联交所上市股票取得的转让差价所得,自2014年11月17日起至2023年12月31日止,暂免征收个人所得税。

对中国香港市场投资者(包括企业和个人)投资上海证券交易所(以下简称上交所)上市A股取得的转让差价所得,暂免征收所得税。

[《财政部 国家税务总局 证监会关于沪港股票市场交易互联互通机制试点有关税收政策的通知》(财税〔2014〕81号)、《财政部 国家税务总局 证监会关于继续执行沪港股票市场互联互通机制有关个人所得税政策的通知》(财税〔2017〕78号)、《财政部 税务总局 证监会关于继续执行沪港、深港股票市

场交易互联互通机制和内地与香港基金互认有关个人所得税政策的公告》(财政部 税务总局 证监会公告2019年第93号)、《财政部 税务总局关于延续实施有关个人所得税优惠政策的公告》(财政部 税务总局公告2023年第2号)]

7.1.10.21 深港通投资转让差价所得

对内地个人投资者通过深港股票市场交易互联互通机制试点(以下简称深港通)投资香港联交所上市股票取得的转让差价所得,自2016年12月5日起至2023年12月31日止,暂免征收个人所得税。

对中国香港市场投资者(包括企业和个人)投资深圳证券交易所(以下简称深交所)上市A股取得的转让差价所得,暂免征收所得税。

[《财政部 国家税务总局 证监会关于深港股票市场交易互联互通机制试点有关税收政策的通知》(财税〔2016〕127号)、《财政部 税务总局 证监会关于继续执行沪港、深港股票市场交易互联互通机制和内地与香港基金互认有关个人所得税政策的公告》(财政部 税务总局 证监会公告2019年第93号)、《财政部 税务总局关于延续实施有关个人所得税优惠政策的公告》(财政部 税务总局公告2023年第2号)]

7.1.10.22 基金互认

基金互认,是指内地基金或香港基金经香港证监会认可或中国证监会注册,在双方司法管辖区内向公众销售。内地基金,是指中国证监会根据《中华人民共和国证券投资基金法》注册的公开募集证券投资基金。香港基金,是指香港证监会根据香港法律认可公开销售的单位信托、互惠基金或者其他形式的集体投资计划。

[《财政部 国家税务总局 证监会关于内地与香港基金互认有关税收政策的通知》(财税〔2015〕125号)]

1) 内地投资者买卖香港基金份额

对内地个人投资者通过基金互认买卖香港基金份额取得的转让差价所得,自2015年12月18日起至2023年12月31日止,暂免征收个人所得税。

买卖基金份额,包括申购与赎回、交易。

[《财政部 国家税务总局 证监会关于内地与香港基金互认有关税收政策的通知》(财税〔2015〕125号)、《财政部 国家税务总局 证监会关于继续执行内地与香港基金互认有关个人所得税政策的通知》(财税〔2018〕154号)、《财政部 税务总局 证监会关于继续执行沪港、深港股票市场交易互联互通机制和内地与香港基金互认有关个人所得税政策的公告》(财政部 税务总局 证监会公告2019年第93号)、《财政部 税务总局关于延续实施有关个人所得税优惠政策的公告》(财政部 税务总局公告2023年第2号)]

2) 香港基金分配

内地个人投资者通过基金互认从香港基金分配取得的收益,由该香港基金在内地的代理人按照20%的税率代扣代缴个人所得税。

代理人是指依法取得中国证监会核准的公募基金管理资格或托管资格,根据香港基金管理人的委托,代为办理该香港基金内地事务的机构。

[《财政部 国家税务总局 证监会关于内地与香港基金互认有关税收政策的通知》(财税〔2015〕125号)]

3)中国香港投资者买卖内地基金份额

对中国香港市场投资者(包括企业和个人)通过基金互认买卖内地基金份额取得的转让差价所得,暂免征收所得税。

买卖基金份额,包括申购与赎回、交易。

[《财政部 国家税务总局 证监会关于内地与香港基金互认有关税收政策的通知》(财税〔2015〕125号)]

4)内地基金分配

对中国香港市场投资者(包括企业和个人)通过基金互认从内地基金分配取得的收益,由内地上市公司向该内地基金分配股息红利时,对中国香港市场投资者按照10%的税率代扣所得税,或发行债券的企业向该内地基金分配利息时,对中国香港市场投资者按照7%的税率代扣所得税,并由内地上市公司或发行债券的企业向其主管税务机关办理扣缴申报。该内地基金向投资者分配收益时,不再扣缴所得税。

内地基金管理人应当向相关证券登记结算机构提供内地基金的中国香港市场投资者的相关信息。

[《财政部 国家税务总局 证监会关于内地与香港基金互认有关税收政策的通知》(财税〔2015〕125号)]

5)征管要求

财政、税务、证监等部门要加强协调,通力合作,切实做好政策实施的各项工作。

基金管理人、基金代理机构、相关证券登记结算机构以及上市公司和发行债券的企业,应依照法律法规积极配合税务机关做好基金互认税收的扣缴申报、征管及纳税服务工作。

[《财政部 国家税务总局 证监会关于内地与香港基金互认有关税收政策的通知》(财税〔2015〕125号)]

7.1.10.23 交易型开放式基金(ETF)

交易型开放式基金(ETF)纳入内地与香港股票市场交易互联互通机制后,适用现行内地与香港基金互认有关税收政策。具体按照《财政部 国家税务总局 证监会关于内地与香港基金互认有关税收政策的通知》(财税〔2015〕125号)(详见7.1.10.22"基金互认")、《财政部 税务总局 证监会关于继续执行沪港、深港股票市场交易互联互通机制和内地与香港基金互认有关个人所得税政策的公告》(财政部 税务总局 证监会公告2019年第93号)(详见7.1.10.20"沪港通投资转让差价所得"和7.1.10.21"深港通投资转让差价所得")等相关规定执行。

中国证券登记结算有限责任公司负责代扣代缴内地投资者从香港基金分配取得收益

的个人所得税。

[《财政部 税务总局 证监会关于交易型开放式基金纳入内地与香港股票市场交易互联互通机制后适用税收政策问题的公告》(财政部 税务总局 证监会公告2022年第24号)]

7.1.10.24 行政和解金

自2016年1月1日起,对个人投资者从投保基金公司取得的行政和解金,暂免征收个人所得税。

[《财政部 国家税务总局关于行政和解金有关税收政策问题的通知》(财税〔2016〕100号)]

解读 ▶ 行政和解金是指中国证券监督管理委员会(以下简称中国证监会)在监管执法过程中,与涉嫌违法的公民、法人或者其他组织(以下简称行政相对人)就涉嫌违法行为的处理达成行政和解协议,行政相对人按照行政和解协议约定缴纳的资金。行政和解金可以用于补偿同一案件中投资者因行政相对人的涉嫌违法行为所受损失,投保基金公司履行行政和解金的管理、使用职责。行政和解金补偿程序与投资者提起的民事赔偿诉讼程序相互独立,投保基金公司使用行政和解金补偿投资者的行为不是行政相对人对投资者的赔偿行为,投资者既可以接受行政和解金的补偿,也可以就同一涉嫌违法行为提起民事赔偿诉讼。但行政和解金制度以补偿投资者损失为原则,不支持投资者同时通过行政和解金补偿与民事赔偿诉讼就同一损失获得重复救济。

7.1.10.25 境外投资者原油期货所得

自原油期货对外开放之日起,对境外个人投资者投资中国境内原油期货取得的所得,3年内暂免征收个人所得税。

经国务院批准对外开放的其他货物期货品种,按照上述规定的税收政策执行。

执行时间:文件发布之日(2018年3月13日)。

[《财政部 国家税务总局 中国证券监督管理委员会关于支持原油等货物期货市场对外开放税收政策的通知》(财税〔2018〕21号)]

7.1.10.26 转让和持有创新企业境内发行存托凭证所得

创新企业境内发行存托凭证(以下简称创新企业CDR),是指符合《国务院办公厅转发证监会关于开展创新企业境内发行股票或存托凭证试点若干意见的通知》(国办发〔2018〕21号)规定的试点企业,以境外股票为基础证券,由存托人签发并在中国境内发行,代表境外基础证券权益的证券。

自试点开始之日起,对个人投资者转让创新企业CDR取得的差价所得,3年(36个月,下同)内暂免征收个人所得税。

自试点开始之日起,对个人投资者持有创新企业CDR取得的股息红利所得,3年内实施股息红利差别化个人所得税政策,具体参照《财政部 国家税务总局 证监会关于实施上市公司股息红利差别化个人所得税政策有关问题的通知》(财税〔2012〕85号)、《财政部 国家税务总局 证监会关于上市公司股息红利差别化个人所得税政策有关问题的通知》(财税〔2015〕101号)(详见7.1.10.18"上市公司股息、红利")的相关规定执行,由创新企业在其境内的存托机构代扣代缴税款,并向存托机构所在地税务机关办理全员全额明细申报。对于个人投资者取得的股息红利在境外已缴纳的税款,可按照《个人所得税法》和双边税收协定(安排)的相关规定予以抵免(详见6.4"境外抵免")。

试点开始之日,是指首只创新企业CDR取得国务院证券监督管理机构的发行批文之日。

[《财政部 国家税务总局 中国证券监督管理委员会关于创新企业境内发行存托凭证试点阶段有关税收政策的公告》(财政部 税务总局 证监会公告2019年第52号)]

解读▶ 2018年3月,我国启动创新企业境内发行存托凭证试点工作,拟以增发方式发行的境外普通股为基础证券,在境内发行存托凭证。2019年4月,为支持境内发行存托凭证试点工作,财政部、国家税务总局、证监会联合印发了《关于创新企业境内发行存托凭证试点阶段有关税收政策的公告》(财政部 税务总局 证监会公告2019年第52号),明确了存托凭证相关税收政策。

随着创新企业境内发行存托凭证试点工作的不断推进,创新企业原始股东以持有的存量股份为基础证券,也可在境内转换发行存托凭证。根据存托凭证试点内容变化,为明确有关个人所得税政策,财政部税政司、国家税务总局所得税司、证监会会计部于2021年1月15日发布了《关于创新企业限售存托凭证有关个人所得税政策的解答》。

1. 问:什么是创新企业限售存托凭证?

答:2018年3月,国务院办公厅印发了《国务院办公厅转发证监会关于开展创新企业境内发行股票或存托凭证试点若干意见的通知》(国办发〔2018〕21号),开展创新企业境内发行股票或存托凭证试点。根据证券交易所相关规定,存托凭证在制度设计上做出了与A股类似的制度安排,对于以发行前存量股份转换而来的存托凭证,应参照股票相关规定进行限售处理,此类存托凭证称为创新企业限售存托凭证。

2. 问:个人转让创新企业限售存托凭证的所得是否需要缴纳个人所得税?

答:为支持存托凭证发展,试点期间存托凭证的税收政策原则上也与A股市场税收政策保持一致。以创新企业原始股东持有存量股份为基础证券,在境内发行的存托凭证,其证券性质与首次公开发行股票并上市的公司形成的限售股类似。根据《财政部 国家税务总局 证监会关于个人转让上市公司限售股所得征收个人所得税有关问题的通知》(财税〔2009〕167号)的规定,个人转让限售股取得的所得按照"财产转让所得"缴纳个人所得税。对于个人转让限售存托凭证取得的所得,应比照转让限售股个人所得税政策缴纳个人所得税,即按照"财产转让所得",以每次转让收入减除存托凭证原值和合理税费后的余额,为应纳税所得额,适用20%的比例税率征收个人所得税。

3. 问:个人转让创新企业限售存托凭证如何缴纳个人所得税?

答:个人转让创新企业限售存托凭证缴纳个人所得税,比照限售股征收管理。具体征收管理办法参照《财政部 国家税务总局 证监会关于个人转让上市公司限售股所得征收个人所得税有关问题的通知》(财税〔2009〕167号)和《财政部 国家税务总局 证监会关于个人转让上市公司限售股所得征收个人所得税有关问题的补充通知》(财税

〔2010〕70号）规定执行。

4.问：个人持有创新企业限售存托凭证取得的股息红利所得如何缴纳个人所得税？

答：根据《财政部　国家税务总局　证监会关于实施上市公司股息红利差别化个人所得税政策有关问题的通知》（财税〔2012〕85号）的规定，个人持有的上市公司限售股，解禁前取得的股息、红利继续暂减按50%计入应纳税所得额，适用20%的税率计征个人所得税。

比照限售股股息、红利的税收政策，对个人持有的限售存托凭证，解禁前取得的股息、红利继续暂减按50%计入应纳税所得额，适用20%的税率计征个人所得税。解禁后取得的股息、红利，按照《财政部　税务总局　证监会关于创新企业境内发行存托凭证试点阶段有关税收政策的公告》（财政部　税务总局　证监会公告2019年第52号）规定计算纳税，持证时间自解禁日起计算。

7.1.10.27　海外高层次引进人才享受特定生活待遇政策

对引进的海外高层次人才回国（来华）时取得的一次性补助（视同国家奖金），免征个人所得税。5年内境内工资收入中的住房补贴、伙食补贴、搬迁费、探亲费、子女教育费等，按照国家税收法律法规的有关规定，予以税前扣除。进境少量科研、教学物品，免征进口税收；进境合理数量的生活自用物品，按现行政策规定执行。

[《关于海外高层次引进人才享受特定生活待遇的若干规定》（组通字〔2008〕58号印发）]

7.1.10.28　海南自由贸易港人才政策

自2020年1月1日起执行至2024年12月31日，对在海南自由贸易港工作的高端人才和紧缺人才，其个人所得税实际税负超过15%的部分，予以免征。

享受上述优惠政策的所得包括来源于海南自由贸易港的综合所得（包括工资、薪金，劳务报酬，稿酬，特许权使用费四项所得）、经营所得以及经海南省认定的人才补贴性所得。

纳税人在海南省办理个人所得税年度汇算清缴时享受上述优惠政策。

对享受上述优惠政策的高端人才和紧缺人才实行清单管理，由海南省商财政部、国家税务总局制定具体管理办法。

[《财政部　税务总局关于海南自由贸易港高端紧缺人才个人所得税政策的通知》（财税〔2020〕32号）]

7.1.10.29　深圳前海政府人才补贴

在国家税制改革框架下，支持前海在探索现代服务业税收体制改革中发挥先行先试作用。对在前海工作、符合前海规划产业发展需要的境外高端人才和紧缺人才，取得的暂由深圳市人民政府按内地与境外个人所得税负差额给予的补贴，免征个人所得税。

[《国务院关于支持深圳前海深港现代服务业合作区开发开放有关政策的批复》（国函〔2012〕58号）]

7.1.10.30　粤港澳大湾区政府人才补贴

广东省、深圳市按内地与香港个人所得税税负差额，对在大湾区工作的境外（含港澳台，下同）高端人才和紧缺人才给予补贴，该补贴免征个人所得税。

在大湾区工作的境外高端人才和紧缺人才的认定和补贴办法,按照广东省、深圳市的有关规定执行。

适用范围包括广东省广州市、深圳市、珠海市、佛山市、惠州市、东莞市、中山市、江门市和肇庆市等大湾区珠三角九市。

自2019年1月1日起至2023年12月31日止执行。

[《财政部 税务总局关于粤港澳大湾区个人所得税优惠政策的通知》(财税〔2019〕31号)]

7.1.10.31 平潭综合实验区台湾居民补贴

在平潭综合实验区工作的台湾居民,应按照《个人所得税法》的有关规定,缴纳个人所得税。

福建省人民政府根据《国务院关于平潭综合实验区总体发展规划的批复》(国函〔2011〕142号)和《平潭综合实验区总体发展规划》有关规定,按不超过大陆与台湾地区个人所得税负差额,给予在平潭综合实验区工作的台湾居民的补贴,免征个人所得税。

台湾居民,是指持有《台湾居民来往大陆通行证》的个人。

平潭综合实验区是指国务院2011年11月批复的《平潭综合实验区总体发展规划》规划的平潭综合实验区范围。

自2013年1月1日起至2025年12月31日止执行。

[《财政部 国家税务总局关于福建平潭综合实验区个人所得税优惠政策的通知》(财税〔2014〕24号)、《财政部 税务总局关于延长部分税收优惠政策执行期限的公告》(财政部 税务总局公告2021年第6号)]

7.1.10.32 广州南沙工作的香港澳门居民

自2022年1月1日至2026年12月31日,对在广州南沙工作的香港居民,其个人所得税税负超过香港税负的部分予以免征;对在广州南沙工作的澳门居民,其个人所得税税负超过澳门税负的部分予以免征。

享受上述规定的所得包括来源于广州南沙的综合所得(包括工资薪金、劳务报酬、稿酬、特许权使用费四项所得)、经营所得以及经地方政府认定的人才补贴性所得。

纳税人在广州南沙办理个人所得税年度汇算清缴时享受上述优惠政策。

上述规定的实施范围是《广州南沙深化面向世界的粤港澳全面合作总体方案》(国发〔2022〕13号)规划的广州市南沙区全域。

[《财政部 税务总局关于广州南沙个人所得税优惠政策的通知》(财税〔2022〕29号)]

1) 减免税额的计算

对在广州南沙工作的香港居民,其个人所得税税负超过香港税负的部分予以免征;对在广州南沙工作的澳门居民,其个人所得税税负超过澳门税负的部分予以免征。

个人所得税减免税额计算,以一个纳税年度为准。纳税年度,自公历1月1日起至12月31日止。

港澳居民在同一纳税年度内,不得同时享受上述港澳居民个人所得税优惠与粤港澳大湾区境外高端、紧缺人才个人所得税优惠,可自行选择享受其中一项优惠。

2）减免条件和范围

享受上述优惠的港澳居民应同时具备下列条件：

（1）身份条件：纳税人具有香港或澳门居民身份。

（2）工作条件：港澳居民纳税年度内在广州南沙注册的实质性运营企业或其他机构任职、受雇，或在广州南沙提供独立个人劳务，或在广州南沙从事生产、经营活动，并在广州南沙依法缴纳个人所得税。

（3）诚信条件：港澳居民遵守法律法规，在享受《广州南沙个人所得税优惠政策实施办法》优惠政策前3年内，没有税收违法记录。

在纳税年度内，纳税人因取得港澳居民身份而符合上述规定条件的，自取得港澳居民身份次月起，享受优惠政策。

在纳税年度内，纳税人因丧失港澳居民身份不再符合规定条件的，自丧失港澳居民身份次月起，不再享受优惠政策。

享受优惠的个人所得具体为：

（1）来源于广州南沙的综合所得，包括：

① 工资薪金所得，是指个人因在广州南沙任职、受雇，从该任职受雇单位取得的工资、薪金、奖金、年终加薪、劳动分红、津贴、补贴以及与任职、受雇有关的其他所得。

② 劳务报酬所得，是指个人因在广州南沙从事劳务从广州南沙取得的所得。

③ 稿酬所得，是指个人因其作品以图书、报刊等形式出版、发表，从广州南沙取得的所得。

④ 特许权使用费所得，是指个人因提供专利权、商标权、著作权、非专利技术以及其他特许权的使用权，从广州南沙取得的所得；提供著作权的使用权取得的所得，不包括稿酬所得。

（2）来源于广州南沙的经营所得，是指在广州南沙从事生产、经营活动取得的所得。

（3）入选广州市南沙区区级以上政府或政府工作部门、直属机构人才工程或人才项目获得的人才补贴性所得。

上述所得不含稽查查补所得、纳税评估调增所得。

减免税额的计算根据上述个人所得项目，按照分项计算（综合所得进行综合计算）、合并减免的方式进行。

港澳居民取得的上述个人所得，根据税法规定应办理汇算清缴的，其个人所得税应纳税额应以年度汇算清缴确定的全年应纳税额为准。

3）征收管理

港澳居民个人所得享受上述规定优惠的，在个人所得税年度汇算清缴时申请办理退税。

港澳居民可自主选择下列办理方式：

（1）自行办理年度汇算。

（2）通过任职受雇单位（含按累计预扣法预扣预缴其劳务报酬所得个人所得税的单

位)代为办理。

（3）委托涉税专业服务机构或其他单位及个人办理，纳税人与受托人需签订授权书。

港澳居民应向其在广州南沙的个人所得税主管税务机关办理减免手续。

国家税务总局广州市南沙区税务局（国家税务总局广州南沙开发区税务局）、南沙区财政局应及时发布申报指南，明确申报对象、申报方式、申报时间、应提交的资料、申报程序等内容，最大程度方便港澳居民申报办理。

港澳居民可以根据内地与香港、澳门签订的避免双重征税安排及财政部、税务总局有关规定享受税收安排待遇，也可以选择不享受税收安排待遇计算纳税。

对于虚假纳税申报不缴或少缴应纳税款的，一经查实，依据《税收征收管理法》等法律法规予以处理，构成犯罪的，依法追究刑事责任。

港澳居民申请享受优惠的个人所得所属纳税年度在规定有效期内的适用。

[《广州市财政局 国家税务总局广州市税务局关于印发〈广州南沙个人所得税优惠政策实施办法〉的通知》（穗财规字〔2022〕1号）]

7.1.10.33 法律援助补贴

自2022年1月1日起，对法律援助人员按照《中华人民共和国法律援助法》规定获得的法律援助补贴，免征增值税和个人所得税。

法律援助机构向法律援助人员支付法律援助补贴时，应当为获得补贴的法律援助人员办理个人所得税劳务报酬所得免税申报。

司法行政部门与税务部门建立信息共享机制，每一年度个人所得税综合所得汇算清缴开始前，交换法律援助补贴获得人员的涉税信息。

法律援助机构是指按照《中华人民共和国法律援助法》第十二条规定设立的法律援助机构。群团组织参照《中华人民共和国法律援助法》第六十八条规定开展法律援助工作的，按照上述规定为法律援助人员办理免税申报，并将法律援助补贴获得人员的相关信息报送司法行政部门。

按照上述规定应予免征的个人所得税，在规定下发前已征收的，由扣缴单位依法申请退税。

[《财政部 税务总局关于法律援助补贴有关税收政策的公告》（财政部 税务总局公告2022年第25号）]

7.2 限时免征税款类

7.2.1 随军家属经营所得

对从事个体经营的随军家属，自领取税务登记证之日起，3年内免征个人所得税。

随军家属必须有师以上政治机关出具的可以表明其身份的证明，税务部门应进行相应的审查认定。主管税务机关个人享受免税期间，应按现行有关税收规定进行年度检查,凡不符合条件的,应取消其免税政策。

每一随军家属只能按上述规定享受一次免税政策。

[《财政部 国家税务总局关于随军家属就业有关税收政策的通知》(财税〔2000〕84号)]

7.2.2 自主择业转业干部经营所得

从事个体经营的军队转业干部,经主管税务机关批准,自领取税务登记证之日起,3年内免征个人所得税。

自主择业的军队转业干部必须持有师以上部队颁发的转业证件。

[《财政部 国家税务总局关于自主择业的军队转业干部有关税收政策问题的通知》(财税〔2003〕26号)]

7.2.3 新型冠状病毒感染疫情防控补贴

详见7.1.3.4"新型冠状病毒感染疫情防控补贴"。

7.2.4 支持居民换购住房

为支持居民改善住房条件,自2022年10月1日至2023年12月31日,对出售自有住房并在现住房出售后1年内在市场重新购买住房的纳税人,对其出售现住房已缴纳的个人所得税予以退税优惠。其中,新购住房金额大于或等于现住房转让金额的,全部退还已缴纳的个人所得税;新购住房金额小于现住房转让金额的,按新购住房金额占现住房转让金额的比例退还出售现住房已缴纳的个人所得税。

现住房转让金额为该房屋转让的市场成交价格。新购住房为新房的,购房金额为纳税人在住房城乡建设部门网签备案的购房合同中注明的成交价格;新购住房为二手房的,购房金额为房屋的成交价格。

[《财政部 税务总局关于支持居民换购住房有关个人所得税政策的公告》(财政部 税务总局公告2022年第30号)]

在2022年10月1日至2023年12月31日,纳税人出售自有住房并在现住房出售后1年内,在同一城市重新购买住房的,可按规定申请退还其出售现住房已缴纳的个人所得税。

[《国家税务总局关于支持居民换购住房个人所得税政策有关征管事项的公告》(国家税务总局公告2022年第21号)]

7.2.4.1 换购住房优惠政策条件

享受上述规定优惠政策的纳税人须同时满足以下条件:

(1)纳税人出售和重新购买的住房应在同一城市范围内。同一城市范围是指同一直辖市、副省级城市、地级市(地区、州、盟)所辖全部行政区划范围。

(2)出售自有住房的纳税人与新购住房之间须直接相关,应为新购住房产权人或产权人之一。

[《财政部 税务总局关于支持居民换购住房有关个人所得税政策的公告》(财政部 税务总局公告

2022年第30号)]

7.2.4.2 退税额计算

纳税人换购住房个人所得税退税额的计算公式为：

新购住房金额大于或等于现住房转让金额的,退税金额＝现住房转让时缴纳的个人所得税。

新购住房金额小于现住房转让金额的,退税金额＝(新购住房金额÷现住房转让金额)×现住房转让时缴纳的个人所得税。

现住房转让金额和新购住房金额与核定计税价格不一致的,以核定计税价格为准。

现住房转让金额和新购住房金额均不含增值税。

[《国家税务总局关于支持居民换购住房个人所得税政策有关征管事项的公告》(国家税务总局公告2022年第21号)]

7.2.4.3 共有产权住房转让或新购金额确定

对于出售多人共有住房或新购住房为多人共有的,应按照纳税人所占产权份额确定该纳税人现住房转让金额或新购住房金额。

[《国家税务总局关于支持居民换购住房个人所得税政策有关征管事项的公告》(国家税务总局公告2022年第21号)]

案例7-2 小李和小马共同持有一套住房,各占房屋产权的50%。2023年1月,两人以200万元的价格转让该住房,各缴纳个人所得税2万元。同年5月,小李在同一城市以150万元的价格重新购买一套住房,小李申请退税时,其现住房转让金额为100万元(200×50%),新购住房金额为150万元,其退税金额＝现住房转让时缴纳的个人所得税＝2(万元)。

同年7月,小马和他人在同一城市以200万元的价格共同购买了一套住房,小马占房屋产权的40%。小马申请退税时,其现住房转让金额为100万元(200×50%),新购住房金额为80万元(200×40%),退税金额＝(新购住房金额÷现住房转让金额)×现住房转让时缴纳的个人所得税＝80÷100×2＝1.6(万元)。(假设以上均为不含增值税价格)

7.2.4.4 出售和购入时间确定

出售现住房的时间,以纳税人出售住房时个人所得税完税时间为准。新购住房为二手房的,购买住房时间以纳税人购房时契税的完税时间或不动产权证载明的登记时间为准;新购住房为新房的,购买住房时间以在住房城乡建设部门办理房屋交易合同备案的时间为准。

纳税人申请享受居民换购住房个人所得税退税政策的,应当依法缴纳现住房转让时涉及的个人所得税,并完成不动产权属变更登记;新购住房为二手房的,应当依法缴纳契税并完成不动产权属变更登记;新购住房为新房的,应当按照当地住房城乡建设部门要求完成房屋交易合同备案。

[《国家税务总局关于支持居民换购住房个人所得税政策有关征管事项的公告》(国家税务总局公告

2022年第21号)]

7.2.4.5 退税办理程序和资料

符合退税优惠政策条件的纳税人应向主管税务机关提供合法、有效的售房、购房合同和主管税务机关要求提供的其他有关材料,经主管税务机关审核后办理退税。

[《财政部 税务总局关于支持居民换购住房有关个人所得税政策的公告》(财政部 税务总局公告2022年第30号)]

纳税人享受居民换购住房个人所得税退税政策的,应当向征收现住房转让所得个人所得税的主管税务机关提出申请,填报《居民换购住房个人所得税退税申请表》(见表7-1),并应提供下列资料:

(1) 纳税人身份证件。
(2) 现住房的房屋交易合同。
(3) 新购住房为二手房的,提供房屋交易合同、不动产权证书及其复印件。
(4) 新购住房为新房的,提供经住房城乡建设部门备案(网签)的房屋交易合同及其复印件。

税务机关依托纳税人出售现住房和新购住房的完税信息,为纳税人提供申请表项目预填服务,并留存不动产权证书复印件和新购新房的房屋交易合同复印件;纳税人核对确认申请表后提交退税申请。

表 7-1 居民换购住房个人所得税退税申请表

纳税人姓名:
纳税人识别号:□□□□□□□□□□□□□□□□□-□□   金额单位:人民币元(列至角分)

基本信息					
*手机号码		电子邮箱		邮政编码	
*联系地址		省(区、市)　市　区(县)　街道(乡、镇)			
出售住房信息					
*住房坐落地址(列至门牌号):					
*个人所得税完税日期					
*原完税信息					
税种	品目名称	税款所属时期		税票号码	实缴金额
个人所得税	房屋转让所得				
合计(小写)					
新购住房信息(根据新购住房情况选择填报)					

(续表)

新 房	*住房坐落地址(列至门牌号):			
	*合同备案编号		*合同备案日期	
	*契税完税日期	(已缴纳契税的必填)	*不动产单元代码(号)	(取得不动产权证书的必填)
	*权属登记日期	(取得不动产权证书的必填)		

二手房	*住房坐落地址(列至门牌号):			
	*不动产单元代码(号)		*权属登记日期	
	*契税完税日期			

退税政策依据	财政部 税务总局关于支持居民换购住房有关个人所得税政策的公告(2022年第30号)

*居民换购住房个人所得税退税计算

项目		行次
*出售住房转让金额		1
*新购住房金额		2
*出售住房转让时缴纳的个人所得税		3
*应退税额		4

*开户银行名称		*开户银行省份	
*银行账号			

备注

*谨承诺:本表是根据国家税收法律法规及相关规定填报的,本人对填报内容(附带资料)的真实性、可靠性、完整性负责;如房屋交易合同解除、撤销或无效,本人将在上述情形发生的次月十五日内缴回退税款项。

纳税人签字: 　　　年　月　日

受理人:

受理税务机关(章):

受理日期: 　　年　月　日

带*的为必填项目　　　　　　　　　　　　　　　　国家税务总局监制

《居民换购住房个人所得税退税申请表》填表说明

一、适用范围

本表适用于符合支持居民换购住房个人所得税政策条件的纳税人,在其申请退税时,向税务机关报送。

二、本表各栏填写

(一)表头项目

1.纳税人姓名:填写自然人纳税人姓名。

2.纳税人识别号:有中国公民身份号码的,填写中华人民共和国居民身份证上载明的"公民身份号码";没有中国公民身份号码的,填写税务机关赋予的纳税人识别号。

(二)基本信息

1.手机号码:填写纳税人在中国境内的有效手机号码。

2.电子邮箱:填写纳税人有效电子邮箱地址。

3.联系地址:填写纳税人能够接收信件的有效地址。

4.邮政编码:填写纳税人"联系地址"对应的邮政编码。

(三)出售房屋信息

1.出售住房坐落地址:填写出售住房的准确坐落地址,需要列至门牌号。

2.个人所得税完税日期:填写《税收完税证明》记录的出售该住房缴纳个人所得税的入库日期。

(四)原完税信息

分税种、品目名称、税款所属时期、税票号码、实缴金额等项目,填写申请办理退税的已入库信息,上述信息应与完税费(缴款)凭证复印件、完税费(缴款)凭证原件或完税电子信息一致。

(五)新购住房信息

申请人可根据自身情况,选择新房或二手房填报。

1.新房—住房坐落地址:填写购入住房的准确坐落地址,需要列至门牌号。

2.新房—合同备案编号:填写合同在当地住建部门备案的编号。

3.新房—合同备案日期:填写合同在当地住建部门备案的日期。

4.新房—契税完税日期:如纳税人已缴纳契税,填报《税收完税证明》记录的购买该住房缴纳契税入库日期;如尚未缴纳契税,可不填报该项目。

5.新房不动产单元代码(号):如纳税人已取得权属登记证书,填写证书的不动产单元代码;如尚未取得,可不填报该项目。

6.新房—权属登记日期:如纳税人已取得权属登记证书,填写证书的登记日期;如尚未取得,可不填报该项目。

7.二手房—住房坐落地址:填写购入住房的准确坐落地址,需要列至门牌号。

8.二手房—契税完税日期:填报《税收完税证明》记录的购买该住房缴纳契税入库日期。

9.二手房—权属登记日期:填写权属登记证书的登记日期。

10.二手房—不动产单元代码(号):填写权属登记证书的不动产单元代码。

(六)退税政策依据

《财政部 税务总局关于支持居民换购住房有关个人所得税政策的公告》(2022年第30号)

(七)居民换购住房个人所得税退税计算

1.出售住房转让金额:填写出售住房时缴纳个人所得税的计税价格(不含增值税)。

2. 新购住房金额：换购住房为新房的，填写在住建部门备案的购房合同载明的交易价格（不含增值税）；换购住房为二手房的，填写缴纳契税时的计税价格。

3. 出售住房转让时缴纳的个人所得税：填写《税收完税证明》记录的出售住房实际缴纳的个人所得税。

4. 应退税额。根据《公告》退税金额计算公式计算填报。

（八）银行信息

1. 开户银行名称：填写申请人在中国境内开立银行账户的银行名称。

2. 开户银行省份：填写申请人在中国境内开立的银行账户的开户银行所在省、自治区、直辖市或者计划单列市。

3. 银行账号：填写申请人在中国境内开立的银行账户的银行账号。

（九）备注

填写认为需要特别说明的或者按照有关规定需要说明的事项。

三、其他事项说明

以纸质方式报送本表的，建议通过计算机填写打印并签字确认，一式两份，纳税人、税务机关各留存一份。

税务机关运用住房城乡建设部门共享的房屋交易合同备案等信息开展退税审核。经审核符合退税条件的，按照规定办理退税；经审核不符合退税条件的，依法不予退税。

［《国家税务总局关于支持居民换购住房个人所得税政策有关征管事项的公告》（国家税务总局公告2022年第21号）］

7.2.4.6　信息共享

各级住房城乡建设部门应与税务部门建立信息共享机制，将本地区房屋交易合同网签备案等信息（含撤销备案信息）实时共享至当地税务部门；暂未实现信息实时共享的地区，要建立健全工作机制，确保税务部门及时获取审核退税所需的房屋交易合同备案信息。

［《财政部　税务总局关于支持居民换购住房有关个人所得税政策的公告》（财政部　税务总局公告2022年第30号）］

7.2.4.7　新购住房合同解除、撤销或无效等情形处理

纳税人因新购住房的房屋交易合同解除、撤销或无效等原因导致不再符合退税政策享受条件的，应当在合同解除、撤销或无效等情形发生的次月15日内向主管税务机关主动缴回已退税款。

纳税人符合上述规定情形但未按规定缴回已退税款，以及不符合《国家税务总局关于支持居民换购住房个人所得税政策有关征管事项的公告》（国家税务总局公告2022年第21号）规定条件骗取退税的，税务机关将依照《税收征收管理法》及其实施细则等有关规定处理。

［《国家税务总局关于支持居民换购住房个人所得税政策有关征管事项的公告》（国家税务总局公告2022年第21号）］

7.2.4.8 纳税服务

各级税务机关要开展宣传引导,加强政策解读和纳税辅导,持续优化办理流程,开展提示提醒,便利纳税人享受税收优惠。

[《国家税务总局关于支持居民换购住房个人所得税政策有关征管事项的公告》(国家税务总局公告2022年第21号)]

7.3 减征税款类

有下列情形之一的,可以减征个人所得税,具体幅度和期限,由省、自治区、直辖市人民政府规定,并报同级人民代表大会常务委员会备案:

(1) 残疾、孤老人员和烈属的所得。

(2) 因自然灾害遭受重大损失的。

国务院可以规定其他减税情形,报全国人民代表大会常务委员会备案。

[《中华人民共和国个人所得税法》第五条]

7.3.1 残疾、孤老人员和烈属所得征免个人所得税范围

根据《个人所得税法》第五条第一款的规定,经省级人民政府批准可减征个人所得税的残疾、孤老人员和烈属的所得仅限于劳动所得,具体所得项目为:工资、薪金所得;经营所得;劳务报酬所得;稿酬所得;特许权使用费所得。

《个人所得税法》第二条(详见 3.1"征税项目")所列的其他各项所得,不属于减征照顾的范围。

[《国家税务总局关于明确残疾人所得征免个人所得税范围的批复》(国税函〔1999〕329号)]

7.3.1.1 残疾人员兴办或参与兴办个人独资企业和合伙企业税收优惠

残疾人员投资兴办或参与投资兴办个人独资企业和合伙企业的,残疾人员取得的生产经营所得,符合各省、自治区、直辖市人民政府规定的减征个人所得税条件的,经本人申请、主管税务机关审核批准,可按省、自治区、直辖市人民政府规定减征的范围和幅度,减征个人所得税。

[《国家税务总局关于〈关于个人独资企业和合伙企业投资者征收个人所得税的规定〉执行口径的通知》(国税函〔2001〕84号)]

7.3.1.2 汇算清缴地与预扣预缴地规定不一致减免税额确定

残疾、孤老人员和烈属取得综合所得办理汇算清缴时,汇算清缴地与预扣预缴地规定不一致的,用预扣预缴地规定计算的减免税额与用汇算清缴地规定计算的减免税额相比较,按照孰高值确定减免税额。

[《财政部 税务总局关于个人所得税综合所得汇算清缴涉及有关政策问题的公告》(财政部 税务总局公告2019年第94号)]

7.3.2 重点群体创业就业

7.3.2.1 重点群体从事个体经营政策

建档立卡贫困人口、持《就业创业证》(注明"自主创业税收政策"或"毕业年度内自主创业税收政策")或《就业失业登记证》(注明"自主创业税收政策")的人员,从事个体经营的,自办理个体工商户登记当月起,在 3 年(36 个月,下同)内按每户每年 12 000 元为限额依次扣减其当年实际应缴纳的增值税、城市维护建设税、教育费附加、地方教育附加和个人所得税。限额标准最高可上浮 20%,各省、自治区、直辖市人民政府可根据本地区实际情况在此幅度内确定具体限额标准。

纳税人年度应缴纳税款小于上述扣减限额的,减免税额以其实际缴纳的税款为限;大于上述扣减限额的,以上述扣减限额为限。

[《财政部 税务总局关于进一步支持和促进重点群体创业就业有关税收政策的通知》(财税〔2019〕22 号)]

7.3.2.2 重点群体具体人员

重点群体人员具体包括:

(1) 纳入全国扶贫开发信息系统的建档立卡贫困人口。

(2) 在人力资源社会保障部门公共就业服务机构登记失业半年以上的人员。

(3) 零就业家庭、享受城市居民最低生活保障家庭劳动年龄内的登记失业人员。

(4) 毕业年度内高校毕业生。高校毕业生,是指实施高等学历教育的普通高等学校、成人高等学校应届毕业的学生;毕业年度是指毕业所在自然年,即 1 月 1 日至 12 月 31 日。

[《财政部 税务总局关于进一步支持和促进重点群体创业就业有关税收政策的通知》(财税〔2019〕22 号)]

7.3.2.3 信息交换与核实

国务院扶贫办在每年 1 月 15 日前将建档立卡贫困人口名单和相关信息提供给人力资源社会保障部、国家税务总局,国家税务总局将相关信息转发给各省、自治区、直辖市税务部门。人力资源社会保障部门依托全国扶贫开发信息系统核实建档立卡贫困人口身份信息。

各地财政、税务、人力资源社会保障部门、扶贫办要加强领导、周密部署,把大力支持和促进重点群体创业就业工作作为一项重要任务,主动做好政策宣传和解释工作,加强部门间的协调配合,确保政策落实到位。同时,要密切关注税收政策的执行情况,对发现的问题及时逐级向财政部、国家税务总局、人力资源社会保障部、国务院扶贫办反映。

[《财政部 税务总局关于进一步支持和促进重点群体创业就业有关税收政策的通知》(财税〔2019〕22 号)]

7.3.2.4 政策执行时间与期限

政策执行期限为 2019 年 1 月 1 日至 2021 年 12 月 31 日。纳税人在 2021 年 12 月

31日享受本通知规定税收优惠政策未满3年的,可继续享受至3年期满为止。《财政部 税务总局 人力资源社会保障部关于继续实施支持和促进重点群体创业就业有关税收政策的通知》(财税〔2017〕49号)自2019年1月1日起停止执行。

重点群体人员以前年度已享受重点群体创业就业税收优惠政策满3年的,不得再享受7.3.2.1"重点群体从事个体经营政策"规定的税收优惠政策;以前年度享受重点群体创业就业税收优惠政策未满3年且符合上述规定条件的,可按上述规定享受优惠至3年期满。

[《财政部 税务总局关于进一步支持和促进重点群体创业就业有关税收政策的通知》(财税〔2019〕22号)]

7.3.3 自主就业退役士兵经营所得

7.3.3.1 自主就业退役士兵从事个体经营政策

自主就业退役士兵从事个体经营的,自办理个体工商户登记当月起,在3年(36个月,下同)内按每户每年12 000元为限额依次扣减其当年实际应缴纳的增值税、城市维护建设税、教育费附加、地方教育附加和个人所得税。限额标准最高可上浮20%,各省、自治区、直辖市人民政府可根据本地区实际情况在此幅度内确定具体限额标准。

纳税人年度应缴纳税款小于上述扣减限额的,减免税额以其实际缴纳的税款为限;大于上述扣减限额的,以上述扣减限额为限。

纳税人的实际经营期不足1年的,应当按月换算其减免税限额。换算公式为:减免税限额=年度减免税限额÷12×实际经营月数。城市维护建设税、教育费附加、地方教育附加的计税依据是享受本项税收优惠政策前的增值税应纳税额。

[《财政部 税务总局 退役军人部关于进一步扶持自主就业退役士兵创业就业有关税收政策的通知》(财税〔2019〕21号)]

7.3.3.2 自主就业退役士兵身份要求

自主就业退役士兵是指依照《退役士兵安置条例》(国务院 中央军委令第608号)的规定退出现役并按自主就业方式安置的退役士兵。

自主就业退役士兵从事个体经营的,在享受税收优惠政策进行纳税申报时,注明其退役军人身份,并将《中国人民解放军义务兵退出现役证》《中国人民解放军士官退出现役证》或《中国人民武装警察部队义务兵退出现役证》《中国人民武装警察部队士官退出现役证》留存备查。

[《财政部 税务总局 退役军人部关于进一步扶持自主就业退役士兵创业就业有关税收政策的通知》(财税〔2019〕21号)]

热点问题 消防救援退伍人员是否可以比照享受政策?

答:应急管理部等13部门印发的《关于做好国家综合性消防救援队伍人员有关优待工作的通知》(应急〔2019〕84号)第七条规定,退出国家综合性消防救援队伍的消防救援人员,凭国家综合性消防救援队伍人员退出证明,可享受对现有的退役军人就业培训扶持、自主创业税费优惠等优待政策。因此,退出国家综合性消防救援队伍的消防救援人员是可以享受自主就业退役士兵优惠政策的。

7.3.3.3 政策执行时间与期限

政策执行期限为2019年1月1日至2023年12月31日。纳税人在2023年12月31日享受上述规定税收优惠政策未满3年的,可继续享受至3年期满为止。《财政部 税务总局 民政部关于继续实施扶持自主就业退役士兵创业就业有关税收政策的通知》(财税〔2017〕46号)自2019年1月1日起停止执行。

退役士兵以前年度已享受退役士兵创业就业税收优惠政策满3年的,不得再享受7.3.3.1"自主就业退役士兵从事个体经营政策"规定的税收优惠政策;以前年度享受退役士兵创业就业税收优惠政策未满3年且符合上述规定条件的,可按上述规定享受优惠至3年期满。

[《财政部 税务总局 退役军人部关于进一步扶持自主就业退役士兵创业就业有关税收政策的通知》(财税〔2019〕21号)、《财政部 税务总局关于延长部分税收优惠政策执行期限的公告》(财政部 税务总局公告2022年第4号)]

7.3.4 个体工商户减半征收

自2021年1月1日至2022年12月31日,对个体工商户年应纳税所得额不超过100万元的部分,在现行优惠政策基础上,减半征收个人所得税。

[《财政部 税务总局关于实施小微企业和个体工商户所得税优惠政策的公告》(财政部 税务总局公告2021年第12号)]

7.3.4.1 享受范围

对个体工商户经营所得年应纳税所得额不超过100万元的部分,在现行优惠政策基础上,再减半征收个人所得税。个体工商户不区分征收方式,均可享受。

[《国家税务总局关于落实支持小型微利企业和个体工商户发展所得税优惠政策有关事项的公告》(国家税务总局公告2021年第8号)]

7.3.4.2 享受时间

个体工商户在预缴税款时即可享受,其年应纳税所得额暂按截至本期申报所属期末的情况进行判断,并在年度汇算清缴时按年计算、多退少补。若个体工商户从两处以上取得经营所得,需在办理年度汇总纳税申报时,合并个体工商户经营所得年应纳税所得额,重新计算减免税额,多退少补。

[《国家税务总局关于落实支持小型微利企业和个体工商户发展所得税优惠政策有关事项的公告》(国家税务总局公告2021年第8号)]

7.3.4.3 减免税款计算

个体工商户按照以下方法计算减免税额:

$$减免税额=\left(\begin{array}{c}个体工商户经营所得应\\纳税所得额不超过100万元\\部分的应纳税额\end{array}-其他政策\atop 减免税额\times{个体工商户经营所得应纳税所得额\over 不超过100万元部分}\div{经营所得应\atop 纳税所得额}\right)$$
$$\times(1-50\%)$$

[《国家税务总局关于落实支持小型微利企业和个体工商户发展所得税优惠政策有关事项的公告》(国家税务总局公告2021年第8号)]

案例 7-3 1. 纳税人李某从事个体工商户经营,年应纳税所得额为8万元(适用税率10%,速算扣除数1 500),同时可以享受残疾人优惠政策减免税额2 000元,那么李某享受个体工商户经营所得减半征收个人所得税政策的减免税额为:

[(80 000×10%－1 500)－2 000]×(1－50%)＝2 250(元)。

2. 纳税人吴某从事个体工商户经营,年应纳税所得额为120万元(适用税率35%,速算扣除数65 500),同时可以享受残疾人优惠政策减免税额6 000元,那么吴某享受个体工商户经营所得减半征收个人所得税政策的减免税额为:

[(1 000 000×35%－65 500)－6 000×1 000 000÷1 200 000]×(1－50%)＝139 750(元)。

7.3.4.4 申报填报

个体工商户需将按上述方法计算得出的减免税额填入对应经营所得纳税申报表"减免税额"栏次,并附报《个人所得税减免税事项报告表》(详见9.3.11.6"个人所得税减免税事项报告表")。对于通过电子税务局申报的个体工商户,税务机关将提供该优惠政策减免税额和报告表的预填服务。实行简易申报的定期定额个体工商户,税务机关按照减免后的税额进行税款划缴。

2021年1月1日至2021年4月7日前,个体工商户已经缴纳经营所得个人所得税的,可自动抵减以后月份的税款,当年抵减不完的可在汇算清缴时办理退税;也可直接申请退还应减免的税款。

[《国家税务总局关于落实支持小型微利企业和个体工商户发展所得税优惠政策有关事项的公告》(国家税务总局公告2021年第8号)]

热点问题 1. 个体工商户应纳税所得额不超过100万元的部分,可以享受减半优惠政策,个人独资企业和合伙企业也享受吗?

答:根据《财政部 税务总局关于实施小微企业和个体工商户所得税优惠政策的公告》(财政部 税务总局公告2021年第12号)的规定,对个体工商户年应纳税所得额不超过100万元的部分,在现行优惠政策基础上,减半征收个人所得税。因此,上述政策不适用个人独资企业和合伙企业。

2. 个体工商户取得多处经营所得的优惠政策如何享受优惠政策?

答:按照现行政策规定,纳税人从两处以上取得经营所得的,应当选择向其中一处经营管理所在地主管税务机关办理年度汇总申报。为保证中低收入纳税人合法权益,同时避免部分高收入纳税人超额享受政策,如果个体工商户从两处以上取得经营所得并享受优惠政策的,需要在办理年度汇总纳税申报时,合并经营所得年应纳税所得额,重新计算减免税额,多退少补。例如,纳税人张某是同时经营早点铺和五金店2家店铺的个体工商户,其年应纳税所得额分别为80万元和50万元,则张某在年度汇总纳税申报时,应该将早点铺和五金店的应纳税所得额合并起来,视为一处所得计算税收优惠,那么张某可以享受减半征收个人所得税政策的应纳税所得额为100万元。

7.4 抵减应纳税所得额

7.4.1 创投企业合伙人和天使投资人政策

有限合伙制创业投资企业(以下简称合伙创投企业)采取股权投资方式直接投资于初创科技型企业满2年的,该合伙创投企业的个人合伙人可以按照对初创科技型企业投资额的70%抵扣个人合伙人从合伙创投企业分得的经营所得;当年不足抵扣的,可以在以后纳税年度结转抵扣。

案例 7-4 甲投资公司和自然人王某个人成立了有限合伙创投企业A,双方各出资50%,同时约定按五五比例分成。2020年5月A投资1 000万元到金税科技公司,2022年12月底,甲投资公司和王某分别从合伙企业A分回收益300万元。

王某允许抵扣金额=1 000×50%×70%=350(万元)。

王某分回300万元,允许抵扣350万元,余下的50万元以后年度从合伙创投企业A再分回收益时抵。

天使投资个人采取股权投资方式直接投资于初创科技型企业满2年的,可以按照投资额的70%抵扣转让该初创科技型企业股权取得的应纳税所得额;当期不足抵扣的,可以在以后取得转让该初创科技型企业股权的应纳税所得额时结转抵扣。

案例 7-5 天使投资人张某2020年8月投资1 000万元到乙软件科技公司,2023年3月张某转让该股权,转让价是2 100万元。因投资成本是1 000万元,不考虑其他合理费用情况下,正常股权转让个人所得税=(2 100−1 000)×20%=220(万元)。张某符合天使投资人条件,这次转让股权的收益为1 100万元,允许扣除投资额70%,即700万元。张某股权转让应缴个人所得税=(2 100−1 000−700)×20%=80(万元)。

[《财政部 税务总局关于创业投资企业和天使投资个人有关税收政策的通知》(财税〔2018〕55号)]

7.4.1.1 投资和投资额

享受规定的税收政策的投资,仅限于通过向被投资初创科技型企业直接支付现金方式取得的股权投资,不包括受让其他股东的存量股权。

投资额,按照创业投资企业或天使投资个人对初创科技型企业的实缴投资额确定。

合伙创投企业的合伙人对初创科技型企业的投资额,按照合伙创投企业对初创科技型企业的实缴投资额和合伙协议约定的合伙人占合伙创投企业的出资比例计算确定。合伙人从合伙创投企业分得的所得,按照《财政部 国家税务总局关于合伙企业合伙人所得税问题的通知》(财税〔2008〕159号)规定计算(详见4.3.2.2"合伙企业应纳税所得额确定原则")。

出资比例,按投资满2年当年年末各合伙人对合伙创投企业的实缴出资额占所有合伙人全部实缴出资额的比例计算。

[《财政部 税务总局关于创业投资企业和天使投资个人有关税收政策的通知》(财税〔2018〕55号)、《国家税务总局关于创业投资企业和天使投资个人税收政策有关问题的公告》(国家税务总局公告2018年第43号)]

7.4.1.2 满2年起算日期

满2年是指公司制创业投资企业(以下简称公司制创投企业)、有限合伙制创业投资企业(以下简称合伙创投企业)和天使投资个人投资于种子期、初创期科技型企业(以下简称初创科技型企业)的实缴投资满2年,投资时间从初创科技型企业接受投资并完成工商变更登记的日期算起。

[《国家税务总局关于创业投资企业和天使投资个人税收政策有关问题的公告》(国家税务总局公告2018年第43号)]

7.4.1.3 初创科技型企业条件

初创科技型企业,应同时符合以下条件:

(1) 在中国境内(不包括港、澳、台地区)注册成立、实行查账征收的居民企业。

(2) 接受投资时,自2019年1月1日至2023年12月31日,从业人数不超过300人,其中具有大学本科以上学历的从业人数不低于30%;资产总额和年销售收入均不超过5 000万元。

从业人数,包括与企业建立劳动关系的职工人员和企业接受的劳务派遣人员。从业人数和资产总额指标,按照企业接受投资前连续12个月的平均数计算,不足12个月的,按实际月数平均计算。

从业人数和资产总额指标,按照初创科技型企业接受投资前连续12个月的平均数计算,不足12个月的,按实际月数平均计算。具体计算公式如下:

$$月平均数=(月初数+月末数)\div 2$$

$$接受投资前连续12个月平均数=接受投资前连续12个月平均数之和\div 12$$

销售收入,包括主营业务收入与其他业务收入;年销售收入指标,按照企业接受投资前连续12个月的累计数计算,不足12个月的,按实际月数累计计算。

(3) 接受投资时设立时间不超过5年(60个月)。

(4) 接受投资时以及接受投资后2年内未在境内外证券交易所上市。

(5) 接受投资当年及下一纳税年度,研发费用总额占成本费用支出的比例不低于20%。

研发费用口径,按照《财政部 国家税务总局 科技部关于完善研究开发费用税前加计扣除政策的通知》(财税〔2015〕119号)等规定执行。

成本费用,包括主营业务成本、其他业务成本、销售费用、管理费用、财务费用。

研发费用总额占成本费用支出的比例,是指企业接受投资当年及下一纳税年度的研发费用总额合计占同期成本费用总额合计的比例。

[《财政部 税务总局关于创业投资企业和天使投资个人有关税收政策的通知》(财税〔2018〕55号)、《国家税务总局关于创业投资企业和天使投资个人税收政策有关问题的公告》(国家税务总局公告2018年第43号)、《财政部 税务总局关于实施小微企业普惠性税收减免政策的通知》(财税〔2019〕13号)、《财政部 税务总局关于延续执行创业投资企业和天使投资个人投资初创科技型企业有关政策条件的公告》(财政部 税务总局公告2022年第6号)]

7.4.1.4 创投合伙企业条件

创业投资企业,应同时符合以下条件:

(1) 在中国境内(不含港、澳、台地区)注册成立、实行查账征收的居民企业或合伙创投企业,且不属于被投资初创科技型企业的发起人。

(2) 符合《创业投资企业管理暂行办法》(发展改革委等10部门令第39号)规定或者《私募投资基金监督管理暂行办法》(证监会令第105号)关于创业投资基金的特别规定,按照上述规定完成备案且规范运作。

(3) 投资后2年内,创业投资企业及其关联方持有被投资初创科技型企业的股权比例合计应低于50%。

[《财政部 税务总局关于创业投资企业和天使投资个人有关税收政策的通知》(财税〔2018〕55号)]

7.4.1.5 天使投资个人条件

天使投资个人,应同时符合以下条件:

(1) 不属于被投资初创科技型企业的发起人、雇员或其亲属(包括配偶、父母、子女、祖父母、外祖父母、孙子女、外孙子女、兄弟姐妹,下同),且与被投资初创科技型企业不存在劳务派遣等关系。

(2) 投资后2年内,本人及其亲属持有被投资初创科技型企业股权比例合计应低于50%。

[《财政部 税务总局关于创业投资企业和天使投资个人有关税收政策的通知》(财税〔2018〕55号)、《国家税务总局关于创业投资企业和天使投资个人税收政策有关问题的公告》(国家税务总局公告2018年第43号)]

7.4.2 天使投资个人投资多个初创科技型企业的处理

天使投资个人投资多个初创科技型企业的,对其中办理注销清算的初创科技型企业,天使投资个人对其投资额的70%尚未抵扣完的,可自注销清算之日起36个月内抵扣天使投资个人转让其他初创科技型企业股权取得的应纳税所得额。

[《财政部 税务总局关于创业投资企业和天使投资个人有关税收政策的通知》(财税〔2018〕55号)]

案例7-6 ▶ 天使投资人张某于2020年5月投资1 000万元到初创科技型甲公司,投资2 000万元到初创科技型乙公司。甲公司经营失败,2022年7月1日注销清算,张某分回500万元,亏500万元。2023年3月张某转让乙公司股权,转让价5 000万元,投资成本2 000万元,正常股权转让个税=(5 000−2 000)×20%=600(万元),因张某符合天使投资人条件,转让股权的收益3 000万元(5 000－2 000)还可以再抵扣乙投资额的70%,即1 400万元。

同时,由于甲公司注销清算,且张某投资已满两年,其未抵扣投资额1 000万元的70%可以从2022年7月1日起到未来36个月内,在提交备案的前提下,可以抵扣其他天使投资企业收益额,因此,张某可以在乙公司股权转让所得中再抵扣1 000×70%＝700(万元)。

张某2023年3月转让乙公司股权应缴个人所得税＝(5 000－2 000－1 400－700)×20%＝180(万元)。

天使投资个人投资的初创科技型企业注销清算的,应及时持《天使投资个人所得税投资抵扣备案表》(详见7.4.4.2"天使投资个人"之"投资抵扣备案")到主管税务机关办理情况登记。

[《国家税务总局关于创业投资企业和天使投资个人税收政策有关问题的公告》(国家税务总局公告2018年第43号)]

7.4.3　投资满2年上市投资额的抵扣

初创科技型企业接受天使投资个人投资满2年,在上海证券交易所、深圳证券交易所上市的,天使投资个人转让该企业股票时,按照现行限售股有关规定执行,其尚未抵扣的投资额,在税款清算时一并计算抵扣。

[《财政部　税务总局关于创业投资企业和天使投资个人有关税收政策的通知》(财税〔2018〕55号)]

7.4.4　征管要求

天使投资个人、合伙创投企业、被投资初创科技型企业应按规定办理优惠手续。

7.4.4.1　合伙创投企业个人合伙人

(1) 合伙创投企业的个人合伙人符合享受优惠条件的,合伙创投企业应在投资初创科技型企业满2年的年度终了后3个月内,向合伙创投企业主管税务机关办理备案手续,备案时应报送《合伙创投企业个人所得税投资抵扣备案表》,同时留存备查下列资料:

① 发展改革或证监部门出具的符合创业投资企业条件的年度证明材料。

② 初创科技型企业接受现金投资时的投资合同(协议)、章程、实际出资的相关证明材料。

③ 创业投资企业与其关联方持有初创科技型企业的股权比例的说明。

④ 被投资企业符合初创科技型企业条件的有关资料:

A. 接受投资时从业人数、资产总额、年销售收入和大学本科以上学历的从业人数比例的情况说明。

B. 接受投资时设立时间不超过5年的证明材料。

C. 接受投资时以及接受投资后 2 年内未在境内外证券交易所上市情况说明。

D. 接受投资当年及下一纳税年度研发费用总额占成本费用总额比例的情况说明。

⑤ 个人合伙人投资于合伙创投企业的出资时间、出资金额、出资比例及分配比例的相关证明材料、合伙创投企业主管税务机关受理后的《合伙创投企业个人所得税投资抵扣备案表》(见表 7-2)。

表 7-2　合伙创投企业个人所得税投资抵扣备案表

(　　　　年度)

备案编号(主管税务机关填写)：　　　　　　　　　　　　　　　单位：%，人民币元(列至角分)

合伙创投企业基本情况										
企业名称				纳税人识别号（统一社会信用代码）						
备案管理部门				备案时间						
联系人				联系电话						
对初创科技型企业投资情况										
初创科技型企业名称	纳税人识别号	注册地	设立时间	投资日期	从业人数	本科以上学历人数占比	资产总额	年销售收入	研发费用总额占成本费用支出的比例	投资2年内与关联方合计持股比例是否超50%	投资额
……										

谨声明：本人(单位)知悉并保证本表填报内容及所附证明材料真实、完整，并承担因资料虚假而产生的法律责任。

合伙创投企业印章：　　　合伙创投企业负责人签章：　　　　　　　年　月　日

代理机构印章：	主管税务机关印章：
联系人： 填报日期：	受理人： 受理日期：

国家税务总局监制

《合伙创投企业个人所得税投资抵扣备案表》填报说明

一、适用范围

本表适用于有限合伙制创业投资企业(以下简称合伙创投企业)投资境内种子期、初创期科技型企业(以下简称初创科技型企业),就符合投资抵扣税收优惠条件的投资,向主管税务机关办理投资情况备案。

二、报送期限

合伙创投企业应于投资满2年的年度终了后3个月内,向其注册地主管税务机关报送本表。

三、表内各栏

(一)合伙创投企业基本情况

1. 企业名称:填写合伙创投企业名称全称。

2. 纳税人识别号(统一社会信用代码):填写合伙创投企业的纳税人识别号或统一社会信用代码。

3. 备案管理部门:填写合伙创投企业根据《创业投资企业管理暂行办法》或《私募投资基金监督管理暂行办法》等规定,办理备案的主管部门名称全称。

4. 备案时间:填写合伙创投企业向备案管理部门完成备案的时间。

5. 联系人:填写合伙创投企业联系人姓名。

6. 联系电话:填写合伙创投企业联系人的联系电话。

(二)对初创科技型企业投资情况

合伙创投企业投资多个初创科技型企业或对同一家初创科技型企业有多轮投资的,均需就每次投资情况分行填写。

1. 初创科技型企业名称:填写初创科技型企业名称全称。

2. 纳税人识别号:填写初创科技型企业的纳税人识别号或统一社会信用代码。

3. 注册地:填写初创科技型企业注册登记的具体地址。

4. 设立时间:填写初创科技型企业设立登记的具体日期。

5. 投资日期:填写初创科技型企业接受合伙创投企业投资并完成工商变更登记的日期。

6. 从业人数:填写与初创科技型企业建立劳动关系的职工及企业接受的劳务派遣人员人数。具体按照初创科技型企业接受投资前连续12个月的平均数填写,不足12个月的按实际月数平均计算填写。

7. 本科以上学历人数占比:填写初创科技型企业接受投资时本科以上学历人数占企业从业人数的比例。

8. 资产总额:填写初创科技型企业的资产总额。具体按照初创科技型企业接受投资前连续12个月的平均数填写,不足12个月的按实际月数平均计算填写。

9. 年销售收入:填写初创科技型企业的年销售收入。具体按照初创科技型企业接受投资前连续12个月的累计数填写,不足12个月的按实际月数累计计算填写。

10. 研发费用总额占成本费用支出的比例:填写企业接受投资当年及下一年两个纳税年度的研发费用总额合计占同期成本费用总额合计的比例。

11. 投资后2年内与关联方合计持股比例是否超50%:填写"是"或"否"。

12. 投资额:填写合伙创投企业以现金形式对初创科技型企业的实缴出资额。

四、本表一式两份。主管税务机关受理后,由合伙创投企业和主管税务机关分别留存。

合伙企业多次投资同一初创科技型企业的,应按年度分别备案。

(2)合伙创投企业应在投资初创科技型企业满2年后的每个年度终了后3个月内,向合伙创投企业主管税务机关报送《合伙创投企业个人所得税投资抵扣情况表》见表7-3。

表 7-3　合伙创投企业个人所得税投资抵扣情况表

（_____年度）

单位：％，人民币元（列至角分）

合伙创投企业情况									
企业名称				纳税人识别号（统一社会信用代码）					
投资情况备案编号									
当年新增符合条件的投资额合计				新增可抵扣投资额					
个人合伙人相关情况									
姓名	身份证件类型	身份证件号码	出资额	出资比例	分配比例	当年度分配的经营所得	结转上年可抵扣投资额	当年新增可抵扣投资额	当年实际抵扣投资额	结转抵扣投资额
……										

谨声明：本人（单位）知悉并保证本表填报内容及所附证明材料真实、完整，并承担因资料虚假而产生的法律责任。

合伙创投企业印章：　　　合伙创投企业负责人签章：　　　　　年　月　日

代理机构印章：　　　　　　　　主管税务机关印章：

联系人：　　　　　　　　　　　受理人：
填报日期：　　　　　　　　　　受理日期：

国家税务总局监制

《合伙创投企业个人所得税投资抵扣情况表》填报说明

一、适用范围

本表适用于有限合伙制创业投资企业（以下简称合伙创投企业）投资境内种子期、初创期科技型企业（以下简称初创科技型企业），在符合投资抵扣税收优惠年度及以后年度，向主管税务机关报告有关情况并办理投资抵扣手续。

二、报送期限

合伙创投企业自符合投资抵扣税收优惠年度起，每个年度终了3个月内，向其注册地主管税务机关报送本表。

三、表内各栏填写说明

（一）合伙创投企业情况

1. 企业名称：填写合伙创投企业名称全称。

2. 纳税人识别号（统一社会信用代码）：填写合伙创投企业的纳税人识别号或统一社会信用代码。

3. 投资情况备案编号：填写合伙创投企业办理投资情况备案时，税务机关受理其填报的《合伙创投企业个人所得税投资抵扣备案表》赋予的备案编号。

4. 当年新增符合条件的投资额合计：填写当年《合伙创投企业个人所得税投资抵扣备案表》投资额合计。若当年无新增符合投资抵扣税收优惠条件的投资，则无需填写。

5. 新增可抵扣投资额：新增可抵扣投资额＝当年新增符合条件的投资额合计×70%。

（二）个人合伙人相关情况

本栏填报个人合伙人报告年度实际投资抵扣的有关情况。

1. 姓名：填写个人合伙人姓名。

2. 身份证件类型：填写个人合伙人办理个人所得税年度申报时使用的身份证件类型。

3. 身份证件号码：填写个人合伙人办理个人所得税年度申报时使用的身份证件号码。

4. 出资额：填写个人合伙人在投资满两年当年年末，对合伙创投企业的实缴出资额。

5. 出资比例：填写报告年度年末各合伙人对合伙创投企业的实缴出资额占所有合伙人全部实缴出资额的比例。

6. 分配比例：填写个人合伙人办理个人所得税年度申报时填报的分配比例。

7. 当年度分配的经营所得：填写报告年度个人合伙人按其分配比例自合伙创投企业计算分得的经营所得。

8. 结转上年可抵扣投资额：填写上年度此表"结转抵扣投资额"，上年无结转抵扣投资额的填"0"。

9. 当年新增可抵扣投资额：当年新增可抵扣投资额＝新增可抵扣投资额×出资比例。

10. 当年实际抵扣投资额：区别以下情况计算填写。

（1）当年度分配的经营所得＜结转上年可抵扣投资额＋当年新增可抵扣投资额时，

当年实际抵扣投资额＝当年度分配的经营所得；

（2）当年度分配的经营所得≥结转上年可抵扣投资额＋当年新增可抵扣投资额时，

当年实际抵扣投资额＝当年新增可抵扣投资额＋结转上年可抵扣投资额。

11. 结转抵扣投资额：结转抵扣投资额＝结转上年可抵扣投资额＋当年新增可抵扣投资额－当年实际抵扣投资额。

四、本表一式两份。主管税务机关受理后，由合伙创投企业和主管税务机关分别留存。

（3）个人合伙人在个人所得税年度申报时，应将当年允许抵扣的投资额填至《个人所得税经营所得纳税申报表（B表）》"允许扣除的其他费用"栏，并同时标明"投资抵扣"字样。

[《国家税务总局关于创业投资企业和天使投资个人税收政策有关问题的公告》（国家税务总局公告2018年第43号）]

7.4.4.2 天使投资个人

1）投资抵扣备案

天使投资个人应在投资初创科技型企业满24个月的次月15日内，与初创科技型企业共同向初创科技型企业主管税务机关办理备案手续。备案时应报送《天使投资个人所得税投资抵扣备案表》（见表7-4）。被投资企业符合初创科技型企业条件的有关资料留存企业备查，备查资料包括初创科技型企业接受现金投资时的投资合同（协议）、章程、实际出资的相关证明材料,以及被投资企业符合初创科技型企业条件的有关资料。多次投资同一初创科技型企业的,应分次备案。

表7-4 天使投资个人所得税投资抵扣备案表

备案编号(主管税务机关填写):　　　　　　　　　　　　　　单位:%,人民币元(列至角分)

天使投资个人基本情况					
姓名		身份证件类型		身份证件号码	
国籍(地区)		联系电话		联系地址	
初创科技型企业基本情况					
企业名称			纳税人识别号(统一社会信用代码)		
设立时间			注册地址		
初创科技型企业及天使投资个人投资情况					

投资日期	从业人数	本科以上学历人数占比	资产总额	年销售收入	研发费用总额占成本费用支出的比例	投资2年内与其亲属合计持股比例是否超过50%	投资额
……							

谨声明:本人(单位)知悉并保证本表填报内容及所附证明材料真实、完整,并承担因资料虚假而产生的法律责任。

天使投资个人签章:　　　初创科技型企业负责人签章:　　　　　　年　月　日

代理机构印章:	主管税务机关印章:
联系人: 填报日期:	受理人: 受理日期:
初创科技型企业注销清算情况(税务机关填写)	
注销清算时间	清算前已抵扣投资额
主管税务机关印章: 受理人: 受理日期:	

注:本表是天使投资个人日后转让初创科技型企业股权办理投资抵扣的重要凭据,请妥善保管。

国家税务总局监制

《天使投资个人所得税投资抵扣备案表》填报说明

一、适用范围

本表适用于天使投资个人投资境内种子期、初创期科技型企业(以下简称初创科技型企业),就符合投资抵扣税收优惠条件的投资,向主管税务机关办理投资情况备案。

二、报送期限

初创科技型企业、天使投资个人应共同于满足投资抵扣税收优惠条件次月15日内,向其主管税务机关报送本表。

三、表内各栏填写说明

(一)天使投资个人基本情况

1. 姓名:填写天使投资个人姓名。中国境内无住所个人,其姓名应当用中、外文同时填写。

2. 身份证件类型:填写能识别天使投资个人唯一身份的身份证、军官证、士兵证、护照、港澳居民来往内地通行证、台湾居民来往大陆通行证等有效证照名称。

3. 身份证件号码:填写能识别天使投资个人唯一身份的有效证照号码。

4. 国籍(地区):填写天使投资个人的国籍或者地区。

5. 联系电话、联系地址:填写天使投资个人的有效联系方式。

(二)初创科技型企业基本情况

1. 企业名称:填写初创科技型企业名称全称。

2. 纳税人识别号(统一社会信用代码):填写初创科技型企业的纳税人识别号或统一社会信用代码。

3. 设立时间:填写初创科技型企业设立登记的具体日期。

4. 注册地址:填写初创科技型企业注册登记的具体地址。

(三)初创科技型企业及天使投资个人投资情况

1. 投资日期:填写初创科技型企业接受合伙创投企业投资并完成工商变更登记的日期。

2. 从业人数:填写与初创科技型企业建立劳动关系的职工及企业接受的劳务派遣人员人数。具体按照初创科技型企业接受投资前连续12个月的平均数填写,不足12个月的按实际月数平均计算填写。

3. 本科以上学历人数占比:填写初创科技型企业接受投资时本科以上学历人数占企业从业人数的比例。

4. 资产总额:填写初创科技型企业的资产总额。具体按照初创科技型企业接受投资前连续12个月的平均数填写,不足12个月的按实际月数平均计算填写。

5. 年销售收入:填写初创科技型企业的年销售收入。具体按照初创科技型企业接受投资前连续12个月的累计数填写,不足12个月的按实际月数累计计算填写。

6. 研发费用总额占成本费用支出的比例:填写企业接受投资当年及下一年两个纳税年度的研发费用总额合计占同期成本费用总额合计的比例。

7. 投资2年内与其亲属合计持股比例是否超过50%:填写"是"或"否"。

8. 投资额:填写天使投资个人以现金形式对初创科技型企业的实缴出资额。

(四)初创科技型企业注销清算情况

本栏由主管税务机关在初创科技型企业注销后纳税人有尚未抵扣完毕的投资额需要结转抵扣时填写。

四、本表一式两份。主管税务机关受理后,由天使投资个人和主管税务机关分别留存。

[《国家税务总局关于创业投资企业和天使投资个人税收政策有关问题的公告》(国家税务总局公告2018年第43号)]

2)投资抵扣申报

(1) 天使投资个人转让未上市的初创科技型企业股权,按照规定享受投资抵扣税收优惠时,应于股权转让次月15日内,向主管税务机关报送《天使投资个人所得税投资抵扣情况表》(见表7-5)。同时,天使投资个人还应一并提供投资初创科技型企业后税务机关受理的《天使投资个人所得税投资抵扣备案表》。

其中,天使投资个人转让初创科技型企业股权需同时抵扣前36个月内投资其他注销清算初创科技型企业尚未抵扣完毕的投资额的,申报时应一并提供注销清算企业主管税务机关受理并注明注销清算等情况的《天使投资个人所得税投资抵扣备案表》,以及前期享受投资抵扣政策后税务机关受理的《天使投资个人所得税投资抵扣情况表》。

接受投资的初创科技型企业,应在天使投资个人转让股权纳税申报时,向扣缴义务人提供相关信息。

表7-5 天使投资个人所得税投资抵扣情况表

单位:人民币元(列至角分)

天使投资个人基本情况								
姓名		身份证件类型			身份证件号码			
国籍(地区)		联系电话			联系地址			
投资抵扣备案编号		投资额			可抵扣投资额			
初创科技型企业基本情况								
企业名称				纳税人识别号(统一社会信用代码)				
投资抵扣情况								
股权转让时间	股权转让应纳税所得额	从已清算企业结转待抵扣投资额	本企业可抵扣投资额	可抵扣投资额合计		累计已抵扣投资额	本期抵扣投资额	结转抵扣投资额

谨声明:本人知悉并保证本表填报内容及所附证明材料真实、完整,并承担因资料虚假而产生的法律责任。

天使投资个人签章: 年 月 日

代理机构印章:	主管税务机关印章:
联系人: 填报日期:	受理人: 受理日期:

国家税务总局监制

《天使投资个人所得税投资抵扣情况表》填报说明

一、适用范围

本表适用于天使投资个人投资境内种子期、初创期科技型企业(以下简称初创科技型企业),享受投资抵扣税收优惠时,向主管税务机关报告有关情况并办理投资抵扣手续。

二、报送期限

天使投资个人应于股权转让次月15日内或在限售股转让清算时,向主管税务机关报送本表。

三、表内各栏

(一)天使投资个人基本情况

1. 姓名:填写天使投资个人姓名。中国境内无住所个人,其姓名应当用中、外文同时填写。

2. 身份证件类型:填写能识别天使投资个人唯一身份的身份证、军官证、士兵证、护照、港澳居民来往内地通行证、台湾居民来往大陆通行证等有效证照名称。

3. 身份证件号码:填写能识别天使投资个人唯一身份的有效证照号码。

4. 国籍(地区):填写天使投资个人的国籍或者地区。

5. 联系电话、联系地址:填写天使投资个人的有效联系方式。

6. 投资抵扣备案编号:填写天使投资个人办理投资情况备案时,税务机关受理《天使投资个人所得税投资抵扣备案表》时赋予的备案编号。

7. 投资额:填写天使投资个人在转让初创科技型企业股权时,符合投资抵扣税收优惠条件的投资额合计。

8. 可抵扣投资额:可抵扣投资额=投资额×70%。

(二)初创科技型企业基本情况

1. 企业名称:填写初创科技型企业名称全称。

2. 纳税人识别号(统一社会信用代码):填写初创科技型企业的纳税人识别号或统一社会信用代码。

(三)投资抵扣情况

1. 股权转让时间:填写天使投资个人转让初创科技型企业股权的具体时间。

2. 股权转让应纳税所得额:填写天使投资个人转让初创科技型企业股权取得的应纳税所得额。

3. 从已清算企业结转待抵扣投资额:填写天使投资个人投资的其他初创科技型企业注销清算时尚未抵扣完毕的可抵扣投资额。

4. 本企业可抵扣投资额:本企业可抵扣投资额=可抵扣投资额("天使投资个人基本情况"栏)。

5. 可抵扣投资额合计:可抵扣投资额合计=从已清算企业结转待抵扣投资额+本企业可抵扣投资额。

6. 累计已抵扣投资额:填写天使投资个人前期转让初创科技型企业股权时已抵扣投资额合计。

7. 本期抵扣投资额:区别以下情况计算填写。

(1)股权转让应纳税所得额<可抵扣投资额合计-累计已抵扣投资额时,本期抵扣投资额=股权转让应纳税所得额。

(2)股权转让应纳税所得额≥可抵扣投资额合计-累计已抵扣投资额时,本期抵扣投资额=可抵扣投资额合计-累计已抵扣投资额。

8. 结转抵扣投资额:结转抵扣投资额=可抵扣投资额合计-累计已抵扣投资额-本期抵扣投资额。

四、本表一式两份。主管税务机关受理后,由天使投资个人和主管税务机关分别留存。

（2）天使投资个人投资初创科技型企业满足投资抵扣税收优惠条件后，初创科技型企业在上海证券交易所、深圳证券交易所上市的，天使投资个人在转让初创科技型企业股票时，有尚未抵扣完毕的投资额的，应向证券机构所在地主管税务机关办理限售股转让税款清算，抵扣尚未抵扣完毕的投资额。清算时，应提供投资初创科技型企业后税务机关受理的《天使投资个人所得税投资抵扣备案表》和《天使投资个人所得税投资抵扣情况表》。

[《国家税务总局关于创业投资企业和天使投资个人税收政策有关问题的公告》（国家税务总局公告2018年第43号）]

3）被投资企业发生个人股东或个人股份变动

被投资企业发生个人股东变动或者个人股东所持股权变动的，应在次月15日内向主管税务机关报送含有股东变动信息的《个人所得税基础信息表（A表）》（详见9.2.4.3"个人所得税基础信息报送"）。对天使投资个人，应在备注栏标明"天使投资个人"字样。

天使投资个人转让股权时，扣缴义务人、天使投资个人应将当年允许抵扣的投资额填至《个人所得税扣缴申报表》（详见9.2.4.1"全员全额扣缴申报"）或《个人所得税自行纳税申报表（A表）》[详见9.3.11.7"个人所得税自行纳税申报表（A表）"]"税前扣除项目"的"其他"栏，并标明"投资抵扣"字样。

[《国家税务总局关于创业投资企业和天使投资个人税收政策有关问题的公告》（国家税务总局公告2018年第43号）]

7.4.4.3 征管异议处理

享受上述规定税收政策的纳税人，其主管税务机关对被投资企业是否符合初创科技型企业条件有异议的，可以转请被投资企业主管税务机关提供相关材料。对纳税人提供虚假资料，违规享受税收政策的，应按《税收征收管理法》相关规定处理，并将其列入失信纳税人名单，按规定实施联合惩戒措施。

税务机关在合伙创投企业合伙人享受优惠政策后续管理中，对初创科技型企业是否符合规定条件有异议的，可以转请初创科技型企业主管税务机关提供相关资料，主管税务机关应积极配合。

创业投资企业、合伙创投企业合伙人、天使投资个人、初创科技型企业提供虚假情况、故意隐瞒已投资抵扣情况或采取其他手段骗取投资抵扣，不缴或者少缴应纳税款的，按《税收征收管理法》有关规定处理。

[《财政部 税务总局关于创业投资企业和天使投资个人有关税收政策的通知》（财税〔2018〕55号）、《国家税务总局关于创业投资企业和天使投资个人税收政策有关问题的公告》（国家税务总局公告2018年第43号）]

7.4.5 执行时间

天使投资个人所得税政策自2018年7月1日起执行，其他各项政策自2018年1月1日起执行。执行日期前2年内发生的投资，在执行日期后投资满2年，且符合上述规定的其他条件的,可以适用规定的税收政策。

[《财政部 税务总局关于创业投资企业和天使投资个人有关税收政策的通知》(财税〔2018〕55号)]

解读▶ 京津冀、上海、广东、安徽、四川、武汉、西安、沈阳8个全面创新改革试验区域和苏州工业园区作为试点地区,根据《财政部 税务总局关于创业投资企业和天使投资个人有关税收试点政策的通知》(财税〔2017〕38号),个人所得税政策自2017年7月1日起试点执行,该文件自2018年7月1日起废止,符合试点政策条件的投资额可按财税〔2018〕55号文件规定继续抵扣。

7.5 减税率类

为了配合国家住房制度改革,支持住房租赁市场的健康发展,经国务院批准,对个人出租房屋取得的所得暂减按10%的税率征收个人所得税。

[《财政部 国家税务总局关于调整住房租赁市场税收政策的通知》(财税〔2000〕125号)]

对个人出租住房取得的所得减按10%的税率征收个人所得税。

[《财政部 国家税务总局关于廉租住房、经济适用住房和住房租赁有关税收政策的通知》(财税〔2008〕24号)]

7.6 减计收入

7.6.1 远洋船员工薪收入

一个纳税年度内在船航行时间累计满183天的远洋船员,其取得的工资、薪金收入减按50%计入应纳税所得额,依法缴纳个人所得税。

远洋船员是指在海事管理部门依法登记注册的国际航行船舶船员和在渔业管理部门依法登记注册的远洋渔业船员。

在船航行时间是指远洋船员在国际航行或作业船舶和远洋渔业船舶上的工作天数。一个纳税年度内的在船航行时间为一个纳税年度内在船航行时间的累计天数。

远洋船员可选择在当年预扣预缴税款或者次年个人所得税汇算清缴时享受上述优惠政策。

海事管理部门、渔业管理部门同税务部门建立信息共享机制,定期交换远洋船员身份认定、在船航行时间等有关涉税信息。

[《财政部 税务总局关于远洋船员个人所得税政策的公告》(财政部 税务总局公告2019年第97号)]

7.6.2 科研机构高校转化职务科技成果现金奖励

依法批准设立的非营利性研究开发机构和高等学校(以下简称非营利性科研机构和高校)根据《中华人民共和国促进科技成果转化法》规定,从职务科技成果转化收入中给予科技人员的现金奖励,可减按50%计入科技人员当月"工资、薪金所得",依法缴纳个人所得税。

[《财政部 税务总局 科技部关于科技人员取得职务科技成果转化现金奖励有关个人所得税政策的通知》(财税〔2018〕58号)]

7.6.2.1 非营利性科研机构和高校

国家设立的科研机构和高校是指利用财政性资金设立的、取得《事业单位法人证书》的科研机构和公办高校,包括中央和地方所属科研机构和高校。

非营利性科研机构和高校包括国家设立的科研机构和高校、民办非营利性科研机构和高校。

民办非营利性科研机构和高校须同时满足下列条件:

(1)根据《民办非企业单位登记管理暂行条例》在民政部门登记,并取得《民办非企业单位登记证书》。

(2)对于民办非营利性科研机构,其《民办非企业单位登记证书》记载的业务范围应属于"科学研究与技术开发、成果转让、科技咨询与服务、科技成果评估"范围。对业务范围存在争议的,由税务机关转请县级(含)以上科技行政主管部门确认。

对于民办非营利性高校,应取得教育主管部门颁发的《民办学校办学许可证》,《民办学校办学许可证》记载学校类型为"高等学校"。

(3)经认定取得企业所得税非营利组织免税资格。

[《财政部 税务总局 科技部关于科技人员取得职务科技成果转化现金奖励有关个人所得税政策的通知》(财税〔2018〕58号)]

7.6.2.2 科技人员享受优惠政策的条件

科技人员享受优惠政策须同时符合下列条件:

(1)科技人员是指非营利性科研机构和高校中对完成或转化职务科技成果作出重要贡献的人员。非营利性科研机构和高校应按规定公示有关科技人员名单及相关信息(国防专利转化除外),具体公示办法由科技部会同财政部、国家税务总局制定。

(2)科技成果是指专利技术(含国防专利)、计算机软件著作权、集成电路布图设计专有权、植物新品种权、生物医药新品种,以及科技部、财政部、国家税务总局确定的其他技术成果。

(3)科技成果转化是指非营利性科研机构和高校向他人转让科技成果或者许可他人使用科技成果。现金奖励是指非营利性科研机构和高校在取得科技成果转化收入3年(36个月)内奖励给科技人员的现金。

"3年(36个月)内",是指自非营利性科研机构和高校实际取得科技成果转化收入之日起36个月内。非营利性科研机构和高校分次取得科技成果转化收入的,以每次实际取得日期为准。

(4)非营利性科研机构和高校转化科技成果,应当签订技术合同,并根据《技术合同认定登记管理办法》,在技术合同登记机构进行审核登记,并取得技术合同认定登记证明。

[《财政部 税务总局 科技部关于科技人员取得职务科技成果转化现金奖励有关个人所得税政策的通知》(财税〔2018〕58号)、《国家税务总局关于科技人员取得职务科技成果转化现金奖励有关个人所得税征管问题的公告》(国家税务总局公告2018年第30号)]

7.6.2.3 资金核算和扣缴个人所得税征管要求

非营利性科研机构和高校应健全科技成果转化的资金核算,不得将正常工资、奖金等收入列入科技人员职务科技成果转化现金奖励享受税收优惠。

非营利性科研机构和高校向科技人员发放现金奖励时,应按《个人所得税法》规定代扣代缴个人所得税,并按规定向税务机关履行备案手续。

[《财政部 税务总局 科技部关于科技人员取得职务科技成果转化现金奖励有关个人所得税政策的通知》(财税〔2018〕58号)]

非营利性科研机构和高校向科技人员发放职务科技成果转化现金奖励(以下简称现金奖励),应于发放之日的次月15日内,向主管税务机关报送《科技人员取得职务科技成果转化现金奖励个人所得税备案表》(见表7-6)。单位资质材料(《事业单位法人证书》《民办学校办学许可证》《民办非企业单位登记证书》等)、科技成果转化技术合同、科技人员现金奖励公示材料、现金奖励公示结果文件等相关资料自行留存备查。

表7-6 科技人员取得职务科技成果转化现金奖励个人所得税备案表

备案编号(主管税务机关填写):　　　　　　　　　　　　单位:人民币元(列至角分)

扣缴义务人基本情况				
扣缴义务人名称		扣缴义务人纳税人识别号	扣缴义务人类型	□国家设立的科研机构 □国家设立的高校 □民办非营利性科研机构 □民办非营利性高校 □其他_____
科技成果基本情况				
科技成果名称		科技成果类型	发证部门	科技成果证书编号
科技成果转化及现金奖励公示情况				
转化方式	□转让 □许可使用	技术合同登记机构	技术合同编号	技术合同项目名称
取得转化收入金额		取得转化收入时间	公示结果文件文号	公示结果文件名称
科技人员取得现金奖励基本情况				

(续表)

序号	姓名	身份证照类型	身份证照号码	现金奖励金额	现金奖励取得时间

谨声明:此表是根据《中华人民共和国个人所得税法》及有关法律法规规定填写的,是真实的、完整的、可靠的。

单位签章:	主管税务机关印章:
经办人:	受理人:
填报日期:　　　　　年　月　日	受理日期:　　　　　年　月　日

国家税务总局监制

《科技人员取得职务科技成果转化现金奖励个人所得税备案表》填报说明

一、适用范围

本表适用于科技人员取得职务科技成果转化现金奖励(以下简称现金奖励),扣缴义务人向主管税务机关办理相关个人所得税备案时填报。

二、报送期限

扣缴义务人应于向科技人员实际发放现金奖励之日的次月15日内报送。

三、表内各栏

(一)扣缴义务人基本情况

1. 扣缴义务人名称:填写发放现金奖励的单位名称全称。

2. 扣缴义务人纳税人识别号:填写扣缴义务人的纳税人识别号或统一社会信用代码。

3. 扣缴义务人类型:根据实际登记类型进行勾选,选择其他类型的,应在横线中写明符合规定的具体类型。

(二)科技成果基本情况

1. 科技成果名称:填写科技成果的标准名称。

2. 科技成果类型:填写专利技术(含国防专利)、计算机软件著作权、集成电路布图设计专有权、植物新品种权、生物医药新品种或科技部、财政部、国家税务总局确定的其他科技成果。

3. 发证部门:填写颁发科技成果证书的部门全称。

4. 科技成果证书编号:填写科技成果证书上的编号。

(三)科技成果转化及现金奖励公示情况

1. 转化方式:根据实际转化方式进行勾选。

2. 技术合同登记机构:填写技术合同登记机构全称。
3. 技术合同编号:填写技术合同编号。
4. 技术合同项目名称:填写技术合同项目名称。
5. 取得转化收入金额:填写扣缴义务人本次发放现金奖励对应的职务科技成果转化收入金额。
6. 取得转化收入时间:填写扣缴义务人发放现金奖励所对应的职务科技成果转化收入的实际取得时间。
7. 公示结果文件文号:填写列明科技人员取得现金奖励公示结果的文件文号。
8. 公示结果文件名称:填写列明科技人员取得现金奖励公示结果的文件名称。

(四)科技人员取得现金奖励基本情况

1. 姓名:填写取得现金奖励科技人员的姓名。中国境内无住所个人,其姓名应当用中、外文同时填写。
2. 身份证照类型:填写能识别取得现金奖励科技人员的唯一身份的身份证、军官证、士兵证、护照、港澳居民来往内地通行证、台湾居民来往大陆通行证等有效证照名称。
3. 身份证照号码:填写能识别取得现金奖励科技人员的唯一身份的号码。
4. 现金奖励金额:填写科技人员实际取得的现金奖励金额。
5. 现金奖励取得时间:填写科技人员实际取得的现金奖励的时间。

四、本表一式两份。主管税务机关受理后,由扣缴义务人和主管税务机关分别留存。

非营利性科研机构和高校向科技人员发放现金奖励,在填报《个人所得税扣缴申报表》(详见9.2.4.1"全员全额扣缴申报")时,应将当期现金奖励收入金额与当月工资、薪金合并,全额计入"收入"列,同时将现金奖励的50%填至《个人所得税扣缴申报表》"免税收入"列,并在备注栏注明"科技人员现金奖励免税部分"字样,据此以"收入"减除"免税收入"以及相关扣除后的余额计算缴纳个人所得税。

[《国家税务总局关于科技人员取得职务科技成果转化现金奖励有关个人所得税征管问题的公告》(国家税务总局公告2018年第30号)]

7.6.2.4 政策执行时间

上述规定自2018年7月1日起施行。施行前非营利性科研机构和高校取得的科技成果转化收入,自施行后36个月内给科技人员发放现金奖励,符合规定的条件的,适用上述规定。

[《财政部 税务总局 科技部关于科技人员取得职务科技成果转化现金奖励有关个人所得税政策的通知》(财税〔2018〕58号)]

7.7 递延纳税

7.7.1 科研机构高校转化职务科技成果股份奖励

自1999年7月1日起,科研机构、高等学校转化职务科技成果以股份或出资比例等股权形式给予个人奖励,获奖人在取得股份、出资比例时,暂不缴纳个人所得税;取得按股份、出资比例分红或转让股权、出资比例所得时,应依法缴纳个人所得税。

[《财政部 国家税务总局关于促进科技成果转化有关税收政策的通知》(财税字〔1999〕45号)]

在获奖人按股份、出资比例获得分红时,对其所得按"利息、股息、红利所得"应税项目征收个人所得税。

获奖人转让股权、出资比例,对其所得按"财产转让所得"应税项目征收个人所得税,财产原值为零。

[《国家税务总局关于促进科技成果转化有关个人所得税问题的通知》(国税发〔1999〕125号)]

7.7.1.1 科研机构、高校以及享受政策人员条件

科研机构是指按中央机构编制委员会和国家科学技术委员会(现为科学技术部)《关于科研事业单位机构设置审批事项的通知》(中编办发〔1997〕14号)的规定设置审批的自然科学研究事业单位机构。

高等学校是指全日制普通高等学校(包括大学、专门学院和高等专科学校)。

享受上述优惠政策的科技人员必须是科研机构和高等学校的在编正式职工。

[《国家税务总局关于促进科技成果转化有关个人所得税问题的通知》(国税发〔1999〕125号)]

7.7.1.2 征管要求

主管税务机关应加强科研机构、高等学校转化职务科技成果以股份或出资比例等股权形式给予个人奖励暂不征收个人所得税的管理。

(1) 主管税务机关应对科研机构、高等学校或者获奖人员归入纳税人和扣缴义务人的"一户式"档案,一并动态管理。

(2) 主管税务机关应对获奖人员建立电子台账(条件不具备的可建立纸质台账),及时登记奖励相关信息和股权转让等信息,具体包括授奖单位、获奖人员的姓名、获奖金额、获奖时间、职务转化股权数量或者出资比例,股权转让情况等信息,并根据获奖人员股权或者出资比例变动情况,及时更新电子台账和纸质台账,加强管理。

(3) 主管税务机关要加强对有关科研机构、高等学校或者获奖人员的日常检查,及时掌握奖励和股权转让等相关信息,防止出现管理漏洞。

[《国家税务总局关于取消促进科技成果转化暂不征收个人所得税审核权有关问题的通知》(国税函〔2007〕833号)]

7.7.1.3 "取消促进科技成果转化暂不征税审核"后续管理

按照《国家税务总局关于促进科技成果转化有关个人所得税问题的通知》(国税发〔1999〕125号)和《国家税务总局关于取消促进科技成果转化暂不征收个人所得税审核权有关问题的通知》(国税函〔2007〕833号)的规定,将职务科技成果转化为股份、投资比例的科研机构、高等学校或者获奖人员,应在授(获)奖的次月15日内向主管税务机关备案,报送《科技成果转化暂不征收个人所得税备案表》(见表7-7)。技术成果价值评估报告、股权奖励文件及其他证明材料由奖励单位留存备查。

表 7-7 科技成果转化暂不征收个人所得税备案表

备案编号（主管税务机关填写）： 　　　　　　　　　　　金额单位：人民币元（列至角分）

奖励单位基本情况										
奖励单位名称		纳税人识别号		地址		联系人		电话		
获奖人员基本情况										
序号	姓名	身份证照类型	身份证照号码	职务	获奖时间	获得股权奖励形式及数量		涉及单位名称	获奖金额	签名
						股价数量（股）	出资比例（%）			
科技成果基本情况										
科技成果名称				基本情况说明						
谨声明：此表是根据《中华人民共和国个人所得税法》及有关法律法规规定填写的，是真实的、完整的、可靠的。										
科研机构或高等学校签章：					主管税务机关受理印章：					
经办人（获奖人）：					受理人：					
办理日期：　　年　月　日					受理日期：　　年　月　日					

国家税务总局监制

《科技成果转化暂不征收个人所得税备案表》填报说明

　　本表适用于将职务科技成果转化为股份、投资比例的科研机构、高等学校或者获奖人员向主管税务机关办理暂不征收个人所得税备案事宜。本表一式两份，主管税务机关受理后，由科研机构、高等学校或者获奖人员和主管税务机关分别留存。

　　（1）备案编号：由主管税务机关自行编制。

　　（2）纳税人识别号：填写税务机关赋予的纳税人识别号。

　　（3）职务：填写获得奖励的纳税人在科研机构或高等学校中担任的职务。

　　（4）获奖时间：填写纳税人实际获得奖励的具体日期。纳税人在备案时限内多次取得奖励的，需分别填写。

　　（5）获得股权奖励形式及数量：在对应奖励形式下填写纳税人实际取得的股份数量或出资比例。

(6) 涉及单位名称:填写股份或出资比例等被用作奖励的单位名称。纳税人奖励涉及多家单位的,可一并填写。

(7) 获奖金额:填写纳税人获得奖励的股份、出资比例等股权的价值。

(8) 科技成果名称:填写科技成果的标准名称。

(9) 基本情况说明:对科技成果的基本情况进行简要说明。

(10) 若获奖人员和科技成果基本情况填写不下,可另附纸填写。

(11) 获奖人员办理时,所有项目均需填写,并在经办人(获奖人)处签字,同时加盖科研机构或高等学校签章。

[《国家税务总局关于3项个人所得税事项取消审批实施后续管理的公告》(国家税务总局公告2016年第5号)]

7.7.2 技术成果投资入股实施选择性税收优惠政策

7.7.2.1 技术成果与技术成果投资

技术成果是指专利技术(含国防专利)、计算机软件著作权、集成电路布图设计专有权、植物新品种权、生物医药新品种,以及科技部、财政部、国家税务总局确定的其他技术成果。

技术成果投资入股,是指纳税人将技术成果所有权让渡给被投资企业、取得该企业股票(权)的行为。

[《财政部 国家税务总局关于完善股权激励和技术入股有关所得税政策的通知》(财税〔2016〕101号)]

7.7.2.2 选择性税收优惠政策

企业或个人以技术成果投资入股到境内居民企业,被投资企业支付的对价全部为股票(权)的,企业或个人可选择继续按现行有关税收政策执行,也可选择适用递延纳税优惠政策。

选择技术成果投资入股递延纳税政策的,经向主管税务机关备案,投资入股当期可暂不纳税,允许递延至转让股权时,按股权转让收入减去技术成果原值和合理税费后的差额计算缴纳所得税。

[《财政部 国家税务总局关于完善股权激励和技术入股有关所得税政策的通知》(财税〔2016〕101号)]

7.7.2.3 递延纳税的股权转让处理

详见8.1.5.4"递延纳税的股权转让处理"。

7.7.2.4 递延纳税备案要求

对技术成果投资入股选择适用递延纳税政策的,企业应在规定期限内到主管税务机关办理备案手续。未办理备案手续的,不得享受上述规定的递延纳税优惠政策。

个人以技术成果投资入股,以取得技术成果的企业为个人所得税扣缴义务人。递延纳税期间,扣缴义务人应在每个纳税年度终了后向主管税务机关报告递延纳税有关情况。

个人以技术成果投资入股境内公司并选择递延纳税的,被投资公司应于取得技术成果并支付股权之次月 15 日内,向主管税务机关报送《技术成果投资入股个人所得税递延纳税备案表》(见表 7-8)、技术成果相关证书或证明材料、技术成果投资入股协议、技术成果评估报告等资料。

表 7-8　技术成果投资入股个人所得税递延纳税备案表

备案编号(主管税务机关填写):　　　　　　　　　　　　单位:股,%,人民币元(列至角分)

被投资公司基本情况							
公司名称		纳税人识别号		联系人		联系电话	
技术成果基本情况							
技术成果名称		技术成果类型		发证部门		技术成果证书编号	
技术成果投资入股情况							
涉及人数		评估价(协议价)		技术成果原值		合理税费	
技术成果投资入股个人基本情况							
序号	姓名	身份证照类型	身份证照号码	联系地址	联系电话	股数	持股比例

谨声明:此表是根据《中华人民共和国个人所得税法》及有关法律法规规定填写的,是真实的、完整的、可靠的。

　　　　　　　　　　　被投资公司法定代表人签字:　　　　　　　年　月　日

公司签章: 经办人: 填报日期:　　年 月 日	代理申报机构(人)签章: 经办人: 经办人执业证件号码: 代理申报日期:　　年 月 日	主管税务机关印章: 受理人: 受理日期:　　年 月 日

　　　　　　　　　　　　　　　　　　　　　　　　　　　　　国家税务总局监制

《技术成果投资入股个人所得税递延纳税备案表》填报说明

一、适用范围

本表适用于个人以技术成果投资入股境内非上市公司并选择递延纳税的,被投资公司向主管税务机关办理相关个人所得税递延纳税备案事宜时填报。备案表区分投资入股的技术成果,分别填写。

二、报送期限

企业应于被投资公司取得技术成果并支付股权之次月 15 日内报送。

三、表内各栏填写

（一）被投资公司基本情况

1. 公司名称：填写接受技术成果投资入股的公司名称全称。

2. 纳税人识别号：填写纳税人识别号或统一社会信用代码。

3. 联系人、联系电话：填写接受技术成果投资入股公司负责办理个人所得税递延纳税备案人员的相关情况。

（二）技术成果基本情况

1. 技术成果名称：填写技术成果的标准名称。

2. 技术成果类型：是指《财政部 国家税务总局关于完善股权激励和技术入股有关所得税政策的通知》（财税〔2016〕101号）规定的专利技术（含国防专利）、计算机软件著作权、集成电路布图设计专有权、植物新品种权、生物医药新品种，以及科技部、财政部、国家税务总局确定的其他技术成果。

3. 发证部门：填写颁发技术成果证书的部门全称。

4. 技术成果证书编号：填写技术成果证书上的编号。

（三）技术成果投资入股情况

1. 涉及人数：填写技术成果投资协议中以该项技术成果投资入股的人数。

2. 评估价（协议价）：填写技术成果投资入股按照协议确定的公允价值。

3. 技术成果原值：填写个人发明或取得该项技术成果过程中实际发生的支出。

4. 合理税费：填写个人以技术成果投资入股过程中按规定实际支付的有关税费。

（四）技术成果投资入股个人基本情况

1. 姓名：填写技术成果投资入股个人的姓名，中国境内无住所个人，其姓名应当用中、外文同时填写。

2. 身份证照类型：填写能识别技术成果投资入股个人的唯一身份的身份证、军官证、士兵证、护照、港澳居民来往内地通行证、台湾居民来往大陆通行证等有效证照名称。

3. 身份证照号码：填写能识别技术成果投资入股个人的唯一身份的号码。

4. 联系地址和联系电话：填写技术成果投资入股个人的有效联系地址和常用联系电话。

5. 股数：填写个人因技术成果投资入股获得的股票（权）数。

6. 持股比例：按照保留小数点后两位填写。

7. 技术成果投资入股个人基本情况如果填写不下，可另附纸填写。

四、本表一式两份。主管税务机关受理后，由扣缴义务人和主管税务机关分别留存。

个人以技术成果投资入股取得的股票（权），实行递延纳税期间，扣缴义务人应于每个纳税年度终了后30日内，向主管税务机关报送《个人所得税递延纳税情况年度报告表》（详见8.1.5.5"递延纳税征管要求"）。

［《国家税务总局关于股权激励和技术入股所得税征管问题的公告》（国家税务总局公告2016年第62号）］

7.8 分期纳税类

7.8.1 非货币性资产投资

非货币性资产，是指现金、银行存款等货币性资产以外的资产，包括股权、不动产、技术发明成果以及其他形式的非货币性资产。

非货币性资产投资,包括以非货币性资产出资设立新的企业,以及以非货币性资产出资参与企业增资扩股、定向增发股票、股权置换、重组改制等投资行为。

[《财政部 国家税务总局关于个人非货币性资产投资有关个人所得税政策的通知》(财税〔2015〕41号)]

7.8.1.1 纳税人

非货币性资产投资个人所得税以发生非货币性资产投资行为并取得被投资企业股权的个人为纳税人。

[《国家税务总局关于个人非货币性资产投资有关个人所得税征管问题的公告》(国家税务总局公告2015年第20号)]

7.8.1.2 适用征税项目

个人以非货币性资产投资,属于个人转让非货币性资产和投资同时发生。对个人转让非货币性资产的所得,应按照"财产转让所得"项目,依法计算缴纳个人所得税。

[《财政部 国家税务总局关于个人非货币性资产投资有关个人所得税政策的通知》(财税〔2015〕41号)]

7.8.1.3 应纳税所得额

个人以非货币性资产投资,应按评估后的公允价值确认非货币性资产转让收入。非货币性资产转让收入减除该资产原值和合理税费后的余额为应纳税所得额。

个人以非货币性资产投资,应于非货币性资产转让、取得被投资企业股权时,确认非货币性资产转让收入的实现。

[《财政部 国家税务总局关于个人非货币性资产投资有关个人所得税政策的通知》(财税〔2015〕41号)]

纳税人非货币性资产投资应纳税所得额为非货币性资产转让收入减除该资产原值和合理税费后的余额。

非货币性资产原值为纳税人取得该项资产时实际发生的支出。

纳税人无法提供完整、准确的非货币性资产原值凭证,不能正确计算非货币性资产原值的,主管税务机关可依法核定其非货币性资产原值。

合理税费是指纳税人在非货币性资产投资过程中发生的与资产转移相关的税金及合理费用。

纳税人以股权投资的,该股权原值确认等相关问题依照《股权转让所得个人所得税管理办法(试行)》(国家税务总局公告2014年第67号印发)有关规定执行(详见4.5.4"股权转让")。

[《国家税务总局关于个人非货币性资产投资有关个人所得税征管问题的公告》(国家税务总局公告2015年第20号)]

7.8.1.4 分期纳税

个人应在发生非货币性资产投资应税行为的次月15日内向主管税务机关申报纳税。纳税人一次性缴税有困难的,可合理确定分期缴纳计划并报主管税务机关备案后,自发生上述应税行为之日起不超过5个公历年度内(含)分期缴纳个人所得税。

[《财政部 国家税务总局关于个人非货币性资产投资有关个人所得税政策的通知》(财税〔2015〕41号)]

纳税人非货币性资产投资需要分期缴纳个人所得税的,应于取得被投资企业股权之日的次月 15 日内,自行制订缴税计划并向主管税务机关报送《非货币性资产投资分期缴纳个人所得税备案表》(见表 7-9)、纳税人身份证明、投资协议、非货币性资产评估价格证明材料、能够证明非货币性资产原值及合理税费的相关资料。

纳税人分期缴税期间提出变更原分期缴税计划的,应重新制订分期缴税计划并向主管税务机关重新报送《非货币性资产投资分期缴纳个人所得税备案表》。

表 7-9 非货币性资产投资分期缴纳个人所得税备案表

(本表一式两份)

备案编号(主管税务机关填写):　　　　　　　　　　　　金额单位:人民币元(列至角分)

投资人信息	姓　名		身份证件类型		身份证件号码			
	国籍(地区)				纳税人识别号			
	通信地址				联系电话			
被投资单位信息	名　称				纳税人识别号			
	地　址				联系人及电话			
投资情况	投资类型	□新设公司　□参与增资　□定向增发　□股权置换　□重组改制　□其他____						
	取得股权时间	年　月　日		取得的现金补价			持股比例 %	
	非货币性资产名称	产权证或注册登记证号码	登记机关	坐落地		评估后的公允价值	非货币性资产原值	合理税费
分期缴税计划	截止缴税时间	年　月　日		应纳税所得额				
	应缴个人所得税			已缴个人所得税				
	分　期	合　计	1	2		3	4	5
	计划缴税时间	—						
	计划缴税金额							

(续表)

谨声明:本表根据《财政部 国家税务总局关于个人非货币性资产投资有关个人所得税政策的通知》(财税〔2015〕41号)及本公告有关规定填列。所填信息是真实的、完整的、可靠的。	
纳税人签字: 被投资单位公章: 填报日期: 年 月 日	
提醒:请妥善保存此表。办理纳税申报时请主动提供此表及以前各期缴纳个人所得税的完税证明。如因股权转让取得收益,请及时缴纳个人所得税。	
感谢您对税收工作的支持!	
代理申报机构(人)签章:	主管税务机关印章:
经办人:	受理人:
经办人执业证件号码:	
代理申报日期: 年 月 日	受理日期: 年 月 日

国家税务总局监制

《非货币性资产投资分期缴纳个人所得税备案表》填报说明

本表适用于个人非货币性资产投资向主管税务机关办理分期缴纳个人所得税备案事宜。本表一式两份,主管税务机关受理后,由投资人和主管税务机关分别留存。

一、备案编号:由主管税务机关自行编制。

二、纳税人识别号:该栏填写税务机关赋予的18位纳税人识别号。初次办理涉税事宜的,应一并提供《个人所得税基础信息表(B表)》(详见9.3.1"自行申报情形")。

三、产权证或注册登记证号码:填写产权登记部门核发的不动产、技术发明成果等非货币性资产产权证号码或注册登记证上的注册登记号码。未登记或无需登记的非货币性资产不填此列。

四、登记机关:填写核发产权证或注册登记证的单位名称。未登记或无需登记的非货币性资产不填此列。

五、坐落地:填写不动产的具体坐落地址。其他非货币性资产无需填列。

六、评估后的公允价值、非货币性资产原值、合理税费:按照《财政部 国家税务总局关于个人非货币性资产投资有关个人所得税政策的通知》(财税〔2015〕41号)及本公告中有关规定填写。

七、应纳税所得额:应纳税所得额=评估后的公允价值-非货币性资产原值-合理税费。

八、应缴个人所得税:应缴个人所得税=应纳税所得额×20%。

九、已缴个人所得税:填写纳税人取得现金补价或自筹资金已缴纳的个人所得税。纳税人变更分期缴税计划的,其前期已经缴纳的个人所得税也一并在此填列。

十、计划缴税时间:填写每一期计划缴税的截止时点。

十一、计划缴税金额:填写应缴个人所得税减去已缴个人所得税后需要分期缴纳的个人所得税金额。

纳税人按分期缴税计划向主管税务机关办理纳税申报时,应提供已在主管税务机关备案的《非货币性资产投资分期缴纳个人所得税备案表》和本期之前各期已缴纳个人所得税的完税凭证。

[《国家税务总局关于个人非货币性资产投资有关个人所得税征管问题的公告》(国家税务总局公告2015年第20号)]

热点问题 个人独资合伙企业发生非货币性资产投资是否适用分期纳税的政策？

答：根据《财政部 国家税务总局关于个人非货币性资产投资有关个人所得税政策的通知》（财税〔2015〕41号，以下简称41号文件）的规定，个人以非货币性资产投资，属于个人转让非货币性资产和投资同时发生。对个人转让非货币性资产的所得，应按照"财产转让所得"项目，依法计算缴纳个人所得税。《国家税务总局关于个人非货币性资产投资有关个人所得税征管问题的公告》（国家税务总局公告2015年第20号）规定，非货币性资产投资个人所得税以发生非货币性资产投资行为并取得被投资企业股权的个人为纳税人。

根据《财政部 国家税务总局关于印发〈关于个人独资企业和合伙企业投资者征收个人所得税的法规〉的通知》（财税〔2000〕91号）的规定，个人独资企业和合伙企业每一纳税年度的收入总额减除成本、费用以及损失后的余额，作为投资者个人的生产经营所得，比照《个人所得税法》的"经营所得"应税项目，适用5%~35%的五级超额累进税率，计算征收个人所得税。

因此，个人与个人独资合伙企业是不同的民事主体，虽然都缴纳个人所得税但适用不同的征税项目，41号文件分期缴纳税款政策不适用个人独资合伙企业。在金税三期税收征管系统中做分期缴纳税款备案时，个人独资合伙企业也备不了案。

7.8.1.5 现金补价的处理

个人以非货币性资产投资交易过程中取得现金补价的，现金部分应优先用于缴税；现金不足以缴纳的部分，可分期缴纳。

[《财政部 国家税务总局关于个人非货币性资产投资有关个人所得税政策的通知》（财税〔2015〕41号）]

案例7-7 ▶ 2019年1月，张某与李某共同投资100万元成立甲材料科技有限公司，张某投资80万元持有80%股权，李某投资20万元持有20%股权。2022年12月31日，甲材料科技有限公司净资产已达3 000万元。2023年1月5日，上市公司乙公司收购甲材料科技有限公司，合同约定，收购价格为5 000万元，其中1 000万元现金收购，4 000万元通过定向增发方式支付张某与李某乙公司股票。

张某与李某将持有的甲材料科技有限公司股权换取了乙公司的股票，属于以非货币性资产投资的行为。张某与李某原持有的股权按"财产转让所得"应缴纳个人所得税为：(5 000－100)×20%=980（万元），其中张某784万元，李某196万元。

此次交易中，张某与李某取得了现金补价，根据41号文件的规定，现金部分应优先用于缴税，如果张某与李某取得的股票、现金均按投资比例进行分配，那么，取得的现金补价1 000万元是足以缴纳全部税款的，这也是文件规定的规范要求。但是实际征管中经常出现两个方面的问题：

（1）纳税人认为，现金补价全部用于缴税不合理，一般现金补价占总交易价的20%，而对于成长性较强的企业股权增值大，如张某与李某投资的甲材料科技有限公司，现金补价几乎全部用于缴税，不利于鼓励投资，与41号文件出台的初衷相悖。因此，有的地区为鼓励投资，对现金补价部分按现金占总交易价的比例，缴纳现金部分的税款，即如果张某与李某取得的股票、现金均按投资比例进行分配,2023年1月,张某分得800万元现金,应缴纳个人所得税=(800-80×20%)×20%=156.8(万元),其余627.2万元税款分期5年缴纳;同理,李某分得200万元现金,应缴纳个人所得税(200-20×20%)×20%=39.2(万元),其余156.8万元税款分期5年缴纳。当然,这种计算方法与41号文件规定是有冲突的,须经当地税务机关认可。

(2) 有的纳税人在分配现金补价时将现金集中给了个别股东,未按初始投资比例分配。如果在此案中,将现金补价全部给了李某,李某取得1000万元现金,缴纳"财产转让所得"税款196万元;而张某取得价值4000万元的上市公司股票,按41号文件规定分期5年缴纳税款。表面上是符合41号文件规定的,但是股票市场瞬息万变,5年分期到期时,如果张某所得股票价值高于4000万元,张某顺利完税;如果股票价值低于4000万元,甚至股票跌至应纳税款价值以下时,就带来问题了。张某提出,按5年分期到期时的股票价值作为股权转让收入,否则无现金缴纳分期税款,此时税务机关应如何处理?在没有新政策出台前,我们应该从以下三方面看待该问题:

一是张某个人所得税纳税义务发生时间是在2023年1月5日;当张某在2023年1月5日换取上市公司股票时,股权转让的所得价值就已经体现了。后期股票的涨跌损益相当于二级市场买卖股票的损益需要由自己承担,与前期股权转让所得无关。换句话说,如果股票上涨,税款仍然是当时的税款,不再增加。

二是这类与上市公司股权置换按规定是有现金支付的,一般现金支付是足以承担和缴纳应纳税款的,只是纳税人为了享受分期缴纳税款政策,会将现金给一个有利益关系人的股东,那么后期票下跌无现金缴纳税款的损失也只是为当时的决策买单。

三是分期缴纳税款只是缓缴当时的应纳税款,如果已经备案,系统里都有具体金额和时间的,在现行政策下,如果财政部、税务总局没有新政策,谁也不敢说按股票卖出的价格征税。税款金额巨大,而且突破了现行政策红线。能做股权置换的都是高净值人群,编者认为短时间内国家出台政策改变这类情况的可能性不大,会引起社会矛盾。如果坚持不缴,系统里有形成个人欠税的可能。因此,我们建议纳税人在分配现金补价时,一定要慎重考量税收成本。

7.8.1.6 纳税地点

纳税人以不动产投资的,以不动产所在地税务机关为主管税务机关;纳税人以其持有的企业股权对外投资的,以该企业所在地税务机关为主管税务机关;纳税人以其他非货币资产投资的,以被投资企业所在地税务机关为主管税务机关。

[《国家税务总局关于个人非货币性资产投资有关个人所得税征管问题的公告》(国家税务总局公告2015年第20号)]

7.8.1.7 非货币性资产投资股权转让

个人在分期缴税期间转让其持有的非货币性资产投资全部或部分股权,并取得现金收入的,该现金收入应优先用于缴纳尚未缴清的税款。

[《财政部 国家税务总局关于个人非货币性资产投资有关个人所得税政策的通知》(财税〔2015〕41号)]

纳税人在分期缴税期间转让股权的,应于转让股权之日的次月15日内向主管税务机关申报纳税。

[《国家税务总局关于个人非货币性资产投资有关个人所得税征管问题的公告》(国家税务总局公告2015年第20号)]

7.8.1.8 纳税申报

非货币性资产投资个人所得税由纳税人向主管税务机关自行申报缴纳。

[《国家税务总局关于个人非货币性资产投资有关个人所得税征管问题的公告》(国家税务总局公告2015年第20号)]

解读▶ 很多人认为《国家税务总局关于个人非货币性资产投资有关个人所得税征管问题的公告》(国家税务总局公告2015年第20号,以下简称2015年20号公告)规定,非货币性资产投资个人所得税由纳税人向主管税务机关自行申报缴纳。那么,在非货币性资产投资过程中扣缴义务人就没有扣缴义务了,这种认识是错误的。扣缴义务人的扣缴义务是法定的(详见9.2.1"扣缴义务人"),2015年20号公告增加了非货币性资产投资个人所得税纳税人向主管税务机关自行申报缴纳的义务,不能改变扣缴义务人的法定义务,纳税人与扣缴义务人双向申报是保证纳税义务正常履行。

7.8.1.9 征管要求

被投资企业应将纳税人以非货币性资产投入本企业取得股权和分期缴税期间纳税人股权变动情况,分别于相关事项发生后15日内向主管税务机关报告,并协助税务机关执行公务。

纳税人和被投资企业未按规定备案、缴税和报送资料的,按照《税收征收管理法》及有关规定处理。

[《国家税务总局关于个人非货币性资产投资有关个人所得税征管问题的公告》(国家税务总局公告2015年第20号)]

7.8.1.10 非货币性资产投资分期缴税政策实施时间

分期缴税政策自2015年4月1日起施行。对2015年4月1日之前发生的个人非货币性资产投资,尚未进行税收处理且自发生上述应税行为之日起期限未超过5年的,可在剩余的期限内分期缴纳其应纳税款。

[《财政部 国家税务总局关于个人非货币性资产投资有关个人所得税政策的通知》(财税〔2015〕41号)]

热点问题 1. 个人2010年5月1日发生的非货币性资产投资应如何适用税收政策?

答:关于非货币性资产投资,2005年4月国家税务总局曾以《国家税务总局关于非货币性资产评估增值暂不征收个人所得税的批复》(国税函〔2005〕319号,全文废止)明确,对个人将非货币性资产进行评估后投资于企业,其评估增值取得的所得在投资取得企业股权时,暂不征收个人所得税。在投资收回、转让或清算股权时如有所得,再按规定征收个人所得税,其"财产原值"为资产评估前的价值。该文件已被《国家税务总局关于公布全文失效废止部分条款失效废止的税收规范性文件目录的公告》(国家税务总局公告2011年第2号)废止,废止时间是2011年1月4日。按照程序从新、实体从旧的法律适用原则,个人于2010年5月1日发生的非货币性资产投资应适用国税函〔2005〕319号文件,在投资时暂不缴纳个人所得税,在投资收回、转让或清算股权时如有所得,再按规定征收个人所得税,其"财产原值"为资产评估前的价值。

2. 个人于2011年5月1日发生的非货币性资产投资应如何适用税收政策?

答:《财政部 国家税务总局关于个人非货币性资产投资有关个人所得税政策的通知》(财税〔2015〕41号)明确,非货币性资产投资分期缴税政策自2015年4月1日起施行。对2015年4月1日之前发生的个人非货币性资产投资,尚未进行税收处理且自发生上述应税行为之日起期限未超过5年的,可在剩余的期限内分期缴纳其应纳税款。由于国税函〔2005〕319号文件于2011年1月4日废止,个人2011年5月1日发生的非货币性资产投资属于2015年4月1日之前发生的未进行税收处理,且期限未超过5年,应适用财税〔2015〕41号文件,进行分期缴纳税款备案,缴款最后期限为2015年12月31日。

7.8.2 中小高新企业转增股本

自2016年1月1日起,全国范围内的中小高新技术企业以未分配利润、盈余公积、资本公积向个人股东转增股本时,个人股东一次缴纳个人所得税确有困难的,可根据实际情况自行制订分期缴税计划,在不超过5个公历年度内(含)分期缴纳,并将有关资料报主管税务机关备案。

[《财政部 国家税务总局关于将国家自主创新示范区有关税收试点政策推广到全国范围实施的通知》(财税〔2015〕116号)]

7.8.2.1 适用范围

中小高新技术企业,是指注册在中国境内实行查账征收的、经认定取得高新技术企业资格,且年销售额和资产总额均不超过2亿元、从业人数不超过500人的企业。

上市中小高新技术企业或在全国中小企业股份转让系统挂牌的中小高新技术企业向个人股东转增股本,股东应纳的个人所得税,继续按照现行有关股息、红利差别化个人所得税政策执行,不适用分期纳税政策。

[《财政部 国家税务总局关于将国家自主创新示范区有关税收试点政策推广到全国范围实施的通知》(财税〔2015〕116号)]

非上市及未在全国中小企业股份转让系统挂牌的中小高新技术企业以未分配利润、盈余公积、资本公积向个人股东转增股本,并符合财税〔2015〕116号文件有关规定的,纳税人可分期缴纳个人所得税;非上市及未在全国中小企业股份转让系统挂牌的其他企业转增股本,应及时代扣代缴个人所得税。

上市公司或在全国中小企业股份转让系统挂牌的企业转增股本(不含以股票发行溢价形成的资本公积转增股本),按现行有关股息、红利差别化政策执行。

[《国家税务总局关于股权奖励和转增股本个人所得税征管问题的公告》(国家税务总局公告2015年第80号)]

7.8.2.2 适用征税项目

个人股东获得转增的股本,应按照"利息、股息、红利所得"项目,适用20%税率征收个人所得税。

[《财政部 国家税务总局关于将国家自主创新示范区有关税收试点政策推广到全国范围实施的通知》(财税〔2015〕116号)]

7.8.2.3 扣缴申报

企业在填写《个人所得税扣缴申报表》(详见9.2.4.1"全员全额扣缴申报")时,应将纳税人取得转增股本情况单独填列,并在"备注"栏中注明"转增股本"字样。

[《国家税务总局关于股权奖励和转增股本个人所得税征管问题的公告》(国家税务总局公告2015年第80号)]

7.8.2.4 股权转让收入处理

股东转让股权并取得现金收入的,该现金收入应优先用于缴纳尚未缴清的税款。

[《财政部 国家税务总局关于将国家自主创新示范区有关税收试点政策推广到全国范围实施的通知》(财税〔2015〕116号)]

纳税人在分期缴税期间取得分红或转让股权的,企业应及时代扣股权奖励或转增股本尚未缴清的个人所得税,并于次月15日内向主管税务机关申报纳税。

[《国家税务总局关于股权奖励和转增股本个人所得税征管问题的公告》(国家税务总局公告2015年第80号)]

7.8.2.5 企业依法破产处理

在股东转让该部分股权之前,企业依法宣告破产,股东进行相关权益处置后没有取得收益或收益小于初始投资额的,主管税务机关对其尚未缴纳的个人所得税可不予追征。

[《财政部 国家税务总局关于将国家自主创新示范区有关税收试点政策推广到全国范围实施的通知》(财税〔2015〕116号)]

7.8.2.6 备案管理

企业转增股本涉及的股东需要分期缴纳个人所得税的,应自行制订分期缴税计划,由企业于发生转增股本的次月15日内,向主管税务机关办理分期缴税备案手续。

办理转增股本分期缴税,企业应向主管税务机关报送高新技术企业认定证书、股东大会或董事会决议、《个人所得税分期缴纳备案表(转增股本)》(见表7-10)、上年度及转增股本当月企业财务报表、转增股本有关情况说明等。

高新技术企业认定证书、股东大会或董事会决议的原件,主管税务机关进行形式审核后退还企业,复印件及其他有关资料税务机关留存。

纳税人分期缴税期间需要变更原分期缴税计划的,应重新制订分期缴税计划,由企业向主管税务机关重新报送《个人所得税分期缴纳备案表(转增股本)》。

[《国家税务总局关于股权奖励和转增股本个人所得税征管问题的公告》(国家税务总局公告2015年第80号)]

表 7-10 个人所得税分期缴纳备案表(转增股本)

备案编号(主管税务机关填写):　　　　　　　　　　　　　　　金额单位:人民币元(列至角分)

扣缴单位基本情况						
扣缴单位名称		纳税人识别号		高新技术企业证书编号		
地　　址		联系人		电话		
年销售额		资产总额		员工人数		总股本(实收资本)

转增股本情况					
未分配利润转增金额		盈余公积转增金额		资本公积转增金额	

分期缴税情况																
序号	姓名	身份证件类型	身份证件号码	持有股份数	持股比例	计税金额	应缴个人所得税	分期缴税计划									签名
								第一年		第二年		第三年		第四年		第五年		
								缴税时间	缴税金额	缴税时间	缴税金额	缴税时间	缴税金额	缴税时间	缴税金额	缴税时间	缴税金额	

谨声明:此表是根据《中华人民共和国个人所得税法》及有关法律法规规定填写的,是真实的、完整的、可靠的。

扣缴单位负责人签字:	扣缴单位盖章:　　　　　　　年　月　日
代理申报机构(人)签章: 经办人: 经办人执业证件号码: 　　代理申报日期:　年　月　日	主管税务机关受理章: 受理人: 　　受理日期:　年　月　日

国家税务总局监制

《个人所得税分期缴纳备案表(转增股本)》填报说明

本表适用于个人因转增股本取得所得,其扣缴义务人向主管税务机关办理分期缴纳个人所得税备案事宜。本表一式两份,主管税务机关受理后,由扣缴义务人和主管税务机关分别留存。

一、备案编号:由主管税务机关自行编制。

二、纳税人识别号:填写税务机关赋予的18位纳税人识别号。

三、高新技术企业证书编号:填写高新技术企业认定部门核发的有效期内的高新技术企业证书编号。

四、年销售额:填写企业上一个会计年度的主营业务收入。

五、资产总额、员工人数、总股本(实收资本):填写企业转增股本当月相关数据。

六、转增股本情况:填写企业转增股本的相关情况。

七、计税金额:计税金额=(未分配利润转增金额+盈余公积转增金额+资本公积转增金额)×持股比例。

八、应缴个人所得税:应缴个人所得税=计税金额×20%。

九、计划缴税时间:按年度填写每一年度计划缴税的截止月份。

十、计划缴税金额:填写每一年度计划分期缴纳的个人所得税金额。

7.8.3 股权奖励

详见8.1.4"股权奖励"。

8 特殊事项处理

8.1 股权激励

8.1.1 股票期权

实施股票期权计划企业授予该企业员工的股票期权所得,应按《个人所得税法》及其实施条例有关规定征收个人所得税。

[《财政部 国家税务总局关于个人股票期权所得征收个人所得税问题的通知》(财税〔2005〕35号)]

8.1.1.1 股票期权内涵

企业员工股票期权(以下简称股票期权)是指上市公司按照规定的程序授予本公司及其控股企业员工的一项权利,该权利允许被授权员工在未来时间内以某一特定价格购买本公司一定数量的股票。

"某一特定价格"被称为"授予价"或"施权价",即根据股票期权计划可以购买股票的价格,一般为股票期权授予日的市场价格或该价格的折扣价格,也可以是按照事先设定的计算方法约定的价格;"授予日",也称"授权日",是指公司授予员工上述权利的日期;"行权",也称"执行",是指员工根据股票期权计划选择购买股票的过程;员工行使上述权利的当日为"行权日",也称"购买日"。

[《财政部 国家税务总局关于个人股票期权所得征收个人所得税问题的通知》(财税〔2005〕35号)]

员工接受雇主(含上市公司和非上市公司)授予的股票期权,凡该股票期权指定的股票为上市公司(含境内、外上市公司)股票的,均应按照财税〔2005〕35号文件进行税务处理。

[《国家税务总局关于个人股票期权所得缴纳个人所得税有关问题的补充通知》(国税函〔2006〕902号)]

8.1.1.2 股票期权所得性质的确认及其具体征税规定

(1)员工接受实施股票期权计划企业授予的股票期权时,除另有规定(详见8.1.1.3"可公开交易股票期权所得")外,一般不作为应税所得征税。

(2)员工行权时,其从企业取得股票的实际购买价(施权价)低于购买日公平市场价(指该股票当日的收盘价,下同)的差额,是因员工在企业的表现和业绩情况而取得的与任职、受雇有关的所得,应按"工资、薪金所得"适用的规定计算缴纳个人所得税。

对因特殊情况,员工在行权日之前将股票期权转让的,以股票期权的转让净收入,作为工资薪金所得征收个人所得税。

"股票期权的转让净收入",一般是指股票期权转让收入。如果员工以折价购入方式取得股票期权的,可以股票期权转让收入扣除折价购入股票期权时实际支付的价款后的余额,作为股票期权的转让净收入。

员工行权日所在期间的工资、薪金所得,应按下列公式计算工资、薪金应纳税所得额:

$$\text{股票期权形式的工资、薪金应纳税所得额} = \left(\text{行权股票的每股市场价} - \text{员工取得该股票期权支付的每股施权价}\right) \times \text{股票数量}$$

"员工取得该股票期权支付的每股施权价",一般是指员工行使股票期权购买股票实际支付的每股价格。如果员工以折价购入方式取得股票期权的,施权价可包括员工折价购入股票期权时实际支付的价格。

(3) 员工将行权后的股票再转让时获得的高于购买日公平市场价的差额,是因个人在证券二级市场上转让股票等有价证券而获得的所得,应按照"财产转让所得"适用的征免规定计算缴纳个人所得税。

转让股票(销售)取得所得的税款计算。对于员工转让股票等有价证券取得的所得,应按现行税法和政策规定征免个人所得税,即:个人将行权后的境内上市公司股票再行转让而取得的所得,暂不征收个人所得税;个人转让境外上市公司的股票而取得的所得,应按税法的规定计算应纳税所得额和应纳税额,依法缴纳税款。

(4) 员工因拥有股权而参与企业税后利润分配取得的所得,应按照"利息、股息、红利所得"适用的规定计算缴纳个人所得税。

参与税后利润分配取得所得的税款计算。员工因拥有股权参与税后利润分配而取得的股息、红利所得,除依照有关规定可以免税或减税的外,应全额按规定税率计算纳税。

(5) 凡取得股票期权的员工在行权日不实际买卖股票,而按行权日股票期权所指定股票的市场价与施权价之间的差额,直接从授权企业取得价差收益的,该项价差收益应作为员工取得的股票期权形式的工资、薪金所得,按照财税〔2018〕164号文件股权激励的有关规定计算缴纳个人所得税。

[《财政部 国家税务总局关于个人股票期权所得征收个人所得税问题的通知》(财税〔2005〕35号)、《国家税务总局关于个人股票期权所得缴纳个人所得税有关问题的补充通知》(国税函〔2006〕902号)]

8.1.1.3 可公开交易股票期权所得

部分股票期权在授权时即约定可以转让,且在境内或境外存在公开市场及挂牌价格(称可公开交易的股票期权)。员工接受该可公开交易的股票期权时,应作为8.1.1.2"股票期权所得性质的确认及其具体征税规定"第(1)项所述的另有规定情形,按以下规定进行税务处理:

(1) 员工取得可公开交易的股票期权,属于员工已实际取得有确定价值的财产,应按授权日股票期权的市场价格,作为员工授权日所在年度的工资、薪金所得,并按财税〔2018〕164号文件股权激励的有关规定(详见8.1.7"股权激励应纳税款计算")计算缴纳个人所得税。如果员工以折价购入方式取得股票期权的,可以授权日股票期权的市场价格扣除折价购入股票期权时实际支付的价款后的余额,作为授权日所在年度的工资、薪金所得。

(2) 员工取得可公开交易的股票期权后,转让该股票期权所取得的所得,属于财产转让所得,按财税〔2005〕35号文件第四条第(二)项规定[详见8.1.1.2"股票期权所得性质的确认及其具体征税规定"第(3)项]进行税务处理。

(3) 员工取得可公开交易的股票期权后,实际行使该股票期权购买股票时,不再计算缴纳个人所得税。

[《国家税务总局关于个人股票期权所得缴纳个人所得税有关问题的补充通知》(国税函〔2006〕902号)]

8.1.1.4 股票期权所得征收管理

(1) 扣缴义务人。实施股票期权计划的境内企业为个人所得税的扣缴义务人,应按税法规定履行代扣代缴个人所得税的义务。

(2) 自行申报纳税。员工从两处或两处以上取得股票期权形式的工资、薪金所得和没有扣缴义务人的,该个人应在《个人所得税法》规定的纳税申报期限内自行申报缴纳税款。

(3) 报送有关资料。实施股票期权计划的境内企业,应在股票期权计划实施之前,将企业的股票期权计划或实施方案、股票期权协议书、授权通知书等资料报送主管税务机关;应在员工行权之前,将股票期权行权通知书和行权调整通知书等资料报送主管税务机关。

扣缴义务人和自行申报纳税的个人在申报纳税或代扣代缴税款时,应在税法规定的纳税申报期限内,将个人接受或转让的股票期权以及认购的股票情况(包括种类、数量、施权价格、行权价格、市场价格、转让价格等)报送主管税务机关。

(4) 处罚。实施股票期权计划的企业和因股票期权计划而取得应税所得的自行申报员工,未按规定报送上述有关报表和资料,未履行申报纳税义务或者扣缴税款义务的,按《税收征收管理法》及其实施细则的有关规定进行处理。

[《财政部 国家税务总局关于个人股票期权所得征收个人所得税问题的通知》(财税〔2005〕35号)]

8.1.2 股票增值权所得和限制性股票所得

8.1.2.1 股票增值权和限制性股票内涵

股票增值权,是指上市公司授予公司员工在未来一定时期和约定条件下,获得规定数量的股票价格上升所带来收益的权利。被授权人在约定条件下行权,上市公司按照行权日与授权日二级市场股票差价乘以授权股票数量,发放给被授权人现金。

限制性股票,是指上市公司按照股权激励计划约定的条件,授予公司员工一定数量本公司的股票。

[《财政部 国家税务总局关于股票增值权所得和限制性股票所得征收个人所得税有关问题的通知》(财税〔2009〕5号)]

8.1.2.2 股票增值权所得和限制性股票所得项目计税方法

对于个人从上市公司(含境内、外上市公司)取得的股票增值权所得和限制性股票所得,比照《财政部 国家税务总局关于个人股票期权所得征收个人所得税问题的通知》(财税〔2005〕35号)、《国家税务总局关于个人股票期权所得缴纳个人所得税有关问题的补充通知》(国税函〔2006〕902号)的有关规定(详见8.1.1.2"股票期权所得性质的确认及其具体征税规定"),计算征收个人所得税。

[《财政部 国家税务总局关于股票增值权所得和限制性股票所得征收个人所得税有关问题的通知》(财税〔2009〕5号)]

个人因任职、受雇从上市公司取得的股票增值权所得和限制性股票所得,由上市公司或其境内机构按照"工资、薪金所得"项目和股票期权所得个人所得税计税方法,依法扣缴其个人所得税。

[《国家税务总局关于股权激励有关个人所得税问题的通知》(国税函〔2009〕461号)]

8.1.2.3 股票增值权所得应纳税所得额确定

股票增值权被授权人获取的收益,是由上市公司根据授权日与行权日股票差价乘以被授权股数,直接向被授权人支付的现金。上市公司应于向股票增值权被授权人兑现时依法扣缴其个人所得税。被授权人股票增值权应纳税所得额计算公式如下:

股票增值权某次行权应纳税所得额=(行权日股票价格-授权日股票价格)×行权股票份数

[《国家税务总局关于股权激励有关个人所得税问题的通知》(国税函〔2009〕461号)]

8.1.2.4 限制性股票应纳税所得额确定

按照《个人所得税法》及其实施条例等有关规定,原则上应在限制性股票所有权归属于被激励对象时确认其限制性股票所得的应纳税所得额,即:上市公司实施限制性股票计划时,应以被激励对象限制性股票在中国证券登记结算公司(境外为证券登记托管机构)进行股票登记日期的股票市价(指当日收盘价,下同)和本批次解禁股票当日市价(指当日收盘价,下同)的平均价格乘以本批次解禁股票份数,减去被激励对象本批次解禁股份数所对应的为获取限制性股票实际支付资金数额,其差额为应纳税所得额。被激励对象限制性股票应纳税所得额计算公式如下:

$$\text{应纳税所得额}=\left(\frac{\text{股票登记日股票市价}+\text{本批次解禁股票当日市价}}{}\right)\div 2 \times \text{本批次解禁股票份数} - \text{被激励对象实际支付的资金总额} \times \left(\frac{\text{本批次解禁股票份数}}{\text{限制性股票总份数}}\right)$$

[《国家税务总局关于股权激励有关个人所得税问题的通知》(国税函〔2009〕461号)]

8.1.2.5 股票增值权所得和限制性股票所得关于纳税义务发生时间

(1)股票增值权个人所得税纳税义务发生时间为上市公司向被授权人兑现股票增值权所得的日期。

(2)限制性股票个人所得税纳税义务发生时间为每一批次限制性股票解禁的日期。

[《国家税务总局关于股权激励有关个人所得税问题的通知》(国税函〔2009〕461号)]

8.1.2.6　股票增值权所得和限制性股票所得征管规定

实施股票增值权计划或限制性股票计划的境内上市公司,应在向中国证监会报备的同时,将企业股票增值权计划、限制性股票计划或实施方案等有关资料报送主管税务机关备案。

实施股票增值权计划或限制性股票计划的境内上市公司,应在做好个人所得税扣缴工作的同时,按照《国家税务总局关于发布〈个人所得税扣缴申报管理办法(试行)〉的公告》(国家税务总局公告2018年第61号)的有关规定,向主管税务机关报送其员工行权等涉税信息。

[《财政部　国家税务总局关于股票增值权所得和限制性股票所得征收个人所得税有关问题的通知》(财税〔2009〕5号)]

(1)实施股票期权、股票增值权计划的境内上市公司,应按照财税〔2005〕35号文件第五条第(三)项规定报送有关资料[详见"8.1.1.4 股票期权所得征收管理"第(3)项]。

(2)实施限制性股票计划的境内上市公司,应在中国证券登记结算公司(境外为证券登记托管机构)进行股票登记,并经上市公司公示后15日内,将本公司限制性股票计划或实施方案、协议书、授权通知书、股票登记日期及当日收盘价、禁售期限和股权激励人员名单等资料报送主管税务机关备案。

境外上市公司的境内机构,应向其主管税务机关报送境外上市公司实施股权激励计划的中(外)文资料备案。

(3)扣缴义务人和自行申报纳税的个人在代扣代缴税款或申报纳税时,应在税法规定的纳税申报期限内,将个人接受或转让的股权以及认购的股票情况(包括种类、数量、施权价格、行权价格、市场价格、转让价格等)、股权激励人员名单、应纳税所得额、应纳税额等资料报送主管税务机关。

[《国家税务总局关于股权激励有关个人所得税问题的通知》(国税函〔2009〕461号)]

8.1.3　股权激励限制性规定

(1)财税〔2005〕35号、国税函〔2006〕902号、财税〔2009〕5号以及国税函〔2009〕461号文件有关股权激励个人所得税政策,适用于上市公司(含所属分支机构)和上市公司控股企业的员工,其中上市公司占控股企业股份比例最低为30%。

(2)具有下列情形之一的股权激励所得,不适用国税函〔2009〕461号规定的优惠计税方法,直接计入个人当期所得征收个人所得税:

① 除第(1)项规定之外的集团公司、非上市公司员工取得的股权激励所得;

② 公司上市之前设立股权激励计划,待公司上市后取得的股权激励所得;

③ 上市公司未按照国税函〔2009〕461号第六条规定(详见8.1.2.6"股票增值权所得和限制性股票所得征管规定")向其主管税务机关报备有关资料的。

(3) 被激励对象为缴纳个人所得税款而出售股票,其出售价格与原计税价格不一致的,按原计税价格计算其应纳税所得额和税额。

[《国家税务总局关于股权激励有关个人所得税问题的通知》(国税函〔2009〕461号)]

解读 关于股权激励,《国家税务总局关于股权激励有关个人所得税问题的通知》(国税函〔2009〕461号)第七条强调,有关股权激励的政策适用于上市公司(含所属分支机构)和上市公司控股企业的员工,其中上市公司占控股企业股份比例最低为30%。而对于非上市公司的股权激励适用政策问题,国家税务总局曾以《关于阿里巴巴(中国)网络技术有限公司雇员非上市公司股票期权所得个人所得税问题的批复》(国税函〔2007〕1030号,2011年1月4日废止)明确非上市公司股票期权所得处理。该文件废止后,2016年,《财政部 国家税务总局关于完善股权激励和技术入股有关所得税政策的通知》(财税〔2016〕101号)第四条第(一)项(详见8.1.5.6"不符合递延纳税条件股权激励的处理")进行了明确,因此,现行政策关于股权激励的政策实际上已不再限定为上市公司。

8.1.4 股权奖励

股权奖励,是指企业无偿授予相关技术人员一定份额的股权或一定数量的股份。

自2016年1月1日起,全国范围内的高新技术企业转化科技成果,给予本企业相关技术人员的股权奖励,个人一次缴纳税款有困难的,可根据实际情况自行制订分期缴税计划,在不超过5个公历年度内(含)分期缴纳,并将有关资料报主管税务机关备案。

[《财政部 国家税务总局关于将国家自主创新示范区有关税收试点政策推广到全国范围实施的通知》(财税〔2015〕116号)]

【注】《财政部 国家税务总局 科技部关于中关村国家自主创新示范区有关股权奖励个人所得税试点政策的通知》(财税〔2014〕63号,全文废止)执行起始时间是2014年1月1日,《财政部 国家税务总局关于推广中关村国家自主创新示范区税收试点政策有关问题的通知》(财税〔2015〕62号,全文废止)执行起始时间是2015年1月1日。国家自主创新示范区分别为北京中关村(2009)、武汉东湖(2009)、上海张江(2011)、深圳(2014)、长株潭(2014)、苏南(南京、苏州、无锡、常州、昆山、江阴、武进、镇江)(2014)、天津滨海(2015)等共7个国家级自主创新示范区。

因此,2014年1月1日,中关村国家级自主创新示范区按《财政部 国家税务总局 科技部关于中关村国家自主创新示范区有关股权奖励个人所得税试点政策的通知》(财税〔2014〕63号,全文废止)执行;2015年1月1日,其余6个国家级自主创新示范区按《财政部 国家税务总局关于推广中关村国家自主创新示范区税收试点政策有关问题的通知》(财税〔2015〕62号,全文废止)执行;自2016年1月1日起,全国范围统一按《财政部 国家税务总局关于将国家自主创新示范区有关税收试点政策推广到全国范围实施的通知》(财税〔2015〕116号)执行。

8.1.4.1 高新技术企业

高新技术企业,是指实行查账征收、经省级高新技术企业认定管理机构认定的高新技术企业。

[《财政部 国家税务总局关于将国家自主创新示范区有关税收试点政策推广到全国范围实施的通

知》(财税〔2015〕116号)]

8.1.4.2　企业相关技术人员

相关技术人员,是指经公司董事会和股东大会决议批准获得股权奖励的以下两类人员:

(1) 对企业科技成果研发和产业化作出突出贡献的技术人员,包括企业内关键职务科技成果的主要完成人、重大开发项目的负责人、对主导产品或者核心技术、工艺流程作出重大创新或者改进的主要技术人员。

(2) 对企业发展作出突出贡献的经营管理人员,包括主持企业全面生产经营工作的高级管理人员,负责企业主要产品(服务)生产经营合计占主营业务收入(或者主营业务利润)50%以上的中、高级经营管理人员。

企业面向全体员工实施的股权奖励,不得按此规定的税收政策执行。

[《财政部　国家税务总局关于将国家自主创新示范区有关税收试点政策推广到全国范围实施的通知》(财税〔2015〕116号)]

8.1.4.3　股权奖励征税项目

个人获得股权奖励时,按照"工资、薪金所得"项目,参照《财政部　国家税务总局关于个人所得税法修改后有关优惠政策衔接问题的通知》(财税〔2018〕164号)有关规定计算确定应纳税额(详见8.1.7"股权激励应纳税款计算")。股权奖励的计税价格参照获得股权时的公平市场价格确定。

[《财政部　国家税务总局关于将国家自主创新示范区有关税收试点政策推广到全国范围实施的通知》(财税〔2015〕116号)、《财政部　国家税务总局关于个人所得税法修改后有关优惠政策衔接问题的通知》(财税〔2018〕164号)]

股权奖励的计税价格参照获得股权时的公平市场价格确定,具体按以下方法确定:

(1) 上市公司股票的公平市场价格,按照取得股票当日的收盘价确定。取得股票当日为非交易时间的,按照上一个交易日收盘价确定。

(2) 非上市公司股权的公平市场价格,依次按照净资产法、类比法和其他合理方法确定。

[《国家税务总局关于股权奖励和转增股本个人所得税征管问题的公告》(国家税务总局公告2015年第80号)]

8.1.4.4　股权转让收入处理

技术人员转让奖励的股权(含奖励股权孳生的送、转股)并取得现金收入的,该现金收入应优先用于缴纳尚未缴清的税款。

[《财政部　国家税务总局关于将国家自主创新示范区有关税收试点政策推广到全国范围实施的通知》(财税〔2015〕116号)]

8.1.4.5　企业依法破产处理

技术人员在转让奖励的股权之前企业依法宣告破产,技术人员进行相关权益处置后没有取得收益或资产,或取得的收益和资产不足以缴纳其取得股权尚未缴纳的应纳税款的部分,税务机关可不予追征。

[《财政部 国家税务总局关于将国家自主创新示范区有关税收试点政策推广到全国范围实施的通知》(财税〔2015〕116号)]

热点问题 分期纳税期间,企业依法宣告破产,获得股权奖励人员进行相关权益处置后,没有取得收益或资产,或取得的收益和资产用于缴纳股权奖励"工资、薪金所得"尚未缴纳的税款,金额不足的,企业需要提供哪些资料,可以不再扣缴税款?

答:破产的企业在注销税务登记前,应提供以下资料备查:《个人所得税分期缴纳备案表(股权奖励)》;人民法院关于宣告破产的民事裁决书和破产清算报告原件及复印件;公司(企业)章程复印件(加盖企业公章)、验资证明复印件(加盖企业公章)或其他能够证明分期缴税个人股东初始投资额或获得奖励的股权登记资料。符合条件的,对个人股权奖励"工资、薪金所得"尚未缴纳的个人所得税不予追征。

8.1.4.6 扣缴申报

企业在填写《个人所得税扣缴申报表》(详见9.2.4.1"全员全额扣缴申报")时,应将纳税人取得股权奖励情况单独填列,并在"备注"栏中注明"股权奖励"字样。

[《国家税务总局关于股权奖励和转增股本个人所得税征管问题的公告》(国家税务总局公告2015年第80号)]

8.1.4.7 备案管理

获得股权奖励的企业技术人员需要分期缴纳个人所得税的,应自行制订分期缴税计划,由企业于发生股权奖励的次月15日内,向主管税务机关办理分期缴税备案手续。

办理股权奖励分期缴税,企业应向主管税务机关报送高新技术企业认定证书、股东大会或董事会决议、《个人所得税分期缴纳备案表(股权奖励)》(见表8-1)、相关技术人员参与技术活动的说明材料、企业股权奖励计划、能够证明股权或股票价格的有关材料、企业转化科技成果的说明、最近一期企业财务报表等。

高新技术企业认定证书、股东大会或董事会决议的原件,主管税务机关进行形式审核后退还企业,复印件及其他有关资料税务机关留存。

纳税人分期缴税期间需要变更原分期缴税计划的,应重新制订分期缴税计划,由企业向主管税务机关重新报送《个人所得税分期缴纳备案表(股权奖励)》。

[《国家税务总局关于股权奖励和转增股本个人所得税征管问题的公告》(国家税务总局公告2015年第80号)]

表8-1 个人所得税分期缴纳备案表(股权奖励)

备案编号(主管税务机关填写): 金额单位:人民币元(列至角分)

扣缴单位基本情况					
扣缴单位名称		纳税人识别号		高新技术企业证书编号	
地 址		联系人		电话	总股本(实收资本)

(续表)

分期缴税情况																
股权价格确定方法	☐上市公司股票 ☐净资产法 ☐类比法 ☐其他合理方法_____													每股价格		
序号	姓名	身份证件类型	身份证件号码	股权奖励时间	获得股份数	持股比例	计税价格	应缴个人所得税	分期缴税计划							签名
									第一年		第二年		第三年		第四年	第五年
									缴税时间	缴税金额	缴税时间	缴税金额	缴税时间	缴税金额	缴税时间 缴税金额	缴税时间 缴税金额

谨声明:此表是根据《中华人民共和国个人所得税法》及有关法律法规规定填写的,是真实的、完整的、可靠的。

扣缴单位负责人签字:	扣缴单位盖章: 年 月 日

代理申报机构(人)签章:
经办人:
经办人执业证件号码:
       代理申报日期: 年 月 日
	主管税务机关受理章:
	受理人:
	
	       受理日期: 年 月 日

国家税务总局监制

《个人所得税分期缴纳备案表(股权奖励)》填报说明

本表适用于个人取得股权奖励,其扣缴义务人向主管税务机关办理分期缴纳个人所得税备案事宜。本表一式两份,主管税务机关受理后,由扣缴义务人和主管税务机关分别留存。

一、备案编号:由主管税务机关自行编制。

二、纳税人识别号:填写税务机关赋予的18位纳税人识别号。

三、高新技术企业证书编号:填写高新技术企业认定部门核发的有效期内的高新技术企业证书编号。

四、股权价格确定方法:根据适用的公平市场价格确定方法勾选。选择其他合理方法的,应在横线中写明具体方法名称。

五、每股价格:填写按照股权价格确定方法计算的每股价格。

六、股权奖励时间:填写纳税人实际获得股权奖励的具体日期。纳税人在一个月份中多次取得股权奖励的,可一并填写。

七、获得股份数、持股比例:填写纳税人实际取得的股权份额及持股比例。纳税人在一个月份中多次取得股权奖励的,可合并填写。

八、计税价格:计税价格=每股价格×获得股份数,或根据持股比例换算。

九、应缴个人所得税:应缴个人所得税=计税价格×适用税率－速算扣除数

税率按照《个人所得税综合所得税率表(年度税率表)》确定。

十、计划缴税时间:按年度填写每一年度计划缴税的截止月份。

十一、计划缴税金额:填写每一年度计划分期缴纳的个人所得税金额。

8.1.5 非上市公司股权激励

8.1.5.1 递延纳税政策

非上市公司授予本公司员工的股票期权、股权期权、限制性股票和股权奖励,符合规定条件的,经向主管税务机关备案,可实行递延纳税政策,即员工在取得股权激励时可暂不纳税,递延至转让该股权时纳税;股权转让时,按照股权转让收入减除股权取得成本以及合理税费后的差额,适用"财产转让所得"项目,按照20%的税率计算缴纳个人所得税。

股权转让时,股票(权)期权取得成本按行权价确定,限制性股票取得成本按实际出资额确定,股权奖励取得成本为零。

股票(权)期权是指公司给予激励对象在一定期限内以事先约定的价格购买本公司股票(权)的权利。

限制性股票,是指公司按照预先确定的条件授予激励对象一定数量的本公司股权,激励对象只有工作年限或业绩目标符合股权激励计划规定条件的才可以处置该股权。

股权奖励是指企业无偿授予激励对象一定份额的股权或一定数量的股份。

全国中小企业股份转让系统挂牌公司按照上述规定执行。

[《财政部 国家税务总局关于完善股权激励和技术入股有关所得税政策的通知》(财税〔2016〕101号)]

8.1.5.2 递延纳税限制性条件

享受递延纳税政策的非上市公司股权激励(包括股票期权、股权期权、限制性股票和股权奖励)须同时满足以下条件:

(1) 属于境内居民企业的股权激励计划。

(2) 股权激励计划经公司董事会、股东(大)会审议通过。未设股东(大)会的国有单位,经上级主管部门审核批准。股权激励计划应列明激励目的、对象、标的、有效期、各类价格的确定方法、激励对象获取权益的条件、程序等。

(3) 激励标的应为境内居民企业的本公司股权。股权奖励的标的可以是技术成果投资入股到其他境内居民企业所取得的股权。激励标的股票(权)包括通过增发、大股东直

接让渡,以及法律法规允许的其他合理方式授予激励对象的股票(权)。

(4) 激励对象应为公司董事会或股东(大)会决定的技术骨干和高级管理人员,激励对象人数累计不得超过本公司最近6个月在职职工平均人数的30%。

非上市公司实施符合条件的股权激励,本公司最近6个月在职职工平均人数,按照股票(权)期权行权、限制性股票解禁、股权奖励获得之上月起前6个月"工资、薪金所得"项目全员全额扣缴明细申报的平均人数确定。

(5) 股票(权)期权自授予日起应持有满3年,且自行权日起持有满1年;限制性股票自授予日起应持有满3年,且解禁后持有满1年;股权奖励自获得奖励之日起应持有满3年。上述时间条件须在股权激励计划中列明。

(6) 股票(权)期权自授予日至行权日的时间不得超过10年。

(7) 实施股权奖励的公司及其奖励股权标的公司所属行业均不属于《股权奖励税收优惠政策限制性行业目录》范围。公司所属行业按公司上一纳税年度主营业务收入占比最高的行业确定。

[《财政部 国家税务总局关于完善股权激励和技术入股有关所得税政策的通知》(财税〔2016〕101号)、《国家税务总局关于股权激励和技术入股所得税征管问题的公告》(国家税务总局公告2016年第62号)]

解读▶ 从欧美等发达国家的通行做法来看,其对享受递延纳税优惠的股权激励都规定了非常严格的条件,目的是规范股权激励行为,鼓励长期投资,防止逃漏税款。借鉴国际经验,《财政部 国家税务总局关于完善股权激励和技术入股有关所得税政策的通知》(财税〔2016〕101号,以下简称财税〔2016〕101号文件)对享受递延纳税优惠的股权激励规定了以下7个方面的限制条件:

一是股权激励计划的实施主体。参考世界各国的通行做法,结合我国税收优惠政策的一般原则,财税〔2016〕101号文件规定,享受税收优惠政策的应是境内居民企业实施的股权激励计划。

二是股权激励计划的审核批准。为体现股权激励计划的合规性,避免企业暗箱操作,财税〔2016〕101号文件规定,股权激励计划必须经公司董事会、股东(大)会审议通过。未设立股东(大)会的国有单位,须经上级主管部门审核批准。

三是激励股权标的。为体现激励对象与公司的利益相关性,激发员工的创业热情,财税〔2016〕101号文件规定,激励股权标的应为本公司的股权。授予关联公司股权的,不纳入优惠范围。同时,考虑到一些科研企事业单位存在将技术成果投资入股到其他企业,并以被投资企业股权实施股权奖励的情况,因此,财税〔2016〕101号文件规定,股权奖励的标的可以是技术成果投资入股到其他境内居民企业所取得的股权。

四是激励对象范围。为体现对企业从事创新创业的支持,避免企业将股权激励变相为一般员工福利,财税〔2016〕101号文件规定,激励对象应为企业的技术骨干和高级管理人员,具体人员由公司董事会或股东(大)会决定,激励对象人数累计不得超过本公司最近6个月在职职工平均人数的30%。

五是股权持有时间。为实现员工与企业长期共同发展的目标,鼓励员工从企业的成长和发展中获利,而不是短期套利,财税〔2016〕101号文件对股权激励的持有时间作出限定。即:期权自授予日起应持有满3年,且自行权日起持有满1年;限制性股票自授予日起应持有满3年,且自限售条件解除之日起持有满1年;股权奖励自获得奖励之日起应持有满3年。

六是行权时间。为体现股权激励计划的约束性,也便于税收管理,财税〔2016〕101号文件借鉴国际经验,规定股票(权)期权自授予日至行权日的时间不得超过10年。

七是股权奖励的限制性行业范围。考虑到股权奖励这一方式较为灵活,为避免企业通过这种方式避税,真正体现对企业因科技成果转化而实施股权奖励的优惠,需要对实施股权奖励的行业范围进行适当限制。鉴于目前科技类企业统一标准难以界定,对其审核确认较为困难,因此,财税〔2016〕101号文件借鉴国际通行做法,采取反列举办法,通过负面清单方式,对住宿和餐饮、房地产、批发和零售业等明显不属于科技类的行业企业,限制其享受股权奖励税收优惠政策,负面清单之外企业实施的股权奖励则可享受递延纳税优惠政策。

案例 8-1 江苏某科技股份公司大股东系自然人郑某,其持股比例为95%,原始出资每股1元。2022年年末按公司净资产,每股5元。引进战略投资者评估公司资产,每股15元,并以此价格以增资方式引进创投企业。2023年1月,经公司董事会通过股权激励计划,对符合条件的10名高管授予持股平台合伙企业G企业期权,一个月内行权,行权价每股5元,即高管10人行权后通过有限合伙企业G企业间接持有公司股权。大股东郑某以每股5元价格让渡5%股权给G企业,假设其他条件均符合财税〔2016〕101号文件,10名高管通过行权所持有的有限合伙企业G企业份额是否应该缴纳个人所得税?如果缴纳个人所得税,是否可以享受递延纳税政策?

以下介绍两种处理方式:

处理方式一:股权期权员工行权时,其从企业取得股票的实际购买价低于购买日公平市场价的差额,是因员工在企业的表现和业绩情况而取得的与任职、受雇有关的所得,应按"工资、薪金所得"适用的规定计算缴纳个人所得税。该企业股权的公允价值是每股15元,员工行权价是5元,因此,就10名高管通过行权获得的有限合伙企业G企业份额应按规定缴纳"工资、薪金所得"个人所得税。

根据财税〔2016〕101号文件的规定,享受递延纳税政策的非上市公司股权激励(包括股票期权、股权期权、限制性股票和股权奖励)须同时满足7个条件,其中第三个条件是激励标的应为境内居民企业的本公司股权。该公司股权激励标的是持股平台的份额,不符合递延纳税条件,应在行权时按规定缴纳个人所得税。

处理方式二:由于G企业取得的股票是大股东让渡的,大股东在转让时,虽然是按净资产的价值作为转让收入,但低于市场公允价值,按市场公允价值核定大股东股权转让收入,即大股东股权转让个人所得税价格按每股15元计算转让收入。G企业取得的股份即投资成本为每股15元,由于在股权转让环节股东已缴纳税金,员工获得的收益就不再重复征税。

以上两种处理方式均有一定的道理，也符合税法的基本原则，供读者参考。具体如何处理应与当地税务机关做好沟通与交流。

8.1.5.3　不符合递延纳税条件或情况变化的处理

个人从任职受雇企业以低于公平市场价格取得股票（权）的，凡不符合递延纳税条件，应在获得股票（权）时，对实际出资额低于公平市场价格的差额，按照"工资、薪金所得"项目，参照财税〔2018〕164号文件规定计算缴纳个人所得税（详见8.1.7"股权激励应纳税款计算"）。

公平市场价格按以下方法确定：

（1）上市公司股票的公平市场价格，按照取得股票当日的收盘价确定。取得股票当日为非交易日的，按照上一个交易日收盘价确定。

（2）非上市公司股票（权）的公平市场价格，依次按照净资产法、类比法和其他合理方法确定。净资产法按照取得股票（权）的上年末净资产确定。

股权激励计划所列内容不同时满足8.1.5.2"递延纳税限制性条件"规定的全部条件，或递延纳税期间公司情况发生变化，不再符合8.1.5.2"递延纳税限制性条件"第（4）至（6）项条件的，不得享受递延纳税优惠，应按规定计算缴纳个人所得税。

递延纳税期间，非上市公司情况发生变化，不再同时符合8.1.5.2"递延纳税限制性条件"第（4）至（6）项条件的，应于情况发生变化之次月15日内，按财税〔2018〕164号文件规定计算缴纳个人所得税（详见8.1.7"股权激励应纳税款计算"）。

员工以在一个公历月份中取得的股票（权）形式工资、薪金所得为一次。员工取得符合条件、实行递延纳税政策的股权激励，与不符合递延纳税条件的股权激励分别计算。

员工在一个纳税年度中多次取得不符合递延纳税条件的股票（权）形式工资、薪金所得的，按财税〔2018〕164号文件规定计算缴纳个人所得税（详见8.1.7"股权激励应纳税款计算"）

［《财政部　国家税务总局关于完善股权激励和技术入股有关所得税政策的通知》（财税〔2016〕101号）、《国家税务总局关于股权激励和技术入股所得税征管问题的公告》（国家税务总局公告2016年第62号）］

8.1.5.4　递延纳税的股权转让处理

个人因股权激励、技术成果投资入股取得股权后，非上市公司在境内上市的，处置递延纳税的股权时，按照现行限售股有关征税规定执行。

个人转让股权时，视同享受递延纳税优惠政策的股权优先转让。递延纳税的股权成本按照加权平均法计算，不与其他方式取得的股权成本合并计算。

持有递延纳税的股权期间，因该股权产生的转增股本收入，以及以该递延纳税的股权再进行非货币性资产投资的，应在当期缴纳税款。

［《财政部　国家税务总局关于完善股权激励和技术入股有关所得税政策的通知》（财税〔2016〕101号）］

递延纳税股票（权）转让、办理纳税申报时，扣缴义务人、个人应向主管税务机关一并报送能够证明股票(权)转让价格、递延纳税股票(权)原值、合理税费的有关资料,具体包括转让协议、评估报告和相关票据等。资料不全或无法充分证明有关情况,造成计税依据偏低又无正当理由的,主管税务机关可依据《税收征收管理法》有关规定进行核定。

[《国家税务总局关于股权激励和技术入股所得税征管问题的公告》(国家税务总局公告2016年第62号)]

8.1.5.5 递延纳税征管要求

对股权激励适用递延纳税政策的,企业应在规定期限内到主管税务机关办理备案手续。未办理备案手续的,不得享受规定的递延纳税优惠政策。

企业实施股权激励,以实施股权激励的企业为个人所得税扣缴义务人。递延纳税期间,扣缴义务人应在每个纳税年度终了后向主管税务机关报告递延纳税有关情况。

[《财政部 国家税务总局关于完善股权激励和技术入股有关所得税政策的通知》(财税〔2016〕101号)]

非上市公司实施符合条件的股权激励,个人选择递延纳税的,非上市公司应于股票(权)期权行权、限制性股票解禁、股权奖励获得之次月15日内,向主管税务机关报送《非上市公司股权激励个人所得税递延纳税备案表》(见表8-2)、股权激励计划、董事会或股东大会决议、激励对象任职或从事技术工作情况说明等。实施股权奖励的企业同时报送本企业及其奖励股权标的企业上一纳税年度主营业务收入构成情况说明。

表8-2 非上市公司股权激励个人所得税递延纳税备案表

备案编号(主管税务机关填写): 单位:股,%,人民币元(列至角分)

公司基本情况					
公司名称		纳税人识别号		联系人	联系电话
股权激励基本情况					
股权激励形式	□股票(权)期权 □限制性股票 □股权奖励		股权激励人数		近6个月平均人数
该栏仅由实施股权奖励的公司填写	本公司是否为限制性行业	□是 □否		标的公司名称	
	标的公司是否为限制性行业	□是 □否		标的公司纳税人识别号	

股权激励明细情况				股票(权)期权				限制性股票				股权奖励			
序号	姓名	身份证照类型	身份证照号码	授予日	行权日	可出售日	取得成本	股数	持股比例	授予日	解禁日	可出售日	取得成本	股数	持股比例	授予日	可出售日	股数	持股比例

(续表)

　　谨声明:此表是根据《中华人民共和国个人所得税法》及有关法律法规规定填写的,是真实的、完整的、可靠的。

实施股权激励公司法定代表人签章：　　　年　月　日

公司签章：	代理申报机构(人)签章：	主管税务机关印章：
经办人：	经办人：	受理人：
填报日期：　年 月 日	经办人执业证件号码：	受理日期：　年 月 日
	代理申报日期：　年 月 日	

国家税务总局监制

《非上市公司股权激励个人所得税递延纳税备案表》填报说明

一、适用范围

本表适用于实施符合条件股权激励的非上市公司向主管税务机关办理个人所得税递延缴纳备案事宜时填报。

二、报送期限

企业应于符合条件的股票(权)期权行权、限制性股票解禁、股权奖励获得之次月15日内报送。

三、表内各栏填写

(一)公司基本情况

1. 公司名称:填写实施股权激励的非上市公司法定名称全称。

2. 纳税人识别号:填写纳税人识别号或统一社会信用代码。

3. 联系人、联系电话:填写非上市公司负责办理股权激励及相关涉税事项人员的相关情况。

(二)股权激励基本情况

1. 股权激励形式:根据实施股权激励的形式勾选。

2. 股权激励人数:填写股权激励计划中被激励对象的总人数。

3. 近6个月平均人数:填写股票(权)期权行权、限制性股票解禁、股权奖励获得之上月起向前6个月"工资、薪金所得"项目全员全额扣缴明细申报的平均人数。如,某公司实施一批股票期权并于2017年1月行权,则按照该公司2016年7月、8月、9月、10月、11月、12月"工资、薪金所得"项目全员全额扣缴明细申报的平均人数计算。计算结果按四舍五入取整。

4. 实施股权奖励公司填写栏:填写实施股权奖励企业的有关情况。

(1)本公司是否为限制性行业:实施股权奖励公司根据本公司上一纳税年度主营业务收入占比最高的行业,确定是否属于《财政部　国家税务总局关于完善股权激励和技术入股有关所得税政策的通知》(财税〔2016〕101号)附件《股权奖励税收优惠政策限制性行业目录》所列行业。属于所列行业选"是",不属于所列行业选"否"。

(2)标的公司名称、标的公司是否为限制性行业、标的公司纳税人识别号:以技术成果投资入股到其他境内居民企业所取得的股权实施股权奖励的,填写本栏。以本公司股权为股权奖励标的,无须填报本栏。

① 标的公司名称：以其他境内居民企业股权实施股权奖励的，填写用以实施股权奖励的股权标的公司法定名称全称。

② 标的公司纳税人识别号：以其他境内居民企业股权实施股权奖励的，填写用以实施股权奖励的股权标的公司的纳税人识别号或统一社会信用代码。

③ 标的公司是否限制性行业：以其他境内居民企业股权实施股权奖励的，根据标的公司上一纳税年度主营业务收入占比最高的行业，确定是否属于《财政部 国家税务总局关于完善股权激励和技术入股有关所得税政策的通知》（财税〔2016〕101号）附件《股权奖励税收优惠政策限制性行业目录》所列行业。属于所列行业选"是"，不属于所列行业选"否"。

（三）股权激励明细情况

1. 姓名：填写纳税人姓名。中国境内无住所个人，其姓名应当用中、外文同时填写。

2. 身份证照类型：填写能识别纳税人唯一身份的身份证、军官证、士兵证、护照、港澳居民来往内地通行证、台湾居民来往大陆通行证等有效证照名称。

3. 身份证照号码：填写能识别纳税人唯一身份的号码。

4. 股票（权）期权栏：以股票（权）期权形式实施激励的企业填写本栏。没有则不填。

① 授予日：填写股票（权）期权计划中，授予被激励对象股票（权）期权的实际日期。

② 行权日：填写根据股票（权）期权计划，行权购买股票（权）的实际日期。

③ 可出售日：填写根据股票（权）期权计划，股票（权）期权同时满足自授予日起持有满3年、且自行权日起持有满1年条件后，实际可以对外出售的日期。

④ 取得成本：填写被激励对象股票（权）期权行权时，按行权价实际出资的金额。

⑤ 股数、持股比例：填写被激励对象实际取得的股数以及对应的持股比例。若非上市公司因公司注册类型限制，难以用股数体现被激励对象股权激励权益的，可只填写持股比例，持股比例按照保留小数点后两位填写。

5. 限制性股票栏：以限制性股票形式实施激励的企业填写本栏。没有则不填。

① 授予日：填写限制性股票计划中，授予被激励对象限制性股票的实际日期。

② 解禁日：填写根据限制性股票计划，被激励对象取得限制性股票达到规定条件而解除出售限制的具体日期。

③ 可出售日：填写根据限制性股票计划，限制性股票同时满足自授予日起持有满3年、且解禁后持有满1年条件后，实际可以对外出售的日期。

④ 取得成本：填写被激励对象取得限制性股票时的实际出资金额。

⑤ 股数、持股比例：填写被激励对象实际取得的股数以及对应的持股比例。若非上市公司因公司注册类型限制，难以用股数体现被激励对象股权激励权益的，可只填写持股比例，持股比例按照保留小数点后两位填写。

6. 股权奖励栏：以股权奖励形式实施激励的企业填写本栏。没有则不填。

① 授予日：填写授予被激励对象股权奖励的实际日期。

② 可出售日：填写根据股权奖励计划，自获得奖励之日起持有满3年后，实际可以对外出售的日期。

③ 股数、持股比例：填写被激励对象实际取得的股数以及对应的持股比例。若非上市公司因公司注册类型限制，难以用股数体现被激励对象股权激励权益的，可只填写持股比例，持股比例按照保留小数点后两位填写。

四、本表一式两份。主管税务机关受理后，由非上市公司和主管税务机关分别留存。

个人因非上市公司实施股权激励或以技术成果投资入股取得的股票（权），实行递延纳税期间，扣缴义务人应于每个纳税年度终了后30日内，向主管税务机关报送《个人所得税递延纳税情况年度报告表》（见表8-3）。

表8-3 个人所得税递延纳税情况年度报告表

报告所属期： 年　　　　　　　　　　　　　　　　单位：股，%，人民币元(列至角分)

公司基本情况							
公司名称		纳税人识别号		联系人		联系电话	
递延纳税有关情况							
递延纳税股票(权)形式		□股票(权)期权		□限制性股票		□股权奖励	□技术成果投资入股

递延纳税明细情况																
序号	姓名	身份证照类型	身份证照号码	总体情况			股票(权)期权				限制性股票				股权奖励				技术成果投资入股			
				转让情况		剩余情况		扣缴个人所得税	转让情况		剩余情况		转让情况		剩余情况		转让情况		剩余情况		转让情况		剩余情况	
				股数	持股比例	股数	持股比例		股数	持股比例	股数	持股比例	股数	持股比例	股数	持股比例	股数	持股比例	股数	持股比例	股数	持股比例	股数	持股比例

谨声明：此表是根据《中华人民共和国个人所得税法》及有关法律法规规定填写的，是真实的、完整的、可靠的。

公司法定代表人签章：　　　　　　　　　　　　　　　　　年　月　日

公司签章： 经办人： 填报日期：　年　月　日	代理申报机构(人)签章： 经办人： 经办人执业证件号码： 代理申报日期：　年　月　日	主管税务机关印章： 受理人： 受理日期：　年　月　日

国家税务总局监制

《个人所得税递延纳税情况年度报告表》填报说明

一、适用范围

本表适用于实施符合条件股权激励的非上市公司和取得个人技术成果的境内公司，在递延纳税期间向主管税务机关报告个人相关股权持有和转让情况。

二、报送期限

实施股权激励的非上市公司和取得个人技术成果的境内公司，应于每个纳税年度终了30日内报送本表。

三、表内各栏填写

(一)公司基本情况

1. 公司名称:填写实施股权激励的非上市公司,或者取得个人技术成果的境内公司的法定名称全称。

2. 纳税人识别号:填写纳税人识别号或统一社会信用代码。

3. 联系人、联系电话:填写负责办理股权激励或技术成果投资入股相关涉税事项人员的相关情况。

(二)递延纳税有关情况

递延纳税股票(权)形式:根据递延纳税的股票(权)形式勾选。

(三)递延纳税明细情况

1. 姓名:填写纳税人姓名。中国境内无住所个人,其姓名应当用中、外文同时填写。

2. 身份证照类型:填写能识别纳税人唯一身份的身份证、军官证、士兵证、护照、港澳居民来往内地通行证、台湾居民来往大陆通行证等有效证照名称。

3. 身份证照号码:填写能识别纳税人唯一身份的号码。

4. 总体情况、股票(权)期权、限制性股票、股权奖励、技术成果投资入股栏:填写个人转让和剩余享受递延纳税优惠的股票(权)相关情况。

① 股数、持股比例:填写个人实际转让或剩余的享受递延纳税优惠的股票(权)数以及对应的持股比例。若非上市公司因公司注册类型限制,难以用股票(权)数体现个人相关权益的,可只填列持股比例,持股比例按照保留小数点后两位填写。

② 扣缴个人所得税:填写个人转让递延纳税的股权,扣缴义务人实际扣缴的个人所得税。

四、本表一式两份。主管税务机关受理后,由扣缴义务人和主管税务机关分别留存。

[《国家税务总局关于股权激励和技术入股所得税征管问题的公告》(国家税务总局公告2016年第62号)]

8.1.5.6　不符合递延纳税条件股权激励的处理

个人从任职受雇企业以低于公平市场价格取得股票(权)的,凡不符合递延纳税条件,应在获得股票(权)时,对实际出资额低于公平市场价格的差额,按照"工资、薪金所得"项目,参照《财政部　国家税务总局关于个人股票期权所得征收个人所得税问题的通知》(财税〔2005〕35号)有关规定计算缴纳个人所得税。

[《财政部　国家税务总局关于完善股权激励和技术入股有关所得税政策的通知》(财税〔2016〕101号)]

解读▶ 关于非上市公司股权激励纳税义务发生时间和计税依据,建议企业雇员以非上市股票期权形式取得所得的纳税义务发生时间按雇员的实际购买日确定,其所得额为其从公司取得非上市股票的实际购买价低于购买日该股票价值的差额。由于非上市公司股票没有可参考的市场价格,为便于操作,除存在实际或约定的交易价格或存在与该非上市股票具有可比性的相同或类似股票的实际交易价格情形外,购买日股票价值可暂按其上一年度经中介机构审计的会计报告中每股净资产数额来确定。

8.1.6　上市公司股权激励延长纳税期限

上市公司授予个人的股票期权、限制性股票和股权奖励,经向主管税务机关备案,个人可自股票期权行权、限制性股票解禁或取得股权奖励之日起,在不超过12个月的期限内缴纳个人所得税。

适用上述规定的上市公司是指其股票在上海证券交易所、深圳证券交易所上市交易的股份有限公司。

[《财政部 国家税务总局关于完善股权激励和技术入股有关所得税政策的通知》(财税〔2016〕101号)]

上市公司实施股权激励,个人选择在不超过12个月期限内缴税的,上市公司应自股票期权行权、限制性股票解禁、股权奖励获得之次月15日内,向主管税务机关报送《上市公司股权激励个人所得税延期纳税备案表》(见表8-4)。上市公司初次办理股权激励备案时,还应一并向主管税务机关报送股权激励计划、董事会或股东大会决议。

表8-4 上市公司股权激励个人所得税延期纳税备案表

备案编号(主管税务机关填写):　　　　　　　　　　　　单位:股,人民币元(列至角分)

公司基本情况													
公司名称		纳税人识别号			股票代码			联系人			联系电话		
股权激励基本情况													
股权激励形式		□股票期权　　□限制性股票　　□股权奖励											
股权激励明细情况													
序号	姓名	身份证照类型	身份证照号码	任职受雇月数	股票期权			限制性股票				股权奖励	
					行权日	行权日市价	行权价	行权股数	股票登记日	股票登记日市价	解禁日	解禁日市价	实际出资总额	本批次解禁股数	总股票数	授予日	授予日市价	奖励股票数

(续表)

谨声明:此表是根据《中华人民共和国个人所得税法》及有关法律法规规定填写的,是真实的、完整的、可靠的。 　　　　　　　　　　　法定代表人签章:　　　　　　　年　月　日		
公司签章: 经办人: 填报日期:　　年　月　日	代理申报机构(人)签章: 经办人: 经办人执业证件号码: 代理申报日期:　　年　月　日	主管税务机关印章: 受理人: 受理日期:　　年　月　日

国家税务总局监制

《上市公司股权激励个人所得税延期纳税备案表》填报说明

一、适用范围

本表适用于实施股权激励的上市公司向主管税务机关办理个人所得税延期缴纳备案事宜时填报。

二、报送期限

企业应于股票期权行权、限制性股票解禁、股权奖励获得之次月15日内报送本表。

三、表内各栏填写

(一) 公司基本情况

1. 公司名称:填写实施股权激励的上市公司法定名称全称。

2. 纳税人识别号:填写纳税人识别号或统一社会信用代码。

3. 联系人、联系电话:填写上市公司负责办理股权激励及相关涉税事项人员的相关情况。

(二) 股权激励基本情况

股权激励形式:根据实施股权激励的形式勾选。

(三) 股权激励明细情况

1. 姓名:填写纳税人姓名。中国境内无住所个人,其姓名应当用中、外文同时填写。

2. 身份证照类型:填写能识别纳税人唯一身份的身份证、军官证、士兵证、护照、港澳居民来往内地通行证、台湾居民来往大陆通行证等有效证照名称。

3. 身份证照号码:填写能识别纳税人唯一身份的号码。

4. 任职受雇月数:填写被激励对象在本公司实际任职受雇月份数。

5. 股票期权栏:以股票期权形式实施激励的企业填写本栏。没有则不填。

① 行权日:填写根据股票期权计划,行权购买股票的实际日期。

② 行权日市价:填写被激励对象所持股票行权购买日的收盘价。

③ 行权价:填写被激励对象股票期权行权时,实际出资的每股金额。

④ 行权股数:填写被激励对象本次行权取得的股票数量。

6. 限制性股票栏:以限制性股票形式实施激励的企业填写本栏。没有则不填。

① 股票登记日:填写被激励对象取得的限制性股票在中国登记结算公司进行股票登记的日期。

② 股票登记日市价:填写股票登记日的收盘价。

③ 解禁日:填写根据限制性股票计划,被激励对象取得限制性股票达到规定条件而解除出售限制的具体日期。

④ 解禁日市价:填写股票解禁日的收盘价。

⑤ 实际出资总额:填写被激励对象为获取限制性股票实际支付资金数额。

⑥ 本批次解禁数:填写本次股票解禁的股数。

⑦ 总股票数:填写被激励对象获取的限制性股票总数。

7. 股权奖励栏:以股权奖励形式实施激励的企业填写本栏。没有则不填。

① 授予日:填写授予被激励对象获得股票的实际日期。
② 授予日市价:填写股票授予日的收盘价。
③ 奖励股票数:填写被激励对象获取的股票总数。

四、本表一式两份。主管税务机关受理后,由上市公司和主管税务机关分别留存。

[《国家税务总局关于股权激励和技术入股所得税征管问题的公告》(国家税务总局公告2016年第62号)]

8.1.7 股权激励应纳税款计算

居民个人取得股票期权、股票增值权、限制性股票、股权奖励等股权激励(简称股权激励),符合《财政部 国家税务总局关于个人股票期权所得征收个人所得税问题的通知》(财税〔2005〕35号,详见8.1.1.2"股票期权所得性质的确认及其具体征税规定")、《财政部 国家税务总局关于股票增值权所得和限制性股票所得征收个人所得税有关问题的通知》(财税〔2009〕5号,详见8.1.2"股票增值权所得和限制性股票所得")、《财政部 国家税务总局关于将国家自主创新示范区有关税收试点政策推广到全国范围实施的通知》(财税〔2015〕116号)第四条(详见8.1.4"股权奖励")、《财政部 国家税务总局关于完善股权激励和技术入股有关所得税政策的通知》(财税〔2016〕101号)第四条第(一)项(详见8.1.5.6"不符合递延纳税条件股权激励的处理")规定的相关条件的,在2023年12月31日前,不并入当年综合所得,全额单独适用综合所得税率表,计算纳税。计算公式为:

$$应纳税额 = 股权激励收入 \times 适用税率 - 速算扣除数$$

居民个人一个纳税年度内取得两次以上(含两次)股权激励的,应合并按上述规定计算纳税。

2022年1月1日之后的股权激励政策另行明确。

[《财政部 国家税务总局关于个人所得税法修改后有关优惠政策衔接问题的通知》(财税〔2018〕164号)《财政部 税务总局关于延续实施全年一次性奖金等个人所得税优惠政策的公告》(财政部 税务总局公告2021年第42号)、《财政部 税务总局关于延续实施有关个人所得税优惠政策的公告》(财政部 税务总局公告2023年第2号)]

8.1.8 相关资料报送

加强股权激励个人所得税管理。严格执行个人所得税有关政策,实施股权(股票,下同)激励的企业应当在决定实施股权激励的次月15日内,向主管税务机关报送《股权激励情况报告表》(见表8-5),并按照《财政部 国家税务总局关于个人股票期权所得征收个人所得税问题的通知》(财税〔2005〕35号)、《财政部 国家税务总局关于完善股权激励和技术入股有关所得税政策的通知》(财税〔2016〕101号)等现行规定向主管税务机关报送相关资料。股权激励计划已实施但尚未执行完毕的,于2021年年底前向主管税务机关补充报送《股权激励情况报告表》和相关资料。境内企业以境外企业股权为标的对员工进行股权激励的,应当按照"工资、薪金所得"扣缴个人所得税,并执行上述规定。

表 8-5 股权激励情况报告表

备案编号（主管税务机关填写）：　　　　　　　　　　　　　　　　　　　　　金额单位：人民币元（列至角分）

股权激励计划实施企业基本情况

实施企业名称		纳税人识别号（统一社会信用代码）	□□□□□□□□□□□□□□□□□□	
所在国家/地区		地址		联系人	电话

股权激励计划标的企业基本情况

企业名称		纳税人识别号（统一社会信用代码）	□□□□□□□□□□□□□□□□□□	
所在国家/地区		地址		联系人	电话

股权激励计划实施企业是标的企业的	□直接或间接控股公司　□直接或间接被控股公司 □直接或间接协议控制公司　□其他	□直接或间接协议控制公司

股权激励形式

股权激励形式 （单选）	□股票（权）期权　□限制性股票　□股票增值权　□股权奖励　□其他形式

被激励对象基本情况

序号	姓名	身份证件类型	身份证件号码	职务	授予股数	授予(行权)价格	决定实施股权激励计划日期	授予日	可行权日

谨声明：本表是根据国家税收法律法规及相关规定填报的，是真实的、可靠的、完整的。

填报单位（签章）：

经办人签字：
经办人身份证件类型：
经办人身份证件号码：
代理机构签章：
代理机构统一社会信用代码：

受理人：	
受理税务机关（章）：	
受理日期：　年　月　日	年月日

国家税务总局监制

《股权激励情况报告表》填表说明

一、适用范围

本表由实施股权激励的企业填报;实施股权激励的企业不在中国境内的,由被股权激励对象的境内任职受雇单位填报。

二、报送期限

决定实施股权激励的次月15日内向主管税务机关报送本表。

三、本表有关栏次填写

(一)股权激励计划实施企业基本情况

纳税人识别号(统一社会信用代码):股权激励计划实施企业为境外企业的,不填写本项。

(二)股权激励计划标的企业基本情况

1. 纳税人识别号(统一社会信用代码):股权激励计划标的企业为境外企业的,不填写本项。

2. 股权激励计划实施企业是标的企业的:勾选"其他"的,需要在后面横线处填写详细情况。

(三)股权激励方式

股权激励形式(单选):勾选"其他形式"的,需要在后面横线处填写详细情况。

四、其他事项说明

以纸质方式报送本表的,建议通过计算机填写打印,一式两份,填报单位、税务机关各留存一份。多次实施股权激励或者实施多种形式的股权激励的,应当分别报送本表。

[《国家税务总局关于进一步深化税务领域"放管服"改革培育和激发市场主体活力若干措施的通知》(税总征科发〔2021〕69号)]

8.2 企业年金和职业年金

8.2.1 企业年金与职业年金概念

企业年金,是指根据《企业年金办法》(人力资源和社会保障部令第36号)的规定,企业及其职工在依法参加基本养老保险的基础上,自愿建立的补充养老保险制度。

职业年金是指根据《事业单位职业年金试行办法》(国办发〔2011〕37号)的规定,事业单位及其工作人员在依法参加基本养老保险的基础上,建立的补充养老保险制度。

[《财政部 国家税务总局 人力资源和社会保障部关于企业年金职业年金个人所得税有关问题的通知》(财税〔2013〕103号)]

解读▶ 企业年金和职业年金是指在政府强制实施的公共养老金或国家养老金制度之外,企事业单位及其职工在国家政策的指导下,在依法参加基本养老保险的基础上,根据自身经济实力自愿建立的旨在为本企业职工提供一定程度退休收入保障的补充性养老金制度。企业年金和职业年金是多层次养老保险体系的组成部分,由国家宏观指导、企业内部决策执行。

在实行现代社会保险制度的国家中,企业年金已经成为一种较为普遍实行的企业补充养老金计划,又称为"企业退休金计划"或"职业养老金计划"。我国正在完善的城镇职工养老保险体系,由基本养老保险、企业年金和个人储蓄性养老保险等3个部分组成。企业年金已成为我国养老保险制度的重要组成部分。

8.2.2 年金缴费的个人所得税处理

8.2.2.1 单位为员工缴费部分不缴纳个人所得税

企业和事业单位(以下统称单位)根据国家有关政策规定的办法和标准,为在本单位任职或者受雇的全体职工缴付的企业年金或职业年金(以下统称年金)单位缴费部分,在计入个人账户时,个人暂不缴纳个人所得税。

[《财政部 国家税务总局 人力资源和社会保障部关于企业年金 职业年金个人所得税有关问题的通知》(财税〔2013〕103号)]

8.2.2.2 个人缴费部分税前扣除

个人根据国家有关政策规定缴付的年金个人缴费部分,在不超过本人缴费工资计税基数的4%标准内的部分,暂从个人当期的应纳税所得额中扣除。

企业年金个人缴费工资计税基数为本人上一年度月平均工资。月平均工资按国家统计局规定列入工资总额统计的项目计算。月平均工资超过职工工作地所在设区城市上一年度职工月平均工资300%以上的部分,不计入个人缴费工资计税基数。

职业年金个人缴费工资计税基数为职工岗位工资和薪级工资之和。职工岗位工资和薪级工资之和超过职工工作地所在设区城市上一年度职工月平均工资300%以上的部分,不计入个人缴费工资计税基数。

[《财政部 国家税务总局 人力资源和社会保障部关于企业年金 职业年金个人所得税有关问题的通知》(财税〔2013〕103号)]

8.2.2.3 超标准缴付年金处理

超过规定的标准缴付的年金单位缴费和个人缴费部分,应并入个人当期的工资、薪金所得,依法计征个人所得税。税款由建立年金的单位代扣代缴,并向主管税务机关申报解缴。

[《财政部 国家税务总局 人力资源和社会保障部关于企业年金职业年金个人所得税有关问题的通知》(财税〔2013〕103号)]

企业年金所需费用由企业和职工个人共同缴纳。企业缴费每年不超过本企业职工工资总额的8%。企业和职工个人缴费合计不超过本企业职工工资总额的12%。具体所需费用,由企业和职工一方协商确定。

职工个人缴费由企业从职工个人工资中代扣代缴。

[《企业年金办法》(中华人民共和国人力资源社会保障部令第36号)]

职业年金所需费用由单位和工作人员个人共同承担。单位缴纳职业年金费用的比例为本单位工资总额的8%,个人缴费比例为本人缴费工资的4%,由单位代扣。单位和个人缴费基数与机关事业单位工作人员基本养老保险缴费基数一致。

根据经济社会发展状况,国家适时调整单位和个人职业年金缴费的比例。

[《机关事业单位职业年金办法》(国办发〔2015〕18号印发)]

8.2.3 年金基金投资运营收益的个人所得税处理

年金基金投资运营收益分配计入个人账户时,个人暂不缴纳个人所得税。

[《财政部 国家税务总局 人力资源和社会保障部关于企业年金职业年金个人所得税有关问题的通知》(财税〔2013〕103号)]

企业年金基金实行完全积累,为每个参加企业年金的职工建立个人账户,按照国家有关规定投资运营。企业年金基金投资运营收益并入企业年金基金。

企业年金基金由下列各项组成:

(1) 企业缴费。

(2) 职工个人缴费。

(3) 企业年金基金投资运营收益。

[《企业年金办法》(中华人民共和国人力资源社会保障部令第36号)]

职业年金基金由下列各项组成:

(1) 单位缴费。

(2) 个人缴费。

(3) 职业年金基金投资运营收益。

(4) 国家规定的其他收入。

职业年金基金采用个人账户方式管理。个人缴费实行实账积累。对财政全额供款的单位,单位缴费根据单位提供的信息采取记账方式,每年按照国家统一公布的记账利率计算利息,工作人员退休前,本人职业年金账户的累计储存额由同级财政拨付资金记实;对非财政全额供款的单位,单位缴费实行实账积累。实账积累形成的职业年金基金,实行市场化投资运营,按实际收益计息。

职业年金基金投资管理应当遵循谨慎、分散风险的原则,保证职业年金基金的安全性、收益性和流动性。

[《机关事业单位职业年金办法》(国办发〔2015〕18号印发)]

解读 ▶ 关于递延纳税。递延纳税,是指在年金缴费环节和年金基金投资收益环节暂不征收个人所得税,将纳税义务递延到个人实际领取年金的环节,也称EET模式(E代表免税,T代表征税)。EET模式是西方发达国家对企业年金普遍采用的一种税收优惠模式。据了解,OECD国家中,法国、德国、美国、日本等多数国家均选择了EET模式。出台企业年金、职业年金个人所得税递延纳税政策,是在研究借鉴发达国家通行做法的基础上,结合我国实际对年金个人所得税政策体系的完善。

年金递延纳税政策是促进我国养老保险体系建设的重要举措。完善养老保险制度、提高全民养老保障水平、加快推进多层次养老保险体系建设,是养老保险制度改革的重要目标。我国从20世纪80年代开始对企业职工基本养老保险制度实施改革,1991年明确了建立基本养老保险、补充养老保险和个人储蓄性养老保险相结合的多层次养老保险体系的目标。经过20多年的发展,我国养老保险覆盖面逐步扩大,保障水平逐步提高,但多层次养老保险体系发展很不平衡,基本养老保险覆盖到大部分城镇就业人群,而补充养老保险和个人储蓄性养老保险发展比较缓慢。为进一步推动养老保险体系建设,2013年国务院批准发布了《关于深化收入分配制度改革的若干意见》,提出"发展企业年金和职业年金,发挥商业保险补充性作用";党的十八届三中全会通过的《中共中央关于全面深化改革若干重大问题的决定》也明确提出"加快发展企业年金、职业年金、商业保险,构建多层次社会保障体系"。为贯彻落实党中央、国务院决策部署,进一步支持我国养老保险事业的发展,建立多层次养老保险体系,财政部、人力资源社会保障部、国家税务总局三部门研究出台了促进企业年金和职业年金发展的个人所得税递延纳税政策。

8.2.4 领取年金个人所得税处理

8.2.4.1 法定退休

个人达到国家规定的退休年龄,领取的企业年金、职业年金,符合《财政部 人力资源社会保障部 国家税务总局关于企业年金 职业年金个人所得税有关问题的通知》(财税〔2013〕103号)规定的,不并入综合所得,全额单独计算应纳税款。其中按月领取的,适用月度税率表计算纳税;按季领取的,平均分摊计入各月,按每月领取额适用月度税率表计算纳税;按年领取的,适用综合所得税率表计算纳税。

[《国家税务总局关于个人所得税法修改后有关优惠政策衔接问题的通知》(财税〔2018〕164号)]

对单位和个人在2014年1月1日之前开始缴付年金缴费,个人在2014年1月1日之后领取年金的,允许其从领取的年金中减除在2014年1月1日之前缴付的年金单位缴费和个人缴费且已经缴纳个人所得税的部分,就其余额按照上述规定征税。在个人分期领取年金的情况下,可按2014年1月1日之前缴付的年金缴费金额占全部缴费金额的百分比减计当期的应纳税所得额,减计后的余额,按照上述规定计算缴纳个人所得税。

[《财政部 国家税务总局 人力资源和社会保障部关于企业年金 职业年金个人所得税有关问题的通知》(财税〔2013〕103号)]

8.2.4.2 一次性领取

个人因出境定居而一次性领取的年金个人账户资金,或个人死亡后,其指定的受益人或法定继承人一次性领取的年金个人账户余额,适用综合所得税率表计算纳税。对个人除上述特殊原因外一次性领取年金个人账户资金或余额的,适用月度税率表计算纳税。

[《国家税务总局关于个人所得税法修改后有关优惠政策衔接问题的通知》(财税〔2018〕164号)]

8.2.4.3 扣缴义务人和明细申报

个人领取年金时,其应纳税款由受托人代表委托人委托托管人代扣代缴。年金账户管理人应及时向托管人提供个人年金缴费及对应的个人所得税纳税明细。托管人根据受托人指令及账户管理人提供的资料,按照规定计算扣缴个人当期领取年金待遇的应纳税款,并向托管人所在地主管税务机关申报解缴。

建立年金计划的单位、年金托管人,应按照个人所得税法和税收征收管理法的有关规定,实行全员全额扣缴明细申报。受托人有责任协调相关管理人依法向税务机关办理扣缴申报、提供相关资料。

[《财政部 国家税务总局 人力资源和社会保障部关于企业年金职业年金个人所得税有关问题的通知》(财税〔2013〕103号)]

1) 受托人

企业和职工建立企业年金,应当确定企业年金受托人,由企业代表委托人与受托人签订受托管理合同。受托人可以是符合国家规定的法人受托机构,也可以是企业按照国家有关规定成立的企业年金理事会。企业成立企业年金理事会作为受托人的,企业年金理事会应当由企业和职工代表组成,也可以聘请企业以外的专业人员参加,其中职工代表应不少于1/3。

企业年金理事会除管理本企业的企业年金事务之外,不得从事其他任何形式的营业性活动。

[《企业年金办法》(中华人民共和国人力资源社会保障部令第36号)]

2) 托管人

受托人应当委托具有企业年金管理资格的账户管理人、投资管理人和托管人,负责企业年金基金的账户管理、投资运营和托管。

[《企业年金办法》(中华人民共和国人力资源社会保障部令第36号)]

解读 ▶企业年金遵循信托法原则。企业年金方案备案后,企业和职工(合称委托人)应当选定企业年金受托人(符合国家规定的法人受托机构或者企业按照国家规定成立的企业年金理事会),由企业代表委托人与受托人签订受托管理合同。受托管理合同签订后,受托人应当委托具有企业年金管理资格的账户管理人、投资管理人和托管人,负责企业年金基金的账户管理、投资运营和托管。企业年金基金管理人按照国家规定分工协作,共同实现企业年金基金的依法合规运营和保值增值。

职业年金基金应当委托具有资格的投资运营机构作为投资管理人,负责职业年金基金的投资运营;应当选择具有资格的商业银行作为托管人,负责托管职业年金基金。委托关系确定后,应当签订书面合同。

[《机关事业单位职业年金办法》(国办发〔2015〕18号印发)]

8.2.5 年金征管要求

建立年金计划的单位应于建立年金计划的次月15日内,向其所在地主管税务机关报送年金方案、人力资源社会保障部门出具的方案备案函、计划确认函以及主管税务机关要求报送的其他相关资料。年金方案、受托人、托管人发生变化的,应于发生变化的次月

15 日内重新向其主管税务机关报送上述资料。

财政、税务、人力资源社会保障等相关部门和年金机构之间要加强协调，通力合作，共同做好政策实施各项工作。

[《财政部 国家税务总局 人力资源和社会保障部关于企业年金职业年金个人所得税有关问题的通知》（财税〔2013〕103 号）]

建立企业年金，企业应当与职工一方通过集体协商确定，并制定企业年金方案。企业年金方案应当提交职工代表大会或者全体职工讨论通过。

企业应当将企业年金方案报送所在地县级以上人民政府人力资源和社会保障行政部门。

中央所属企业的企业年金方案报送人力资源社会保障部。

跨省企业的企业年金方案报送其总部所在地省级人民政府人力资源和社会保障行政部门。

省内跨地区企业的企业年金方案报送其总部所在地设区的市级以上人民政府人力资源和社会保障行政部门。

人力资源和社会保障行政部门自收到企业年金方案文本之日起 15 日内未提出异议的，企业年金方案即行生效。

[《企业年金办法》（中华人民共和国人力资源社会保障部令第 36 号）]

解读 ▶ 一般情况下，企业向当地人力资源和社会保障部门备案获取企业年金方案批复函；受托机构将企业年金基金管理合同向省人力资源和社会保障行政部门报备获得年金计划确认函。企业向主管税务机关提交企业年金、职业年金计划个人所得税递延纳税备案表资料，并附企业年金方案备案批复函和年金计划确认函，以及主管税务机关要求报送的其他资料。

分（子）公司加入总（母）公司年金计划的，向当地主管税务机关提交递延纳税备案资料时，应附总（母）公司企业年金方案备案批复函[标注哪些子公司加入本年金方案或者在年金方案中注明全体分（子）公司参与该年金计划]的复印件和该年金基金管理合同备案的计划确认函的复印件。比如，省公司建立年金计划，各省辖市分（子）公司参加了省公司的年金计划，省公司统一在人社厅备案、确认，省××银行作为托管人，直接将年金发放至个人账户，则省××银行为扣缴义务人。参加年金计划的分公司应在当地主管税务机关备案。

关于年金集合计划。目前大量中小企业参与的是企业年金集合计划。企业年金集合计划是指由具有"企业年金基金法人受托机构"资格的受托人设立的、将多个委托人交付的企业年金基金集中进行受托管理的企业年金计划。根据《关于企业年金集合计划试点有关问题的通知》（人社部发〔2011〕58 号），集合计划由受托人统一向人社部报备。因此，企业无单独的计划确认函，且该计划确认函无法体现参加集合计划的企业的年金计划资金情况。从管理实际出发，集合计划客户向主管税务机关备案时，不需要提供计划确认函。

8.3 建筑业个人所得税相关规定

建筑安装业,包括建筑、安装、修缮、装饰及其他工程作业。

8.3.1 纳税义务人和扣缴义务人

从事建筑安装业的工程承包人、个体户及其他个人为个人所得税的纳税义务人。其从事建筑安装业取得的所得,应依法缴纳个人所得税。

承揽建筑安装业工程作业的单位和个人是个人所得税的代扣代缴义务人,应在向个人支付收入时依法代扣代缴其应纳的个人所得税。

[《国家税务总局关于印发〈建筑安装业个人所得税征收管理暂行办法〉的通知》(国税发〔1996〕127号)]

8.3.2 适用征税项目

承包建筑安装业各项工程作业的承包人取得的所得,应区别不同情况计征个人所得税:经营成果归承包人个人所有的所得,或按照承包合同(协议)规定,将一部分经营成果留归承包人个人的所得,按"经营所得"项目征税;以其他分配方式取得的所得,按"工资、薪金所得"项目征税。

从事建筑安装业的个体工商户和未领取营业执照承揽建筑安装业工程作业的建筑安装队和个人,以及建筑安装企业实行个人承包后工商登记改变为个体经济性质的,其从事建筑安装业取得的收入应依照"经营所得"项目计征个人所得税。

从事建筑安装业工程作业的其他人员取得的所得,分别按照"工资、薪金所得"项目和"劳务报酬"所得项目计征个人所得税。

[《国家税务总局关于印发〈建筑安装业个人所得税征收管理暂行办法〉的通知》(国税发〔1996〕127号)]

8.3.3 纳税地点

总承包企业、分承包企业派驻跨省异地工程项目的管理人员、技术人员和其他工作人员在异地工作期间的工资、薪金所得个人所得税,由总承包企业、分承包企业依法代扣代缴并向工程作业所在地税务机关申报缴纳。

总承包企业和分承包企业通过劳务派遣公司聘用劳务人员跨省异地工作期间的工资、薪金所得个人所得税,由劳务派遣公司依法代扣代缴并向工程作业所在地税务机关申报缴纳。

[《国家税务总局关于建筑安装业跨省异地工程作业人员个人所得税征收管理问题的公告》(国家税务总局公告2015年第52号)]

建筑安装业单位所在地税务机关和工程作业所在地税务机关双方可以协商有关个人所

得税代扣代缴和征收的具体操作办法,都有权对建筑安装业单位和个人依法进行税收检查,并有权依法处理其违反税收规定的行为。但一方已经处理的,另一方不得重复处理。

[《国家税务总局关于印发〈建筑安装业个人所得税征收管理暂行办法〉的通知》(国税发〔1996〕127号)]

8.3.4 扣缴与申报

纳税人和扣缴义务人应按每月工程完工量预缴、预扣个人所得税,按年结算。一项工程跨年度作业的,应按各年所得预缴、预扣和结算个人所得税。难以划分各年所得的,可以按月预缴、预扣税款,并在工程完工后按各年度工程完工量分摊所得并结算税款。

扣缴义务人每月所扣的税款,自行申报纳税人每月应纳的税款,应当在次月15日内缴入国库,并向主管税务机关报送扣缴个人所得税报告表或纳税申报表以及税务机关要求报送的其他资料。

没有扣缴义务人的和扣缴义务人未按规定代扣代缴税款的,纳税人应自行向主管税务机关申报纳税。

[《国家税务总局关于印发〈建筑安装业个人所得税征收管理暂行办法〉的通知》(国税发〔1996〕127号)]

解读 ▶ 实际征管中建筑企业个人所得税的管理应注意以下几方面问题:

一是根据《保障农民工工资支付条例》的规定,"施工总承包单位根据分包单位编制的工资支付表,通过农民工工资专用账户直接将工资支付到农民工本人的银行账户,并向分包单位提供代发工资凭证"。分包方往往以其非支付所得的单位,不履行项目农民工工资全员全额明细申报。根据《国家税务总局关于个人所得税偷税案件查处中有关问题的补充通知》(国税函发〔1996〕602号)的规定,凡税务机关认定对所得的支付对象和支付数额有决定权的单位和个人,即为扣缴义务人。因此,分包单位应按规定履行建筑项目人员个人所得税代扣代缴义务。

二是建筑业项目工程量大、用人多,且人员不固定、流动性大,企业往往只申报管理层及部分固定人员工资的个人所得税,未进行全员全额明细申报。

三是建筑包工头用虚假身份证信息申报工资套取资金,一方面虚列了工资,另一方面会增加后期冒用身份信息申诉,造成税收风险。

8.3.5 征收方式

到外地从事建筑安装工程作业的建筑安装企业,已在异地扣缴个人所得税(不管采取何种方法计算)的,机构所在地主管税务机关不得再对在异地从事建筑安装业务而取得收入的人员实行查账或其他方式征收个人所得税。但对不直接在异地从事建筑安装业务而取得收入的企业管理、工程技术等人员,机构所在地主管税务机关应据实征收其个人所得税。

建筑安装企业在本地和外地都有工程作业,两地的主管税务机关可根据企业和工程作业的实际情况,各自确定征收方式并按规定征收个人所得税。

按工程价款的一定比例计算扣缴个人所得税,税款在纳税人之间如何分摊由企业决定,在支付个人收入时扣缴;如未扣缴,则认定为企业为个人代付税款,应按个人所得税的有关规定计算缴纳企业代付的税款。

[《国家税务总局关于建筑安装企业扣缴个人所得税有关问题的批复》(国税函〔2001〕505号)]

跨省异地施工单位应就其所支付的工程作业人员工资、薪金所得,向工程作业所在地税务机关办理全员全额扣缴明细申报。凡实行全员全额扣缴明细申报的,工程作业所在地税务机关不得核定征收个人所得税。

总承包企业、分承包企业和劳务派遣公司机构所在地税务机关需要掌握异地工程作业人员工资、薪金所得个人所得税缴纳情况的,工程作业所在地税务机关应及时提供。总承包企业、分承包企业和劳务派遣公司机构所在地税务机关不得对异地工程作业人员已纳税工资、薪金所得重复征税。两地税务机关应加强沟通协调,切实维护纳税人权益。

建筑安装业省内异地施工作业人员个人所得税征收管理参照上述规定执行。

上述规定自2015年9月1日起施行。

[《国家税务总局关于建筑安装业跨省异地工程作业人员个人所得税征收管理问题的公告》(国家税务总局公告2015年第52号)]

8.3.6 征管规定

从事建筑安装业的单位和个人,应依法办理税务登记。在异地从事建筑安装业的单位和个人,必须自工程开工之日前3日内,持营业执照、《跨区域涉税事项报告表》、城建部门批准开工的文件和工程承包合同(协议)、开户银行账号以及主管税务机关要求提供的其他资料向主管税务机关办理有关登记手续。

对未领取营业执照承揽建筑安装业工程作业的单位和个人,主管税务机关可以根据其工程规模,责令其缴纳一定数额的纳税保证金。在规定的期限内结清税款后,退还纳税保证金;逾期未结清税款的,以纳税保证金抵缴应纳税款和滞纳金。

从事建筑安装业的单位和个人应设置会计账簿,健全财务制度,准确、完整地进行会计核算。对未设立会计账簿,或者不能准确、完整地进行会计核算的单位和个人,主管税务机关可根据其工程规模、工程承包合同(协议)价款和工程完工进度等情况,核定其应纳税所得额或应纳税额,据以征税。具体核定办法由县以上(含县级)税务机关制定。

从事建筑安装业工程作业的单位和个人应按照主管税务机关的规定,购领、填开和保管发票。

[《国家税务总局关于印发〈建筑安装业个人所得税征收管理暂行办法〉的通知》(国税发〔1996〕127号)]

8.4 律师行业相关规定

8.4.1 律师事务所投资人(合伙人)

律师个人出资兴办的独资和合伙性质的律师事务所的年度经营所得,从2000年1月1日起,停止征收企业所得税,作为出资律师的个人经营所得,按照有关规定,比照"经营所得"应税项目征收个人所得税。在计算其经营所得时,出资律师本人的工资、薪金不得扣除。

合伙制律师事务所应将年度经营所得全额作为基数,按出资比例或者事先约定的比例计算各合伙人应分配的所得,据以征收个人所得税。

[《国家税务总局关于律师事务所从业人员取得收入征收个人所得税有关业务问题的通知》(国税发〔2000〕149号)]

合伙人律师在计算应纳税所得额时,应凭合法有效凭据按照《个人所得税法》和有关规定扣除费用;对确实不能提供合法有效凭据而实际发生与业务有关的费用,经当事人签名确认后,可再按下列标准扣除费用:个人年营业收入不超过50万元的部分,按8%扣除;个人年营业收入超过50万元至100万元的部分,按6%扣除;个人年营业收入超过100万元的部分,按5%扣除。不执行查账征收的,不适用此规定。此规定自2013年1月1日至2015年12月31日执行。

律师个人承担的按照律师协会规定参加的业务培训费用,可据实扣除。

律师事务所和律师个人发生的其他费用和列支标准,按照《个体工商户个人所得税计税办法》(国家税务总局令第35号)等文件的规定执行。

[《国家税务总局关于律师事务所从业人员有关个人所得税问题的公告》(国家税务总局公告2012年第53号)]

8.4.2 律师事务所雇员律师

8.4.2.1 雇员律师征税项目

律师事务所支付给雇员(包括律师及行政辅助人员,但不包括律师事务所的投资者)的所得,按"工资、薪金所得"应税项目征收个人所得税。

[《国家税务总局关于律师事务所从业人员取得收入征收个人所得税有关业务问题的通知》(国税发〔2000〕149号)]

8.4.2.2 雇员律师应税所得

作为律师事务所雇员的律师与律师事务所按规定的比例对收入进行分成,律师事务所不负担律师办理案件支出的费用(如交通费、资料费、通信费及聘请人员等费用),律师当月的分成收入按规定扣除办理案件支出的费用后,余额与律师事务所发给的工资合并,按"工资、薪金所得"应税项目计征个人所得税。

律师从其分成收入中扣除办理案件支出费用的标准,由各省级税务局根据当地律师办理案件费用支出的一般情况、律师与律师事务所之间的收入分成比例及其他相关参考因素,在律师当月分成收入的30%比例内确定。

[《国家税务总局关于律师事务所从业人员取得收入征收个人所得税有关业务问题的通知》(国税发〔2000〕149号)]

作为律师事务所雇员的律师从其分成收入中扣除办理案件支出费用的标准,由现行在律师当月分成收入的30%比例内确定,调整为35%比例内确定。实行上述收入分成办法的律师办案费用不得在律师事务所重复列支。上述规定自2013年1月1日至2015年12月31日执行。

[《国家税务总局关于律师事务所从业人员有关个人所得税问题的公告》(国家税务总局公告2012年第53号)]

解读 ▶《国家税务总局关于律师事务所从业人员有关个人所得税问题的公告》(国家税务总局公告2012年第53号)规定了执行期限,即2013年1月1日至2015年12月31日。文件到期后,没有新文件,理论上讲应按有效的文件《国家税务总局关于律师事务所从业人员取得收入征收个人所得税有关业务问题的通知》(国税发〔2000〕149号,以下简称149号文件)规定执行,即:合伙人律师不能提供合法有效凭据而实际发生与业务有关的费用,不得再按相应比例扣除,律师从其分成收入中扣除办理案件支出费用的标准,在律师当月分成收入的30%比例内确定。但由于149号文件是2000年制定的,距今已21年,我国经济发展与居民收入和支出水平都比20年前有了很大变化,所以很多地区仍然在延用《国家税务总局关于律师事务所从业人员有关个人所得税问题的公告》(国家税务总局公告2012年第53号)的相关规定。包括合伙人律师相关政策[详见8.4.1"律师事务所投资人(合伙人)"],也是如此。纳税人需要跟当地税务机关做好沟通与确认。

8.4.3 律师事务所兼职律师

兼职律师是指取得律师资格和律师执业证书,不脱离本职工作从事律师职业的人员。

兼职律师从律师事务所取得工资、薪金性质的所得,律师事务所在代扣代缴其个人所得税时,不再减除个人所得税法规定的费用扣除标准,以收入全额(取得分成收入的为扣除办理案件支出费用后的余额)直接确定适用税率,计算扣缴个人所得税。兼职律师应于次年3月1日至6月30日自行向主管税务机关进行综合所得汇算清缴(详见9.3.2"综合所得汇算清缴")。

[《国家税务总局关于律师事务所从业人员取得收入征收个人所得税有关业务问题的通知》(国税发〔2000〕149号)]

解读 ▶ 此文件目前没有废止,但在实际操作中由于国家税务总局使用了全国统一的自然人税收管理信息系统,扣缴义务人在用累计预扣法扣缴个人所得税时,都是按5 000元/月直接扣除基本费用,系统已不支持"不再减除个人所得税法规定的费用扣除标准"这一规定,因此，实际中是可以扣除的，需要纳税人次年自行进行年度汇算申报进行补退税。

8.4.4 律师聘请的其他人员

律师以个人名义再聘请其他人员为其工作而支付的报酬，应由该律师按"劳务报酬所得"应税项目负责代扣代缴个人所得税。为了便于操作，税款可由其任职的律师事务所代为缴入国库。

[《国家税务总局关于律师事务所从业人员取得收入征收个人所得税有关业务问题的通知》(国税发〔2000〕149号)]

8.4.5 律师取得的其他酬金收入

律师从接受法律事务服务的当事人处取得法律顾问费或其他酬金等收入，应并入其从律师事务所取得的其他收入，按照规定计算缴纳个人所得税。

[《国家税务总局关于律师事务所从业人员有关个人所得税问题的公告》(国家税务总局公告2012年第53号)]

8.5 限售股

8.5.1 限售股类型

限售股，包括：

(1) 上市公司股权分置改革完成后股票复牌日之前股东所持原非流通股股份，以及股票复牌日至解禁日期间由上述股份孳生的送、转股（以下统称股改限售股）。

(2) 2006年股权分置改革新老划断后，首次公开发行股票并上市的公司形成的限售股，以及上市首日至解禁日期间由上述股份孳生的送、转股（以下统称新股限售股）。

(3) 财政部、国家税务总局、法制办（现为司法部）和证监会共同确定的其他限售股。

[《财政部 国家税务总局 证监会关于个人转让上市公司限售股所得征收个人所得税有关问题的通知》(财税〔2009〕167号)]

解读 财税〔2009〕167号文件出台时我国A股市场的限售股，主要由两部分构成：一类是股改产生的限售股，另一类是新股首次发行上市（IPO）产生的限售股。

一、股改限售股

股改限售股是指股权分置改革过程中，由原非流通股转变而来的有限售期的流通股，市场俗称为"大小非"。所谓"大非"指的是大规模的限售流通股，占总股本5%以上；所谓"小非"指的是小规模的限售流通股，占总股本5%以内。

股权分置是中国资本市场特有的情形，是指上市公司的一部分股份上市流通，另一部分股份暂时不上市流通。前者主要称为流通股，主要成分为社会公众股；后者为非流通股,包括国家股、国有法人股、内资及外资法人股、发起自然人股等。股权分置改革之前,非流通股虽然不能在沪深两市自由交易,但经证监会批准后,可以通过拍卖或协议转让的方式进行流通。

为贯彻落实《国务院关于推进资本市场改革开放和稳定发展的若干意见》(国发〔2004〕3号)中"积极稳妥解决股权分置问题"的要求,2005年,证监会、国资委、财政部等部委联合下发《关于上市公司股权分置改革的指导意见》(证监发〔2005〕80号),随后,证监会又下发了《上市公司股权分置改革管理办法》(证监发〔2005〕86号),解除了非流通股上市流通的限制,非流通股股东与流通股股东之间采取对价的方式平衡相互利益。同时,对股权分置改革后非流通股出售作出了若干限制性规定。这样,原非流通股转变为有流通期限和流通比例限售的流通股,即股改限售股。股权分置改革股票复牌后,股改限售股于解除限售前历年获得的送转股也构成了限售股。

二、新股限售股

为保持公司控制权的稳定,《公司法》及交易所上市规则对于首次公开发行股份(IPO)并上市的公司,于公开发行前股东所持股份都有一定的限售期规定,由于股权分置改革新老划断后不再有非流通股和流通股的划分,这部分股份在限售期满后解除流通权利限制,构成了新股限售股。这类限售股在全部限售股中占大多数,将来还会有更多的新股限售股出现。新股上市后,新股限售股于解除限售前历年获得的送转股也构成了限售股。

除股改限售股和新股(IPO)限售股外,市场上还有一些有限售期要求的股票,主要是机构配售股和增发股。机构配售股是指 IPO 的时候,参与网下申购的机构投资人获得的股票,这部分需要锁定3个月到半年才可以上市交易。增发股类似机构配售股,是指定向增发后的股票,需要锁定1年,才可以上市交易。

关于限售股的范围,在具体实施时,由中国证券登记结算公司通过结算系统给予锁定。财政部、税务总局、法制办和证监会共同确定的其他限售股,是兜底的规定,将来视实际情况而定。

限售股,包括:

(1) 财税〔2009〕167号文件规定的限售股。
(2) 个人从机构或其他个人受让的未解禁限售股。
(3) 个人因依法继承或家庭财产依法分割取得的限售股。
(4) 个人持有的从代办股份转让系统转到主板市场(或中小板、创业板市场)的限售股。
(5) 上市公司吸收合并中,个人持有的原被合并方公司限售股所转换的合并方公司股份。
(6) 上市公司分立中,个人持有的被分立方公司限售股所转换的分立后公司股份。
(7) 其他限售股。

[《财政部 国家税务总局 证监会关于个人转让上市公司限售股所得征收个人所得税有关问题的补充通知》(财税〔2010〕70号)]

8.5.2 限售股转让

自2010年1月1日起,对个人转让限售股取得的所得,按照"财产转让所得",适用20%的比例税率征收个人所得税。

[《财政部 国家税务总局 证监会关于个人转让上市公司限售股所得征收个人所得税有关问题的通知》(财税〔2009〕167号)]

个人转让限售股或发生具有转让限售股实质的其他交易,取得现金、实物、有价证券和其他形式的经济利益均应缴纳个人所得税。限售股在解禁前被多次转让的,转让方对每一次转让所得均应按规定缴纳个人所得税。对具有下列情形的,应按规定征收个人所得税:

（1）个人通过证券交易所集中交易系统或大宗交易系统转让限售股。
（2）个人用限售股认购或申购交易型开放式指数基金（ETF）份额。
（3）个人用限售股接受要约收购。
（4）个人行使现金选择权将限售股转让给提供现金选择权的第三方。
（5）个人协议转让限售股。
（6）个人持有的限售股被司法扣划。
（7）个人因依法继承或家庭财产分割让渡限售股所有权。
（8）个人用限售股偿还上市公司股权分置改革中由大股东代其向流通股股东支付的对价。
（9）其他具有转让实质的情形。

[《财政部 国家税务总局 证监会关于个人转让上市公司限售股所得征收个人所得税有关问题的补充通知》(财税〔2010〕70号)]

8.5.3 限售股转让应纳税所得额

个人转让限售股,以每次限售股转让收入,减除股票原值和合理税费后的余额,为应纳税所得额,即：

$$应纳税所得额 = 限售股转让收入 - （限售股原值 + 合理税费）$$
$$应纳税额 = 应纳税所得额 \times 20\%$$

限售股转让收入,是指转让限售股股票实际取得的收入。

限售股原值,是指限售股买入时的买入价及按照规定缴纳的有关费用。

合理税费,是指转让限售股过程中发生的印花税、佣金、过户费等与交易相关的税费。

如果纳税人未能提供完整、真实的限售股原值凭证的,不能准确计算限售股原值的,主管税务机关一律按限售股转让收入的15%核定限售股原值和合理税费。

纳税人同时持有限售股和该股流通股的,其股票转让所得,按照限售股优先原则,即：转让股票视同为先转让限售股,按规定计算缴纳个人所得税。

对个人在上海证券交易所、深圳证券交易所转让从上市公司公开发行和转让市场取得的上市公司股票所得,继续免征个人所得税。

[《财政部 国家税务总局 证监会关于个人转让上市公司限售股所得征收个人所得税有关问题的通知》(财税〔2009〕167号)]

8.5.3.1 应纳税所得额的计算

个人转让第一条规定的限售股,限售股所对应的公司在证券机构技术和制度准备完成前上市的,应纳税所得额的计算按照财税〔2009〕167号文件第五条第(一)项[详见8.5.5"限售股税收征管"第(1)项]规定执行;在证券机构技术和制度准备完成后上市的,应纳税所得额的计算按照财税〔2009〕167号文件第五条第(二)项[详见8.5.5"限售股税收征管"第(2)项]规定执行。

[《财政部 国家税务总局 证监会关于个人转让上市公司限售股所得征收个人所得税有关问题的补充通知》(财税〔2010〕70号)]

8.5.3.2 申报清算收入确认原则

个人发生通过证券交易所集中交易系统或大宗交易系统转让限售股、用限售股认购或申购交易型开放式指数基金(ETF)份额、用限售股接受要约收购、行使现金选择权将限售股转让给提供现金选择权的第三方等情形、由证券机构扣缴税款的,扣缴税款的计算按照财税〔2009〕167号文件规定执行。纳税人申报清算时,实际转让收入按照下列原则计算:

个人通过证券交易所集中交易系统或大宗交易系统转让限售股转让收入以转让当日该股份实际转让价格计算,证券公司在扣缴税款时,佣金支出统一按照证券主管部门规定的行业最高佣金费率计算;个人用限售股认购或申购交易型开放式指数基金(ETF)份额的转让收入,通过认购ETF份额方式转让限售股的,以股份过户日的前一交易日该股份收盘价计算,通过申购ETF份额方式转让限售股的,以申购日的前一交易日该股份收盘价计算;个人用限售股接受要约收购的转让收入以要约收购的价格计算;个人行使现金选择权将限售股转让给提供现金选择权的第三方的转让收入以实际行权价格计算。

[《财政部 国家税务总局 证监会关于个人转让上市公司限售股所得征收个人所得税有关问题的补充通知》(财税〔2010〕70号)]

8.5.3.3 自行申报收入确认原则

个人发生协议转让限售股、持有的限售股被司法扣划、因依法继承或家庭财产分割让渡限售股所有权、用限售股偿还上市公司股权分置改革中由大股东代其向流通股股东支付的对价等情形、需向主管税务机关申报纳税的,转让收入按照下列原则计算:

个人协议转让限售股的转让收入按照实际转让收入计算,转让价格明显偏低且无正当理由的,主管税务机关可以依据协议签订日的前一交易日该股收盘价或其他合理方式核定其转让收入;个人持有的限售股被司法扣划的转让收入以司法执行日的前一交易日该股收盘价计算;个人因依法继承或家庭财产分割让渡限售股所有权、用限售股偿还上市公司股权分置改革中由大股东代其向流通股股东支付对价的转让收入以转让方取得该股时支付的成本计算。

[《财政部 国家税务总局 证监会关于个人转让上市公司限售股所得征收个人所得税有关问题的补充通知》(财税〔2010〕70号)]

8.5.3.4 几种情形成本确认

个人转让因协议受让、司法扣划等情形取得未解禁限售股的,成本按照主管税务机关认可的协议受让价格、司法扣划价格核定,无法提供相关资料的,按照财税〔2009〕167号文件第五条第(一)项[详见8.5.5"限售股税收征管"第(1)项]规定执行;个人转让因依法继承或家庭财产依法分割取得的限售股的,按财税〔2009〕167号文件规定缴纳个人所得税,成本按照该限售股前一持有人取得该股时实际成本及税费计算。

在证券机构技术和制度准备完成后形成的限售股,自股票上市首日至解禁日期间发生送、转、缩股的,证券登记结算公司应依据送、转、缩股比例对限售股成本原值进行调整;而对于其他权益分派的情形(如现金分红、配股等),不对限售股的成本原值进行调整。

因个人持有限售股中存在部分限售股成本原值不明确,导致无法准确计算全部限售股成本原值的,证券登记结算公司一律以实际转让收入的15%作为限售股成本原值和合理税费。

[《财政部 国家税务总局 证监会关于个人转让上市公司限售股所得征收个人所得税有关问题的补充通知》(财税〔2010〕70号)]

个人在证券登记结算公司以非交易过户方式办理应纳税未解禁限售股过户登记的,受让方所取得限售股的成本原值按照转让方完税凭证、《限售股转让所得个人所得税清算申报表》等材料确定的转让价格进行确定;如转让方证券账户为机构账户,在受让方再次转让该限售股时,以受让方实际转让收入的15%核定其转让限售股的成本原值和合理税费。

对于个人持有的新上市公司未解禁限售股被司法扣划至其他个人证券账户,如国家有权机关要求强制执行但未能提供完税凭证等材料,证券登记结算公司在履行告知义务后予以协助执行,并在受让方转让该限售股时,以其实际转让收入的15%核定其转让限售股的成本原值和合理税费。

[《财政部 国家税务总局关于证券机构技术和制度准备完成后个人转让上市公司限售股有关个人所得税问题的通知》(财税〔2011〕108号)]

案例8-2 股东A有10 000股限售股股票,每股成本20元,计20万元。解禁日是2021年5月20日,假设2021年4月30日执行分红方案用股票发行溢价进行"每10股转增10股",2021年5月21日股东A减持该限售股时,每股成本应为多少?

2021年5月20日,该股东A限售股数量为10 000股+10 000股,计20 000股。由于溢价转增股本不征税,成本不进行调整,限售股总成本为20万元,每股成本为10元。

案例 8-3 上例中其他条件不变,假设执行分红方案的日期在 5 月 30 日,仍用股票发行溢价进行"每 10 股转增 10 股",股东 A 限售股每股成本多少?

2021 年 5 月 20 日,该股东 A 限售股数量仍为 10 000 股,由于执行分红方案的日期在 5 月 30 日,不在限售期内,转增的股票不属于限售股,溢价转增股本一方面不征税,另一方面也不再调整限售股成本,因此,限售股总成本为 20 万元,每股成本仍为 20 元。

8.5.4 限售股纳税人和扣缴义务人

限售股转让所得个人所得税,以限售股持有者为纳税义务人,以个人股东开户的证券机构为扣缴义务人。限售股个人所得税由证券机构所在地主管税务机关负责征收管理。

[《财政部 国家税务总局 证监会关于个人转让上市公司限售股所得征收个人所得税有关问题的通知》(财税〔2009〕167 号)]

8.5.5 限售股税收征管

限售股转让所得个人所得税,采取证券机构预扣预缴、纳税人自行申报清算和证券机构直接扣缴相结合的方式征收。证券机构预扣预缴的税款,于次月 7 日内以纳税保证金形式向主管税务机关缴纳。主管税务机关在收取纳税保证金时,应向证券机构开具《中华人民共和国纳税保证金收据》,并纳入专户存储。

根据证券机构技术和制度准备完成情况,对不同阶段形成的限售股,采取不同的征收管理办法。

(1)证券机构技术和制度准备完成前形成的限售股,证券机构按照股改限售股股改复牌日收盘价,或新股限售股上市首日收盘价计算转让收入,按照计算出的转让收入的 15% 确定限售股原值和合理税费,以转让收入减去原值和合理税费后的余额,适用 20% 税率,计算预扣预缴个人所得税额。

纳税人按照实际转让收入与实际成本计算出的应纳税额,与证券机构预扣预缴税额有差异的,纳税人应自证券机构代扣并解缴税款的次月 1 日起 3 个月内,持加盖证券机构印章的交易记录和相关完整、真实凭证,向主管税务机关提出清算申报并办理清算事宜。主管税务机关审核确认后,按照重新计算的应纳税额,办理退(补)税手续。纳税人在规定期限内未到主管税务机关办理清算事宜的,税务机关不再办理清算事宜,已预扣预缴的税款从纳税保证金账户全额缴入国库。

解读 由于现行证券交易系统中无法单独标识限售股,限售股股东转让限售股时交易系统无法判别,证券结算系统虽然有限售股的登记信息,但因其只能结算当天交易的数据,也难以判断其是否是限售股,难以扣缴税款。因而只能采取提前通过某个价格和核定成本计算出限售股的应缴税款,按照限售股优先征税的原则,一旦限售股账户转让股票,根据提前计算的应缴税款实施即时预扣税款。

《财政部 国家税务总局 证监会关于个人转让上市公司限售股所得征收个人所得税

有关问题的通知》(财税〔2009〕167号)规定,在证券机构技术和制度准备完成前,对已经形成的限售股,以股改复牌日收盘价或上市首日收盘价作为计算限售股转让收入的依据。同时,按照股改复牌日收盘价或上市首日收盘价的15%统一确定限售股的原值和合理税费。登记结算公司以上述转让收入与原值和合理税费,计算出现有限售股的应纳税所得额,按照20%的税率计算应扣缴税款,待限售股股东转让时,将转让股数和应扣缴税款的信息发送给证券机构,由证券机构预扣预缴个人所得税额。证券机构应填报《限售股转让所得个人所得税扣缴报告表》,并于次月15日内将预扣税款向主管税务机关缴纳。

纳税人按照实际转让收入和实际成本计算的应纳税额,如果与证券机构扣缴的税额有差异的(实际转让收入、成本与收盘价、核定成本有差异),纳税人可以自证券机构解缴税款的次月1日起的3个月内,向其开户证券机构所在地主管税务机关申请税款清算。

需要强调的是,纳税人申请清算时,应按照收入与成本相匹配的原则计算应纳税所得额,即:限售股转让收入必须按照实际转让收入计算,限售股原值按照实际成本计算;如果纳税人未能提供完整、真实的限售股原值凭证,不能正确计算限售股原值的,主管税务机关一律按限售股实际转让收入的15%核定限售股原值和合理税费。

案例8-4 紫金矿业(601899)2008年4月25日上市,上市首日收盘价为13.92元;2010年1月6日紫金矿业的收盘价为9.68元。

(1) 中登公司根据该收盘价和核定的15%原值及税费,计算出每股应扣缴个人所得税 $13.92 \times (1-15\%) \times 20\% = 2.37(元)$,其核定的成本为 $13.92 \times 15\% = 2.09(元)$。

(2) 假设紫金矿业某限售股股东于2010年1月6日以收盘价的价格减持了股份,其实际成交价格低于计算应扣缴税款的上市首日收盘价,多扣缴了纳税人的税款,纳税人应申请清算。

(3) 清算过程中,按照收入与成本配比的原则,纳税人提供了实际转让收入每股9.68元和实际的股票原值及相关税费,则每股实际应缴税款按9.68元减去实际原值及税费计算。如果纳税人无法提供实际成本资料的,按照收入与成本配比的原则,实际每股应纳税额应按: $9.68 \times (1-15\%) \times 20\% = 1.65(元)$,其核定成本以实际转让收入为计算依据,即 $9.68 \times 15\% = 1.45(元)$。收入与成本配比的原则要求,收入的计算依据与成本原值的计算依据必须一致,而不允许转让收入按较低的实际成交价格计算,原值按较高的首日收盘价计算的2.09元。

(4) 按照上述计算,假设成本均为核定成本,则应对该纳税人每股退 $2.37-1.65=0.72(元)$。

纳税人申请清算时,应填报《限售股转让所得个人所得税清算申报表》,并持加盖证券机构印章的交易记录和相关完整、真实凭证,向主管税务机关提出清算申报并办理清算事宜。主管税务机关审核确认后,按照重新计算的应纳税额,办理退(补)税手续。纳税人在规定期限内未到主管税务机关办理清算事宜的,税务机关不再办理清算事宜,已预扣预缴的税款从纳税保证金账户全额缴入国库。

（2）证券机构技术和制度准备完成后新上市公司的限售股，按照证券机构事先植入结算系统的限售股成本原值和发生的合理税费，以实际转让收入减去原值和合理税费后的余额，适用20%税率，计算直接扣缴个人所得税额。

解读 ▶ 证券机构技术和制度准备完成后，证券机构扣缴税款的计算依据是实际的转让收入和实际成本，此时扣缴税款是纳税人实际的应缴税款，不存在清算问题。

证券机构等应积极配合税务机关做好各项征收管理工作，并于每月15日前，将上月限售股减持的有关信息传递至主管税务机关。限售股减持信息包括：股东姓名、公民身份号码、开户证券公司名称及地址、限售股股票代码、本期减持股数及减持取得的收入总额。证券机构有义务向纳税人提供加盖印章的限售股交易记录。

[《财政部 国家税务总局 证监会关于个人转让上市公司限售股所得征收个人所得税有关问题的通知》(财税〔2009〕167号)]

个人持有在证券机构技术和制度准备完成后形成的拟上市公司限售股，在公司上市前，个人应委托拟上市公司向证券登记结算公司提供有关限售股成本原值详细资料，以及会计师事务所或税务师事务所对该资料出具的鉴证报告。逾期未提供的，证券登记结算公司以实际转让收入的15%核定限售股原值和合理税费。

[《财政部 国家税务总局 证监会关于个人转让上市公司限售股所得征收个人所得税有关问题的补充通知》(财税〔2010〕70号)]

8.5.5.1 预扣预缴、自行申报清算和直接扣缴相结合情形

个人发生通过证券交易所集中交易系统或大宗交易系统转让限售股、用限售股认购或申购交易型开放式指数基金（ETF）份额、用限售股接受要约收购、行使现金选择权将限售股转让给提供现金选择权的第三方等情形的，对其应纳个人所得税按照财税〔2009〕167号文件规定，采取证券机构预扣预缴、纳税人自行申报清算和证券机构直接扣缴相结合的方式征收。

证券机构，包括证券登记结算公司、证券公司及其分支机构。其中，证券登记结算公司以证券账户为单位计算个人应纳税额，证券公司及其分支机构依据证券登记结算公司提供的数据负责对个人应缴纳的个人所得税以证券账户为单位进行预扣预缴。纳税人对证券登记结算公司计算的应纳税额有异议的，可持相关完整、真实凭证，向主管税务机关提出清算申报并办理清算事宜。主管税务机构审核确认后，按照重新计算的应纳税额，办理退（补）税手续。

个人转让限售股所得需由证券机构预扣预缴税款的，应在客户资金账户留足资金供证券机构扣缴税款，依法履行纳税义务。证券机构应采取积极、有效措施依法履行扣缴税款义务，对纳税人资金账户暂无资金或资金不足的，证券机构应当及时通知个人投资者补足资金，并扣缴税款。个人投资者未补足资金的，证券机构应当及时报告相关主管税务机关，并依法提供纳税人相关资料。

[《财政部 国家税务总局 证监会关于个人转让上市公司限售股所得征收个人所得税有关问题的补充通知》(财税〔2010〕70号)]

1）证券机构预扣预缴申报

纳税人转让股改限售股的，证券机构按照该股票股改复牌日收盘价计算转让收入，纳税人转让新股限售股的，证券机构按照该股票上市首日收盘价计算转让收入，并按照计算出的转让收入的15%确定限售股原值和合理税费，以转让收入减去原值和合理税费后的余额为应纳税所得额，计算并预扣个人所得税。

证券机构应将已扣的个人所得税款，于次月15日内向主管税务机关缴纳，并报送《限售股转让所得扣缴个人所得税报告表》和税务机关要求报送的其他资料。《限售股转让所得扣缴个人所得税报告表》应按每个纳税人区分不同股票分别填写；同一支股票的转让所得，按当月取得的累计发生额填写。

[《国家税务总局关于做好限售股转让所得个人所得税征收管理工作的通知》（国税发〔2010〕8号）]

2）纳税人的自行申报清算

纳税人按照实际转让收入与实际成本计算出的应纳税额，与证券机构预扣预缴税额有差异的，纳税人应自证券机构代扣并解缴税款的次月1日起3个月内，到证券机构所在地主管税务机关提出清算申请，办理清算申报事宜。纳税人在规定期限内未到主管税务机关办理清算事宜的，期限届满后税务机关不再办理。

纳税人办理清算时，应按照收入与成本相匹配的原则计算应纳税所得额，即：限售股转让收入必须按照实际转让收入计算，限售股原值按照实际成本计算；如果纳税人未能提供完整、真实的限售股原值凭证，不能正确计算限售股原值的，主管税务机关一律按限售股实际转让收入的15%核定限售股原值和合理税费。

纳税人办理清算时，按照当月取得的全部转让所得，填报《限售股转让所得个人所得税清算申报表》，并出示个人有效身份证照原件，附送加盖开户证券机构印章的限售股交易明细记录、相关完整真实的财产原值凭证、缴纳税款凭证（《税务代保管资金专用收据》或《税收转账专用完税证》），以及税务机关要求报送的其他资料。

限售股交易明细记录应包括限售股每笔成交日期、成交时间、成交价格、成交数量、成交金额、佣金、印花税、过户费、其他费等信息。

纳税人委托中介机构或者他人代为办理纳税申报的，代理人在申报时，除提供上述资料外，还应出示代理人本人的有效身份证照原件，并附送纳税人委托代理申报的授权书。

税务机关对纳税人申报的资料审核确认后，按照上述原则重新计算应纳税额，并办理退（补）税手续。重新计算的应纳税额，低于预扣预缴的部分，税务机关应予以退还；高于预扣预缴的部分，纳税人应补缴税款。

[《国家税务总局关于做好限售股转让所得个人所得税征收管理工作的通知》（国税发〔2010〕8号）]

3）证券机构直接代扣代缴

证券机构技术和制度准备完成后新上市公司的限售股，纳税人在转让时应缴纳的个人所得税，采取证券机构直接代扣代缴的方式征收。

证券机构技术和制度准备完成后，证券机构按照限售股的实际转让收入，减去事先植入结算系统的限售股成本原值、转让时发生的合理税费后的余额，计算并直接扣缴个人所得税。

证券机构应将每月所扣个人所得税款于次月15日内缴入国库,并向当地主管税务机关报送《限售股转让所得扣缴个人所得税报告表》和税务机关要求报送的其他资料。

[《国家税务总局关于做好限售股转让所得个人所得税征收管理工作的通知》(国税发〔2010〕8号)]

8.5.5.2 自行申报情形

个人发生协议转让限售股、持有的限售股被司法扣划、因依法继承或家庭财产分割让渡限售股所有权、用限售股偿还上市公司股权分置改革中由大股东代其向流通股股东支付的对价等情形,采取纳税人自行申报纳税的方式。纳税人转让限售股后,应在次月15日内到主管税务机关填报《限售股转让所得个人所得税清算申报表》,自行申报纳税。主管税务机关审核确认后应开具完税凭证,纳税人应持完税凭证、《限售股转让所得个人所得税清算申报表》复印件到证券登记结算公司办理限售股过户手续。纳税人未提供完税凭证和《限售股转让所得个人所得税清算申报表》复印件的,证券登记结算公司不予办理过户。

纳税人自行申报的,应一次办结相关涉税事宜,不再执行《财政部 国家税务总局 证监会关于个人转让上市公司限售股所得征收个人所得税有关问题的通知》(财税〔2009〕167号)中有关纳税人自行申报清算的规定。对个人持有的限售股被司法扣划情形,如国家有权机关要求强制执行的,证券登记结算公司在履行告知义务后予以协助执行,并报告相关主管税务机关。

[《财政部 国家税务总局 证监会关于个人转让上市公司限售股所得征收个人所得税有关问题的补充通知》(财税〔2010〕70号)]

对采取自行纳税申报方式的纳税人,其个人转让限售股不需要纳税或应纳税额为零的,纳税人应持经主管税务机关审核确认并加盖受理印章的《限售股转让所得个人所得税清算申报表》原件,到证券登记结算公司办理限售股过户手续。未提供原件的,证券登记结算公司不予办理过户手续。

[《财政部 国家税务总局关于证券机构技术和制度准备完成后个人转让上市公司限售股有关个人所得税问题的通知》(财税〔2011〕108号)]

8.5.5.3 证券机构技术和制度准备完成后限售股征管

1)时间

自2012年3月1日起,网上发行资金申购日在2012年3月1日(含)之后的首次公开发行上市公司(以下简称新上市公司)按照证券登记结算公司业务规定做好各项资料准备工作,在向证券登记结算公司申请办理股份初始登记时一并申报由个人限售股股东提供的有关限售股成本原值详细资料,以及会计师事务所或税务师事务所对该资料出具的鉴证报告。

限售股成本原值,是指限售股买入时的买入价及按照规定缴纳的有关税费。

2)新上市企业原值资料

新上市公司提供的成本原值资料和鉴证报告中应包括但不限于以下内容:证券持有

人名称、有效身份证照号码、证券账户号码、新上市公司全称、持有新上市公司限售股数量、持有新上市公司限售股每股成本原值等。

新上市公司每位持有限售股的个人股东应仅申报一个成本原值。个人取得的限售股有不同成本的,应对所持限售股以每次取得股份数量为权重进行成本加权平均以计算出每股的成本原值,即:

$$\begin{aligned}\text{分次取得限售股}\\\text{的加权平均成本}\end{aligned} = \left(\begin{aligned}\text{第一次取得限售股}\\\text{的每股成本原值}\end{aligned} \times \begin{aligned}\text{第一次取得限售股}\\\text{的股份数量}\end{aligned} + \cdots\cdots + \begin{aligned}\text{第}n\text{次取得限售股的}\\\text{每股成本原值}\end{aligned} \times \begin{aligned}\text{第}n\text{次取得限售股}\\\text{的股份数量}\end{aligned}\right) \div \begin{aligned}\text{累计取得限售股}\\\text{的股份数量}\end{aligned}$$

新上市公司在申请办理股份初始登记时,确实无法提供有关成本原值资料和鉴证报告的,证券登记结算公司在完成股份初始登记后,将不再接受新上市公司申报有关成本原值资料和鉴证报告,并按规定以实际转让收入的15%核定限售股成本原值和合理税费。

[《财政部 国家税务总局关于证券机构技术和制度准备完成后个人转让上市公司限售股有关个人所得税问题的通知》(财税〔2011〕108号)]

3)证券公司扣缴税款

证券登记结算公司收到新上市公司提供的相关资料后,应及时将有关成本原值数据植入证券结算系统。个人转让新上市公司限售股的,证券登记结算公司根据实际转让收入和植入证券结算系统的标的限售股成本原值,以实际转让收入减去成本原值和合理税费后的余额,适用20%税率,直接计算需扣缴的个人所得税额。

合理税费是指转让限售股过程中发生的印花税、佣金、过户费等与交易相关的税费。

证券公司应将每月所扣个人所得税款于次月15日内缴入国库,并向当地主管税务机关报送《限售股转让所得扣缴个人所得税报告表》和税务机关要求报送的其他资料。

[《财政部 国家税务总局关于证券机构技术和制度准备完成后个人转让上市公司限售股有关个人所得税问题的通知》(财税〔2011〕108号)]

8.6 无住所个人适用税收协定

2007年7月11日,中国与新加坡签署了新的政府间对所得避免双重征税和防止偷漏税的协定及其议定书,2009年8月24日,双方签署了该协定的第二议定书。该协定及其议定书以及第二议定书(以下统称中新协定)已分别于2008年1月1日与2009年12月11日起执行。根据中新协定、《维也纳条约法公约》《企业所得税法》及其实施条例《个人所得税法》及其实施条例,国家税务总局制定了《〈中华人民共和国政府和新加坡共和国政府关于对所得避免双重征税和防止偷漏税的协定〉及议定书条文解释》(以下简称

中新协定条文解释),在执行中新协定条文解释规定时,应注意:

(1) 我国对外所签协定有关条款规定与中新协定条款规定内容一致的,中新协定条文解释规定同样适用于其他协定相同条款的解释及执行。

(2) 中新协定条文解释与此前下发的有关税收协定解释与执行文件不同的,以中新协定条文解释为准。

(3) 各地税务机关要组织有关干部认真学习中新协定条文解释,并在此基础上正确理解与执行税收协定。

[《〈中华人民共和国政府和新加坡共和国政府关于对所得避免双重征税和防止偷漏税的协定〉及议定书条文解释》(国税发〔2010〕75号印发)]

内地与香港特别行政区、澳门特别行政区签署的避免双重征税安排执行的有关问题适用《关于税收协定执行若干问题的公告》。

[《国家税务总局关于税收协定执行若干问题的公告》(国家税务总局公告2018年第11号)]

8.6.1 协定适用范围

8.6.1.1 人的范围

确定协定适用的范围为"缔约国一方或同时为双方居民的人"。它有三层含义:第一,协定适用于"人";第二,这些人必须是居民;第三,这些身为居民的人必须属于缔约国一方或双方。一般来说,除具体条款另有约定外,协定不适用于任何第三方居民。

"人"这一用语包括"个人、公司和其他团体"。这里所说的"其他团体"具有广泛的含义,包括各种协会、基金会等。根据协定议定书第一条的规定,如果缔约国一方国内法把信托视为该国的税收居民,则"其他团体"也包括在缔约国一方建立的信托。

"公司"一语应作广义理解,是指任何"法人团体或税收上视同法人团体的实体"。

"缔约国一方企业"和"缔约国另一方企业"分别指缔约国双方各自的居民企业。

[《〈中华人民共和国政府和新加坡共和国政府关于对所得避免双重征税和防止偷漏税的协定〉及议定书条文解释》(国税发〔2010〕75号印发)]

8.6.1.2 国民

国民一语的定义,一般是指拥有本国国籍或公民身份的个人以及按本国法律取得合法地位的法人或团体。

[《〈中华人民共和国政府和新加坡共和国政府关于对所得避免双重征税和防止偷漏税的协定〉及议定书条文解释》(国税发〔2010〕75号印发)]

8.6.1.3 税种的范围

协定适用的税种应符合以下条件:

(1) 必须是对所得征收的税收。

(2) 必须是政府(包括地方政府)征收的税收。

对征收方式协定没有限定,可以采取直接征收或源泉扣缴等方式。

协定是缔约双方对所得订立的避免双重征税和防止偷漏税的条约,因此适用的税种为所得税类税种。在中国,资本利得属于协定第二条第二款所称"全部所得"的范围。一般来说,有关收费,如与个人福利有直接联系的社会保险费等,不视为对所得征收的税收。

协定适用税种的列举,原则上协定不适用于列举税种之外的其他税种。但根据协定议定书第二条的约定,新加坡居民以船舶或飞机从事国际运输业务取得的收入在中国适用协定时,除所得税外还包括增值税。

对"国际运输"一语的定义表明,缔约国一方企业从事以船舶和飞机经营的运输,除了企业经营运输的航程仅在缔约国境内各地之间,其余应作为国际运输。作为国际运输同一航程的一部分,在缔约国一方境内各地之间的运输部分也属于"国际运输"的范围。例如,新加坡航空公司的飞机从新加坡飞抵上海,然后作为同一航程的一部分,继续飞行至北京,那么这两段航程都应属于"国际运输"的范围。

协定也适用于协定签订之日后征收的属于增加或代替现行税种的任何相同或实质相似的税种。但发生变化一方的主管当局应及时将相关变化通知对方,如果国内法律的重大变动会影响协定义务时,一般来说需要双方主管当局互相确认后才能适用。

[《〈中华人民共和国政府和新加坡共和国政府关于对所得避免双重征税和防止偷漏税的协定〉及议定书条文解释》(国税发〔2010〕75号印发)]

8.6.1.4 地理范围

协定对"中国"一语的定义,对"新加坡"一语的定义,意在规定协定适用的地理范围。需要特别说明的是,我国对外签署的税收协定仅适用于中国税收法律覆盖的地区,不适用于香港特别行政区、澳门特别行政区和台湾地区。

在实施协定时,对于未经协定明确定义的用语(上下文另有解释的除外),有关缔约国国内法对该用语有解释权。根据该款规定,有关用语的定义应适用案件发生时该国有关法律的规定,且税法对相关用语的解释优先于其他法律的解释。

[《〈中华人民共和国政府和新加坡共和国政府关于对所得避免双重征税和防止偷漏税的协定〉及议定书条文解释》(国税发〔2010〕75号印发)]

8.6.2 代表缔约国行使协定权利和履行协定义务的部门或人

代表缔约国行使协定权利和履行协定义务的部门或人,在中国是国家税务总局或其授权代表(具体指国家税务总局局领导或国际税务司司领导);在新加坡是财政部部长或其授权的代表。任何其他部门或个人未经授权不得签发涉及协定规定的主管当局文书或往来信函。

[《〈中华人民共和国政府和新加坡共和国政府关于对所得避免双重征税和防止偷漏税的协定〉及议定书条文解释》(国税发〔2010〕75号印发)]

8.6.3 协定居民

8.6.3.1 协定居民定义

协定"居民"的定义应遵从缔约国国内税收法律规定,并从以下几个方面进行理解:

(1)居民应是在一国负有全面纳税义务的人,这是判定居民身份的必要条件。这里所指的"纳税义务"并不等同于事实上的征税。例如,符合一定条件的基金会、慈善组织可能被一国免予征税,但他们如果属于该国税法规定的纳税义务范围,受该国税法的规范,则仍被认为负有纳税义务,可视为协定意义上的居民。

但是,在一国负有纳税义务的人未必都是该国居民。例如,某新加坡公民因工作需要,来中国境内工作产生了中国个人所得税纳税义务,但不应仅因其负有纳税义务而判定该个人为中国居民,而应根据协定关于个人居民的判定标准进一步确定其居民身份。

另外,协定特别说明,缔约国一方居民也包括"该缔约国、地方当局或法定机构"。其中"法定机构"一语是按新加坡方面的要求根据新加坡国内法的规定列入的,指依照新加坡议会法案设立,并执行政府职能的机构,如新加坡经济发展局和新加坡旅游局等机构。

(2)中国国内法对居民的判定标准:

① 居民个人。

根据《个人所得税法》及其实施条例的相关规定,我国的个人居民包括:

A. 在中国境内有住所的中国公民和外国侨民。但不包括虽具有中国国籍,却并未在中国大陆定居,而是侨居海外的华侨和居住在中国香港、中国澳门、中国台湾的同胞。

B. 在中国境内居住,且在一个纳税年度内,累计居住满183天的外国人、海外侨民和中国香港、中国澳门、中国台湾同胞。

② 居民企业。

根据《企业所得税法》及其实施条例的相关规定,我国的居民企业是指依法在中国境内成立,或者依照外国(地区)法律成立但实际管理机构在中国的企业。

中国居民从新加坡取得所得,若新方主管当局要求其提供中国居民身份证明以享受本协定待遇的,按《国家税务总局关于开具〈中国税收居民身份证明〉有关事项的公告》(国家税务总局公告2016年第40号)和《国家税务总局关于调整〈中国税收居民身份证明〉有关事项的公告》(国家税务总局公告2019年第17号)执行(详见2.3"中国税收居民身份证明")。

(3)对新加坡居民身份的判定,根据协定的规定,应按照新加坡的法律确定的标准进行。新加坡税务当局开具的居民身份证明为信函方式。信函使用的样式可参见《国家税务总局关于印发部分国家(地区)税收居民证明样式的通知》(国税函〔2009〕395号)。但如新加坡税务当局开具证明时间是年末(11月以后),其信函表述则与样式略有不同,较样式简单,但确认性更强。各地在执行时,如对纳税人提供的证明有疑问,导致确认居民身份困难,可层报国家税务总局向对方国家主管当局确认。

(4)缔约国一方居民到第三国从事经营活动时,应根据情况判断是否可适用本协定,例如：

① 新加坡个人到第三国从事劳务活动，凡依照第三国税收法律和第三国与新加坡之间的税收协定已构成第三国居民的，其在第三国从事劳务活动时如与中国发生业务往来并从中国取得的所得则不再适用本协定规定，应适用该第三国与中国的税收协定的规定。如果该第三国与中国没有税收协定，则适用中国国内法规定。

② 新加坡居民企业设在第三国的常设机构（详见8.6.4"常设机构"）是该居民企业的组成部分，与该居民企业属同一法律实体，不属于第三国居民，其从中国取得的所得适用本协定的规定。

③ 中国居民企业设在第三国的常设机构是该居民企业的组成部分，不属于第三国居民，其从新加坡取得的所得适用本协定的规定。

④ 同样，中国居民企业设在新加坡的常设机构是该居民企业的组成部分，其从第三国取得的所得，涉及缴纳第三国税款时适用中国与该第三国的协定。值得注意的是，上述中国居民企业设在新加坡的常设机构取得来源于中国境内的所得，在按我国国内法相关规定纳税时，该常设机构不能以新加坡居民身份对上述来源于中国境内的所得，向中国税务机关要求享受中新协定待遇。

[《〈中华人民共和国政府和新加坡共和国政府关于对所得避免双重征税和防止偷漏税的协定〉及议定书条文解释》（国税发〔2010〕75号印发）]

8.6.3.2　协定居民确定标准（加比原则）

根据8.6.3.1"协定居民定义"的规定，同一人有可能同时为中国居民和新加坡居民。为了解决这种情况下个人最终居民身份的归属，协定进一步规定了确定标准。需要特别注意的是，这些标准的使用是有先后顺序的，只有当使用前一标准无法解决问题时，才使用后一的标准。

1）永久性住所

永久性住所包括任何形式的住所，例如，由个人租用的住宅或公寓、租用的房间等，但该住所必须具有永久性，即个人已安排长期居住，而不是为了某些原因（如旅游、商务考察等）临时逗留。

2）重要利益中心

重要利益中心要参考个人家庭和社会关系、职业、政治、文化和其他活动、营业地点、管理财产所在地等因素综合评判。其中，特别注重的是个人的行为，即个人一直居住、工作并且拥有家庭和财产的国家通常为其重要利益中心之所在。

3）习惯性居处

在出现以下两种情况之一时，应采用习惯性居处的标准来判定个人居民身份的归属：一是个人在缔约国双方均有永久性住所且无法确定重要经济利益中心所在国；二是个人的永久性住所不在缔约国任何一方，例如，该个人不断地穿梭于缔约国一方和另一方旅馆之间。

第一种情况下对习惯性居处的判定，要注意其在双方永久性住所的停留时间，同时还应考虑其在同一个国家不同地点停留的时间;第二种情况下对习惯性居处的判定,要将此人在一个国家所有的停留时间加总考虑,而不问其停留的原因。

4) 国籍

如果该个人在缔约国双方都有或都没有习惯性居处,应以该人的国籍作为判定居民身份的标准。

当采用上述标准依次判断仍然无法确定其身份时,可由缔约国双方主管当局按照协定规定的程序(详见8.6.25"相互协商程序"),通过相互协商解决。

除个人以外(即公司和其他团体),同时为缔约国双方居民的人,应认定其是"实际管理机构"所在国的居民。如果缔约国双方因判定实际管理机构的标准不同而不能达成一致意见的,应由缔约国双方主管当局按照协定规定的程序(详见8.6.25"相互协商程序"),通过相互协商解决。

[《〈中华人民共和国政府和新加坡共和国政府关于对所得避免双重征税和防止偷漏税的协定〉及议定书条文解释》(国税发〔2010〕75号印发)]

8.6.4 常设机构

常设机构的概念主要用于确定缔约国一方对缔约国另一方企业利润的征税权,即,按此确定在什么情况下中国税务机关可以对新加坡的企业征税。根据协定第七条(营业利润)的规定,中国不得对新加坡企业的利润征税,除非该企业通过其设在中国的常设机构进行营业。

处理本条与其他相关条款关系时,通常应遵循常设机构条款优先的原则。例如,若据以支付股息(第十条)、利息(第十一条)或特许权使用费(第十二条)的股权、债权、权利或财产等与常设机构有实际联系的,有关所得应该归属于常设机构的利润征税。

[《〈中华人民共和国政府和新加坡共和国政府关于对所得避免双重征税和防止偷漏税的协定〉及议定书条文解释》(国税发〔2010〕75号印发)]

8.6.4.1 常设机构定义及特点

"常设机构"的一般定义,即常设机构是指一个相对固定的营业场所。通常情况下,具备以下特点:

(1) 该营业场所是实质存在的。但这类场所没有规模或范围上的限制,如机器、仓库、摊位等;且不论是企业自有的还是租用的,也不管房屋、场地、设施或设备是否有一部分被用于其他活动。一个场所可能仅占用市场一角,或长期租用的仓库的一部分(用于存放应税商品),或设在另一企业内部等;只要有一定可支配的空间,即可视为具有营业场所。

(2) 该营业场所是相对固定的,并且在时间上具有一定的持久性。该特征应从以下几个方面理解:

① 固定的营业场所包括缔约国一方企业在缔约国另一方从事经营活动经登记注册

设立的办事处、分支机构等固定场所,也包括为缔约国一方企业提供服务而使用的办公室或其他类似的设施,如在某酒店长期租用的房间。

② 对某些经常在相邻的地点之间移动的营业活动,虽然营业场所看似不固定,但如果这种在一定区域内的移动是该营业活动的固有性质,一般可认定为存在单一固定场所。例如,某办事处根据需要在一个宾馆内租用不同的房间或租用不同的楼层,该宾馆可被视为一个营业场所;又如,某商人在同一个商场或集市内的不同地点设立摊位,该商场或集市也可构成该商人的营业场所。

③ 该营业场所应在时间上具有一定程度的持久性,而不是临时的。同时,营业活动暂时的间断或者停顿并不影响场所时间上的持久性。

④ 如果某一营业场所是基于短期使用目的而设立,但实际存在时间却超出了临时性的范围,则可构成固定场所并可追溯性地构成常设机构。反之,一个以持久性为目的的营业场所如果发生特殊情况,例如,投资失败提前清算,即使实际只存在了一段很短的时间,同样可以判定自其设立起就构成常设机构。

(3) 全部或部分的营业活动是通过该营业场所进行的,即:一方企业通过在另一方设立常设机构进行营业活动,将其全部或部分活动延伸到另一方,不包括其在常设机构之外的地方直接从事的活动。如果一方企业通过在另一方的常设机构在另一方不同地点进行营业活动,则应判定其只有单一常设机构存在,且应将不同地点的营业活动产生的利润归属于该常设机构。如果一方企业在另一方不同地点直接从事营业活动,则该一方企业有可能在另一方不同地点构成多个常设机构。

"营业"一语的实际含义不仅仅包括生产经营活动,还包括非营利机构从事的业务活动,为该机构进行准备性或辅助性的活动除外。但此等非营利机构在中国的常设机构是否获得"营业利润",则需要根据协定第七条(营业利润)规定再做判断。

"通过"该营业场所进行活动应做广义理解,包括企业在其可支配的地点从事活动的任何情形。例如,某道路修筑企业应被认为"通过"修筑行为发生地从事营业活动。当新加坡企业与中国不同城市的客户直接订立合同,如果合同是由新方企业设在中方的营业场所履行的,应认为该新方企业"通过"该场所从事营业活动。另外,如果该场所为新方企业与中方企业形成客户关系做出实质贡献,即使合同是两个企业间直接订立的,也应认为该新方企业"通过"该场所从事营业活动。

[《〈中华人民共和国政府和新加坡共和国政府关于对所得避免双重征税和防止偷漏税的协定〉及议定书条文解释》(国税发〔2010〕75号印发)]

8.6.4.2 构成常设机构的场所

协定列举了通常情况下构成常设机构的场所,这些列举并非穷尽的,并不影响对其他场所按照规定概括性的定义进行常设机构判定。在理解时应注意以下几点:

(1) 列举中第一项"管理场所"是指代表企业负有部分管理职责的办事处或事务所等场所,不同于总机构,也不同于作为判定居民公司标准的"实际管理机构"。

(2) 列举中最后一项"矿场、油井或气井、采石场或者其他开采自然资源的场所"是指经过投资,拥有开采经营权或与之相关的合同权益,并从事生产经营的场所。至于为勘探或开发上述矿藏资源的承包工程作业,则应按照协定第五条第三款(一)项的规定,根据作业持续的时间是否超过6个月来判断其是否构成常设机构。

[《〈中华人民共和国政府和新加坡共和国政府关于对所得避免双重征税和防止偷漏税的协定〉及议定书条文解释》(国税发〔2010〕75号印发)]

8.6.4.3 承包工程和提供劳务常设机构的判定标准

协定规定了承包工程和提供劳务两种情况下常设机构的判定标准。

(1) 对于缔约国一方企业在缔约对方的建筑工地,建筑、装配或安装工程,或者与其有关的监督管理活动,仅在此类工地、工程或活动持续时间为6个月以上的,构成常设机构。未达到该规定时间的则不构成常设机构,即使这些活动按照第一款或第二款规定可能构成常设机构。执行时应注意以下几点:

① 从事本款规定的工程活动,仅以本款规定的时间标准判定是否构成常设机构。

② 确定上述活动的起止日期,可以按其所签订的合同从实施合同(包括一切准备活动)开始之日起,至作业(包括试运行作业)全部结束交付使用之日止进行计算。凡上述活动时间持续6个月以上(不含6个月,跨年度的应连续计算)的,应视该企业在活动所在国构成常设机构。

③ "与其有关的监督管理活动"是指伴随建筑工地,建筑、装配或安装工程发生的监督管理活动,既包括在项目分包情况时,由分承包商进行作业,总承包商负责指挥监督的活动,也包括独立监理企业从事的监督管理活动。对由总承包商负责的监督管理活动,其时间的计算与整个工地、工程的持续时间一致;对由独立监理企业承包的监督管理活动,应视其为独立项目,并根据其负责监理的工地、工程或项目的持续时间进行活动时间的判定。

④ 如果新加坡企业在中国一个工地或同一工程连续承包两个及两个以上作业项目,应从第一个项目作业开始至最后完成的作业项目为止计算其在中国进行工程作业的连续日期,不以每个工程作业项目分别计算。所谓为一个工地或同一工程连续承包两个及两个以上作业项目,是指在商务关系和地理上是同一整体的几个合同项目,不包括该企业承包的或者以前承包的与本工地或工程没有关联的其他作业项目。例如,一个建筑工地从商务关系和地理位置上形成不可分割的整体时,即使分别签订几个合同,该建筑工地仍为单一的整体。再如,一些修建公路、挖掘运河、安装水管、铺设管道等活动,其工程作业地点是随工程进展不断改变或迁移的,虽然在某一特定地点工作时间连续未达到规定时间,但要视整体工程来看是否达到构成常设机构的时间。一般来说,同一企业在同一工地上承包的项目可认为是商务关系相关联的项目。

⑤ 对工地、工程或者与其有关的监督管理活动开始计算其连续日期以后,因故(如设备、材料未运到或季节气候等原因)中途停顿作业,但工程作业项目并未终止或结束,人员和设备物资等也未全部撤出,应持续计算其连续日期,不得扣除中间停顿作业的日期。

⑥ 如果企业将承包工程作业的一部分转包给其他企业，分包商在建筑工地施工的时间应算作总包商在建筑工程上的施工时间。如果分包商实施合同的日期在前，可自分包商开始实施合同之日起计算该企业承包工程作业的连续日期。同时，不影响分包商就其所承担的工程作业单独判定其是否构成常设机构。

（2）根据协定第五条第三款第二项和第二议定书第一条的规定，缔约国一方企业派其雇员或其雇佣的其他人员到缔约对方提供劳务，仅以任何12个月内这些人员为从事劳务活动在对方停留连续或累计超过183天的，构成常设机构。

该项规定针对的是缔约国一方企业派其雇员到缔约国另一方从事劳务活动的行为。该行为按本条第一款和第二款规定不构成常设机构，但按本项规定，如活动持续时间达到规定标准，仍构成常设机构。本项规定应从以下几个方面理解：

① "雇员或雇佣的其他人员"是指本企业的员工，或者该企业聘用的在其控制下按照其指示向缔约对方提供劳务的个人。

② 本款所称的劳务活动，指从事工程、技术、管理、设计、培训、咨询等专业服务活动。例如：

A. 对工程作业项目的实施提供技术指导、协助、咨询等服务（不负责具体的施工和作业）。

B. 对生产技术的使用和改革、经营管理的改进、项目可行性分析以及设计方案的选择等提供的服务。

C. 在企业经营、管理等方面提供的专业服务等。

③ 同一企业从事的有商业相关性或连贯性的若干个项目应视为"同一项目或相关联的项目"。这里所说的"商业相关性或连贯性"，需视具体情况而定，在判断若干个项目是否为关联项目时，应考虑下列因素：

A. 这些项目是否被包含在同一个总合同里。

B. 如果这些项目分属于不同的合同，这些合同是否与同一人或相关联的人所签订；前一项目的实施是否是后一项目实施的必要条件。

C. 这些项目的性质是否相同。

D. 这些项目是否由相同的人员实施等。

④ 对劳务活动在任何12个月中连续或累计超过183天的规定，应从以下几个方面掌握：

A. 若某新加坡企业为中国境内某项目提供劳务（包括咨询劳务），以该企业派其雇员为实施服务项目第一次抵达中国之日期起至完成并交付服务项目的日期止作为计算期间，计算相关人员在中国境内的停留天数。

B. 具体计算时，应按所有雇员为同一个项目提供劳务活动不同时期在中国境内连续或累计停留的时间来掌握，对同一时间段内的同一批人员的工作不分别计算。例如，新加坡企业派遣10名员工为某项目在中国境内工作3天，这些员工在中国境内的工作时间为3天，而不是按每人3天共30天来计算。

C. 如果同一个项目历经数年,新加坡企业只在某一个"12个月"期间派雇员来中国境内提供劳务超过183天,而在其他期间派人到中国境内提供劳务未超过183天,仍应判定该企业在中国构成常设机构。常设机构是针对该企业在中国境内为整个项目提供的所有劳务而言,而不是针对某一个"12个月"期间内提供的劳务。所以,在整个项目进行中,如果新加坡企业于其中一个"12个月"期间在中国境内提供劳务超过183天,则应认为该企业在中国构成常设机构。

⑤ 如果新加坡企业在向中国客户转让专有技术使用权的同时,也委派人员到中国境内为该项技术的使用提供有关支持、指导等服务并收取服务费,无论其服务费是单独收取还是包括在技术价款中,该服务费均应视为特许权使用费,适用协定第十二条特许权使用费条款的规定。但如果上述人员提供的服务是通过该新加坡企业设在中国的某固定场所进行的或通过其他场所进行,但服务时间达到协定规定构成常设机构的时间标准的,按本款规定,则构成了常设机构,对归属于常设机构部分的服务所得应执行协定第七条(营业利润)的规定(详见8.6.6"营业利润")。

[《〈中华人民共和国政府和新加坡共和国政府关于对所得避免双重征税和防止偷漏税的协定〉及议定书条文解释》(国税发〔2010〕75号印发)、《国家税务总局关于税收协定执行若干问题的公告》(国家税务总局公告2018年第11号)]

8.6.4.4 常设机构的定义范围例外

协定第五条第四款是对第一款常设机构的定义范围做出的例外规定,即缔约国一方企业在缔约国另一方仅由于仓储、展览、采购及信息收集等活动的目的设立的具有准备性或辅助性的固定场所,不应被认定为常设机构。从事"准备性或辅助性"活动的场所通常具备以下特点:一是该场所不独立从事经营活动,并且其活动也不构成企业整体活动基本的或重要的组成部分;二是该场所进行第四款列举的活动时,仅为本企业服务,不为其他企业服务;三是其职责限于事务性服务,且不起直接营利作用。

有些情况下,一些机构场所形式上符合本款的规定,但从其业务实质来看仍应认定为常设机构。例如:

(1) 某新加坡企业的主营业务是为客户提供采购服务并收取服务费,该企业在中国设立办事处,为其在中国进行采购活动。这种情况下,该中国办事处的采购活动看似属于本款第(四)项所说的"专为本企业采购货物或商品"的范围,但由于该办事处业务性质与新加坡企业总部的业务性质完全相同,所以该办事处的活动不是准备性或辅助性的。

(2) 某新加坡企业在中国境内设立固定场所,维修、保养该企业销售给中国客户的机器设备,或专为中国客户提供零配件。这种情况下,因其从事的活动是企业总部为客户服务的基本和重要组成部分,所以该固定场所的活动不是准备性或辅助性的。

(3) 某新加坡企业在中国设立从事宣传活动的办事处,该办事处不仅为本企业进行业务宣传,也为其他企业进行业务宣传。这种情况下,该办事处的活动不是准备性或辅助性的。

此外,如果某固定场所既从事第四款规定的不构成常设机构的活动,也从事构成常设机构的活动,则应视其构成常设机构,并对这两项营业活动的所得合并征税。例如,企业用于交付货物的仓库也兼营商品销售,应判定为常设机构并征税。

[《〈中华人民共和国政府和新加坡共和国政府关于对所得避免双重征税和防止偷漏税的协定〉及议定书条文解释》(国税发〔2010〕75号印发)]

8.6.4.5 通过代理人在另一方活动

协定第五条第五款规定,缔约国一方企业通过代理人在另一方进行活动,如果代理人有权并经常行使这种权力以该企业的名义签订合同,则该企业在缔约国另一方构成常设机构。执行时应从以下几个方面理解:

(1) 其活动使一方企业在另一方构成常设机构的代理人,通常被称为"非独立代理人"。非独立代理人可以是个人,也可以是办事处、公司或其他任何形式的组织,不一定被企业正式授予代表权,也不一定是企业的雇员或部门。此外,非独立代理人不一定是代理活动所在国家的居民,也不一定在该国拥有营业场所。

(2) 对"以该企业的名义签订合同"应做广义理解,包括不是以企业名义签订合同,但其所签合同仍对企业具有约束力的情形。"签订"不仅指合同的签署行为本身,也包括代理人有权代表被代理企业参与合同谈判,商定合同条文等。

(3) 本款所称"合同"是指与被代理企业经营活动本身相关的业务合同。如果代理人有权签订的是仅涉及企业内部事务的合同,例如,以企业名义聘用员工以协助代理人为企业工作等,则不能仅凭此认定其构成企业的常设机构。

(4) 对于"经常"一语并无精确统一的标准,要结合合同性质、企业的业务性质,以及代理人相关活动的频率等综合判断。在某些情况下,企业的业务性质决定了其交易数量不大,但合同签订的相关工作却要花费大量时间,如飞机、巨型轮船或其他高价值商品的销售。如果代理人为这类企业在一国境内寻找买商、参与销售谈判等,即使该人仅代表企业签订了一单销售合同,也应认为该代理人满足"经常"标准,构成企业的非独立代理人。

(5) 所谓"行使"权力应以实质重于形式的原则来理解。如果代理人在该缔约国另一方进行合同细节谈判等各项与合同签订相关的活动,且对企业有约束力,即使该合同最终由其他人在企业所在国或其他国家签订,也应认为该代理人在该缔约国另一方行使合同签署权力。

(6) 如果代理人在缔约国另一方的活动仅限于本条第四款的准备性或辅助性范围,则不构成企业的非独立代理人(或常设机构)。

(7) 判断一方企业是否通过非独立代理人在另一方构成常设机构时,不受协定第五条第三款关于时间要求的限制。

[《〈中华人民共和国政府和新加坡共和国政府关于对所得避免双重征税和防止偷漏税的协定〉及议定书条文解释》(国税发〔2010〕75号印发)]

8.6.4.6 独立代理人

并不是所有代理人进行协定第五条第五款(详见8.6.4.5"通过代理人在另一方活动")规定的活动都将使其构成代理企业的常设机构,协定第五条第六款规定的独立代理人即为例外。协定第五条第六款规定,缔约国一方企业通过代理人在缔约国另一方进行营业时,如果该代理人是专门从事代理业务的,则不应因此视其代理的企业在缔约国另一方构成常设机构。这类专门从事代理业务的代理人一般称作独立代理人,其不仅为某一个企业代理业务,也为其他企业提供代理服务。经纪人、中间商等一般佣金代理人等属于独立代理人。

虽有此款规定,为防止独立代理人条款被滥用(如某些企业自身的代理人自称独立代理人以避免构成常设机构),协定执行中要对代理人身份或代理人地位是否独立进行判定。如果代理人的活动全部或几乎全部代表被代理企业,并且该代理人和企业之间在商业和财务上有密切及依附关系,则不应认定该代理人为本款所指的独立代理人。

代理人的活动同时符合下列两个条件的,才属于上述规定的独立代理人,即不构成被代理企业的常设机构。

(1) 该代理人在法律上和经济上独立于被代理企业。在判定独立性时,可考虑以下几个因素:

① 代理人商务活动的自由度。如果代理人在被代理企业的具体指导和全面控制下为企业进行商务活动,而不是自行决定工作方式,那么该代理人一般不具有独立地位。

② 代理人商务活动的风险由谁承担。如果由被代理企业承担而非由代理人承担,则该代理人一般不能被认为具有独立地位。

③ 代理人代表的企业的数量。如果在相当长一段经营期或时间内,代理人全部或几乎全部仅为一家企业进行活动,该代理人很可能不是独立代理人。

④ 被代理企业对代理人专业知识的依赖程度。一般来说,独立代理人具备独立从事商务活动的专门知识或技术,不需要依赖企业的帮助。相反,被代理企业通常借助代理人的专门知识或技术扩展自己的业务或推销自己的产品等。

(2) 独立代理人在代表企业进行活动时,一般按照常规进行自身业务活动,不从事其他经济上归属于被代理企业的活动。例如,某销售代理人以自己的名义出售某企业的货物或商品,这一行为是销售代理人的常规经营业务。如果该销售代理人在从事上述活动的同时,还经常作为企业的有权签约的代理人进行活动,那么因为这些活动已在自身贸易或营业常规之外,代理人将被视为被代理企业的非独立代理人而构成企业的常设机构。

[《〈中华人民共和国政府和新加坡共和国政府关于对所得避免双重征税和防止偷漏税的协定〉及议定书条文解释》(国税发〔2010〕75号印发)]

8.6.4.7 母子公司

根据协定第五条第七款的规定,母公司通过投资设立子公司,拥有子公司的股权等形成的控制或被控制关系,不会使子公司构成母公司的常设机构。从税收角度来看,子公司本身是一个独立的法人实体,即使它在业务上受母公司管理,也不应仅凭此而被视为母公司的常设机构。

但是,由于母子公司之间的特殊关系,现实经济活动中,母子公司之间常存在较为复杂的跨境人员和业务往来。这种情况下,母公司在子公司的活动是否导致母公司在子公司所在国构成常设机构,应从以下几个方面掌握:

(1)应子公司要求,由母公司派人员到子公司为子公司工作,这些人员受雇于子公司,子公司对其工作有指挥权,工作责任和工作风险与母公司无关,由子公司承担,那么,这些人员的活动不导致母公司在子公司所在国构成常设机构。此种情况下,子公司向此类人员支付的费用,不论是直接支付还是通过母公司转支付,都应视为子公司内部人员收入分配,对支付的人员费用予以列支,其所支付的人员费用应为个人所得,按子公司所在国有关《个人所得税法》相关规定和协定第十五条的有关规定征收个人所得税。

(2)母公司派人员到子公司为母公司工作时,应按协定第五条第一款或第三款的规定判断母公司是否在子公司所在国构成常设机构。符合下列标准之一时,可判断这些人员为母公司工作:

① 母公司对上述人员的工作拥有指挥权,并承担风险和责任。
② 被派往子公司工作的人员的数量和标准由母公司决定。
③ 上述人员的工资由母公司负担。
④ 母公司因派人员到子公司从事活动而从子公司获取利润。

在此种情况下,母公司向子公司收取有关服务费时,应按独立企业公平交易原则,确认母公司上述费用的合理性后,再对子公司上述费用予以列支。如果上述活动使母公司在子公司所在国构成常设机构,则该子公司所在国可按本协定第七条的规定,对母公司向子公司收取的费用征收企业所得税。

(3)子公司有权并经常以母公司名义签订合同,符合上述第五款关于"非独立代理人"有关条件(详见8.6.4.5"通过代理人在另一方活动")的,子公司构成母公司的常设机构。

[《〈中华人民共和国政府和新加坡共和国政府关于对所得避免双重征税和防止偷漏税的协定〉及议定书条文解释》(国税发〔2010〕75号印发)]

8.6.4.8 中外办学机构

不具有法人资格的中外合作办学机构,以及中外合作办学项目中开展教育教学活动的场所构成税收协定缔约对方居民在中国的常设机构。

常设机构条款中关于劳务活动构成常设机构的表述为"在任何十二个月中连续或累计超过六个月"的,按照"在任何十二个月中连续或累计超过183天"的表述执行。

[《国家税务总局关于税收协定执行若干问题的公告》(国家税务总局公告2018年第11号)]

8.6.5 不动产所得

(1)协定规定,对于不动产所得,不动产所在国有征税权。

(2)协定赋予缔约国双方国内法对"不动产"这一用语的解释权。但无论缔约国国内法做何解释,在执行本协定时,该用语应包括协定第二款所列明的项目。

(3)"不动产所得",是指在不动产所有权不转移的情况下,使用不动产所获得的收益,包括直接使用、出租或者以任何其他形式使用该不动产取得的所得。而对不动产所有权转移产生的所得,应适用协定第十三条的规定(详见 8.6.11.1"不动产转让收益")。此外,有一些所得的取得尽管与不动产有关,但不属于此款"不动产所得"的范围。比如,来源于房地产抵押的利息收入属于本协定第十一条利息范围。

(4)协定第六条第四款指出,协定第六条第一款和第三款的规定对企业的不动产所得和用于进行独立个人劳务的不动产所得同样适用。这一款进一步明确了不动产所在国的优先征税权。

[《〈中华人民共和国政府和新加坡共和国政府关于对所得避免双重征税和防止偷漏税的协定〉及议定书条文解释》(国税发〔2010〕75 号印发)]

8.6.6　营业利润

协定对缔约国一方企业在缔约国另一方的营业活动产生的利润划分征税权的规定,明确缔约国一方企业在缔约国另一方的营业活动只有在构成常设机构前提下,缔约国另一方才能征税,并且只能就归属于常设机构的利润征税。

(1)按照协定第七条第一款的规定,新加坡企业在中国境内构成常设机构的,中国对该常设机构取得的利润拥有征税权,但应仅以归属于该常设机构的利润为限。这里所称的"归属于该常设机构的利润"不仅包括该常设机构取得的来源于中国境内的利润,还包括其在中国境内外取得的与该常设机构有实际联系的各类所得,包括股息、利息、租金和特许权使用费等所得。这里所说的实际联系一般是指对股份、债权、工业产权、设备及相关活动等,具有直接拥有关系或实际经营管理等关系。

(2)协定并没有明确规定计算营业利润的具体方法,只是规定了在计算时应遵守的若干原则。协定第七条第二款就确立了独立企业原则,即对常设机构要作为一个独立的纳税实体对待,常设机构不论是同其总机构的营业往来,还是同该企业的其他常设机构之间的营业往来,都应按公平交易原则,以公平市场价格为依据计算归属于该常设机构的利润。

(3)协定第七条第三款规定,在计算常设机构利润时,为该常设机构发生的费用,不论发生于何处,都应允许扣除,包括有些不是直接体现为常设机构实际发生的费用,如总机构向常设机构分摊的行政和一般管理费用等。但这些费用必须是因常设机构发生的且分摊比例应在合理范围内。实际执行中,企业应提供费用汇集范围、费用定额、分配依据和方法等资料,以证明费用的合理性。

(4)一般情况下,如果常设机构的独立账目可以真实反映其利润水平,应该按照该账目计算归属常设机构的利润。然而,某些情况下,很难以独立账目为基础确定属于常设机构的利润。协定第七条第四款明确当常设机构利润不能通过账目进行核算时,可以依据公式分配企业的总利润,从而确定归属常设机构的利润。这种方法与按独立账目计算的结果会有差异,并且在采用公式和分配方法时都涉及如何计算及确认企业总利润问题。常设机构所在国税务机关难以计算企业总部的利润,或难以确认企业自己或对方税务机关按其国内法规定计算的结果。因此,协定虽有此规定,但一般适用于长期以来习惯用这种方法的缔约国。

(5)协定第七条第五款规定,常设机构为本企业采购货物和商品,不视为常设机构在采购活动中取得利润,不应按利润归属的方法计算或核定常设机构在采购活动中获得利润。与此相对应,在计算常设机构的应纳税所得时,也不应列支其上述采购活动发生的费用。需要特别注意的是,本款仅适用于既从事其他经营活动,又为本企业从事采购活动的常设机构。如果某一机构仅为本企业采购商品或货物,则根据协定第五条第四款的规定,不应认定该机构为常设机构。

(6)协定第七条第六款规定,一旦确定使用了某种利润分配方法,就不应该仅因为在某一特定年度其他方法会产生更有利于税收的结果而改变既定方法。该规定是为了确保纳税人税收待遇的连续性和稳定性。

(7)企业取得的"利润"既包括从事营业活动取得的经营性所得,也包括其他类型的所得,例如,不动产所得、股息、利息等。对这些其他类型所得的征税原则,协定都有单独的条款规定,所以协定第七条第七款明确企业取得的其他各类所得应按协定各相关条款处理,即其他条款优先。但这一原则仅适用于企业本身取得的所得,如果各类所得由企业设在缔约对方的常设机构取得或与常设机构有实际联系,则不论协定是否对各类所得有单独条款规定,仍应优先执行协定第七条的规定。对此,协定第十条、第十一条和第十二条都有明确规定。

[《〈中华人民共和国政府和新加坡共和国政府关于对所得避免双重征税和防止偷漏税的协定〉及议定书条文解释》(国税发〔2010〕75号印发)]

8.6.7 海运和空运

海运和空运条款与《中华人民共和国政府和新加坡共和国政府关于对所得避免双重征税和防止偷漏税的协定》及议定书(以下简称中新税收协定)第八条(海运和空运)规定内容一致的,按照以下原则执行:

(1)缔约国一方企业以船舶或飞机从事国际运输业务从缔约国另一方取得的收入,在缔约国另一方免予征税。

从事国际运输业务取得的收入,是指企业以船舶或飞机经营客运或货运取得的收入,以及以程租、期租形式出租船舶或以湿租形式出租飞机(包括所有设备、人员及供应)取得的租赁收入。

(2)上述第(1)项的免税规定也适用于参加合伙经营、联合经营或参加国际经营机构取得的收入。对于多家公司联合经营国际运输业务的税务处理,应由各参股或合作企业就其分得利润分别在其所属居民国纳税。

(3)中新税收协定第八条第三款中"缔约国一方企业从附属于以船舶或飞机经营国

际运输业务有关的存款中取得的利息收入",是指缔约国双方从事国际运输业务的海运或空运企业,从对方取得的运输收入存于对方产生的利息。该利息不适用中新税收协定第十一条(利息)的规定,应视为国际运输业务附带发生的收入,在来源国免予征税。

(4) 企业从事以光租形式出租船舶或以干租形式出租飞机,以及使用、保存或出租用于运输货物或商品的集装箱(包括拖车和运输集装箱的有关设备)等租赁业务取得的收入不属于国际运输收入。但根据中新税收协定第八条第四款,附属于国际运输业务的上述租赁业务收入应视同国际运输收入处理。

"附属"是指与国际运输业务有关且服务于国际运输业务,属于支持和附带性质。企业就其从事附属于国际运输业务的上述租赁业务取得的收入享受海运和空运条款协定待遇,应满足以下三个条件:

① 企业工商登记及相关凭证资料能够证明企业主营业务为国际运输。

② 企业从事的附属业务是其在经营国际运输业务时,从事的对主营业务贡献较小但与主营业务联系非常紧密、不能作为一项单独业务或所得来源的活动。

③ 在一个会计年度内,企业从事附属业务取得的收入占其国际运输业务总收入的比例原则上不超过10%。

(5) 下列与国际运输业务紧密相关的收入应作为国际运输收入的一部分:
① 为其他国际运输企业代售客票取得的收入。
② 从市区至机场运送旅客取得的收入。
③ 通过货车从事货仓至机场、码头或者后者至购货者间的运输,以及直接将货物发送至购货者取得的运输收入。
④ 企业仅为其承运旅客提供中转住宿而设置的旅馆取得的收入。

(6) 非专门从事国际运输业务的企业,以其拥有的船舶或飞机经营国际运输业务取得的收入属于国际运输收入。

海运和空运条款中没有中新税收协定第八条第四款规定的,有关税收协定缔约对方居民从事上述第(4)项所述租赁业务取得的收入的处理,参照第(4)项执行。

上述规定自2018年4月1日起施行。

[《国家税务总局关于税收协定执行若干问题的公告》(国家税务总局公告2018年第11号)]

8.6.8 股息

8.6.8.1 股息征税权总体原则

协定规定股息可以在取得者所在一方(即居民国)征税,但这种征税权并不是独占的。

[《〈中华人民共和国政府和新加坡共和国政府关于对所得避免双重征税和防止偷漏税的协定〉及议定书条文解释》(国税发〔2010〕75号印发)]

8.6.8.2 股息来源国征税限制

股息的来源国即支付股息的公司为其居民的国家保留了征税权。但是,这种征税权受到限制。即来源国仅能就股息征收一定比例的税收。具体为:在股息受益所有人是公司,并直接拥有支付股息公司至少25%资本的情况下,限制税率为5%;其他情况下,限制税率为10%。执行该款时应注意以下几点:

(1) 判定受益所有人拥有公司资本的比例通常可视其在公司的出资份额情况。一般情况下,出资份额体现为在注册资本中所占的份额。此外,当向公司以提供贷款或其他形式的出资产生的所得,已按规定(如防止资本弱化的规则)被当作股息处理时,这种贷款或出资也将被视为"资本"。

(2) 按照协定规定,享受5%税率的股息限于直接拥有资本比例达到25%以上的情形,即符合此低税率的股息应属于符合条件的受益所有人拥有资本比例达到25%以上的期间的利润所形成的股息。但在准确跟踪和计算时,可能会涉及以往多年且频繁变化情况(特别是对于上市公司),执行难度较大。为此,从企业分配年度利润的一般情况考虑,国家税务总局以《国家税务总局关于执行税收协定股息条款有关问题的通知》(国税函〔2009〕81号)规定,非居民直接拥有中国居民公司资本比例在取得股息前连续12个月以内任何时候均至少达到25%的,可以享受该协定待遇。如分配的股息涉及12个月以前的企业未分配利润,则不再考虑股息受益所有人在所分配利润所属年度的持股比例是否满足要求。据此,如新加坡居民直接拥有中国居民公司资本比例在取得股息前连续12个月以内任何时候均达到至少25%的,可以享受该协定待遇。这里"取得股息"的日期是指按照国内法规定该项股息在中国发生纳税义务或扣缴义务的日期。

(3) 只有受益所有人为公司,且符合上述条件的,才能适用5%的限制税率;受益所有人为个人或其他主体的,仍适用10%的限制税率。

关于受益所有人的理解与判断,按照《国家税务总局关于税收协定中"受益所有人"有关问题的公告》(国家税务总局公告2018年第9号)的规定执行(详见8.6.8.3"受益所有人")。

[《〈中华人民共和国政府和新加坡共和国政府关于对所得避免双重征税和防止偷漏税的协定〉及议定书条文解释》(国税发〔2010〕75号印发)]

8.6.8.3 受益所有人

受益所有人是指对所得或所得据以产生的权利或财产具有所有权和支配权的人。

1) 受益所有人身份判定的不利因素

判定需要享受税收协定待遇的缔约对方居民(简称申请人)"受益所有人"身份时,应根据协定所列因素,结合具体案例的实际情况进行综合分析。一般来说,下列因素不利于对申请人"受益所有人"身份的判定:

(1) 申请人有义务在收到所得的12个月内将所得的50%以上支付给第三国(地区)居民,"有义务"包括约定义务和虽未约定义务但已形成支付事实的情形。

(2) 申请人从事的经营活动不构成实质性经营活动。实质性经营活动包括具有实质性的制造、经销、管理等活动。申请人从事的经营活动是否具有实质性,应根据其实际履行的功能及承担的风险进行判定。

申请人从事的具有实质性的投资控股管理活动,可以构成实质性经营活动;申请人从事不构成实质性经营活动的投资控股管理活动,同时从事其他经营活动的,如果其他经营活动不够显著,不构成实质性经营活动。

(3) 缔约对方国家(地区)对有关所得不征税或免税,或征税但实际税率极低。

(4) 在利息据以产生和支付的贷款合同之外,存在债权人与第三人之间在数额、利率和签订时间等方面相近的其他贷款或存款合同。

(5) 在特许权使用费据以产生和支付的版权、专利、技术等使用权转让合同之外,存在申请人与第三人之间在有关版权、专利、技术等的使用权或所有权方面的转让合同。

根据上述规定的各项因素判定"受益所有人"身份时,可区分不同所得类型通过公司章程、公司财务报表、资金流向记录、董事会会议记录、董事会决议、人力和物力配备情况、相关费用支出、职能和风险承担情况、贷款合同、特许权使用合同或转让合同、专利注册证书、版权所属证明等资料进行综合分析。

[《国家税务总局关于税收协定中"受益所有人"有关问题的公告》(国家税务总局公告2018年第9号)]

2) 直接或间接持有100%股份受益所有人的身份判定

申请人从中国取得的所得为股息时,申请人虽不符合"受益所有人"条件,但直接或间接持有申请人100%股份的人符合"受益所有人"条件,并且属于以下两种情形之一的,应认为申请人具有"受益所有人"身份:

(1) 上述符合"受益所有人"条件的人为申请人所属居民国(地区)居民。

(2) 上述符合"受益所有人"条件的人虽不为申请人所属居民国(地区)居民,但该人和间接持有股份情形下的中间层均为符合条件的人。

"符合'受益所有人'条件"是指根据规定(详见8.6.8.3"受益所有人"之"受益所有人身份判定的不利因素"),综合分析后可以判定具有"受益所有人"身份。

"符合条件的人"是指该人从中国取得的所得为股息时根据中国与其所属居民国(地区)签署的税收协定可享受的税收协定待遇和申请人可享受的税收协定待遇相同或更为优惠。

持股比例应当在取得股息前连续12个月以内任何时候均达到规定比例。

申请人需要证明具有"受益所有人"身份的,应将相关证明资料按照《国家税务总局关于发布〈非居民纳税人享受协定待遇管理办法〉的公告》(国家税务总局公告2019年第35号)第七条的规定(详见8.6.28.5"留存备查资料")留存备查。其中,申请人根据上述规定具有"受益所有人"身份的,除提供申请人的税收居民身份证明外,还应提供符合"受益所有人"条件的人和符合条件的人所属居民国(地区)税务主管当局为该人开具的税收居民身份证明。

[《国家税务总局关于税收协定中"受益所有人"有关问题的公告》(国家税务总局公告2018年第9号)]

3) 直接判定申请人具有"受益所有人"身份情形

下列申请人从中国取得的所得为股息时,可不根据规定的因素(详见8.6.8.3"受益所有

人"之"受益所有人身份判定不利因素")进行综合分析,直接判定申请人具有"受益所有人"身份:

(1) 缔约对方政府。

(2) 缔约对方居民且在缔约对方上市的公司。

(3) 缔约对方居民个人。

(4) 申请人被第(1)至(3)项中的一人或多人直接或间接持有100%股份,且间接持有股份情形下的中间层为中国居民或缔约对方居民。

持股比例应当在取得股息前连续12个月以内任何时候均达到规定比例。

申请人需要证明具有"受益所有人"身份的,应将相关证明资料按照《国家税务总局关于发布〈非居民纳税人享受协定待遇管理办法〉的公告》(国家税务总局公告2019年第35号)第七条的规定(详见8.6.28.5"留存备查资料")留存备查。其中,申请人根据上述第(四)项规定具有"受益所有人"身份的,除提供申请人的税收居民身份证明外,还应提供直接或间接持有申请人100%股份的人和中间层所属居民国(地区)税务主管当局为该人和中间层开具的税收居民身份证明;税收居民身份证明均应证明取得所得的当年度或上一年度的税收居民身份。

[《国家税务总局关于税收协定中"受益所有人"有关问题的公告》(国家税务总局公告2018年第9号)]

4) 代理人

代理人或指定收款人等(以下统称代理人)不属于"受益所有人"。申请人通过代理人代为收取所得的,无论代理人是否属于缔约对方居民,都不应据此影响对申请人"受益所有人"身份的判定。

股东基于持有股份取得股息,债权人基于持有债权取得利息,特许权授予人基于授予特许权取得特许权使用费,不属于"代为收取所得"。

判断是否为国家税务总局公告2018年第9号第六条规定的"代理人代为收取所得"情形时,应根据代理合同或指定收款合同等资料进行分析。

[《国家税务总局关于税收协定中"受益所有人"有关问题的公告》(国家税务总局公告2018年第9号)]

5) 后续管理

在主管税务机关后续管理中,申请人因不具有"受益所有人"身份而自行补缴税款的,主管税务机关应将相关案件层报省税务机关备案;主管税务机关认为应该否定申请人"受益所有人"身份的,应报经省税务机关同意后执行。

申请人虽具有"受益所有人"身份,但主管税务机关发现需要适用税收协定主要目的测试条款或国内税收法律规定的一般反避税规则的,适用一般反避税相关规定。

[《国家税务总局关于税收协定中"受益所有人"有关问题的公告》(国家税务总局公告2018年第9号)]

6) 香港特别行政区与澳门特别行政区税收安排条款适用

《内地和香港特别行政区关于对所得避免双重征税和防止偷漏税的安排》和《内地和澳门特别行政区关于对所得避免双重征税和防止偷漏税的安排》股息、利息、特许权使用费条款中"受益所有人"身份判定按照上述规定执行。

中国香港居民提供税收居民身份证明按照《国家税务总局关于在内地使用香港居民身份证明有关问题的公告》(国家税务总局公告2016年第35号)的规定(详见2.3.5"在内地使用香港居民身份证明有关问题")执行。

[《国家税务总局关于税收协定中"受益所有人"有关问题的公告》(国家税务总局公告2018年第9号)]

8.6.8.4 股息的定义

股息的定义,简单来说,股息即为公司所做的利润分配(公司的概念参见8.6.1.1"人的范围")。股息支付不仅包括每年股东会议所决定的利润分配,也包括其他货币或具有货币价值的收益分配,如红股、红利、清算收入,以及变相利润分配。股息还包括缔约国按防止资本弱化的规定调整为股息的"利息"。

股息和利息在某些特定情况下较难判定,通常应遵循实质重于形式的原则。一般情况下,各类债券所得不应视为股息。然而,如果贷款人确实承担债务人公司风险,其利息可被视为股息。对贷款人是否分担企业风险的判定通常可考虑以下因素:

(1) 该贷款大大超过企业资本中的其他投资形式,并与公司可变现资产严重不符。
(2) 债权人将分享公司的任何利润。
(3) 该贷款的偿还次于其他贷款人的债权或股息的支付。
(4) 利息的支付水平取决于公司的利润。
(5) 所签订的贷款合同没有对具体的偿还日期做出明确的规定。

存在上述情况时,借款人所在国可根据资本弱化的国内法规定将利息作为股息处理。

[《〈中华人民共和国政府和新加坡共和国政府关于对所得避免双重征税和防止偷漏税的协定〉及议定书条文解释》(国税发〔2010〕75号印发)]

8.6.8.5 股息受益所有人拥有常设机构

协定规定,若股息受益所有人是缔约国一方居民,在缔约国另一方拥有常设机构,或者通过固定基地从事独立个人劳务,且支付股息的股份构成常设机构或固定基地资产的一部分,或与该机构或固定基地有其他方面的实际联系,则来源国可将股息并入常设机构的利润予以征税。

应予注意的是,只有当取得股息的相关营业活动通过常设机构进行,且股份的持有与常设机构有上述实际联系的情况下,才可适用本条款。如果常设机构所在国对常设机构取得的股息有优惠税收待遇规定时,股息受益所有人仅以滥用协定为目的,将股份转移到常设机构的,不应适用本款规定。

[《〈中华人民共和国政府和新加坡共和国政府关于对所得避免双重征税和防止偷漏税的协定〉及议定书条文解释》(国税发〔2010〕75号印发)]

8.6.8.6 股息再分配征税权

对缔约国一方居民从另一方取得的股息进行再分配部分的征税权划分规定,即新加坡居民投资于中国居民公司或在中国设立常设机构或固定基地,如其对从中国居民公司取得的股息或从在中国机构场所取得的所得向其中国境外的股东进行再分配时,其境外股东取得的这部分所得,无需缴纳中国税收。但是,如果该项再分配又支付回中国的居民股东或中国境内机构场所时,根据协定第十条第五款规定,中国仍有征税权。

[《〈中华人民共和国政府和新加坡共和国政府关于对所得避免双重征税和防止偷漏税的协定〉及议定书条文解释》(国税发〔2010〕75号印发)]

8.6.8.7 反滥用条款

以获取优惠的税收地位为主要目的的交易或安排,不应适用税收协定股息条款优惠规定。纳税人因该交易或安排而不当享受税收协定待遇的,主管税务机关有权进行调整。执行该款时应考虑我国国内法关于特别纳税调整的有关规定。

[《〈中华人民共和国政府和新加坡共和国政府关于对所得避免双重征税和防止偷漏税的协定〉及议定书条文解释》(国税发〔2010〕75号印发)]

8.6.9 利息

协定规定,居民国对本国居民取得的来自缔约国另一方的利息拥有征税权,但这种征税权并不是独占的。

[《〈中华人民共和国政府和新加坡共和国政府关于对所得避免双重征税和防止偷漏税的协定〉及议定书条文解释》(国税发〔2010〕75号印发)]

8.6.9.1 利息来源国征税限制

协定规定,利息来源国对利息也有征税的权利,但对征税权的行使进行了限制,即设定了最高税率,且限制税率与受益所有人自身性质有关,受益所有人为银行或金融机构情况下,利息的征税税率为7%;其他情况下利息的征税税率为10%。

关于受益所有人的理解与判断,同样按照《国家税务总局关于税收协定中"受益所有人"有关问题的公告》(国家税务总局公告2018年第9号)的规定执行(详见8.6.8.3"受益所有人")的规定执行。在判断利息受益所有人时,要特别注意在利息据以产生和支付的贷款合同之外,是否存在债权人与第三人之间在数额、利率和签订时间等方面相近的其他贷款或存款合同。

[《〈中华人民共和国政府和新加坡共和国政府关于对所得避免双重征税和防止偷漏税的协定〉及议定书条文解释》(国税发〔2010〕75号印发)]

8.6.9.2 特定受益所有人利息来源国免税

对特定的受益所有人取得的利息在来源国免税的规定。在执行时应注意把关,即取得利息收入的新加坡居民必须是该款所列机构,任何商业组织通过上述机构取得的利息不得享受免税待遇。另外,根据协定第二议定书第二条的规定,所列免税机构应依照新加坡议会法案规定设立或完全由新加坡政府拥有。

[《〈中华人民共和国政府和新加坡共和国政府关于对所得避免双重征税和防止偷漏税的协定〉及议定书条文解释》(国税发〔2010〕75号印发)]

8.6.9.3 利息含义

协定明确了利息一语的含义,具体可从以下三个方面理解:

(1) 利息一般是指从各种债权取得的所得。"各种债权"应包括现金、货币形态的有价证券,以及政府公债、债券或者信用债券。

(2) 对于与利息相关的其他所得是否应属于"利息"的范畴,应根据其性质区别对待:

① 附属债券取得的所得,如发行债券的溢价和奖金构成利息,但债券持有者出售债券发生的盈亏不属于利息范围。

② 与贷款业务相关的并附属于债权的所得可认定为利息,对独立发生于债权方以外的,如单独收取的担保费等,原则上不应认定为利息。

[《〈中华人民共和国政府和新加坡共和国政府关于对所得避免双重征税和防止偷漏税的协定〉及议定书条文解释》(国税发〔2010〕75号印发)]

8.6.9.4 利息受益所有人拥有常设机构

协定规定,若利息受益所有人是缔约国一方居民,在缔约国另一方拥有常设机构,或者通过固定基地从事独立个人劳务,且支付利息的债权构成常设机构或固定基地资产的一部分,或与该机构或固定基地有其他方面的实际联系,则来源国可将利息并入常设机构的利润予以征税。

应予注意的是,只有当取得利息的相关营业活动通过常设机构进行,且债权与常设机构有上述实际联系的情况下,才可适用协定第十一条第五款。仅以滥用协定为目的,将贷款转移到为利息提供优惠税收待遇的常设机构的,不应适用协定第十一条第五款规定。

[《〈中华人民共和国政府和新加坡共和国政府关于对所得避免双重征税和防止偷漏税的协定〉及议定书条文解释》(国税发〔2010〕75号印发)]

8.6.9.5 利息来源国的原则及例外

协定明确了利息支付人为其居民的国家是利息的来源国这一原则。然而,该款也规定了一个例外情形,即利息支付人无论是否为缔约国一方的居民,只要其在缔约国一方拥有常设机构或固定基地,并且支付的利息由该常设机构或固定基地负担,本款认为利息来源地应是该常设机构或固定基地所在缔约国。例如,某第三国设在中国的常设机构支付给新加坡居民的利息,在利息与该常设机构有实际联系的情况下,应认为该利息发生于中国,由中国根据中新协定行使优先征税权。如新加坡居民为该项利息的受益所有人,则可享受本协定待遇。

[《〈中华人民共和国政府和新加坡共和国政府关于对所得避免双重征税和防止偷漏税的协定〉及议定书条文解释》(国税发〔2010〕75号印发)]

8.6.9.6 优惠条款限定

协定对关联交易中协定优惠条款的适用加以限定。当支付人与受益所有人之间或者他们与其他人之间由于某种特殊关系而造成超额支付利息时,支付额中超过按市场公允价格计算所应支付的数额的部分不得享受协定的优惠。

[《〈中华人民共和国政府和新加坡共和国政府关于对所得避免双重征税和防止偷漏税的协定〉及议定书条文解释》（国税发〔2010〕75号印发）]

8.6.9.7　反滥用条款

以获取优惠的税收地位为主要目的的交易或安排，不应适用税收协定利息条款的优惠规定。纳税人因该交易或安排而不当享受税收协定待遇的，主管税务机关有权进行调整。

执行优惠条款限定（详见8.6.9.6"优惠条款限定"）和反滥用条款的规定时，应考虑我国国内法关于特别纳税调整的有关规定。

[《〈中华人民共和国政府和新加坡共和国政府关于对所得避免双重征税和防止偷漏税的协定〉及议定书条文解释》（国税发〔2010〕75号印发）]

8.6.10　特许权使用费

居民国对本国居民取得的来自缔约国另一方的特许权使用费拥有征税权，但这种征税权并不是独占的。

[《〈中华人民共和国政府和新加坡共和国政府关于对所得避免双重征税和防止偷漏税的协定〉及议定书条文解释》（国税发〔2010〕75号印发）]

8.6.10.1　特许权使用费来源国征税限制

特许权使用费的来源国对该所得也有征税权，但对征税权的行使进行了限制，即设定最高税率为10%。但根据协定议定书第三条的规定，对于使用或有权使用工业、商业、科学设备而支付的特许权使用费，按支付特许权使用费总额的60%确定税基。

适用本条款也必须以受益所有人是缔约国对方居民为前提。关于受益所有人的理解与判断，同样按照《国家税务总局关于税收协定中"受益所有人"有关问题的公告》（国家税务总局公告2018年第9号）的规定执行（详见8.6.8.3"受益所有人"）的规定执行。在判断受益所有人时，要特别注意审核在特许权使用费据以产生和支付的版权、专利、技术等使用权转让合同之外，是否存在申请人与第三人之间在有关版权、专利、技术等的使用权或所有权方面的转让合同。

[《〈中华人民共和国政府和新加坡共和国政府关于对所得避免双重征税和防止偷漏税的协定〉及议定书条文解释》（国税发〔2010〕75号印发）]

8.6.10.2　特许权使用费的含义

协定对"特许权使用费"一语的定义，需要从以下几个方面来理解：

（1）特许权使用费首先应与使用或有权使用以下权利有关：构成权利和财产的各种形式的文学和艺术，有关工业、商业和科学实验的文字和信息中确定的知识产权，不论这些权利是否已经或必须在规定的部门注册登记。还应注意，这一定义既包括了在有许可的情况下支付的款项，也包括因侵权支付的赔偿款。

(2) 特许权使用费也包括使用或有权使用工业、商业、科学设备取得的所得,即设备租金。但不包括设备所有权最终转移给用户的有关融资租赁协议涉及的支付款项中被认定为利息的部分,也不包括使用不动产取得的所得,使用不动产取得的所得适用协定第六条的规定。

(3) 特许权使用费还包括使用或有权使用有关工业、商业、科学经验的情报取得的所得。对该项所得应理解为专有技术,一般是指进行某项产品的生产或工序复制所必需的、未曾公开的、具有专有技术性质的信息或资料。与专有技术有关的特许权使用费一般涉及技术许可方同意将其未公开的技术许可给另一方,使另一方能自由使用,技术许可方通常不亲自参与技术受让方对被许可技术的具体应用,并且不保证实施的结果。被许可的技术通常已经存在,但也包括应技术受让方的需求而研发后许可使用,并在合同中列有保密等使用限制的技术。

(4) 在服务合同中,如果服务提供方在提供服务过程中使用了某些专门知识和技术,但并不许可这些技术使用权,则此类服务不属于特许权使用费范围。如果服务提供方提供服务形成的成果属于特许权使用费定义范围,并且服务提供方仍保有该项成果的所有权,服务接受方对此成果仅有使用权,则此类服务产生的所得属于特许权使用费。

(5) 在转让或许可专有技术使用权的过程中,如果技术许可方派人员为该项技术的应用提供有关支持、指导等服务,并收取服务费,无论是单独收取还是包括在技术价款中,均应视为特许权使用费,适用本条的规定。但如上述人员的服务已构成常设机构,对归属于常设机构部分的服务所得应执行协定第七条营业利润条款的规定,对提供服务的人员执行协定第十五条非独立个人劳务条款的规定;对未构成常设机构或未归属于常设机构的服务收入仍按特许权使用费规定处理。

(6) 单纯货物贸易项下作为售后服务的报酬,产品保证期内卖方为买方提供服务所取得的报酬,专门从事工程、管理、咨询等专业服务的机构或个人提供的相关服务所取得的所得不是特许权使用费,应作为劳务活动所得适用协定第七条营业利润条款的规定。

[《〈中华人民共和国政府和新加坡共和国政府关于对所得避免双重征税和防止偷漏税的协定〉及议定书条文解释》(国税发〔2010〕75号印发)]

8.6.10.3 特许权使用费受益所有人拥有常设机构

协定规定,若特许权使用费的受益所有人是缔约国一方居民,在缔约国另一方拥有常设机构,或者通过固定基地从事独立个人劳务,且据以支付特许权使用费的权利或财产构成常设机构或固定基地资产的一部分,或与该常设机构或固定基地有其他方面的实际联系,则来源国可将特许权使用费并入常设机构的利润予以征税。

应予注意的是,只有当取得特许权使用费的相关营业活动通过常设机构进行,且特许权使用费据以产生的权利或财产与常设机构有上述实际联系的情况下,才可适用协定第十二条第四款。仅以滥用协定为目的,将权利或财产转移到为特许权使用费提供优惠税收待遇的常设机构的,不应适用协定第十二条第四款规定。

[《〈中华人民共和国政府和新加坡共和国政府关于对所得避免双重征税和防止偷漏税的协定〉及议定书条文解释》(国税发〔2010〕75号印发)]

8.6.10.4 特许权使用费来源国原则及例外

协定明确了特许权使用费支付人为其居民的国家是特许权使用费的来源国这一原则。然而该款也规定了一个例外情形,即支付该特许权使用费的人无论是否为缔约国一方的居民,只要其在该缔约国一方拥有常设机构或固定基地,并且支付的费用由该常设机构或固定基地负担,协定第十二条第五款认为特许权使用费来源地应是该常设机构或固定基地所在国。例如,某第三国设在中国的常设机构支付给新加坡居民的特许权使用费,在特许权使用费与该常设机构有实际联系的情况下,应认为该特许权使用费发生于中国,由中国根据中新协定行使优先征税权。如新加坡居民为该项特许权使用费的受益所有人,则可享受本协定待遇。

[《〈中华人民共和国政府和新加坡共和国政府关于对所得避免双重征税和防止偷漏税的协定〉及议定书条文解释》(国税发〔2010〕75号印发)]

8.6.10.5 优惠条款限定

协定对关联交易中协定优惠条款的适用加以限定。当支付人与受益所有人之间或他们与其他人之间由于某种特殊关系而造成超额支付特许权使用费时,支付额中超过按市场公允价格计算所应支付数额的部分不享受协定的优惠。

[《〈中华人民共和国政府和新加坡共和国政府关于对所得避免双重征税和防止偷漏税的协定〉及议定书条文解释》(国税发〔2010〕75号印发)]

8.6.10.6 反滥用条款

以获取优惠的税收地位为主要目的的交易或安排,不适用税收协定特许权使用费条款优惠规定,纳税人因该交易或安排而不当享受税收协定待遇的,主管税务机关有权进行调整。

执行优惠条款限定(详见8.6.10.5"优惠条款限定")和反滥用条款的规定时,应考虑我国国内法关于特别纳税调整的有关规定。

[《〈中华人民共和国政府和新加坡共和国政府关于对所得避免双重征税和防止偷漏税的协定〉及议定书条文解释》(国税发〔2010〕75号印发)]

8.6.10.7 无住所个人适用特许权使用费或者技术服务费条款的规定

特许权使用费或者技术服务费协定待遇,是指按照税收协定特许权使用费或者技术服务费条款规定,对方税收居民个人取得符合规定的特许权使用费或者技术服务费,可按照税收协定规定的计税所得额和征税比例计算纳税。

无住所居民个人为对方税收居民个人,其取得的特许权使用费所得、稿酬所得或者劳务报酬所得可享受特许权使用费或者技术服务费协定待遇的,可不纳入综合所得,在取得当月按照税收协定规定的计税所得额和征税比例计算应纳税额,并预扣预缴税款。年度汇算清缴时,该个人取得的已享受特许权使用费或者技术服务费协定待遇的所得不纳入年度综合所得,单独按照税收协定规定的计税所得额和征税比例计算年度应纳税额和补退税额。

非居民个人为对方税收居民个人,其取得的特许权使用费所得、稿酬所得或者劳务报酬所得可享受特许权使用费或者技术服务费协定待遇的,可按照税收协定规定的计税所得额和征税比例计算应纳税额。

[《财政部 税务总局关于非居民个人和无住所居民个人有关个人所得税政策的公告》(财政部 税务总局公告 2019 年第 35 号)]

8.6.11 财产收益

协定就财产转让产生的收益,包括转让各类动产、不动产和权利产生的受益的征税问题做出规定。协定本身并未对"财产收益"进行定义。"财产收益"一般是指财产法律权属关系发生变更产生的收益,包括出售或交换财产产生的收益,也包括部分转让、征用、出售权利等产生的收益。

[《〈中华人民共和国政府和新加坡共和国政府关于对所得避免双重征税和防止偷漏税的协定〉及议定书条文解释》(国税发〔2010〕75 号印发)]

8.6.11.1 不动产转让收益

协定规定转让不动产取得的收益应由不动产所在国征税。对于不动产的定义,该款引用了第六条的规定。本款只规定了不动产转让收益的征税原则,其他情况下的不动产所得仍适用第六条的规定。

[《〈中华人民共和国政府和新加坡共和国政府关于对所得避免双重征税和防止偷漏税的协定〉及议定书条文解释》(国税发〔2010〕75 号印发)]

8.6.11.2 常设机构用于营业的动产转让收益

协定针对企业常设机构用于营业的财产中的动产,转让这类财产所取得的收益可以在常设机构所在国征税。

[《〈中华人民共和国政府和新加坡共和国政府关于对所得避免双重征税和防止偷漏税的协定〉及议定书条文解释》(国税发〔2010〕75 号印发)]

8.6.11.3 从事国际运输的船舶和飞机转让收益

协定规定,转让从事国际运输的船舶和飞机,或转让附属于经营上述船舶和飞机的动产取得的收益,应仅在经营上述船舶和飞机的企业为其居民的国家征税。这一规定与第八条的规定(详见 8.6.7"海运和空运")原则一致。

[《〈中华人民共和国政府和新加坡共和国政府关于对所得避免双重征税和防止偷漏税的协定〉及议定书条文解释》(国税发〔2010〕75 号印发)]

8.6.11.4 股份转让收益

协定对股份转让征税问题的规定,新加坡居民转让其在中国居民公司的股份取得的收益,在满足以下任一条件时,中国税务机关有权征税:

(1) 被转让公司股份价值 50% 以上直接或间接由位于中国的不动产组成。

(2) 新加坡居民在转让其中国公司股份行为发生前12个月内曾直接或间接参与该中国公司至少25%资本。

协定规定，如缔约国一方居民持有某公司的股份，不论该公司是缔约一方的公司还是缔约对方的公司，只要该公司的股份价值的50%以上（不含50%）直接或者间接由位于缔约对方的不动产所构成，则缔约国一方居民转让该公司股份取得的收益，无论其持股比例是多少，不动产所在国对股份转让收益都有权征税。例如，新加坡居民拥有中国公司的股份（或购买在新加坡上市的中国公司的股份），如该中国公司股份价值的50%以上直接或间接由位于中国的不动产所组成，那么不论该新加坡居民持有中国公司股份比例如何，中国对该新加坡居民转让该公司股份取得的收益都可以征税。再如，如果新加坡居民拥有某中国境外公司的股份，如果该公司股份价值的50%以上直接或间接由位于中国的不动产所构成，则上述新加坡居民转让该中国境外公司股份（股票）取得的收益，中国作为不动产所在国根据本款规定拥有征税权（但一般情况下如果不动产所在国国内法对此类情形下的转让收益不征税，即使协定规定有征税权，也并不意味着不动产所在国一定要征税）。

公司股份价值50%以上直接或间接由位于中国的不动产所组成，是指公司股份被转让之前的一段时间（目前该协定对具体时间未作规定，执行中可暂按3年处理）内任一时间，被转让股份的公司直接或间接持有位于中国的不动产价值占公司全部财产价值的比率在50%以上。

执行该款规定时还应注意"间接持有"的问题，即除了应考虑被转让公司本身财产构成，还应注意被转让股份的公司是否有参股其他公司股份和该参股公司的财产价值构成情况。例如，新加坡居民在转让其在中国公司中的股份取得的转让收益时可能会提出，由于该中国公司财产价值的不动产部分低于50%（并且该新加坡居民持有中国居民公司股份低于25%），对其转让收益应享受协定不予征税的待遇。对此，如果上述中国公司又参股其他中国公司，并且其参股的其他中国公司的财产价值主要由在中国的不动产组成，则该被参股的中国公司的财产价值中一部分（按参股比例计算）应属于前面提及的中国公司，在计算被转让股份公司的财产价值时，应将后一个被控股公司的不动产价值按参股比例计算的归属部分一并考虑，视该被转让股份的中国居民公司的财产价值的不动产比例是否达到50%。例如，新加坡居民公司甲拥有中国居民公司乙20%的股份，公司乙的财产价值为100（单位略），其中不动产价值为40。如果该公司乙又持有中国居民公司丙80%的股份，如公司丙的财产价值为100，其中不动产价值为90，则在处理依协定第十三条第四款规定享受协定待遇计算公司乙的财产价值时，应将公司丙财产价值的80%计算在内，即公司乙直接或间接拥有的财产价值为$100+100\times 80\%=180$，其中不动产价值为$40+90\times 80\%=112$，不动产价值比例为62%。上述列举以剔除公司乙和丙之间内部交易影响后的数额为前提。因此，当新加坡居民公司甲转让中国居民公司乙的股份时，由于该中国公司乙的财产价值中50%以上的价值直接或间接来自中国的不动产，根据协定规定，对此项转让收益中国拥有征税权。

在一般情况下(除滥用情形外),协定规定,新加坡居民转让其在中国居民公司或其他法人资本中的股份、参股或其他权利取得的收益,如果收益人在转让行为前的12个月内曾经直接或间接参与被转让公司25%的资本,则中国有权对该收益征税。

新加坡居民转让中国居民公司或其他法人资本中的股份、参股或其他权利,在一般情况下(除滥用情形外)是指直接转让情形。如果被转让的股份不属于中国居民公司或其他法人资本中的股份、参股或其他权利,无论被转让股份的公司是否拥有中国居民公司或其他法人资本中的股份、参股或其他权利,均不适用协定第十三条第五款规定,即不能按照协定第十三条第五款规定确定中国拥有征税权,应视具体情形适用十三条其他款项规定。

但是,对滥用企业组织形式,不是出于真正商业意图,而是以逃避税款或获取优惠的税收待遇为目的,间接转让中国公司股份的情况,中国有权根据协定第二十六条的规定启动反避税调查程序,以防止我国税收权益的流失。

新加坡居民直接或间接参与一个中国居民公司的资本包括以下几种情况:

(1) 该新加坡居民直接参与该中国居民公司的资本。如果该新加坡居民通过其他名义参与人(含个人、公司和其他实体)参与中国居民公司的资本,且该新加坡居民对于该名义参与人参与的资本享有排他性资本参与利益,并实质承担资本参与风险,该名义参与人参与的该中国居民公司资本可以视同该新加坡居民直接参与该中国居民公司的资本。

(2) 该新加坡居民通过具有10%以上(含10%)直接资本关系的单层或多层公司或其他实体(含单个或多个参与链)间接参与该中国居民公司的资本。间接参与的资本按照每一参与链中各公司或其他实体的资本比例乘积计算。

(3) 与该新加坡居民具有显著利益关系的关联集团内其他成员在该中国居民公司直接参与或者通过具有10%以上(含10%)直接资本关系的单层或多层公司或其他实体(含单个或多个参与链)间接参与该中国居民公司的资本。间接参与的资本按照每一参与链中各公司或其他实体的资本比例乘积计算,但在汇总计算该关联集团直接或间接参与该中国居民公司总资本份额时,符合前述规定的每一参与链所参与的资本份额不重复计算。上述与新加坡居民具有显著利益关系的关联集团内成员包括:

① 在该新加坡居民为个人的情况下,与该新加坡个人居民具有相同资本参与利益的个人(包括其配偶、父母及父母以上前辈直系亲属、子女及子女以下后辈直系亲属)。

② 在该新加坡居民为公司或其他实体的情况下,直接或间接拥有该新加坡居民100%资本的个人(包括与其配偶、父母及父母以上前辈直系亲属、子女以及子女以下后辈直系亲属共同拥有的情形)、公司或其他实体。

[《〈中华人民共和国政府和新加坡共和国政府关于对所得避免双重征税和防止偷漏税的协定〉及议定书条文解释》(国税发〔2010〕75号印发)、《国家税务总局关于税收协定中财产收益条款有关问题的公告》(国家税务总局公告2012年第59号)]

中新税收协定第十三条第四款和国税发〔2010〕75号所附的《〈中华人民共和国政府

和新加坡共和国政府关于对所得避免双重征税和防止偷漏税的协定》及议定书条文解释》(以下简称国税发〔2010〕75 号所附条文解释)所述的不动产,均应包括各种营业用或非营业用房屋等建筑物和土地使用权,以及附属于不动产的财产。

根据国税发〔2010〕75 号所附条文解释的规定,公司股份价值 50% 以上直接或间接由位于中国的不动产所组成,是指公司股份被转让之前的一段时间(目前该协定对具体时间未作规定,执行中可暂按 3 年处理)内任一时间,被转让股份的公司直接或间接持有位于中国的不动产价值占公司全部财产价值的比率在 50% 以上。该规定所述及的公司股份被转让之前的 3 年是指公司股份被转让之前(不含转让当月)的连续 36 个公历月份。

中新税收协定第十三条第四款和国税发〔2010〕75 号所附条文解释所述的公司财产和不动产均应按照当时有效的中国会计制度有关资产(不考虑负债)处理的规定进行确认和计价,但相关不动产所含土地或土地使用权价值额不得低于按照当时可比相邻或同类地段的市场价格计算的数额。

纳税人不能按照上述规定进行可靠计算的,相关资产确认和计价由税务机关参照上述规定合理估定。

[《国家税务总局关于税收协定中财产收益条款有关问题的公告》(国家税务总局公告 2012 年第 59 号)]

8.6.11.5 其他财产转让收益

协定涉及的各项财产的转让收益按各款的规定处理,对于转让各款所述财产以外的财产而取得的收益,按协定转让"其他财产"处理,即仅在转让者为其居民的国家征税。

[《〈中华人民共和国政府和新加坡共和国政府关于对所得避免双重征税和防止偷漏税的协定〉及议定书条文解释》(国税发〔2010〕75 号印发)]

8.6.12 独立个人劳务

8.6.12.1 征税原则及来源国征税条件

协定规定个人以独立身份从事劳务活动取得所得的征税原则,即一般情况下仅在该个人为其居民的国家征税,但符合下列条件之一的,来源国有征税权:

(1) 该缔约国居民个人以从事独立个人劳务为目的在缔约国另一方设立了经常使用的固定基地。固定基地的判断标准与常设机构类似,具体可参照协定第五条的规定。但固定基地与常设机构也有所不同,独立个人劳务不要求通过固定基地进行,而企业的经营活动则要求部分或全部通过常设机构进行。

(2) 该居民个人在任何 12 个月中在缔约国另一方停留连续或累计达到或超过 183 天。例如,某新加坡居民个人于 2008 年 4 月 1 日来华从事独立个人劳务,到 2009 年 3 月 31 日的 12 个月在华累计停留 150 天,2008 年 8 月 1 日至 2009 年 7 月 31 日的 12 个月停留 210 天。据此,该人员 2008 年和 2009 年两个纳税年度内在华从事独立个人劳务均构成在华纳税义务。但需要明确的是,在中国作为收入来源国对新加坡居民个人在中国提供独立个人劳务取得的所得有征税权的情况下,中国应仅就属于上述固定基地的所得征税或仅对新加坡居民个人在华提供独立个人劳务期间取得的所得征税。

协定此项规定仅为判定中国对独立个人劳务所得是否有权征税提供依据,不影响国内法相关的具体征税规定。

[《〈中华人民共和国政府和新加坡共和国政府关于对所得避免双重征税和防止偷漏税的协定〉及议定书条文解释》(国税发〔2010〕75号印发)]

8.6.12.2　个人独立身份判断

协定通过一些具有典型意义的例子对"专业性劳务"一语的含义加以阐述。所列举的实例并非穷尽性列举。对一些特殊情况可能产生的解释上的困难,可以通过中新双方主管当局协商解决。

个人要求执行税收协定独立个人劳务条款规定的,应根据下列条件判断其是否具有独立身份:

(1) 职业证明,包括登记注册证件和能证明其身份的证件,或者由其为居民的缔约国税务当局在出具的居民身份证明中就其现时从事职业的说明。

(2) 与有关公司签订的劳务合同表明其与该公司的关系是劳务服务关系,而不是雇主与雇员关系,具体包括:

① 医疗保险、社会保险、假期工资、海外津贴等方面不享受公司雇员待遇。

② 其从事劳务服务所取得的报酬,是按相对的小时、周、月或一次性计算支付。

③ 其劳务服务的范围是固定的或有限的,并对其完成的工作负有质量责任。

④ 其为提供合同规定的劳务所相应发生的各项费用,由其个人负担。

[《〈中华人民共和国政府和新加坡共和国政府关于对所得避免双重征税和防止偷漏税的协定〉及议定书条文解释》(国税发〔2010〕75号印发)]

8.6.12.3　无住所个人适用独立个人劳务或者营业利润条款

独立个人劳务或者营业利润协定待遇,是指按照税收协定独立个人劳务或者营业利润条款规定,对方税收居民个人取得的独立个人劳务所得或者营业利润符合税收协定规定条件的,可不缴纳个人所得税。

无住所居民个人为对方税收居民个人,其取得的劳务报酬所得、稿酬所得可享受独立个人劳务或者营业利润协定待遇的,在预扣预缴和汇算清缴时,可不缴纳个人所得税。

非居民个人为对方税收居民个人,其取得的劳务报酬所得、稿酬所得可享受独立个人劳务或者营业利润协定待遇的,在取得所得时可不缴纳个人所得税。

[《财政部　税务总局关于非居民个人和无住所居民个人有关个人所得税政策的公告》(财政部　税务总局公告2019年第35号)]

8.6.13　非独立个人劳务

8.6.13.1　征税原则

协定规定了个人以受雇身份(雇员)从事劳务活动取得所得的征税原则,即一般情况下缔约国一方居民因雇佣关系取得的工资、薪金报酬应在居民国征税。也就是说,新加坡居民在新加坡受雇取得的报酬应仅在新加坡纳税,但在中国从事受雇活动取得的报酬,中国可以征税。

[《〈中华人民共和国政府和新加坡共和国政府关于对所得避免双重征税和防止偷漏税的协定〉及议定书条文解释》(国税发〔2010〕75号印发)]

8.6.13.2 受雇个人不构成在劳务发生国纳税义务的条件

协定进一步规定,在同时满足三个条件的情况下,受雇个人不构成在劳务发生国的纳税义务。反之,只要有一个条件未符合,就构成在劳务发生国的纳税义务。例如,新加坡居民以雇员的身份在中国从事活动,只要有下列情况之一的,其获得的报酬就可以在中国征税:

(1) 在任何12个月中在中国停留连续或累计超过183天(不含)。在计算天数时,该人员中途离境包括在签证有效期内离境又入境,应准予扣除离境的天数。计算实际停留天数应包括在中国境内的所有天数,包括抵、离日当日等不足一天的任何天数及周末、节假日,以及从事该项受雇活动之前、期间及以后在中国度过的假期等。应注意的是,如果计算达到183天的这12个月跨两个年度,则中国可就该人员在这两个年度中在中国的实际停留日的所得征税。

(2) 该项报酬由中国雇主支付或代表中国雇主支付。

"雇主"应理解为对雇员的工作结果拥有权利并承担相关责任和风险的人。执行中应注意以下问题:

① 凡中国企业采用"国际劳务雇用"方式,通过境外中介机构聘用人员来华为其从事有关劳务活动,虽然形式上这些聘用人员可能是中介机构的雇员,但如果聘用其工作的中国企业承担上述受聘人员工作所产生的责任和风险,应认为中国企业为上述受聘人员的实际雇主,该人员在中国从事受雇活动取得的报酬应在中国纳税。关于对真实雇主的判定可参考下列因素:

A. 中国企业对上述人员的工作拥有指挥权。

B. 上述人员在中国的工作地点由中国企业控制或负责。

C. 中国企业支付给中介机构的报酬是以上述人员工作时间计算,或者支付的该项报酬与上述人员的工资存在一定联系,例如,按人员工资总额的一定比例确定支付给中介机构的报酬。

D. 上述人员工作使用的工具和材料主要由中国企业提供。

E. 中国企业所需聘用人员的数量和标准并非由中介机构确定,而由中国企业确定。

② 新加坡企业派其员工到中国居民企业工作应考虑上述因素,以实质重于形式的原则,判定其真实雇主身份。如果上述员工名义上为中国企业职员,实质上履行其派出企业职责,则同样参考上述有关标准,在判定新加坡企业为其真实雇主身份前提下,按协定第五条的规定判断上述新加坡企业是否在中国构成常设机构。如果上述员工在中国工作期间确实受雇于中国居民企业,但同时也为其派出企业工作,应就此类员工为其派出企业工作的

实际情况按照协定第五条的规定判断上述新加坡企业是否在华构成常设机构。

（3）该项报酬由雇主设在中国的常设机构或固定基地所负担。如果新加坡个人被派驻到新加坡企业设在中国的常设机构工作，或新加坡企业派其雇员及其雇用的其他人员在中国已构成常设机构的承包工程或服务项目中工作，这些人员不论其在中国工作时间长短，也不论其工资、薪金在何处支付，都应认为其在中国的常设机构工作期间的所得是由常设机构负担。但本规定不应适用于被总部临时派往常设机构视察、检查或临时提供协助的人员及活动。

[《〈中华人民共和国政府和新加坡共和国政府关于对所得避免双重征税和防止偷漏税的协定〉及议定书条文解释》(国税发〔2010〕75号印发)]

8.6.13.3　国际运输船舶或飞机上受雇人员报酬

在经营国际运输的船舶或飞机上从事受雇活动的人员取得的报酬，对其征税的原则在一定程度上遵循了协定第八条确立的原则，即在从事该项运输的企业为其居民的国家征税。

[《〈中华人民共和国政府和新加坡共和国政府关于对所得避免双重征税和防止偷漏税的协定〉及议定书条文解释》(国税发〔2010〕75号印发)]

8.6.13.4　无住所个人适用受雇所得条款

按照我国政府签订的避免双重征税协定、内地与香港、澳门签订的避免双重征税安排（以下简称税收协定）居民条款规定为缔约对方税收居民的个人（以下简称对方税收居民个人），可以按照税收协定及财政部、税务总局有关规定享受税收协定待遇，也可以选择不享受税收协定待遇计算纳税。

[《财政部　税务总局关于非居民个人和无住所居民个人有关个人所得税政策的公告》(财政部　税务总局公告2019年第35号)]

1）无住所个人享受境外受雇所得协定待遇

境外受雇所得协定待遇，是指按照税收协定受雇所得条款规定，对方税收居民个人在境外从事受雇活动取得的受雇所得，可不缴纳个人所得税。

无住所个人为对方税收居民个人，其取得的工资、薪金所得可享受境外受雇所得协定待遇的，可不缴纳个人所得税。工资、薪金收入额计算公式如下：

$$当月工资、薪金收入额 = 当月境内外工资、薪金总额 \times \frac{当月工资、薪金所属工作期间境内工作天数}{当月工资、薪金所属工作期间公历天数}$$

无住所居民个人为对方税收居民个人的，可在预扣预缴和汇算清缴时按上述规定享受协定待遇；非居民个人为对方税收居民个人的，可在取得所得时按上述规定享受协定待遇。

[《财政部　税务总局关于非居民个人和无住所居民个人有关个人所得税政策的公告》(财政部　税务总局公告2019年第35号)]

2）无住所个人享受境内受雇所得协定待遇

境内受雇所得协定待遇，是指按照税收协定受雇所得条款规定，在税收协定规定的期间内境内停留天数不超过183天的对方税收居民个人，在境内从事受雇活动取得受雇所得，不是由境内居民雇主支付或者代其支付的，也不是由雇主在境内常设机构负担的，可不缴纳个人所得税。

无住所个人为对方税收居民个人，其取得的工资、薪金所得可享受境内受雇所得协定待遇的，可不缴纳个人所得税。工资、薪金收入额计算公式如下：

$$当月工资、薪金收入额 = 当月境内外工资、薪金总额 \times \frac{当月境内支付工资、薪金数额}{当月境内外工资、薪金总额} \times \frac{当月工资、薪金所属工作期间境内工作天数}{当月工资、薪金所属工作期间公历天数}$$

无住所居民个人为对方税收居民个人的，可在预扣预缴和汇算清缴时按上述规定享受协定待遇；非居民个人为对方税收居民个人的，可在取得所得时按上述规定享受协定待遇。

[《财政部 税务总局关于非居民个人和无住所居民个人有关个人所得税政策的公告》(财政部 税务总局公告2019年第35号)]

8.6.14 董事费

8.6.14.1 董事费征税权

协定将董事费的征税权赋予了董事所在公司为其居民的国家，即新加坡居民如担任中国境内企业的董事而取得的董事费和其他类似的款项，无论该董事是否在中国境内履行董事职责，中国对此项所得有征税权。所谓"其他类似款项"包括个人以公司董事会成员身份取得的实物福利，例如，股票期权、居所或交通工具、健康或人寿保险及俱乐部成员资格等。在董事会成员被授予股票期权的情况下，公司居民国有权对构成董事费或类似性质报酬的股票期权利益征税，即使征税时该人已经不再是董事会的成员。

[《〈中华人民共和国政府和新加坡共和国政府关于对所得避免双重征税和防止偷漏税的协定〉及议定书条文解释》(国税发〔2010〕75号印发)]

8.6.14.2 无住所个人适用董事费条款的规定

对方税收居民个人为高管人员，该个人适用的税收协定未纳入董事费条款，或者虽然纳入董事费条款但该个人不适用董事费条款，且该个人取得的高管人员报酬可享受税收协定受雇所得、独立个人劳务或者营业利润条款规定待遇的，该个人取得的高管人员报酬可不适用"无住所个人为高管人员的情形"的规定(详见4.2.5.3"无住所非居民个人为高管人员的工资、薪金收入额")，分别按照8.6.13.4"无住所个人适用受雇所得条款"、8.6.12.3"无住所个人适用独立个人劳务或者营业利润条款"规定执行。

对方税收居民个人为高管人员，该个人取得的高管人员报酬按照税收协定董事费条款规定可以在境内征收个人所得税的，应按照有关工资、薪金所得或者劳务报酬所得规定缴纳个人所得税。

[《财政部 税务总局关于非居民个人和无住所居民个人有关个人所得税政策的公告》（财政部 税务总局公告2019年第35号）]

8.6.15 演艺人员和运动员

演艺人员和运动员条款与中新税收协定第十七条（艺术家和运动员）规定内容一致的，按照以下原则执行：

（1）演艺人员活动包括演艺人员从事的舞台、影视、音乐等各种艺术形式的活动；以演艺人员身份开展的其他个人活动（例如，演艺人员开展的电影宣传活动，演艺人员或运动员参加广告拍摄、企业年会、企业剪彩等活动）；具有娱乐性质的涉及政治、社会、宗教或慈善事业的活动。

演艺人员活动不包括会议发言，以及以随行行政、后勤人员（例如，摄影师、制片人、导演、舞蹈设计人员、技术人员以及流动演出团组的运送人员等）身份开展的活动。

在商业活动中进行具有演出性质的演讲不属于会议发言。

（2）运动员活动包括参加赛跑、跳高、游泳等传统体育项目的活动；参加高尔夫球、赛马、足球、板球、网球、赛车等运动项目的活动；参加台球、象棋、桥牌比赛、电子竞技等具有娱乐性质的赛事的活动。

（3）以演艺人员或运动员身份开展个人活动取得的所得包括开展演出活动取得的所得（如出场费），以及与开展演出活动有直接或间接联系的所得（如广告费）。

对于从演出活动音像制品出售产生的所得中分配给演艺人员或运动员的所得，以及与演艺人员或运动员有关的涉及版权的所得，按照中新税收协定第十二条（特许权使用费）的规定处理。

（4）在演艺人员或运动员直接或间接取得所得的情况下，依据中新税收协定第十七条第一款规定，演出活动发生的缔约国一方可以根据其国内法，对演艺人员或运动员取得的所得征税，不受到中新税收协定第十四条（独立个人劳务）和第十五条（非独立个人劳务）规定的限制。

（5）在演出活动产生的所得全部或部分由其他人（包括个人、公司和其他团体）收取的情况下，如果依据演出活动发生的缔约国一方国内法规定，由其他人收取的所得应被视为由演艺人员或运动员取得，则依据中新税收协定第十七条第一款的规定，演出活动发生的缔约国一方可以根据其国内法，向演艺人员或运动员就演出活动产生的所得征税，不受到中新税收协定第十四条（独立个人劳务）和第十五条（非独立个人劳务）规定的限制；如果演出活动发生的缔约国一方不能依据其国内法将由其他人收取的所得视为由演艺人员或运动员取得，则依据中新税收协定第十七条第二款规定，该国可以根据其国内法，向收取所得的其他人就演出活动产生的所得征税，不受到中新税收协定第七条（营业利润）、第十四条（独立个人劳务）和第十五条（非独立个人劳务）规定的限制。

上述规定自2018年4月1日起施行。

[《国家税务总局关于税收协定执行若干问题的公告》(国家税务总局公告2018年第11号)]

8.6.16　退休金

协定规定,居民国对退休金独占征税权,不论取得退休金的人以前的工作地点如何,取得退休金时该个人为其居民的国家对该项退休金拥有征税权。

本条所涵盖的款项为基于以前的雇佣关系而支付的退休金和其他类似报酬。其他类似报酬包括与退休金类似的非定期支付的款项,例如,在雇佣关系终止时或终止以后一次性支付的退休金。

[《〈中华人民共和国政府和新加坡共和国政府关于对所得避免双重征税和防止偷漏税的协定〉及议定书条文解释》(国税发〔2010〕75号印发)]

8.6.17　政府服务

8.6.17.1　征税原则

协定规定,对政府部门支付给向其提供服务的个人的报酬,支付国独占征税权。协定进一步规定,新加坡政府在中国设立的办事机构如果雇佣新加坡居民工作,该新加坡居民在办事机构工作期间取得的报酬应仅在新加坡征税。但这一规定不适用于该办事机构在当地雇佣的中国居民员工。中国居民员工是指中国国民,或者在为该办事机构工作以前就已是中国居民的员工。这种情况下,该项报酬应仅在中国征税。

上述适用所得的范围是除退休金以外的薪金、工资和其他类似报酬,包括因向缔约国一方政府或法定机构提供服务而取得的各种实物收益,如公寓、交通工具、健康与人寿保险、俱乐部会员资格等。

[《〈中华人民共和国政府和新加坡共和国政府关于对所得避免双重征税和防止偷漏税的协定〉及议定书条文解释》(国税发〔2010〕75号印发)]

8.6.17.2　支付退休金

协定对退休金的特别规定,即一般情况下政府部门或从其建立的基金中支付给向其提供服务的个人的退休金,无论支付时该个人在何处居住,支付国都独占征税权。但当该个人是缔约国另一方的居民且为国民时,由该个人为其居民及国民的国家独占征税权。

[《〈中华人民共和国政府和新加坡共和国政府关于对所得避免双重征税和防止偷漏税的协定〉及议定书条文解释》(国税发〔2010〕75号印发)]

8.6.17.3　与营业有关的事业

协定规定,个人为政府或地方当局从事的与营业有关的事业(如国有公路、邮局、国有剧院等)提供服务而取得的报酬,不适用政府服务条款,应根据所得性质,分别适用协定第十五至第十八条的相关规定。

[《〈中华人民共和国政府和新加坡共和国政府关于对所得避免双重征税和防止偷漏税的协定〉及议

定书条文解释》(国税发〔2010〕75号印发)]

8.6.18　学生和实习人员

　　协定规定,学生和企业学徒由于接受教育、培训或获取技术经验的目的,而暂时居住在缔约国另一方,对其为了生活、学习所取得的来源于缔约国另一方以外的所得,该缔约国另一方应予免税。但前提是该学生或实习人员在到达缔约国另一方之前是缔约国一方的居民。例如,新加坡居民个人赴中国学习,其在华学习期间取得的来源于中国以外的学费资助、助学金、奖学金等,不超过用以维持生活、接受教育或培训的部分,应在中国免税。

　　应注意的是,协定第二十条仅适用于学生或实习人员出于生活、教育或培训的目的而收到的款项,不适用于协定第十四条独立个人劳务、协定十五条非独立个人劳务所涵盖的服务报酬。但如果学生或实习人员有工作收入,则应区分服务报酬和为生存、教育或培训所获得的款项。如果报酬数目与提供类似服务的企业员工所获得的报酬金额相当,一般可表明该报酬是服务报酬,应根据服务性质分别适用协定第十四或第十五条的规定。

　　[《〈中华人民共和国政府和新加坡共和国政府关于对所得避免双重征税和防止偷漏税的协定〉及议定书条文解释》(国税发〔2010〕75号印发)]

8.6.19　教师和研究人员

　　中国政府对外签署的一些双边税收协定或安排(以下统称税收协定)列有专门的教师和研究人员条款。按照税收协定教师和研究人员条款规定,来自缔约对方的教师和研究人员符合规定条件的,可以在中国享受规定期限的免税待遇。

　　[《国家税务总局关于执行税收协定教师和研究人员条款有关问题的公告》(国家税务总局公告2011年第42号)]

8.6.19.1　条款适用范围

　　除税收协定另有明确规定外,税收协定教师和研究人员条款仅适用于与中国境内的学校或研究机构(以下简称境内机构)有聘用关系的教师和研究人员。聘用关系是指相关教师或研究人员与境内机构间签有聘用合同,或虽未有明确的聘用合同,但其在境内机构担任职务并且实际从事的教学、讲学或研究活动的内容、方式、时间等均由境内机构安排或控制的情况。

　　凡与境内机构没有上述聘用关系而以独立身份或者以非境内机构的雇员身份在中国境内从事教学、讲学或研究活动的人员,以及受境外教育机构的指派为该境外教育机构与境内机构的合作项目开展相关教学活动的人员,不适用税收协定教师和研究人员条款的规定。上述合作项目指境外教育机构与境内机构以各自名义合作开展的相关教学活动项目,不包括中外教育机构联合在中国境内成立的独立教育机构。

　　不能适用税收协定教师和研究人员条款规定的所得,仍可以按照有关规定适用税收协定其他条款(如独立个人劳务条款、非独立个人劳务条款等)。

　　[《国家税务总局关于执行税收协定教师和研究人员条款有关问题的公告》(国家税务总局公告2011年

第 42 号)]

8.6.19.2　教学、讲学或研究活动范围

税收协定教师和研究人员条款规定的教学、讲学或研究包括按照聘用单位要求在境内外进行的各种教学、讲学或研究活动,以及在承担教学、讲学或研究活动的同时,承担的相关规划、咨询和行政管理等活动。但不包括仅从事规划、咨询和行政管理的活动。在承担此类规划、咨询和行政管理活动中偶尔从事的讲座活动不应视为承担了教学、讲学或研究活动。

[《国家税务总局关于执行税收协定教师和研究人员条款有关问题的公告》(国家税务总局公告 2011 年第 42 号)]

8.6.19.3　境内机构范围

税收协定该条款所称"大学、学院、学校或其他政府承认的教育机构",在我国是指实施学前教育、初等教育、中等教育、高等教育和特殊教育的学校,具体包括幼儿园、普通小学、成人小学、普通初中、职业初中、普通高中、成人高中、中专、成人中专、职业高中、技工学校、特殊教育学校、外籍人员子女学校、普通高校、高职(专科)院校和成人高等学校。培训机构不属于学校。

[《国家税务总局关于进一步完善税收协定中教师和研究人员条款执行有关规定的公告》(国家税务总局公告 2016 年第 91 号)]

税收协定该条款中提及的科研机构,在我国是指国务院部、委、直属机构和省、自治区、直辖市、计划单列市所属专门从事科研开发的机构。

[《国家税务总局关于明确我国对外签订税收协定中教师和研究人员条款适用范围的通知》(国税函〔1999〕37 号)]

8.6.19.4　征免税日期具体计算

除双方主管当局通过相互协商达成的共同意见另有规定外,税收协定教师和研究人员条款规定的停留期或免税期仍应按照《财政部　税务总局关于对来自同我国签订税收协定国家的教师和研究人员征免个人所得税问题的通知》(〔86〕财税协字第 30 号)的规定计算。

[《国家税务总局关于执行税收协定教师和研究人员条款有关问题的公告》(国家税务总局公告 2011 年第 42 号)]

对来自同我国已签订税收协定的国家,并在该协定开始执行前已经在华的外国教师和研究人员,对其停留不超过 3 年(有的为 2 年)的日期,应自该协定开始执行之日起计算;如果是在该协定执行后来华的,对其停留不超过 3 年的日期,应自其第一次到达之日起计算。

凡在已签订并开始执行的税收协定中规定,对来自对方国家的教师和研究人员,从其第一次到达之日起停留时间不超过 3 年或累计不超过 3 年,对其由于教学、讲学或研究取得的报酬免予征税的,该项免税应仅限于在华从事教学、讲学或研究不超过 3 年的,对

在华从事上述活动为期超过3年的,即不应享受税收协定所规定的免税待遇。其中所说停留日期累计不超过3年,是指多次应聘来华或一次应聘分期来华,对其多次应聘来华之间或分期来华之间的离华日期,可予扣除。

在已签订并开始执行的税收协定中规定,对来自对方国家的教师和研究人员,由于教学、讲学或研究取得的报酬,自其抵达之日起3年内免税或第一个3年里免税的,对其从事上述活动为期超过3年的,应从第四年起征税。

对于按照已签订并开始执行的税收协定的规定,停留期超过3年(包括规定为2年的)或累计超过3年,不能享受税收协定所规定的免税待遇的外国教师和研究人员,如果在有关协议或合同中约定或者事先能够预定其在华停留期超过3年,应自其到达之日的月份起,按照我国税法所规定日期申报纳税,如果其在华从事教学、讲学或研究实际没有超过3年,可准许退还其已缴纳的税款;对事先不能预定是否超过3年的,可以待其预计要超过3年或实际超过3年时,再由其申报纳税。

[《财政部 税务总局关于来自同我国签订税收协定国家的教师和研究人员征免个人所得税问题的通知》(〔86〕财税协字第30号)]

8.6.19.5　教师和研究人员协定待遇享受

非居民纳税人需享受税收协定教师和研究人员条款协定待遇的,应按照《国家税务总局关于发布〈非居民纳税人享受协定待遇管理办法〉的公告》(国家税务总局公告2019年第35号,以下简称35号公告)的规定,留存备查35号公告第七条规定(详见8.6.28.5"留存备查资料")的资料,包括有效期内的《外国专家证》或《外国人就业证》或《外国人工作许可证》的复印件。

[《国家税务总局关于进一步完善税收协定中教师和研究人员条款执行有关规定的公告》(国家税务总局公告2016年第91号)]

8.6.20　技术服务费条款

根据《中华人民共和国政府和大不列颠及北爱尔兰联合王国政府关于对所得和财产收益相互避免双重征税和防止偷漏税的协定》(以下简称中英税收协定)第十三条、《中华人民共和国政府和巴基斯坦伊斯兰共和国政府关于对所得避免双重征税和防止偷漏税的协定》(以下简称中巴税收协定)第十三条和《中华人民共和国政府和印度共和国政府关于对所得避免双重征税和防止偷漏税的协定》(以下简称中印税收协定)第十二条(以下简称所涉及税收协定技术服务费条款)规定,来自英国、巴基斯坦或印度(以下简称所涉及税收协定缔约对方)的税收居民取得发生在中国境内的技术服务费,中国可以对该技术服务费征收不超过限定比例(中英税收协定为7%;中巴税收协定为12.5%;中印税收协定为10%)的所得税。

[《国家税务总局关于执行中英等双边税收协定技术服务费条款有关问题的公告》(国家税务总局公告2011年第19号)]

8.6.20.1 技术服务发生地

税收协定技术服务费条款已经明确规定技术服务费发生地认定标准的(如中英税收协定和中印税收协定),按所涉及税收协定规定确定技术服务费发生地;所涉及税收协定未作明确的,按中国国内有关规定(含《企业所得税法》和《个人所得税法》)确定技术服务费发生地。

[《国家税务总局关于执行中英等双边税收协定技术服务费条款有关问题的公告》(国家税务总局公告2011年第19号)]

8.6.20.2 纳税义务判定

《国家税务局关于执行中巴避免双重征税协定有关条文解释的通知》(国税函发〔1990〕142号)、《国家税务局关于中英税收协定若干条款解释的通知》(国税函发〔1990〕1097号)和《国家税务总局关于中印两国政府避免双重征税协定若干条文解释与执行的通知》(国税发〔1994〕257号)仅明确在所涉及税收协定下中国所拥有征税权的理解和解释,未对纳税人在中国的实际纳税义务做出规定。对于所涉及税收协定缔约对方税收居民取得发生在中国的技术服务费,应分别以下情形,结合所涉及税收协定和中国国内有关规定判定纳税义务:

(1)据以取得技术服务费的劳务按照中国国内有关规定属于发生在中国境内,且按照所涉及税收协定规定构成在中国境内的常设机构或固定基地,对与发生在中国境内劳务相关的技术服务费,应按照中国国内有关规定缴纳企业所得税或个人所得税。

(2)据以取得技术服务费的劳务按照中国国内有关规定属于发生在中国境内,即使按所涉及税收协定规定不构成在中国境内的常设机构或固定基地,对与发生在中国境内劳务相关的技术服务费,应按照中国国内有关规定缴纳企业所得税或个人所得税。但如果按中国国内有关规定计算缴纳的企业所得税或个人所得税高于按所涉及税收协定技术服务费条款限定比例计算的税收,该缔约对方居民取得的此项技术服务费可以申请享受协定待遇。

(3)据以取得技术服务费的劳务按照中国国内有关规定属于发生在中国境外,且按照中国国内有关规定不予征收所得税的,尽管该技术服务费按照所涉及税收协定技术服务费条款规定属于发生在中国境内,中国可以对此行使征税权,但对此项技术服务费,应按照中国国内有关税收规定执行,不在中国缴纳所得税。

[《国家税务总局关于执行中英等双边税收协定技术服务费条款有关问题的公告》(国家税务总局公告2011年第19号)]

8.6.21 其他所得

协定对以上条款未涉及的所得规定了一般原则,即来源国有优先征税权。如新加坡居民企业或个人取得发生或来源于中国的其他所得,中国有优先征税权。对其他所得范围的掌握应考虑国内法的规定,并应是国内法规定要征税的所得。如某项所得国内法未规定征税,则不能因协定规定来源国有征税权而征税。

此外,"其他所得"应是确属协定各专项条款未包括的所得。不应将协定已包括的所得条款中规定的来源国未达到征税条件的部分视为"其他所得"。

[《〈中华人民共和国政府和新加坡共和国政府关于对所得避免双重征税和防止偷漏税的协定〉及议定书条文解释》(国税发〔2010〕75号印发)]

8.6.22 合伙企业

有关合伙企业及其他类似实体(以下简称合伙企业)适用税收协定的问题,应按以下原则执行:

(1) 依照中国法律在中国境内成立的合伙企业,其合伙人为税收协定缔约对方居民的,该合伙人在中国负有纳税义务的所得被缔约对方视为其居民的所得的部分,可以在中国享受协定待遇。

(2) 依照外国(地区)法律成立的合伙企业,其实际管理机构不在中国境内,但在中国境内设立机构、场所的,或者在中国境内未设立机构、场所,但有来源于中国境内所得的,是中国企业所得税的非居民企业纳税人。除税收协定另有规定的外,只有当该合伙企业是缔约对方居民的情况下,其在中国负有纳税义务的所得才能享受协定待遇。该合伙企业根据《非居民纳税人享受协定待遇管理办法》(国家税务总局公告2019年第35号印发)第七条报送的由缔约对方税务主管当局开具的税收居民身份证明,应能证明其根据缔约对方国内法,因住所、居所、成立地、管理机构所在地或其他类似标准,在缔约对方负有纳税义务。

税收协定另有规定的情况是指,税收协定规定,当根据缔约对方国内法,合伙企业取得的所得被视为合伙人取得的所得,则缔约对方居民合伙人应就其从合伙企业取得所得中分得的相应份额享受协定待遇。

上述规定自2018年4月1日起施行。

[《国家税务总局关于税收协定执行若干问题的公告》(国家税务总局公告2018年第11号)]

8.6.23 消除双重征税

协定对缔约国双方各自居民在对方缴纳的税款,分别规定了各自的抵免办法。

[《〈中华人民共和国政府和新加坡共和国政府关于对所得避免双重征税和防止偷漏税的协定〉及议定书条文解释》(国税发〔2010〕75号印发)]

8.6.23.1 中国居民境外已纳税款抵免

协定规定了中国居民从新加坡取得所得在新加坡所缴税款的抵免办法,即对中国居民的新加坡所得汇总中国国内所得按中国税法规定税率计算在中国的应纳税额,并对在新加坡已缴税款不超过按中国国内税率计算的税额予以抵免。这种方法下,意味着中国政府承认中国居民来源于新加坡的某些所得由新加坡优先行使征税权,但并不承认其独占,即中国还要行使居民管辖权,对本国居民从新加坡取得的所得征税,但允许该居民在新加坡所缴税额从其应向中国缴纳的税额中抵免。

有关股息间接抵免的原则,并对可享受间接抵免的中国居民予以限定。根据该规定和协定第二议定书第三条的规定,中国居民公司必须拥有新加坡居民公司的股份不少于20%,在这种情况下,该中国居民公司从新加坡公司取得的股息在公司层面所负担的企业所得税方可在中国获得抵免。也就是说,对于中国居民公司从新加坡居民公司取得的股息,不仅该项股息在新加坡缴纳的所得税可以直接抵免,对于支付该股息的新加坡居民公司就该项股息所对应的利润所缴纳的新加坡企业所得税部分,也可以通过间接抵免的方法计算抵免。但是可直接抵免和间接抵免的税额都应按中国国内法的有关规定计算。

[《〈中华人民共和国政府和新加坡共和国政府关于对所得避免双重征税和防止偷漏税的协定〉及议定书条文解释》(国税发〔2010〕75号印发)]

8.6.23.2 非居民境外抵免计算方法规定

协定规定了新加坡居民从中国取得的所得已在中国缴纳的税额在计算该项所得的新加坡税收时进行抵免的问题。关于新加坡方面计算抵免的方法由新加坡主管当局解释。

[《〈中华人民共和国政府和新加坡共和国政府关于对所得避免双重征税和防止偷漏税的协定〉及议定书条文解释》(国税发〔2010〕75号印发)]

8.6.23.3 饶让抵免

关于新加坡单方面饶让抵免的规定,即新加坡居民按中国国内法享受到的减税或免税的优惠,在新加坡视同已按中国国内法纳税给予抵免。

[《〈中华人民共和国政府和新加坡共和国政府关于对所得避免双重征税和防止偷漏税的协定〉及议定书条文解释》(国税发〔2010〕75号印发)]

8.6.24 非歧视待遇

适用的税种是协定所包括的税种,具体可参见协定第二条第三款的规定(详见8.6.1.3"税种的范围")。

[《〈中华人民共和国政府和新加坡共和国政府关于对所得避免双重征税和防止偷漏税的协定〉及议定书条文解释》(国税发〔2010〕75号印发)]

8.6.24.1 拥有缔约国国籍的个人税收非歧视待遇

协定第二十三条第一款确立的原则是,对拥有缔约国国籍的个人在税收上不能有歧视待遇,即缔约国一方国民在缔约国另一方应与该缔约国另一方国民在相同情况下,获得同等的税收待遇。该款扩大了协定第一条规定的范围,协定第一条规定本协定适用的人仅为缔约国的居民,按照协定第二十三条第一款规定,即使新加坡国民在某一时期失去新加坡居民身份,仍然可以享受非歧视待遇,特别是在该新加坡国民与比照待遇的中国国民居民身份相同时。

同时,协定第二十三条第一款规定不应被理解为要求缔约国一方将给予其公共团体或公共服务机构的税收优惠,以及从事本国公益活动的非盈利私人机构的特别税收优惠,也给予缔约国另一方的相同组织或类似机构。

[《〈中华人民共和国政府和新加坡共和国政府关于对所得避免双重征税和防止偷漏税的协定〉及议

定书条文解释》(国税发〔2010〕75号印发)]

8.6.24.2 常设机构税收非歧视待遇

协定第二十三条第二款规定,缔约国一方对另一方企业设在本国的常设机构的征税,不应比本国进行同样活动的企业更重。这样的同等待遇主要体现在税率、费用扣除、计提折旧、亏损结转、财产收益,以及税收抵免等方面。但应当注意的是,常设机构从事的活动应与比照的居民企业所从事的活动相同。

[《〈中华人民共和国政府和新加坡共和国政府关于对所得避免双重征税和防止偷漏税的协定〉及议定书条文解释》(国税发〔2010〕75号印发)]

8.6.24.3 个人税收非歧视待遇例外

协定第二十三条第三款规定了对于个人税收非歧视待遇的例外,即税收非歧视待遇并不意味着中国一定有义务给予新加坡居民或国民个人以相当于中国居民或国民个人所能享受的税收优惠、扣除和减免等待遇。

[《〈中华人民共和国政府和新加坡共和国政府关于对所得避免双重征税和防止偷漏税的协定〉及议定书条文解释》(国税发〔2010〕75号印发)]

8.6.24.4 所投资企业税收非歧视待遇

协定第二十三条第四款规定,缔约国一方不能对资本全部或部分、直接或间接由缔约国另一方一个或多个居民拥有或控制的企业,在税收上给予歧视待遇,即对由新加坡居民投资的中国居民企业在税收待遇上应与类似的中国居民企业一致。

[《〈中华人民共和国政府和新加坡共和国政府关于对所得避免双重征税和防止偷漏税的协定〉及议定书条文解释》(国税发〔2010〕75号印发)]

8.6.24.5 国民税收优惠不构成税收非歧视待遇

协定第二十三条第五款规定,缔约国各方为促进本国社会或经济发展,根据国家政策和标准给予其国民的税收优惠,不应被理解为构成本条款意义上的歧视待遇。

[《〈中华人民共和国政府和新加坡共和国政府关于对所得避免双重征税和防止偷漏税的协定〉及议定书条文解释》(国税发〔2010〕75号印发)]

8.6.25 相互协商程序

建立主管当局之间的相互协商机制,以解决可能出现的税务争议。具体按《国家税务总局关于发布〈税收协定相互协商程序实施办法〉的公告》(国家税务总局公告2013年第56号)执行。

[《〈中华人民共和国政府和新加坡共和国政府关于对所得避免双重征税和防止偷漏税的协定〉及议定书条文解释》(国税发〔2010〕75号印发)]

8.6.26 情报交换

建立两国之间的税收信息交换机制,以促进两国之间的税收征管协作。具体按《国家税务总局关于印发〈国际税收情报交换工作规程〉的通知》(国税发〔2006〕70号)执行。

[《〈中华人民共和国政府和新加坡共和国政府关于对所得避免双重征税和防止偷漏税的协定〉及议定书条文解释》(国税发〔2010〕75号印发)]

8.6.27 其他规则

协定规定,缔约国国内反避税法律法规不受协定的影响,这与协定防止逃避税的宗旨是相吻合的。但缔约国该类法律法规应充分考虑协定的相关规定,其导致的税收结果不应与协定的规定相冲突。

[《〈中华人民共和国政府和新加坡共和国政府关于对所得避免双重征税和防止偷漏税的协定〉及议定书条文解释》(国税发〔2010〕75号印发)]

8.6.28 非居民享受协定待遇管理

8.6.28.1 非居民纳税人享受协定待遇方式

非居民纳税人享受协定待遇,采取"自行判断、申报享受、相关资料留存备查"的方式办理。非居民纳税人自行判断符合享受协定待遇条件的,可在纳税申报时,或通过扣缴义务人在扣缴申报时,自行享受协定待遇,同时按照本办法的规定归集和留存相关资料备查,并接受税务机关后续管理。

[《非居民纳税人享受协定待遇管理办法》(国家税务总局公告2019年第35号印发)]

8.6.28.2 非居民纳税人享受协定待遇范围

非居民纳税人,是指按照税收协定居民条款规定应为缔约对方税收居民的纳税人。

协定包括税收协定和国际运输协定。国际运输协定包括中华人民共和国政府签署的航空协定、海运协定、道路运输协定、汽车运输协定、互免国际运输收入税收协议或换函以及其他关于国际运输的协定。

协定待遇,是指按照协定可以减轻或者免除按照国内税收法律规定应当履行的企业所得税、个人所得税纳税义务。

非居民纳税人需要享受内地与香港特别行政区、澳门特别行政区签署的避免双重征税安排待遇的,比照享受协定待遇执行。

[《非居民纳税人享受协定待遇管理办法》(国家税务总局公告2019年第35号印发)]

解读▶ 修订后的《非居民纳税人享受协定待遇管理办法》(国家税务总局公告2019年第35号印发)对非居民纳税人的定义更为准确。享受协定待遇的主体为按照税收协定居民条款规定为缔约对方税收居民的纳税人,包括两类:一类是仅为缔约对方税收居民的纳税人;另一类是缔约对方税收居民同时按我国税收法律规定为我国税收居民,但按照税收协定居民条款规定应为缔约对方税收居民的纳税人。

8.6.28.3 非居民扣缴义务人和主管税务机关

扣缴义务人,是指按国内税收法律规定,对非居民纳税人来源于中国境内的所得负有扣缴税款义务的单位或个人,包括法定扣缴义务人和企业所得税法规定的指定扣缴义务人。

主管税务机关,是指按国内税收法律规定,对非居民纳税人在中国的纳税义务负有征管职责的税务机关。

[《非居民纳税人享受协定待遇管理办法》(国家税务总局公告2019年第35号印发)]

8.6.28.4 自行判断与申报享受协定待遇

非居民纳税人自行申报的,自行判断符合享受协定待遇条件且需要享受协定待遇,应在申报时报送《非居民纳税人享受协定待遇信息报告表》(见表8-6),并按照规定归集和留存相关资料备查。

在源泉扣缴和指定扣缴情况下,非居民纳税人自行判断符合享受协定待遇条件且需要享受协定待遇的,应当如实填写《非居民纳税人享受协定待遇信息报告表》,主动提交给扣缴义务人,并按照规定归集和留存相关资料备查。

扣缴义务人收到《非居民纳税人享受协定待遇信息报告表》后,确认非居民纳税人填报信息完整的,依国内税收法律规定和协定规定扣缴,并如实将《非居民纳税人享受协定待遇信息报告表》作为扣缴申报的附表报送主管税务机关。

非居民纳税人未主动提交《非居民纳税人享受协定待遇信息报告表》给扣缴义务人或填报信息不完整的,扣缴义务人依国内税收法律规定扣缴。

表8-6 非居民纳税人享受协定待遇信息报告表

Information Reporting Form for Non-resident Taxpayers Claiming Treaty Benefits

金额单位:人民币元(列至角分)

Monetary unit:RMB Yuan(Keep two decimal places)

非居民纳税人填写第1项至第17项信息,并对填报信息的真实性、准确性、合法性承担法律责任。 Non-resident Taxpayers fill in the blanks of item 1 to 17 and take legal responsibility for the authenticity, accuracy and legitimacy of the information.			
1. 中文名称 Name in Chinese		2. 在中国的纳税人识别号(统一社会信用代码) Tax identification number in China (Uniform social credit code)	
3. 在居民国(地区)名称 Name in resident jurisdiction		4. 在居民国(地区)的纳税人识别号 Tax identification number in resident jurisdiction	
5. 在中国的联系地址、邮政编码 Contact address and zip code in China		6. 在中国的联系电话 Telephone number in China	

(续表)

7. 在居民国（地区）的联系地址、邮政编码 Contact address and zip code in resident jurisdiction		8. 在居民国（地区）的联系电话 Telephone number in resident jurisdiction	
9. 居民国（地区） Resident jurisdiction		10. 电子邮箱 E-mail address	
11. 享受协定名称 The applicable treaty		12. 适用协定条款名称 Applicable articles of the treaty	
13. 非居民纳税人是否取得缔约对方税务主管当局开具的证明非居民纳税人取得所得的当年度或上一年度税收居民身份的税收居民身份证明 Whether the non-resident taxpayer obtained the tax resident certificate issued by the competent tax authority of the other contracting jurisdiction to prove the residence status of non-resident taxpayer for the year or its previous year during which the payment is received			□是　Yes □否　No
14. 享受协定待遇所得金额 Amount of the income with respect to which tax treaty benefits are claimed		15. 享受协定待遇减免税额 Amount of tax reduced or exempted	
16. 适用股息、利息、特许权使用费条款时，非居民纳税人为"受益所有人"的政策依据是《国家税务总局关于税收协定中"受益所有人"有关问题的公告》（国家税务总局公告2018年第9号）的： □第二条；□第三条第（一）项；□第三条第（二）项；□第四条；□其他：请说明_____ If the article of dividends, interest or royalties is applied, the policy basis for non-resident taxpayer to be the "beneficial owner" is the □Article 2；□Item 1 of Article 3；□Item 2 of Article 3；□Article 4；□Others: Please specify _____ of the *Public Notice of the State Taxation Administration on "Beneficial Owner" set forth in Double Taxation Agreements*（Public Notice〔2018〕No.9 of the State Taxation Administration）.			
17. 我谨声明：根据缔约对方法律法规和税收协定居民条款，我为缔约对方税收居民，相关安排和交易的主要目的不是为了获取税收协定待遇。我自行判断符合协定待遇条件，自行享受协定待遇，承担相应法律责任。我将按规定归集和留存相关资料备查，接受税务机关后续管理。 I hereby declare: According to the laws, regulations of the other contracting jurisdiction and the article of resident of the tax treaty, I am a resident of the other contracting jurisdiction, the principal purpose of the relevant arrangement and transaction is not to obtain tax treaty benefits. Through self-assessment, I believe that I am in conformity with the conditions for claiming tax treaty benefits, so I will enjoy tax treaty benefits. Therefore, I take due legal responsibilities. I will collect and retain relevant materials for review in accordance with the regulations, and accept the follow-up administration of the tax authority. 非居民纳税人签章或签字 　年　　　月　　　日 Seal or signature of non-resident taxpayer 　Y　　　M　　　D			
以下信息不需要非居民纳税人填写 Non-resident taxpayers do not need to fill in the following blanks			
18. 扣缴义务人名称 Name of withholding agent			

(续表)

19. 扣缴义务人纳税人识别号(统一社会信用代码)：□□□□□□□□□□□□□□□□□□ Tax identification number of withholding agent (Uniform social credit code)			
经办人签字： Signature of the case handler: 经办人身份证件号码： ID number of the case handler: 扣缴义务人签章： Seal of the withholding agent:		经办人签字： Signature of the case handler: 经办人身份证件号码： ID number of the case handler: 代理机构签章： Seal of the tax agent: 代理机构统一社会信用代码： Uniform social credit code of the tax agent:	受理人： Received by: 受理税务机关(章)： Tax authority in charge (Seal): 受理日期：　年　月　日 Date of case acceptance: Y　M　D

国家税务总局监制

非居民纳税人对《非居民纳税人享受协定待遇信息报告表》填报信息的真实性、准确性、合法性承担法律责任。

[《非居民纳税人享受协定待遇管理办法》(国家税务总局公告2019年第35号印发)]

解读▶ 对于《非居民纳税人享受协定待遇信息报告表》，非居民纳税人需要做出的声明包括以下四个方面：

一是税收居民身份，即根据缔约对方法律法规和税收协定居民条款为缔约对方税收居民。如果根据缔约对方法律法规为缔约对方税收居民，但根据税收协定居民条款为我国税收居民，不符合享受协定待遇条件。

二是相关安排和交易的主要目的不是获取税收协定待遇。根据税收协定主要目的测试条款或国内税收法律规定中的一般反避税规则，如果相关安排和交易的主要目的为获取税收协定待遇，则不能享受协定待遇。

三是自行判断并承担相应法律责任。非居民纳税人如果判断有误，不符合享受协定待遇条件而享受了协定待遇，将承担相应法律责任。

四是按规定归集和留存相关资料备查，接受税务机关后续管理。非居民纳税人未按照税务机关要求提供留存备查资料及其他补充资料，或逃避、拒绝、阻挠税务机关进行后续调查，主管税务机关无法查实是否符合享受协定待遇条件的，应将其视为不符合享受协定待遇条件。

解读▶ 新修订的《非居民纳税人享受协定待遇管理办法》进一步厘清非居民纳税人和扣缴义务人的责任。

非居民纳税人自行判断是否符合享受协定待遇条件，符合条件且需要享受协定待遇的，主动向扣缴义务人提交报表要求享受协定待遇。如果非居民纳税人判断有误，不符合协定待遇条件而享受了协定待遇且未缴或少缴税款的，应承担相应法律责任。

扣缴义务人应在收到报表后确认非居民纳税人填报信息完整，然后按照非居民纳税人要求享受的协定待遇进行扣缴申报。如果扣缴义务人未按《非居民纳税人享受协定待遇管理办法》(国家税务总局公告2019年第35号印发)第六条规定扣缴申报，或者未按

《非居民纳税人享受协定待遇管理办法》(国家税务总局公告2019年第35号印发)第十三条规定提供相关资料,发生不符合享受协定待遇条件的非居民纳税人享受协定待遇且未缴或少缴税款情形的,扣缴义务人应承担相应法律责任。

8.6.28.5 留存备查资料

留存备查资料包括:

(1) 由协定缔约对方税务主管当局开具的证明非居民纳税人取得所得的当年度或上一年度税收居民身份的税收居民身份证明;享受税收协定国际运输条款或国际运输协定待遇的,可用能够证明符合协定规定身份的证明代替税收居民身份证明。

(2) 与取得相关所得有关的合同、协议、董事会或股东会决议、支付凭证等权属证明资料。

(3) 享受股息、利息、特许权使用费条款协定待遇的,应留存证明"受益所有人"(详见8.6.8.3"受益所有人")身份的相关资料。

(4) 非居民纳税人认为能够证明其符合享受协定待遇条件的其他资料。

非居民纳税人对留存备查资料的真实性、准确性、合法性承担法律责任。

非居民纳税人享受协定待遇留存备查资料应按照《税收征收管理法》及其实施细则规定的期限保存。

[《非居民纳税人享受协定待遇管理办法》(国家税务总局公告2019年第35号印发)]

8.6.28.6 补退税申报

非居民纳税人发现不应享受而享受了协定待遇,并少缴或未缴税款的,应当主动向主管税务机关申报补税。

非居民纳税人可享受但未享受协定待遇而多缴税款的,可在《税收征收管理法》规定期限内自行或通过扣缴义务人向主管税务机关要求退还多缴税款,同时提交规定的留存备查资料(详见8.6.28.5"留存备查资料")。

主管税务机关应当自接到非居民纳税人或扣缴义务人退还多缴税款申请之日起30日内查实,对符合享受协定待遇条件的多缴税款办理退还手续。

查实时间不包括非居民纳税人或扣缴义务人补充提供资料、个案请示、相互协商、情报交换的时间。税务机关因上述原因延长查实时间的,应书面通知退税申请人相关决定及理由。

[《非居民纳税人享受协定待遇管理办法》(国家税务总局公告2019年第35号印发)]

8.6.28.7 税务机关后续管理

各级税务机关应当对非居民纳税人享受协定待遇开展后续管理,准确执行协定,防范协定滥用和逃避税风险。

主管税务机关在后续管理时,可要求非居民纳税人限期提供留存备查资料。

主管税务机关在后续管理或税款退还查实工作过程中,发现规定的资料不足以证明非居民纳税人符合享受协定待遇条件,或非居民纳税人存在逃避税嫌疑的,可要求非居民纳税人或扣缴义务人限期提供相关资料并配合调查。

规定的资料原件为外文文本的,按照主管税务机关要求提供时,应当附送中文译本,并对中文译本的准确性和完整性负责。

非居民纳税人、扣缴义务人可以向主管税务机关提供资料复印件,但是应当在复印件上标注原件存放处,加盖报告责任人印章或签章。主管税务机关要求报验原件的,应报验原件。

非居民纳税人、扣缴义务人应配合主管税务机关进行非居民纳税人享受协定待遇的后续管理与调查。非居民纳税人、扣缴义务人均未按照税务机关要求提供相关资料,或逃避、拒绝、阻挠税务机关进行后续调查,主管税务机关无法查实其是否符合享受协定待遇条件的,应视为不符合享受协定待遇条件。

[《非居民纳税人享受协定待遇管理办法》(国家税务总局公告2019年第35号印发)]

8.6.28.8 后续管理补退税款

非居民纳税人不符合享受协定待遇条件而享受了协定待遇且未缴或少缴税款的,除因扣缴义务人未按《非居民纳税人享受协定待遇管理办法》(国家税务总局公告2019年第35号印发)第六条规定扣缴申报外,视为非居民纳税人未按照规定申报缴纳税款,主管税务机关依法追缴税款并追究非居民纳税人延迟纳税责任。在扣缴情况下,税款延迟缴纳期限自扣缴申报享受协定待遇之日起计算。

扣缴义务人未按规定扣缴申报,或者未按规定提供相关资料,发生不符合享受协定待遇条件的非居民纳税人享受协定待遇且未缴或少缴税款情形的,主管税务机关依据有关规定追究扣缴义务人责任,并责令非居民纳税人限期缴纳税款。

主管税务机关在后续管理或税款退还查实工作过程中,发现不能准确判定非居民纳税人是否可以享受协定待遇的,应当向上级税务机关报告;需要启动相互协商或情报交换程序的,按有关规定启动相应程序。

[《非居民纳税人享受协定待遇管理办法》(国家税务总局公告2019年第35号印发)]

8.6.28.9 后续管理反避税与信用管理

主管税务机关在后续管理过程中,发现需要适用税收协定主要目的测试条款或国内税收法律规定中的一般反避税规则的,适用一般反避税相关规定。

主管税务机关应当对非居民纳税人不当享受协定待遇情况建立信用档案,并采取相应后续管理措施。

[《非居民纳税人享受协定待遇管理办法》(国家税务总局公告2019年第35号印发)]

解读 税收协定主要目的测试条款,是指税收协定中有如下表述或者类似表述的条款:虽有本协定其他条款的规定,但如果在考虑了所有相关事实与情况后,可以合理地认定就某项所得获取本协定某项优惠是直接或间接产生该优惠的安排或交易的主要目的之一,则不应对该项所得给予该优惠,除非能够证明在此种情形下给予该优惠符合本协定相关规定的宗旨和目的。

9 个人所得税征管制度

9.1 纳税人识别号

纳税人有中国公民身份号码的,以中国公民身份号码为纳税人识别号;纳税人没有中国公民身份号码的,由税务机关赋予其纳税人识别号。扣缴义务人扣缴税款时,纳税人应当向扣缴义务人提供纳税人识别号。

[《中华人民共和国个人所得税法》第九条]

自然人纳税人识别号,是自然人纳税人办理各类涉税事项的唯一代码标识。

有中国公民身份号码的,以其中国公民身份号码作为纳税人识别号;没有中国公民身份号码的,由税务机关赋予其纳税人识别号。

纳税人首次办理涉税事项时,应当向税务机关或者扣缴义务人出示有效身份证件,并报送相关基础信息。

税务机关应当在赋予自然人纳税人识别号后告知或者通过扣缴义务人告知纳税人其纳税人识别号,并为自然人纳税人查询本人纳税人识别号提供便利。

[《国家税务总局关于自然人纳税人识别号有关事项的公告》(国家税务总局公告 2018 年第 59 号)]

9.1.1 有效身份证件

"有效身份证件",是指:

(1) 纳税人为中国公民且持有有效《中华人民共和国居民身份证》(以下简称居民身份证)的,为居民身份证。

(2) 纳税人为华侨且没有居民身份证的,为有效的《中华人民共和国护照》和华侨身份证明。

(3) 纳税人为港澳居民的,为有效的《港澳居民来往内地通行证》或《中华人民共和国港澳居民居住证》。

(4) 纳税人为台湾居民的,为有效的《台湾居民来往大陆通行证》或《中华人民共和国台湾居民居住证》。

(5) 纳税人为持有有效《中华人民共和国外国人永久居留身份证》(以下简称永久居留证)的外籍个人的,为永久居留证和外国护照;未持有永久居留证但持有有效《中华人民共和国外国人工作许可证》(以下简称工作许可证)的,为工作许可证和外国护照;其他外籍个人,为有效的外国护照。

[《国家税务总局关于自然人纳税人识别号有关事项的公告》(国家税务总局公告 2018 年第 59 号)]

9.1.2 纳税人识别号作用

自然人纳税人办理纳税申报、税款缴纳、申请退税、开具完税凭证、纳税查询等涉税事项时应当向税务机关或扣缴义务人提供纳税人识别号。

[《国家税务总局关于自然人纳税人识别号有关事项的公告》(国家税务总局公告2018年第59号)]

9.1.3 纳税记录

从2019年1月1日起,纳税人申请开具税款所属期为2019年1月1日(含)以后的个人所得税缴(退)税情况证明的,税务机关不再开具《税收完税证明》(文书式),调整为开具《纳税记录》;纳税人申请开具税款所属期为2018年12月31日(含)以前个人所得税缴(退)税情况证明的,税务机关继续开具《税收完税证明》(文书式)。

[《国家税务总局关于将个人所得税〈税收完税证明〉(文书式)调整为〈纳税记录〉有关事项的公告》(国家税务总局公告2018年第55号)]

9.1.3.1 自行开具途径及异议核实

纳税人2019年1月1日以后取得应税所得并由扣缴义务人向税务机关办理了全员全额扣缴申报,或根据税法规定自行向税务机关办理纳税申报的,不论是否实际缴纳税款,均可以申请开具《纳税记录》。

纳税人可以通过电子税务局、手机App申请开具本人的个人所得税《纳税记录》,也可到办税服务厅申请开具。

纳税人对个人所得税《纳税记录》存在异议的,可以向该项记录中列明的税务机关申请核实。

[《国家税务总局关于将个人所得税〈税收完税证明〉(文书式)调整为〈纳税记录〉有关事项的公告》(国家税务总局公告2018年第55号)]

9.1.3.2 委托他人开具提供资料

纳税人可以委托他人持下列证件和资料到办税服务厅代为开具个人所得税《纳税记录》:

(1)委托人及受托人有效身份证件原件。

(2)委托人书面授权资料。

[《国家税务总局关于将个人所得税〈税收完税证明〉(文书式)调整为〈纳税记录〉有关事项的公告》(国家税务总局公告2018年第55号)]

9.1.3.3 纳税记录验证

税务机关提供个人所得税《纳税记录》(见图9-1)的验证服务,支持通过电子税务局、手机App等方式进行验证。具体验证方法见个人所得税《纳税记录》中的相关说明。

[《国家税务总局关于将个人所得税〈税收完税证明〉(文书式)调整为〈纳税记录〉有关事项的公告》(国家税务总局公告2018年第55号)]

(xxxx) xxxx 记录 00000000

中华人民共和国
个人所得税纳税记录

（原《税收完税证明》）

查询验证码

xxxx-xxxx-xxxx-xxxx

记 录 期 间：

纳税人名称：　　　　　　　　　　　纳税人识别号：

身份证件类型：　　　　　　　　　　身份证件号码：

金额单位:元

申报日期	实缴(退)金额	入(退)库日期	……	……	……	

| 金额合计 | | | | | | |

说明：
1.本记录涉及纳税人敏感信息，请妥善保存；
2.您可通过以下方式对本记录进行验证：
　（1）通过手机 App 扫描右上角二维码进行验证；
　（2）通过自然人税收管理系统输入右上角查询验证码进行验证；
3.不同打印设备造成的色差不影响使用效力。
本凭证不作纳税人记账、抵扣凭证

开具机关（盖章）：

开具时间：

当前第1页,共1页

图 9-1　纳税记录

9.1.3.4 税收完税证明处理

纳税人就特定期间完税情况申请开具证明的,税务机关为其提供开具《税收完税证明》的服务。

自2019年1月1日起,《税收完税证明》不再作为税收票证管理,不再套印"国家税务总局税收票证监制章",加盖的税务机关印章由"征税专用章"调整为"业务专用章"。

各地税务机关要做好调整后的《税收完税证明》网上开具工作。网上开具的式样与办税服务厅开具的一致,加印电子形式的业务专用章。

调整后的《税收完税证明》的开具内容、开具方式和管理办法由各省税务机关确定。

[《国家税务总局关于明确〈税收完税证明〉(文书式)开具管理有关事项的通知》(税总函〔2018〕628号)]

9.2 代扣代缴制度

9.2.1 扣缴义务人

个人所得税以所得人为纳税人,以支付所得的单位或者个人为扣缴义务人。

[《中华人民共和国个人所得税法》第九条]

扣缴义务人向个人支付应税款项时,应当依照《个人所得税法》规定预扣或者代扣税款,按时缴库,并专项记载备查。

支付,包括现金支付、汇拨支付、转账支付和以有价证券、实物,以及其他形式的支付。

[《中华人民共和国个人所得税法实施条例》二十四条]

关于扣缴义务人的认定,按照《个人所得税法》的规定,向个人支付所得的单位和个人为扣缴义务人。由于支付所得的单位和个人与取得所得的人之间有多重支付的现象,有时难以确定扣缴义务人。为保证全国执行的统一,现将认定标准规定为:凡税务机关认定对所得的支付对象和支付数额有决定权的单位和个人,即为扣缴义务人。

[《国家税务总局关于个人所得税偷税案件查处中有关问题的补充通知》(国税函发〔1996〕602号)]

9.2.2 扣缴范围

实行个人所得税全员全额扣缴申报的应税所得包括:
(1) 工资、薪金所得。
(2) 劳务报酬所得。
(3) 稿酬所得。

(4) 特许权使用费所得。

(5) 利息、股息、红利所得。

(6) 财产租赁所得。

(7) 财产转让所得。

(8) 偶然所得。

纳税人需要享受税收协定待遇的,应当在取得应税所得时主动向扣缴义务人提出,并提交相关信息、资料,扣缴义务人代扣代缴税款时按照享受税收协定待遇有关办法办理。

[《个人所得税扣缴申报管理办法(试行)》(国家税务总局公告2018年第61号印发)]

热点问题　出版代理商代出版社支付稿费是否要代扣代缴个人所得税?按什么征税项目代扣个人所得税?

答:出版代理商没有出版资质,其主要是在出版社与作者之间从事中介服务,发现好的作品,作者将书稿使用权交予出版代理商,出版代理商介绍给出版社审核,并由出版代理商进行投资出版、印刷、销售等业务,支付作者稿费。根据《个人所得税法》的规定,个人所得税以所得人为纳税人,以支付所得的单位或者个人为扣缴义务人,因此,出版代理商支付稿费时应按规定代扣代缴个人所得税,可以凭著作权使用或转让合同按"稿酬所得"代扣代缴个人所得税。

9.2.2.1 行政机关、事业单位工资发放方式改革后扣缴个人所得税问题

(1) 行政机关、事业单位改革工资发放方式后,随着支付工资所得单位的变化,其扣缴义务人也有所变化。根据《个人所得税法》第九条的规定,凡是有向个人支付工薪所得行为的财政部门(或机关事务管理、人事等部门)、行政机关、事业单位均为个人所得税的扣缴义务人。

(2) 财政部门(或机关事务管理、人事等部门)向行政机关、事业单位工作人员发放工资时应依法代扣代缴个人所得税。行政机关、事业单位再向个人支付与任职、受雇有关的其他所得时,应将个人的这部分所得与财政部门(或机关事务管理、人事等部门)发放的工资合并计算应纳税所得额和应纳税额,并就应纳税额与财政部门(或机关事务管理、人事等部门)已扣缴税款的差额部分代扣代缴个人所得税。

(3) 各地要结合此次行政机关、事业单位工资发放方式的改革,全面办理扣缴登记,准确掌握本地行政机关、事业单位和财政部门(或机关事务管理、人事等部门)的户数,并对所有行政机关、事业单位、财政部门(或机关事务管理、人事等部门)扣缴个人所得税情况认真进行管理和检查,针对存在问题,研究制定进一步加强行政机关、事业单位工薪所得扣缴个人所得税征管工作的措施。

[《国家税务总局关于行政机关、事业单位工资发放方式改革后扣缴个人所得税问题的通知》(国税发〔2001〕19号)]

9.2.2.2　企业债券利息个人所得税代扣代缴问题

企业债券利息个人所得税统一由各兑付机构在向持有债券的个人兑付利息时负责代扣代缴,就地入库。各兑付机构应按照《个人所得税法》的有关规定做好代扣代缴个人所得税工作。

各级税务机关应加强对各兑付机构个人所得税代扣代缴工作的管理,保证税款及时足额入库。

[《国家税务总局关于加强企业债券利息个人所得税代扣代缴工作的通知》(国税函〔2003〕612号)]

9.2.2.3　国际组织驻华机构和外国政府驻华使领馆中方雇员个人所得税扣缴

根据《个人所得税法》的规定,对于在国际组织驻华机构和外国政府驻华使领馆中工作的中方雇员的个人所得税,应以直接支付所得的单位或者个人作为代扣代缴义务人,考虑到国际组织驻华机构和外国政府驻华使领馆的特殊性,各级税务机关可暂不要求国际组织驻华机构和外国政府驻华使领馆履行个人所得税代扣代缴义务。

鉴于北京外交人员服务局和各省(市)省级人民政府指定的外事服务单位等机构,通过一定途径能够掌握在国际组织驻华机构、外国政府驻华使领馆工作的中方雇员受雇情况,根据《税收征收管理法实施细则》第四十四条的规定,各主管税务机关可委托外交人员服务机构代征上述中方雇员的个人所得税。各主管税务机关要加强与外事服务单位联系,及时办理国际组织驻华机构和外国政府驻华使领馆中方雇员个人所得税委托代征手续。

接受委托代征个人所得税的各外事服务单位应采取有效措施,掌握国际组织驻华机构和外国政府驻华使领馆中方雇员受雇及收入情况,严格依照法律规定征收解缴税款,并按月向主管税务机关通报有关信息。

[《国家税务总局关于国际组织驻华机构、外国政府驻华使领馆和驻华新闻机构雇员个人所得税征收方式的通知》(国税函〔2004〕808号)]

9.2.2.4　驻华新闻机构中外籍雇员个人所得税扣缴问题

北京、上海、广东、四川等有外国驻当地新闻媒体机构的省(市)税务局应定期向省级人民政府外事办公室索要《外国驻华新闻媒体名册》,了解、掌握外国驻当地新闻媒体机构和外籍人员变动情况,并据此要求上述驻华新闻机构做好中外籍记者、雇员个人所得税扣缴工作。

[《国家税务总局关于国际组织驻华机构、外国政府驻华使领馆和驻华新闻机构雇员个人所得税征收方式的通知》(国税函〔2004〕808号)]

9.2.2.5　实习生报酬个人所得税扣缴问题

对中等职业学校和高等院校实习生取得的符合我国《个人所得税法》规定的报酬,企业应代扣代缴其相应的个人所得税款。

中等职业学校包括普通中等专业学校、成人中等专业学校、职业高中(职教中心)和技工学校；高等院校包括高等职业院校、普通高等院校和全日制成人高等院校。

[《财政部 国家税务总局关于企业支付学生实习报酬有关所得税政策问题的通知》（财税〔2006〕107号）]

9.2.2.6 拍卖财产所得扣缴问题

个人财产拍卖所得应纳的个人所得税税款，由拍卖单位负责代扣代缴，并按规定向拍卖单位所在地主管税务机关办理纳税申报。

拍卖单位代扣代缴个人财产拍卖所得应纳的个人所得税税款时，应给纳税人填开完税凭证，并详细标明每件拍卖品的名称、拍卖成交价格、扣缴税款额。

主管税务机关应加强对个人财产拍卖所得的税收征管工作，在拍卖单位举行拍卖活动期间派工作人员进入拍卖现场，了解拍卖的有关情况，宣传辅导有关税收政策，审核鉴定原值凭证和费用凭证，督促拍卖单位依法代扣代缴个人所得税。

[《国家税务总局关于加强和规范个人取得拍卖收入征收个人所得税有关问题的通知》（国税发〔2007〕38号）]

9.2.2.7 利息、股息、红利的扣缴义务人

利息、股息、红利所得实行源泉扣缴的征收方式，其扣缴义务人应是直接向纳税义务人支付利息、股息、红利的单位。

[《国家税务总局关于印发〈征收个人所得税若干问题的规定〉的通知》（国税发〔1994〕89号）]

解读 ▶ 股息、红利所得的个人所得税扣缴义务人，应是直接向纳税义务人支付股息、红利的单位，股份制企业分配股息、红利所得，个人所得税扣缴义务人是股份制企业。所扣缴的个人所得税款，应在股份制企业所在地就地入库。

扣缴义务人将属于纳税义务人应得的利息、股息、红利收入，通过扣缴义务人的往来会计科目分配到个人名下，收入所有人有权随时提取，在这种情况下，扣缴义务人将利息、股息、红利所得分配到个人名下时，即应认为所得的支付，应按税收规定及时代扣代缴个人应缴纳的个人所得税。

[《国家税务总局关于利息、股息、红利所得征税问题的通知》（国税函〔1997〕656号）]

热点问题 合伙企业对外投资分回的利息或者股息、红利，不并入企业的收入，而应单独作为投资者个人取得的利息、股息、红利所得，按"利息、股息、红利所得"应税项目计算缴纳个人所得税，此时是否有扣缴义务人？扣缴义务人是合伙企业所投资的企业还是合伙企业？

答：合伙企业所投资的企业支付利息或者股息、红利的对象是合伙企业，合伙企业从法律属性上不是自然人，被投资企业是没有扣缴义务的。根据《个人所得税法》第九条的规定，以支付所得的单位或者个人为扣缴义务人。因此，合伙企业收到被投资企业分回的利息或者股息、红利，在向自然人合伙人分配时，由于是按"利息、股息、红利所得"应税项目计算缴纳个人所得税，属于扣缴范围，应按规定履行扣缴义务扣缴自然人合伙人的

个人所得税。

9.2.3 扣缴频次

纳税人取得利息、股息、红利所得，财产租赁所得，财产转让所得和偶然所得，按月或者按次计算个人所得税，有扣缴义务人的，由扣缴义务人按月或者按次代扣代缴税款。

[《中华人民共和国个人所得税法》第十二条]

扣缴义务人支付利息、股息、红利所得，财产租赁所得，财产转让所得或者偶然所得时，应当依法按次或者按月代扣代缴税款。

劳务报酬所得、稿酬所得、特许权使用费所得，属于一次性收入的，以取得该项收入为一次；属于同一项目连续性收入的，以一个月内取得的收入为一次。

财产租赁所得，以一个月内取得的收入为一次。

利息、股息、红利所得，以支付利息、股息、红利时取得的收入为一次。

偶然所得，以每次取得该项收入为一次。

[《个人所得税扣缴申报管理办法（试行）》（国家税务总局公告2018年第61号印发）]

9.2.4 扣缴申报

9.2.4.1 全员全额扣缴申报

扣缴义务人应当按照国家规定办理全员全额扣缴申报，并向纳税人提供其个人所得和已扣缴税款等信息。

扣缴义务人每月或者每次预扣、代扣的税款，应当在次月15日内缴入国库，并向税务机关报送扣缴个人所得税申报表。

[《中华人民共和国个人所得税法》第十条、第十四条]

全员全额扣缴申报，是指扣缴义务人在代扣税款的次月15日内，向主管税务机关报送其支付所得的所有个人的有关信息、支付所得数额、扣除事项和数额、扣缴税款的具体数额和总额以及其他相关涉税信息资料。

扣缴义务人应当按照纳税人提供的信息计算办理扣缴申报，不得擅自更改纳税人提供的信息。

[《中华人民共和国个人所得税法实施条例》第二十六条、第三十条]

扣缴义务人，是指向个人支付所得的单位或者个人。扣缴义务人应当依法办理全员全额扣缴申报。

全员全额扣缴申报，是指扣缴义务人应当在代扣税款的次月15日内，向主管税务机关报送其支付所得的所有个人的有关信息、支付所得数额、扣除事项和数额、扣缴税款的具体数额和总额，以及其他相关涉税信息资料。

扣缴义务人每月或者每次预扣、代扣的税款，应当在次月15日内缴入国库，并向税务机关报送《个人所得税扣缴申报表》。

扣缴义务人应当按照纳税人提供的信息计算税款、办理扣缴申报，不得擅自更改纳税人提供的信息。

[《个人所得税扣缴申报管理办法（试行）》（国家税务总局公告2018年第61号印发）]

表9-1 个人所得税扣缴申报表

税款所属期：　　年　月　日至　　年　月　日

扣缴义务人名称：

扣缴义务人纳税人识别号（统一社会信用代码）：□□□□□□□□□□□□□□□□□□

序号	姓名	身份证件类型	身份证件号码	纳税人识别号	是否为非居民个人	所得项目	本月（次）情况															累计情况										税款计算								备注
							收入额计算			专项扣除				其他扣除								累计收入额	累计减除费用	累计专项扣除	累计专项附加扣除					累计其他扣除	累按计税比例减予扣除的捐赠额									
							收入	减除费用	免税收入	基本养老保险费	基本医疗保险费	失业保险费	住房公积金	年金	商业健康保险	税延养老保险	财产原值	允许扣除的税费	其他						子女教育	继续教育	住房贷款利息	住房租金	赡养老人	3岁以下婴幼儿照护			准予扣除的捐赠额	应纳税所得额	税率/预扣率	速算扣除数	应纳税额	减免税额	已缴税额	应补/退税额	
1	2	3	4	5	6	7	8	9	10	11	12	13	14	15	16	17	18	19	20	21	22	23	24	25	26	27	28	29	30	31	32	33	34	35	36	37	38	39	40	41
合计																																								

谨声明：本表是根据国家税收法律法规及相关规定填报的，是真实的、可靠的、完整的。

扣缴义务人（签章）：　　　　　　　　　　　　　　　　　　年　月　日

经办人签字：	受理人：
经办人身份证件号码：	
代理机构签章：	受理税务机关（章）：
代理机构统一社会信用代码：	受理日期：　　年　月　日

金额单位：人民币元（列至角分）

《个人所得税扣缴申报表》填表说明

一、适用范围

本表适用于扣缴义务人向居民个人支付工资、薪金所得,劳务报酬所得,稿酬所得和特许权使用费所得的个人所得税全员全额预扣预缴申报;向非居民个人支付工资、薪金所得,劳务报酬所得,稿酬所得和特许权使用费所得的个人所得税全员全额扣缴申报;以及向纳税人(居民个人和非居民个人)支付利息、股息、红利所得,财产租赁所得,财产转让所得和偶然所得的个人所得税全员全额扣缴申报。

二、报送期限

扣缴义务人应当在每月或者每次预扣、代扣税款的次月15日内,将已扣税款缴入国库,并向税务机关报送本表。

三、本表各栏填写

(一)表头项目

1. 税款所属期:填写扣缴义务人预扣、代扣税款当月的第1日至最后1日。如:2019年3月20日发放工资时代扣的税款,税款所属期填写"2019年3月1日至2019年3月31日"。

2. 扣缴义务人名称:填写扣缴义务人的法定名称全称。

3. 扣缴义务人纳税人识别号(统一社会信用代码):填写扣缴义务人的纳税人识别号或者统一社会信用代码。

(二)表内各栏

1. 第2列"姓名":填写纳税人姓名。

2. 第3列"身份证件类型":填写纳税人有效的身份证件名称。中国公民有中华人民共和国居民身份证的,填写居民身份证;没有居民身份证的,填写中华人民共和国护照、港澳居民来往内地通行证或者港澳居民居住证、台湾居民通行证或者台湾居民居住证、外国人永久居留身份证、外国人工作许可证或者护照等。

3. 第4列"身份证件号码":填写纳税人有效身份证件上载明的证件号码。

4. 第5列"纳税人识别号":有中国公民身份号码的,填写中华人民共和国居民身份证上载明的"公民身份号码";没有中国公民身份号码的,填写税务机关赋予的纳税人识别号。

5. 第6列"是否为非居民个人":纳税人为居民个人的填"否"。为非居民个人的,根据合同、任职期限、预期工作时间等不同情况,填写"是,且不超过90天"或者"是,且超过90天不超过183天"。不填默认为"否"。

其中,纳税人为非居民个人的,填写"是,且不超过90天"的,当年在境内实际居住超过90天的次月15日内,填写"是,且超过90天不超过183天"。

6. 第7列"所得项目":填写纳税人取得的个人所得税法第二条规定的应税所得项目名称。同一纳税人取得多项或者多次所得的,应分行填写。

7. 第8~21列"本月(次)情况":填写扣缴义务人当月(次)支付给纳税人的所得,以及按规定各所得项目当月(次)可扣除的减除费用、专项扣除、其他扣除等。其中,工资、薪金所得预扣预缴个人所得税时扣除的专项附加扣除,按照纳税年度内纳税人在该任职受雇单位截至当月可享受的各专项附加扣除项目的扣除总额,填写至"累计情况"中第25~30列相应栏,本月情况中则无须填写。

(1)"收入额计算":包含"收入""费用""免税收入"。收入额=第8列-第9列-第10列。

① 第8列"收入":填写当月(次)扣缴义务人支付给纳税人所得的总额。

② 第9列"费用":取得劳务报酬所得、稿酬所得、特许权使用费所得时填写,取得其他各项所得时无

须填写本列。居民个人取得上述所得,每次收入不超过4 000元的,费用填写"800"元;每次收入4 000元以上的,费用按收入的20%填写。非居民个人取得劳务报酬所得、稿酬所得、特许权使用费所得,费用按收入的20%填写。

③ 第10列"免税收入":填写纳税人各所得项目收入总额中,包含的税法规定的免税收入金额。其中,税法规定"稿酬所得的收入额减按70%计算",对稿酬所得的收入额减计的30%部分,填入本列。

(2) 第11列"减除费用":按税法规定的减除费用标准填写。如,2019年纳税人取得工资、薪金所得按月申报时,填写5 000元。纳税人取得财产租赁所得,每次收入不超过4 000元的,填写800元;每次收入4 000元以上的,按收入的20%填写。

(3) 第12~15列"专项扣除":分别填写按规定允许扣除的基本养老保险费、基本医疗保险费、失业保险费、住房公积金(以下简称"三险一金")的金额。

(4) 第16~21列"其他扣除":分别填写按规定允许扣除的项目金额。

8. 第22~31列"累计情况":本栏适用于居民个人取得工资、薪金所得,保险营销员、证券经纪人取得佣金收入等按规定采取累计预扣法预扣预缴税款时填报。

(1) 第22列"累计收入额":填写本纳税年度截至当前月份,扣缴义务人支付给纳税人的工资、薪金所得,或者支付给保险营销员、证券经纪人的劳务报酬所得的累计收入额。

(2) 第23列"累计减除费用":按照5 000元/月乘以纳税人当年在本单位的任职受雇或者从业的月份数计算。

(3) 第24列"累计专项扣除":填写本年度截至当前月份,按规定允许扣除的"三险一金"的累计金额。

(4) 第25~30列"累计专项附加扣除":分别填写截至当前月份,纳税人按规定可享受的子女教育、继续教育、住房贷款利息或者住房租金、赡养老人、3岁以下婴幼儿照护扣除的累计金额。大病医疗扣除由纳税人在年度汇算清缴时办理,此处无须填报。

(5) 第31列"累计其他扣除":填写本年度截至当前月份,按规定允许扣除的年金(包括企业年金、职业年金)、商业健康保险、税延养老保险及其他扣除项目的累计金额。

9. 第32列"减按计税比例":填写按规定实行应纳税所得额减计税收优惠的减计比例。无减计规定的,可不填,系统默认为100%。如,某项税收政策实行减按60%计入应纳税所得额,则本列填60%。

10. 第33列"准予扣除的捐赠额":是指按照税法及相关法规、政策规定,可以在税前扣除的捐赠额。

11. 第34~40列"税款计算":填写扣缴义务人当月扣缴个人所得税款的计算情况。

(1) 第34列"应纳税所得额":根据相关列次计算填报。

① 居民个人取得工资、薪金所得,填写累计收入额减除累计减除费用、累计专项扣除、累计专项附加扣除、累计其他扣除后的余额。

② 非居民个人取得工资、薪金所得,填写收入额减去减除费用后的余额。

③ 居民个人或者非居民个人取得劳务报酬所得、稿酬所得、特许权使用费所得,填写本月(次)收入额减除其他扣除后的余额。

保险营销员、证券经纪人取得的佣金收入,填写累计收入额减除累计减除费用、累计其他扣除后的余额。

④ 居民个人或者非居民个人取得利息、股息、红利所得和偶然所得,填写本月(次)收入额。

⑤ 居民个人或者非居民个人取得财产租赁所得,填写本月(次)收入额减去减除费用、其他扣除后的

余额。

⑥ 居民个人或者非居民个人取得财产转让所得,填写本月(次)收入额减除财产原值、允许扣除的税费后的余额。

其中,适用"减按计税比例"的所得项目,其应纳税所得额按上述方法计算后乘以减按计税比例的金额填报。

按照税法及相关法规、政策规定,可以在税前扣除的捐赠额,可以按上述方法计算后从应纳税所得额中扣除。

(2) 第35～36列"税率/预扣率""速算扣除数":填写各所得项目按规定适用的税率(或预扣率)和速算扣除数。没有速算扣除数的,则不填。

(3) 第37列"应纳税额":根据相关列次计算填报。第37列＝第34列×第35列－第36列。

(4) 第38列"减免税额":填写符合税法规定可减免的税额,并附报《个人所得税减免税事项报告表》。居民个人工资、薪金所得,以及保险营销员、证券经纪人取得佣金收入,填写本年度累计减免税额;居民个人取得工资、薪金以外的所得或非居民个人取得各项所得,填写本月(次)减免税额。

(5) 第39列"已缴税额":填写本年或本月(次)纳税人同一所得项目,已由扣缴义务人实际扣缴的税款金额。

(6) 第40列"应补/退税额":根据相关列次计算填报。第40列＝第37列－第38列－第39列。

四、其他事项说明

以纸质方式报送本表的,应当一式两份,扣缴义务人、税务机关各留存一份。

[《个人所得税专项附加扣除操作办法(试行)》(国家税务总局公告2022年第7号修订发布)]

9.2.4.2　错误信息报告

纳税人发现扣缴义务人提供或者扣缴申报的个人信息、所得、扣缴税款等与实际情况不符的,有权要求扣缴义务人修改。扣缴义务人拒绝修改的,纳税人应当报告税务机关,税务机关应当及时处理。

[《中华人民共和国个人所得税法实施条例》第三十条]

扣缴义务人发现纳税人提供的信息与实际情况不符的,可以要求纳税人修改。纳税人拒绝修改的,扣缴义务人应当报告税务机关,税务机关应当及时处理。

纳税人发现扣缴义务人提供或者扣缴申报的个人信息、支付所得、扣缴税款等信息与实际情况不符的,有权要求扣缴义务人修改。扣缴义务人拒绝修改的,纳税人应当报告税务机关,税务机关应当及时处理。

[《个人所得税扣缴申报管理办法(试行)》(国家税务总局公告2018年第61号印发)]

9.2.4.3　个人所得税基础信息报送

扣缴义务人首次向纳税人支付所得时,应当按照纳税人提供的纳税人识别号等基础信息,填写《个人所得税基础信息表(A表)》(见表9-2),并于次月扣缴申报时向税务机关报送。

扣缴义务人对纳税人向其报告的相关基础信息变化情况,应当于次月扣缴申报时向税务机关报送。

表 9-2 个人所得税基础信息表(A 表)

(适用于扣缴义务人填报)

扣缴义务人名称：

扣缴义务人纳税人识别号(统一社会信用代码)：□□□□□□□□□□□□□□□□□□

序号	纳税人基本信息（带*必填）					任职受雇从业信息				联系方式				银行账户		投资信息		其他信息		华侨、港澳台、外籍个人信息（带*必填）				备注
	纳税人识别号	*纳税人姓名	*身份证件类型	*身份证件号码	*出生日期	*国籍/地区	类型	职务	学历	任职受雇从业日期	离职日期	手机号码	户籍所在地	经常居住地地址	联系电子邮箱	开户银行	银行账号	投资额(元)	投资比例	是否残疾、孤老、烈属	残疾、烈属证号	*出生地	*性别	*再次入境时间	*预计离境时间	涉税事由	
1	2	3	4	5	6	7	8	9	10	11	12	13	14	15	16	17	18	19	20	21	22	23	24	25	26	27	28	29

谨声明：本表是根据国家税收法律法规及相关规定填报的，是真实的、可靠的、完整的。

扣缴义务人(签章)：　　　　　　　　　　　年　月　日

经办人签字： 经办人身份证件号码： 代理机构签章： 代理机构统一社会信用代码：	受理人： 受理税务机关(章)： 受理日期：　　年　月　日

国家税务总局监制

《个人所得税基础信息表(A 表)》填表说明

一、适用范围

本表由扣缴义务人填报。适用于扣缴义务人办理全员全额扣缴申报时，填报其支付所得的纳税人的基础信息。

二、报送期限

扣缴义务人首次向纳税人支付所得，或者纳税人相关基础信息发生变化的，应当填写本表，并于次月扣缴申报时向税务机关报送。

三、本表各栏填写

本表带"*"项目分为必填和条件必填，其余项目为选填。

(一)表头项目

1. 扣缴义务人名称：填写扣缴义务人的法定名称全称。

2. 扣缴义务人纳税人识别号(统一社会信用代码)：填写扣缴义务人的纳税人识别号或者统一社会信用代码。

(二)表内各栏

1. 第 2~8 列"纳税人基本信息"：填写纳税人姓名、证件等基本信息。

(1) 第 2 列"纳税人识别号":有中国公民身份号码的,填写中华人民共和国居民身份证上载明的"公民身份号码";没有中国公民身份号码的,填写税务机关赋予的纳税人识别号。

(2) 第 3 列"纳税人姓名":填写纳税人姓名。外籍个人英文姓名按照"先姓(surname)后名(given name)"的顺序填写,确实无法区分姓和名的,按照证件上的姓名顺序填写。

(3) 第 4 列"身份证件类型":根据纳税人实际情况填写。

① 有中国公民身份号码的,应当填写《中华人民共和国居民身份证》(简称"居民身份证")。

② 华侨应当填写《中华人民共和国护照》(简称"中国护照")。

③ 港澳居民可选择填写《港澳居民来往内地通行证》(简称"港澳居民通行证")或者《中华人民共和国港澳居民居住证》(简称"港澳居民居住证");台湾居民可选择填写《台湾居民来往大陆通行证》(简称"台湾居民通行证")或者《中华人民共和国台湾居民居住证》(简称"台湾居民居住证")。

④ 外籍人员可选择填写《中华人民共和国外国人永久居留身份证》(简称"外国人永久居留证")、《中华人民共和国外国人工作许可证》(简称"外国人工作许可证")或者外国护照。

⑤ 其他符合规定的情形填写"其他证件"。

身份证件类型选择"港澳居民居住证"的,应当同时填写"港澳居民通行证";身份证件类型选择"台湾居民居住证"的,应当同时填写"台湾居民通行证";身份证件类型选择"外国人永久居留证"或者"外国人工作许可证"的,应当同时填写"外国护照"。

(4) 第 5~6 列"身份证件号码""出生日期":根据纳税人身份证件上的信息填写。

(5) 第 7 列"国籍/地区":填写纳税人所属的国籍或者地区。

2. 第 8~12 列"任职受雇从业信息":填写纳税人与扣缴义务人之间的任职受雇从业信息。

(1) 第 8 列"类型":根据实际情况填写"雇员""保险营销员""证券经纪人"或者"其他"。

(2) 第 9~12 列"职务""学历""任职受雇从业日期""离职日期":其中,当第 9 列"类型"选择"雇员""保险营销员"或者"证券经纪人"时,填写纳税人与扣缴义务人建立或者解除相应劳动或者劳务关系的日期。

3. 第 13~17 列"联系方式":

(1) 第 13 列"手机号码":填写纳税人境内有效手机号码。

(2) 第 14~16 列"户籍所在地""经常居住地""联系地址":填写纳税人境内有效户籍所在地、经常居住地或者联系地址,按以下格式填写(具体到门牌号):____省(区、市)____市____区(县)__街道(乡、镇)____。

(3) 第 17 列"电子邮箱":填写有效的电子邮箱。

4. 第 18~19 列"银行账户":填写个人境内有效银行账户信息,开户银行填写到银行总行。

5. 第 20~21 列"投资信息":纳税人为扣缴单位的股东、投资者的,填写本栏。

6. 第 22~23 列"其他信息":如纳税人有"残疾、孤老、烈属"情况的,填写本栏。

7. 第 24~28 列"华侨、港澳台、外籍个人信息":纳税人为华侨、港澳台居民、外籍个人的填写本栏。

(1) 第 24 列"出生地":填写华侨、港澳台居民、外籍个人的出生地,具体到国家或者地区。

(2) 第 26~27 列"首次入境时间""预计离境时间":填写华侨、港澳台居民、外籍个人首次入境和预计离境的时间,具体到年月日。预计离境时间发生变化的,应及时进行变更。

(3) 第 28 列"涉税事由":填写华侨、港澳台居民、外籍个人在境内涉税的具体事由,包括"任职受雇""提供临时劳务""转让财产""从事投资和经营活动""其他"。如有多项事由的,应同时填写。

四、其他事项说明

以纸质方式报送本表的,应当一式两份,扣缴义务人、税务机关各留存一份。

[《个人所得税扣缴申报管理办法(试行)》(国家税务总局公告 2018 年第 61 号印发)、《国家税务总局关于修订个人所得税申报表的公告》(国家税务总局公告 2019 年第 7 号)]

9.2.4.4　协定待遇处理

纳税人需要享受税收协定待遇的,应当在取得应税所得时主动向扣缴义务人提出,并提交相关信息、资料,扣缴义务人代扣代缴税款时按照享受税收协定待遇有关办法办理(详见 8.6.28"非居民享受协定待遇管理")。

[《个人所得税扣缴申报管理办法(试行)》(国家税务总局公告 2018 年第 61 号印发)]

9.2.5　扣缴税款信息与保密要求

支付工资、薪金所得的扣缴义务人应当于年度终了后两个月内,向纳税人提供其个人所得和已扣缴税款等信息。纳税人年度中间需要提供上述信息的,扣缴义务人应当提供。

纳税人取得除工资、薪金所得以外的其他所得,扣缴义务人应当在扣缴税款后,及时向纳税人提供其个人所得和已扣缴税款等信息。

扣缴义务人应当依法对纳税人报送的专项附加扣除等相关涉税信息和资料保密。

[《个人所得税扣缴申报管理办法(试行)》(国家税务总局公告 2018 年第 61 号印发)]

9.2.6　扣缴手续费

9.2.6.1　支付比例和用途

对扣缴义务人按照所扣缴的税款,付给2%的手续费。

[《中华人民共和国个人所得税法》第十七条]

对扣缴义务人按照规定扣缴的税款,按年付给2%的手续费。不包括税务机关、司法机关等查补或者责令补扣的税款。

扣缴义务人领取的扣缴手续费可用于提升办税能力、奖励办税人员。

[《个人所得税扣缴申报管理办法(试行)》(国家税务总局公告 2018 年第 61 号印发)]

9.2.6.2　支付方式

税务机关按照《个人所得税法》的规定付给扣缴义务人手续费,应当填开退还书;扣缴义务人凭退还书,按照国库管理有关规定办理退库手续。

[《中华人民共和国个人所得税法实施条例》第三十三条]

代扣代缴、代收代缴和委托代征税款手续费按年据实清算。代扣、代收扣缴义务人和代征人应于每年3月30日前,向税务机关提交上一年度"三代"税款手续费申请相关资料(见表9-3),因"三代"单位或个人自身原因,未及时提交申请的,视为自动放弃上一年度"三代"税款手续费。

[《财政部　税务总局　人民银行关于进一步加强代扣代收代征税款手续费管理的通知》(财行〔2019〕11号)]

表 9-3 代扣代缴手续费申请表

金额单位：人民币元（列至角分）

扣缴义务人名称			统一社会信用代码（纳税人识别号）	
联系人姓名			联系电话	
原完税情况	品目名称	税款所属时期	税票号码	实缴金额
	合计(小写)			
申请手续费金额(小写)				
声明	此表是根据国家税收法律法规及相关规定填写的，本人（单位）对填报内容（附带资料）的真实性、可靠性、完整性负责。 扣缴义务人签章：			
授权声明	如果您已委托代理人申请，请填写下列资料： 为代理个人所得税扣缴手续费申请相关事宜，现授权_____（地址）_____为代理申请人，任何与本申请有关的往来文件，都可寄于此人。 授权人签章：		税务机关填写	受理人： 受理税务机关（章）： 受理日期：

《代扣代缴手续费申请表》填表说明

一、本表适用于申请个人所得税扣缴手续费的办理。

二、扣缴义务人退付账户与原缴税账户不一致的，须另行提交资料，并经税务机关确认。

三、本表一式四联，扣缴义务人一联、税务机关三联。

四、扣缴义务人名称：填写扣缴义务人法定名称的全称。

五、统一社会信用代码（纳税人识别号）：填写扣缴义务人的统一社会信用代码或者纳税人识别号。

六、联系人名称：填写联系人姓名。

七、联系电话：填写联系人固定电话号码或手机号码。

八、品目名称：填写扣缴个人所得税的各项应税所得名称。如：工资、薪金所得。

九、原完税情况：填写退个人所得税代扣代缴手续费相关信息。分品目名称、税款所属时期、税票号码、实缴金额等项目,填写申请办理的已入库信息,上述信息应与完税费(缴款)凭证或完税电子信息一致。

十、申请手续费金额:填写申请年度计算的手续费金额。填写金额按照申请年度代扣代缴(含预扣预缴)个人所得税实际入库税额的2%计算。

[《国家税务总局关于修订部分个人所得税申报表的公告》(国家税务总局公告2019年第46号)]

9.2.7 法律责任

扣缴义务人依法履行代扣代缴义务,纳税人不得拒绝。纳税人拒绝的,扣缴义务人应当及时报告税务机关。

扣缴义务人有未按照规定向税务机关报送资料和信息、未按照纳税人提供信息虚报虚扣专项附加扣除、应扣未扣税款、不缴或少缴已扣税款、借用或冒用他人身份等行为的,依照《税收征收管理法》等相关法律、行政法规处理。

[《个人所得税扣缴申报管理办法(试行)》(国家税务总局公告2018年第61号印发)]

9.3 自行申报制度

9.3.1 自行申报情形

有下列情形之一的,纳税人应当依法办理纳税申报:
(1) 取得综合所得需要办理汇算清缴。
(2) 取得应税所得没有扣缴义务人。
(3) 取得应税所得,扣缴义务人未扣缴税款。
(4) 取得境外所得。
(5) 因移居境外注销中国户籍。
(6) 非居民个人在中国境内从两处以上取得工资、薪金所得。
(7) 国务院规定的其他情形。

[《中华人民共和国个人所得税法》第十条]

纳税人办理纳税申报的地点以及其他有关事项的具体办法,由国务院税务主管部门制定。

[《中华人民共和国个人所得税法实施条例》第二十七条]

纳税人办理自行纳税申报时,应当一并报送税务机关要求报送的其他有关资料。首次申报或者个人基础信息发生变化的,还应报送《个人所得税基础信息表(B表)》(见表9-4)。

[《国家税务总局关于个人所得税自行纳税申报有关问题的公告》(国家税务总局公告2018年第62号)]

表9-4 个人所得税基础信息表(B表)

(适用于自然人填报)

纳税人识别号：□□□□□□□□□□□□□□□□□□

基本信息（带*必填）						
基本信息	*纳税人姓名	中文名		英文名		
	*身份证件	证件类型一		证件号码		
		证件类型二		证件号码		
	*国籍/地区			*出生日期	年 月 日	
联系方式	户籍所在地	省(区、市) 市 区(县) 街道(乡、镇)_____				
	经常居住地	省(区、市) 市 区(县) 街道(乡、镇)_____				
	联系地址	省(区、市) 市 区(县) 街道(乡、镇)_____				
	*手机号码			电子邮箱		
其他信息	开户银行			银行账号		
	学历	□研究生 □大学本科 □大学本科以下				
	特殊情形	□残疾 残疾证号_____ □烈属 烈属证号_____ □孤老				
任职、受雇、从业信息						
任职受雇从业单位一	名称		国家/地区			
	纳税人识别号（统一社会信用代码）		任职受雇从业日期	年 月	离职日期	年 月
	类型	□雇员 □保险营销员 □证券经纪人 □其他	职务		□高层 □其他	
任职受雇从业单位二	名称		国家/地区			
	纳税人识别号（统一社会信用代码）		任职受雇从业日期	年 月	离职日期	年 月
	类型	□雇员 □保险营销员 □证券经纪人 □其他	职务		□高层 □其他	
该栏仅由投资者纳税人填写						
被投资单位一	名称		国家/地区			
	纳税人识别号（统一社会信用代码）		投资额(元)		投资比例	
被投资单位二	名称		国家/地区			
	纳税人识别号（统一社会信用代码）		投资额(元)		投资比例	

(续表)

该栏仅由华侨、港澳台、外籍个人填写（带＊必填）			
＊出生地		＊首次入境时间	年 月 日
＊性别		＊预计离境时间	年 月 日
＊涉税事由	□任职受雇　□提供临时劳务　□转让财产 □从事投资和经营活动　□其他		
谨声明：本表是根据国家税收法律法规及相关规定填报的，是真实的、可靠的、完整的。 　　　　　　　　　　　　纳税人（签字）：　　　　　　　　年 月 日			
经办人签字： 经办人身份证件号码： 代理机构签章： 代理机构统一社会信用代码：		受理人： 受理税务机关（章）： 受理日期：　　年 月 日	

国家税务总局监制

《个人所得税基础信息表（B表）》填表说明

一、适用范围

本表适用于自然人纳税人基础信息的填报。

二、报送期限

自然人纳税人初次向税务机关办理相关涉税事宜时填报本表；初次申报后，以后仅需在信息发生变化时填报。

三、本表各栏填写

本表带"＊"的项目为必填或者条件必填，其余项目为选填。

（一）表头项目

纳税人识别号：有中国公民身份号码的，填写中华人民共和国居民身份证上载明的"公民身份号码"；没有中国公民身份号码的，填写税务机关赋予的纳税人识别号。

（二）表内各栏

1. 基本信息：

（1）纳税人姓名：填写纳税人姓名。外籍个人英文姓名按照"先姓（surname）后名（given name）"的顺序填写，确实无法区分姓和名的，按照证件上的姓名顺序填写。

（2）身份证件：填写纳税人有效的身份证件类型及号码。

"证件类型一"按以下原则填写：

① 有中国公民身份号码的，应当填写《中华人民共和国居民身份证》（简称"居民身份证"）。

② 华侨应当填写《中华人民共和国护照》（简称"中国护照"）。

③ 港澳居民可选择填写《港澳居民来往内地通行证》（简称"港澳居民通行证"）或者《中华人民共和国港澳居民居住证》（简称"港澳居民居住证"）；台湾居民可选择填写《台湾居民来往大陆通行证》（简称"台湾居民通行证"）或者《中华人民共和国台湾居民居住证》（简称"台湾居民居住证"）。

④ 外籍个人可选择填写《中华人民共和国外国人永久居留身份证》（简称"外国人永久居留证"）、《中

华人民共和国外国人工作许可证》(简称"外国人工作许可证")或者"外国护照"。

⑤ 其他符合规定的情形填写"其他证件"。

"证件类型二"按以下原则填写:证件类型一选择"港澳居民居住证"的,证件类型二应当填写"港澳居民通行证";证件类型一选择"台湾居民居住证"的,证件类型二应当填写"台湾居民通行证";证件类型一选择"外国人永久居留证"或者"外国人工作许可证"的,证件类型二应当填写"外国护照"。证件类型一已选择"居民身份证""中国护照""港澳居民通行证""台湾居民通行证"或"外国护照",证件类型二可不填。

(3) 国籍/地区:填写纳税人所属的国籍或地区。

(4) 出生日期:根据纳税人身份证件上的信息填写。

(5) 户籍所在地、经常居住地、联系地址:填写境内地址信息,至少填写一项。有居民身份证的,"户籍所在地""经常居住地"必须填写其中之一。

(6) 手机号码、电子邮箱:填写境内有效手机号码,港澳台、外籍个人可以选择境内有效手机号码或电子邮箱中的一项填写。

(7) 开户银行、银行账号:填写有效的个人银行账户信息,开户银行填写到银行总行。

(8) 特殊情形:纳税人为残疾、烈属、孤老的,填写本栏。残疾、烈属人员还需填写残疾/烈属证件号码。

2. 任职、受雇、从业信息:填写纳税人任职受雇从业的有关信息。其中,中国境内无住所个人有境外派遣单位的,应在本栏除填写境内任职受雇从业单位、境内受聘签约单位情况外,还应一并填写境外派遣单位相关信息。填写境外派遣单位时,其纳税人识别号(社会统一信用代码)可不填。

3. 投资者纳税人填写栏:由自然人股东、投资者填写。没有,则不填。

(1) 名称:填写被投资单位名称全称。

(2) 纳税人识别号(统一社会信用代码):填写被投资单位纳税人识别号或者统一社会信用代码。

(3) 投资额:填写自然人股东、投资者在被投资单位投资的投资额(股本)。

(4) 投资比例:填写自然人股东、投资者的投资额占被投资单位投资(股本)的比例。

4. 华侨、港澳台、外籍个人信息:华侨、港澳台居民、外籍个人填写本栏。

(1) 出生地:填写华侨、港澳台居民、外籍个人的出生地,具体到国家或者地区。

(2) 首次入境时间、预计离境时间:填写华侨、港澳台居民、外籍个人首次入境和预计离境的时间,具体到年月日。预计离境时间发生变化的,应及时进行变更。

(3) 涉税事由:填写华侨、港澳台居民、外籍个人在境内涉税的具体事由,在相应事由处划"√"。如有多项事由的,同时勾选。

四、其他事项说明

以纸质方式报送本表的,应当一式两份,纳税人、税务机关各留存一份。

[《国家税务总局关于修订个人所得税申报表的公告》(国家税务总局公告2019年第7号)]

9.3.2 综合所得汇算清缴

9.3.2.1 汇算清缴的主要内容

2022年度终了后,居民个人(以下称纳税人)需要汇总2022年1月1日至12月31日取得的工资薪金、劳务报酬、稿酬、特许权使用费等四项综合所得的收入额,减除费用6万元以及专项扣除、专项附加扣除、依法确定的其他扣除和符合条件的公益慈善事业捐赠后，适用综合所得个人所得税税率并减去速算扣除数[详见5.1.1"个人所得税综合所得税率表（年度税率表）"]，计算最终应纳税额，再减去2022年已预缴税额，得出应退或应补税额，向税务机关申报并办理退税或补税。具体计算公式如下：

$$\text{应退或应补税额} = \left[\left(\text{综合所得收入额} - 60\,000\text{元} - \text{"三险一金"等专项扣除} - \text{子女教育等专项附加扣除} - \text{依法确定的其他扣除} - \text{符合条件的公益慈善事业捐赠}\right) \times \text{适用税率} - \text{速算扣除数}\right] - \text{已预缴税额}$$

汇算清缴不涉及纳税人的财产租赁等分类所得，以及按规定不并入综合所得计算纳税的所得。

[《国家税务总局关于办理2022年度个人所得税综合所得汇算清缴事项的公告》（国家税务总局公告2023年第3号）]

解读 汇算清缴，是指的年度终了，纳税人汇总工资薪金、劳务报酬、稿酬、特许权使用费等四项综合所得的全年收入额，减去全年的费用和扣除，得出应纳税所得额并按照综合所得年度税率表，计算全年应纳个人所得税，再减去年度内已经预缴的税款，向税务机关办理年度纳税申报并结清应退或应补税款的过程。简言之，就是在平时已预缴税款的基础上"查遗补漏，汇总收支，按年算账，多退少补"，这是2019年以后我国建立综合与分类相结合的个人所得税制的内在要求，也是国际通行做法。

需要注意的是：

第一，汇算清缴的主体，仅指依据《个人所得税法》规定的居民个人。非居民个人，无需办理汇算清缴。

第二，汇算清缴的范围和内容，仅指纳入综合所得范围的工资薪金、劳务报酬、稿酬、特许权使用费等四项所得。经营所得、利息股息红利所得、财产租赁所得等分类所得均不纳入汇算清缴。同时，按照有关文件规定，纳税人取得的可以不并入综合所得计算纳税的收入，也不在汇算清缴范围内，如选择单独计税的全年一次性奖金等。当然，如果纳税人在2022年取得全年一次性奖金时是单独计算纳税的，汇算清缴时也可选择并入综合所得计算纳税。

热点问题 为什么要办理汇算清缴？

答：一是通过汇算清缴可以更好地保障纳税人的合法权益。比如，一些扣除项目，像专项附加扣除中的大病医疗支出，只有年度结束，才能确切地知道全年支出金额，需要汇算清缴来补充享受扣除。纳税人在年度中间未及时享受的符合条件的子女教育、继续教育、住房贷款利息或住房租金、赡养老人、3岁以下婴幼儿照护专项附加扣除，以及减除费用、专项扣除、依法确定的其他扣除可通过汇算清缴进行扣除；汇算清缴期间对应享受的税前扣除项目，纳税人可查遗补漏，充分享受改革红利。

二是通过汇算清缴可以更加准确地计算纳税人综合所得全年应纳的个人所得税。纳税人平时取得综合所得的情形复杂，无论采取怎样的预扣预缴方法，都不可能使所有纳税人平时已预缴税额与年度应纳税额完全一致，此时两者之间就会产生"差额"，就需要通过汇算清缴进行调整。税务部门前期进一步简便优化了预扣预缴方法,不仅进一步减轻了中低收入纳税人的办税负担,也使预扣预缴税额更为精准、更加接近年度应纳税额,但仍然无法完全避免"差额"的产生。

9.3.2.2 需要办理综合所得汇算清缴的纳税人

取得综合所得需要办理汇算清缴的情形包括:

(1) 从两处以上取得综合所得,且综合所得年收入额减除专项扣除的余额超过6万元。

(2) 取得劳务报酬所得、稿酬所得、特许权使用费所得中一项或者多项所得,且综合所得年收入额减除专项扣除的余额超过6万元。

(3) 纳税年度内预缴税额低于应纳税额。

(4) 纳税人申请退税。

纳税人申请退税,应当提供其在中国境内开设的银行账户,并在汇算清缴地就地办理税款退库。

汇算清缴的具体办法由国务院税务主管部门制定。

[《中华人民共和国个人所得税法实施条例》第二十五条]

取得综合所得且符合下列情形之一的纳税人,应当依法办理汇算清缴:

(1) 从两处以上取得综合所得,且综合所得年收入额减除专项扣除后的余额超过6万元。

(2) 取得劳务报酬所得、稿酬所得、特许权使用费所得中一项或者多项所得,且综合所得年收入额减除专项扣除的余额超过6万元。

(3) 纳税年度内预缴税额低于应纳税额。

(4) 纳税人申请退税。

[《国家税务总局关于个人所得税自行纳税申报有关问题的公告》(国家税务总局公告2018年第62号)]

符合下列情形之一的,纳税人需办理汇算清缴:

(1) 已预缴税额大于汇算清缴应纳税额且申请退税的。

(2) 2022年取得的综合所得收入超过12万元且汇算清缴需要补税金额超过400元的。

因适用所得项目错误或者扣缴义务人未依法履行扣缴义务,造成2022年少申报或者未申报综合所得的,纳税人应当依法据实办理汇算清缴。

[《国家税务总局关于办理2022年度个人所得税综合所得汇算清缴事项的公告》(国家税务总局公告2023年第3号)]

解读 依据《个人所得税法》的规定,需要办理汇算清缴的情形,分为退税、补税两类。

一类是预缴税额高于应纳税额,需要申请退税的纳税人。依法申请退税是纳税人的权利。只要纳税人预缴税额大于纳税年度应纳税额,就可以依法申请年度汇算退税。实践中有一些比较典型的情形,将产生或者可能产生退税,主要如下:

（1）纳税年度综合所得年收入额不足6万元，但平时预缴过个人所得税的。

（2）纳税年度有符合享受条件的专项附加扣除，但预缴税款时没有申报扣除的。

（3）年中就业、退职或者部分月份没有收入等原因，减除费用6万元、"三险一金"等专项扣除、子女教育等专项附加扣除、企业（职业）年金以及商业健康保险、税收递延型养老保险等扣除不充分的。

（4）没有任职受雇单位，仅取得劳务报酬、稿酬、特许权使用费所得，需要通过年度汇算办理各种税前扣除的。

（5）纳税人取得劳务报酬、稿酬、特许权使用费所得，年度中间适用的预扣预缴率高于全年综合所得年适用税率的。

（6）预缴税款时，未申报享受或者未足额享受综合所得税收优惠的，如残疾人减征个人所得税优惠等。

（7）有符合条件的公益慈善事业捐赠支出，但预缴税款时未办理扣除的；等等。

另一类是预缴税额小于应纳税额，应当补税的纳税人。依法补税是纳税人的义务。实践中有一些常见情形，将导致年度汇算清缴时需要或可能需要补税，主要如下：

（1）在两个以上单位任职受雇并领取工资薪金，预缴税款时重复扣除了减除费用（5 000元/月）。

（2）除工资薪金外，纳税人还有劳务报酬、稿酬、特许权使用费所得，各项综合所得的收入加总后，导致适用综合所得年税率高于预扣预缴率；等等。

9.3.2.3 无需办理汇算清缴的纳税人

2019年1月1日至2023年12月31日居民个人取得的综合所得，年度综合所得收入不超过12万元且需要汇算清缴补税的，或者年度汇算清缴补税金额不超过400元的，居民个人可免于办理个人所得税综合所得汇算清缴。居民个人取得综合所得时存在扣缴义务人未依法预扣预缴税款的情形除外。

[《财政部 税务总局关于个人所得税综合所得汇算清缴涉及有关政策问题的公告》（财政部 税务总局公告2019年第94号）、《财政部税务总局关于延续实施全年一次性奖金等个人所得税优惠政策的公告》（财政部税务总局公告2021年第42号）]

纳税人在2022年已依法预缴个人所得税且符合下列情形之一的，无需办理汇算清缴：

（1）汇算清缴需补税但综合所得收入全年不超过12万元的。

（2）汇算清缴需补税金额不超过400元的。

（3）已预缴税额与汇算清缴应纳税额一致的。

（4）符合汇算清缴退税条件但不申请退税的。

[《国家税务总局关于办理2022年度个人所得税综合所得汇算清缴事项的公告》（国家税务总局公告2023年第3号）]

解读 ▶ 一般来讲，只要纳税人平时已预缴税额与年度应纳税额不一致，都需要办理年度汇算。为切实减轻纳税人负担，持续释放改革红利，根据国务院常务会议精神，财政部、国家税务总局制发了《关于延续实施全年一次性奖金等个人所得税优惠政策的公告》(财政部税务总局公告2021年第42号)。其中明确2021—2023年,对部分需补税的中低收入纳税人,可继续适用免予年度汇算的政策。无需办理年度汇算的情形包括:

第一类,对部分2022年1月1日至2022年12月31日取得综合所得且本应办理汇算清缴补税的纳税人,免除其汇算清缴义务。包括:纳税人综合所得年收入不超过12万元或者补税金额不超过400元,均不需办理汇算清缴。需要说明的是,纳税人取得综合所得时存在扣缴义务人未依法预扣预缴税款的,不在免予年度汇算的情形之内。

第二类,已预缴税额与年度应纳税额一致或者满足年度汇算退税条件但不申请退税的纳税人。在这两种情况下,纳税人无需退补税,或者自愿放弃退税,也就不必再办理汇算清缴。

9.3.2.4 可享受的税前扣除

下列在2022年发生的税前扣除,纳税人可在汇算清缴期间填报或补充扣除:
(1) 纳税人及其配偶、未成年子女符合条件的大病医疗支出。
(2) 符合条件的3岁以下婴幼儿照护、子女教育、继续教育、住房贷款利息或住房租金、赡养老人等专项附加扣除,以及减除费用、专项扣除、依法确定的其他扣除。
(3) 符合条件的公益慈善事业捐赠。
(4) 符合条件的个人养老金扣除。

同时取得综合所得和经营所得的纳税人,可在综合所得或经营所得中申报减除费用6万元、专项扣除、专项附加扣除以及依法确定的其他扣除,但不得重复申报减除。

[《国家税务总局关于办理2022年度个人所得税综合所得汇算清缴事项的公告》(国家税务总局公告2023年第3号)]

解读 对同时取得综合所得和经营所得的纳税人,减除费用6万元、专项扣除、专项附加扣除以及依法确定的其他扣除究竟是在综合所得中扣除,还是在经营所得中扣除?《个人所得税法实施条例》明确规定,取得经营所得的个人,没有综合所得的,计算其每一纳税年度的应纳税所得额时,应当减除费用6万元、专项扣除、专项附加扣除以及依法确定的其他扣除。而对同时取得综合所得和经营所得的纳税人,税制改革前期没有明确只能在综合所得中扣除不能在经营所得中扣除,造成各地执行政策不一。国家税务总局从2021年汇算清缴开始,明确可在综合所得或经营所得中申报减除费用6万元、专项扣除、专项附加扣除以及依法确定的其他扣除,但不得重复申报减除,应该说是从中低收入纳税人考虑,实事求是地解决了同时取得综合所得和经营所得的实际问题,即纳税人在综合所得收入低而扣无可扣的情况下,可以选择在经营所得中扣除。

9.3.2.5 办理时间

2022年度汇算清缴办理时间为2023年3月1日至6月30日。在中国境内无住所的纳税人在3月1日前离境的,可以在离境前办理。

[《国家税务总局关于办理2022年度个人所得税综合所得汇算清缴事项的公告》(国家税务总局公告2023年第3号)]

9.3.2.6 办理方式

纳税人可以委托扣缴义务人或者其他单位和个人办理汇算清缴。

[《中华人民共和国个人所得税法实施条例》第二十九条]

纳税人可自主选择下列办理方式：

（1）自行办理。

（2）通过任职受雇单位（含按累计预扣法预扣预缴其劳务报酬所得个人所得税的单位）代为办理。

纳税人提出代办要求的，单位应当代为办理，或者培训、辅导纳税人完成汇算清缴申报和退（补）税。

由单位代为办理的，纳税人应在2023年4月30日前与单位以书面或者电子等方式进行确认，补充提供2022年在本单位以外取得的综合所得收入、相关扣除、享受税收优惠等信息资料，并对所提交信息的真实性、准确性、完整性负责。纳税人未与单位确认请其代为办理的，单位不得代办。

（3）委托受托人（含涉税专业服务机构或其他单位及个人）办理，纳税人需与受托人签订授权书。

单位或受托人为纳税人办理汇算清缴后，应当及时将办理情况告知纳税人。纳税人发现汇算清缴申报信息存在错误的，可以要求单位或受托人更正申报，也可自行更正申报。

[《国家税务总局关于办理2022年度个人所得税综合所得汇算清缴事项的公告》（国家税务总局公告2023年第3号）]

解读 办理年度汇算的三种方式：自己办、单位办、请人办。

一是自己办，即纳税人自行办理。纳税人可以自行办理年度汇算，税务机关持续加大汇算清缴的政策解读和操作辅导力度，通过多种渠道提供涉税咨询服务，完善自然人电子税务局提示提醒功能，帮助纳税人顺利完成汇算清缴。对于独立完成汇算清缴存在困难的年长、行动不便等特殊人群，由纳税人提出申请，税务机关还可以提供个性化汇算清缴服务。

二是单位办，即请任职受雇单位办理。考虑到任职受雇单位对纳税人的涉税信息掌握得比较全面、准确，与纳税人联系也比较紧密，有利于更好地帮助纳税人办理汇算清缴。纳税人可以通过任职受雇单位代办汇算清缴。任职受雇单位除支付工资薪金的单位外，还包括按累计预扣法预扣预缴劳务报酬所得个人所得税的单位，主要是保险营销员、证券经纪人或正在接受全日制学历教育的实习生等情形。如纳税人向单位提出代办要求的，单位应当办理，或者培训、辅导纳税人通过自然人电子税务局自行完成汇算清缴申报和退（补）税。税务机关为单位提供申报软件，方便其为本单位人员集中办理汇算清缴申报。

需要注意的是，纳税人选择由单位代办汇算清缴的，需在汇算清缴期内（4月30日前）与单位进行确认。纳税人可通过电子邮件、短信、微信等进行确认，与书面方式有同等法律效力。为维护纳税人合法权益,《国家税务总局关于办理2022年度个人所得税综合所得汇算清缴事项的公告》(国家税务总局公告2023年第3号)还规定在纳税人确认前,单位不得为纳税人代办汇算清缴。完成确认后,纳税人需要将除本单位以外的纳税年度内全部综合所得收入、扣除、享受税收优惠等信息资料如实提供给单位,并对信息的真实性、准确性、完整性负责。

三是请人办,即委托涉税专业服务机构或其他单位及个人办理。纳税人可根据自己的情况和条件,自主委托涉税专业服务机构或其他单位、个人(受托人)办理汇算清缴。选择这种方式,受托人需与纳税人签订委托授权书,明确双方的权利、责任和义务。

需要提醒的是,单位或者受托人代为办理汇算清缴后,应当及时将办理情况告知纳税人。纳税人如果发现汇算清缴申报信息存在错误,可以要求其代办或自行办理更正申报。

9.3.2.7 办理渠道

为便利纳税人,税务机关为纳税人提供高效、快捷的网络办税渠道。纳税人可优先通过手机个人所得税App、自然人电子税务局网站办理汇算清缴,税务机关将为纳税人提供申报表项目预填服务;不方便通过上述方式办理的,也可以通过邮寄方式或到办税服务厅办理。

选择邮寄申报的,纳税人需将申报表寄送至按9.3.2.9"汇算清缴地点"确定的主管税务机关所在省、自治区、直辖市和计划单列市税务局公告的地址。

[《国家税务总局关于办理2022年度个人所得税综合所得汇算清缴事项的公告》(国家税务总局公告2023年第3号)]

解读 ▶ 如果纳税人不太清楚自己全年收入金额、已缴税额,或者无法确定自己应该补税还是退税,或者不知道自己是否符合免于办理年度汇算清缴的条件,可以通过以下途径解决:

一是可以要求扣缴单位提供发放的收入和已预缴税款等情况,按照税法规定,单位有责任将上述信息告诉纳税人。

二是可以登录自然人电子税务局(手机个人所得税App,网页端地址为https://etax.chinatax.gov.cn),查询本人纳税年度的收入和纳税申报信息。

三是汇算清缴开始后,税务机关将通过自然人电子税务局,根据一定规则为纳税人提供申报表项目预填服务,如果纳税人对预填的收入、已预缴税款等申报表项目认真核对没有异议并确认后,系统就会自动计算出应补或应退税款,纳税人就可以知道自己是否需要办理汇算清缴了。

9.3.2.8 申报信息及资料留存

纳税人办理综合所得汇算清缴,应当准备与收入、专项扣除、专项附加扣除、依法确定的其他扣除、捐赠、享受税收优惠等相关的资料,并按规定留存备查或报送。

[《国家税务总局关于个人所得税自行纳税申报有关问题的公告》(国家税务总局公告2018年第62号)]

纳税人办理汇算清缴,适用个人所得税年度自行纳税申报表[详见9.3.11.1"个人所得税年度自行纳税申报表(A表)"、9.3.11.2"个人所得税年度自行纳税申报表(B表)及境外所得抵免明细表"],如需修改本人相关基础信息,新增享受扣除或者税收优惠的,还应按规定一并填报相关信息。纳税人需仔细核对,确保所填信息真实、准确、完整。

纳税人、代办汇算清缴的单位,需各自将专项附加扣除、税收优惠材料等汇算清缴相关资料,自汇算清缴期结束之日起留存5年。

存在股权(股票)激励(含境内企业以境外企业股权为标的对员工进行的股权激励)、职务科技成果转化现金奖励等情况的单位,应当按照相关规定报告、备案。

[《国家税务总局关于办理2022年度个人所得税综合所得汇算清缴事项的公告》(国家税务总局公告2023年第3号)]

9.3.2.9 汇算清缴地点

需要办理汇算清缴的纳税人,应当在取得所得的次年3月1日至6月30日内,向任职、受雇单位所在地主管税务机关办理纳税申报,并报送《个人所得税年度自行纳税申报表》。纳税人有两处以上任职、受雇单位的,选择向其中一处任职、受雇单位所在地主管税务机关办理纳税申报。

[《国家税务总局关于个人所得税自行纳税申报有关问题的公告》(国家税务总局公告2018年第62号)]

按照方便就近原则,纳税人自行办理或受托人为纳税人代为办理的,向纳税人任职受雇单位的主管税务机关申报;有两处及以上任职受雇单位的,可自主选择向其中一处申报。

[解读] ▶ 按照方便就近的原则,受理汇算清缴申报的税务机关,是指受理纳税人提交的汇算清缴申报并负责处理汇算清缴相关事宜的税务机关,并不等同于办理汇算清缴的"物理地点",纳税人在通过网络办理申报时可不受物理空间限制,实行全国通办。当然,在网络办理不方便的情况下,纳税人也可以前往规定的税务机关(办税服务厅)办理。此时,税务机关就是纳税人办理汇算清缴的"物理地点"了。

有任职受雇单位的,向其任职受雇单位所在地主管税务机关申报;有两处及以上任职受雇单位的,选择向其中一处申报。按照累计预扣法为纳税人预扣预缴劳务报酬所得个人所得税的单位视同为纳税人的任职受雇单位,这部分纳税人需向单位所在地的主管税务机关办理汇算清缴。

案例9-1 ▶ 纳税人A先生2022年上半年在南京市秦淮区甲单位任职,下半年到上海市静安区乙单位从事保险营销员工作,乙单位按累计预扣法为其预扣预缴劳务报酬所得个人所得税,甲、乙两个单位均可视为A先生的任职受雇单位,其可以在南京市秦淮区税务局或者上海市静安区税务局之间选择办理自己的汇算清缴。

纳税人没有任职受雇单位的,向其户籍所在地、经常居住地或者主要收入来源地的主管税务机关申报。主要收入来源地,是指2022年向纳税人累计发放劳务报酬、稿酬及特许权使用费金额最大的扣缴义务人所在地。

解读 没有任职受雇单位的,向其户籍所在地、经常居住地或者主要收入来源地主管税务机关申报。纳税人已在中国境内申领居住证的,以居住证登载的居住地住址为经常居住地;没有申领居住证的,以当前实际居住地址为经常居住地;纳税人也可以选择主要收入来源地即2022年向纳税人累计发放劳务报酬、稿酬及特许权使用费金额最大的扣缴义务人所在地主管税务机关为受理申报机关。纳税人没有任职受雇单位且取得境外所得的,也可以选择向主要收入来源地主管税务机关申报。

案例 9-2 纳税人C先生户籍所在地为淮安市淮阴区,经常居住地为南京市栖霞区,没有任职受雇单位。2020年从北京市海淀区某高校、上海市浦东新区某单位分别取得劳务报酬10万元和5万元,全年没有其他综合所得,那么其主要收入来源地主管税务机关是北京市海淀区税务局。张先生可以在淮安市淮阴区税务局、南京市栖霞区税务局或者北京市海淀区税务局之间选择一处申报办理汇算清缴。

单位为纳税人代办年度汇算的,向单位的主管税务机关申报。

为方便纳税服务和征收管理,汇算清缴期结束后,税务部门将为尚未办理申报的纳税人确定其主管税务机关。

解读 关于汇算清缴申报地点,在汇算清缴期内,即3月1日至6月30日,纳税人可以按上述原则进行选择,汇算清缴期结束后,即6月30日以后,税务部门征管系统将按上述规则为尚未办理申报的纳税人确定主管税务机关,由确定的主管税务机关进行催报催缴等处理,纳税人不再能够选择汇算清缴主管税务机关,同时便于纳税人后续办理汇算清缴时找到主管税务机关为其提供涉税服务管理。

[《国家税务总局关于办理2022年度个人所得税综合所得汇算清缴事项的公告》(国家税务总局公告2023年第3号)]

残疾、孤老人员和烈属取得综合所得办理汇算清缴时,汇算清缴地与预扣预缴地规定不一致的,用预扣预缴地规定计算的减免税额与用汇算清缴地规定计算的减免税额相比较,按照孰高值确定减免税额。

[《国家税务总局关于个人所得税综合所得汇算清缴涉及有关政策问题的公告》(财政部 税务总局公告2019年第94号)]

9.3.2.10 汇算清缴的退税补税

纳税人办理汇算清缴退税或者扣缴义务人为纳税人办理汇算清缴退税的,税务机关审核后,按照国库管理的有关规定办理退税。

[《中华人民共和国个人所得税法》第十四条]

纳税人申请退税时提供的汇算清缴信息有错误的,税务机关应当告知其更正;纳税人更正的,税务机关应当及时办理退税。

扣缴义务人未将扣缴的税款解缴入库的,不影响纳税人按照规定申请退税,税务机关应当凭纳税人提供的有关资料办理退税。

[《中华人民共和国个人所得税法条例》第三十一条]

(1) 办理退税。

纳税人申请汇算清缴退税,应当提供其在中国境内开设的符合条件的银行账户。税务机关按规定审核后,按照国库管理有关规定办理税款退库。纳税人未提供本人有效银行账户,或者提供的信息资料有误的,税务机关将通知纳税人更正,纳税人按要求更正后依法办理退税。

为方便办理退税,2022年综合所得全年收入额不超过6万元且已预缴个人所得税的纳税人,可选择使用个税App及网站提供的简易申报功能,便捷办理汇算清缴退税。

解读▶ 如果汇算清缴后有应退税额,纳税人可以申请退税。纳税人在申报表的相应栏次勾选"申请退税"并提交给主管税务机关后,即完成了申请程序。税务机关和国库按规定履行必要的审核程序后即可办理退税,退税款直达纳税人银行账户。申请退税的纳税人需要准确填写身份信息资料和在中国境内开设的符合条件的银行账户。其中,对2022年度综合所得年收入额不足6万元,但年度中间被预扣预缴过个人所得税的纳税人,税务机关将推送服务提示、预填简易申报表,纳税人只需确认已预缴税额、填写本人银行账户信息,即可通过网络实现快捷申请退税。纳税人对预填服务中的数据有疑问的,也可以选择标准申报表办理汇算清缴。

申请2022年度汇算清缴退税的纳税人,如存在应当办理2021及以前年度汇算清缴补税但未办理,或者经税务机关通知2021及以前年度汇算清缴申报存在疑点但未更正或说明情况的,需在办理2021及以前年度汇算清缴申报补税、更正申报或者说明有关情况后依法申请退税。

(2) 办理补税。

纳税人办理汇算清缴补税的,可以通过网上银行、办税服务厅POS机刷卡、银行柜台、非银行支付机构等方式缴纳。邮寄申报并补税的,纳税人需通过个税App及网站或者主管税务机关办税服务厅及时关注申报进度并缴纳税款。

汇算清缴需补税的纳税人,汇算清缴期结束后未足额补缴税款的,税务机关将依法加收滞纳金,并在其个人所得税《纳税记录》中予以标注。

纳税人因申报信息填写错误造成汇算清缴多退或少缴税款的,纳税人主动或经税务机关提醒后及时改正的,税务机关可以按照"首违不罚"原则免予处罚。

〔《国家税务总局关于办理2022年度个人所得税综合所得汇算清缴事项的公告》(国家税务总局公告2023年第3号)〕

解读▶ 纳税人依法办理汇算清缴,需要注意以下方面:

一是纳税人汇算清缴开始前可登录手机个人所得税App,查看自己2022年内综合所得和纳税情况,核对银行卡、专项附加扣除涉及人员身份信息等基础资料,为汇算清缴做好准备。

二是因适用所得项目错误或者扣缴义务人未依法履行扣缴义务的纳税人,要在如实补充申报相关收入后,据实办理汇算清缴。

三是申请汇算清缴退税的纳税人,如存在应当办理2021年及以前汇算清缴补税但未办理,或者经税务机关通知2021年及以前年度汇算清缴申报存在疑点但未更正或说明情况的,需在办理2021年及以前年度汇算清缴申报补税、更正申报或者说明有关情况后依法申请退税。通过关联纳税人不同纳税年度汇算清缴补税和退税的情况,提醒纳税人依法诚信申报办税、依法履行公民义务,可以更好地保障纳税人合法权益,维护纳税人的涉税信用记录。

四是同时取得综合所得和经营所得的纳税人,可在综合所得或经营所得中申报减除费用6万元、专项扣除、专项附加扣除以及依法确定的其他扣除,但不得重复申报减除。对已经在经营所得汇算清缴填报减除费用、三险一金、专项附加扣除等扣除的纳税人,在提供综合所得汇算清缴预填服务时,将减除费用等数据设置为0,同时提醒纳税人也可更正经营所得申报后在综合所得汇算清缴中扣除6万元/年的减除费用。

9.3.2.11 汇算清缴服务

税务机关推出系列优化服务措施,加强汇算清缴的政策解读和操作辅导力度,分类编制办税指引,通俗解释政策口径、专业术语和操作流程,多渠道、多形式开展提示提醒服务,并通过个税App及网站、12366纳税缴费服务平台等渠道提供涉税咨询,帮助纳税人解决疑难问题,积极回应纳税人诉求。

汇算清缴开始前,纳税人可登录个税App及网站,查看自己的综合所得和纳税情况,核对银行卡、专项附加扣除涉及人员身份信息等基础资料,为汇算清缴做好准备。

为合理有序引导纳税人办理汇算清缴,提升纳税人办理体验,主管税务机关将分批分期通知提醒纳税人在确定的时间段内办理。同时,税务部门推出预约办理服务,有汇算清缴初期(3月1日至3月20日)办理需求的纳税人,可以根据自身情况,在2月16日后通过个税App及网站预约上述时间段中的任意一天办理。3月21日至6月30日,纳税人无需预约,可以随时办理。

对符合汇算清缴退税条件且生活负担较重的纳税人,税务机关提供优先退税服务。独立完成汇算清缴存在困难的年长、行动不便等特殊人群提出申请,税务机关可提供个性化便民服务。

[《国家税务总局关于办理2022年度个人所得税综合所得汇算清缴事项的公告》(国家税务总局公告2023年第3号)]

解读▶ 2022年汇算清缴,税务机关在确保优化服务常态化的基础上,又新推出了以下服务举措:

一是优先退税服务范围进一步扩大。在2021年度汇算清缴对"上有老下有小"和看病负担较重的纳税人优先退税的基础上,进一步扩大优先退税服务范围,即在"下有小"的范围拓展至填报了3岁以下婴幼儿照护专项附加扣除的纳税人,将2022年度收入降幅较大的纳税人也纳入优先退税服务范围。

二是预约办税期限进一步延长。为向纳税人提供更好的服务,使税收公共服务更有效率、更有质量、更有秩序,2022年度汇算清缴初期将继续实施预约办税。有在3月1日至20日办税需求的纳税人,可以在2月16日(含)后通过个税App及网站预约办理时间,并按照预约时间办理汇算清缴。3月21日后,纳税人无需预约,可在汇算清缴期内随时办理。

三是推出个人养老金税前扣除智能扫码填报服务。2022年个人养老金制度在部分城市先行实施,符合条件的个人可填报享受2022年度税前扣除。纳税人使用个税App扫描年度缴费凭证上的二维码即可生成年度扣除信息并自动填报,在办理汇算清缴时享受个人养老金税前扣除。

9.3.3 经营所得汇算清缴

纳税人取得经营所得,按年计算个人所得税,由纳税人在月度或者季度终了后15日内向税务机关报送纳税申报表,并预缴税款;在取得所得的次年3月31日前办理汇算清缴。

[《中华人民共和国个人所得税法》第十二条]

投资者兴办两个或两个以上企业的(包括参与兴办),年度终了时,应汇总从所有企业取得的应纳税所得额,据此确定适用税率并计算缴纳应纳税款。

[《财政部 税务总局关于个人独资企业和合伙企业投资者征收个人所得税的规定》(财税〔2000〕91号印发)]

9.3.3.1 汇算清缴地点

投资者兴办的企业中含有合伙性质的,投资者应向经常居住地主管税务机关申报纳税,办理汇算清缴,但经常居住地与其兴办企业的经营管理所在地不一致的,应选定其参与兴办的某一合伙企业的经营管理所在地为办理年度汇算清缴所在地,并在5年内不得变更。

[《财政部 税务总局关于个人独资企业和合伙企业投资者征收个人所得税的规定》(财税〔2000〕91号印发)]

投资者变更个人所得税汇算清缴地点的条件:

(1)在上一次选择汇算清缴地点满5年。

(2)上一次选择汇算清缴地点未满5年,但汇算清缴地所办企业终止经营或者投资者终止投资。

(3)投资者在汇算清缴地点变更前5日内,已向原主管税务机关说明汇算清缴地点变更原因、新的汇算清缴地点等变更情况。

原税务机关应做好以下几方面工作:

(1)原主管税务机关应核实纳税人变更汇算清缴地点的理由是否符合规定条件,新汇算清缴地点是否为其经常居住地,该地是否属于其所兴办企业的经营管理所在地。如纳税人在上述地点之外选择汇算清缴地点的,应要求纳税人进行调整。

(2)原主管税务机关应向投资者新的汇算清缴地点的主管税务机关通报变更情况,新老主管税务机关应做好有关衔接工作。

新的主管税务机关应从以下几方面加强管理:

(1) 核实投资者在汇算清缴地点变更前5日内,是否向原主管税务机关说明汇算清缴地点变更情况,新的汇算清缴地点是否为投资者经常居住地,该地是否属于其所兴办企业的经营管理所在地。不符合有关条件的,应要求纳税人进行调整。

(2) 加强对投资者个人所得税检查,重点核实其是否按规定计算并申报纳税,是否存在因变更汇算清缴地点少缴或不缴税款问题。

(3) 对提供虚假说明资料,借变更汇算清缴地点偷逃个人所得税的,应按《税收征收管理法》及其有关规定处理。

[《国家税务总局关于取消合伙企业投资者变更个人所得税汇算清缴地点审批后加强后续管理问题的通知》(国税发〔2004〕81号)]

9.3.3.2 汇算清缴申报

个体工商户业主、个人独资企业投资者、合伙企业个人合伙人、承包承租经营者个人以及其他从事生产、经营活动的个人取得经营所得,包括以下情形:

(1) 个体工商户从事生产、经营活动取得的所得,个人独资企业投资人、合伙企业的个人合伙人来源于境内注册的个人独资企业、合伙企业生产、经营的所得。

(2) 个人依法从事办学、医疗、咨询以及其他有偿服务活动取得的所得。

(3) 个人对企业、事业单位承包经营、承租经营以及转包、转租取得的所得。

(4) 个人从事其他生产、经营活动取得的所得。

纳税人取得经营所得,按年计算个人所得税,由纳税人在月度或季度终了后15日内,向经营管理所在地主管税务机关办理预缴纳税申报,并报送《个人所得税经营所得纳税申报表(A表)》[详见9.3.11.3"个人所得税经营所得纳税申报表(A表)"]。在取得所得的次年3月31日前,向经营管理所在地主管税务机关办理汇算清缴,并报送《个人所得税经营所得纳税申报表(B表)》[详见9.3.11.4"个人所得税经营所得纳税申报表(B表)"];从两处以上取得经营所得的,选择向其中一处经营管理所在地主管税务机关办理年度汇总申报,并报送《个人所得税经营所得纳税申报表(C表)》[详见9.3.11.5"个人所得税经营所得纳税申报表(C表)"]。

[《国家税务总局关于个人所得税自行纳税申报有关问题的公告》(国家税务总局公告2018年第62号)]

9.3.3.3 投资两个或两个以上的独资企业汇算清缴申报

投资者兴办的企业全部是个人独资性质的,分别向各企业的实际经营管理所在地主管税务机关办理年度纳税申报,并依所有企业的经营所得总额确定适用税率,以本企业的经营所得为基础,计算应缴税款,办理汇算清缴。

[《财政部 税务总局关于个人独资企业和合伙企业投资者征收个人所得税的规定》(财税〔2000〕91号印发)]

关于投资者兴办两个或两个以上企业,并且企业全部是独资性质的,其年度终了后汇算清缴时应纳税款的计算问题。投资者兴办两个或两个以上企业,并且企业性质全部是独资的,年度终了后汇算清缴时,应纳税款的计算按以下方法进行:汇总其投资兴办的所有企业的经营所得作为应纳税所得额,以此确定适用税率,计算出全年经营所得的应纳税额,再根据每个企业的经营所得占所有企业经营所得的比例,分别计算出每个企业的应纳税额和应补缴税额。计算公式如下:

$$应纳税所得额 = \sum 各个企业的经营所得$$

$$应纳税额 = 应纳税所得额 \times 税率 - 速算扣除数$$

$$本企业应纳税额 = 应纳税额 \times \frac{本企业的经营所得}{\sum 各个企业的经营所得}$$

$$本企业应补缴的税额 = 本企业应纳税额 - 本企业预缴的税额$$

[《国家税务总局关于〈关于个人独资企业和合伙企业投资者征收个人所得税的规定〉执行口径的通知》(国税函〔2001〕84号)]

解读 关于投资者兴办两个或两个以上独资企业申报问题,《国家税务总局关于〈关于个人独资企业和合伙企业投资者征收个人所得税的规定〉执行口径的通知》(国税函〔2001〕84号)第一条就税款解缴问题做了明确,但《国家税务总局关于个人所得税自行纳税申报有关问题的公告》(国家税务总局公告2018年第62号)又明确"从两处以上取得经营所得的,选择向其中一处经营管理所在地主管税务机关办理年度汇总申报,并报送《个人所得税经营所得纳税申报表(C表)》"[详见9.3.11.5'个人所得税经营所得纳税申报表(C表)'],且未把《国家税务总局关于〈关于个人独资企业和合伙企业投资者征收个人所得税的规定〉执行口径的通知》(国税函〔2001〕84号)此条规定废止,由此给纳税人和税务机关基层操作带来困惑。由于现在自然人经营所得是在全国统一的自然人税收征管系统申报,合并申报统一用《个人所得税经营所得纳税申报表(C表)》,不存在税款解缴切分成企业所在地分别申报,因此,从征管上说《国家税务总局关于〈关于个人独资企业和合伙企业投资者征收个人所得税的规定〉执行口径的通知》(国税函〔2001〕84号)第一条已是名存实亡了。

9.3.4 取得应税所得没有扣缴义务人的纳税申报

纳税人取得应税所得没有扣缴义务人的,应当在取得所得的次月15日内向税务机关报送纳税申报表,并缴纳税款。

[《中华人民共和国个人所得税法》第十三条]

9.3.5 取得应税所得,扣缴义务人未扣缴税款的纳税申报

纳税人取得应税所得,扣缴义务人未扣缴税款的,纳税人应当在取得所得的次年6月30日前,缴纳税款;税务机关通知限期缴纳的,纳税人应当按照期限缴纳税款。

[《中华人民共和国个人所得税法》第十三条]

纳税人取得应税所得,扣缴义务人未扣缴税款的,应当区别以下情形办理纳税申报:

(1) 居民个人取得综合所得的,按照9.3.2"综合所得年度汇算清缴"办理。

(2) 非居民个人取得工资、薪金所得,劳务报酬所得,稿酬所得,特许权使用费所得的,应当在取得所得的次年6月30日前,向扣缴义务人所在地主管税务机关办理纳税申报,并报送《个人所得税自行纳税申报表(A表)》。[详见9.3.11.7"个人所得税自行纳税申报表(A表)"]有两个以上扣缴义务人均未扣缴税款的,选择向其中一处扣缴义务人所在地主管税务机关办理纳税申报。

非居民个人在次年6月30日前离境(临时离境除外)的,应当在离境前办理纳税申报。

(3) 纳税人取得利息、股息、红利所得,财产租赁所得,财产转让所得和偶然所得的,应当在取得所得的次年6月30日前,按相关规定向主管税务机关办理纳税申报,并报送《个人所得税自行纳税申报表(A表)》[详见9.3.11.7"个人所得税自行纳税申报表(A表)"]。

税务机关通知限期缴纳的,纳税人应当按照期限缴纳税款。

[《国家税务总局关于个人所得税自行纳税申报有关问题的公告》(国家税务总局公告2018年第62号)]

9.3.6 取得境外所得的纳税申报

9.3.6.1 申报时间

居民个人从中国境外取得所得的,应当在取得所得的次年3月1日至6月30日内申报纳税。

[《中华人民共和国个人所得税法》第十三条]

9.3.6.2 申报地点

居民个人从中国境外取得所得的,应当在取得所得的次年3月1日至6月30日内,向中国境内任职、受雇单位所在地主管税务机关办理纳税申报;在中国境内没有任职、受雇单位的,向户籍所在地或中国境内经常居住地主管税务机关办理纳税申报;户籍所在地与中国境内经常居住地不一致的,选择其中一地主管税务机关办理纳税申报;在中国境内没有户籍的,向中国境内经常居住地主管税务机关办理纳税申报。

[《国家税务总局关于个人所得税自行纳税申报有关问题的公告》(国家税务总局公告2018年第62号)]

纳税人没有任职受雇单位的,向其户籍所在地、经常居住地或者主要收入来源地的主管税务机关申报。主要收入来源地,是指2022年向纳税人累计发放劳务报酬、稿酬及特许权使用费金额最大的扣缴义务人所在地。

[《国家税务总局关于办理2022年度个人所得税综合所得汇算清缴事项的公告》(国家税务总局公告2023年第3号)]

9.3.7 因移居境外注销中国户籍的纳税申报

纳税人因移居境外注销中国户籍的,应当在注销中国户籍前办理税款清算。

[《中华人民共和国个人所得税法》第十三条]

9.3.7.1 纳税申报地点

纳税人因移居境外注销中国户籍的,应当在申请注销中国户籍前,向户籍所在地主管税务机关办理纳税申报,进行税款清算。

[《国家税务总局关于个人所得税自行纳税申报有关问题的公告》(国家税务总局公告2018年第62号)]

9.3.7.2 综合所得申报

纳税人在注销户籍年度取得综合所得的,应当在注销户籍前,办理当年综合所得的汇算清缴,并报送《个人所得税年度自行纳税申报表》[详见9.3.11.1"个人所得税年度自行纳税申报表(A表)"]。尚未办理上一年度综合所得汇算清缴的,应当在办理注销户籍纳税申报时一并办理。

[《国家税务总局关于个人所得税自行纳税申报有关问题的公告》(国家税务总局公告2018年第62号)]

9.3.7.3 经营所得申报

纳税人在注销户籍年度取得经营所得的,应当在注销户籍前,办理当年经营所得的汇算清缴,并报送《个人所得税经营所得纳税申报表(B表)》[详见9.3.11.5"个人所得税经营所得纳税申报表(B表)"]。从两处以上取得经营所得的,还应当一并报送《个人所得税经营所得纳税申报表(C表)》[详见9.3.11.5"个人所得税经营所得纳税申报表(C表)"]。尚未办理上一年度经营所得汇算清缴的,应当在办理注销户籍纳税申报时一并办理。

[《国家税务总局关于个人所得税自行纳税申报有关问题的公告》(国家税务总局公告2018年第62号)]

9.3.7.4 分类所得申报

纳税人在注销户籍当年取得利息、股息、红利所得,财产租赁所得,财产转让所得和偶然所得的,应当在注销户籍前,申报当年上述所得的完税情况,并报送《个人所得税自行纳税申报表(A表)》[详见9.3.11.7"个人所得税自行纳税申报表(A表)"]。

[《国家税务总局关于个人所得税自行纳税申报有关问题的公告》(国家税务总局公告2018年第62号)]

9.3.7.5 专项附加扣除、依法确定的其他扣除申报

纳税人办理注销户籍纳税申报时,需要办理专项附加扣除、依法确定的其他扣除的,应当向税务机关报送《个人所得税专项附加扣除信息表》(详见4.2.2.13"专项附加信息报送")、《商业健康保险税前扣除情况明细表》(详见4.2.2.16"依法确定的其他扣除"之"商业健康保险"之"税收征管")等。

[《国家税务总局关于个人所得税自行纳税申报有关问题的公告》(国家税务总局公告2018年第62号)]

9.3.7.6 结清税款

纳税人有未缴或者少缴税款的,应当在注销户籍前,结清欠缴或未缴的税款。纳税

人存在分期缴税且未缴纳完毕的,应当在注销户籍前,结清尚未缴纳的税款。

[《国家税务总局关于个人所得税自行纳税申报有关问题的公告》(国家税务总局公告2018年第62号)]

9.3.8 非居民个人在中国境内从两处以上取得工资、薪金所得的纳税申报

非居民个人在中国境内从两处以上取得工资、薪金所得的,应当在取得所得的次月15日内申报纳税。

[《中华人民共和国个人所得税法》第十三条]

非居民个人在中国境内从两处以上取得工资、薪金所得的,应当在取得所得的次月15日内,向其中一处任职、受雇单位所在地主管税务机关办理纳税申报,并报送《个人所得税自行纳税申报表(A表)》[详见9.3.11.7"个人所得税自行纳税申报表(A表)"]。

[《国家税务总局关于个人所得税自行纳税申报有关问题的公告》(国家税务总局公告2018年第62号)]

9.3.9 纳税申报方式

纳税人可以采用远程办税端、邮寄等方式申报,也可以直接到主管税务机关申报。

[《国家税务总局关于个人所得税自行纳税申报有关问题的公告》(国家税务总局公告2018年第62号)]

9.3.10 享受协定待遇处理

纳税人在办理纳税申报时需要享受税收协定待遇的,按照享受税收协定待遇有关办法办理(详见8.6.28"非居民享受协定待遇管理")。

[《国家税务总局关于个人所得税自行纳税申报有关问题的公告》(国家税务总局公告2018年第62号)]

9.3.11 申报表及规范

个人所得税纳税申报表、扣缴个人所得税报告表和个人所得税完税凭证式样,由国务院税务主管部门统一制定。

[《中华人民共和国个人所得税法实施条例》第三十四条]

9.3.11.1 个人所得税年度自行纳税申报表(A表)

适用范围:《个人所得税自行纳税申报表(A表)》(详见表9-5)适用于居民个人纳税年度内仅从中国境内取得工资、薪金所得,劳务报酬所得,稿酬所得,特许权使用费所得(以下简称综合所得),按照税法规定进行个人所得税综合所得汇算清缴。居民个人纳税年度内取得境外所得的,不适用本表。

报送期限:居民个人取得综合所得需要办理汇算清缴的,应当在取得所得的次年3月1日至6月30日内,向主管税务机关办理个人所得税综合所得汇算清缴申报,并报送

本表。

以纸质方式报送本表的,建议通过计算机填写打印,一式两份,纳税人、税务机关各留存一份。

表9-5 个人所得税年度自行纳税申报表(A表)
（仅取得境内综合所得年度汇算适用）

税款所属期： 年 月 日至 年 月 日

纳税人姓名： 纳税人识别号：□□□□□□□□□□□□□□□□□□

金额单位：人民币元（列至角分）

基本情况				
手机号码		电子邮箱	邮政编码	□□□□□□
联系地址	___省（区、市）___市___区（县）___街道（乡、镇）___			
纳税地点（单选）				
1. 有任职受雇单位的,需选本项并填写"任职受雇单位信息"：		□任职受雇单位所在地		
任职受雇单位信息	名称			
	纳税人识别号	□□□□□□□□□□□□□□□□□□		
2. 没有任职受雇单位的,可以从本栏次选择一地：		□户籍所在地　　□经常居住地 □主要收入来源地		
户籍所在地/经常居住地/主要收入来源地	___省（区、市）___市___区（县）___街道（乡、镇）___			
申报类型（单选）				
□首次申报			□更正申报	
综合所得个人所得税计算				

项目	行次	金额
一、收入合计（第1行＝第2行＋第3行＋第4行＋第5行）	1	
（一）工资、薪金	2	
（二）劳务报酬	3	
（三）稿酬	4	
（四）特许权使用费	5	
二、费用合计［第6行＝（第3行＋第4行＋第5行）×20%］	6	
三、免税收入合计（第7行＝第8行＋第9行）	7	
（一）稿酬所得免税部分［第8行＝第4行×（1－20%）×30%］	8	

(续表)

项目	行次	金额
（二）其他免税收入（附报《个人所得税减免税事项报告表》）	9	
四、减除费用	10	
五、专项扣除合计（第 11 行＝第 12 行＋第 13 行＋第 14 行＋第 15 行）	11	
（一）基本养老保险费	12	
（二）基本医疗保险费	13	
（三）失业保险费	14	
（四）住房公积金	15	
六、专项附加扣除合计（附报《个人所得税专项附加扣除信息表》）（第 16 行＝第 17 行＋第 18 行＋第 19 行＋第 20 行＋第 21 行＋第 22 行＋第 23 行）	16	
（一）子女教育	17	
（二）继续教育	18	
（三）大病医疗	19	
（四）住房贷款利息	20	
（五）住房租金	21	
（六）赡养老人	22	
（七）3 岁以下婴幼儿照护	23	
七、其他扣除合计（第 24 行＝第 25 行＋第 26 行＋第 27 行＋第 28 行＋第 29 行＋第 30 行）	24	
（一）年金	25	
（二）商业健康保险（附报《商业健康保险税前扣除情况明细表》）	26	
（三）税延养老保险（附报《个人税收递延型商业养老保险税前扣除情况明细表》）	27	
（四）允许扣除的税费	28	
（五）个人养老金	29	
（六）其他	30	
八、准予扣除的捐赠额（附报《个人所得税公益慈善事业捐赠扣除明细表》）	31	
九、应纳税所得额（第 32 行＝第 1 行－第 6 行－第 7 行－第 10 行－第 11 行－第 16 行－第 24 行－第 31 行）	32	

(续表)

项目	行次	金额
十、税率(%)	33	
十一、速算扣除数	34	
十二、应纳税额(第35行=第32行×第33行-第34行)	35	
全年一次性奖金个人所得税计算 (无住所居民个人预判为非居民个人取得的数月奖金,选择按全年一次性奖金计税的填写本部分)		
一、全年一次性奖金收入	36	
二、准予扣除的捐赠额(附报《个人所得税公益慈善事业捐赠扣除明细表》)	37	
三、税率(%)	38	
四、速算扣除数	39	
五、应纳税额[第40行=(第36行-第37行)×第38行-第39行]	40	
税额调整		
一、综合所得收入调整额(需在"备注"栏说明调整具体原因、计算方式等)	41	
二、应纳税额调整额	42	
应补/退个人所得税计算		
一、应纳税额合计(第43行=第35行+第40行+第42行)	43	
二、减免税额(附报《个人所得税减免税事项报告表》)	44	
三、已缴税额	45	
四、应补/退税额(第46行=第43行-第44行-第45行)	46	

无住所个人附报信息			
纳税年度内在中国境内居住天数		已在中国境内居住年数	

退税申请 (应补/退税额小于0的填写本部分)			
□申请退税(需填写"开户银行名称""开户银行省份""银行账号")			□放弃退税
开户银行名称		开户银行省份	
银行账号			

备注

(续表)

谨声明:本表是根据国家税收法律法规及相关规定填报的,本人对填报内容(附带资料)的真实性、可靠性、完整性负责。	
纳税人签字: 　　　　　　　年　月　日	
经办人签字: 经办人身份证件类型: 经办人身份证件号码: 代理机构签章: 代理机构统一社会信用代码:	受理人: 受理税务机关(章): 受理日期:　　　　年　月　日

国家税务总局监制

《个人所得税年度自行纳税申报表》(A表)填表说明

(仅取得境内综合所得年度汇算适用)

一、适用范围

本表适用于居民个人纳税年度内仅从中国境内取得工资薪金所得、劳务报酬所得、稿酬所得、特许权使用费所得(以下称综合所得),按照税法规定进行个人所得税综合所得汇算清缴。居民个人纳税年度内取得境外所得的,不适用本表。

二、报送期限

居民个人取得综合所得需要办理汇算清缴的,应当在取得所得的次年3月1日至6月30日内,向主管税务机关办理个人所得税综合所得汇算清缴申报,并报送本表。

三、本表各栏填写

(一)表头项目

1. 税款所属期:填写居民个人取得综合所得当年的第1日至最后1日。如:2022年1月1日至2022年12月31日。

2. 纳税人姓名:填写居民个人姓名。

3. 纳税人识别号:有中国公民身份号码的,填写中华人民共和国居民身份证上载明的"公民身份号码";没有中国公民身份号码的,填写税务机关赋予的纳税人识别号。

(二)基本情况

1. 手机号码:填写居民个人中国境内的有效手机号码。

2. 电子邮箱:填写居民个人有效电子邮箱地址。

3. 联系地址:填写居民个人能够接收信件的有效地址。

4. 邮政编码:填写居民个人"联系地址"对应的邮政编码。

(三)纳税地点

居民个人根据任职受雇情况,在选项1和选项2之间选择其一,并填写相应信息。若居民个人逾期办理汇算清缴申报被指定主管税务机关的,无需填写本部分。

1. 任职受雇单位信息:勾选"任职受雇单位所在地"并填写相关信息。按累计预扣法预扣预缴居民个人劳务报酬所得个人所得税的单位,视同居民个人的任职受雇单位。其中,按累计预扣法预扣预缴个人所得税的劳务报酬包括保险营销员和证券经纪人取得的佣金收入,以及正在接受全日制学历教育的学生实习取得的劳务报酬。

(1)名称:填写任职受雇单位的法定名称全称。

(2)纳税人识别号:填写任职受雇单位的纳税人识别号或者统一社会信用代码。

2. 户籍所在地/经常居住地/主要收入来源地:勾选"户籍所在地"的,填写居民户口簿中登记的住址。勾选"经常居住地"的,填写居民个人申领居住证上登载的居住地址;没有申领居住证的,填写居民个人实际居住地;实际居住地不在中国境内的,填写支付或者实际负担综合所得的境内单位或个人所在地。勾选"主要收入来源地"的,填写居民个人纳税年度内取得的劳务报酬、稿酬及特许权使用费三项所得累计收入最大的扣缴义务人所在地。

(四)申报类型

未曾办理过年度汇算申报,勾选"首次申报";已办理年度汇算申报,但有误需要更正的,勾选"更正申报"。

(五)综合所得个人所得税计算

1. 第1行"收入合计":填写居民个人取得的综合所得收入合计金额。

第1行=第2行+第3行+第4行+第5行。

2. 第2~5行"工资、薪金""劳务报酬""稿酬""特许权使用费":填写居民个人取得的需要并入综合所得计税的"工资、薪金""劳务报酬""稿酬""特许权使用费"所得收入金额。

3. 第6行"费用合计":根据相关行次计算填报。

第6行=(第3行+第4行+第5行)×20%。

4. 第7行"免税收入合计":填写居民个人取得的符合税法规定的免税收入合计金额。

第7行=第8行+第9行。

5. 第8行"稿酬所得免税部分":根据相关行次计算填报。

第8行=第4行×(1-20%)×30%。

6. 第9行"其他免税收入":填写居民个人取得的除第8行以外的符合税法规定的免税收入合计,并按规定附报《个人所得税减免税事项报告表》。

7. 第10行"减除费用":填写税法规定的减除费用。

8. 第11行"专项扣除合计":根据相关行次计算填报。

第11行=第12行+第13行+第14行+第15行。

9. 第12~15行"基本养老保险费""基本医疗保险费""失业保险费""住房公积金":填写居民个人按规定可以在税前扣除的基本养老保险费、基本医疗保险费、失业保险费、住房公积金金额。

10. 第16行"专项附加扣除合计":根据相关行次计算填报,并按规定附报《个人所得税专项附加扣除信息表》。

第16行=第17行+第18行+第19行+第20行+第21行+第22行+第23行。

11. 第17~23行"子女教育""继续教育""大病医疗""住房贷款利息""住房租金""赡养老人""3岁以下婴幼儿照护":填写居民个人按规定可以在税前扣除的子女教育、继续教育、大病医疗、住房贷款利息、住房租金、赡养老人、3岁以下婴幼儿照护等专项附加扣除的金额。

12. 第24行"其他扣除合计":根据相关行次计算填报。

第24行=第25行+第26行+第27行+第28行+第29行+第30行。

13. 第25~30行"年金""商业健康保险""税延养老保险""允许扣除的税费""个人养老金""其他":填写居民个人按规定可在税前扣除的年金、商业健康保险、税延养老保险、允许扣除的税费、个人养老金和其他扣除项目的金额。其中,填写商业健康保险的,应当按规定附报《商业健康保险税前扣除情况明细表》;填写税延养老保险的,应当按规定附报《个人税收递延型商业养老保险税前扣除情况明细表》。

14. 第31行"准予扣除的捐赠额":填写居民个人按规定准予在税前扣除的公益慈善事业捐赠金额,并按规定附报《个人所得税公益慈善事业捐赠扣除明细表》。

15. 第32行"应纳税所得额":根据相关行次计算填报。

第32行＝第1行－第6行－第7行－第10行－第11行－第16行－第24行－第31行。

16. 第33、34行"税率""速算扣除数":填写按规定适用的税率和速算扣除数。

17. 第35行"应纳税额":按照相关行次计算填报。

第35行＝第32行×第33行－第34行。

（六）全年一次性奖金个人所得税计算

无住所居民个人预缴时因预判为非居民个人而按取得数月奖金计算缴税的,汇缴时可以根据自身情况,将一笔数月奖金按照全年一次性奖金单独计算。

1. 第36行"全年一次性奖金收入":填写无住所的居民个人纳税年度内预判为非居民个人时取得的一笔数月奖金收入金额。

2. 第37行"准予扣除的捐赠额":填写无住所的居民个人按规定准予在税前扣除的公益慈善事业捐赠金额,并按规定附报《个人所得税公益慈善事业捐赠扣除明细表》。

3. 第38、39行"税率""速算扣除数":填写按照全年一次性奖金政策规定适用的税率和速算扣除数。

4. 第40行"应纳税额":按照相关行次计算填报。

第40行＝（第36行－第37行）×第38行－第39行。

（七）税额调整

1. 第41行"综合所得收入调整额":填写居民个人按照税法规定可以办理的除第41行之前所填报内容之外的其他可以进行调整的综合所得收入的调整金额,并在"备注"栏说明调整的具体原因、计算方式等信息。

2. 第42行"应纳税额调整额":填写居民个人按照税法规定调整综合所得收入后所应调整的应纳税额。

（八）应补/退个人所得税计算

1. 第43行"应纳税额合计":根据相关行次计算填报。

第43行＝第35行＋第40行＋第42行。

2. 第44行"减免税额":填写符合税法规定的可以减免的税额,并按规定附报《个人所得税减免税事项报告表》。

3. 第45行"已缴税额":填写居民个人取得在本表中已填报的收入对应的已经缴纳或者被扣缴的个人所得税。

4. 第46行"应补/退税额":根据相关行次计算填报。

第46行＝第43行－第44行－第45行。

（九）无住所个人附报信息

本部分由无住所居民个人填写。不是,则不填。

1. 纳税年度内在中国境内居住天数:填写纳税年度内,无住所居民个人在中国境内居住的天数。

2. 已在中国境内居住年数:填写无住所居民个人已在中国境内连续居住的年份数。其中,年份数自2019年(含)开始计算且不包含本纳税年度。

（十）退税申请

本部分由应补/退税额小于0且勾选"申请退税"的居民个人填写。

1."开户银行名称":填写居民个人在中国境内开立银行账户的银行名称。

2."开户银行省份":填写居民个人在中国境内开立的银行账户的开户银行所在省、自治区、直辖市或者计划单列市。

3."银行账号":填写居民个人在中国境内开立的银行账户的银行账号。

(十一)备注

填写居民个人认为需要特别说明的或者按照有关规定需要说明的事项。

四、其他事项说明

以纸质方式报送本表的,建议通过计算机填写打印,一式两份,纳税人、税务机关各留存一份。

表 9-6　个人所得税年度自行纳税申报表(简易版)

(纳税年度:20____)

一、填表须知

填写本表前,请仔细阅读以下内容:
1. 如果您年综合所得收入额不超过 6 万元且在纳税年度内未取得境外所得的,可以填写本表;
2. 您可以在纳税年度的次年 3 月 1 日至 6 月 30 日使用本表办理汇算清缴申报,并在该期限内申请退税;
3. 建议您下载并登录个人所得税 App,或者直接登录税务机关官方网站在线办理汇算清缴申报,体验更加便捷的申报方式;
4. 如果您对于申报填写的内容有疑问,您可以参考相关办税指引,咨询您的扣缴单位、专业人士,或者拨打 12366 纳税服务热线。
5. 以纸质方式报送本表的,建议通过计算机填写打印,一式两份,纳税人、税务机关各留存一份。

二、个人基本情况

1. 姓名	
2. 公民身份号码/纳税人识别号	☐☐☐☐☐☐☐☐☐☐☐☐☐☐☐☐-☐☐(无校验码不填后两位)

说明:有中国公民身份号码的,填写中华人民共和国居民身份证上载明的"公民身份号码";没有中国公民身份号码的,填写税务机关赋予的纳税人识别号。

3. 手机号码	☐☐☐☐☐☐☐☐☐☐☐

提示:中国境内有效手机号码,请准确填写,以方便与您联系。

4. 电子邮箱	
5. 联系地址	_____省(区、市)_____市_____区(县)_____街道(乡、镇)_____

提示:能够接收信件的有效通讯地址。

6. 邮政编码	☐☐☐☐☐☐

三、纳税地点(单选)

1. 有任职受雇单位的,需选本项并填写"任职受雇单位信息": ☐任职受雇单位所在地

任职受雇单位信息	名称	
	纳税人识别号	☐☐☐☐☐☐☐☐☐☐☐☐☐☐☐☐☐☐

(续表)

2. 没有任职受雇单位的,可以从本栏次选择一地:	□户籍所在地　□经常居住地　□主要收入来源地
户籍所在地/经常居住地/主要收入来源地	_____省（区、市）_____市_____区（县）_____街道（乡、镇）_____

四、申报类型

请您选择本次申报类型,未曾办理过年度汇算申报,勾选"首次申报";已办理过年度汇算申报,但有误需要更正的,勾选"更正申报":	
□首次申报	□更正申报

五、纳税情况

已缴税额	□□,□□□.□□（元）

纳税年度内取得综合所得时,扣缴义务人预扣预缴以及个人自行申报缴纳的个人所得税。

六、退税申请

1. 是否申请退税?	□申请退税【选择此项的,填写个人账户信息】　　　□放弃退税
2. 个人账户信息	开户银行名称:_____　开户银行省份:_____ 银行账号:_____

说明:开户银行名称填写居民个人在中国境内开立银行账户的银行名称。

七、备注

如果您有需要特别说明或者税务机关要求说明的事项,请在本栏填写:

八、承诺及申报受理

谨声明:
1. 本人纳税年度内取得的综合所得收入额合计不超过6万元。
2. 本表是根据国家税收法律法规及相关规定填报的,本人对填报内容(附带资料)的真实性、可靠性、完整性负责。

	纳税人签名:　　　年　月　日
经办人签字: 经办人身份证件类型: 经办人身份证件号码: 代理机构签章: 代理机构统一社会信用代码:	受理人: 受理税务机关(章): 受理日期:　　　年　月　日

国家税务总局监制

表9-7 个人所得税年度自行纳税申报表(问答版)

(纳税年度:20____)

一、填表须知

填写本表前,请仔细阅读以下内容:
　　1. 如果您需要办理个人所得税综合所得汇算清缴,并且未在纳税年度内取得境外所得的,可以填写本表;
　　2. 您需要在纳税年度的次年3月1日至6月30日办理汇算清缴申报,并在该期限内补缴税款或者申请退税;
　　3. 建议您下载并登录个人所得税App,或者直接登录税务机关官方网站在线办理汇算清缴申报,体验更加便捷的申报方式;
　　4. 如果您对于申报填写的内容有疑问,您可以参考相关办税指引,咨询您的扣缴单位、专业人士,或者拨打12366纳税服务热线。
　　5. 以纸质方式报送本表的,建议通过计算机填写打印,一式两份,纳税人、税务机关各留存一份。

二、基本情况

1. 姓　　名	
2. 公民身份号码/纳税人识别号	□□□□□□□□□□□□□□□□-□□(无校验码不填后两位)

说明:有中国公民身份号码的,填写中华人民共和国居民身份证上载明的"公民身份号码";没有中国公民身份号码的,填写税务机关赋予的纳税人识别号。

3. 手机号码	□□□□□□□□□□□

提示:中国境内有效手机号码,请准确填写,以方便与您联系。

4. 电子邮箱	
5. 联系地址	_____省(区、市)_____市_____区(县)_____街道(乡、镇)_____

提示:能够接收信件的有效通讯地址。

6. 邮政编码	□□□□□□

三、纳税地点

7. 您是否有任职受雇单位,并取得工资薪金?(单选)
□有任职受雇单位(需要回答问题8)　　□没有任职受雇单位(需要回答问题9)

8. 如果您有任职受雇单位,您可以选择一处任职受雇单位所在地办理汇算清缴,请提供该任职受雇单位的具体情况:
任职受雇单位名称(全称):
任职受雇单位纳税人识别号:□□□□□□□□□□□□□□□□□□

9. 如果您没有任职受雇单位,您可以选择在以下地点办理汇算清缴:(单选)
□户籍所在地　　　□经常居住地　　　□主要收入来源地
具体地址:_____省(区、市)_____市_____区(县)_____街道(乡、镇)_____
说明:1. 户籍所在地是指居民户口簿中登记的地址。
　　2. 经常居住地是指居民个人申领居住证上登载的居住地址,若没有申领居住证,指居民个人当前实际居住的地址;若居民个人不在中国境内的,指支付或者实际负担综合所得的境内单位或个人所在地。
　　3. 主要收入来源地是指居民个人纳税年度内取得的劳务报酬、稿酬及特许权使用费三项所得累计收入最大的扣缴义务人所在地。

(续表)

四、申报类型

10. 未曾办理过年度汇算申报,勾选"首次申报";已办理过年度汇算申报,但有误需要更正的,勾选"更正申报":
□首次申报　　　　　　　　□更正申报

五、收入-A(工资薪金)

11. 您在纳税年度内取得的工资薪金收入有多少?
(A1)工资薪金收入(包括并入综合所得计算的全年一次性奖金):
　　　□□,□□□,□□□,□□□.□□(元)　　　　　　　　□无此类收入
说明:
(1) 工资薪金是指,个人因任职或者受雇,取得的工资薪金收入。包括工资、薪金、奖金、年终加薪、劳动分红、津贴、补贴以及与任职或者受雇有关的其他收入。全年一次性奖金是指,行政机关、企事业单位等扣缴义务人根据其全年经济效益和对雇员全年工作业绩的综合考核情况,向雇员发放的一次性奖金。包括年终加薪、实行年薪制和绩效工资办法的单位根据考核情况兑现的年薪和绩效工资。
(2) 全年一次性奖金可以单独计税,也可以并入综合所得计税。具体方法请查阅财税〔2018〕164号文件规定。选择何种方式计税对您更为有利,可以咨询专业人士。
(3) 工资薪金收入不包括单独计税的全年一次性奖金。

六、收入-A(劳务报酬)

12. 您在纳税年度内取得的劳务报酬收入有多少?
(A2)劳务报酬收入:□□,□□□,□□□,□□□.□□(元)　　　□无此类收入
说明:劳务报酬收入是指,个人从事设计、装潢、安装、制图、化验、测试、医疗、法律、会计、咨询、讲学、翻译、审稿、书画、雕刻、影视、录音、录像、演出、表演、广告、展览、技术服务、介绍服务、经纪服务、代办服务以及其他劳务取得的收入。

七、收入-A(稿酬)

13. 您在纳税年度内取得的稿酬收入有多少?
(A3)稿酬收入:□□,□□□,□□□,□□□.□□(元)　　　　　　□无此类收入
说明:稿酬收入是指,个人作品以图书、报刊等形式出版、发表而取得的收入。

八、收入-A(特许权使用费)

14. 您在纳税年度内取得的特许权使用费收入有多少?
(A4)特许权使用费收入:□□,□□□,□□□,□□□.□□(元)　　□无此类收入
说明:特许权使用费收入是指,个人提供专利权、商标权、著作权、非专利技术以及其他特许权的使用权取得的收入。

九、免税收入-B

15. 您在纳税年度内取得的综合所得收入中,免税收入有多少?(需附报《个人所得税减免税事项报告表》)
(B1)免税收入:□□,□□□,□□□,□□□.□□(元)　　　　　　□无此类收入
提示:免税收入是指按照税法规定免征个人所得税的收入。其中,税法规定"稿酬所得的收入额减按70%计算",对稿酬所得的收入额减计30%的部分无需填入本项,将在后续计算中扣减该部分。

(续表)

十、专项扣除-C

16. 您在纳税年度内个人负担的,按规定可以在税前扣除的基本养老保险费、基本医疗保险费、失业保险费、住房公积金是多少?
(C1)基本养老保险费:□□□,□□□.□□(元)　　　　　　　　　□无此类扣除
(C2)基本医疗保险费:□□□,□□□.□□(元)　　　　　　　　　□无此类扣除
(C3)失业保险费:　　　□□□,□□□.□□(元)　　　　　　　　　□无此类扣除
(C4)住房公积金:　　　□□□,□□□.□□(元)　　　　　　　　　□无此类扣除
说明:个人实际负担的三险一金可以扣除。

十一、专项附加扣除-D

17. 您在纳税年度内可以扣除的子女教育支出是多少?(需附报《个人所得税专项附加扣除信息表》)
(D1)子女教育:□□□,□□□.□□(元)　　　　　　　　　□无此类扣除
说明:
子女教育支出可扣除金额(D1)=每一子女可扣除金额合计;
每一子女可扣除金额=纳税年度内符合条件的扣除月份数×1 000元×扣除比例。
纳税年度内符合条件的扣除月份数包括子女年满3周岁当月起至受教育前一月、实际受教育月份以及寒暑假休假月份等。
扣除比例:由夫妻双方协商确定,每一子女可以在本人或配偶处按照100%扣除,也可由双方分别按照50%扣除。

18. 您在纳税年度内可以扣除的继续教育支出是多少?(需附报《个人所得税专项附加扣除信息表》)
(D2)继续教育:□□□,□□□.□□(元)　　　　　　　　　□无此类扣除
说明:
继续教育支出可扣除金额(D2)=学历(学位)继续教育可扣除金额+职业资格继续教育可扣除金额;
学历(学位)继续教育可扣除金额=纳税年度内符合条件的扣除月份数×400元;
纳税年度内符合条件的扣除月份数包括受教育月份、寒暑假休假月份等,但同一学历(学位)教育扣除期限不能超过48个月。
纳税年度内,个人取得符合条件的技能人员、专业技术人员相关职业资格证书的,职业资格继续教育可扣除金额=3 600元。

19. 您在纳税年度内可以扣除的大病医疗支出是多少?(需附报《个人所得税专项附加扣除信息表》)
(D3)大病医疗:□,□□□,□□□.□□(元)　　　　　　　　　□无此类扣除
说明:
大病医疗支出可扣除金额(D3)=选择由您扣除的每一家庭成员的大病医疗可扣除金额合计;
某一家庭成员的大病医疗可扣除金额(不超过80 000元)=纳税年度内医保目录范围内的自付部分-15 000元;
家庭成员包括个人本人、配偶、未成年子女。

20. 您在纳税年度内可以扣除的住房贷款利息支出是多少?(需附报《个人所得税专项附加扣除信息表》)
(D4)住房贷款利息:□□,□□□.□□(元)　　　　　　　　　□无此类扣除
说明:
住房贷款利息支出可扣除金额(D4)=符合条件的扣除月份数×扣除定额。
符合条件的扣除月份数为纳税年度内实际贷款月份数。
扣除定额:正常情况下,由夫妻双方协商确定,由其中1人扣除1 000元/月;婚前各自购房,均符合扣除条件的,婚后可选择由其中1人扣除1 000元/月,也可以选择各自扣除500元/月。

(续表)

21. 您在纳税年度内可以扣除的住房租金支出是多少?(需附报《个人所得税专项附加扣除信息表》) (D5)住房租金:□□,□□□.□□(元)　　　　　　　　　　　　　　□无此类扣除 说明: 住房租金支出可扣除金额(D5)=纳税年度内租房月份的月扣除定额之和 月扣除定额:直辖市、省会(首府)城市、计划单列市以及国务院确定的其他城市,扣除标准为1 500元/月;市辖区户籍人口超过100万的城市,扣除标准为1 100元/月;市辖区户籍人口不超过100万的城市,扣除标准为800元/月。
22. 您在纳税年度内可以扣除的赡养老人支出是多少?(需附报《个人所得税专项附加扣除信息表》) (D6)赡养老人:□□,□□□.□□(元)　　　　　　　　　　　　　　□无此类扣除 说明: 赡养老人支出可扣除金额(D6)=纳税年度内符合条件的月份数×月扣除定额 符合条件的月份数:纳税年度内满60岁的老人,自满60岁当月起至12月份计算;纳税年度前满60岁的老人,按照12个月计算。 月扣除定额:独生子女,月扣除定额2 000元/月;非独生子女,月扣除定额由被赡养人指定分摊,也可由赡养人均摊或约定分摊,但每月不超过1 000元/月。
23. 您在纳税年度内可以扣除的3岁以下婴幼儿照护支出是多少?(需附报《个人所得税专项附加扣除信息表》) (D7)3岁以下婴幼儿照护:□□,□□□.□□(元)　　　　　　　　　　　□无此类扣除 说明: 3岁以下婴幼儿照护支出可扣除金额(D7)=每一3岁以下婴幼儿照护可扣除金额合计; 每一3岁以下婴幼儿照护可扣除金额=纳税年度内符合条件的扣除月份数×1 000元×扣除比例。 纳税年度内符合条件的扣除月份数为婴幼儿出生的当月至年满3周岁的前一个月。 扣除比例:由夫妻双方协商确定,每一婴幼儿子女可以在本人或配偶处按照100%扣除,也可由双方分别按照50%扣除。

十二、其他扣除-E

24. 您在纳税年度内可以扣除的企业年金、职业年金是多少? (E1)年金:□□□,□□□.□□(元)　　　　　　　　　　　　　　　□无此类扣除
25. 您在纳税年度内可以扣除的商业健康保险是多少?(需附报《商业健康保险税前扣除情况明细表》) (E2)商业健康保险:□,□□□.□□(元)　　　　　　　　　　　　　□无此类扣除
26. 您在纳税年度内可以扣除的税延养老保险是多少?(需附报《个人税收递延型商业养老保险税前扣除情况明细表》) (E3)税延养老保险:□□,□□□.□□(元)　　　　　　　　　　　　□无此类扣除
27. 您在纳税年度内可以扣除的税费是多少? (E4)允许扣除的税费:□□,□□□,□□□.□□(元)　　　　　　　　□无此类扣除 说明:允许扣除的税费是指,个人取得劳务报酬、稿酬、特许权使用费收入时,发生的合理税费支出。
28. 您在纳税年度内可以扣除的个人养老金是多少? (E5)个人养老金:□□,□□□.□□(元)　　　　　　　　　　　　　□无此类扣除
29. 您在纳税年度内发生的除上述扣除以外的其他扣除是多少? (E6)其他扣除:□□,□□□,□□□.□□(元)　　　　　　　　　　□无此类扣除 提示:其他扣除(其他)包括保险营销员、证券经纪人佣金收入的展业成本。

(续表)

十三、捐赠-F

30. 您在纳税年度内可以扣除的捐赠支出是多少?(需附报《个人所得税公益慈善事业捐赠扣除明细表》)
(F1)准予扣除的捐赠额:□□,□□□,□□□,□□□.□□(元)　　　　　□无此类扣除

十四、全年一次性奖金-G

31. 您在纳税年度内取得的一笔要转换为全年一次性奖金的数月奖金是多少?
(G1)全年一次性奖金:□□,□□□,□□□,□□□.□□(元)　　　　　□无此类情况
(G2)全年一次性奖金应纳个人所得税=G1×适用税率-速算扣除数
　　　　　　　　　　　　　　=□□,□□□,□□□,□□□.□□(元)

说明:仅适用于无住所居民个人预缴时因预判为非居民个人而按取得数月奖金计算缴税,汇缴时可以根据自身情况,将一笔数月奖金按照全年一次性奖金单独计算。

十五、税额计算-H(使用纸质申报的居民个人需要自行计算填写本项)

32. 综合所得应纳个人所得税计算
(H1)综合所得应纳个人所得税=[(A1+A2×80%+A3×80%×70%+A4×80%)-B1-60 000-(C1+C2+C3+C4)-(D1+D2+D3+D4+D5+D6+D7)-(E1+E2+E3+E4+E5+E6)-F1]×适用税率-速算扣除数=□□,□□□,□□□,□□□.□□(元)

说明:适用税率和速算扣除数如下

级数	全年应纳税所得额	税率(%)	速算扣除数
1	不超过36 000元的	3	0
2	超过36 000元至144 000元的	10	2 520
3	超过144 000元至300 000元的	20	16 920
4	超过300 000元至420 000元的	25	31 920
5	超过420 000元至660 000元的	30	52 920
6	超过660 000元至960 000元的	35	85 920
7	超过960 000元的	45	181 920

十六、减免税额-J

33. 您可以享受的减免税类型有哪些?
□残疾　□孤老　□烈属　□其他(需附报《个人所得税减免税事项报告表》)　□无此类情况

34. 您可以享受的减免税金额是多少?
(J1)减免税额:□□,□□□,□□□,□□□.□□(元)　　　　　□无此类情况

十七、已缴税额-K

35. 您在纳税年度内取得本表填报的各项收入时,已经缴纳的个人所得税是多少?
(K1)已纳税额:□□,□□□,□□□,□□□.□□(元)　□无此类情况

十八、应补/退税额-L(使用纸质申报的居民个人需要自行计算填写本项)

36. 您本次汇算清缴应补/退的个人所得税税额是:
(L1)应补/退税额=G2+H1-J1-K1=□□,□□□,□□□,□□□.□□(元)

(续表)

十九、无住所个人附报信息(有住所个人无需填写本项)

37. 您在纳税年度内,在中国境内的居住天数是多少? 纳税年度内在中国境内居住天数:＿＿＿＿＿＿天。
38. 您在中国境内的居住年数是多少? 中国境内居住年数:＿＿＿＿＿＿年。 说明:境内居住年数自2019年(含)以后年度开始计算。境内居住天数和年数的具体计算方法参见财政部、税务总局公告2019年第34号。

二十、退税申请(应补/退税额小于0的填写本项)

39. 您是否申请退税? □申请退税　□放弃退税
40. 如果您申请退税,请提供您的有效银行账户。 开户银行名称:＿＿＿＿＿＿＿＿＿＿＿＿　开户银行省份:＿＿＿＿＿＿＿＿＿＿＿＿ 银行账号:＿＿＿＿＿＿＿＿＿＿＿＿ 说明:开户银行名称填写居民个人在中国境内开立银行账户的银行名称。

二十一、备注

如果您有需要特别说明或者税务机关要求说明的事项,请在本栏填写:

二十二、申报受理

谨声明:本表是根据国家税收法律法规及相关规定填报的,本人对填报内容(附带资料)的真实性、可靠性、完整性负责。 个人签名:＿＿＿＿＿＿＿　　　　　　　　　　　　　　　＿＿＿年＿＿＿月＿＿＿日	
经办人签字: 经办人身份证件类型: 经办人身份证件号码: 代理机构签章: 代理机构统一社会信用代码:	受理人: 受理税务机关(章): 受理日期:　　年　　月　　日

国家税务总局监制

[《国家税务总局关于办理2022年度个人所得税综合所得汇算清缴事项的公告》(国家税务总局公告2023年第3号)]

9.3.11.2　个人所得税年度自行纳税申报表(B表)及境外所得抵免明细表

适用范围:《个人所得税年度自行纳税申报表(B表)》(见表9-8)适用于居民个人纳税年度内取得境外所得,按照税法规定办理取得境外所得个人所得税自行申报。申报本表时应当一并附报《境外所得个人所得税抵免明细表》(见表9-9)。

报送期限:居民个人取得境外所得需要办理自行申报的,应当在取得所得的次年3月1日至6月30日内,向主管税务机关办理纳税申报,并报送本表。

以纸质方式报送本表的,建议通过计算机填写打印,一式两份,纳税人、税务机关各留存一份。

表9-8 个人所得税年度自行纳税申报表(B表)

(居民个人取得境外所得适用)

税款所属期: 　年　月　日至　年　月　日

纳税人姓名:

纳税人识别号: □□□□□□□□□□□□□□□□□-□□　　　金额单位:人民币元(列至角分)

基本情况					
手机号码		电子邮箱		邮政编码	□□□□□□
联系地址	＿＿＿省(区、市)＿＿＿市＿＿＿区(县)＿＿＿街道(乡、镇)＿＿＿＿＿＿＿＿＿				
纳税地点(单选)					
1.有任职受雇单位的,需选本项并填写"任职受雇单位信息":			□任职受雇单位所在地		
任职受雇单位信息	名称				
	纳税人识别号				
2.没有任职受雇单位的,可以从本栏次选择一地:			□户籍所在地　　□经常居住地 □主要收入来源地		
户籍所在地/经常居住地/主要收入来源地	＿＿＿省(区、市)＿＿＿市＿＿＿区(县)＿＿＿街道(乡、镇)＿＿＿＿＿＿＿＿＿				
申报类型(单选)					
□首次申报			□更正申报		

综合所得个人所得税计算		
项目	行次	金额
一、境内收入合计(第1行=第2行+第3行+第4行+第5行)	1	
(一)工资、薪金	2	
(二)劳务报酬	3	
(三)稿酬	4	
(四)特许权使用费	5	
二、境外收入合计(附报《境外所得个人所得税抵免明细表》)(第6行=第7行+第8行+第9行+第10行)	6	
(一)工资、薪金	7	
(二)劳务报酬	8	
(三)稿酬	9	
(四)特许权使用费	10	
三、费用合计[第11行=(第3行+第4行+第5行+第8行+第9行+第10行)×20%]	11	

(续表)

项目	行次	金额
四、免税收入合计(第12行＝第13行＋第14行)	12	
（一）稿酬所得免税部分[第13行＝(第4行＋第9行)×(1－20％)×30％]	13	
（二）其他免税收入（附报《个人所得税减免税事项报告表》）	14	
五、减除费用	15	
六、专项扣除合计(第16行＝第17行＋第18行＋第19行＋第20行)	16	
（一）基本养老保险费	17	
（二）基本医疗保险费	18	
（三）失业保险费	19	
（四）住房公积金	20	
七、专项附加扣除合计（附报《个人所得税专项附加扣除信息表》）(第21行＝第22行＋第23行＋第24行＋第25行＋第26行＋第27行＋第28行)	21	
（一）子女教育	22	
（二）继续教育	23	
（三）大病医疗	24	
（四）住房贷款利息	25	
（五）住房租金	26	
（六）赡养老人	27	
（七）3岁以下婴幼儿照护	28	
八、其他扣除合计(第29行＝第30行＋第31行＋第32行＋第33行＋第34行＋第35行)	29	
（一）年金	30	
（二）商业健康保险（附报《商业健康保险税前扣除情况明细表》）	31	
（三）税延养老保险（附报《个人税收递延型商业养老保险税前扣除情况明细表》）	32	
（四）允许扣除的税费	33	
（五）个人养老金	34	
（六）其他	35	
九、准予扣除的捐赠额（附报《个人所得税公益慈善事业捐赠扣除明细表》）	36	
十、应纳税所得额 (第37行＝第1行＋第6行－第11行－第12行－第15行－第16行－第21行－第29行－第36行)	37	

(续表)

项目		行次	金额
十一、税率（%）		38	
十二、速算扣除数		39	
十三、应纳税额（第40行＝第37行×第38行－第39行）		40	
除综合所得外其他境外所得个人所得税计算 （无相应所得不填本部分,有相应所得另需附报《境外所得个人所得税抵免明细表》）			
一、经营所得	（一）经营所得应纳税所得额（第41行＝第42行＋第43行）	41	
	其中：境内经营所得应纳税所得额	42	
	境外经营所得应纳税所得额	43	
	（二）税率（%）	44	
	（三）速算扣除数	45	
	（四）应纳税额（第46行＝第41行×第44行－第45行）	46	
二、利息、股息、红利所得	（一）境外利息、股息、红利所得应纳税所得额	47	
	（二）税率（%）	48	
	（三）应纳税额（第49行＝第47行×第48行）	49	
三、财产租赁所得	（一）境外财产租赁所得应纳税所得额	50	
	（二）税率（%）	51	
	（三）应纳税额（第52行＝第50行×第51行）	52	
四、财产转让所得	（一）境外财产转让所得应纳税所得额	53	
	（二）税率（%）	54	
	（三）应纳税额（第55行＝第53行×第54行）	55	
五、偶然所得	（一）境外偶然所得应纳税所得额	56	
	（二）税率（%）	57	
	（三）应纳税额（第58行＝第56行×第57行）	58	
六、其他所得	（一）其他境内、境外所得应纳税所得额合计（需在"备注"栏说明具体项目）	59	
	（二）应纳税额	58	
股权激励个人所得税计算 （无境外股权激励所得不填本部分,有相应所得另需附报《境外所得个人所得税抵免明细表》）			
一、境内、境外单独计税的股权激励收入合计		61	
二、税率（%）		62	
三、速算扣除数		63	
四、应纳税额（第64行＝第61行×第62行－第63行）		64	
全年一次性奖金个人所得税计算 （无住所个人预判为非居民个人取得的数月奖金,选择按全年一次性奖金计税的填写本部分）			

(续表)

一、全年一次性奖金收入	65	
二、准予扣除的捐赠额（附报《个人所得税公益慈善事业捐赠扣除明细表》）	66	
三、税率（%）	67	
四、速算扣除数	68	
五、应纳税额[第69行＝（第65行－第66行）×第67行－第68行]	69	
税额调整		
一、综合所得收入调整额（需在"备注"栏说明调整具体原因、计算方法等）	70	
二、应纳税额调整额	71	
应补/退个人所得税计算		
一、应纳税额合计 （第72行＝第40行＋第46行＋第49行＋第52行＋第55行＋第58行＋第60行＋第64行＋第69行＋第71行）	72	
二、减免税额（附报《个人所得税减免税事项报告表》）	73	
三、已缴税额（境内）	74	
其中：境外所得境内支付部分已缴税额	75	
境外所得境外支付部分预缴税额	76	
四、境外所得已纳所得税抵免额（附报《境外所得个人所得税抵免明细表》）	77	
五、应补/退税额（第78行＝第72行－第73行－第74行－第77行）	78	

无住所个人附报信息			
纳税年度内在中国境内居住天数		已在中国境内居住年数	

退税申请 （应补/退税额小于0的填写本部分）		
□申请退税（需填写"开户银行名称""开户银行省份""银行账号"）　□放弃退税		
开户银行名称		开户银行省份
银行账号		

备注

谨声明：本表是根据国家税收法律法规及相关规定填报的，本人对填报内容（附带资料）的真实性、可靠性、完整性负责。

纳税人签字：　　　　　　年　月　日

经办人签字： 经办人身份证件类型： 经办人身份证件号码： 代理机构签章： 代理机构统一社会信用代码：	受理人： 受理税务机关（章）： 受理日期：　　年　月　日

国家税务总局监制

《个人所得税年度自行纳税申报表》(B表)填表说明
(居民个人取得境外所得适用)

一、适用范围

本表适用于居民个人纳税年度内取得境外所得,按照税法规定办理取得境外所得个人所得税自行申报。申报本表时应当一并附报《境外所得个人所得税抵免明细表》。

二、报送期限

居民个人取得境外所得需要办理自行申报的,应当在取得所得的次年3月1日至6月30日内,向主管税务机关办理纳税申报,并报送本表。

三、本表各栏填写

(一)表头项目

1. 税款所属期:填写居民个人取得所得当年的第1日至最后1日。如:2022年1月1日至2022年12月31日。

2. 纳税人姓名:填写居民个人姓名。

3. 纳税人识别号:有中国公民身份号码的,填写中华人民共和国居民身份证上载明的"公民身份号码";没有中国公民身份号码的,填写税务机关赋予的纳税人识别号。

(二)基本情况

1. 手机号码:填写居民个人中国境内的有效手机号码。

2. 电子邮箱:填写居民个人有效电子邮箱地址。

3. 联系地址:填写居民个人能够接收信件的有效地址。

4. 邮政编码:填写居民个人"联系地址"所对应的邮政编码。

(三)纳税地点

居民个人根据任职受雇情况,在选项1和选项2之间选择其一,并填写相应信息。若居民个人逾期办理汇算清缴申报被指定主管税务机关的,无需填写本部分。

1. 任职受雇单位信息:勾选"任职受雇单位所在地"并填写相关信息。按累计预扣法预扣预缴居民个人劳务报酬所得个人所得税的单位,视同居民个人的任职受雇单位。其中,按累计预扣法预扣预缴个人所得税的劳务报酬包括保险营销员和证券经纪人取得的佣金收入,以及正在接受全日制学历教育的学生实习取得的劳务报酬。

(1)名称:填写任职受雇单位的法定名称全称。

(2)纳税人识别号:填写任职受雇单位的纳税人识别号或者统一社会信用代码。

2. 户籍所在地/经常居住地/主要收入来源地:勾选"户籍所在地"的,填写居民户口簿中登记的住址。勾选"经常居住地"的,填写居民个人申领居住证上登载的居住地址;没有申领居住证的,填写居民个人实际居住地;实际居住地不在中国境内的,填写支付或者实际负担综合所得的境内单位或个人所在地。勾选"主要收入来源地"的,填写居民个人纳税年度内取得的劳务报酬、稿酬及特许权使用费三项所得累计收入最大的扣缴义务人所在地。

(四)申报类型

未曾办理过年度汇算申报,勾选"首次申报";已办理过年度汇算申报,但有误需要更正的,勾选"更正申报"。

(五)综合所得个人所得税计算

1. 第1行"境内收入合计":填写居民个人取得的境内综合所得收入合计金额。

第1行＝第2行＋第3行＋第4行＋第5行。

2. 第2～5行"工资、薪金""劳务报酬""稿酬""特许权使用费"：填写居民个人取得的需要并入境内综合所得计税的"工资、薪金""劳务报酬""稿酬""特许权使用费"所得收入金额。

3. 第6行"境外收入合计"：填写居民个人取得的境外综合所得收入合计金额，并按规定附报《境外所得个人所得税抵免明细表》。

第6行＝第7行＋第8行＋第9行＋第10行。

4. 第7～10行"工资、薪金""劳务报酬""稿酬""特许权使用费"：填写居民个人取得的需要并入境外综合所得计税的"工资、薪金""劳务报酬""稿酬""特许权使用费"所得收入金额。

5. 第11行"费用合计"：根据相关行次计算填报。

第11行＝（第3行＋第4行＋第5行＋第8行＋第9行＋第10行）×20％。

6. 第12行"免税收入合计"：填写居民个人取得的符合税法规定的免税收入合计金额。

第12行＝第13行＋第14行。

7. 第13行"稿酬所得免税部分"：根据相关行次计算填报。

第13行＝（第4行＋第9行）×（1－20％）×30％。

8. 第14行"其他免税收入"：填写居民个人取得的除第13行以外的符合税法规定的免税收入合计，并按规定附报《个人所得税减免税事项报告表》。

9. 第15行"减除费用"：填写税法规定的减除费用。

10. 第16行"专项扣除合计"：根据相关行次计算填报。

第16行＝第17行＋第18行＋第19行＋第20行。

11. 第17～20行"基本养老保险费""基本医疗保险费""失业保险费""住房公积金"：填写居民个人按规定可以在税前扣除的基本养老保险费、基本医疗保险费、失业保险费、住房公积金金额。

12. 第21行"专项附加扣除合计"：根据相关行次计算填报，并按规定附报《个人所得税专项附加扣除信息表》。

第21行＝第22行＋第23行＋第24行＋第25行＋第26行＋第27行＋28行。

13. 第22～28行"子女教育""继续教育""大病医疗""住房贷款利息""住房租金""赡养老人""3岁以下婴幼儿照护"：填写居民个人按规定可以在税前扣除的子女教育、继续教育、大病医疗、住房贷款利息、住房租金、赡养老人、3岁以下婴幼儿照护等专项附加扣除的金额。

14. 第29行"其他扣除合计"：根据相关行次计算填报。

第29行＝第30行＋第31行＋第32行＋第33行＋第34行＋第35行。

15. 第30～35行"年金""商业健康保险""税延养老保险""允许扣除的税费""个人养老金""其他"：填写居民个人按规定可在税前扣除的年金、商业健康保险、税延养老保险、允许扣除的税费、个人养老金和其他扣除项目的金额。其中，填写商业健康保险的，应当按规定附报《商业健康保险税前扣除情况明细表》；填写税延养老保险的，应当按规定附报《个人税收递延型商业养老保险税前扣除情况明细表》。

16. 第36行"准予扣除的捐赠额"：填写居民个人按规定准予在税前扣除的公益慈善事业捐赠金额，并按规定附报《个人所得税公益慈善事业捐赠扣除明细表》。

17. 第37行"应纳税所得额"：根据相应行次计算填报。

第37行＝第1行＋第6行－第11行－第12行－第15行－第16行－第21行－第29行－第36行。

18. 第38、39行"税率""速算扣除数"：填写按规定适用的税率和速算扣除数。

19. 第40行"应纳税额":按照相关行次计算填报。

第40行＝第37行×第38行－第39行。

(六)除综合所得外其他境外所得个人所得税计算

居民个人取得除综合所得外其他境外所得的,填写本部分,并按规定附报《境外所得个人所得税抵免明细表》。

1. 第41行"经营所得应纳税所得额":根据相应行次计算填报。

第41行＝第42行＋第43行。

2. 第42行"境内经营所得应纳税所得额":填写居民个人取得的境内经营所得应纳税所得额合计金额。

3. 第43行"境外经营所得应纳税所得额":填写居民个人取得的境外经营所得应纳税所得额合计金额。

4. 第44、45行"税率""速算扣除数":填写按规定适用的税率和速算扣除数。

5. 第46行"应纳税额":按照相关行次计算填报。

第46行＝第41行×第44行－第45行。

6. 第47行"境外利息、股息、红利所得应纳税所得额":填写居民个人取得的境外利息、股息、红利所得应纳税所得额合计金额。

7. 第48行"税率":填写按规定适用的税率。

8. 第49行"应纳税额":按照相关行次计算填报。

第49行＝第47行×第48行。

9. 第50行"境外财产租赁所得应纳税所得额":填写居民个人取得的境外财产租赁所得应纳税所得额合计金额。

10. 第51行"税率":填写按规定适用的税率。

11. 第52行"应纳税额":按照相关行次计算填报。

第52行＝第50行×第51行。

12. 第53行"境外财产转让所得应纳税所得额":填写居民个人取得的境外财产转让所得应纳税所得额合计金额。

13. 第54行"税率":填写按规定适用的税率。

14. 第55行"应纳税额":按照相关行次计算填报。

第55行＝第53行×第54行。

15. 第56行"境外偶然所得应纳税所得额":填写居民个人取得的境外偶然所得应纳税所得额合计金额。

16. 第57行"税率":填写按规定适用的税率。

17. 第58行"应纳税额":按照相关行次计算填报。

第58行＝第56行×第57行。

18. 第59行"其他境内、境外所得应纳税所得额合计":填写居民个人取得的其他境内、境外所得应纳税所得额合计金额,并在"备注"栏说明具体项目、计算方法等信息。

19. 第60行"应纳税额":根据适用的税率计算填报。

(七)境外股权激励个人所得税计算

居民个人取得境外股权激励,填写本部分,并按规定附报《境外所得个人所得税抵免明细表》。

1. 第61行"境内、境外单独计税的股权激励收入合计":填写居民个人取得的境内、境外单独计税的股权激励收入合计金额。

2. 第62、63行"税率""速算扣除数":根据单独计税的股权激励政策规定适用的税率和速算扣除数。

3. 第64行"应纳税额":按照相关行次计算填报。

第64行=第61行×第62行-第63行。

(八)全年一次性奖金个人所得税计算

无住所居民个人预缴时因预判为非居民个人而按取得数月奖金计算缴税的,汇缴时可以根据自身情况,将一笔数月奖金按照全年一次性奖金单独计算。

1. 第65行"全年一次性奖金收入":填写无住所的居民个人纳税年度内预判为非居民个人时取得的一笔数月奖金收入金额。

2. 第66行"准予扣除的捐赠额":填写无住所的居民个人按规定准予在税前扣除的公益慈善事业捐赠金额,并按规定附报《个人所得税公益慈善事业捐赠扣除明细表》。

3. 第67、68行"税率""速算扣除数":填写按照全年一次性奖金政策规定适用的税率和速算扣除数。

4. 第69行"应纳税额":按照相关行次计算填报。

第69行=(第65行-第66行)×第67行-第68行。

(九)税额调整

1. 第70行"综合所得收入调整额":填写居民个人按照税法规定可以办理的除第69行之前所填报内容之外的其他可以进行调整的综合所得收入的调整金额,并在"备注"栏说明调整的具体原因、计算方式等信息。

2. 第71行"应纳税额调整额":填写居民个人按照税法规定调整综合所得收入后所应调整的应纳税额。

(十)应补/退个人所得税计算

1. 第72行"应纳税额合计":根据相关行次计算填报。

第72行=第40行+第46行+第49行+第52行+第55行+第58行+第60行+第64行+第69行+第71行。

2. 第73行"减免税额":填写符合税法规定的可以减免的税额,并按规定附报《个人所得税减免税事项报告表》。

3. 第74行"已缴税额(境内)":填写居民个人取得在本表中已填报的收入对应的在境内已经缴纳或者被扣缴的个人所得税。

4. 第75行"境外所得已纳所得税抵免额":根据《境外所得个人所得税抵免明细表》计算填写居民个人符合税法规定的个人所得税本年抵免额。

5. 第78行"应补/退税额":根据相关行次计算填报。

第78行=第72行-第73行-第74行-第77行。

(十一)无住所个人附报信息

本部分由无住所个人填写。不是,则不填。

1. 纳税年度内在中国境内居住天数:填写本纳税年度内,无住所居民个人在中国境内居住的天数。

2. 已在中国境内居住年数:填写无住所个人已在中国境内连续居住的年份数。其中,年份数自2019年(含)开始计算且不包含本纳税年度。

(十二)退税申请

本部分由应补/退税额小于0且勾选"申请退税"的居民个人填写。

1."开户银行名称":填写居民个人在中国境内开立银行账户的银行名称。

2."开户银行省份":填写居民个人在中国境内开立的银行账户的开户银行所在省、自治区、直辖市或者计划单列市。

3."银行账号":填写居民个人在中国境内开立的银行账户的银行账号。

(十三)备注

填写居民个人认为需要特别说明的或者按照有关规定需要说明的事项。

四、其他事项说明

以纸质方式报送本表的,建议通过计算机填写打印,一式两份,纳税人、税务机关各留存一份。

[《国家税务总局关于办理2022年度个人所得税综合所得汇算清缴事项的公告》(国家税务总局公告2023年第3号)]

解读 对于取得境外所得的个人,在年度综合所得汇算清缴时,需要通过《个人所得税年度自行纳税申报表》(B表)填报来源于境内外的综合所得,同时还需要将除综合所得外在境外取得的所有所得项目在《个人所得税年度自行纳税申报表》(B表)中分别填列予以自行申报。也就是说,对于取得境外所得的个人,通过《个人所得税年度自行纳税申报表》(B表)既完成了个人的综合所得汇算清缴,也实现了个人境外所得全类目的自行申报。

表9-9 境外所得个人所得税抵免明细表

税款所属期: 年 月 日至 年 月 日

纳税人姓名:

纳税人识别号:□□□□□□□□□□□□□□□□□-□□ 金额单位:人民币元(列至角分)

本期境外所得抵免限额计算							
列次			A	B	C	D	E
项目		行次	金额				
国家(地区)		1	境内	境外			合计
一、综合所得	(一)收入	2					
	其中:工资、薪金	3					
	劳务报酬	4					
	稿酬	5					
	特许权使用费	6					
	(二)费用	7					
	(三)收入额	8					
	(四)应纳税额	9	—				
	(五)减免税额	10	—				
	(六)抵免限额	11	—				

(续表)

项目		行次	金额			
二、经营所得	（一）收入总额	12	—			
	（二）成本费用	13	—			
	（三）应纳税所得额	14				
	（四）应纳税额	15	—	—	—	—
	（五）减免税额	16	—	—	—	—
	（六）抵免限额	17	—			
三、利息、股息、红利所得	（一）应纳税所得额	18	—			
	（二）应纳税额	19	—			
	（三）减免税额	20	—			
	（四）抵免限额	21	—			
四、财产租赁所得	（一）应纳税所得额	22	—			
	（二）应纳税额	23	—			
	（三）减免税额	24	—			
	（四）抵免限额	25	—			
五、财产转让所得	（一）收入	26	—			
	（二）财产原值	27	—			
	（三）合理税费	28	—			
	（四）应纳税所得额	29	—			
	（五）应纳税额	30	—			
	（六）减免税额	31	—			
	（七）抵免限额	32	—			
六、偶然所得	（一）应纳税所得额	33	—			
	（二）应纳税额	34	—			
	（三）减免税额	35	—			
	（四）抵免限额	36	—			
七、股权激励	（一）应纳税所得额	37				
	（二）应纳税额	38	—	—	—	—
	（三）减免税额	39	—	—	—	—
	（四）抵免限额	40	—			
八、其他境内、境外所得	（一）应纳税所得额	41				
	（二）应纳税额	42				
	（三）减免税额	43				
	（四）抵免限额	44	—			

(续表)

项目	行次	金额		
九、本年可抵免限额合计 (第45行＝第11行＋第17行＋第21行＋第25行＋第32行＋第36行＋第40行＋第44行)	45	—		
本期实际可抵免额计算				
一、以前年度结转抵免额 (第46行＝第47行＋第48行＋第49行＋第50行＋第51行)	46	—		
其中：前5年	47	—		
前4年	48	—		
前3年	49	—		
前2年	50	—		
前1年	51	—		
二、本年境外已纳税额	52			
其中：享受税收饶让抵免税额(视同境外已纳)	53			
三、本年抵免额(境外所得已纳所得税抵免额)	54			
四、可结转以后年度抵免额 (第55行＝第56行＋第57行＋第58行＋第59行＋第60行)	55	—		—
其中：前4年	56	—		—
前3年	57	—		—
前2年	58	—		—
前1年	59	—		—
本年	60	—		
备注				

谨声明：本表是根据国家税收法律法规及相关规定填报的，本人对填报内容(附带资料)的真实性、可靠性、完整性负责。

纳税人签字： 年 月 日

经办人签字：
经办人身份证件类型：
经办人身份证件号码：
代理机构签章：
代理机构统一社会信用代码：

受理人：
受理税务机关(章)：
受理日期： 年 月 日

国家税务总局监制

《境外所得个人所得税抵免明细表》填表说明

一、适用范围

本表适用于居民个人纳税年度内取得境外所得,并按税法规定进行年度自行纳税申报时,应填报本表,计算其本年抵免额。

二、报送期限

本表随《个人所得税年度自行纳税申报表(B表)》一并报送。

三、各栏填写说明

(一)表头项目

1. 税款所属期:填写居民个人取得境外所得当年的第1日至最后1日。如2019年1月1日至2019年12月31日。

2. 纳税人姓名:填写居民个人姓名。

3. 纳税人识别号:有中国公民身份号码的,填写中华人民共和国居民身份证上载明的"公民身份号码";没有中国公民身份号码的,填写税务机关赋予的纳税人识别号。

(二)第A、B、C、D、E列次

1. 第A列"境内":填写个人取得境内所得相关内容。

2. 第B~D列"境外":填写个人取得境外所得相关内容。

3. 第E列"合计":按照相关列次计算填报。

第E列=第A列+第B列+第C列+第D列

(三)本期境外所得抵免限额计算

1. 第1行"国家(地区)":按"境外"列分别填写居民个人取得的境外收入来源国家(地区)名称。

2. 第2行"收入":按列分别填写居民个人取得的综合所得收入合计金额。

3. 第3~6行"工资、薪金""劳务报酬""稿酬""特许权使用费":按列分别填写居民个人取得的需要并入综合所得计税的"工资、薪金""劳务报酬""稿酬""特许权使用费"所得收入金额。

4. 第7行"费用":根据相关行次计算填报。

第7行=(第4行+第5行+第6行)×20%。

5. 第8行"收入额":根据相关行次计算填报。

第8行=第2行-第7行-第5行×80%×30%。

6. 第9行"应纳税额":按我国法律法规计算应纳税额,并填报本行"合计"列。

7. 第10行"减免税额":填写符合税法规定的可以减免的税额,并按规定附报《个人所得税减免税事项报告表》。

8. 第11行"抵免限额":根据相应行次按列分别计算填报。

第11行"境外"列=(第9行"合计"列-第10行"合计"列)×第8行"境外"列÷第8行"合计"列。

第11行"合计列"=∑第11行"境外"列。

9. 第12、13、14行"收入总额""成本费用""应纳税所得额":按列分别填写居民个人取得的经营所得收入、成本费用及应纳税所得额合计金额。

10. 第15行"应纳税额":根据相关行次计算填报"合计"列。

第15行=第14行×适用税率-速算扣除数。

11. 第16行"减免税额":填写符合税法规定的可以减免的税额,并按规定附报《个人所得税减免税事项报告表》。

12. 第17行"抵免限额":根据相应行次按列分别计算填报。

第17行"境外"列=(第15行"合计"列-第16行"合计"列)×第14行"境外"列÷第14行"合计"列。

第 17 行"合计列"＝∑第 17 行"境外"列。

13. 第 18、22、33、41 行"应纳税所得额"：按列分别填写居民个人取得的利息、股息、红利所得，财产租赁所得，偶然所得，其他境内、境外所得应纳税所得额合计金额。

14. 第 19、23、34、42 行"应纳税额"：按列分别计算填报。

第 19 行＝第 18 行×适用税率；

第 23 行＝第 22 行×适用税率；

第 34 行＝第 33 行×适用税率；

第 42 行＝第 41 行×适用税率。

15. 第 20、24、35、43 行"减免税额"：填写符合税法规定的可以减免的税额，并附报《个人所得税减免税事项报告表》。

16. 第 21、25、36、44 行"抵免限额"：根据相应行次按列分别计算填报。

第 21 行＝第 19 行－第 20 行；

第 25 行＝第 23 行－第 24 行；

第 36 行＝第 34 行－第 35 行；

第 44 行＝第 42 行－第 43 行。

17. 第 26 行"收入"：按列分别填写居民个人取得的财产转让所得收入合计金额。

18. 第 27 行"财产原值"：按列分别填写居民个人取得的财产转让所得对应的财产原值合计金额。

19. 第 28 行"合理税费"：按列分别填写居民个人取得财产转让所得对应的合理税费合计金额。

20. 第 29 行"应纳税所得额"：按列分别填写居民个人取得的财产转让所得应纳税所得额合计金额。

第 29 行＝第 26 行－第 27 行－第 28 行。

21. 第 30 行"应纳税额"：根据相应行按列分别计算填报。

第 30 行＝第 29 行×适用税率。

22. 第 31 行"减免税额"：填写符合税法规定的可以减免的税额，并按规定附报《个人所得税减免税事项报告表》。

23. 第 32 行"抵免限额"：根据相应行次按列分别计算填报。

第 32 行＝第 30 行－第 31 行。

24. 第 37 行"应纳税所得额"：按列分别填写居民个人取得的股权激励应纳税所得额合计金额。

25. 第 38 行"应纳税额"：按我国法律法规计算应纳税额填报本行"合计"列。

第 38 行＝第 37 行×适用税率－速算扣除数。

26. 第 39 行"减免税额"：填写符合税法规定的可以减免的税额，并附报《个人所得税减免税事项报告表》。

27. 第 40 行"抵免限额"：根据相应行次按列分别计算填报。

第 40 行"境外"列＝(第 38 行"合计"列－第 39 行"合计"列)×第 37 行"境外"列÷第 37 行"合计"列。

28. 第 45 行"本年可抵免限额合计"：根据相应行次按列分别计算填报。

第 45 行＝第 11 行＋第 17 行＋第 21 行＋第 25 行＋第 32 行＋第 36 行＋第 40 行＋第 44 行。

（四）本期实际可抵免额计算

1. 第 46 行"以前年度结转抵免额"：根据相应行次按列分别计算填报。

第 46 行＝第 47 列＋第 48 列＋第 49 列＋第 50 列＋第 51 列。

2. 第 52 行"本年境外已纳税额"：按列分别填写居民个人在境外已经缴纳或者被扣缴的税款合计金额，包括第 53 行"享受税收饶让抵免税额"。

3. 第 53 行"享受税收饶让抵免税额"：按列分别填写居民个人享受税收饶让政策而视同境外已缴纳而实际未缴纳的税款合计金额。

4. 第54行"本年抵免额":按"境外"列分别计算填写可抵免税额。

第54行"合计"列＝∑第54行"境外"列。

5. 第55行"可结转以后年度抵免额":根据相应行次按列分别计算填报。

第55行＝第56列＋第57列＋第58列＋第59列＋第60列。

（五）备注

填写居民个人认为需要特别说明的或者税务机关要求说明的事项。

四、其他事项说明

以纸质方式报送本表的,建议通过计算机填写打印,一式两份,纳税人、税务机关各留存一份。

[《国家税务总局关于修订部分个人所得税申报表的公告》(国家税务总局公告2019年第46号)]

9.3.11.3 个人所得税经营所得纳税申报表（A表）

适用范围：《个人所得税经营所得纳税申报表（A表）》（见表9-10）适用于查账征收和核定征收的个体工商户业主、个人独资企业投资人、合伙企业个人合伙人、承包承租经营者个人，以及其他从事生产、经营活动的个人在中国境内取得经营所得，办理个人所得税预缴纳税申报时，向税务机关报送。

合伙企业有两个或者两个以上个人合伙人的，应分别填报本表。

报送期限：纳税人取得经营所得，应当在月度或者季度终了后15日内，向税务机关办理预缴纳税申报。

以纸质方式报送本表的，建议通过计算机填写打印，一式两份，纳税人、税务机关各留存一份。

表9-10 个人所得税经营所得纳税申报表（A表）

税款所属期： 年 月 日至 年 月 日

纳税人姓名：

纳税人识别号：□□□□□□□□□□□□□□□□□□ 金额单位：人民币元（列至角分）

被投资单位信息		
名称		
纳税人识别号（统一社会信用代码）	□□□□□□□□□□□□□□□□□□	
征收方式（单选）		
□查账征收（据实预缴） □查账征收（按上年应纳税所得额预缴） □核定应税所得率征收 □核定应纳税所得额征收 □税务机关认可的其他方式 _____		
个人所得税计算		
项目	行次	金额/比例
一、收入总额	1	
二、成本费用	2	
三、利润总额（第3行＝第1行－第2行）	3	
四、弥补以前年度亏损	4	
五、应税所得率（%）	5	

(续表)

项目	行次	金额/比例
六、合伙企业个人合伙人分配比例(%)	6	
七、允许扣除的个人费用及其他扣除(第7行＝第8行＋第9行＋第14行)	7	
（一）投资者减除费用	8	
（二）专项扣除(第9行＝第10行＋第11行＋第12行＋第13行)	9	
1. 基本养老保险费	10	
2. 基本医疗保险费	11	
3. 失业保险费	12	
4. 住房公积金	13	
（三）依法确定的其他扣除(第14行＝第15行＋第16行＋第17行)	14	
1.	15	
2.	16	
3.	17	
八、准予扣除的捐赠额(附报《个人所得税公益慈善事业捐赠扣除明细表》)	18	
九、应纳税所得额	19	
十、税率(%)	20	
十一、速算扣除数	21	
十二、应纳税额(第22行＝第19行×第20行－第21行)	22	
十三、减免税额(附报《个人所得税减免税事项报告表》)	23	
十四、已缴税额	24	
十五、应补/退税额(第25行＝第22行－第23行－第24行)	25	
备注		

谨声明:本表是根据国家税收法律法规及相关规定填报的,本人对填报内容(附带资料)的真实性、可靠性、完整性负责。

纳税人签字： 年 月 日

经办人签字：	受理人：
经办人身份证件类型：	
经办人身份证件号码：	受理税务机关(章)：
代理机构签章：	
代理机构统一社会信用代码：	受理日期： 年 月 日

国家税务总局监制

《个人所得税经营所得纳税申报表(A表)》填写说明

(一)表头项目

1. 税款所属期:填写纳税人取得经营所得应纳个人所得税款的所属期间,应填写具体的起止年月日。

2. 纳税人姓名:填写自然人纳税人姓名。

3. 纳税人识别号:有中国公民身份号码的,填写中华人民共和国居民身份证上载明的"公民身份号码";没有中国公民身份号码的,填写税务机关赋予的纳税人识别号。

(二)被投资单位信息

1. 名称:填写被投资单位法定名称的全称。

2. 纳税人识别号(统一社会信用代码):填写被投资单位的纳税人识别号或者统一社会信用代码。

(三)征收方式

根据税务机关核定的征收方式,在对应框内打"√"。采用税务机关认可的其他方式的,应在下划线填写具体征收方式。

(四)个人所得税计算

1. 第1行"收入总额":填写本年度开始经营月份起截至本期从事经营以及与经营有关的活动取得的货币形式和非货币形式的各项收入总额。包括:销售货物收入、提供劳务收入、转让财产收入、利息收入、租金收入、接受捐赠收入、其他收入。

2. 第2行"成本费用":填写本年度开始经营月份起截至本期实际发生的成本、费用、税金、损失及其他支出的总额。

3. 第3行"利润总额":填写本年度开始经营月份起截至本期的利润总额。

4. 第4行"弥补以前年度亏损":填写可在税前弥补的以前年度尚未弥补的亏损额。

5. 第5行"应税所得率":按核定应税所得率方式纳税的纳税人,填写税务机关确定的核定征收应税所得率。按其他方式纳税的纳税人不填本行。

6. 第6行"合伙企业个人合伙人分配比例":纳税人为合伙企业个人合伙人的,填写本行;其他则不填。分配比例按照合伙协议约定的比例填写;合伙协议未约定或不明确的,按合伙人协商决定的比例填写;协商不成的,按合伙人实缴出资比例填写;无法确定出资比例的,按合伙人平均分配。

7. 第7~17行"允许扣除的个人费用及其他扣除":

(1)第8行"投资者减除费用":填写根据本年实际经营月份数计算的可在税前扣除的投资者本人每月5 000元减除费用的合计金额。

(2)第9~13行"专项扣除":填写按规定允许扣除的基本养老保险费、基本医疗保险费、失业保险费、住房公积金的金额。

(3)第14~17行"依法确定的其他扣除":填写商业健康保险、税延养老保险以及其他按规定允许扣除项目的金额。

8. 第18行"准予扣除的捐赠额":填写按照税法及相关法规、政策规定,可以在税前扣除的捐赠额,并按规定附报《个人所得税公益慈善事业捐赠扣除明细表》。

9. 第19行"应纳税所得额":根据相关行次计算填报。

(1)查账征收(据实预缴):第19行=(第3行-第4行)×第6行-第7行-第18行。

(2)查账征收(按上年应纳税所得额预缴):第19行=上年度的应纳税所得额÷12×月份数。

(3)核定应税所得率征收(能准确核算收入总额的):第19行=第1行×第5行×第6行。

(4) 核定应税所得率征收(能准确核算成本费用的):第 19 行＝第 2 行÷(1－第 5 行)×第 5 行×第 6 行。

(5) 核定应纳税所得额征收:直接填写应纳税所得额。

(6) 税务机关认可的其他方式:直接填写应纳税所得额。

10. 第 20~21 行"税率"和"速算扣除数":填写按规定适用的税率和速算扣除数。

11. 第 22 行"应纳税额":根据相关行次计算填报。第 22 行＝第 19 行×第 20 行－第 21 行。

12. 第 23 行"减免税额":填写符合税法规定可以减免的税额,并附报《个人所得税减免税事项报告表》。

13. 第 24 行"已缴税额":填写本年度在月(季)度申报中累计已预缴的经营所得个人所得税的金额。

14. 第 25 行"应补/退税额":根据相关行次计算填报。第 25 行＝第 22 行－第 23 行－第 24 行。

(五) 备注

填写个人认为需要特别说明的或者税务机关要求说明的事项。

[《国家税务总局关于修订部分个人所得税申报表的公告》(国家税务总局公告 2019 年第 46 号)]

9.3.11.4 个人所得税经营所得纳税申报表(B 表)

适用范围:《个人所得税经营所得纳税申报表(B 表)》适用于个体工商户业主、个人独资企业投资人、合伙企业个人合伙人、承包承租经营者个人,以及其他从事生产、经营活动的个人在中国境内取得经营所得,且实行查账征收的,在办理个人所得税汇算清缴纳税申报时,向税务机关报送。

合伙企业有两个或者两个以上个人合伙人的,应分别填报本表。

报送期限:纳税人在取得经营所得的次年 3 月 31 日前,向税务机关办理汇算清缴。

以纸质方式报送本表的,应当一式两份,纳税人、税务机关各留存一份。

表 9-11 个人所得税经营所得纳税申报表(B 表)

税款所属期: 　年　月　日至　年　月　日

纳税人姓名:

纳税人识别号:□□□□□□□□□□□□□□□□□□ 　　金额单位:人民币元(列至角分)

被投资单位信息	名称		纳税人识别号 (统一社会信用代码)		
项目				行次	金额/比例
一、收入总额				1	
其中:国债利息收入				2	
二、成本费用(3＝4＋5＋6＋7＋8＋9＋10)				3	
(一)营业成本				4	
(二)营业费用				5	
(三)管理费用				6	

(续表)

项目	行次	金额/比例
（四）财务费用	7	
（五）税金	8	
（六）损失	9	
（七）其他支出	10	
三、利润总额(11＝1－2－3)	11	
四、纳税调整增加额(12＝13＋27)	12	
（一）超过规定标准的扣除项目金额(13＝14＋15＋16＋17＋18＋19＋20＋21＋22＋23＋24＋25＋26)	13	
1. 职工福利费	14	
2. 职工教育经费	15	
3. 工会经费	16	
4. 利息支出	17	
5. 业务招待费	18	
6. 广告费和业务宣传费	19	
7. 教育和公益事业捐赠	20	
8. 住房公积金	21	
9. 社会保险费	22	
10. 折旧费用	23	
11. 无形资产摊销	24	
12. 资产损失	25	
13. 其他	26	
（二）不允许扣除的项目金额(27＝28＋29＋30＋31＋32＋33＋34＋35＋36)	27	
1. 个人所得税税款	28	
2. 税收滞纳金	29	
3. 罚金、罚款和被没收财物的损失	30	
4. 不符合扣除规定的捐赠支出	31	
5. 赞助支出	32	
6. 用于个人和家庭的支出	33	

(续表)

项目	行次	金额/比例
7.与取得生产经营收入无关的其他支出	34	
8.投资者工资薪金支出	35	
9.其他不允许扣除的支出	36	
五、纳税调整减少额	37	
六、纳税调整后所得(38＝11+12－37)	38	
七、弥补以前年度亏损	39	
八、合伙企业个人合伙人分配比例(%)	40	
九、允许扣除的个人费用及其他扣除(41＝42+43+48+55)	41	
(一)投资者减除费用	42	
(二)专项扣除(43＝44+45+46+47)	43	
1.基本养老保险费	44	
2.基本医疗保险费	45	
3.失业保险费	46	
4.住房公积金	47	
(三)专项附加扣除(48＝49+50+51+52+53+54+55)	48	
1.子女教育	49	
2.继续教育	50	
3.大病医疗	51	
4.住房贷款利息	52	
5.住房租金	53	
6.赡养老人	54	
7.3岁以下婴幼儿照护	55	
(四)依法确定的其他扣除(55＝56+57+58+59)	56	
1.商业健康保险	57	
2.税延养老保险	58	
3.	59	
4.	60	
十、投资抵扣	61	

(续表)

项目	行次	金额/比例
十一、准予扣除的个人捐赠支出	62	
十二、应纳税所得额(62＝38－39－41－60－61)或[62＝(38－39)×40－41－60－61]	63	
十三、税率(%)	64	
十四、速算扣除数	65	
十五、应纳税额(65＝62×63－64)	66	
十六、减免税额(附报《个人所得税减免税事项报告表》)	67	
十七、已缴税额	68	
十八、应补/退税额(68＝65－66－67)	69	

谨声明：本表是根据国家税收法律法规及相关规定填报的，是真实的、可靠的、完整的。

　　　　　　　　　　　　　　　　纳税人签字：　　　　　年　月　日

经办人： 经办人身份证件号码： 代理机构签章： 代理机构统一社会信用代码：	受理人： 受理税务机关(章)： 受理日期：　　　年　月　日

国家税务总局监制

《个人所得税经营所得纳税申报表(B表)》填写说明

(一)表头项目

1.税款所属期：填写纳税人取得经营所得应纳个人所得税款的所属期间，应填写具体的起止年月日。

2.纳税人姓名：填写自然人纳税人姓名。

3.纳税人识别号：有中国公民身份号码的，填写中华人民共和国居民身份证上载明的"公民身份号码"；没有中国公民身份号码的，填写税务机关赋予的纳税人识别号。

(二)被投资单位信息

1.名称：填写被投资单位法定名称的全称。

2.纳税人识别号(统一社会信用代码)：填写被投资单位的纳税人识别号或统一社会信用代码。

(三)表内各行填写

1.第1行"收入总额"：填写本年度从事生产经营以及与生产经营有关的活动取得的货币形式和非货币形式的各项收入总金额。包括：销售货物收入、提供劳务收入、转让财产收入、利息收入、租金收入、接受捐赠收入、其他收入。

2.第2行"国债利息收入"：填写本年度已计入收入的因购买国债而取得的应予免税的利息金额。

3.第3～10行"成本费用"：填写本年度实际发生的成本、费用、税金、损失及其他支出的总额。

(1)第4行"营业成本"：填写在生产经营活动中发生的销售成本、销货成本、业务支出以及其他耗费的金额。

(2) 第 5 行"营业费用":填写在销售商品和材料、提供劳务的过程中发生的各种费用。

(3) 第 6 行"管理费用":填写为组织和管理企业生产经营发生的管理费用。

(4) 第 7 行"财务费用":填写为筹集生产经营所需资金等发生的筹资费用。

(5) 第 8 行"税金":填写在生产经营活动中发生的除个人所得税和允许抵扣的增值税以外的各项税金及其附加。

(6) 第 9 行"损失":填写生产经营活动中发生的固定资产和存货的盘亏、毁损、报废损失,转让财产损失,坏账损失,自然灾害等不可抗力因素造成的损失以及其他损失。

(7) 第 10 行"其他支出":填写除成本、费用、税金、损失外,生产经营活动中发生的与之有关的、合理的支出。

4. 第 11 行"利润总额":根据相关行次计算填报。第 11 行＝第 1 行－第 2 行－第 3 行。

5. 第 12 行"纳税调整增加额":根据相关行次计算填报。第 12 行＝第 13 行＋第 27 行。

6. 第 13 行"超过规定标准的扣除项目金额":填写扣除的成本、费用和损失中,超过税法规定的扣除标准应予调增的应纳税所得额。

7. 第 27 行"不允许扣除的项目金额":填写按规定不允许扣除但被投资单位已将其扣除的各项成本、费用和损失,应予调增应纳税所得额的部分。

8. 第 37 行"纳税调整减少额":填写在计算利润总额时已计入收入或未列入成本费用,但在计算应纳税所得额时应予扣除的项目金额。

9. 第 38 行"纳税调整后所得":根据相关行次计算填报。第 38 行＝第 11 行＋第 12 行－第 37 行。

10. 第 39 行"弥补以前年度亏损":填写本年度可在税前弥补的以前年度亏损额。

11. 第 40 行"合伙企业个人合伙人分配比例":纳税人为合伙企业个人合伙人的,填写本栏;其他则不填。分配比例按照合伙协议约定的比例填写;合伙协议未约定或不明确的,按合伙人协商决定的比例填写;协商不成的,按合伙人实缴出资比例填写;无法确定出资比例的,按合伙人平均分配。

12. 第 41 行"允许扣除的个人费用及其他扣除":填写按税法规定可以税前扣除的各项费用、支出,包括:

(1) 第 42 行"投资者减除费用":填写按税法规定的减除费用金额。

(2) 第 43~47 行"专项扣除":分别填写本年度按规定允许扣除的基本养老保险费、基本医疗保险费、失业保险费、住房公积金的合计金额。

(3) 第 48~55 行"专项附加扣除":分别填写本年度纳税人按规定可享受的子女教育、继续教育、大病医疗、住房贷款利息、住房租金、赡养老人、3 岁以下婴幼儿照护等专项附加扣除的合计金额。

(4) 第 56~60 行"依法确定的其他扣除":分别填写按规定允许扣除的商业健康保险、税延养老保险,以及国务院规定其他可以扣除项目的合计金额。

13. 第 61 行"投资抵扣":填写按照税法规定可以税前抵扣的投资金额。

14. 第 62 行"准予扣除的个人捐赠支出":填写本年度按照税法及相关法规、政策规定,可以在税前扣除的个人捐赠合计额。

15. 第 63 行"应纳税所得额":根据相关行次计算填报。

(1) 纳税人为非合伙企业个人合伙人的:第 63 行＝第 38 行－第 39 行－第 41 行－第 61 行－第 62 行。

(2) 纳税人为合伙企业个人合伙人的:第 63 行＝(第 38 行－第 39 行)×第 40 行－第 41 行－第 61 行－第 62 行。

16. 第64～65行"税率""速算扣除数":填写按规定适用的税率和速算扣除数。
17. 第66行"应纳税额":根据相关行次计算填报。第66行=第63行×第64行-第65行。
18. 第67行"减免税额":填写符合税法规定可以减免的税额,并附报《个人所得税减免税事项报告表》。
19. 第68行"已缴税额":填写本年度累计已预缴的经营所得个人所得税金额。
20. 第69行"应补/退税额":根据相关行次计算填报。第69行=第66行-第67行-第68行。

[《国家税务总局关于修订个人所得税申报表的公告》(国家税务总局公告2019年第7号)、《国务院关于设立3岁以下婴幼儿照护个人所得税专项附加扣除的通知》(国发〔2022〕8号)]

9.3.11.5 个人所得税经营所得纳税申报表(C表)

适用范围:《个人所得税经营所得纳税申报表(C表)》(见表9-12)适用于个体工商户业主、个人独资企业投资人、合伙企业个人合伙人、承包承租经营者个人,以及其他从事生产、经营活动的个人在中国境内两处以上取得经营所得,办理合并计算个人所得税的年度汇总纳税申报时,向税务机关报送。

报送期限:纳税人从两处以上取得经营所得,应当于取得所得的次年3月31日前办理年度汇总纳税申报。

以纸质方式报送本表的,应当一式两份,纳税人、税务机关各留存一份。

表9-12 个人所得税经营所得纳税申报表(C表)

税款所属期: 年 月 日至 年 月 日
纳税人姓名:
纳税人识别号:□□□□□□□□□□□□□□□□□□ 金额单位:人民币元(列至角分)

被投资单位信息			单位名称	纳税人识别号(统一社会信用代码)	投资者应纳税所得额
	汇总地				
	非汇总地	1			
		2			
		3			
		4			
		5			

项目	行次	金额/比例
一、投资者应纳税所得额合计	1	
二、应调整的个人费用及其他扣除(2=3+4+5+6)	2	
(一)投资者减除费用	3	
(二)专项扣除	4	
(三)专项附加扣除	5	
(四)依法确定的其他扣除	6	

(续表)

项目	行次	金额/比例
三、应调整的其他项目	7	
四、调整后应纳税所得额（8＝1＋2＋7）	8	
五、税率（%）	9	
六、速算扣除数	10	
七、应纳税额（11＝8×9－10）	11	
八、减免税额（附报《个人所得税减免税事项报告表》）	12	
九、已缴税额	13	
十、应补/退税额（14＝11－12－13）	14	

谨声明：本表是根据国家税收法律法规及相关规定填报的，是真实的、可靠的、完整的。

纳税人签字：　　　　　　年　月　日

经办人： 经办人身份证件号码： 代理机构签章： 代理机构统一社会信用代码：	受理人： 受理税务机关（章）： 受理日期：　　　年　月　日

国家税务总局监制

《个人所得税经营所得纳税申报表（C表）》填报说明

（一）表头项目

1. 税款所属期：填写纳税人取得经营所得应纳个人所得税款的所属期间，应填写具体的起止年月日。

2. 纳税人姓名：填写自然人纳税人姓名。

3. 纳税人识别号：有中国公民身份号码的，填写中华人民共和国居民身份证上载明的"公民身份号码"；没有中国公民身份号码的，填写税务机关赋予的纳税人识别号。

（二）被投资单位信息

1. 名称：填写被投资单位法定名称的全称。

2. 纳税人识别号（统一社会信用代码）：填写被投资单位的纳税人识别号或者统一社会信用代码。

3. 投资者应纳税所得额：填写投资者从其各投资单位取得的年度应纳税所得额。

（三）表内各行填写

1. 第1行"投资者应纳税所得额合计"：填写投资者从其各投资单位取得的年度应纳税所得额的合计金额。

2. 第2～6行"应调整的个人费用及其他扣除"：填写按规定需调整增加或者减少应纳税所得额的项目金额。调整减少应纳税所得额的，用负数表示。

（1）第3行"投资者减除费用"：填写需调整增加或者减少应纳税所得额的投资者减除费用的金额。

（2）第4行"专项扣除"：填写需调整增加或者减少应纳税所得额的"三险一金"（基本养老保险费、基本医疗保险费、失业保险费、住房公积金）的合计金额。

（3）第5行"专项附加扣除"：填写需调整增加或者减少应纳税所得额的专项附加扣除（子女教育、继续教育、大病医疗、住房贷款利息、住房租金、赡养老人、3岁以下婴幼儿照护）的合计金额。

（4）第6行"依法确定的其他扣除"：填写需调整增加或者减少应纳税所得额的商业健康保险、税延养老保险以及国务院规定其他可以扣除项目的合计金额。

3. 第 7 行"应调整的其他项目":填写按规定应予调整的其他项目的合计金额。调整减少应纳税所得额的,用负数表示。

4. 第 8 行"调整后应纳税所得额":根据相关行次计算填报。第 8 行＝第 1 行＋第 2 行＋第 7 行。

5. 第 9～10 行"税率""速算扣除数":填写按规定适用的税率和速算扣除数。

6. 第 11 行"应纳税额":根据相关行次计算填报。第 11 行＝第 8 行×第 9 行－第 10 行。

7. 第 12 行"减免税额":填写符合税法规定可以减免的税额,并附报《个人所得税减免税事项报告表》。

8. 第 13 行"已缴税额":填写纳税人本年度累计已缴纳的经营所得个人所得税的金额。

9. 第 14 行"应补/退税额":按相关行次计算填报。第 14 行＝第 11 行－第 12 行－第 13 行。

[《国家税务总局关于修订个人所得税申报表的公告》(国家税务总局公告 2019 年第 7 号)、《国务院关于设立 3 岁以下婴幼儿照护个人所得税专项附加扣除的通知》(国发〔2022〕8 号)]

9.3.11.6　个人所得税减免税事项报告表

适用范围:《个人所得税减免税事项报告表》(见表 9-13)适用于个人纳税年度内发生减免税事项,需要在纳税申报时享受的,向税务机关报送。

报送期限:

(1) 个人需要享受减免税事项的,应当及时向扣缴义务人提交本表做信息采集。

(2) 扣缴义务人扣缴申报时,个人需要享受减免税事项的,扣缴义务人应当一并报送本表。

(3) 个人需要享受减免税事项并采取自行纳税申报方式的,应按照税法规定的自行纳税申报时间,在自行纳税申报时一并报送本表。

以纸质方式报送本表的,建议通过计算机填写打印,一式两份,纳税人(扣缴义务人)、税务机关各留存一份。

表 9-13　个人所得税减免税事项报告表

税款所属期:　　年　月　日至　　年　月　日
纳税人姓名:
纳税人识别号:□□□□□□□□□□□□□□□□□□
扣缴义务人名称:
扣缴义务人纳税人识别号:□□□□□□□□□□□□□□□□□□　　金额单位:人民币元(列至角分)

减免税情况					
编号	勾选	减免税事项	减免人数	免税收入	减免税额	备注
1	□	残疾、孤老、烈属减征个人所得税				
2	□	个人转让 5 年以上唯一住房免征个人所得税	—			
3	□	随军家属从事个体经营免征个人所得税		—		
4	□	军转干部从事个体经营免征个人所得税		—		
5	□	退役士兵从事个体经营免征个人所得税		—		
6	□	建档立卡贫困人口从事个体经营减免个人所得税		—		

(续表)

编号	勾选	减免税事项			减免人数	免税收入	减免税额	备注
7	☐	登记失业半年以上人员,零就业家庭、享受城市低保登记失业人员,毕业年度内高校毕业生从事个体经营扣减个人所得税				—		
8	☐	取消农业税从事"四业"所得暂免征收个人所得税				—		
9	☐	符合条件的房屋赠与免征个人所得税				—		
10	☐	科技人员取得职务科技成果转化现金奖励					—	
11	☐	外籍个人出差补贴、探亲费、语言训练费、子女教育费等津补贴					—	
12	☐	税收协定	股息	税收协定名称及条款:			—	
13	☐		利息	税收协定名称及条款:			—	
14	☐		特许权使用费	税收协定名称及条款:			—	
15	☐		财产收益	税收协定名称及条款:			—	
16	☐		受雇所得	税收协定名称及条款:			—	
17	☐		其他	税收协定名称及条款:			—	
18		其他	减免税事项名称及减免性质代码:					
19	☐		减免税事项名称及减免性质代码:					
20			减免税事项名称及减免性质代码:					
		合计						

减免税人员名单

序号	姓名	纳税人识别号	减免税事项 (编号或减免性质代码)	所得项目	免税收入	减免税额	备注

谨声明:本表是根据国家税收法律法规及相关规定填报的,本人(单位)对填报内容(附带资料)的真实性、可靠性、完整性负责。

纳税人或扣缴单位负责人签字: 年 月 日

(续表)

经办人签字： 经办人身份证件类型： 经办人身份证件号码： 代理机构签章： 代理机构统一社会信用代码：	受理人： 受理税务机关（章）： 受理日期：　　年　月　日

国家税务总局监制

《个人所得税减免税事项报告表》填写说明

（一）表头项目

1. 税款所属期：填写个人发生减免税事项的所属期间，应填写具体的起止年月日。

2. 纳税人姓名：个人自行申报并报送本表或向扣缴义务人提交本表做信息采集的，由个人填写纳税人姓名。

3. 纳税人识别号：个人自行申报并报送本表或向扣缴义务人提交本表做信息采集的，由个人填写纳税人识别号。纳税人识别号为个人有中国公民身份号码的，填写中华人民共和国居民身份证上载明的"公民身份号码"；没有中国公民身份号码的，填写税务机关赋予的纳税人识别号。

4. 扣缴义务人名称：扣缴义务人扣缴申报并报送本表的，由扣缴义务人填写扣缴义务人名称。

5. 扣缴义务人纳税人识别号：扣缴义务人扣缴申报并报送本表的，由扣缴义务人填写扣缴义务人统一社会信用代码。

（二）减免税情况

1."减免税事项"：个人或扣缴义务人勾选享受的减免税事项。

个人享受税收协定待遇的，应勾选"税收协定"项目，并填写具体税收协定名称及条款。

个人享受列示项目以外的减免税事项的，应勾选"其他"项目，并填写减免税事项名称及减免性质代码。

2."减免人数"：填写享受该行次减免税政策的人数。

3."免税收入"：填写享受该行次减免税政策的免税收入合计金额。

4."减免税额"：填写享受该行次减免税政策的减免税额合计金额。

5."备注"：填写个人或扣缴义务人需要特别说明的或者税务机关要求说明的事项。

（三）减免税人员名单栏

1."姓名"：填写个人姓名。

2."纳税人识别号"：填写个人的纳税人识别号。

3."减免税事项（编号或减免性质代码）"：填写"减免税情况栏"列示的减免税事项对应的编号或税务机关要求填报的其他信息。

4."所得项目"：填写适用减免税事项的所得项目名称。例如，工资、薪金所得。

5."免税收入"：填写个人享受减免税政策的免税收入金额。

6."减免税额"：填写个人享受减免税政策的减免税额金额。

7."备注"：填写个人或扣缴义务人需要特别说明的或者税务机关要求说明的事项。

[《国家税务总局关于修订部分个人所得税申报表的公告》（国家税务总局公告2019年第46号）]

9.3.11.7　个人所得税自行纳税申报表（A表）

适用范围：《个人所得税自行纳税申报表（A表）》（见表9-14）适用于居民个人取得应税所得，扣缴义务人未扣缴税款，非居民个人取得应税所得扣缴义务人未扣缴税款，非居民个人在中国境内从两处以上取得工资、薪金所得等情形在办理自行纳税申报时，向税务机关报送。

报送期限：

（1）居民个人取得应税所得扣缴义务人未扣缴税款，应当在取得所得的次年6月30日前办理纳税申报。税务机关通知限期缴纳的，纳税人应当按照期限缴纳税款。

（2）非居民个人取得应税所得，扣缴义务人未扣缴税款的，应当在取得所得的次年6月30日前办理纳税申报。非居民个人在次年6月30日前离境（临时离境除外）的，应当在离境前办理纳税申报。

（3）非居民个人在中国境内从两处以上取得工资、薪金所得的，应当在取得所得的次月15日内办理纳税申报。

（4）其他需要纳税人办理自行申报的情形，按规定的申报期限办理。

以纸质方式报送本表的，应当一式两份，纳税人、税务机关各留存一份。

表9-14　个人所得税自行纳税申报表（A表）

税款所属期：　　年　月　日至　　年　月　日
纳税人姓名：
纳税人识别号：□□□□□□□□□□□□□□□□□□　　　金额单位：人民币元（列至角分）

自行申报情形	□居民个人取得应税所得，扣缴义务人未扣缴税款 □非居民个人取得应税所得，扣缴义务人未扣缴税款 □非居民个人在中国境内从两处以上取得工资、薪金所得　□其他_____	是否为非居民个人	□是 □否	非居民个人本年度境内居住天数	□不超过90天 □超过90天不超过183天

序号	所得项目	收入额计算			专项扣除				其他扣除			减按计税比例	准予扣除的捐赠额	税款计算							备注
		收入	费用	免税收入	减除费用	基本养老保险费	基本医疗保险费	失业保险费	住房公积金	财产原值	允许扣除的税费	其他			应纳税所得额	税率	速算扣除数	应纳税额	减免税额	已缴税额	应补/退税额	
1	2	3	4	5	6	7	8	9	10	11	12	13	14	15	16	17	18	19	20	21	22	23

谨声明：本表是根据国家税收法律法规及相关规定填报的，是真实的、可靠的、完整的。

纳税人签字：　　　　　　　　　　　　　　年　月　日

经办人签字：　　　　　　　　　　　　受理人：
经办人身份证件号码：
代理机构签章：　　　　　　　　　　　受理税务机关（章）：
代理机构统一社会信用代码：　　　　　受理日期：　　年　月　日

国家税务总局监制

《个人所得税自行纳税申报表(A表)》填表说明

(一) 表头项目

1. 税款所属期:填写纳税人取得所得应纳个人所得税款的所属期间,填写具体的起止年月日。

2. 纳税人姓名:填写自然人纳税人姓名。

3. 纳税人识别号:有中国公民身份号码的,填写中华人民共和国居民身份证上载明的"公民身份号码";没有中国公民身份号码的,填写税务机关赋予的纳税人识别号。

(二) 表内各栏

1. "自行申报情形":纳税人根据自身情况在对应框内打"√"。选择"其他"的,应当填写具体自行申报情形。

2. "是否为非居民个人":非居民个人选"是",居民个人选"否"。不填默认为"否"。

3. "非居民个人本年度境内居住天数":非居民个人根据合同、任职期限、预期工作时间等不同情况,填写"不超过90天"或者"超过90天不超过183天"。

4. 第2列"所得项目":按照个人所得税法第二条规定的项目填写。纳税人取得多项所得或者多次取得所得的,分行填写。

5. 第3~5列"收入额计算":包含"收入""费用""免税收入"。收入额=第3列-第4列-第5列。

(1) 第3列"收入":填写纳税人实际取得所得的收入总额。

(2) 第4列"费用":取得劳务报酬所得、稿酬所得、特许权使用费所得时填写,取得其他各项所得时无须填写本列。非居民个人取得劳务报酬所得、稿酬所得、特许权使用费所得,费用按收入的20%填写。

(3) 第5列"免税收入":填写符合税法规定的免税收入金额。其中,税法规定"稿酬所得的收入额减按70%计算",对减计的30%部分,填入本列。

6. 第6列"减除费用":按税法规定的减除费用标准填写。

7. 第7~10列"专项扣除":分别填写按规定允许扣除的基本养老保险费、基本医疗保险费、失业保险费、住房公积金的金额。

8. 第11~13列"其他扣除":包含"财产原值""允许扣除的税费""其他",分别填写按照税法规定当月(次)允许扣除的金额。

(1) 第11列"财产原值":纳税人取得财产转让所得时填写本栏。

(2) 第12列"允许扣除的税费":填写按规定可以在税前扣除的税费。

① 纳税人取得劳务报酬所得时,填写劳务发生过程中实际缴纳的可依法扣除的税费。

② 纳税人取得特许权使用费所得时,填写提供特许权过程中发生的中介费和实际缴纳的可依法扣除的税费。

③ 纳税人取得财产租赁所得时,填写修缮费和出租财产过程中实际缴纳的可依法扣除的税费。

④ 纳税人取得财产转让所得时,填写转让财产过程中实际缴纳的可依法扣除的税费。

(3) 第13列"其他":填写按规定其他可以在税前扣除的项目。

9. 第14列"减按计税比例":填写按规定实行应纳税所得额减计税收优惠的减计比例。无减计规定的,则不填,系统默认为100%。如,某项税收政策实行减按60%计入应纳税所得额,则本列填60%。

10. 第15列"准予扣除的捐赠额":是指按照税法及相关法规、政策规定,可以在税前扣除的捐赠额。

11. 第16列"应纳税所得额":根据相关列次计算填报。

12. 第17~18列"税率""速算扣除数":填写所得项目按规定适用的税率和速算扣除数。所得项目没有速算扣除数的,则不填。

13. 第19列"应纳税额":根据相关列次计算填报。第19列=第16列×第17列-第18列。

14. 第20列"减免税额":填写符合税法规定的可以减免的税额,并附报《个人所得税减免税事项报告表》。

15. 第21列"已缴税额":填写纳税人当期已实际缴纳或者被扣缴的个人所得税税款。
16. 第22列"应补/退税额":根据相关列次计算填报。第22列=第19列—第20列—第21列。

[《国家税务总局关于修订个人所得税申报表的公告》(国家税务总局公告2019年第7号)]

9.4 制造业中小微企业延缓缴纳部分税费

自2021年11月1日起,为贯彻落实党中央、国务院决策部署,支持制造业中小微企业发展,促进工业经济平稳运行,制造业中小微企业(含个人独资企业、合伙企业、个体工商户,下同)延缓缴纳部分税费。

9.4.1 制造业中小微企业概念

制造业中小微企业,是指国民经济行业分类中行业门类为制造业,且年销售额2000万元以上(含2000万元)4亿元以下(不含4亿元)的企业(以下称制造业中型企业)和年销售额2000万元以下(不含2000万元)的企业(以下称制造业小微企业)。

销售额,是指应征增值税销售额,包括纳税申报销售额、稽查查补销售额、纳税评估调整销售额。适用增值税差额征税政策的,以差额后的销售额确定。

[《国家税务总局 财政部关于制造业中小微企业延缓缴纳2021年第四季度部分税费有关事项的公告》(国家税务总局公告2021年第30号)、《国家税务总局 财政部关于延续实施制造业中小微企业延缓缴纳部分税费有关事项的公告》(国家税务总局公告2022年第2号)]

热点问题 纳税人登记行业与实际经营不一致的,如何享受延缓缴纳政策?

答:对符合缓缴税费条件的纳税人登记行业与实际经营不一致等情况,区分两种情形处理:一是纳税人在市场监管部门登记信息为非制造业的,可以向税务机关提供制造业销售额占全部销售额超过50%的说明,享受延缓缴纳政策,后期需向市场监管部门办理行业信息更正;二是对纳税人在市场监管部门登记为制造业的,可向主管税务机关申请变更行业信息,享受延缓缴纳政策。

9.4.2 延缓缴纳2021年第四季度税款

9.4.2.1 企业销售额确定方式

截至2021年9月30日成立满一年的企业,按照所属期为2020年10月至2021年9月的销售额确定。

截至2021年9月30日成立不满一年的企业,按照所属期截至2021年9月30日的销售额÷实际经营月份×12个月的销售额确定。

2021年10月1日及以后成立的企业,按照首个申报期销售额÷实际经营月份×12个月的销售额确定。

[《国家税务总局 财政部关于制造业中小微企业延缓缴纳2021年第四季度部分税费有关事项的公告》(国家税务总局公告2021年第30号)]

9.4.2.2 延缓缴纳的税费范围、幅度和期限

延缓缴纳的税费包括所属期为 2021 年 10 月、11 月、12 月(按月缴纳)或者 2021 年第四季度(按季缴纳)的企业所得税、个人所得税(代扣代缴除外)、国内增值税、国内消费税及附征的城市维护建设税、教育费附加、地方教育附加,不包括向税务机关申请代开发票时缴纳的税费。

符合上述规定条件的制造业中小微企业,在依法办理纳税申报后,制造业中型企业可以延缓缴纳上述规定的各项税费金额的 50%,制造业小微企业可以延缓缴纳上述规定的全部税费。延缓的期限为 3 个月。延缓期限届满,纳税人应依法缴纳缓缴的税费。

[《国家税务总局 财政部关于制造业中小微企业延缓缴纳 2021 年第四季度部分税费有关事项的公告》(国家税务总局公告 2021 年第 30 号)]

《国家税务总局 财政部关于制造业中小微企业延缓缴纳 2021 年第四季度部分税费有关事项的公告》(国家税务总局公告 2021 年第 30 号)规定的制造业中小微企业延缓缴纳 2021 年第四季度部分税费政策,缓缴期限继续延长 6 个月。

上述企业 2021 年第四季度延缓缴纳的税费在 2022 年 1 月 1 日后至规定发布(2 月 28 日)前已缴纳入库的,可自愿选择申请办理退税(费)并享受延续缓缴政策。

[《国家税务总局 财政部关于延续实施制造业中小微企业延缓缴纳部分税费有关事项的公告》(国家税务总局公告 2022 年第 2 号)]

自 2022 年 9 月 1 日起,按照《国家税务总局 财政部关于延续实施制造业中小微企业延缓缴纳部分税费有关事项的公告》(国家税务总局公告 2022 年第 2 号)已享受延缓缴纳税费 50% 的制造业中型企业和延缓缴纳税费 100% 的制造业小微企业,其已缓缴税费的缓缴期限届满后继续延长 4 个月。

延缓缴纳的税费包括所属期为 2021 年 11 月、12 月已按规定缓缴的企业所得税、个人所得税、国内增值税、国内消费税及附征的城市维护建设税、教育费附加、地方教育附加,不包括代扣代缴、代收代缴以及向税务机关申请代开发票时缴纳的税费。

上述企业 2021 年 11 月延缓缴纳的税费在 2022 年 9 月 1 日后至规定发布(9 月 14 日)前已缴纳入库的,可自愿选择申请办理退税(费)并享受延续缓缴政策。

[《国家税务总局 财政部关于制造业中小微企业继续延缓缴纳部分税费有关事项的公告》(国家税务总局 财政部公告 2022 年第 17 号)]

9.4.3 延缓缴纳 2022 年第一季度、第二季度部分税费

符合规定条件的制造业中小微企业,在依法办理纳税申报后,制造业中型企业可以延缓缴纳规定的各项税费金额的 50%,制造业小微企业可以延缓缴纳规定的全部税费,延缓的期限为 6 个月。延缓期限届满,纳税人应依法缴纳相应月份或者季度的税费。

[《国家税务总局 财政部关于延续实施制造业中小微企业延缓缴纳部分税费有关事项的公告》(国家税务总局公告 2022 年第 2 号)]

自2022年9月1日起,按照《国家税务总局 财政部关于延续实施制造业中小微企业延缓缴纳部分税费有关事项的公告》(国家税务总局公告2022年第2号)已享受延缓缴纳税费50%的制造业中型企业和延缓缴纳税费100%的制造业小微企业,其已缓缴税费的缓缴期限届满后继续延长4个月。

延缓缴纳的税费包括所属期为2022年2月、3月、4月、5月、6月(按月缴纳)或者2022年第一季度、第二季度(按季缴纳)已按规定缓缴的企业所得税、个人所得税、国内增值税、国内消费税及附征的城市维护建设税、教育费附加、地方教育附加,不包括代扣代缴、代收代缴以及向税务机关申请代开发票时缴纳的税费。

上述企业2022年2月延缓缴纳的税费在2022年9月1日后至规定发布(9月14日)前已缴纳入库的,可自愿选择申请办理退税(费)并享受延续缓缴政策。

[《国家税务总局 财政部关于制造业中小微企业继续延缓缴纳部分税费有关事项的公告》(国家税务总局 财政部公告2022年第17号)]

9.4.3.1 企业销售额确定方式

制造业中小微企业年销售额按以下方式确定:

截至2021年12月31日成立满一年的企业,按照所属期为2021年1月至2021年12月的销售额确定。

截至2021年12月31日成立不满一年的企业,按照所属期截至2021年12月31日的销售额÷实际经营月份×12个月的销售额确定。

2022年1月1日及以后成立的企业,按照实际申报期销售额÷实际经营月份×12个月的销售额确定。

[《国家税务总局 财政部关于延续实施制造业中小微企业延缓缴纳部分税费有关事项的公告》(国家税务总局公告2022年第2号)]

9.4.3.2 延缓缴纳的税费范围

延缓缴纳的税费包括所属期为2022年1月、2月、3月、4月、5月、6月(按月缴纳)或者2022年第一季度、第二季度(按季缴纳)的企业所得税、个人所得税、国内增值税、国内消费税及附征的城市维护建设税、教育费附加、地方教育附加,不包括代扣代缴、代收代缴以及向税务机关申请代开发票时缴纳的税费。

对于在上述规定施行(2月28日)前已缴纳入库的所属期为2022年1月的上述税费,企业可自愿选择申请办理退税(费)并享受缓缴政策。

[《国家税务总局 财政部关于延续实施制造业中小微企业延缓缴纳部分税费有关事项的公告》(国家税务总局 财政部公告2022年第2号)]

案例9-3 纳税人甲是年销售额为30万元的制造业个体工商户,实行简易申报,按季缴纳税款。2022年4月申报期,纳税人无需确认,暂不划扣其2022年第一季度应缴纳的个人所得税、增值税、消费税及附征的城市维护建设税、教育费附加、地方教育附加。相关税费延缓缴纳6个月后再延缓缴纳4个月,缓缴的税费在2023年2月划扣。

热点问题 纳税人享受缓税政策是否影响其办理经营所得个人所得税汇算清缴？

答：享受缓税政策的纳税人办理经营所得个人所得税汇算清缴的，继续实行前期缓税政策规定的处理规则，即纳税人缓缴的税款视同"已预缴税款"，正常参与经营所得个人所得税汇算清缴补退税的计算。同时，纳税人在规定的缓缴期限届满后，应当依法缴纳相应的缓缴税费。

例如，小王是年销售额100万元的制造业个体工商户纳税人，实行查账征收、按季申报经营所得个人所得税，按照前期缓税政策，在2022年7月申报期内选择将2022年第二季度应当预缴的个人所得税延缓到2023年1月申报期内缴纳。《国家税务总局 财政部关于制造业中小微企业继续延缓缴纳部分税费有关事项的公告》（国家税务总局 财政部公告2022年第17号）发布后，上述税款缓缴期限继续延长4个月至2023年5月申报期内缴纳。纳税人在2023年3月31日前办理2022年经营所得个人所得税汇算清缴时，其缓缴的税款视同"已预缴税款"，正常参与经营所得个人所得税汇算清缴补退税的计算，需要补税的税款应当在2023年3月31日前办理补税，需要退税的，可正常申请退税，不受其享受缓缴2022年第二季度税款政策的影响。同时，纳税人此前缓缴的税款应当在2023年5月申报期内缴纳。

9.4.4 违规享受延缓缴纳法律责任

纳税人不符合上述规定条件，骗取享受缓税政策的，税务机关将依照《税收征收管理法》及其实施细则等有关规定严肃处理。

[《国家税务总局 财政部关于制造业中小微企业延缓缴纳2021年第四季度部分税费有关事项的公告》（国家税务总局公告2021年第30号）、《国家税务总局 财政部关于延续实施制造业中小微企业延缓缴纳部分税费有关事项的公告》（国家税务总局公告2022年第2号）、《国家税务总局 财政部关于制造业中小微企业继续延缓缴纳部分税费有关事项的公告》（国家税务总局 财政部公告2022年第17号）]

9.4.5 延缓期满不影响依法办理延期缓缴

规定的缓缴期限届满后，纳税人应依法缴纳相应月份或者季度的税费符合《税收征收管理法》及其实施细则规定可以申请延期缴纳税款的，可依法申请办理延期缴纳税款。

[《国家税务总局 财政部关于制造业中小微企业延缓缴纳2021年第四季度部分税费有关事项的公告》（国家税务总局公告2021年第30号）、《国家税务总局 财政部关于延续实施制造业中小微企业延缓缴纳部分税费有关事项的公告》（国家税务总局公告2022年第2号）、《国家税务总局 财政部关于制造业中小微企业继续延缓缴纳部分税费有关事项的公告》（国家税务总局 财政部公告2022年第17号）]

9.5 特别纳税调整制度

有下列情形之一的，税务机关有权按照合理方法进行纳税调整：

（1）个人与其关联方之间的业务往来不符合独立交易原则而减少本人或者其关联方应纳税额，且无正当理由。

（2）居民个人控制的,或者居民个人和居民企业共同控制的设立在实际税负明显偏低的国家（地区）的企业,无合理经营需要,对应当归属于居民个人的利润不作分配或者减少分配。

（3）个人实施其他不具有合理商业目的的安排而获取不当税收利益。

税务机关依照前款规定作出纳税调整,需要补征税款的,应当补征税款,并依法加收利息。

[《中华人民共和国个人所得税法》第八条]

《个人所得税法》第八条第二款规定的利息,应当按照税款所属纳税申报期最后一日中国人民银行公布的与补税期间同期的人民币贷款基准利率计算,自税款纳税申报期满次日起至补缴税款期限届满之日止按日加收。纳税人在补缴税款期限届满前补缴税款的,利息加收至补缴税款之日。

[《中华人民共和国个人所得税法实施条例》第二十三条]

9.6 信息共享联合惩戒制度

公安、人民银行、金融监督管理等相关部门应当协助税务机关确认纳税人的身份、金融账户信息。教育、卫生、医疗保障、民政、人力资源社会保障、住房城乡建设、公安、人民银行、金融监督管理等相关部门应当向税务机关提供纳税人子女教育、继续教育、大病医疗、住房贷款利息、住房租金、赡养老人、3岁以下婴幼儿等专项附加扣除信息。

个人转让不动产的,税务机关应当根据不动产登记等相关信息核验应缴的个人所得税,登记机构办理转移登记时,应当查验与该不动产转让相关的个人所得税的完税凭证。个人转让股权办理变更登记的,市场主体登记机关应当查验与该股权交易相关的个人所得税的完税凭证。

[《中华人民共和国个人所得税法》第十五条]

9.6.1 建立个人所得税纳税信用管理机制

有关部门依法将纳税人、扣缴义务人遵守本法的情况纳入信用信息系统,并实施联合激励或者惩戒。

[《中华人民共和国个人所得税法》第十五条]

（1）全面实施个人所得税申报信用承诺制。税务部门在个人所得税自行纳税申报表、个人所得税专项附加扣除信息表等表单中设立格式规范、标准统一的信用承诺书,纳税人需对填报信息的真实性、准确性、完整性做出守信承诺。信用承诺的履行情况纳入个人信用记录,提醒和引导纳税人重视自身纳税信用,并视情况予以失信惩戒。

（2）建立健全个人所得税纳税信用记录。国家税务总局以自然人纳税人识别号为唯一标识,以个人所得税纳税申报记录、专项附加扣除信息报送记录、违反信用承诺和违法违规行为记录为重点,研究制定自然人纳税信用管理的制度办法,全面建立自然人纳税信用信息采集、记录、查询、应用、修复、安全管理和权益维护机制,依法依规采集和评价自然人纳税信用信息,形成全国自然人纳税信用信息库,并与全国信用信息共享平台建立数据共享机制。

(3)建立自然人失信行为认定机制。对于违反《税收征收管理法》《个人所得税法》以及其他法律法规和规范性文件,违背诚实信用原则,存在偷税、骗税、骗抵、冒用他人身份信息、恶意举报、虚假申诉等失信行为的当事人,税务部门将其列入重点关注对象,依法依规采取行政性约束和惩戒措施;对于情节严重、达到重大税收违法失信案件标准的,税务部门将其列为严重失信当事人,依法对外公示,并与全国信用信息共享平台共享。

[《国家发展改革委办公厅 国家税务总局办公厅关于加强个人所得税纳税信用建设的通知》(发改办财金规〔2019〕860号)]

9.6.2 完善守信联合激励和失信联合惩戒机制

(1)对个人所得税守信纳税人提供更多便利和机会。探索将个人所得税守信情况纳入自然人诚信积分体系管理机制。对个人所得税纳税信用记录持续优良的纳税人,相关部门应提供更多服务便利,依法实施绿色通道、容缺受理等激励措施;鼓励行政管理部门在颁发荣誉证书、嘉奖和表彰时将其作为参考因素予以考虑。

(2)对个人所得税严重失信当事人实施联合惩戒。税务部门与有关部门合作,建立个人所得税严重失信当事人联合惩戒机制,对经税务部门依法认定,在个人所得税自行申报、专项附加扣除和享受优惠等过程中存在严重违法失信行为的纳税人和扣缴义务人,向全国信用信息共享平台推送相关信息并建立信用信息数据动态更新机制,依法依规实施联合惩戒。

[《国家发展改革委办公厅 国家税务总局办公厅关于加强个人所得税纳税信用建设的通知》(发改办财金规〔2019〕860号)]

9.6.3 加强信息安全和权益维护

(1)强化信息安全和隐私保护。税务部门依法保护自然人纳税信用信息,积极引导社会各方依法依规使用自然人纳税信用信息。各地区、各部门要按最小授权原则设定自然人纳税信用信息管理人员权限。加大对信用信息系统、信用服务机构数据库的监管力度,保护纳税人合法权益和个人隐私,确保国家信息安全。

(2)建立异议解决和失信修复机制。对个人所得税纳税信用记录存在异议的,纳税人可向税务机关提出异议申请,税务机关应及时回复并反馈结果。自然人在规定期限内纠正失信行为、消除不良影响的,可以通过主动做出信用承诺、参与信用知识学习、税收公益活动或信用体系建设公益活动等方式开展信用修复,对完成信用修复的自然人,税务部门按照规定修复其纳税信用。对因政策理解偏差或办税系统操作失误导致轻微失信,且能够按照规定履行涉税义务的自然人,税务部门将简化修复程序,及时对其纳税信用进行修复。

[《国家发展改革委办公厅 国家税务总局办公厅关于加强个人所得税纳税信用建设的通知》(发改办财金规〔2019〕860号)]